범망경고적기
梵網經古迹記

동국대학교 불교기록문화유산아카이브사업단(ABC)
본서는 문화체육관광부 지원으로 동국대학교 불교학술원에서 간행하였습니다.

한글본 한국불교전서 신라 15
범망경고적기

2017년 1월 12일 초판 1쇄 인쇄
2017년 1월 20일 초판 1쇄 발행

지은이 태현
옮긴이 한명숙
펴낸이 한태식
펴낸곳 동국대학교출판부

주소 100-715 서울시 중구 필동로 1길 30
전화 02-2260-3483~4
팩스 02-2268-7851
Homepage http://www.dgpress.co.kr
E-mail book@dongguk.edu
출판등록 제2-163(1973. 6. 28)
편집디자인 꽃살무늬
인쇄처 보명C&I

ⓒ 2017, 동국대학교(불교학술원)

ISBN 978-89-7801-505-9 93220

값 28,000원

이 책의 무단 전재나 복제 행위는 저작권법 제98조에 따라 처벌받게 됩니다.

한글본 한국불교전서 신라 15

범망경고적기
梵網經古迹記

태현太賢
한명숙 옮김

동국대학교출판부

범망경고적기 梵網經古迹記 해제

한 명 숙
동국대학교 불교학술원 조교수

1. 개요

『범망경고적기』는 신라의 법상종 스님 태현太賢이 찬술한 『범망경』에 대한 주석서이다. 『범망경』은 대승보살계大乘菩薩戒를 설한 대표 경전으로 상·하 양 권으로 이루어졌다. 현재 본 경에 대한 주석서로 우리나라·중국·일본 등에 전해지고 있는 것은 모두 29부에 달한다. 이것들은 다시 상·하 양 권을 주석한 것, 하권의 전부를 주석한 것, 하권에서 보살계를 설한 부분만 주석한 것 등의 세 유형으로 나눌 수 있다. 본 서는 그 첫 번째 유형에 속하는 것으로 『범망경』 상·하 양 권을 전부 주석한 현존하는 최초의 주석서이다.

2. 저자

태현에 대한 독립된 전기는 전하지 않는다. 따라서 그 생몰 연대 및 자세한 행적은 알 수 없다. 호는 청구사문靑丘沙門이고, 태현은 휘諱이다. 일반적으로 도증道證의 제자로 알려져 있다. 도증은 현장玄奘의 문하로 법상종 학자였던 원측圓測(613~696)의 제자이다. 도증과 직접적 사승師承 관계를 보여 주는 문헌은 전하지 않는다. 다만 도증이 692년 중국에서 신라로 귀국했고, 태현이 그 무렵 활동한 것, 태현이 후대에 신라 유가종瑜伽宗의 개조로 추앙받은 것, 일본의 쇼온(照遠, 1304~?)이, "어떤 사람이 말하기를 태현은 도증의 제자라고 하였다."라고 한 것 등이 사승의 근거로 제시되고 있다. 그 휘를 어떤 문헌에서는 대현大賢이라고 했는데 어느 것이 옳은지는 알 수 없다. 당唐의 도봉道峯이「태현법사의기서太賢法師義記序」에서 그 학식과 덕망을 찬탄했고, 후대의 일본 학자들이 여러 문헌에서 그를 찬탄한 글이 보인다.『삼국유사三國遺事』에서 "남산 용장사에 주석할 때 절 안의 미륵보살이 그가 움직이는 곳을 따라 얼굴을 돌렸다. 753년 가뭄이 들었을 때『금광명경金光明經』을 강설하여 비가 내리게 하였다."라고 한 것은, 그가 학승을 넘어선 면모를 갖추었음을 보여 준다. 모두 55부에 달하는 저술이 있었던 것으로 알려져 있다. 현재『성유식론학기成唯識論學記』·『성유식논고적기成唯識論古迹記』·『기신론내의약탐기起信論內義略探記』·『기신론고적기起信論古迹記』·『범망경고적기』·『보살계본종요菩薩戒本宗要』·『약사경고적기藥師經古迹記』등의 5부만 전해진다. 그 저술의 명칭에 의해 학문적 경향이 반야·정토·유식·인명因明 등에 두루 걸쳐 있고 법상종에 한정되지 않았음을 알 수 있다.

3. 내용과 성격

1) 고주석서古註釋書의 인용 현황 및 특성

"고적기古迹記"라는 제목은 '고적古迹'을 기록한 것이라는 뜻으로, 태현이 본 서를 찬술하면서 견지한 태도를 오롯이 보여 준다. '고적'이란 이전의 학자들이 행한 연구 성과를 가리키는데, '기記'라는 것은 그것을 기록했을 뿐이라고 하는 겸양의 의미가 깃들어 있다. 이는 『논어』에 나오는 "술이부작述而不作(옛 성현의 말씀을 서술할 뿐이고 마음대로 창작하지 않는다.)"의 정신과 일맥상통한다. 일반적으로 태현이 본 서에서 다른 학자에 대해 비판적인 태도를 보이지 않는다고 확정하는 경우가 많은데, 그 논지의 전개 과정을 살펴보면 이는 타당하지 않다. 이러한 일반론은 태현이 본 서에서 이미 다른 학자가 밝혀 놓은 것을 충분히 수용하는 자세, 곧 공부하는 태도로 찬술에 임하여 여타 학자가 주석한 사례를 광범위하게 제시하는 방식을 보이는 것이 결정적인 것으로 생각된다. 또한 특정 견해를 비판할 때 태현은 "그렇지 않다."라고 하여 직접적인 방식으로 비판적 논지를 전개하기보다는 우회적인 방식을 취하는데, 이것도 그 이유 중 하나일 것으로 짐작된다. 그러나 태현이 기존의 견해에 대한 비판적 논지를 전혀 제시하지 않는 것은 아니다. 이러한 점에 주목하여 그 인용 현황 및 특성을 살펴보면 다음과 같다.

(1) 직접 거명한 경우

본 서에서 그 이름을 직접 거론하는 것은 원효元曉(617~686) · 의적義寂 · 법장法藏(643~712)과 북병주北并州의 진장사眞藏師뿐이다. 원효와 법장은 그 생몰 연대를 알 수 있지만 의적은 단지 광범위하게 추정할 수 있을 뿐이고, 그것마저도 이설이 있다. 의적이 의상義相(625~702)의 제자라는 일반적인 가정을 따르면, 의상을 만나 법상종에서 화엄종으로 전환한 때, 곧 690년경 신진학자로 활동했을 것으로 추정할 수 있다. 그러나 새롭게 제기된 현장玄奘(600~664)의 제자라는 가정을 따르면, 의적과 의상과의 만남은 법상종 학자와 화엄종 학자의 대등한 대론에 지나지 않으며, 690년

경은 이미 경륜이 있는 학자로서 활동했을 것으로 추정할 수 있다. 따라서 원효와 의적의 선후 문제는 아직 확정할 수 없다. 북병주의 진장사는 누구인지 알 수 있는 자료가 없다. 본 서에 대한 후대의 주석서에서도 다만 『범망경』에 대한 주석서를 찬술한 사람일 것이라고 추정했을 뿐이다.

① 원효의 경우

원효의 이름은 1회 거론한다. 『유가사지론』에서는 "중계를 범하면 계를 잃는다."라고 했고, 『보살영락본업경』에서는 "보살계는 받는 법은 있지만 버리는 법은 없다."라고 하여, 서로 다른 내용을 보이는 것에 의문을 제기하고, 이에 대한 원효의 입장을 인용하여 "삼승교에 의지하여 발심했으면 잃고, 일승교를 들었으면 잃지 않기 때문이다."라고 했는데, 이 글은 원효의 『영락본업경소』에 나온다. 바로 뒤에서 태현은 이 견해에 대해, "그런데 신교新教의 종지에 따르면 결정적인 것으로 의지하기는 어렵다."라고 했다. 후대의 주석서에 따르면 여기에서 신교는 법상종을 가리키는데, 법상종은 삼승이 진실이고 일승은 방편이라는 입장이기 때문에 그들의 입장에서는 원효의 주장을 수용하기 어렵다는 말이다. 태현 자신이 법상종 학자임을 감안하면 이는 태현 자신의 입장이라고 할 수 있다.

② 의적의 경우

의적의 이름은 5회 거론한다. 첫 번째, 10중계 중 제3 무자행욕계無慈行欲戒의 본문에서 위범違犯의 대상으로 지목한 "비도非道"라는 용어를 해석하면서 의적의 글을 인용했다. 먼저 법장과 의적의 견해를 차례대로 제시하여, "법장은 '그 산문産門(소변도)을 제외하고 나머지 두 곳(대변도·입)이다'라고 했고, 의적은 '세 가지 중죄를 범하는 곳(대변도·소변도·입)을 제외한 나머지 지분支分이다'라고 했다."라고 했다. 그런데 바로 앞에서 태현은 "여성의 세 곳(대변도·소변도·입)과 남성의 두 곳(대변도·입)은 직접적으로 중죄를 범하는 대상으로 ('정도'라고 하니,) 다른 곳에 행하면 중죄를 범하지 않기 때문이다."라고 하여, 이들과 다른 입장을 보이고 있다.

두 번째, 앞의 원효의 경우에서 서술한 것과 같은 부분에서 원효의 글을 인용하고 바로 의적의 글을 인용하여 "『유가사지론』은 한 번 훈습하면 영원히 존재하는 체로서 위연違緣을 만나면 잃기도 하는 공능을 따라서 잃어버린다고 했고, 『보살영락본업경』은 공능으로 체를 따라서 잃어버리지 않는다고 한 것이다. 성문계의 경우도 역시 종자의 체는 항상 머물러 있기 때문에 잃지 말아야 하는 것인데, 성문을 위한 가르침에서는 영원히 잃지 않음을 말하지 않았기 때문이다. 이는 성문을 위한 가르침에서는 공능의 측면을 강조했기 때문인 것으로 보인다."라고 했다. 의적의 글에 대해서 별도의 비판적 관점을 제시하지 않고 자신의 입장은 『보살계본종요』에서 설한 것과 같다고 했는데, 해당처를 찾아보면 "하승下乘이 대승을 향하였을 경우는 버리는 법이 있지만, 보살계를 버리는 경우는 그러한 것이 없기 때문이다. 혹은 보살계는 무여범이 없으니, 모두 다하는 일이 없다."라고 하여, 역시 자신의 독자적 입장을 제시하고 있다.

세 번째, 48경계 중 제37 고입난처계故入難處戒의 본문에서 보살이 항상 지니고 다녀야 할 것으로 지목한 "열여덟 가지 물건"이라는 용어를 해석하면서, 의적의 글을 인용하고, 바로 이어서 특정인을 거명하지는 않고 막연히 중국 학자의 주장이라고 하면서 의적과 다른 입장의 글을 인용했다.

네 번째, 48경계 중 제38 좌무차제계坐無次第戒의 본문에서 "나이 든 사람과 어린 사람을 가리지 않고 모두 먼저 계를 받은 이가 앞에 앉고, 나중에 계를 받은 이가 그 뒤를 이어 차례대로 앉아야 한다."라고 한 글을 해석하면서, 법장의 글을 먼저 인용하고 다음에 의적의 글을 인용했다. 의

적은 세 학자의 설을 인용하고 특별히 개인적인 견해를 밝히지 않았는데 태현 역시 동일한 태도를 보인다.

다섯 번째, 48경계 중 제41 악구제자계惡求弟子戒의 본문에서 "호상을 보지 못하면 비록 참회해도 이익 되는 것이 없으니, 이러한 사람은 현재의 몸으로는 (구계舊戒를 잃어서) 또한 계를 얻을 수 없지만, (신계新戒를) 더하여 계를 받을 수는 있다."라고 한 것을 해석하면서, 법장과 의적이 동일한 견해를 보였다고 하여, 두 사람을 모두 거명하면서 그 주장을 인용했는데, 실제 문장은 법장의 것과 더 일치한다. 역시 비판적 관점을 제시하거나 태현 자신의 주장을 서술한 것은 보이지 않는다. 이상 5회의 인용문 중 첫 번째와 두 번째의 2회는 사실상 간접적 형태의 비판적 태도가 깃들어 있음을 확인할 수 있다.

③ 법장의 경우

법장의 이름은 11회 거론한다. 첫 번째, 그 일부만 번역된 것으로 전해지는 『범망경』의 완본에 대한 설명을 법장의 글로 대신하였다. 두 번째, 본 경의 화주化主인 "노사나불"이라는 용어에 대한 설명을 법장의 글로 대신하였다. 세 번째, 이미 앞에서 서술한 것, 곧 의적의 경우의 첫 번째에서 "비도"를 해석하면서 법장의 글을 인용한 것을 밝힌 것과 같다. 네 번째, 48경계 중 제4 식오신계食五辛戒 중 "다섯 가지 매운 것"에 대한 설명을 법장의 글로 대신하였다. 다섯 번째, 48경계 중 제9 불첨병고계不瞻病苦戒의 본문 가운데 가장 훌륭한 "여덟 가지 복전"이라고 한 것을 해석하면서 법장이 유설有說이라고 하여 제시한 후 성인의 가르침에서 보지 못했다고 비판한 글을 그대로 인용하였다.

여섯 번째, 48경계 중 제31 불구존액계不救尊厄戒의 본문 가운데 "부모님의 형상을 팔거나"라고 한 것에 대한 설명을 법장의 글로 대신하였다.

일곱 번째와 여덟 번째, 48경계 중 제33 허작무의계虛作無義戒의 본문 가운데 해서는 안 될 놀이로 언급된 "바라색희"와 "조경"에 대한 설명을 법장의 글로 대신하였다. 아홉 번째, 48경계 중 제38 좌무차제계坐無次第戒의 본문에서 "나이 든 사람과 어린 사람을 가리지 않고 모두 먼저 계를 받은 이가 앞에 앉고, 나중에 계를 받은 이가 그 뒤를 이어 차례대로 앉아야 한다."라고 한 글을 해석하면서, 법장이 유설有說이라고 하여 다른 학자의 견해를 제시한 후, 타당하지 않다고 하고, 자신의 견해를 제시한 것을 그대로 인용하였다. 열 번째, 48경계 중 제41 악구제자계惡求弟子戒의 본문에서 "과거·현재·미래의 천 분의 부처님"을 해석하면서, 법장이 "과거 장엄겁의 천 분의 부처님과 현재 현겁의 천 분의 부처님과 미래 성수겁의 천 분의 부처님이다."라고 한 것을 인용하였다. 그리고 이어서 "이것은 나타나는 것에 따라서 설한 것이고, 이치상으로는 일체의 부처님을 통틀어서 일컫는 것이다."라고 하는 자신의 견해를 제시하였다. 열한 번째, 이미 앞에서 서술한 것, 곧 의적의 경우의 다섯 번째에서 밝힌 것과 같다. 이상 11회의 인용문에서 세 번째와 열 번째의 2회는 간접적인 형태의 비판이라고 보아도 무방할 것이다.

④ 북병주의 진장사

진징사의 이름은 실질적으로 2회 거론하다. 첫 번째, 『범망경』 본문의 "10금강"을 해석하면서, "북병주의 진장사"라고 하면서 그 주장을 인용하였다. 두 번째, 48경계 중 제26 영빈위식계領賓違式戒의 본문에서 "하좌안거"라고 한 것을 해석하면서 "북병주의 소疏"라고 하면서 그 주장을 인용하였다. 바로 이어서 "지금 대당삼장大唐三藏이 '우안거雨安居'라고 의역한 것을 따르니, 말하자면 우기雨期일 때 안거하기 때문이다."라고 하여, 자신의 선택을 분명히 제시하였다.

(2) 직접 거명하지 않은 경우

어떤 사람이 말했다(有說·有云·或說), 예전에 어떤 사람이 소를 지어서 말했다(古有作疏云), 어떤 사람이 힐난하여 말했다(有難), 전하는 설은 다음과 같다(傳說) 등의 형태로 광범위하게 다양한 학자의 글을 인용하였는데, 그 내용을 살펴볼 때 일부는 자은 규기慈恩窺基의 『대승법원의림장』, 법장의 『범망경보살계본소』, 의적의 『보살계본소』, 승장의 『범망경술기』 등에서 일치하는 문장을 찾을 수 있다. 또한 인용문의 형식을 갖추지 않고 자신의 견해를 서술한 부분에서도 여타 학자의 견해와 일치하는 내용을 곳곳에서 찾을 수 있다. 법장의 것이 가장 많고 의적이 그 다음이며, 승장의 것도 있다.

2) 구성 및 내용과 성격

태현은 스스로 일곱 문을 시설하여 본 경을 해석하였다. 첫 번째는 설법의 때와 장소를 밝힌 문이다. 본 경을, 근본인 노사나불은 처음 성불했을 때 연화대장세계에서 설했고, 지말인 석가불은 처음 성불했을 때 마가다국의 적멸도량에서 설했음을 밝혔다.

두 번째는 설법의 대상을 밝힌 문이다. "보살성菩薩性을 지니고 있고 발심發心한 사람이니, 비방하고 믿지 않는 이를 위해서는 설할 수 없기 때문이다."라고 했다. 여기에서 '보살성'은 법상종의 입장에서 보면, 오종성五種性(菩薩定性·聲聞定性·獨覺定性·不定性·無性) 중 보살정성 및 부정성 중에 보살성을 함께 지니고 있는 것으로 볼 수 있고, 일성종一性宗의 입장에서 보면 불성佛性으로 볼 수 있다. 태현이 법상종 소속이라는 점을 감안하면 전자일 가능성이 크기는 하겠지만, 이 글만으로는 확정하기 어렵다. 이는 승장勝莊이 『범망경술기』에서 "가르침을 받는 대상을 논함에 있어서 다섯 종류가 있다. 삼승정성三乘定性의 세 가지와 네 번째인 부정성不定性과 다섯 번째인 무반열반성無般涅槃性을 말한다. 이 경은 단지 삼승정성 중의 보살정성과 네 번째인 부정성의 중생을 위한 가르침이다. 그러므로 이 경을 설하는 것은 나머지 성문정성·독각정성·무반열반성 등의 중생을 위한 것은 아니다."라고 하여 그 입장을 명백하게 제시한 것과는 차이가 있기 때문이다.

세 번째는 장藏에 포섭되는 것을 밝힌 문이다. 본 경이 이장二藏(보살장·성문장) 가운데 보살장菩薩藏에 속하고, 삼장三藏(경장·율장·논장) 가운데 율장律藏에 속하는 것임을 밝혔다.

네 번째는 번역을 밝힌 문이다. 구마라집이 본 경을 전역한 과정을 상세히 기록하고, 본 경의 대본大本에 대한 기존의 기록을 인용하였다. 이어서 진제 삼장이 보살율장을 중국에 가져오지 못한 이유, 담무참이 유가계瑜伽戒인 지지계본地持戒本을 중국에 전역한 과정을 서술하였다. 태현은 이 문의 일부 글에 대해서만 법장의 글을 인용한 것이라고 했지만, 실제로는 거의 대부분이 법장의 『범망경보살계본소』에서 인용한 것이다.

다섯 번째는 종취宗趣를 밝힌 문이다. '종宗'은, 말이 나타내려는 것인데, 본 경의 종은 심행心行이고, '취趣'는 종이 돌아가야 할 곳인데, 본 경의 취는 깨달음을 증득하고 중생을 이롭게 하는 것이라고 했다. 다음에 종(심행)은, 첫 번째, 바른 행위를 가르치는 문(敎正行門)이니 본 경의 앞부분에서 설한 삼현三賢·10성十聖의 교설이다. 두 번째, 악한 행위를 경계하는 문(誡惡行門)이니 본 경의 뒷부분에서 설한 10중계와 48경계의 교설이라고 했다. 이는 법장이 화교化敎(경)와 제교制敎(율)로 나눈 것과 실질적으로 의미가 동일하다. 다음은 취에 두 문을 시설하였다. 첫 번째, 여래성문如來性門인데, 여래성은 진여성眞如性이라 하고, 『입능가경』에서 "적멸은 일심一心이고 일심은 여래장如來藏이다."라고 한 것을 인용하였다. 이는 본 경의 취를 일심一心에 귀결시킨 것으로 주목된다. 요시즈 요시히데(吉

津宜英)는 태현이 인용한 『입능가경』의 문장이 원효가 잘 인용하는 것일 뿐만 아니라, 그 맥락도 원효가 『기신론소』에서 서술한 것과 같기 때문에 태현이 법장과 의적의 글을 많이 인용하고 있기는 하지만, 내용에 있어서는 근본적으로 원효에서 유래한 일심관一心觀을 기반으로 하고 있다고 평가했다. 두 번째, 발취상문發趣相門인데, 보리심을 발하여 서원을 일으키고 보살도菩薩道를 행하여 부처님·보살의 지위를 이루는 것을 밝혔다. 다양한 실천행을 밝히고 맺으면서 궁극적으로 부주도不住道, 곧 무소득無所得에 의해 삼륜三輪이 청정한 것이 바로 참된 보살행이라고 했다. 그 논지의 전개에 있어서 중관학파의 개조 용수龍樹의 제자인 성천聖天(제바)의 『광백론본廣百論本』, 법상종의 주요 논서인 『유가사지론』 등을 인용하였다.

여섯 번째는 제목을 풀이한 문이다. "망網"이라는 것은, 그물이 모든 것을 거두는 것처럼 이 경도 일체의 중생을 모두 이익 되게 하기 때문이고, 그물코가 다양하지만 그물에 포섭되는 것처럼 다양한 법문도 한맛으로 포섭되는 것을 나타내기 위한 것이니, 그 하나의 문이란 뜻을 얻는 것(得意)이라고 했다.

일곱 번째는 본문을 풀이한 문이다. 본문을 크게 두 문으로 나누었다. 첫 번째는 본사本師인 노사나불이 설한 부분이다. 그 주된 내용은 앞의 '종' 가운데 첫 번째인 바른 행위를 가르치는 문, 곧 삼현·10성을 설한 것이다. 두 번째는 화신化身인 석가불이 전하여 설한 부분이다. 이것을 다시 크게 두 문으로 나누었다. 첫째는 앞의 노사나불이 설한 삼현·10성의 도를 전한 것이고, 둘째는 앞의 '종' 가운데 두 번째인 악한 행위를 경계하는 문, 곧 10중계와 48경계를 설한 것이다. 후자는 다시 서분·정설분·유통분의 셋으로 나누었다. 서분에서 보살계菩薩戒와 관련된 세 가지 문, 곧 수득문受得門(발심하고 수지하는 것)·호지문護持門(방호하고 지키는 것)·범실문犯失門(위범에 의해 계를 잃는 것)을 시설하여 해당 내용을 자세히 설명하였다. 정설분은 10중계와 48경계를 풀이한 것으로 본 경의 핵심이 되는 부분이고, 유통분은 석가불이 본 법을 부촉하면서 맺는 것이다. 그 본문의 주석에 나타난 특성을 구체적으로 몇 가지 지적하면 다음과 같다.

첫째, 『범망경』 상권에서 설한 삼현·10성의 수행 계위와 하권의 10주十住 등에 『화엄경』의 계위를 배대한 것, 『범망경』도 『화엄경』과 동일하게 성도 후 이칠일에 설했다고 한 것 등은, 태현이 두 경을 일체시하였음을 보여 준다.

둘째, 본문의 해석에 있어서 『유가사지론』에서 32계를 인용하였는데, 이는 역시 법상종 소속의 스님인 승장이 34계를 인용한 것에 필적할 만한 것이다. 근자에 화엄종으로의 개종설에 의문이 제기되고, 법상종 학자로서의 지위가 공고화되고 있는 의적도 22계를 인용하고 있다. 유가계를 두드러지게 인용하는 것은 법상종 학자 전반에 나타나는 현상이다. 단 승장은 유가계를 바탕으로 한 범망계의 포섭에 중점을 두는 반면, 태현은 양자를 동등한 입장에서 다루고 있고, 이는 의적의 입장에 가까운 것이라고 주장하는 학자도 있다.

셋째, 10중계를 맺는 글을 해석하면서 "이와 같은 모든 계는 낱낱이 모두 삼취계三聚戒(삼취정계)의 뜻을 갖추고 있다."라고 하여 범망계를 유가계瑜伽戒인 삼취정계三聚淨戒와 밀접하게 연관시켰다. 이는 법상종 학자들의 주석서에 나타나는 공통된 현상이다. 예컨대 의적은 『보살계본소』에서 10중계를 섭률의계, 48경계 중 제1~제30을 섭선법계, 제31~제48을 요익유정계라고 하고, 동시에 48경계가 낱낱이 삼취정계의 뜻을 갖추고 있다고 하였고, 승장은 『범망경술기』에서 제1~제8을 섭선법계, 제9~제20을 요익유정계, 제21~제24를 섭선법계, 제25~제33을 요익유정계, 제34~제39를 섭선법계, 제40~제48을 요익유정계라고 하여 각 경계가 삼취계 중 일부를 섭수하고 있다는 입장을 보였다. 다만 태현은 이들처럼 특정 계에 대해서 낱낱이 그 소속을 밝히지는 않은 점에서 차이가 있을 뿐이다.

넷째, 『우바새계경』을 적극적으로 활용하여 재가신자의 위상을 높이는 것에 주력하였다. 이는 의적과 가까운 면모를 보이는 것으로 평가된다.

다섯째, 이미 서술한 것처럼 법장의 주석서를 매우 많이 인용하고 그것으로 설명을 대체하는 경우가 많기 때문에 그 영향이 매우 컸을 것임을 짐작할 수 있다. 그러나 『범망경』과 『화엄경』을 일체시하는 것은 『화엄경』을 『범망경』보다 우위에 놓는 법장의 견해와는 일치하지 않는다. 이는 태현이 법장의 사상을 수동적으로 받아들인 것이 아니라 자신의 사유의 필터를 거쳐서 수용 여부를 판단했음을 의미한다. 이러한 그의 학문적 태도는 여러 학자의 다양한 견해를 소개하고 비판하는 과정에서도 잘 드러나고 있다.

4. 가치 및 후대의 영향

『범망경』에 대한 주석서로 고래로부터 가장 주목받는 것은, 천태 지의天台智顗의 『보살계의소菩薩戒義疏』, 신라 원효元曉의 『범망경보살계본사기梵網經菩薩戒本私記』, 법장法藏의 『범망경보살계본소梵網經菩薩戒本疏』, 승장勝莊의 『범망경술기梵網經述記』, 법상종의 제2조인 혜소의 제자 지주智周(668~723)의 『범망경소梵網經疏』, 태현의 『범망경고적기』 등이다.

본 서의 가치와 관련하여 특히 주목할 만한 것은 다음과 같다. 첫째, 『범망경』 상권·하권을 모두 주석한 현존하는 최초의 주석서로서, 『범망경』에 대한 구체적이고 전반적인 이해를 돕는 가장 뛰어난 책으로 평가된다. 둘째, 태현 이전에 매우 활발하게 전개되었던 『범망경』에 대한 연구 성과를 두루 섭렵하여 해당처에 낱낱이 삽입하였다. 따라서 본 서를 읽는 것만으로도 동일한 주제에 대한 여러 학자의 다양한 견해를 확인할 수 있다. 셋째, 법상종 소속의 학자로서 상종相宗과 성종性宗을 융화시켰다. 요시즈 요시히데는 원효의 일심관이 통합의 근거로 작용했다고 평가했다. 넷째, 『범망경』에 수록된 계율의 조문條文에 대해 주석자가 간략한 명칭을 붙인 것을 계명戒名이라고 하는데, 여타 주석서보다 그 명징성이 두드러져서 후대의 주석서에서 이것을 따르는 경우가 많다.

본 서의 찬술 이전에는 『범망경』의 주석서 중 법장의 글이 가장 영향력이 컸지만, 본 서의 찬술 이후에는 태현의 글이 그것을 능가하게 되었다. 후대에 천태종·정토종 계통에서는 지의智顗의 주석서를 중시했지만, 율종·법상종·진언종 계통에서는 본 서를 중시하는 경향을 보였다. 특히 일본에서의 영향이 두드러져 일본 최초의 『범망경』 주석서인 젠슈(善珠)의 『범망경약소梵網經略疏』(『범망경약초』)는 그 내용이 대부분 본 서에 의지하고 있다. 또한 본 서에 대한 주석서는 에이존(叡尊)의 『범망경고적기과문보행문집梵網經古迹記科文補行文集』·세이산(淸算)의 『범망경고적기강의梵網經古迹記綱義』 등을 비롯하여 60여 부에 달한다.

5. 참고문헌

최원식, 『신라보살계사상사연구』(서울 : 민족사, 1999).
채인환, 『新羅佛敎戒律思想硏究』(東京 : 國書刊行會, 1977).
채인환, 「신라태현법사연구新羅太賢法師硏究」(Ⅰ)·(Ⅱ)·(Ⅲ), 『불교학보』 20집·21집·22집(서울 : 동국대학교, 불교문화연구원, 1983·1984·1985).
吉津宜英, 『華嚴一乘思想の硏究』(東京 : 大同出版社, 1991).

차례

범망경고적기梵網經古迹記 해제 / 5
일러두기 / 32

범망경고적기 제1권 梵網經古迹記 卷第一 33

제1장 때와 장소 35

제2장 기근機根 36

제3장 장藏에 포섭되는 것 37

제4장 번역翻譯 37

제5장 종취宗趣 41
제1절 종宗(말이 나타내려는 것) 42
제2절 취趣(宗이 돌아가는 곳) 42
　1. 여래성문如來性門 43
　2. 발취상문發趣相門 44

제6장 제목의 이름 49

제7장 본문本文 52
제1절 본사本師가 설함 52
　1. 대중 속에 머묾 53
　2. 경각시킴 53
　3. 질문함 54

4. 친견하게 하고 질문함 55
 1) 친견하게 함 55
 2) 질문함 57
   (1) 질문 57
   (2) 답변 59
     ① 결과에 대해 답변함 59
     ② 원인에 대해 답변함 63
       A. 간략한 것 63
       B. 자세한 것 68
         A) 요청함 68
         B) 답변함 70
           (A) 10발취심十發趣心 70
             Ⓐ 사심捨心 ① 70
               a. 장문章門 73
               b. 행상行相 73
               c. 맺음말 75
             Ⓑ 계심戒心 ② 75
             Ⓒ 인심忍心 ③ 78
               a. 장문章門 79
               b. 행상行相 79
               c. 맺음말 80
             Ⓓ 정진심精進心 ④ 81
               a. 장문章門 82
               b. 행상行相 83
               c. 맺음말 85
             Ⓔ 정심定心 ⑤ 86
             Ⓕ 혜심慧心 ⑥ 89
             Ⓖ 원심願心 ⑦ 92
               a. 장문章門 93
               b. 행상行相 93
               c. 맺음말 95

Ⓗ 호심護心 ⑧ 95
　　　a. 장문章門 96
　　　b. 행상行相 96
　　　c. 맺음말 97
　　Ⓘ 희심喜心 ⑨ 98
　　　a. 장문章門 99
　　　b. 행상行相 99
　　　c. 맺음말 100
　　Ⓙ 정심頂心 ⑩ 100
　　　a. 장문章門 102
　　　b. 행상行相 104
　　　c. 맺음말 106
(B) 10장양十長養 107
　　Ⓐ 자심慈心 ① 107
　　　a. 장문章門 108
　　　b. 행상行相 109
　　　c. 맺음말 109
　　Ⓑ 비심悲心 ② 110
　　　a. 장문章門 111
　　　b. 행상行相 111
　　Ⓒ 희심喜心 ③ 113
　　Ⓓ 사심捨心 ④ 116
　　Ⓔ 시심施心 ⑤ 117
　　Ⓕ 애어심愛語心 ⑥ 119
　　Ⓖ 이행심利行心 ⑦ 120
　　Ⓗ 동사심同事心 ⑧ 123
　　Ⓘ 정심定心 ⑨ 124
　　Ⓙ 혜심慧心 ⑩ 127
(C) 10금강十金剛 129
　　Ⓐ 신심信心 ① 129
　　Ⓑ 염심念心 ② 132

Ⓒ 심심深心 ③ 136
　　Ⓓ 달심達心 ④ 138
　　Ⓔ 직심直心 ⑤ 140
　　Ⓕ 불퇴심不退心 ⑥ 143
　　Ⓖ 대승심大乘心 ⑦ 145
　　Ⓗ 무상심無相心 ⑧ 148
　　Ⓘ 혜심慧心 ⑨ 149
　　Ⓙ 불괴심不壞心 ⑩ 152

범망경고적기 제2권 梵網經古迹記卷第二 157

　(D) 10지十地 159
　　Ⓐ 초지初地(入平等慧體性地, 體性平等地) 159
　　　a. 장문章門 162
　　　b. 행상行相 162
　　　c. 맺음말 166
　　Ⓑ 제2지(善慧體性地, 體性善慧地) 166
　　　a. 장문章門 166
　　　b. 해당 지위에서의 행行 167
　　　　a) 총괄적으로 표방함 167
　　　　b) 개별적으로 풀이함 168
　　　　　(a) 첫 번째 관찰 : 혜선근慧善根의 관찰 168
　　　　　　ⓐ 관찰함 168
　　　　　　ⓑ 교화하여 인도함 172
　　　　　(b) 두 번째 관찰 : 사선근捨善根의 관찰 178
　　　　　(c) 세 번째 관찰 : 자선근慈善根의 관찰 180
　　　c. 자세히 설한 품을 가리킴 181
　　Ⓒ 제3지(光明體性地, 體性光明地) 182

a. 장문章門 182
　　　b. 행상行相 183
　　　　a) 자신을 이익 되게 함 183
　　　　　(a) 능전能詮을 아는 것 183
　　　　　(b) 소전所詮을 아는 것 184
　　　　b) 타인을 이익 되게 함 186
　　　c. 지금 설한 부분이 약출한 것임을 밝히고 자세하게 설한 품을 가리킴 188
　　Ⓓ 제4지(體性爾焰地) 189
　　　a. 자분행自分行 189
　　　b. 승진행勝進行 193
　　Ⓔ 제5지(慧照體性地, 體性慧照地) 196
　　　a. 장문章門 198
　　　b. 행상行相 198
　　　　a) 자분행自分行 198
　　　　　(a) 지혜 198
　　　　　　ⓐ 총괄적으로 표방함 199
　　　　　　ⓑ 개별적으로 나타냄 199
　　　　　(b) 신통력通力力 201
　　　　b) 승진행勝進行 202
　　Ⓕ 제6지(體性華光地) 203
　　　a. 장문章門 205
　　　b. 행상行相 206
　　Ⓖ 제7지(滿足體性地, 體性滿足地) 208
　　　a. 장문章門 209
　　　b. 행상行相 210
　　　　a) 실제로 행함 210
　　　　b) 교화하는 모습 213
　　Ⓗ 제8지(佛吼體性地, 體性佛吼地) 214
　　　a. 선정을 행함 214
　　　b. 지혜를 행함 215

c. 신통력을 행함 217
d. 설법을 행함 218
e. 비춤을 행함 219
ⓘ 제9지(佛華嚴體性華嚴地, 體性華嚴地) 221
　a. 내적으로 증득함 221
　b. 외적으로 교화함 221
ⓙ 제10지(入佛界體性地, 體性入佛界地) 225
　a. 장문章門 227
　b. 행상行相 227
　　a) 행의 공덕 227
　　　(a) 체와 용을 냄 228
　　　(b) 총괄적으로 맺으면서 불계지의 명칭을 풀이함 230
　　b) 행의 뛰어난 이익 231

범망경고적기 제3권 梵網經古迹記卷第三 233

5. 부촉함 235
제2절 화신이 전하여 설함 237
　1. 은혜에 보답함 237
　2. 개별적으로 교화함 238
　　1) 앞에서 설한 삼현·10성의 도를 전함 238
　　　(1) 경가經家의 총괄적인 서문 238
　　　(2) 개별적으로 풀이함 247
　　2) 악행을 경계하는 문 251
　　　(1) 서분을 엶 251
　　　　① 시간과 장소를 서술함 251
　　　　② 법왕께서 권하고 책려함 252
　　　　　A. 책려하여 일으키게 함 252

B. 믿음을 권함 255
　Ⅰ. 수득문受得門 256
　　Ⅰ) 발심發心 256
　　Ⅱ) 수지受持 256
　　　(Ⅰ) 일분수一分受 256
　　　(Ⅱ) 전분수全分受 259
　Ⅱ. 호지문護持門 261
　　　(Ⅰ) 수심문隨心門 261
　　　(Ⅱ) 변학문徧學門 262
　　　(Ⅲ) 수성문隨性門 262
　　　(Ⅳ) 은밀문隱密門 263
　　　(Ⅴ) 순승문順勝門 265
　　　(Ⅵ) 의요문意樂門 266
　　　(Ⅶ) 포외문怖畏門 266
　　　(Ⅷ) 성승문成勝門 267
　　　(Ⅸ) 호장문護障門 268
　　　(Ⅹ) 구경문究竟門 269
　Ⅲ. 범실문犯失門 270
　A) 본사의 말씀을 전하여 외우는 문 272
　　(A) 주존의 수승함을 나타내는 문 272
　　　Ⓐ 나타낸 몸의 본말을 밝힌 문 272
　　　　a. 타수용신他受用身 273
　　　　b. 정토淨土의 화신化身 276
　　　　c. 예토穢土의 화신化身 278
　　　　d. 정토와 예토를 제시함 280
　　　Ⓑ 설법의 본말을 밝힌 문 281
　　(B) 계의 위력을 찬탄하는 문 283
　B) 말주末主가 현양顯揚함을 나타낸 문 285
　　(A) 전전展轉하면서 열어서 교화함을 나타낸 문 285
　　(B) 이루어야 할 계의 모양을 나타낸 문 286
　　(C) 능히 받을 수 있는 유정을 나타낸 문 288

(D) 자세하게 설하는 것을 열어서 허락함을 나타내는 문 ······ 291
③ 계를 제정하는 서문 ······ 291
  A. 경가經家의 서문 ······ 291
  B. 부처님의 서문 ······ 295
    A) 스승 ······ 295
    B) 법 ······ 297
    C) 제자 ······ 298
(2) 정설분正說分 ······ 304
① 중계重戒 ······ 304
  A. 총괄적으로 표함 ······ 304
    A) 숫자를 들고 수지할 것을 제정함 ······ 304
    B) 모양을 보이고 수지할 것을 권함 ······ 311
  B. 개별적으로 외움 ······ 313
    A) 10계十戒 ······ 313
      (A) 쾌의살생계快意殺生戒 제1(즐거운 생각으로 살생하는 일을 하지 마라) ······ 313
        ⓐ 제정한 뜻 ······ 315
        ⓑ 문장을 풀이함 ······ 316
          a. 위범의 모양을 밝힌 문 ······ 316
          b. 위범의 자성을 밝힌 문 ······ 317
          c. 경계사를 밝힌 문 ······ 319
          d. 죄를 이루는 것을 맺은 문 ······ 322
      (B) 겁도인물계劫盜人物戒 제2(남의 물건을 겁탈하고 훔치는 일을 하지 말라) ······ 325
        ⓐ 제정한 뜻 ······ 325
        ⓑ 문장을 풀이함 ······ 326
          a. 위범의 모양을 밝힌 문 ······ 327
          b. 위범의 자성을 밝힌 문 ······ 327
          c. 경계사를 밝힌 문 ······ 327
          d. 죄를 이루는 것을 맺은 문 ······ 340
      (C) 무자행욕계無慈行欲戒 제3(자비로운 마음이 없이 음욕을 행하는 일을

하지 마라) 341
　　Ⓐ 제정한 뜻 342
　　Ⓑ 문장을 풀이함 349
　　　a. 위범의 모양을 밝힌 문 349
　　　b. 위범의 자성을 밝힌 문 352
　　　c. 경계사를 밝힌 문 353
　　　d. 죄를 이루는 것을 맺은 문 355
(D) 고심망어계故心妄語戒 제4(고의적인 마음으로 거짓말을 하는 일을 하지 마라) 356
　　Ⓐ 제정한 뜻 357
　　Ⓑ 문장을 풀이함 358
　　　a. 위범의 모양을 밝힌 문 358
　　　b. 위범의 자성을 밝힌 문 359
　　　c. 경계사를 밝힌 문 359
　　　d. 죄를 이루는 것을 맺은 문 360
(E) 고주생죄계酤酒生罪戒 제5(술을 팔아서 죄를 일으키게 하는 일을 하지 마라) 362
(F) 담타과실계談他過失戒 제6(다른 사람의 과실을 말하는 일을 하지 마라) 364
　　Ⓐ 제정한 뜻 364
　　Ⓑ 문장을 풀이함 366
(G) 자찬훼타계自讚毁他戒 제7(자신을 찬탄하고 다른 사람을 비방하는 일을 하지 마라) 371
　　Ⓐ 제정한 뜻 372
　　Ⓑ 문장을 풀이함 373
　　　a. 위범의 모양을 밝힌 문 373
　　　b. 위범의 자성을 밝힌 문 374
　　　c. 경계사를 밝힌 문 375
　　　d. 죄를 이루는 것을 맺은 문 375
(H) 간생훼욕계慳生毁辱戒 제8(재물과 법을 아까워하고 헐뜯고 욕하는 일을 하지 마라) 377

　　　　Ⓐ 제정한 뜻 …… 377
　　　　Ⓑ 문장을 풀이함 …… 378
　　(I) 진불수사계瞋不受謝戒 제9(분노하면서 다른 사람이 사과하는 것을 받아들이지 않는 일을 하지 마라) …… 389
　　　　Ⓐ 제정한 뜻 …… 390
　　　　Ⓑ 문장을 풀이함 …… 392
　　(J) 훼방삼보계毁謗三寶戒 제10(삼보를 헐뜯고 비방하는 일을 하지 마라) …… 394
　　　　Ⓐ 제정한 뜻 …… 395
　　　　Ⓑ 문장을 풀이함 …… 396
　C. 죄를 이루는 것을 맺은 문 …… 398
　　A) 훼범하지 않을 것을 권함 …… 399
　　B) 위범에 의해 잃고 무너지는 것을 보임 …… 402
　　[C] 배울 것을 명하고 자세히 설할 곳을 가리킴 …… 406

범망경고적기 제4권 梵網經古迹記卷第四 …… 407

② 경계輕戒 …… 409
　A. 앞의 것을 맺고 뒤를 일으킴 …… 409
　B. 차례대로 외움 …… 412
　　A) 첫 번째 열 가지 계 …… 412
　　　(A) 자신의 심념心念을 수호하는 문 …… 412
　　　　Ⓐ 불경사장계不敬師長戒 제1 ①(스승과 어른을 공경하지 않는 일을 하지 마라) …… 412
　　　　Ⓑ 음주계飮酒戒 제2 ②(술을 마시는 일을 하지 마라) …… 417
　　　(B) 다른 사람의 심행心行을 수호하는 문 …… 423
　　　　Ⓐ 식육계食肉戒 제3 ③(고기를 먹는 일을 하지 마라) …… 423
　　　　Ⓑ 식오신계食五辛戒 제4 ④(다섯 가지 매운 것을 먹는 일을 하지 마라)

…… 428
　　ⓒ 불거교참계不擧教懺戒 제5 ⑤(잘못을 공개적으로 거론하여 참회하게 하지 않는 일을 하지 마라) …… 430
　(C) 불법을 우러러 닦는 문 …… 435
　　Ⓐ 주불청법계住不請法戒 제6 ⑥(처소에 머물면서 설법을 요청하지 않는 일을 하지 마라) …… 435
　　Ⓑ 불능유학계不能遊學戒 제7 ⑦(설법처를 찾아가서 배우지 않는 일을 하지 마라) …… 439
　　ⓒ 배정향사계背正向邪戒 제8 ⑧(바른 가르침을 등지고 삿된 가르침을 향하는 일을 하지 마라) …… 443
　(D) 중생을 구호하는 문 …… 445
　　Ⓐ 불첨병고계不瞻病苦戒 제9 ⑨(병으로 고통받는 이들을 보살피지 않는 일을 하지 마라) …… 445
　　Ⓑ 축살생구계畜殺生具戒 제10 ⑩(살아 있는 것을 죽이는 데 쓰이는 도구를 비축하는 일을 하지 마라) …… 448
B) 두 번째 열 가지 계 …… 451
　(A) 자신의 선善을 보호하는 문 …… 451
　　Ⓐ 통국사명계通國使命戒 제1 ⑪(국사가 되어 두 나라의 명령을 전달하는 일을 하지 마라) …… 451
　　Ⓑ 뇌타판매계惱他販賣戒 제2 ⑫(남을 괴롭히면서 판매하는 일을 하지 마라) …… 452
　　ⓒ 무근방훼계無根謗毀戒 제3 ⑬(근거도 없이 비방하는 일을 하지 마라) …… 454
　　Ⓓ 방화손생계放火損生戒 제4 ⑭(불을 질러서 살아 있는 것을 손상시키는 일을 하지 마라) …… 458
　(B) 다른 사람을 보호하고 섭수하는 문 …… 460
　　Ⓐ 법화위종계法化違宗戒 제5 ⑮(법으로써 교화하고 대승의 종지에 어긋나는 것을 가르치는 일을 하지 마라) …… 460
　　Ⓑ 탐재석법계貪財惜法戒 제6 ⑯(재물을 탐하고 법을 아끼는 일을 하지 마라) …… 464
　　ⓒ 의세악구계依勢惡求戒 제7 ⑰(형세에 의지하여 이치에 맞지 않게 구하

　　　　는 일을 하지 마라) 467
　　ⓓ 허위작사계虛僞作師戒 제8 18 (거짓으로 스승이 되는 일을 하지 마라)
　　　　...... 469
　　ⓔ 투쟁양두계鬪諍兩頭戒 제9 19 (양쪽 사람을 싸우게 하는 일을 하지 마라) 471
　　ⓕ 불구존망계不救存亡戒 제10 20 (살아 있는 사람과 죽은 사람을 구하지 않는 일을 하지 마라) 472
　　　　a. 살아 있는 것을 풀어 주어서 죽음의 고난에서 구제함 474
　　　　b. 재강齋講을 시설하여 죽은 사람의 영혼을 도움 476
C) 세 번째 열 가지 계 : 육화경六和敬 476
　(A) 세 가지 업을 함께함 : 신화경身和敬 · 구화경口和敬 · 의화경意和敬
　　　　...... 477
　　ⓐ 불인위범계不忍違犯戒 제1 21 (다른 사람이 거스르고 침범하는 것을 참고 감수하지 않는 일을 하지 마라) 477
　　ⓑ 만인경법계慢人輕法戒 제2 22 (덕 있는 사람을 업신여기고 법을 가볍게 여기는 일을 하지 마라) 481
　　ⓒ 경멸신학계輕蔑新學戒 제3 23 (처음 발심하여 배움을 시작한 보살을 경멸하는 일을 하지 마라) 483
　(B) 견을 함께함 : 견화경見和敬 488
　　ⓓ 포승순열계怖勝順劣戒 제4 24 (뛰어난 것을 두려워하고 하열한 것을 따르는 일을 하지 마라) 488
　(C) 이익을 함께함 : 이화경利和敬 492
　　ⓐ 위주실의계爲主失儀戒 제5 25 (주인의 소임을 맡아 일을 하면서 위의를 잃는 일을 하시 마라) 492
　　ⓑ 영빈위식계領賓違式戒 제6 26 (빈객을 영도함에 있어서 법식을 어기는 일을 하지 마라) 495
　　ⓒ 수타별청계受他別請戒 제7 27 (다른 사람의 별청을 수락하는 일을 하지 마라) 499
　　ⓓ 자별청승계自別請僧戒 제8 28 (자신이 스님을 별청하는 일을 하지 마라) 502
　(D) 계를 함께함 : 계화경戒和敬 504

Ⓐ 사명양신계邪命養身戒 제9 ㉙ (삿된 방식으로 생활을 하면서 몸을 기르는 일을 하지 마라) 504

　　Ⓑ 사친해생계詐親害生戒 제10 ㉚ (거짓으로 친근한 모습을 보이는 일과 살아 있는 것을 해치는 일을 하지 마라) 507

D) 아홉 가지 계 509

　(A) 불구존액계不救尊厄戒 제1 ㉛ (존귀한 것을 액난에서 구하지 않는 일을 하지 마라) : 보시를 여는 것 510

　(B) 횡취타재계橫取他財戒 제2 ㉜ (도리에 어긋나게 다른 사람의 재물을 취하는 일을 하지 마라) : 도리에 어긋나게 취하는 것을 막음 511

　(C) 허작무의계虛作無義戒 제3 ㉝ (의미가 없는 일을 하면서 헛되이 시간을 버리는 일을 하지 마라) : 삿된 연을 피함 513

　(D) 퇴보리심계退菩提心戒 제4 ㉞ (보리심에서 물러나는 일을 하지 마라) : 정승正乘(대승)에 나아가는 것 516

　(E) 불발원계不發願戒 제5 ㉟ (소원을 일으키지 않는 일을 하지 마라) : 소원을 일으키고 그것을 이룰 것을 추구함 520

　(F) 불생자요계不生自要戒 제6 ㊱ (스스로 맹세를 일으키지 않는 일을 하지 마라) : 생사의 인연이 되는 것을 싫어할 것을 맹세함 522

　(G) 고입난처계故入難處戒 제7 ㊲ (고의로 험난한 곳에 들어가는 일을 하지 마라) : 험난한 곳을 여의는 것 528

　(H) 좌무차제계坐無次第戒 제8 ㊳ (차례가 없이 자리에 앉는 일을 하지 마라) : 질서를 어지럽히는 것을 없애는 것 542

　(I) 불행이락계不行利樂戒 제9 ㊴ (이익과 즐거움을 주는 일을 행하지 않는 일을 하지 마라) : 이롭게 하고 즐겁게 함 550

E) 아홉 가지 계 554

　(A) 처음의 다섯 가지 계 : 계에 의해 섭수함 554

　　Ⓐ 섭화누실계攝化漏失戒 제1 ㊵ (섭수하고 교화함에 계를 받을 수 있는 근기인데도 빠뜨려서 잃는 중생이 있는 일을 하지 마라) : 계를 받을 만한 근기를 모두 섭수함 554

　　Ⓑ 악구제자계惡求弟子戒 제2 ㊶ (이치에 맞지 않게 제자를 구하는 일을 하지 마라) : 그릇된 것을 간별함 560

　　Ⓒ 비처설계계非處說戒戒 제3 ㊷ (그릇된 대상에게 계를 설하는 일을 하

　　　　　지 마라) : 외적으로 보호함 572
　　　　Ⓓ 고위성금계故違聖禁戒 제4 ④③ (고의로 성스러운 금계를 위범하는 일을
　　　　　하지 마라) : 내적으로 보호함 575
　　　　Ⓔ 부중경률계不重經律戒 제5 ④④ (경·율을 소중하게 다루지 않는 일을 하
　　　　　지 마라) : 공경함 577
　　　(B) 나중의 네 가지 계 579
　　　　Ⓐ 불화유정계不化有情戒 제6 ④⑤ (유정을 교화하지 않는 일을 하지 마라) :
　　　　　창도함 579
　　　　Ⓑ 설법괴의계說法乖儀戒 제7 ④⑥ (설법할 때 儀則에 어긋나는 일을 하지
　　　　　마라) : 설법하여 교화함 583
　　　　Ⓒ 비법입제계非法立制戒 제8 ④⑦ (그릇된 법으로 제지하는 법을 세우는
　　　　　일을 하지 마라) : 악을 막음 585
　　　　Ⓓ 자파내법계自破內法戒 제9 ④⑧ (스스로 내법을 파괴하는 일을 하지 마
　　　　　라) : 바른 것을 보호함 587
　　C. 맺으면서 받들어 행할 것을 권함 589
(3) 유통분 590

찾아보기 / 593

일러두기

1 '한국불교전서'는 문화체육관광부의 지원을 받아 동국대학교 불교문화연구원에서 수행하고 있는 '불교기록문화유산아카이브(ABC)사업'의 결과물을 출간한 것이다.
2 이 책의 번역은 『한국불교전서』(동국대학교출판부 간행) 제3책의 『범망경고적기梵網經古迹記』를 저본으로 하였다.
3 본 역서의 차례는 저자인 태현太賢의 과목 분류에 의거해서 역자가 임의로 넣은 것이다.
4 본 역서에서는 『범망경』 본문과 저자의 해석을 경과 술로 구분하였다.
5 번역문에 이어 원문을 수록하였다. 원문은 『한국불교전서』를 저본으로 하였으며, 띄어쓰기를 표시하기 위해 고리점(˳)을 사용하였다.
6 음역어는 현재의 한문 발음대로 표기하였고, 그에 해당하는 범어 표기는 『불광대사전佛光大辭典』에 의거하였다. ⓢ는 범어를 뜻한다.
7 원문의 교감 사항은 번역문의 각주와 별도로 원문 아래 부분에 제시하였다.
　㉑은 『한국불교전서』 편찬자가 교감한 내용이다.
　㉓은 번역자가 교감한 내용이다.
8 약물은 다음과 같다.
　『　』: 서명
　「　」: 편명, 산문 작품
　T : 대정신수대장경
　X : 만속장경

범망경고적기 제1권
| 梵網經古迹記* 卷第一** |

청구*** 사문 태현 지음
青****丘沙門 太賢集

---

* ㉮ 저본은 북경각경처北京刻經處 간행본이다. 갑본은 『속장경續藏經』 제1편 60투 套 3책이다. 을본은 『신수대장경新修大藏經』 제40권【관문寬文 8년(1668) 간행된 종교대학宗敎大學 소장본이다】, 병본은 원록元錄 2년(1689) 간행된 약사사藥師寺 소장본이다.

** ㉮ '第一'을 '上'이라 했다.(갑본·을본) ㉯ 이는 갑본과 을본에서는 '第一'을 '上'이라고 했다는 말이다. 이하 별도로 밝히지 않는다. 또한 이러한 형태의 교감에 대해서 『한불전』 본문의 글자가 타당할 때에는 별도로 어떤 글자를 취했는지 밝히지 않는다.

*** 청구青丘 : 신라의 다른 이름. 일설에 따르면 신라는 총괄적인 나라 이름이고, 청구는 그 나라에 속한 개별적인 나라의 이름이라고도 한다.

**** ㉮ '青' 앞에 저본에는 '唐新羅國'이 있는데, 편자가 삭제했다.

장차 이 경을 풀이하고자 하여 일곱 가지 문으로 나눈다. 때와 장소를 밝혔기 때문이고, 기근機根을 밝혔기 때문이며, 장藏(佛典)에 포섭되는 것을 밝혔기 때문이고, 번역을 밝혔기 때문이며, 종취宗趣를 밝혔기 때문이고, 제목의 이름을 밝혔기 때문이며, 본문을 밝혔기 때문이다.

將釋此經。七門分別。時處故。機根故。藏攝故。翻譯[1)]故。宗趣故。題名故。本文故。

---

1) ㉮ '譯'을 '釋'이라 했다.(갑본)

제1장 때와 장소[1]

"때와 장소"라고 한 것은, 근본은 곧 노사나불盧舍那佛이니, (처음 성불했을 때)[2] 연화대장세계蓮花臺藏世界[3]에서 설했고, 지말은 곧 석가불이니, 처음 성불했을 때 마가다국摩伽陀國[4]의 적멸도량寂滅道場[5]에서 설했다.

言時處者。本卽盧舍那佛。在蓮華臺藏世界說。末卽釋迦。初成佛時。於摩

---

1 제1장, 제2장 등의 분과와 제목은, 태현이 앞에서 서술한 것에 의해 역자가 부여한 것이다.
2 『범망경상권고적기강의梵網經 上卷古迹記綱義』권1(『일본대장경』20, 8b)에서 "연화대장세계에서도 역시 처음 성불했을 때 설한 것이지만, 생략하여 말하지 않았을 뿐이다."라고 한 것을 참조할 것.
3 연화대장세계蓮花臺藏世界 : 노사나불이 머무는 곳. 대향수해大香水海 가운데 하나의 화대華臺가 있는데, 연꽃 모양과 같기 때문에 연화대장세계라고 한다.
4 마가다국摩伽陀國 : '마가다'는 ⓢ Magadha의 음사어. 의역어는 무해국無害國이다. 부처님 재세 시 인도 16대국의 하나이다. 중인도에 있고, 고대 인도문화의 중심지로 불교의 발생지이다.
5 적멸도량寂滅道場 : 부처님께서 깨달음을 이루신 곳. 보리도량菩提道場이라고도 한다. 마가다국 가야성 서남쪽에 있다.

伽陀國寂滅道場說。

제2장 기근機根

"기근機根"이라고 한 것은, 보살성菩薩性[6]을 지니고 있고 발심發心한 사람이니, 비방하고 믿지 않는 이를 위해서는 설할 수 없기 때문이다.

言機根者。有菩薩性得發心者。爲謗不信。不得說故。

---

[6] 보살성菩薩性 : 보살의 종성. 곧 보살도를 닦아 불과佛果를 얻을 수 있는 성품을 지녔음을 나타내는 말. 법상종에서는 중생을 근기에 따라 다섯 가지로 분류했다. 첫째는 보살정성菩薩定性이니 보살도를 닦아 불과를 증득할 것이 결정된 중생이고, 둘째는 성문정성聲聞定性이니 성문도를 닦아 아라한과阿羅漢果를 이룰 것이 결정된 중생이며, 셋째는 독각정성獨覺定性이니 독각도를 닦아 벽지불과辟支佛果를 이룰 것이 결정된 중생이다. 넷째는 삼승부정성三乘不定性이니 종성이 결정되지 않은 중생이다. 여기에 다시 네 가지가 있으니, 첫 번째는 삼승의 종성을 모두 지닌 중생이고, 두 번째는 보살종성과 독각종성을 지닌 중생이며, 세 번째는 보살종성과 성문종성을 지닌 중생이며, 네 번째는 독각종성과 성문종성을 지닌 중생이다. 다섯째는 무성유정無性有情이니 삼승의 무루지無漏智의 종성이 전혀 없어서 궁극적으로 인간과 하늘에 태어나는 것 이상의 과보를 얻을 수 없는 중생이다. 법상종에 의거할 때, 보살성은 이상 다섯 가지 종성 가운데 첫째 한 가지와, 넷째인 삼승부정성의 네 가지 중생 가운데, 보살의 종성을 지니고 있는 것, 곧 첫 번째와 두 번째와 세 번째의 세 가지를 합하여 네 가지를 가리킨다고 할 수 있다. 그러나 법상종의 이러한 주장을 인정하지 않는 일성종一性宗의 입장에서 보면, 보살성이란 불성佛性을 가리키는 것으로 볼 수도 있다. 현재의 글만으로는 태현의 입장이 어디에 속하는지는 확언할 수 없다. 다만 승장勝莊은 『범망경보살계본술기梵網經菩薩戒本述記』권상(X38, 394b1)에서 "네 번째로 가르침을 받는 대상을 밝힌다. 가르침을 받는 대상을 논함에 있어서 다섯 종류가 있다. 삼승정성三乘定性 (세 가지와) 넷째인 부정성不定性과 다섯째인 무반열반성無般涅槃性을 말한다. 이 경은 단지 삼승정성 중의 보살정성과 (넷째인) 부정성의 중생을 위한 가르침이다. 그러므로 이 경을 설하는 것은 나머지 (성문정성·독각정성·무반열반성 등의 중생을) 위한 것은 아니다."라고 하여 명백하게 법상종의 입장을 따르고 있다.

제3장 장藏에 포섭되는 것

"장에 포섭되는 것을 밝혔기 때문이고"라는 것은, 보살장菩薩藏[7]과 비나야毗奈耶[8]에 통하여 포섭되는 것이다.[9]

藏攝故者。通菩薩藏毗奈耶攝。

제4장 번역翻譯

"번역을 밝혔기 때문이며"라는 것은 다음과 같다. 후진後秦 때 서역西域 출신의 삼장三藏 구마라집鳩摩羅什,[10] 의역어로는 동수童壽라고 하는 분이 있었는데, 보살계菩薩戒를 수지하고 오직 이 품[11]만 독송하였다. 의학사문

---

7 보살장菩薩藏 : 부처님께서 설하신 일대의 가르침을 두 가지로 분류한 것 중 하나. 다른 하나는 성문장聲聞藏이다. 성문장은 성문도聲聞道·연각도緣覺道를 밝힌 것이고, 보살장은 보살도菩薩道를 밝힌 것이다.
8 비나야毗奈耶 : ⑤ vinaya의 음사어. '毗'는 '毘'와 같은 글자이다. 줄여서 비니毗尼라고도 한다. 부처님께서 제정하신 생활규범. 몸과 마음과 입에서 일어나는 번뇌를 조화시켜 악행을 굴복시키도록 하기 때문에 조복調伏, 악의 불꽃을 불어 끄기 때문에 멸滅, 세간의 법률과 같이 죄를 판결하여 벌을 주는 역할을 하기 때문에 율律 등으로 의역한다.
9 이장二藏(성문장과 보살장)을 중심으로 할 때에는 보살장에 속하고, 삼장三藏(經藏·律藏·論藏)을 중심으로 할 때는 율장에 속한다는 말이다.
10 구마라집鳩摩羅什(344~413 또는 350~409) : ⑤ Kumārajīva의 음사어. 중국 4대 역경가 중 한 명. 줄여서 라집羅什·집什 등이라고도 하고, 경칭을 붙여 집 공什公이라고도 한다. 구자국龜玆國 출신으로 대승과 소승을 두루 섭렵하여 명망이 높았다. 401년 후진 요흥姚興이 그 명성을 듣고 흠모하여 장안으로 맞아들이고 극진히 대하였다. 이후 그의 전폭적 지원하에 소요원 등에 머물면서 승조僧肇·승엄僧嚴 등의 걸출한 제자를 배출했으며, 또한 이들과 함께 많은 불전을 번역했다.
11 이 품 : 『범망경』 전문全文 가운데 일부만 전해지고 있는 「범망경노사나불설보살심지계품 제10(梵網經盧舍那佛說菩薩心地戒品第十)」을 가리킨다. 곧 현재 전해지고 있는 『범망경』을 가리킨다.

義學沙門[12] 3천여 명과 함께 마침내 소요원逍遙園과 장안長安 초당사草堂寺에서 경론 50여 부를 번역했다. (경론 번역에 있어서) 가장 마지막에 후진의 왕이 금계禁戒를 받고자 했으므로 (이 품을) 별도로 염송하여 역출했는데, 혜융慧融[13] 등이 필수筆受했다.

翻譯故者。後秦。有西域三藏。鳩摩羅什。此云童壽。持菩薩戒。偏誦此品。與義學沙門三千餘人。逐於逍遙園及長安草堂寺。翻譯經論五十餘部。最後因秦主欲受禁戒。別誦譯出。慧融等筆受。

법장法藏[14] 스님이 말하기를, "서역에 10만 송 61품이 있으니, 갖추어서 번역하면 3백여 권이 된다."[15]라고 했고, 이 경의 서문序文[16]에서는 "120권일 수도 있다."[17]라고 했다.

---

12 의학사문義學沙門 : 불교의 사상을 담은 경전의 이치를 학습하는 것에 주력하는 스님. 혹은 그러한 방면에 탁월한 스님을 가리킨다.
13 혜융慧融 : 구마라집의 전기에 혜융에 대한 언급이 없기 때문에 이를 구마라집의 8대 제자, 곧 4대 제자인 도생道生 · 승조僧肇 · 도융道隆 · 승예僧叡에 다시 담영曇影 · 혜관慧觀 · 도항道恒 · 담제曇濟를 더한 여덟 명의 제자 가운데 두 명, 곧 혜관과 도융이라고 보는 경우가 많다. 그러나 명광明曠의 『천태보살계소天台菩薩戒疏』 권상(T40, 583c28)에서 "그때 사문 혜융과 도상 등의 8백여 명의 사람들이 요청하여 계를 받았고, 융 등이 필수하고 모두 함께 송지하였다."라고 했고, 법장法藏의 『범망경보살계본소梵網經菩薩戒本疏』 권1(T40, 605b20)에서 "그때 사문 혜융 · 도상 등을 비롯한 8백여 명의 사람들이 구마라집에게 요청하여 보살계를 받고, 마침내 소요원에서, 혹은 장안의 초당사라고 하는 경우도 있는데, 여기에서 학사와 함께 50여 부의 경론을 번역했다. 오직 이 『범망경』은 최후에 구마라집이 스스로 송출하고 함께 번역했으며, 혜융 등이 필수하고 또한 함께 송지했다."라고 한 것을 참조할 때 혜융은 한 사람의 이름으로 보는 것이 타당할 것 같다.
14 법장法藏(643~712) : 당나라 때 스님. 화엄종의 제3조. 자는 현수賢首, 호는 국일 법사國一法師이다. 화엄교학을 집대성했다.
15 법장의 『범망경보살계본소』 권1(T40, 605a17)에서 "집공상전운什公相傳云"이라고 하여 인용문의 형태로 제시한 것을 재인용한 것이다.
16 승조가 지은 『범망경』 서문을 가리킨다. 태현이 이에 대한 별도의 주석을 달지 않았기 때문에 현재 『한불전』에는 수록되어 있지 않다.

法藏師云。西域有十萬頌六十一品。具譯成三百餘卷。此經序云。可有
一百二十卷。

또한 윗대의 여러 대덕大德이 서로 전하여 말하였다.
"진제眞諦[18] 삼장이 보살율장菩薩律藏을 가지고 이 땅으로 오려고 남해南海에서 배를 탔는데 배가 바로 가라앉으려고 했다. 다른 물건을 덜어내었지만 여전히 기울어져 바로 서지 않았고, 오직 율본律本을 버렸더니 배가 비로소 나아갔다. 진제가 탄식하여 말하기를, '보살계율菩薩戒律이 한지漢地(중국)에는 인연이 없으니 매우 슬프구나'라고 했다. 또한 담무참曇無讖[19] 삼장이 서양주西涼州에 머물 때 사문 법진法進 등이 담무참에게 보살계를 줄 것을 요청하고 아울러 계본戒本을 청하였다. 담무참이 말하기를, '이 나라 사람은 성정이 거치니, 어찌 보살도菩薩道를 감당할 만한 근기를 지닌 이가 있겠는가'라고 하고 끝내 주지 않았다. 법진 등이 거듭해서 요청하였지만 소원을 이루지 못하자, 불상佛像 앞에서 서원을 세우고 계를 구하였다. 7일을 막 채우자, 꿈에 미륵彌勒이 나타나서 친히 계戒(菩薩戒)를 주고 아울러 계본을 주었으며, 아울러 모두 외워서 얻었다. 꿈에서 깨어나 담무참을 친견하니, 담무참

---

17 「범망경서梵網經序」(T24, 997a29).
18 진제眞諦(499~569) : Ⓢ Paramārtha의 의역어. 중국 4대 번역가 중 한 명. 서북인도 출신으로 548년(태청 2) 건업建業(南京)으로 들어왔다. 여러 지역을 두루 다니면서도 역경에 전념하여 다수의 경론을 번역하였다. 특히 그의 역서인 『섭대승론攝大乘論』・『섭대승론석攝大乘論釋』 등은 그 영향이 매우 컸다. 이 두 가지 논서는 남조南朝 섭론학파攝論學派의 중요한 이론의 근거가 되었고, 이로 인해 진제도 또한 섭론종攝論宗의 종조로 일컬어진다.
19 담무참曇無讖(385~433) : Ⓢ Dharma-rakṣa의 음사어. 의역어는 법풍法豐이다. 중인도 출신으로 북량北涼의 역경승. 412년(현시 1) 하서왕河西王 저거몽손沮渠蒙遜이 고장姑臧(중국 甘肅省 武威縣에 있는 성)으로 맞이하여 극진하게 대하였다. 『열반경』 등을 비롯하여 많은 경론을 번역했다.

이 그 일의 상태가 기이한 것을 보고 탄식하면서 찬탄하여 말하기를, '한지에도 또한 사람이 있었구나'라고 하고, 곧 역출한 계본을 주었는데, 법진이 꿈에서 외운 것과 글과 뜻이 서로 같았다. 지금 별행본別行本으로 유포되는 지지계본地持戒本[20]으로 첫머리에 귀경게歸敬偈를 둔 것[21]이 이것이다."[22]

又上代諸德相傳云。眞諦三藏。將菩薩律藏。擬來此時。[1)] 於南海上船。船卽欲沒。省去餘物。仍猶不起。唯去律本。船方得進。眞諦歎曰。菩薩戒律。漢地無緣。深可悲矣。又曇無讖三藏。於西涼州。有沙門法進等。求讖受菩薩戒。幷請戒本。讖曰。此國人麤。豈有堪爲菩薩道器。遂不與授。進等苦請。不獲所願。於佛像前。立誓求戒。七日纔滿。夢見彌勒。親與授戒。並受戒本。並皆誦得。覺已見讖。讖覩其相異。唱然歎曰。漢地亦有人矣。則與譯出戒本。與進夢誦。文義相同。今別行地持戒本。首安歸敬偈者是。

1) 옌『범망경보살계본소』에 따르면 '時'는 '土'이다.

또한 들으니, "서역의 모든 소승의 절에서는 빈두로賓頭盧[23]를 상좌上座로 하고, 모든 대승의 절에서는 문수사리文殊師利를 상좌로 한다. 승중僧衆으로 하여금 함께 보살계를 수지하도록 하고, 갈마羯磨[24]와 설계說戒[25]는

---

20 지지계본地持戒本 : 『보살지지경菩薩地持經』에서 초출한 보살계본이라는 뜻.
21 담무참이 한역한 『보살계본菩薩戒本』(T24, No.1500)을 가리킨다. 역시 담무참이 한역한 『보살지지경』 권5에서 사바라이四波羅夷·41경계四十一輕戒 등과 같은 대승계大乘戒의 율의를 초역抄譯하여 수행자들이 편리하게 수지하고 독송할 수 있도록 한 것이다. 맨 앞에 귀경게를 싣고, 다음에 사바라이와 41경계의 계의 모양을 설하였으며, 마지막에 수지하고 독송할 것을 권하는 글을 실었다.
22 또한 윗대의~것이 이것이다 : 법장의 『범망경보살계본소』 권1(T40, 605a21)에 거의 동일한 문장이 나온다.
23 빈두로賓頭盧 : [S] Piṇḍola의 음사어. 부처님의 제자. 사자후제일師子吼第一로 일컬어진다. 부처님의 명령에 의해 열반에 들지 않고 세상에 영원히 머물면서 정법을 지키는 16아라한 중 한 분이다.

모두 보살의 법사法事를 짓게 하며, 보살율장菩薩律藏을 항상 독송하여 끊어지지 않게 한다."라고 한다.[26]

又聞。西域諸小乘寺。以賓頭盧爲上座。諸大乘寺。以文殊師利爲上座。合[1] 衆共[2]持菩薩戒。羯磨說戒。皆作菩薩法事。菩薩律藏。常誦不絕。

1) ㉢『범망경보살계본소』에 따르면 '合'은 '令'이다.   2) ㉢『범망경보살계본소』에 따르면 '共'은 '同'이다. 뜻은 같다.

제5장 종취宗趣

"종취宗趣"라고 한 것은, 말이 나타내려는 것을 "종"이라 하고, 종이 돌아가는 곳을 "취"라고 한다. 이 경은 바로 심행心行(마음의 行相)을 "종"으로 삼고, 깨달음을 증득하고 중생을 이롭게 하는 것을 그 "취"로 삼는다.

言宗趣者。語之所表曰宗。宗之所歸曰趣。此經。正以心行爲宗。證覺利生。以爲其趣。

---

24 갈마羯磨 : [S] karman의 음사어. 업業·판사辦事·작법판사作法辦事 등으로 의역한다. 승가의 중요한 일을 결정하기 위해 행하는 전체 회의를 일컫는 말이다.
25 설계說戒 : [S] poṣadha의 의역어. 포살布薩이라고 음사하고 정주淨住라고도 의역한다. '설계'란 포살의 형식에서 유래한 명칭이다. 동일한 지역에 머무는 스님들이 보름마다 모여서 모임의 대표자가 수지해야 할 계율의 조목을 독송하는 것을 듣고, 그것을 어긴 사실이 있을 경우, 이를 고백하고 참회하여 청정함을 회복하는 의식이다.
26 또한 들으니~라고 한다 : 법장의 『범망경보살계본소』 권1(T40, 605b4)에 거의 동일한 문장이 나온다.

제1절 종宗(말이 나타내려는 것)

"심행心行"이라고 한 것은 간략히 두 문이 있다. 첫째는 바른 행위를 가르치는 문이고, 둘째는 악한 행위를 경계하는 문이다. 바른 행위를 가르치는 것은 곧 경의 처음에서 삼현三賢·10성十聖[27]이 내적으로 증득한 행을 설한 것이고, 악한 행위를 경계하는 것은 곧 경의 뒤에서 10중계十重戒와 48경계四十八輕戒의 행을 설한 것이다. 경에서 자세하게 설했다. 뒤에서 (설하는 것과) 같으니 (그에 준하여) 알아야 한다.

> 言心行者。略有二門。一教正行門。二誡惡行門。教正行者。卽經初說三賢十聖內證之行。誡惡行者。卽經後說十重四十八輕戒行。經自廣說。如後應知。

제2절 취趣(宗이 돌아가는 곳)

돌아가는 곳인 취趣라는 것은, 또한 두 가지 문이 있다. 첫째는 여래성문如來性門이고, 둘째는 발취상문發趣相門이다. 소취所趣와 능취能趣가 차례대로 배속되는 것을 알아야 한다.[28]

> 所歸趣者。亦有二門。一如來性門。二發趣相門。所趣能趣。如次應知。

---

[27] 삼현三賢·10성十聖 : '삼현'은 보살 수행 52계위 중 제11~제40, 곧 10해十解(十住)·10행十行·10회향十迴向 등의 보살을 일컫는 말이고, '10성'은 제41~제50, 곧 10지十地의 보살을 일컫는 말이다.
[28] 여래성문은 소취의 상相이고, 발취상문은 능취의 상相이라는 말이다.

1. 여래성문如來性門

(첫 번째로) 여래성이라는 것은 곧 진여성眞如性이다. 『입능가경』에서 "적멸寂滅이라는 것은 일심一心이라 하고, 일심이라는 것은 여래장如來藏이라 한다."²⁹라고 한 것과 같다. 말하자면 중생의 마음은, 생겨난 것처럼 보이지만(似生)³⁰ 생겨남이 없음을 성품으로 삼으니³¹ 고요하게 일심의 바다를 이룬다. (그런데) 생겨난 것처럼 보이는 것의 모양이 흐르면서 육도六道의 물결을 이룬다.

> 如來性者。卽眞如性。如經。寂滅者。名爲一心。一心者。名如來藏。謂衆生心。似生無生之性。寥爲一心之海。似生之相。流成六道之波。

『부증불감경』에서 "이 법신이 생사의 세계를 표류하면 중생이라 하고, 이 법신이 모든 도度(바라밀)를 수행하면 보살이라 하며, 이 법신이 피안彼岸(열반)에 머물면 제불諸佛(부처님들)이라 한다."³²라고 한 것과 같다. 이것은 또 무엇을 말하는 것인가. 생사의 꿈은 오직 미혹된 마음에만 있을 뿐이다. 허망한 습기가 마음을 어지럽히고 혼탁하게 하기 때문에, 혹은 안근眼根 등을 사현似現³³하고 혹은 색경色境 등을 사현하는데, 이것은 마치 예안瞖眼³⁴에 의해 나타나는 허공의 꽃과 같은 것이다. 천지산하天地山河는

---

29 『입능가경入楞伽經』 권1(T16, 519a1).
30 생겨난 것처럼 보이지만(似生) : 의타기성依他起性이라는 말. 곧 다른 것에 의존하여 생기하는 존재 형태를 가리키며 허망분별을 그 내용으로 한다.
31 생겨남이 없음을 성품으로 삼으니 : 다른 것에 의존하여 생겨난 것은 실체적 성품이 없는 것이니 임시로 생겨난 것일 뿐이고 진실로 생겨난 것은 아니라는 말. 이로 인해 드러나는 존재의 형태를 원성실성圓成實性이라 한다. 이는 완성된 존재 형태를 말하며 공성空性을 그 내용으로 한다.
32 『부증불감경不增不減經』(T16, 467b6)의 취의 요약이다.
33 사현似現 : 실재가 아닌데 실재인 것처럼 나타나는 것을 의미한다.

비록 끝이 없지만 꿈에 나타난 것과 같아서 의거할 곳이 없다. 색色 등은, 경계의 바람에 의해 격동되어 장식藏識(제8식)의 바다에 전식轉識[35]의 물결이 일어나고, 육처六處(六根)를 일으켜서 육진六塵(六境)을 분별한 것이다. 그러므로 색경·성경聲境 등은 오직 꿈에만 나타나는 대상(塵)과 같으니, 마음의 행상行相[36]을 없애면 전혀 얻을 것이 없다. 대상(境)은 이미 곧 마음이니, 마음도 대상과 같이 공空이다. 미혹하기 때문에 생사를 윤회하고 깨닫기 때문에 열반을 얻는다. 그러므로 공성空性을 여래장이라 한다.

如不增不減經云。卽此法身。飄流生死。名爲衆生。卽此法身。修行諸度。名爲菩薩。卽此[1)]法身。住於彼岸。名爲諸佛。此復云何。生死之夢。唯有迷心。虛妄習氣。擾濁心故。或似眼等。或似色等。猶如瞖[2)]眼所見空華。天地山河。雖無邊際。如夢所見。莫據之方。色等境風之所擊動。藏識海中。轉識浪起。涌於六處。分別六塵。然色聲等。唯如夢塵。除心行相。都無所得。境旣卽心。心如境空也。迷故生死。悟故涅槃。是以。空性名如來藏。

1) ㉗ '此'를 '也'라 했다.(을본)　2) ㉗ '瞖'를 '翳'라고 했다.(갑본·을본·병본) ㉠ 둘 모두 무방하다.

2. 발취상문發趣相門

두 번째로 발취문發趣門(발취상문)이라는 것은 다음과 같다. 이와 같이 내부에 여래성을 지녔기 때문에 "모든 유정이 여래장을 함께 지니고 있지만

---

34 예안瞖眼 : 티끌 등에 의해 눈이 가리어진 것. 이로써 사물을 있는 그대로 보지 못한다.
35 전식轉識 : 8식 가운데 앞의 7식. 곧 전오식前五識·의식意識·말나식末那識을 가리킨다.
36 행상行相 : 심왕心王과 심소心所(마음의 작용)가 갖추고 있는 인식 작용 혹은 그것에 나타난 영상影像의 상태를 가리킨다. 심왕·심소가 각자의 성능에 따라서 경계의 형상에서 유행遊行하고, 또한 마주하는 경계의 형상에서 작용하기 때문에 행상이라고 한다.

망념妄念에 의해 표류하여 고륜苦輪이 끝이 없다."라는 말을 듣고, 생사의 큰 바다에 빠져서도 서원을 배를 젓는 노로 삼아서 그곳에서 받는 큰 고통을 두려워하지 않으며, 무너뜨릴 수 없는 걸림이 없는 의요意樂[37]를 발하여, "대보리大菩提가 얻을 수 있는 법이라면, 나도 또한 장부丈夫이니, 3대아승기야大阿僧企耶[38]가 비록 아득해도 굳게 결심하면 반드시 지나서 벗어날 수 있을 것이다. 무상정등보리無上正等菩提[39]가 비록 멀어도 이를 얻을 것을 서원하면 반드시 도달할 수 있을 것이니, 어찌 무명無明의 껍질을 터트리고 늘 법계의 영웅과 융화하며, 선사善士를 친근히 하고 정법正法을 청하여 들으며, 지혜를 어머니로 삼고 방편을 아버지로 삼으며, 중생을 널리 섭수하여 자신의 권속으로 삼고 공적空寂을 집으로 삼으며, 법의 즐거움을 아내로 삼고 자애로운 마음을 딸로 삼고 지극한 정성을 아들로 삼지 않겠는가."라고 하는 것이다.

第二發趣門者。如是內有如來性故。聞諸有情。同如來藏。妄念所飄。苦輪無際。生死大海。誓爲舟楫。[1] 不畏其中所受大苦。發不可壞無礙意樂。謂大菩提。若可得法。我亦丈夫。三大阿僧企耶雖絶。期之者。要可出之。無

---

37 의요意樂 : ⓢ āśaya의 의역어. 음사어는 아세야阿世耶이다. 어떤 목적을 성취하려는 의지로 사思와 욕欲을 본질로 한다. 의사意思·의욕·의향 등과 같은 말이다.

38 3대아승기야大阿僧企耶 : 보살이 수행을 하여 불과를 원만하게 이룰 때까지 걸리는 시간. 3대아승기겁大阿僧祇劫·3대겁大劫·3겁劫 등이라고도 한다. 10주·10행·10회향 등 삼현위三賢位를 수행하면서 7만 5천 분의 부처님께 공양하는 데 첫 번째 아승기겁이 걸리고, 10지 중 초지初地부터 제7지에 이르기까지 수행하면서 6만 6천 분의 부처님께 공양하는 데 두 번째 아승기겁이 걸리며, 제8지부터 부처님이 되기까지 수행하면서 7만 7천 분의 부처님께 공양하는 데 세 번째 아승기겁이 걸린다. '아승기야'는 ⓢ asaṃkhya의 음사어로 줄여서 아승기阿僧祇라고도 하며, 무수無數라고 의역한다.

39 무상정등보리無上正等菩提 : ⓢ anuttara-samyak-saṃbodhi의 의역어와 음사어를 합한 말. 갖춘 음사어는 아뇩다라삼먁삼보리阿耨多羅三藐三菩提이다. '아뇩다라'는 위없는 것을 뜻하고, '삼먁삼보리'는 바르게 두루 아는 것을 뜻한다. 곧 부처님께서 깨달으신 지혜를 일컫는 말이다.

上正等菩提雖遠。誓之者。定有至也。盡決無明之觳。常²⁾融法界之雄。親
近善士。聽聞正法。智慧爲母。方便爲父。廣攝衆生爲自眷屬。空寂爲家。
法喜爲婦。慈心爲女。至誠爲男。

1) ㉮ '楫'을 '戠'이라 했다.(갑본·을본·병본) ㉱ 같은 글자이다. 2) ㉮ '常'을 '掌'이라
했다.(갑본·을본·병본)

비록 집에 머물러도 삼유三有⁴⁰에 집착하지 않고, 비록 오욕五欲을 감수
하는 모습을 나타내더라도 항상 범행梵行에 머물며,⁴¹ 사람이 많이 왕래
하는 사거리에서 유희하면서 중생을 이롭게 하는 것에 마음을 두며, 다른
사람의 뜻을 이루도록 하기 위해 자신의 목숨을 버릴 수 있으며, 강론이
이루어지는 곳을 방문하여 대승으로 인도하고, 모든 학당學堂에 들어가서
동몽童蒙⁴²을 가르쳐서 깨우치게 한다.⁴³ 바람 앞에서⁴⁴ 친구를 사귀되 반
드시 그 스승이 되는 이를 간별하여 달빛 아래에서 분별하는 생각을 버리
며, 그림자 속에서 도道를 맛본다. 초계草繫⁴⁵의 공덕이 있기 때문에, (혹

---

40 삼유三有 : 중생이 생사윤회하는 세계를 그 존재 양태에 따라 셋으로 분류한 것. 욕계
의 존재(欲有)·색계의 존재(色有)·무색계의 존재(無色有) 등을 일컫는 말이다.
41 『유마힐소설경維摩詰所說經』에 따르면 처자가 있는 모습을 보이더라도 항상 범행을
닦는 것이다.
42 동몽童蒙 : 어린이. 어린이는 아직 사리事理에 어둡기 때문에 그러한 상태에 있는 사
람을 가리키는 말로도 쓰인다.
43 『유마힐소설경』 권상 「방편품方便品」(T14, 539a8)에서 설한 유마힐 거사의 행적을 취의
요약한 것이다.
44 희론 등과 같은 세속에서 일어나는 온갖 장애를 만나는 것을 가리키는 것 같다.
45 초계草繫 : 『대장엄론경大莊嚴論經』 권3(T4, p.268c5)에서 계율을 굳게 지켜 세인의 스
승이 된 사례를 제시하기를, "비구들이 들판에서 도적들에게 옷을 빼앗겼다. 도적들은
비구들이 마을에 가서 이 사실을 알릴 것을 두려워하여 그들을 살해하려 했다. 이때 출
가했던 적이 있던 도적이, 비구는 풀을 다치게 해서는 안 되는 계율이 있으니, 풀로 묶
어 두면 풀을 해칠 것을 두려워하여 그들 스스로 마을로 가서 알릴 수 없을 것이라고
제안했다. 도적들은 이 제안을 수용하여 비구들을 풀로 묶어 두고 떠났다. 비구들은 풀
을 해침으로써 계율을 어기게 될 것을 염려하여 온갖 역경 속에서도 감히 벗어나려고
하지 않았다. 그 나라의 왕이 사냥하러 왔다가 비구들이 풀에 묶인 것을 보고 일의 자

시) 풍운風雲[46]이 있어서 미색美色과 사귀면서 놀더라도 또한 그것이 공空한 것임을 안다. 대비大悲와 반야般若의 도움을 받아 부주도不住道(어디에도 머물지 않는 도)를 타고 마음의 실제實際에 이르러서 단지 모든 마음에서 자성自性을 반조返照함으로써 몽매한 지위를 밝게 비추어 부처님·보살의 지위를 이루기 때문이다.

雖在居家。不著三有。雖現受欲。常住梵行。遊於衢路。利物爲心。欲成他義。能捨自命。詣講論處。導以大乘。入諸學堂。誘開童蒙。[1] 風前交友。必簡其師。月下忘懷。影中味道。草繫之功。自有風雲。交遊美色。亦知其空。大悲般若之所輔翼。乘不住道。至心實際。但於諸心。返照自性。明昧位。立佛菩薩故。

1) ㉮ '蒙'을 '曚'이라 했다.(갑본·을본·병본) ㉯ 뜻은 같다.

무엇을 "부주도不住道"라고 하는가. 공변과 유변에 머물지 않는 지혜이다. 곧 전도顚倒를 반연하여 세간世間의 모양이 있고, (이렇게) 이미 전도가 있으니, 곧 유有·무無를 여의는 것일 뿐이다. 성천聖天[47]이 말하기를, "유有는 진유眞有가 아니니 무無도 또한 진무眞無가 아니라네."[48]라고 한 것과 같다. 말하자면 망식妄識에 의해 (제법을 유有라고 집착하지만) 사유

    흐지衆을 일아본 후 그들을 모두 풀어 주고 불법에 귀의했다."라고 했다. 이것에 의거하여 계율을 엄격하게 지키는 비구를 초계비구라고 한다.
46 풍운風雲 : 바람과 구름. 변화의 기운. 여기에서는 번뇌를 가리키는 것 같다.
47 성천聖天 : [S] Ārya-deva의 의역어. 보통 deva의 음사어만 취하여 제바提婆라고 부른다. 2~3세기경 생존했다. 중관학파의 종조인 용수의 제자이다.
48 『광백론본廣百論本』(T30, 186c15). 주석서인 『대승광백론석론大乘廣百論釋論』 권10(T30, 245b14)에서 "진유가 있으면 진무도 있을 수 있지만 진유가 이미 없는데 진무가 어찌 있겠는가. 진무가 없기 때문에 진유도 또한 없으니, 진실로 유도 아니고 무도 아니다.(若有眞有。可有眞無。眞有旣無。眞無豈有。無眞無故。眞有亦無。眞非有無。)"라고 했다.

似有로서 현현한 것일 뿐이고, 증지證智에 바로 나아가서 (제법이 무無임을 관찰하지만) 사무似無를 증득의 대상으로 삼은 것일 뿐이다. 그런데 승의勝義에 있어서는 필경무畢竟無[49]인 것은 아니니, 모든 승의가 무無라면 속俗도 또한 무無이기 때문이다. 이미 유성有性을 여의면 반야에 의해 공을 증득하여 또한 무성無性을 여읜다. 대비에 의해 유정의 고통을 뿌리 뽑고, 유정의 고통을 뿌리 뽑기 때문에 열반에 머물지 않으며, 공을 증득하기 때문에 생사에 머물지 않는다. 두 변에 머물지 않으니 범부와 이승二乘(성문승·연각승)과는 다르다. 범부·소승(이승)과 다르기 때문에 스스로 보리를 증득한다. 『유가사지론瑜伽師地論』에서 "공의 성품(性)과 모양(相)을 잃고 무너뜨림이 있다면, 곧 일체의 대승을 잃고 무너뜨리는 것이다."[50]라고 한 것과 같다. 그러므로 보살은 육도六度(六波羅蜜)를 행할 때 모두 무소득을 방편으로 삼는다. '무소득'이라는 것은 곧 부주도이다. 오직 유有만 공이라면 곧 무無를 얻을 수 있지만, 다시 공공空空(공도 역시 공한 것)이기 때문에 무소득이고, 무소득이기 때문에 삼륜三輪이 청정하니,[51] 이를 구경의 보살행을 닦는 것이라고 한다.

云何名爲不住道耶。於空有邊。不住慧也。謂顚倒緣。有世間相。旣顚倒有。卽離有無。如聖天言。有非眞有故。無亦非眞無。謂於妄識。似有而現。卽於證智。似無所得。然於勝義。非畢竟無。諸勝義無。俗亦無故。旣離有性。般若證空。亦離無性。大悲拔有。拔有之故。不住涅槃。證空之故。不住生死。不住二邊。異凡二乘。異凡小故。自證菩提。如瑜伽云。於空性相。有失

---

49 필경무畢竟無 : 끝내 존재하지 않는 것. 곧 토끼의 뿔·거북의 털 등과 같이 그 사상事相을 추구해도 끝내 허망하여 실재하지 않는 것을 가리킨다.
50 『유가사지론瑜伽師地論』 권77(T30, 727a13).
51 삼륜三輪이 청정하니 : '삼륜'은 보시를 하는 사람·보시를 받는 사람·보시하는 물건을 가리킨다. 이 세 가지 모양을 마음에 지니지 않는 것. 보시바라밀布施波羅蜜을 완성한 경지를 나타내는 말이다.

壞者。便爲失壞一切大乘。是以。菩薩行六度時。皆無所得。以爲方便。無所得者。卽不住道。若唯空有。便可得無。而復空空故。無所得。無所得故。三輪淸淨。是名究竟修菩薩行。

제6장 제목의 이름

경 범망경노사나불설심지법문품 제10

梵網經盧舍那佛說心地法門品。第十。[1)]

---
1) ㉮ '梵網……第十'의 17자가 없다.(을본·병본)

술[52] "제목의 이름"이라고 한 것은, "범망경"은 한 부를 총괄하는 명칭이고, "노사나불설심지법문품 제10"이라는 것은 이 품의 개별적 명칭이다.

"범梵"이라는 것은 능히 청정한 것을 뜻하고, "망網"이라는 것은 유정을 섭수하는 것을 뜻한다. 말하자면 이 경은 유정천有頂天[53]에 이르기까지 생사의 큰 바다에서 유정을 잡고 취하여 끝내 위없는 적멸寂滅(열반)의 언덕에 이르게 하고, 온갖 굶주림과 목마름에 시달리는 부류에게 끝없이 배부름의 이익을 주는 것이, 마치 세간의 그물과 같기 때문이다. 이 뜻을 나타

---
52 **술** : 이것은 본문에 없는 것이다. 뒤에서 태현 자신이 '술왈述曰'이라고 하여 경經과 구별하고 있기 때문에 이것에 의거하여 역자가 집어넣었다.
53 유정천有頂天 : 형체를 지닌 것으로서 가장 상위의 하늘이라는 뜻. 곧 색계의 가장 높은 하늘인 색구경천色究竟天을 가리킨다. 형체를 지닌 것과 지니지 않은 것을 통틀어서 가장 상위의 하늘이라는 뜻도 있다. 이 경우는 무색계의 가장 높은 하늘인 비상비비상처천非想非非想處天을 가리킨다. 여기에서는 전후문맥상 삼계를 윤회하는 중생을 통틀어서 지칭하는 뜻이 있기 때문에 후자의 의미로 쓰인 것으로 보인다.

내기 위해서 (『범망경』에서) "모든 범왕梵王이 망라당網羅幢[54]을 가지고 부처님께 공양하고 법을 들었는데, 부처님께서 이것으로 인해 말씀하시기를, '세계가 차별되는 것이 마치 그물코와 같으니, 부처님의 가르침의 문도 또한 이와 같다'라고 하셨다."[55]라고 했다. "세계가 차별되는 것이 (마치 그물코와 같으니)"라는 것은 수미수須彌樹의 형태로[56] 거꾸로 머무는 세계로[57] (다양하게 나타나지만 끝내) 평등하게 두루 섭입하기 때문이고, "부처님의 가르침의 문"이라는 것은 비록 한맛인 법이지만, 온蘊·계界·처處 등으로 법문이 구별되기 때문이다. 이러한즉 범주梵主(범왕)의 그물이, 그물코는 많지만 그물은 하나인 것처럼, 법왕法王의 계법戒法도 또한 그러하다는 것을 알아야 한다. 비록 티끌처럼 많은 사문이 있어도 끝내 하나의 도에 귀입하고, 온갖 행도 하나의 문으로 귀입하니, 바로 뜻을 얻는 것(得意)이다. 뜻을 얻어서 행하면 모두 법성에 부합한다. 그러므로 비유에 의해 "범망경"이라 했다.

"경"은 계경契經(S sūtra)이다. 꿰뚫고 호지하는 것을 뜻으로 삼는다. 이치를 꿰뚫고 중생을 호지하여 산실하지 않기 때문이다.

言題名者。梵網經。一部都名也。盧舍那佛說心地法門品第十者。此品別名也。梵者能淨之義。網者攝有情義。謂此經者。乃至有頂。生死大海。拘持有情。終致無上寂滅之岸。無盡饒益諸飢渴類。如世網故。爲顯此義故。諸梵王。持羅網[1]幢。供佛聽法。佛因此說。世界差別。猶如網孔。佛敎門。亦

---

54 망라당網羅幢 : 깃대에 늘어뜨린 형태의 그물을 가리킨다.
55 『범망경』 권하(T24, 1003c14).
56 수미수須彌樹의 형태로: 『화엄경』 권4(T9, 414b10)에서 세계를 다양하게 장엄하는 것 가운데 하나로 제시한 것과 관련된 것이다.
57 거꾸로 머무는 세계로: 『화엄경』 권53(T10, 281b16)에서 세계를 여러 가지로 분류한 것 중 하나이다. 땅을 향하는 형태로 살아가는 세계를 가리킨다. 상대어는 하늘을 우러르는 형태로 살아가는 세계(仰世界)이다.

如是。世界別者。須彌樹形。覆世界。等徧涉入故。佛教門者。雖一味法。蘊
界處等。法門別故。是則。如梵主網。孔多網一。法王戒法。當知亦爾。雖塵
沙門。終歸一道。萬行一門。所謂得意。得意而行。皆稱法性。是故。從喩名
梵網經。經謂契經。貫持爲義。貫義持生。不散失故。

1) ㉠『범망경』에 따르면 '羅網'은 '網羅'이다.

"노사나盧舍那"라는 것은 정만淨滿이라 의역한다. 어떤 장애도 청정하
게 제거하지 않음이 없고, 어떤 덕도 원만하게 갖추지 않음이 없기 때문
이다. 법장 스님이 말하기를, "범본梵本에는 모두 비로사나毗盧舍那라고 했
는데, 광명변조光明徧照라고 의역한다. 지혜의 광명으로 법계를 비추고 몸
의 광명으로 대기大機(뛰어난 근기)에 응하여 비추기 때문이다."[58]라고 했다.
"범망梵網"이라는 글자 뒤에 이러한 이름을 표방한 것은, 다른 품은 석가
불이 설한 것임을 간별하기 위한 것이다. "불佛"은 각자覺者[59]를 말한다.
세 가지 뜻이 있으니 일반적으로 말하는 것[60]과 같다. "설說"은 원음圓音으
로 교묘하게 응하여 이해를 낳도록 하는 것이다. 유식唯識의 온갖 덕이 여
기에서 생장하니 "심지心地"라고 한다. 고통에서 벗어나는 나루이고, 청정
으로 들어가는 문이니, 이를 일컬어 "법문法門"이라 한다. 글과 뜻에 차별
이 있기 때문에 "품品"이라 한다.

盧舍那者。此云淨滿。無障不淨。無德不圓故。法藏師云。梵本。皆名毗盧
舍那。此云光明徧照。智照法界。身應大機故。梵網字下。標此名者。爲簡

---

58 『범망경보살계본소』 권1(T40, 604c25)의 취의 요약이다.
59 각자覺者 : Ⓢ Buddha의 의역어. 불타佛陀·불佛 등으로 음사한다.
60 『원각경약소圓覺經略疏』 권1(T39, 529a3)에서 "각은 세 가지 뜻을 갖추었다. 스스로 깨
닫는 것이고, 다른 사람을 깨닫게 하는 것이며, 각행覺行을 궁극적으로 원만하게 이루
는 것이다.(覺具三義。謂自覺覺他覺滿。)"라고 한 것을 참조할 것.

餘品釋迦說故。佛謂覺者。三義如常。說謂圓音。巧應生解。唯識萬德。從此生長。名爲心地。[1] 出苦之津。入淨之戶。稱之法門。文義差別。故名爲品。

1) ㉮ '地'를 '也'라고 했다.(을본·병본)

제7장 본문本文

제1절 본사本師가 설함

이 「심지품」은 총괄적으로 두 문이 있다. 첫째는 본사本師가 설했기 때문이고, 둘째는 화신化身이 전하여 설했기 때문이다. 처음 가운데 다섯 가지가 있다. (석가불이) 대중 속에 머물렀기 때문이고, (대중을) 경각시켰기 때문이며, (보살들이) 질문했기 때문이고, (석가불이 대중으로 하여금 본사인 노사나불을) 친견하게 하고 (석가불이 노사나불에게) 질문했기 때문이며, (노사나불이 대중에게) 부촉했기 때문이다.

此心地品。總有二門。一本師說故。二化傳說故。初中有五。處衆故。警覺故。啓問故。見問故。付屬故。

1. 대중 속에 머묾

경 그때 석가모나불께서는, 제4 선지禪地[61]에 있는 마혜수라천왕摩醯首羅天王[62]의 궁전에서 한량없는 대법천왕大梵天王과 불가설불가설不可說不可說[63]

---

61 제4 선지禪地 : 색계의 네 번째 하늘을 가리키는 말이다.
62 마혜수라천왕摩醯首羅天王 : '마혜수라'는 ⓢ Maheśvara의 음사어로 대자재大自在라고 의역한다. 원래 힌두교의 주신인 시바(ⓢ Śiva)의 다른 이름이지만 불교에서 색계 제4

의 보살 대중에게 연화대장세계蓮花臺藏世界에 머물고 계시는 노사나불께서 설하신「심지법문품」을 설하고 계셨다.

爾時。釋迦牟尼佛。在第四禪地中。摩醯首羅天王宮。與無量大梵天王。不可說不可說菩薩衆。說蓮花臺藏世界盧舍那佛所說心地法門品。

술 (첫 번째는) 대중 속에 머무는 것인데, 이 가운데 세 가지가 있다. 처소를 나타냈기 때문이고, 대중을 나타냈기 때문이며, 설한 것을 나타냈기 때문이다. 문장과 같으니 알 수 있을 것이다.

述曰。處衆之中有三。處所故。大衆故。所說故。如文可解。

2. 경각시킴

경 이때 석가불께서 몸에서 지혜의 광명(慧光)을 쏘셨는데, (그 빛이) 비춘 것이 천왕의 궁전에서부터 연화대장세계까지 이르렀다. 그 가운데 있는 모든 세계의 모든 중생이 각각 서로 보고 기뻐하고 즐거워했지만, 아직 이 빛들(光光)이 어떤 인因과 어떤 연緣이 있는 것인지를 알지 못하여 모두 의심스러운 생각을 내었고, 한량없는 천인天人도 또한 의심스러운 생각을 일으켰다.

是時。釋迦身放慧光。所照從此天王宮。乃至蓮花臺藏世界。其中一切世

선의 가장 위에 있는 하늘인 색구경천色究竟天의 최정상에 머물고 있는 하늘로 수용하였다.
63 불가설불가설不可說不可說 : 10대수大數 중 가장 큰 수. 1아승기를 최초의 단위로 하여 점차 증대하여 마지막으로 가장 큰 수를 불가설불가설이라 한다. 곧 1아승기의 자승自乘(같은 수를 두 번 곱하는 것)은 아승기전阿僧祇轉이고, 아승기전의 자승은 무량無量이니, 이것이 두 번째 큰 수이다. 이렇게 해서 마지막에 불가설불가설에 이른다.

界。一切衆生。各各相視。歡喜快樂。而未能知。此光光。何因何緣。皆生疑
念。無量天人。亦生疑念。

🔹 두 번째는 경각시킨 것인데, 이 가운데 또한 세 가지가 있다. 광명
을 쏘았기 때문이고, 대중이 기뻐했기 때문이며, 의심스러운 생각을 일으
켰기 때문이다. 문장과 같으니 알 수 있을 것이다.

述曰。第二警覺中亦有三。放光故。衆喜故。疑念故。如文可知。

3. 질문함

🔹 그때 대중 가운데 현통화광왕보살玄通華光王菩薩이 대장엄화광명삼매
大莊嚴華光明三昧로부터 일어나 부처님의 신력神力으로 금강백운색金剛白雲色의
빛들(光光)을 쏘아 모든 세계를 비추었다. 그 세계 속의 모든 보살이 모두 와
서 모여서 함께 더불어 입은 다르지만 같은 마음으로 "이 빛들은 어떤 사상事
相(일의 형상)을 보이기 위한 것인가?"라고 물었다.

爾時。衆中。玄通華光王菩薩。從大莊嚴華光明三昧起。以佛神力。放金剛
白雲色光光。照一切世界。是中一切菩薩。皆來集會。與共同心異口。問此
光光爲何等相。

🔹 세 번째는 질문한 것인데, 또한 세 문단이 있으니, 선정에서 일어났
기 때문이고, 대중이 모였기 때문이며, 질문했기 때문이다.

述曰。第三啓問。亦有三文。起定故。集衆故。啓問故。

"현통화광왕玄通華光王"이라는 것은, 증득의 대상인 진리를 "현玄"이라 하고, 증득의 주체인 진지眞智를 "통通"이라 하며, 능히 대과大果를 낳는 것을 "화華"라 하고, 능히 어둠의 장애를 제거하는 것을 "광光"이라 하며, 삼승三乘 가운데 뛰어난 것을 "왕王"이라 한다. 그가 일어난 선정인 ("대장엄화광명삼매"에서) "화광"도 또한 그러한 뜻이고, 온갖 덕으로 장엄한 것을 "대장엄"이라 한다. "금강백운색金剛白雲色"이라는 것은, 파괴할 수 없고 무루無漏로서 맑고 희며 온갖 덕의 물을 머금고 있기 때문에[64] 이러한 색을 표방하였고, 광명이 한 줄기가 아니기 때문에 "빛들"이라 했다. "어떤 사상을 보이기 위한 것인가?"라는 것은, 지은 것(빛을 쏜 것)에 의해 드러내려는 사상을 물은 것이다.

> 玄通華光王者。所證眞理名玄。能證眞智曰通。能生大果名華。能除闇障名光。三乘中勝名王。彼所起定。華光亦爾。衆德莊嚴名大莊嚴。金剛白雲色者。以不可壞。無漏淸白。含衆德水。故標此色。光明非一。故言光光。爲何等相者。問所爲相。

4. 친견하게 하고 질문함

1) 친견하게 함

경 이때 석가불께서 곧 이 세계의 대중을 높이 받들고, 되돌아서 연화대장세계에 있는 백만억 개의 자금강광명궁紫金剛光明宮에 도달하여 노사나불께서 백만 송이 연꽃으로 이루어지고 환하게 광명으로 빛나는 좌대座臺에 앉아

---

64 파괴할 수~있기 때문에 : '파괴할 수 없고'는 '금강金剛'을, '무루로서 맑고 희며'는 '백白'을, '온갖 덕의 물을 머금고 있기 때문에'는 '운雲'을 설명한 것이다.

계신 것을 **친견하게 하셨다.**

是時。釋迦。卽擎接此世界大衆。還至蓮花臺藏世界百萬億紫金剛光明宮中。見盧舍那佛坐百萬蓮花赫赫光明座上。

🔲 네 번째는 친견하게 하고 질문한 것인데, 이 가운데 두 가지가 있다. 친견하게 했기 때문이고, 질문했기 때문이다. 이것은 처음이다.

述曰。第四見問中有二。見故。問故。此初也。

화신이 본체로 돌아가기 때문에 "되돌아서 도달하셔서"라고 했다. (석가불이) 가피의 힘으로 (그 본원인 노사나불의) 뛰어난 모습을 친견하게 했으니 『계본소戒本疏』[65]에서 설한 것과 같다. "백만억 개의 자금강광명궁紫金剛光明宮"이라는 것은, 도솔천兜率天[66]에 계시는 미륵보살彌勒菩薩[67]의 5백억 개의 궁전과 같은 것[68]이다. "백만 송이 연꽃"이라는 것은 좌대의 연꽃이다.

---

[65] 『계본소戒本疏』: 『범망경』에 대한 주석서일 것으로 생각된다. 다만 『범망경』 권상·권하 전체를 대상으로 한 주석서 가운데 현존하는 것은, 태현의 『범망경고적기』가 가장 이른 것이어서, 어떤 책인지 확인할 수 없다.

[66] 도솔천兜率天: '도솔'은 Ⓢ Tuṣita의 음사어이고, '천'은 Ⓢ deva의 의역어이다. 욕계의 여섯 가지 하늘 중 네 번째 하늘. 지족천知足天·희족천喜足天 등이라고도 한다. 한 번만 이 세상에 내려와 태어나면 성불할 것이 예정된 보처보살補處菩薩이 머무는 곳으로, 이곳의 중생은 자신이 감수한 것에 대해 기쁘고 만족하는 마음을 내기 때문에 붙여진 이름이다.

[67] 미륵보살彌勒菩薩: '미륵'은 Ⓢ Maitreya의 음사어. 자씨慈氏라고 의역한다. 현재 도솔천에 머물러 중생을 제도하고 있으며, 미래세에 이 세상에 내려와 태어나면 석가불의 뒤를 이어 성불한 후 중생을 구제할 것이 예정된 보살이다.

[68] 『관미륵보살상생도솔천경觀彌勒菩薩上生兜率天經』(T14, 418c13)에서 "도솔천에 5백억 명의 천자가 있어서 미륵보살에게 공양하기 위해서 5백억 개의 궁전을 변화하여 만들었다."라고 했다.

化歸本體。言還至也。加力見勝。如戒本疏。百萬億紫金剛光明宮者。如兜率天彌勒菩薩五百億宮也。百萬蓮華者。座蓮華也。

2) 질문함

(1) 질문

경 그때 석가불과 모든 대중이 동시에 노사나불의 발아래 예경하고 나서 석가불께서 말씀하셨다.

"이 세계에서 대지와 허공에 머무는 일체의 중생[69]은, 어떤 인연에 의해 보살의 10지도十地道를 이룰 수 있는 것이며, (그 인연에 의해) 불과佛果(부처님이라는 결과)를 이룰 때는 어떤 모습을 얻는 것입니까?"

「불성본원품佛性本源品」[70]에서 일체 보살의 종자種子에 대해 자세하게 질문한 것과 같다.[71]

時。釋迦及諸大衆。一時。禮敬盧舍那佛足下已。釋迦佛言。此世界中。地及虛空一切衆生。爲何因緣。[1] 得成菩薩十地道。當成佛果。爲何等相。如[2] 佛性本源[3]品中。廣問一切菩薩種子。

---

69 대지와 허공에 머무는 일체의 중생 : 대지에 머무는 중생은 인간을 가리키고, 허공에 머무는 중생은 하늘을 가리킨다.
70 「불성본원품佛性本源品」: 구마라집 역본의 『범망경』에 대한 승조僧肇의 서문序文(T24, 997a28)에 따르면, 본 경은 본래 120권 61품(이하 대본『범망경』으로 약칭함)으로 이루어졌는데, 현재 전하는 것은 이 중 제10품인 「심지품心地品」만 한역한 것이라고 한다. 따라서 이 품은 전역되지 않은 대본大本『범망경』의 한 품을 가리키는 것으로 볼 수 있다.
71 문맥상 갑자기 끊어지는 감이 있는데, 이것은 경전의 편찬자가 삽입한 것이기 때문이다. 『범망경합주梵網經合註』(X38, 620c16)에서 "'자세하게 질문한 것은 「불성본원품」에 갖추어져 있다'(라고 했는데,) 이것은 곧 결집가結集家(경전을 결집한 사람)의 말이다."라고 한 것을 참조할 것.

1) 갑 '緣' 앞에 '何'를 두었다.(갑본) 2) 갑 '如' 뒤에 '如'를 두었다.(갑본) 3) 갑 '源'을 '原'이라 했다.(갑본)

술 두 번째는 질문한 것인데, 이 가운데 두 가지가 있다. 질문했기 때문이고, 답변했기 때문이다. 이것은 처음이다.

述曰。第二問中有二。問故答故。此初也。

어떤 사람은 해석하기를, "세 가지를 질문한 것이다. '대지'라는 것은 유위행有爲行을 질문한 것이고, '허공'이라는 것은 무위無爲에서의 행을 질문한 것이며, '중생'이라는 것은 앞의 두 가지 행을 모두 갖춘 중생을 질문한 것이다."라고 했으나, 옳지 않다. 거주하는 처소에 의거하여 그 원인과 결과에 대해 질문한 것이기 때문이다. 보살의 종자는 다른 품에서 자세하게 질문했기 때문에 지금은 질문하지 않았음을 밝혔다. 예전의 소疏에서 "육처六處가 수승한 것을 종자라 한다."[72]라고 했는데,『보살지지경菩薩地持經』에서 설한 것[73]과 같다.

有云。三問。地者問有爲行。虛空者問無爲中行。衆生者備上二行衆生也。非也。據所居處。問彼因果故。菩薩種子。餘品廣問。故今不問。舊疏云。六

---

72 출처를 찾을 수 없다. 따라서 '예전의 소疏'도 어떤 책을 가리키는 것인지 알 수 없다.
73 『보살지지경』권1(T30, 888b2)에서 "무엇을 종성이라 하는가. 간략히 설하면 두 가지가 있다. 첫째는 성종성이고, 둘째는 습종성이다. 성종성이라는 것은 보살의 육입六入(六根)이 수승하여 전전하면서 상속하는데, 무시이래로 본래 그대로인 것이니, 이것을 성종성이라 한다. 습종성이라는 것은 과거에서부터 선을 닦아서 얻은 것이니, 이것을 습종성이라 한다. 또한 종성은 종자라고도 하고, 계라고도 하며, 성이라고도 한다.(云何爲種性。略說有二。一者性種性。二者習種性。性種性者。是菩薩六入殊勝。展轉相續。無始法爾。是名性種性。習種性者。若從先來。修善所得。是名習種性。又種性。名爲種子。名爲界。名爲性。)"라고 한 것을 참조할 것.

處殊勝。名爲種子。如地持說。[1]

1) ㉮ '舊疏云……說' 등의 15자를 협주夾註로 처리했다.(갑본·을본·병본)

(2) 답변

① 결과에 대해 답변함

경 그때 노사나불께서 바로 매우 기뻐하시면서 허공광체성본원성불상주법신삼매虛空光體性本原成佛常住法身三昧를 나타내어 모든 대중에게 보이셨다.

"모든 불자들이여, 자세히 듣고 잘 생각하고 수행하라. 나는 이미 백 아승기겁 동안 심지心地를 닦고, 이것을 원인으로 삼아 비로소 범부를 버리고 등정각等正覺을 이루어 노사나라는 이름을 얻고 연화대장세계해蓮花臺藏世界海에 머물게 되었다. 그 대臺는 둘레에 천 장의 꽃잎이 있는데, 한 장의 꽃잎은 한 개의 세계여서 모두 천 개의 세계를 이룬다. 나는 변화하여 천 명의 석가釋迦가 되어 천 개의 세계에 의지한다. 그러한 뒤에 한 장의 꽃잎에 (형성된) 세계에 나아가서, 다시 백억 개의 수미산須彌山[74]과 백억 개의 해와 달과 백억 개의 사천하四天下와 백억 개의 남염부제南閻浮提[75]와 백억 명의 보살석가菩薩釋迦가 있는데, (백억 명의 보살석가는) 백억 그루의 보리수菩提樹 아래에 앉아

---

74 수미산須彌山 : ⑤ Sumeru의 음사어. 불교의 세계관에 따르면 세계의 중심에 있는 산. 이 산을 중심으로 여러 개의 산이 동심원을 그리며 둘러싸고 있다. 그 마지막 산의 밖에 동서남북으로 네 개의 큰 대륙이 있고, 다시 그 네 개의 대륙 밖을 철위산이 두르고 있다.

75 남염부제南閻浮提 : '염부제'는 ⑤ Jambu-dvīpa의 음사어. 수미산의 남쪽에 있는 대륙으로 현재 우리가 사는 세계를 가리킨다. 이곳에 '염부'라는 이름의 큰 나무가 있는데, 밑둥의 넓이는 7유순이고, 잎은 50유순을 덮으며, 높이는 백 유순이다. 이 나무로부터 이름을 지어 염부제라 했고, 그 위치를 더하여 남염부제라고 하기도 한다. 혹은 염부단금閻浮檀金을 산출하는 곳이라는 뜻에서 붙여진 것이라는 설도 있다. 이 경우 의역어는 승금주勝金洲·호금토好金土 등이다. 뒤의 주석에서 태현은 후자를 따르고 있다.

각각 네가 질문한 보리살타菩提薩陀[76]의 십지心地를 설한다. 그 나머지 999장의 (꽃잎에 형성된 세계에 머무는) 석가불이 각각 백억 명의 석가를 나타내는 것도 또한 다시 이와 같다. 천 장의 꽃잎에 머무는 부처님은 나의 화신이고, 천백억 명의 석가[77]는 천 명의 석가의 화신이다. 나는 (이들의) 본원本原으로 이름을 노사나불이라 한다."

爾時。盧舍那佛。卽大歡喜。現虛空光體性本原成佛常住法身三昧。示諸大衆。是諸佛子。諦聽善思修行。我已百阿僧祇劫。修行心地。以之爲因。初捨凡夫。成等正覺。號爲盧舍那。住蓮花臺藏世界海。其臺周遍有千葉。一葉一世界。爲千世界。我化爲千釋迦。據千世界。後就一葉世界。復有百億須彌山。百億日月。百億四天下。百億南閻浮提。百億菩薩釋迦。坐百億菩提樹下。各說汝所問菩提薩陀心地。其餘九百九十九釋迦。各各現千[1)]百億釋迦。亦復如是。千葉上佛。是吾化身。千百億釋迦。是千釋迦化身。吾以爲本原。名爲盧舍那佛。

1) ㉠ 전후 문맥상 '千'은 연자衍字인 것 같다. 의적義寂의 『보살계본소菩薩戒本疏』 (T40, 661c23)에서 동일한 문장을 인용하면서 '千'을 연자로 처리했고, 『범망경보살 심지품합주梵網經菩薩心地品合註』 권1(X38, 621c15)에서도 '천'은 연자인 것 같다고 한 것을 참조할 것.

述 두 번째는 답변한 것인데, 이 가운데 두 가지가 있다. 결과를 밝혔기 때문이고, 원인을 밝혔기 때문이다. 이것은 결과에 대해 답변한 것이다.

述曰。第二答中有二。果故因故。此答果也。

---

76 보리살타菩提薩陀 : Ⓢ bodhisattva의 음사어. 줄여서 보살菩薩이라고도 한다. 각유정覺有情·도심중생道心衆生 등으로 의역한다.
77 천백억 명의 석가 : 천 장의 꽃잎 각각에 나툰 백억 명의 석가를 통틀어 일컫는 말이다.

"매우 기뻐하시면서"라는 것은 크게 이익 될 것을 보았기 때문이다. 분별이 없는 지혜를 "허공광虛空光"이라 하니, 법의 본성이 공함을 비추기 때문이다. 직접적인 깨달음의 원인[78]의 체를 또한 "체성體性"이라 하니, 지혜를 직접적인 원인으로 삼기 때문이다. 그 의지의 대상인 선정을 "본원本原"이라 하니, 이것이 능히 상주하는 법신을 이루는 것임을 나타낸 것이다. 부처님께서 이 선정(허공광체성본원성불상주법신삼매)을 나타내어 대중에게 보이셨으니, (이것이) 근본적인 원인이기 때문이다.

"심지를 닦고, 이것을 원인으로 삼아 (비로소) 범부를 버리고" 등이라는 것은 원인을 들고 과보를 답한 것이다. "등정각을 이루어" 이하는 성불하는 모습을 나타낸 것이니, 정보正報[79]와 의보依報[80] 및 교화하는 모습을 나타냈기 때문이다.

("연화대장세계해"에서) "세계해世界海"라는 것은, 『대지도론』에서 "이 삼천대천세계三千大千世界[81]를 (1수數로 하여) 헤아려 갠지스 강의 모래알처럼 많은 수에 이른 것을 1세계종이라 하고, 이 세계종을 (1수로 하여) 헤아려 다시 갠지스 강의 모래알처럼 많은 수에 이른 것을 1세계해라고 하며, 이 세계해를 (1수로 하여) 헤아려 다시 10만 개의 갠지스 강의 모래

---

[78] 직접적인 깨달음의 원인 : '정료인正了因'을 풀어 쓴 것이다. 깨달음을 성취하기 위한 원인이 되는 것을 두 가지로 분류한 것 중 하나이다. 상대어는 조료인助了因으로 간접적인 깨달음의 원인이라는 뜻이다.

[79] 정보正報 : 아수라 인간 등과 같이 의보依報에 의탁하여 살아가는 중생인 중생세간衆生世間을 가리킨다.

[80] 의보依報 : 중생의 물리적 환경을 구성하는 것. 곧 산하·대지 등과 같이 중생이 의탁하여 살아가는 곳인 국토세간國土世間을 가리킨다.

[81] 삼천대천세계三千大千世界 : 한 부처님의 교화가 미치는 영역. 수미세계須彌世界를 1천 개 합친 것을 소천세계小千世界라고 하고, 소천세계를 1천 개 합친 것을 중천세계中千世界라고 하며, 중천세계를 1천 개 합친 것을 대천세계大千世界라고 한다. 여기에서 소천세계는 1천 개를 한 번 합쳐서 성립된 것이므로 일천세계라고도 하고, 중천세계는 1천 개를 두 번 합쳐서 성립된 것이므로 이천세계라고도 하며, 대천세계는 1천 개를 세 번 합쳐서 성립된 것이므로 삼천세계라고도 한다. 『대지도론』권4(T25, 93b18)에서 "하나의 삼천대천세계에 동시에 두 부처님이 출현하는 경우는 없다."라고 했다.

알처럼 많은 수에 이른 것을 1불세계라고 한다."82라고 했다. 비록 천 장의 꽃잎의 중앙에 있는 대좌 위에 있더라도 "(연화대장)세계해에 머물게 되었다."라고 한 것은, 화신이 염부주閻浮州83에 있지만 사바娑婆84에 있다고 말하는 것과 같다. 한 부처님의 국토에서 두 몸으로 노닐면서 교화함에 있어서 그 양量이 또한 그러하기 때문이다. "천백억 명의 석가"의 몸과 국토는 『계본기戒本記』85에서 풀이한 것과 같다.

---

82 『대지도론』 권50(T25, 418c10)에서 "삼천대천세계를 1세계라고 하니, 동시에 일어나고 동시에 멸한다. 이와 같은 것이 시방으로 갠지스 강의 모래알처럼 많이 있는 세계를 1불세계라 한다. 이와 같은 1불세계의 수가 갠지스 강의 모래알처럼 많이 있는 세계를 1불세계해라고 한다. 이와 같은 불세계해의 수가 시방으로 갠지스 강의 모래알처럼 많이 있는 세계를 불세계종이라 한다. 이와 같은 세계종이 시방으로 한량없는 것을 1불세계라고 한다. 일체의 세계에서 이와 같은 분량을 취하여 이것을 한 부처님이 제도하는 분량이라 한다."라고 했다. 여기에서 차례를 "세계→불세계佛世界→불세계해佛世界海→불세계종佛世界種→불세계"라고 하여 불세계가 두 번 반복된다. 따라서 화엄종에서는 두 번째의 불세계를 세계성世界性으로 고쳐서 오중세계五重世界를 시설하였다. 태현이 인용한 『대지도론』의 문장에 따르면 "세계종→세계해→불세계"의 순서가 되어서 현행 『대지도론』과 내용이 일치하지 않는다. 세계해·세계종·불세계의 관계는 후대의 주석서에서 그 크기의 차이를 설명할 때 종종 이견이 나타나고 있기 때문에 어느 것이 옳은지 확정할 수는 없다.
83 염부주閻浮州 : '염부'는 Ⓢ Jambu의 음사어이고, '주'는 Ⓢ dvīpa의 의역어이다. 염부제閻浮提라고도 한다. 수미산須彌山(하나의 소세계의 중앙에 있는 높은 산)의 남쪽에 있는 섬으로 현재 우리가 사는 세계를 가리킨다.
84 사바娑婆 : Ⓢ sahā의 음사어. 석가모니불의 교화가 진행되는 현실세계. 인忍·감인堪忍 등으로 의역한다. 이 세계의 중생은 10악十惡에 안주하여 온갖 번뇌를 견디고 받아들이면서 벗어나려고 하지 않기 때문에 '인'이라 했다. 또한 부처님·보살이 중생을 이롭게 하고 즐겁게 하기 위한 행위를 할 때, 그것으로 인해 발생하는 모든 고뇌를 견디고 받아들이는 것을 뜻하기도 한다. 본래 우리가 사는 염부제를 가리키는 말이었으나, 후세에 한 석가모니불이 교화하는 영역인 삼천대천세계를 가리키는 말로 쓰이게 되었다. 삼천대천세계에 백억 개의 수미산이 있기 때문에 백억 개의 수미산 세계를 통틀어서 사바라고 한다.
85 『계본기戒本記』 : 어느 책을 가리키는 것인지 알 수 없다. 보통 이렇게 서술했을 경우, 자신의 저술을 가리키는 것으로 보아야 하는데, 태현에게 이런 이름의 저술이 있었다는 기록은 보이지 않는다. 다만 『동역전등목록東域傳燈目錄』(T55, 1155a4)에서 "의적이 『범망경문기梵網經文記』 2권을 찬술했는데, 그 하권의 내제內題가 『보살계본기』이다."라고 하였는데, 이 책은 현재 전하지 않는다.

大歡喜者。見大利故。無分別智。名虛空光。照法性空故。正了因體。亦名體性。智爲正因故。彼所依定。名爲本原。此能顯成常住法身也。佛現此定。示大衆也。根本因故。修行心地以之爲因捨凡夫等。[1] 擧因答果也。成等正覺已下。顯成佛相也。顯正依報及化相故。世界海者。如智論云。數此三千大千世界如恒河沙。爲一世界種。數此種復至恒沙。爲一世界海。數此海復至十萬恒沙。爲一佛世界。雖在千葉中央臺上。而言在於世界海者。如化身。在一閻浮州。言在娑婆。爲一佛土。二身遊化。量亦爾故。千百億釋迦身土。如戒本記釋。

1) ㉑ '等' 뒤에 '者'가 생략된 것 같다.

② 원인에 대해 답변함

A. 간략한 것

경 그때 연화대장세계의 대좌에 계시던 노사나불께서는 천 명의 석가와 (그 화신인) 천백억 명의 석가가 질문한 「십지법품十地法品」을 자세하게 답변하여 말씀하셨다.

"모든 부처들이여, 마땅히 알라. 견신인堅信忍 가운데 10발취심十發趣心을 얻어 (낱낱의 마음마다) 결과를 향해 나아가니, 첫째는 사심捨心이고, 둘째는 계심戒心이며, 셋째는 인심忍心이고, 넷째는 진심進心이며, 다섯째는 정심定心이고, 여섯째는 혜심慧心이며, 일곱째는 원심願心이고, 여덟째는 호심護心이며, 아홉째는 희심喜心이고, 열째는 정심頂心이다. 모든 부처들이여, 마땅히 알라. 이 10발취심으로부터 견법인堅法忍에 들어간 가운데 10장양심十長養心을 얻어 (낱낱의 마음마다) 결과를 향해 나아가니, 첫째는 자심慈心이고, 둘째는 비심悲心이며, 셋째는 희심喜心이고, 넷째는 사심捨心이며, 다섯째는 시심施心이고, 여섯째는 호어심好語心이며, 일곱째는 익심益心이고, 여덟째는 동심同心이며, 아홉째는 정심定心이고, 열째는 혜심慧心이다. 모든 부처들이여, 마땅히 알라. 이 10장양심에서 견수인堅修忍에 들어간 가운데 10금강심十金剛心을 얻어 (낱낱의 마음마다) 결과를 향해 나아가니, 첫째는 신심信心이고, 둘째는 염심念心이며, 셋째는 회향심迴向心이고, 넷째는 달심達心이며, 다섯째는 직심直心이고, 여섯째는 불퇴심不退心이며, 일곱째는 대승심大乘心이고, 여덟째는 무상심無相心이며, 아홉째는 혜심慧心이고, 열째는 불괴심不壞心이다. 모든 부처들이여, 마땅히 알라. 이 10금강심으로부터 견성인堅聖忍에 들어간 가운데 10지十地를 얻어 (낱낱의 마음마다) 결과를 향해 나아가니, 첫째는 체성평등지體性平等地이고, 둘째는 체성선혜지體性善慧地이며, 셋째는 체성광명지體性光明地이고, 넷째는 체성이염지體性爾焰地이며, 다섯째는 체성혜조지體性慧照地이고, 여섯째는 체성화광지體性華光地이며, 일곱째는 체성만족지體性滿足地이고, 여덟째는 체성불후지體性佛吼地이며, 아홉째는 체성화엄지體性華嚴地이고, 열째는 체성입불계지體性入佛界地이다. 이 40가지 법문품法門品은 내가 예전에 보살이었을 때 수행하여 불과佛果에 들어간 근원이 되는 것이다. 이와 같이 일체중생이 발취·장양·금강·10지에 들어가서 차례대로 밟아 가면(證) 불과를 이루고, 조작함이 없고 모양이 없으며 매우 원만한 모습으로 상주하니, 10력十力[86]·18불공행十八不共行[87]을 갖추어 법신法身과 지신智身을 원만하

---

86 10력十力 : 오직 부처님만 갖추고 있는 열 가지 지혜의 힘. 첫째는 처비처지력處非處智力이니, 이치에 맞는 것과 이치에 맞지 않는 것을 아는 것이다. 둘째는 업이숙지력業異熟智力이니, 어떤 업이 어떤 이숙과異熟果를 초래하는지를 아는 것이다. 셋째는 정려해탈등지등지지력靜慮解脫等持等至智力이니, 온갖 정려의 자성과 명칭 등을 여실히 아는 것이다. 넷째는 근상하지력根上下智力이니, 중생이 가진 근품根品의 차별과 그에 따른 과보의 크고 작음을 여실히 두루 아는 것이다. 다섯째는 종종승해지력種種勝解智力이니, 모든 중생이 향수하려는 희喜·낙樂의 차별을 여실히 아는 것이다. 여섯째는 종종계지력種種界智力이니, 온갖 법성의 차별을 여실히 아는 것이다. 일곱째는 변취행지력遍趣行智力이니, 모든 중생이 자신이 지은 유루행有漏行과 무루행無漏行에 의해 그 과보로 도달하게 될 곳을 여실히 아는 것이다. 여덟째는 숙주수념지력宿住隨念智力이니, 자신과 타인의 과거세를 여실히 아는 것이다. 아홉째는 사생지력死生智力이니, 중생들이 죽고 태어나는 때와 미래에 자신이 지은 과보에 따라 태어나는

게 구족한다."

爾時。蓮華臺藏座上盧舍那佛。廣答告千釋迦千百億釋迦所問心地法品。諸佛當知。堅信忍中。十發趣心向果。一捨心。二戒心。三忍心。四進心。五定心。六慧心。七願心。八護心。九喜心。十頂心。諸佛當知。從是十發趣心。入堅法忍中。十長養心向果。一慈心。二悲心。三喜心。四捨心。五施心。六好語心。七益心。八同心。九定心。十慧心。諸佛當知。從是十長養心。入堅修忍中。十金剛心向果。一信心。二念心。三回向心。四達心。五直心。六不退心。七大乘心。八無相心。九慧心。十不壞心。諸佛當知。從是十金剛心。入堅聖忍中。十地向果。一體性平等地。二體性善慧地。三體性光明地。四體性爾燄地。五體性慧照地。六體性華光地。七體性滿足地。八體性佛吼地。九體性華嚴地。十體性入佛界地。是四十法門品。我先爲菩薩時。修入佛果之根原。如是一切衆生。入發趣長養金剛十地。蹬¹⁾當成果。無爲無相。大滿常住。十力十八不共行。法身智身滿足。

1) ㉮ '蹬'은 어떤 곳에서는 '證'이라 했다. ㉯ 『신수대장경』(이하 『대정장』으로 약칭) 『범망경』에서 '證'이라 했다. 그러므로 ㉮의 '어떤 곳'이란 을본을 가리킨다. 태현의

곳, 태어나는 양태(美醜·貧賤 등)를 여실히 아는 것이다. 열째는 누진지력漏盡智力이니, 모든 번뇌를 다 끊어 없애어 다시는 태어나지 않음을 여실히 아는 것이다.

87 18불공행十八不共行 : 성문·연각과 함께하지 않고 오직 부처님·보살만이 갖추고 있는 18가지의 뛰어난 특징. 보통 18불공법十八不共法이라고 한다. 구체적인 내용은 출처에 따라 차이가 있다. 일반적으로 10력十力·사무소외四無所畏·삼념주三念住·부처님의 대비大悲 등의 18가지를 가리킨다. '10력'과 '사무소외'는 앞과 뒤의 주석에서 설명했기 때문에 생략한다. '삼념주'는 부처님께서 자비심으로 중생을 교화할 때 항상 세 가지 생각에 머물러 근심과 환희의 정념情念이 없는 것을 말한다. 첫 번째 염주念住는 중생이 부처님을 믿고 받아들여 실천해도 부처님은 환희하는 마음을 내지 않고 항상 정념正念·정지正智에 머무는 것이다. 두 번째 염주는 중생이 부처님을 믿지 않고 받아들여 실천하지 않아도 부처님은 근심하는 마음을 내지 않고 항상 정념·정지에 머무는 것이다. 세 번째 염주는 어떤 중생은 부처님을 믿고, 어떤 중생은 부처님을 믿지 않는 것을 알아도, 부처님은 환희하거나 근심하는 마음을 내지 않고 정념·정지에 머무는 것이다.

주석에 따르면 그의 대본大本에서는 '蹬'이라고 한 것이 분명한 것 같다.

述 두 번째는 원인에 대해 답변한 것인데, 이 가운데 두 가지가 있다. 간략한 것이기 때문이고, 자세한 것이기 때문이다. 이것은 처음이다.

述曰。第二答因中有二。略故廣故。此初也。

소疏에서 "'견신인堅信忍'이라는 것은 습종성習種性[88]을 밝힌 것이다. 해덕解德의 법문[89]이니 또한 문혜聞慧[90]라고도 한다. '견법인堅法忍에 (들어간) 가운데'라는 것은 성종성性種性[91]을 밝힌 것이다. 행덕行德의 법문[92]이니 또한 사혜思慧[93]라고도 한다. '견수인堅修忍에 (들어간) 가운데'라는 것은 도종성道種性[94]을 밝힌 것이다. 행실行實의 법문[95]이니 또한 수혜修慧[96]

---

[88] 습종성習種性 :『보살영락본업경』권상「현성학관품賢聖學觀品」(T24, 1012b25)에서 보살이 인因에서 과果에 이르는 수행의 계위를 여섯 가지 종성으로 분류한 것 중 첫 번째에 해당하는 것. 공관空觀을 수습하고 견혹見惑과 사혹思惑을 무너뜨리는 계위이다.
[89] 해덕解德의 법문 : 10해는 처음으로 제법을 이해하는 계위이기 때문에 이렇게 말한 것이다.
[90] 문혜聞慧 : 문소성혜聞所成慧의 줄임말. 다른 이가 설하는 것을 직접 들음으로써 성취한 지혜를 가리킨다.
[91] 성종성性種性 :『보살영락본업경』권상「현성학관품」(T24, 1012b25)에서 보살을 여섯 가지 종성으로 분류한 것 중 두 번째에 해당하는 것. 공에 머물지 않고 중생을 교화하고 일체의 법성法性을 분별하는 계위이다.
[92] 행덕行德의 법문 : 10행은 10바라밀을 행하는 계위이기 때문에 이렇게 말한 것이다.
[93] 사혜思慧 : 사소성혜思所成慧의 줄임말. 다른 이로부터 들은 교법의 의미를 스스로 깊이 사유함으로써 성취한 지혜를 가리킨다.
[94] 도종성道種性 :『보살영락본업경』권상「현성학관품」(T24, 1012b25)에서 보살을 여섯 가지 종성으로 분류한 것 중 세 번째에 해당하는 것. 중도中道의 묘관妙觀을 닦고 그로 인해 일체의 불법에 통달하는 계위이다.
[95] 행실行實의 법문 : 10회향은 진실을 행하는 계위이기 때문에 이렇게 말한 것이다.
[96] 수혜修慧 : 수소성혜修所成慧의 줄임말. 듣고 사유한 것을 직접 닦아 익힘으로써 성취한 지혜를 가리킨다. 문혜·사혜·수혜를 합쳐 삼혜三慧라 한다. 여기에서 '혜'란 간택

라고도 한다. '견성인堅聖忍에 (들어간) 가운데'라는 것은 성종성聖種性[97]을 밝힌 것이다. 친증親證의 법문[98]이니 출세혜出世慧(세간을 벗어나는 지혜)라고 한다."[99]라고 했다. 이 가운데 삼현三賢과 10성十聖의 40계위[100]는 뒤에서 차례대로 풀이할 것이므로 여기에서는 풀이하지 않는다.

"등證"이라는 것은 오르는 것이다. "조작함이 없고"라고 한 것은 번뇌업煩惱業이 작용하지 않기 때문이고, "모양이 없으며"라는 것은 법신이기 때문이며, "매우 원만한 모습으로"라는 것은 지신智身이기 때문이고, "상주하니"라는 것은 자성自性에 의해, 잠시도 끊어지는 일이 없는 것에 의해, 상속함에 의해서 그러한 것이기 때문이다.[101]

簡擇하는 작용, 곧 사리事理를 잘 판단하는 지혜를 가리킨다. 삼혜 자체는 유루有漏의 세속지世俗智이지만 이것이 근본이 되어 궁극적인 무루無漏의 지혜를 낳는다.

[97] 성종성聖種性 : 『보살영락본업경』 권상 「현성학관품」(T24, 1012b25)에서 보살을 여섯 가지 종성으로 분류한 것 중 네 번째에 해당하는 것. 중도의 묘관에 의거하여 일분一分의 무명無明을 무너뜨리고 성위聖位를 증득하여 들어가는 계위이다.

[98] 친증親證의 법문 : 10지는 진실을 증득하는 계위이기 때문에 이렇게 말한 것이다.

[99] 출처를 찾을 수 없다. 따라서 소疏도 어떤 책을 가리키는 것인지 알 수 없다. 소에서 『범망경』에서 설한 보살의 수행의 계위를 『보살영락본업경』에서 밝힌 여섯 가지 종성 중 앞의 네 가지에 배대한 것을 도표로 나타내면 다음과 같다.

보살 수행 계위	10해	10행	10회향	10지
『범망경』	견신인(10발취)	견법인(10장양)	견수인(10금강)	견성인(10지)
『보살영락본업경』	습종성習種性	성종성性種性	도종성道種性	성종성聖種性

[100] 삼현三賢과 10성十聖의 40계위 : '삼현'은 지전地前(10지 이전)의 보살을 가리키는 말로, 그 계위에 10해·10행·10회향의 차별이 있다. '10성'은 삼현의 상대어로 10지의 보살을 가리킨다. 이 지위의 보살은 이미 혹惑(번뇌)를 끊고 정성正性을 깨달았기 때문에 지전의 보살을 '현'이라고 한 것과 구별하여 '성'이라 한다. 앞의 주석처럼 태현은 『범망경』의 40심을 보살수행의 40계위와 상응하는 것으로 보았다.

[101] 『대승장엄경론大乘莊嚴經論』 권3(T31, 606c12)의 게송에서 "의지依와 마음과 업으로 말미암기 때문에 삼신三身의 부처님은 모두 평등하네. 자성에 의해, 간단함이 없음에 의해, 상속함에 의해 삼신의 부처님은 모두 상주하네.(由依心業故。三佛俱平等。自性無間續。三佛俱常住。)"라고 한 것을 참조할 것. 게송을 해석한 부분에서 자성과 간단함이 없음과 상속함은, 차례대로 삼신三身, 곧 자성신自性身(法身)·식신食身(受用身·應身)·화신化身(變化身)의 특성과 관련된 것이라고 하였다.

疏云。堅信忍者。明習種性。解德法門。亦名聞慧。堅法忍中。明性種性。行德法門。亦名思慧。堅修忍中。明道種性。行實法門。亦名修慧。堅聖忍中。明聖種性。親證法門。名出世慧。此中三賢十聖四十。後次第解。故不釋之。證者登也。言無爲者非煩惱業之所爲故。無相者法身故。大滿者智身[1]故。常住者自性無間及相續故。

1) ㉮ '智身'은 어떤 곳에는 없다.(갑본) ㉯ 이것은 '智身一無'(갑본)를 번역한 것으로, 엄밀하게 말하자면, "갑본의 관주에서 '智身은 어떤 곳에는 없다'라고 했다."라는 뜻이다. 현재의 글만으로는 그 뜻이 불명료하여 밝혀 보았다. 이하 특별한 경우를 제외하고는 별도로 밝히지 않는다.

B. 자세한 것

A) 요청함

경 그때 연화대장세계의 노사나불께서는 환하고 매우 빛나는 대좌에 앉아 계셨고, 천 장의 꽃잎 위에 (천 분의) 부처님이 계셨으며, (그 꽃잎마다 백억 분의 부처님이 계셨으니 모두) 천백억 분의 부처님이 계셨으며, (이렇게 전전하여) 모든 세계의 부처님이 계셨다.[102] 이 자리에 화광왕대지명보살華光王大智明菩薩이라는 이름의 보살이 있어서 자리에서 일어나 노사나불께 말씀드렸다.

"세존이시여, 부처님께서 앞서 간략히 10발취와 10장양과 10금강과 10지의 이름과 모양을 열어 주셨지만 그 낱낱의 뜻을 아직 분명히 이해할 수 없습

---

102 적광적광寂光의『범망경직해梵網經直解』권상(X38, 785a12)에서 "'모든 세계의 부처님'이라고 한 것은, 천백억 명의 화신인 석가여래가 전전하면서 한량없고 다함이 없는 지혜의 여래로 변화하여 모든 세계에 머물러 설법을 하면서 중생을 이롭게 하니, 심지계법心地戒法으로부터 한량없고 다함이 없는 지혜를 갖춘 부처님을 출생하는 것을 나타낸 것이다."라고 한 것을 참조하여 풀었다.

니다. 원하옵건대 말씀해 주옵소서. 원하옵건대 말씀해 주옵소서."

묘각妙覺의 궁극적인 지위에 도달하여 얻는 금강지金剛智가 보배를 담은 창고와 같고, 모든 지혜의 문이 되는 것[103]은 「여래백관품如來百觀品」[104]에서 이미 밝혔다.

爾時。蓮花臺藏世界盧舍那佛。赫赫大光明座上。千華上佛。千百億佛。一切世界佛。是座中。有一菩薩。名華光王大智明菩薩。從坐而立。白盧舍那佛言。世尊。佛上略開十發趣十長養十金剛十地名相。其一一義中。未可解了。唯願說之。唯願說之。妙極金剛寶藏一切智門。如來百觀品中已明。[1)]

1) ㉮ '明'을 '開'라고 했다.(갑본)

述 두 번째는 자세한 것인데, 이 가운데 두 가지가 있다. 요청했기 때문이고, 답변했기 때문이다. 이것은 처음이다.

述曰。第二廣中有二。請故答故。此初也。

모든 부처님께서 모여 계신 가운데 보살이 있어 질문하였는데, (그 보살의) 이름을 풀이하는 것은 앞에서 ("현통화광왕보살"을 풀이한 것에) 준하여 이해하라.

---

103 『범망경직해』 권상(X38, 785b18)에서 "'묘극'은 묘각妙覺의 과해果海이고, '금강'은 견고하고 예리한 지혜이다. 과해에 이르는 것과 같은 것은 금강지金剛智가 아니면 가능하지 않다. 이 지혜는 한 번 일어나면 무너뜨릴 수 없고 (그 자신은) 모든 사물을 무너뜨릴 수 있어서 모든 잡염과 모든 악종자惡種子를 남김없이 모두 끊기 때문에 '묘극에 도달하여 얻은 금강'이라 했다. 이 지혜는 모든 공덕을 구족했기 때문에 '보장'이라 했고, 모든 현성賢聖이 수행하여 미혹을 끊는 방편이 되고 관지觀智의 근본이기 때문에 '일체지문'이라 했다."라고 한 것을 참조하여 풀이했다.

104 「여래백관품如來百觀品」: 대본大本 『범망경』의 한 품으로 추정되는 품의 이름이다.

무릇 이 경의 글이 이해하기 어려운 것은, 부처님과 부처님이 서로 마주하여[105] 범어梵語에 의해 교묘하게 설하여 마치 이곳(중국)의 오언시五言詩[106]와 같은 것인데, 한어漢語(중국어)로 번역함으로써 교묘함을 잃고 이해하기도 어려워진 것이다.

諸佛會中. 有菩薩問. 釋名準前. 凡此經文. 難可解者. 佛佛相對. 梵語巧妙. 猶如此間五言詩等. 以漢語翻. 失妙難解.

B) 답변함

(A) 10발취심+發趣心

Ⓐ 사심捨心 ①[107]

경 그때 노사나불께서 말씀하셨다.

"천 명의 부처들이여, 잘 들어라. 네가 앞서 '어떤 뜻인가?'라고 말했던 것에 대해 (설하겠다.) 발취 가운데, 불자여,[108] (첫째는) 일체를 버리는 것이다. 국

---

105 다른 경들이 보통 하늘이나 보살의 청문에 의해 설하는 것에 비해서, 본 경은 화신인 석가불이 질문한 것에 본신인 노사나불이 설한 것이기 때문에 '부처님과 부처님이 서로 마주하여 전한 것'이라는 특수성을 지니고 있음을 나타내는 말이다. 다만 본 경에서 화광왕대지명보살이 청문하기도 하지만, 이것은 화신인 석가불의 가피에 의한 것이기 때문에 실질적으로는 석가불이 질문한 것이라고 할 수 있다. 바로 뒤의 문장에서 노사나불이 답변하면서 "천 명의 부처들이여, 잘 들어라."라고 한 것이 이를 증명한다. 또한 뒤에 나오는 태현 자신의 주석에서도 보살의 청문은 천 명의 부처의 가피에 의한 것임을 밝히고 있다.
106 오언시五言詩 : 한 구절을 다섯 글자로 엮어서 지은 시를 가리킨다.
107 역자가 임의로 부여한 번호이다. 분과의 일관성을 위해 Ⓐ라고 했지만 이것에 의해서는 열 가지 계위의 차례가 선명하게 드러나지 않기 때문이다. 이하 10장양·10지 등에도 모두 이 원칙을 적용한다.

토와 성읍城邑(국왕·왕족·왕의 관원이 머무는 곳), 논밭과 집, 금은金銀과 명주明珠, 남자와 여인과 자기의 몸[109] 등과 같은 유위有爲인 일체의 물건을 모두 버리지만, 조작함이 없고 모양이 없는 것이다. 아我·인人·지자知者·견자見者[110]는 임시로 화합하여 이루어진 것인데, (범부는 이것에 대해 실체로서) 주재하는 이(主者)와 조작하는 자아가 있다는 견해를 갖는다. (그런데) 12인연十二因緣[111]에 의해 일어난 것은 합해지는 것도 없고, 흩어지는 것도 없으며, 그것(합해지는 것과 흩어지는 것)을 받는 이도 없다.[112] 12입十二入[113]·18계十八界[114]·오

---

108 불자여 : '약불자若佛子'를 이렇게 풀이했다. 『주보살계경주菩薩戒經』권중(X38, 79a5)에 따르면, '약若'은 여기에서 '여汝(너)'의 의미로 쓰였다. 따라서 엄밀히 말하면 '그대 불자여'라고 해야 하지만, 문맥의 자연스러움을 위해 '불자여'라고 했다. 또한 『천태보살계소』권상(T40, 587c29)에서 "처음에 '약불자若佛子'라고 한 것은 총괄적으로 지칭하는 말이다."라고 했다.
109 국토와 성읍城邑~자기의 몸 : 『범망경직해』권상(X38, 786a10)에서 "'국토와 성읍'은, 국왕의 지위를 요구하면, 그것을 모두 내어 주어서 주재主宰한다고 하는 생각을 짓지 않는 것이고, '밭과 집·금은·명주'는, 몸을 편안히 하고 장양하는 것을 요구하면, 그것을 모두 내주어서 귀중하다고 하는 생각을 짓지 않는 것이며, '남자와 여인과 자기의 몸'은, 노비를 요구하면, 그것을 모두 내주어서 감정에 치우쳐 애착하는 생각을 짓지 않는 것이다."라고 한 것을 참조할 것. 남자와 여인은 노비를 가리킨다.
110 아我·인人·지자知者·견자見者 : 16신十六神我 중 네 가지를 가리키는 것. 아직 정도正道를 보지 못한 사람이 오온五蘊 등의 법에 대해 억지로 열여섯 가지의 주재자를 세운 것을 16신아라고 하는데, 이는 모두 자아의 다른 이름이다. 오음 가운데 아·아소의 실체가 있다고 계탁하기 때문에 '아'라고 한다. 신주神主가 있어서 능히 인법人法을 행한다고 계탁하기 때문에 '인'이라고 한다. 아·인이 있어서 나머지 오정五情(五根)을 작용하여 나머지 오진五塵(五境)을 인식한다고 계탁하기 때문에 '지자'라고 한다. 아·인이 있어서 안근眼根을 작용하여 색경色境을 본다고 계탁하기 때문에 '견자'라고 한다. 『대승의장大乘義章』권6(T44, 595b24)을 참조할 것.
111 12인연十二因緣 : 중생의 존재를 구성하는 열두 가지 조건. 12연기十二緣起라고도 한다. '연기'는 ⑤ pratītya-samutpāda의 의역어로 '말미암아 생겨난다'는 뜻이다. '12'는 차례대로 무명無明→행行→식識→명색名色→육처六處→촉觸→수受→애愛→취取→유有→생生→노사老死이다. 무명을 시초로 하여 상호인과의 고리로 엮이어 있음을 보여 준다.
112 『범망경직해』권상(X38, 786b10)에서 "대개 이 인연의 법은 연이 모여서 생겨나는 것이니, 법체는 본래 생겨남이 없어서 본래 생사유전의 법은 없다. 그러므로 '합해지는 것이 없다'라고 했다. 연이 다하여 소멸하는 것이니, 법체는 본래 소멸함이 없어서 본래 전전하면서 흘러가는 것에서 해탈하는 법은 없다. 그러므로 '흩어지는 것이 없다'

음五陰[115] 등의 일체는 하나로 합해서 이루어진 모양[116]이니, 나(我)와 나의 것(我 所)이라는 모양은 없다. 임시로 (화합하여) 모든 법이 이루어지니 내적인 것 과 관련된 일체법이든 외적인 것과 관련된 일체법이든 버릴 것도 없고 받아들 일 것도 없다. 보살은 그때 여가회관현전如假會觀現前[117]이라는 경지에 도달한 다. 그러므로 사심捨心에 의해 공삼매空三昧에 들어간다."

爾時。盧舍那佛言。千佛諦聽。汝先言云何義者。發趣中。若佛子。一切捨。 國土城邑田宅。金銀明珠。男女己身。有爲諸物。一切捨。無爲無相。我人 知見。假會合成。主者造作我見。十二因緣。無合無散無受者。十二入十八 界五陰。一切一合相。無我我所相。假成諸法。若內一切法。外一切法。不 捨不受。菩薩。爾時。名如假會觀現前。故捨心。入空三昧。

라고 했다. 이미 발생과 소멸이라는 합함과 흩어짐이 없으니, 그 가운데 또한 그 생 멸을 받는 이도 없기 때문에 '받는 이도 없다'라고 했다.(蓋此因緣之法。緣會而生。法 體本來不生。以本無生死流轉之法。故云無合。緣盡而滅。法體本來不滅。以本無解脫轉 流之法。故云無散。旣無生滅合散。其中亦無受彼生滅者。故云無受者。)"라고 한 것을 참조하여 풀었다.

113 12입十二入 : 내육입內六入(六根, 인식 기관)과 외육입外六入(六境, 인식 대상)을 합하 여 일컫는 말이다.
114 18계十八界 : 육근六根(인식 기관)·육경六境(인식 대상)·육식六識(인식 작용)을 합하 여 일컫는 말이다.
115 오음五陰 : 오온五蘊이라고도 한다. 일체유위법一切有爲法을 다섯 가지로 분류한 것. 색온色蘊·수온受蘊·상온想蘊·행온行蘊·식온識蘊 등이다.
116 하나로 합해서 이루어진 모양 : '일합상一合相'을 풀어 쓴 것이다. 『금강경』(T8, 752b12)에서 "세계가 실체로 있는 것이라면 이는 하나로 합해져서 이루어진 모양이 다. 여래께서 하나로 합해서 이루어진 모양을 설하신 것은, 곧 하나로 합해서 이루어 진 모양이 아닌 것을 하나로 합해서 이루어진 모양이라고 한 것이다.(若世界實有者。 則是一合相。如來說一合相。則非一合相。是名一合相)"에서 나오는 말이다. 일합상의 구체적인 의미는 주석서에 따라 매우 다양하게 해석되고 있다. 태현의 주석에 따르 면, 『범망경』에서는 인연에 의해 생겨난 것임을 나타내는 말로 쓰인 것이다.
117 여가회관현전如假會觀現前 : 태현의 주석에 의거하여 풀이하면, '경계가 임시로 화 합하여 성립된 것임을 여실하게 알고, 눈앞에 나타난 것을 있는 그대로 관찰하는 것' 이다.

🔹 두 번째는 답변한 것인데, 이 가운데 네 가지가 있다. 차례대로 40가지 법문을 자세하게 설했기 때문이다. 처음에 또한 열 가지가 있다. 이것은 발취인데, 이 가운데 첫 번째는 사심이다.

述曰。第二答中有四。如次廣說四十法門故。初亦有十。此發趣中。初捨心也。

보살이 설명을 요청한 것은 천 명의 부처님의 가피에 의한 것이기 때문이다. 지금 말하기를, "천 명의 부처들이여, 잘 들어라."라고 한 것은, 천 명의 부처인 대중이 아직 이해하지 못한 것을 알았기 때문이다.

菩薩請者。千佛所加故。今告言千佛諦聽。知千佛衆。未解了故。

사심에는 세 문단이 있다. 장문章門을 밝혔기 때문이고, 행상行相을 밝혔기 때문이며, 맺어서 이루는 것을 밝혔기 때문이다.

捨心三文。章門故。行相故。結成故。

a. 장문章門

"일체를 버리는 것이다."라고 한 것은 장문을 제시한 것이다.

言一切捨者。擧章門也。

b. 행상行相

다음은 행상이니, 이 가운데 국토 등의 일체를 버리는 것을 말했다.

次行相中。謂國土等一切捨之。

"조작함이 없고 모양이 없는 것이다."라는 것은, 버려야 할 것을 버릴 때, 삼륜三輪을 여의는 것을 표방한 것이다. "조작함이 없고"라는 것은 인공人空[118]이기 때문이고, "모양이 없는 것이다."라는 것은 법공法空[119]이기 때문이다.

無爲無相者。標捨所捨之時。離三輪也。無爲者。人空故。無相者。法空故。

다음은 삼륜을 풀이했다. 처음은 보시하는 이가 공한 것이다. 곧 "아我·인人·지자知者·견자見者"라고 한 것을 말한다. 12인연에 의해 임시로 화합하여 성립되기 때문에 그것을 주재하는 이가 있고 조작하는 아我가 있다는 견해에 집착하지만, 그 소연所緣인 12인연에는 합해지는 것도 없고 흩어지는 것도 없다. 경계에 자아가 없기 때문에 "합해지는 것도 없고"라고 했고, 사아似我(자아인 것처럼 보이는 것)는 있으니, 또한 "흩어지는 것도 없다."라고 했다.

다음은 받는 이가 공한 것이다. "받는 이도 없다."라고 한 것을 말한다. 온·계·처는 하나로 화합하여 이루어져서 공한 모양이니, 나와 나의 것이라는 모양이 없기 때문이다.

나중은 보시하는 물건이 공한 것이다. 임시로 (화합하여) 모든 법이 이루어졌으니, 내적인 몸 등과 같은 것이든 외적인 재물 등과 같은 것이든, 일체 법은 공하여 스스로 버려야 할 것도 없고 남에게 받을 것도 없기 때문이다.

---

118 인공人空 : 아공我空·생공生空·중생공衆生空·가명공假名空·인무아人無我 등이라고도 한다. 중생은 오온五蘊에 의해 임시로 화합하여 이루어진 것이기 때문에 불변의 실체적 자아가 있지 않은 것을 말한다.

119 법공法空 : 법무아法無我라고도 한다. 제법의 자성이 공한 것을 말한다.

次釋三輪。初施者空。謂卽我人知者見者。十二因緣。假會合成故。能執彼
主者造作之我見者。於彼所緣十二因緣。無合無散。於境無我。故言無合。
而有似我。亦言無散。次受者空。謂無受者。以蘊界處。一合空相。無我我
所相故。後施物空。假成諸法。若內身等。若外財等。一切之法空。無自之
所捨。無彼受故。

C. 맺음말

세 번째는 맺으면서 말한 것이다. 그때 관찰이 이루어져 경계가 임시로
회합하여 이루어진 것임을 여실하게 알고 눈앞에 나타난 것을 있는 그대
로 관찰한다.

第三結言。爾時觀成。如境假會。能觀現前。

Ⓑ 계심戒心 ②

경 "불자여, (둘째는) 계이다. 유도 아니고 무도 아닌 계(非非戒)이니 받는
이가 없다. 10선계十善戒는 어떤 스승도 설법함이 없다. 거짓말·도둑질에서부
터 삿된 견해에 이르기까지[120] 모이는 것도 없고 받을 것도 없다. 자慈·양良·
청淸·직直·정正正·실實·정견正見·사捨·희喜·등等은 10계의 체성이니, (이것에 의
해) 여덟 가지 전도顚倒[121]를 제어하고 그치며, 일체의 성품을 여의어 청정한

---

120 10선계에 의해 제거되는 10악을 일컫는 말. 10악은 일반적으로 살생·투도偸盜·사음
邪淫·망어·양설兩舌·악구惡口·기어綺語·탐욕貪欲·진에瞋恚·사견邪見 등을 가리
킨다.
121 여덟 가지 전도顚倒 : 태현의 주석에 따르면 유위법에 대한 네 가지 전도와 무위법에
대한 네 가지 전도를 함께 일컫는 말. 첫 번째로 유위법에 대한 네 가지 전도는, 범부
가 생사유위법生死有爲法에 대해 네 가지 잘못된 견해를 일으켜 집착하는 것이다. 곧

하나의 도에 계합한다."

若佛子。戒。非非戒。無受者。十善戒。無師說法。欺盜乃至邪見。無集受[1])者。慈良淸直正實正見捨喜等。是十戒體性。制止八倒。一切性離。一道淸淨。

1) ㉦ '受'가 어떤 곳에는 없다.(갑본)

술 두 번째는 계심戒心이다.

述曰。第二戒心。

"계이다."라는 것은 장문을 제시한 것이다.

戒者。擧章。

"유도 아니고 무도 아닌 계"라는 것은, 유변有邊과 무변無邊을 여의었기 때문에 거듭해서 "~도 아니고 ~도 아닌"이라고 했다. 왜냐하면 받는 이가 없기 때문이다. 또 "10선계는 어떤 스승도 설법함이 없다."라는 것은 능설能說(설한 주체)이 없는 것을 말한 것이니, 어찌 소설所說(설한 내용)이 있

영원하지 않은 것에 대해 영원하다고 집착하는 것을 상전도常顚倒라고 하고, 즐거운 것이 아닌 것에 대해 즐거운 것이라고 집착하는 것을 낙전도樂顚倒라고 하며, 아我라고 할 만한 것이 없는데 아라고 집착하는 것을 아전도我顚倒라고 하고, 청정하지 않은 것인데 청정하다고 집착하는 것을 정전도淨顚倒라고 한다. 두 번째로 무위법에 대한 네 가지 전도는, 성문·연각이 비록 유위법에 대한 네 가지 전도를 바르게 통찰하여 벗어났더라도 다시 진리를 바르게 이해하지 못하여 열반무위법涅槃無爲法에 대해 네 가지 잘못된 견해를 일으켜 집착하는 것이다. 곧 영원함·즐거움·걸림이 없는 뛰어난 자아·청정함의 네 가지 덕을 갖춘 열반에 대해 영원하지 않고 즐겁지 않으며 걸림이 없는 자아도 없고 청정하지도 않다는 견해를 일으켜 집착하는 것이다. 보살은 유위와 무위의 여덟 가지 전도를 모두 끊어 없앤다.

겠는가. 받는 이와 주는 이 및 받아야 할 계를 얻을 수 없기 때문에 삼륜三輪이 공한 것이다.

> 非非戒者。離有無邊。重言非非。何者。無受者故。及十善戒無師說法。謂無能說。寧有所說。受者授者及所受戒。不可得故。三輪空也。

"거짓말·도둑질에서부터 삿된 견해에 이르기까지 모이는 것도 없고 받을 것도 없다."라는 것은, 방지해야 할 악이 체가 공하여 모인 것이 없음을 밝힌 것이다. 도리어 온갖 인연에 의해 만들어진 것에 속하니 결정적 성품이 없기 때문이다. "거짓말(欺)"이라는 것은 버려야 할 것이다. 버려야 할 것 가운데 지극한 것은 목숨을 해치는 것이다.

> 欺盜乃至邪見無集受者。明所防惡。體空無集。還屬衆緣。無定性故。欺者。[1] 蔑中之極。謂害命故。

---

1) ㉡ '者' 뒤에 '蔑也'가 있다.(갑본·을본·병본) ㉢ '蔑也'가 들어가는 것이 맞는 것 같다.

"자慈·양良" 등이라는 것은, 능히 방지하는 계를 밝힌 것이니, 체성이 또한 공한 것이다. 첫 번째로 '자'는 살생을 방지하고, 두 번째로 '양'은 도둑질을 방지하며, 세 번째로 '청淸'은 음란함을 방지하고, 네 번째로 '직直'은 거짓말을 방지하며, 다섯 번째로 '정正'은 술을 파는 것을 방지하고, 여섯 번째로 '실實'은 바르지 못하게 찬탄하는 것과 비방하는 것을 방지하며, 일곱 번째로 '정견正見'은 삿된 견해를 방지하고, 여덟 번째로 '사捨'는 인색함을 방지하며, 아홉 번째로 '희喜'는 분노를 방지한다. 예전의 소疏에서 "(열 번째인) '등等'은 평등하게 취하는 것을 뜻하는 비悲이니, 말에 있어서의 허물을 방지한다."[122]라고 했다. 열 가지 악을 방지할 때 유위와 무위의 여덟 가지 전도를 제어하고 그치며, 유·무의 성품을 여의어 청정한 한맛에 계합한다.

慈良等者。明能防戒。體性亦空。一慈防殺也。二良防盜也。三淸防婬也。四直防妄也。五正防酤酒。六實防讚毀。七正見防邪見。八捨防慳也。九喜防瞋也。舊疏云。等言等取悲。防說¹⁾過。防十惡時。制止有爲無爲八倒。有無性離。一味淸淨也。

1) ㉘ '說'을 어떤 곳에서는 '談'이라 했다.(을본)

ⓒ 인심忍心 ③

경 "불자여, (세 번째는) 인忍(참는 것)이다. 유상혜有相慧와 무상혜無相慧를 체성으로 삼는다. 일체공공인一切空空忍이고 일체처인一切處忍이니, (전자를) 무생행인無生行忍이라 하고, (후자를) 일체처득명여고인一切處得名如苦忍이라 한다. (이와 같은) 한량없는 행을 낱낱이 인이라 한다. (매질을) 받는 이도 없고, 때리는 이도 없으며, 칼이나 몽둥이나 화내는 마음도 없으니, 모두 여여如如하고 낱낱이 (실체가) 없다. 진리인 하나의 모양에 계합하지만 모양이 없는 것도 없고, 유有라고 해도 모양이 있는 것도 없다. 마음의 모양이 없는 것은 아니지만, 연려緣慮(思量)해도 연緣의 모양은 없다. (핍박의 주체가) 서 있거나 머물거나 움직이거나 멈추거나 함으로써 (그 속에서) 아我·인人의 (모양이든지) 속박함과 풀어 줌의 (모양이 일어나지만, 보살은) 일체법을 여실하게 관조한다. (이렇게 능인能忍과 소인所忍이 공하기 때문에) 인忍이라는 모양을 얻을 수 없다."

---

122 출처를 찾을 수 없다. 따라서 '예전의 소疏'도 어떤 책을 가리키는 것인지 알 수 없다.

若佛子。忍。有無相慧體性。一切空空忍。一切處忍。名無生行忍。一切處得名如苦忍。無量行。一一名忍。無受無打無刀杖瞋心。皆如如。無一一。諦一相。無無相。有無有相。非非心相。緣無緣相。立住動止。我人縛解。一切法如。忍相不可得。

🈁 세 번째는 인심忍心이다.

述曰。第三忍心。

a. 장문章門

"인忍이다."라는 것은 장문을 제시한 것이다. "유상혜와 무상혜를 체성으로 삼는다."라는 것은, 총괄적으로 진제의 인과 속제의 인의 체를 표방한 것이다.

忍者舉章。有無相慧體性者。總標眞俗忍體。

b. 행상行相

다음은 행상의 차별을 밝혔다. "공공인空空忍"이라고 한 것은, 승의勝義를 연하는 인忍이니, 뒤에서는 이것을 "무생행인無生行忍"이라 했다. "일체처인一切處忍"이라는 것은 세속을 연하는 인이니, 뒤에서는 이것을 "일체처득명여고인一切處得名如苦忍"이라 했다. 모든 곳에서 두루 세속의 고통의 모양을 여실하게 알아 감내하고 이해하기 때문이다. "득명여고"라는 것은 원망과 해침 등의 (고통을) 감내하는 것이니, 경계(고통)에 따라서 이름을 붙였기 때문이다.

次辨行相差別。言空空忍者。緣勝義忍。下此名爲無生行忍。一切處忍者。緣世俗忍。下名此爲一切處得名如苦忍。遍一切處。如俗苦相而忍解故。得名如苦者。耐怨害等。隨境目故。

c. 맺음말

"이와 같은 진제와 속제의 한량없는 행상을 낱낱이 모두 인이라 한다."라는 것은 맺은 것이다.

如是眞俗無量行相一一皆名忍者。結也。

진제와 속제를 밝히는 것을 마치고 다음에 삼륜을 밝혔다. 자신이 공하므로 "받는 이도 없고", 상대방이 공하므로 "때리는 이도 없으며", 법의 성품이 공하므로 "칼이나 몽둥이나 화내는 마음도 없다." 삼륜이 한맛이니 "모두 여여하고"라고 했고, 일마다 실체가 없으니 "낱낱이 (실체가) 없다."라고 했다.

진리는 둘이 없으니 "진리인 하나의 모양에 계합하지만"이라고 했다. 진리는 또한 실공實空이니 "모양이 없는 것"이라고 하는데, (그러한 모양이 없는 것에 대한 집착이 없기 때문에 "모양이 없는 것도 없고"라고 했다.) 그런데 세속은 무無가 아니기 때문에 "유라고 해도 모양이 있는 것도 없다."라고 했다.

明眞俗已。次明三輪。自空無受。彼空無打。法性空故。無刀杖無瞋心。三輪一味。言皆如故。事事無實。言無一一。諦理無二。言諦一相。理亦實空。名無相。而俗非無。言有無有相。

다음은 주체(能)와 대상(所)이 상대하는 문이다. "마음의 모양이 없는 것은 아니지만" 등은, 감인하는 주체(能忍)가 공한 모양임을 밝힌 것이다. 말하자면 감인하는 마음이 전혀 없는 것은 아니기 때문에 "마음의 모양이 없는 것은 아니지만"이라고 했고, 연려가 있는 것 같지만 실체로서의 연緣은 없기 때문에 "연려해도 연緣의 모양은 없다."라고 했다. "서 있거나 머물거나" 등이라는 것은 소인所忍의 경계가 공한 것이다. 때리는 사람 등이 행하는 네 가지 몸가짐[123]과 (관련하여 일어나는) 염오인 법과 청정한 법의 성품이 공하기 때문에 "일체법을 여실하게 관조한다."라고 했다. 곧 능인能忍과 소인所忍이 공하니 "인忍이라는 모양을 얻을 수 없다."라고 했다.

次能所相對門。非非心等。明忍空相。謂能忍心。非都無。故言非非心相。似有緣慮。無實緣。故言緣無緣相。立住等者。空所忍境。能打人等。四威儀中。染淨性空。故言一切法如。卽能所空。忍相不可得。

Ⓓ 정진심精進心 ④

경 "불자여, (네 번째는) 네 가지 몸가짐에 있어서 모든 때에 실천하는 것이다. 공空·가假를 조복시키고 법의 성품을 깨달아서 무생無生의 산에 올라가 일체의 유有와 무無를 (각각) 여유如有[124]와 여무如無[125]라고 보고, 대지大地·청靑·황黃·적赤·백白 등을 대상으로 일체입一切入을 행하고 그 밖의 것도 행

---

123 네 가지 몸가짐 : '사위의四威儀'를 풀어 쓴 것이다. 태현의 해석에 따르면, 서 있는 것(立)·머무는 것(住)·움직이는 것(動)·멈추는 것(止)을 가리킨다. 일반적으로는 행행(Ⓢ gamana)·주住(Ⓢ sthāna)·좌坐(Ⓢ niṣadyā)·와臥(Ⓢ śayana)를 가리킨다. 또한 이 네 가지 몸가짐이 법도에 맞는 것을 가리키는 말로도 쓰인다.
124 여유如有 : 사유似有라고도 한다. 유처럼 보이지만 유가 아닌 것을 말한다.
125 여무如無 : 사무似無라고도 한다. 무처럼 보이지만 무가 아닌 것을 말한다.

하며, 삼보三寶를 갖추어서 지성智性[126]을 얻는다. 일체의 믿음에 의해 정진하는 도는 공이고 생겨남이 없으며 조작함이 없고 지혜의 모양이 없다. 공에서 일어나 세제법世諦法으로 들어가도 또한 두 가지 모양은 없다. 공심空心을 상속하여 통달하고, 정진하여 매 순간마다 선근善根을 증장시킨다."

若佛子。若四威儀。一切時行。伏空假。會法性。登無生山。而見一切有無。如有如無。大地靑黃赤白一切入乃至。三寶智性。一切信進道。空無生無作無慧。起空入世諦法。亦無二相。續空心通達。進分善根。

述 네 번째는 정진심精進心이다.

述曰。第四精進心。

a. 장문章門

"네 가지 몸가짐에 있어서 모든 때에 실천하는 것이다."라는 것은 정진행으로 장문을 제시한 것이다. 가는 것과 머무는 것 등의 자리에서 어느 때이든 경책하지 않음이 없기 때문이다.

若四威儀一切時行者。以精進行。擧章門也。行住等位。無時不策故。

---

[126] 지성智性 : 『범망경직해』 권상(X38, 789b11)에서 "삼보는 불·법·승이고, 지성은 곧 법신·반야·해탈이다."라고 한 것을 참조할 것.

b. 행상行相

다음은 행상을 밝혔다. "공空·가假를 조복시키고"라는 것은 처음의 두 가지 성性을 조복시키는 것이니, "공"은 변계遍計이고, "가"는 의타依他이다. "법의 성품을 깨달아서"라는 것은 원성실圓成實[127]을 깨닫는 것이니, 처음의 사상事相을 조복시키고 진리를 깨닫기 때문이다. 공지空智의 덕이 모인 것을 "무생의 산"이라 하고, "유와 무를 (여유와 여무라고) 보고"라는 것은 모양이 있는 것을 "유"라고 하고, 모양이 없는 것을 "무"라고 한다. 용수龍樹[128]가 논에서 "작위가 있는 것을 유라고 하고, 작위가 없는 것을 무라고 한다."라고 한 것과 같다. "여유"라는 것은 세속의 입장에서 사유似有로서 보는 것이고, "여무"라는 것은 승의勝義의 입장에서 사무似無로 보는 것이다. 이상은 총괄적으로 일체법을 관찰하는 것이다.

"대지·청·황·적·백 등을 대상으로 일체입一切入을 행하고"라는 것에서 ("일체입"은) 10변처十遍處[129]이다. 승처勝處[130]·해탈解脫[131] 등을 포함

---

127 "공"은 변계遍計이고~것은 원성실圓成實 : 유식학에서 설한 세 가지 존재 형태와 관련된 용어. 첫 번째로 '변계'는 변계소집성遍計所執性이니, 허망분별에 의해 분별된 허구적 존재 형태를 말하며, 이취二取, 곧 능취能取(아는 것, 곧 주관)와 소취所取(알려지는 것, 곧 객관) 등을 그 내용으로 한다. 두 번째로 '의타'는 의타기성依他起性이니, 다른 것에 의존하여 생기하는 존재 형태를 가리키며 허망분별을 그 내용으로 한다. 세 번째로 '원성실'은 원성실성圓成實性이니, 완성된 존재 형태를 말하며 공성空性을 그 내용으로 한다.
128 용수龍樹 : ⓢ Nāgārjuna의 의역어. 인도 대승불교 중관학파의 창시자. 생존 연대는 2~3세기경으로 추정된다. 『중론中論』 등의 논서와 『대지도론』 등의 주석서를 지어서 대승교학의 체계를 수립하였다.
129 10변처十遍處 : 10일체처十一切處·일체입一切入·일체처一切處 등이라고도 한다. 선정의 일종. 열 가지 대상을 마주하여 각 대상마다 모든 것이 바로 그것으로 이루어졌음을 관찰하는 것. 열 가지 대상은 지地·수水·화火·풍風·청靑·황黃·적赤·백白·공空·식識이다.
130 승처勝處 : 팔승처八勝處를 가리킨다. 욕계의 색처色處를 뛰어나게 알고 뛰어나게 관찰하여 이를 조복시키고 탐욕스런 마음을 제거하는 여덟 가지 선정. 첫째는 내심에 색상色想(색에 탐착하는 생각)이 있지만 관도觀道가 아직 증장하지 않은 경우에는 외

하기 때문에 "그 밖의 것도 행하며"라고 했다. 이상은 개별적으로 그 공덕
문을 관찰하는 것이다. "삼보를 갖추어서 지성을 얻는다."라는 것은 대승
의 공덕문이니, 삼보를 온전히 갖추어서 일체법을 포섭하기 때문이다. 경
계를 밝히는 것을 마쳤다.

次明行相。伏空假者。伏初二性。空謂遍計。假謂依他。會法性者。會圓成
實。伏初事相。會眞理故。空智德聚。名無生山。見有無者。有相名有。無相
名無。如龍樹論。有爲名有。無爲名無。如有者。世俗似有。如無者。勝義似
無。已上總觀一切法也。大地靑黃赤白一切入者。十遍處也。包勝處解脫

부의 색의 적은 부분만 관찰하여 내심의 색상을 제거하고 탐욕을 제거하는 것이다. 둘째는 내심에 색상이 있지만 관도가 점차 성숙하면 외부의 색의 많은 부분, 곧 한 구의 시체 혹은 백천 구의 시체 등을 관찰하여 내심의 색상을 제거하고 탐욕을 제거하는 것이다. 셋째는 내심에 색상이 없지만 보다 견고하게 하기 위해 외부의 적은 색을 관찰하는 것이다. 넷째는 내심에 색상이 없지만 보다 책려하기 위해 외부의 많은 색을 관찰하는 것이다. 다섯째는 내심에 색상이 없지만 외부의 청색을 관찰하는 것이다. 여섯째는 내심에 색상이 없지만 외부의 황색을 관찰하는 것이다. 일곱째는 내심에 색상이 없지만 외부의 적색을 관찰하는 것이다. 여덟째는 내심에 색상이 없지만 외부의 백색을 관찰하는 것이다.

131 해탈解脫 : 팔해탈八解脫을 가리킨다. 색과 무색의 탐욕을 벗어나도록 하는 여덟 가지 선정. 팔배사八背捨라고도 한다. 첫째는 내심에 색상이 있을 경우, 내심의 색상을 제거하기 위해 외부의 여러 색에 대해 부정관不淨觀(청정하지 않음을 관찰하는 것)을 닦는 것이다. 둘째는 내심의 색상이 이미 제거되었더라도 욕계의 탐욕은 끊기 어렵기 때문에 외부의 색에 대해 청정하지 않은 모양을 관찰하여 싫어하는 마음을 내고 끊어 없앨 것을 추구하는 것이다. 셋째는 선근을 단련시켜서 원만함을 이루기 위해 앞의 청정하지 않음을 관찰하는 마음을 버리고 외부의 색경色境의 청정한 모양에 대해 관을 닦고 번뇌가 생겨나지 않게 하며, 몸이 정해탈을 증득하여 구족하게 안주하는 것이다. 넷째는 색상을 모두 넘어서고 장애하는 대상이 있다는 생각을 멸하며 여러 가지 생각에 주의를 기울이지 않음으로써 무변공無邊空을 알고 공무변처정空無邊處定에 들어가서 구족하게 안주하는 것이다. 다섯째는 공무변처를 넘어서서 무변식無邊識을 알고 식무변처정識無邊處定에 들어가서 머무는 것이다. 여섯째는 식무변처를 모두 넘어서서 무소유無所有를 알고 무소유처정無所有處定에 들어가서 머무는 것이다. 일곱째는 무소유처를 모두 넘어서 비상비비상처정非想非非想處定에 들어가서 머무는 것이다. 여덟째는 비상비비상처를 모두 넘어서 상수멸정想受滅定(지각과 느낌이 중지된 것)에 들어가서 머무는 것이다.

等。故言乃至。已上別觀其功德門也 三寶智性者。大乘功德門也。以其三寶。攝一切法故。明境界已。

다음은 공덕을 밝혔다. 일체의 믿음에 의해 상승하면서 정진하는 도는 반드시 삼삼매三三昧[132]이니 공혜空慧를 문으로 삼는다. 생겨남이 없다면 모양도 없는 것이니, 모양은 반드시 생겨난 것이기 때문이다. 승의를 관찰하는 것으로부터 세속으로 나아가기 때문에 "공에서 일어나 세제법으로 들어가도"라고 했다. 진제가 곧 속제임을 깨달았기 때문에 "또한 두 가지 모양은 없다."라고 했다.

次明功德。以一切信。上昇進道。必三三昧。空慧爲門。無生者無相。相必生故。從勝義觀。趣世俗。故言起空入世諦法。了眞卽俗。言亦無二相。

c. 맺음말

세 번째는 맺으면서 말한 것이다. "공심을 상속하여 통달하고, 정진하여 매 순간마다 선근을 증장시킨다."라는 것은, 모든 정진의 도는 다 공을 으뜸으로 삼기 때문에 "이전의 공심을 상속하여 통달함으로써 걸림이 없는 경지에 도달하고, 정진하여 선근을 (증장시키는 것을) 진심進心이라고 한다."라고 했다.

---

132 삼삼매三三昧 : 공삼매空三昧 · 무생삼매無生三昧 · 무작삼매無作三昧를 가리킨다. 무작삼매는 무원삼매無願三昧라고도 하고, 무생삼매는 무상삼매無相三昧라고도 한다. 모두 공혜를 얻는 것을 목적으로 하기 때문에 삼공삼매三空三昧라고도 한다. 공삼매는 모든 법이 공임을 관찰하는 것이고, 무생삼매는 모든 법에 대해 생각할 대상도 없고 볼 만한 대상도 없음을 관찰하는 것이며, 무작삼매란 모든 법에 대해 어떤 것도 원하여 추구하는 일을 하지 않는 것이다.

第三結言。續空心通達進分善根者。所有進道。皆空爲首。故言續前空心通
達而進善根名進心也。

Ⓔ 정심定心 ⑤

경 "불자여, (다섯 번째는) 적멸하여 모양이 없는 것이다. 무상무량행삼매
無相無量行三昧와 무상무량심삼매無相無量心三昧를 행하는 것이다. 범부이든
성인이든 삼매에 들지 않음이 없어서 체성이 상응하니, 모든 행위에 있어서 선
정의 힘에 의해 (모든 장애가 소멸된다.) 아我·인人·작자作者·수자受者[133]가
있다는 견해와 그것에 의해 일어나는 일체의 속박과 그것에 의해 일어나는 객
관 대상이 자성적 실체로서 존재한다는 견해는 모두 (선정을) 장애하는 인연
이 되는 것이다. 산란한 바람이 마음을 움직여 고요하지 않지만, 소멸시켜서
공하고 공하게 하니, 여덟 가지 전도가 반연할 것이 없다. 정혜靜慧(定慧)를 빌
려서 일체가 임시로 모인 것이어서 찰나마다 소멸하는 것임을 관찰하고, 일체
의 삼계의 과를 받게 하는 죄의 성품도 모두 선정으로 말미암아 소멸시켜 일
체의 선을 낳는다."

若佛子。寂滅無相。無相無量行無量心三昧。凡夫聖人。無不入三昧。體性
相應。一切以定力故。我人作者受者一切縛見性。是障因緣。散風動心不
寂。而滅空空。八倒無緣。假靜慧觀。一切假會。念念滅。受¹⁾一切三界果罪
性。皆由定滅。而生一切善。

---

133 아我·인人·작자作者·수자受者 : 16신아十六神我 중 네 가지를 가리키는 것. 아와
인은 앞의 주 110을 참조할 것. 아·인이 있어서 손과 발 등을 사용하여 온갖 일을
짓는 것이라고 계탁하기 때문에 '작자'라고 한다. 아·인이 있어서 후세의 몸에 있어
서 과보를 받는다고 계탁하기 때문에 '수자'라고 한다.『대승의장大乘義章』권6(T44,
595b24)을 참조할 것.

1) ㉤ '滅受'를 어떤 곳에서는 '寂滅'이라 했다. ㉥ 을본에서 '寂滅'이라 했다. 태현의 주석에 따르면 '滅受'가 타당하다.

술 다섯 번째는 정심定心이다.

述曰。第五定心。

"적멸하여 모양이 없는 것이다."라는 것은 장문을 제시하신 것이다. 산란과 동요를 고요하게 가라앉히고 소멸시켜서 모양이 없음을 비추기 때문이다.

寂滅無相者。擧章門。¹⁾ 寂滅散動。照無相故。

1) ㉤ '門' 뒤에 '也'가 있다.(갑본·을본·병본)

다음은 행상인데, 이 가운데, "무상무량행삼매"라는 것은 생공生空(人空)을 증득하는 선정이니, 오직 제행諸行만 있을 뿐이고 실체적 자아는 없기 때문이다. "무상무량심삼매"라는 것은 법공法空을 증득하는 선정이니, 오직 여러 가지 식識만 있을 뿐이고 실체적인 법은 없기 때문이다. 아울러 진공眞空에 나아가는 것을 총괄적으로 "무상"이라 한다.

"범부이든 성인이든 삼매에 들지 않음이 없어서"라는 것은 팔선정八禪定¹³⁴을 말한다. 저 두 부류는 선정에 의해 순숙함을 얻기 때문에 "체성에 상응하니"라고 했다. 일체의 행에 있어서 선정의 힘 때문에 모든 장애가 소멸된다.

"아·인·(작자)·수자가 있다는 견해"라는 것은 인집人執¹³⁵이고, "그것

134 팔선정八禪定 : 색계의 사선四禪과 무색계의 사선을 합하여 일컫는 말이다.
135 인집人執 : 아집我執·생집生執 등이라고도 한다. 오온五蘊에 의해 임시로 화합하여

에 의해 일어나는 일체의 속박"이라는 것은 나머지 번뇌이며, "그것에 의해 일어나는 객관 대상이 자성적 실체로서 존재한다는 견해"라는 것은 또한 법집法執[136]을 든 것이니 소지장所知障[137]에 포섭된다. 모두 선정을 장애하는 인연이 된다.

次行相中。無相無量行三昧者。生空定也。唯有諸行。無實我故。無相無量心三昧者。法空定也。唯有諸識。無實法故。並趣眞空。總名無相。凡夫聖人。無不入三昧者。八禪定也。彼二類。定得淳熟故。言體性相應。於一切行。以定力故。諸障滅也。謂我人受者。人執也。一切縛者。餘煩惱也。見性者。且擧法執。攝所知障也。皆是障定因緣。

"산란한 바람이 마음을 움직여"라는 것은, 바르게 사유하지 않음으로써 마음마다 모두 적멸하지 않은 것인데, 소멸시켜서 공하고 공하게 함으로써 여덟 가지 전도가 연할 것이 없는 것에 이른다. "정혜를 빌려서 관찰하고"라는 것은, 관觀을 배우는 유정은 법을 관찰함에 있어서 정혜를 빌리니, 이 정혜로 말미암아 일체가 임시로 화합한 것을 관찰하여 고제苦諦

이루어진 중생에 대해서 주재하는 작용을 가진 실체적 자아가 있다고 생각하는 것을 말한다.
136 법집法執 : 법아집法我執·법아견法我見·법아·가명아假名我 등이라고도 한다. 고정적이고 불변하는 실체로서의 법이 있다고 생각하는 것을 말한다.
137 소지장所知障 : 장애를 두 가지로 나눈 것 중 하나. 다른 하나는 번뇌장煩惱障이다. 오취온五取蘊을 실아實我라고 집착하는 번뇌를 으뜸으로 하는 128가지 근본번뇌根本煩惱와 22가지 수번뇌隨煩惱를 가리킨다. 이는 중생의 몸과 마음을 어지럽혀 열반에 도달하는 것을 방해하고 생사의 세계를 떠돌게 만들기 때문에 번뇌장이라 한다. 소지장은, 탐욕·분노·어리석음 등의 번뇌가 인식 대상의 참된 모양을 그대로 알지 못하게 하기 때문에 소지장이라고 한다. 번뇌장을 끊어 해탈을 얻고 소지장을 끊어 보리菩提를 얻는다. 유식학에서는, 전자를 오직 실존적 고통에서 해방되는 경지라고 하여 소승의 열반으로 보고, 후자를 본질을 꿰뚫어 아는 경지라고 하여 부처님이 깨달은 경지와 같다고 본다. 이를 다시 성취한 사람을 중점으로 말하면 전자를 아라한과阿羅漢果라고 하고, 후자를 여래과如來果라고 한다.

를 복멸伏滅시키고, 능히 삼계의 과보를 받게 하는 죄의 성품도 (그렇게 관찰하여) 집제集諦를 소멸시키는 것이다. "일체의 선을 낳는다."라는 것은 도의 자량資糧을 기르는 것이다.

散風動心者。不正¹⁾思惟。皆心不寂。而滅空空。及以八倒。無攀緣也。假靜慧觀者。學觀有情。法假定慧。由此定慧。一切假會。苦諦伏滅。能受三界罪性。集滅。言而生一切善者。道資糧也。

---
1) ㉠ '正'을 '生'이라 했다.(갑본·을본·병본)

Ⓕ 혜심慧心 ⑥

[경] "불자여, (여섯 번째는) 공혜空慧이다. 연이 없는 것이 아니니 (소의所依의 연緣인) 앎의 체를 마음(心)이라 한다. 일체법을 분별하니 임시로 주인(主者)이라고 이름하지만 도道와 더불어 통하고 함께한다. 결과를 취하고 원인을 행하여 성인의 경지에 들고 범부의 지위를 버리며 죄를 소멸하고 복을 일으키며 속박에서 벗어남이 모두 체성의 공용이다. 일체의 집착하는 견해인 상常·낙樂·아我·정淨이 일어나고, 이것으로 인해 번뇌가 발생함은 지혜의 성품이 밝지 않기 때문이다. 혜를 으뜸으로 삼고 불가설不可說[138]의 관찰하는 지혜를 닦아 중도인 하나의 진리에 들어가서 (지혜가 일어나고 미혹이 사라진다. 모든 것은) 그 무명無明이 지혜를 장애하여 발생한 것이니, (본래) 모양이 있지 않고 온 곳도 있지 않고 연緣도 있지 않으며 죄 지음도 있지 않고 여덟 가지 전

---
138 불가설不可說 : 10대수大數 중 아홉 번째 수. 1아승기를 최초의 단위로 하여 점차 증대하여 아홉 번째 불가설에 이르고, 마지막으로 가장 큰 수를 불가설불가설이라 한다. 곧 1아승기의 자승自乘(같은 수를 두 번 곱하는 것)은 아승기전阿僧祇轉이고, 아승기전의 자승은 무량無量이니, 이것이 두 번째 큰 수이다. 이렇게 해서 마지막에 불가설불가설에 이르는 것이다.

도도 없으며 생멸도 없는 것이다. 지혜의 광명을 밝게 비추어 (이러한 실상을) 관조하고 의요意樂가 허공처럼 걸림이 없는 경지에 도달한다. (다시) 방편을 일으켜 전변하면서 신통력을 현시하지만 (이는) 지혜의 체성으로 하는 것이니, 지혜의 공용이기 때문이다."

若佛子。空慧。非無緣。知[1]體名心。分別一切法。假名主者。與道通同。取果行因。入聖捨凡。滅罪起福。縛解。盡是體性功用。一切見常樂我淨煩惱。慧性不明故。以慧爲首。修不可說觀慧。入中道一諦。其無明障慧。非相非來。非[2]緣非罪。非八倒。無生滅。慧光明燄。[3]爲照樂虛。方便轉變神通。以智體性所爲。慧用故。

1) ㉮ '知'를 '智'라 했다.(갑본) 2) ㉮ '非'는 어떤 곳에는 없다.(갑본) 3) ㉮ '燄'을 '光'이라 했다.(갑본)

술 여섯 번째는 혜심慧心이다. "공혜이다."라는 것은 (육바라밀 중) 여섯 번째 바라밀(지혜바라밀)을 제시한 것이다.

述曰 第六慧心。[1] 空慧者。學第六度。

1) ㉮ '心' 뒤에 '中'이 있다.(갑본)

행상을 밝혔는데, 이 가운데, "연이 없는 것이 아니니"라는 것은, 소의所依인 연緣이 있음을 표방한 것이다. "혜"는 또한 자성은 없지만 의타기依他起이기 때문이다. 무엇을 소의所依로 삼는가. 앎의 체를 말하니, 이것을 마음이라 한다. "일체법을 분별하니 임시로 주인이라고 이름하지만"이라는 것은 심왕心王의 성품이기 때문이다. "도와 더불어 통하고 함께한다."라는 것은 혜와 더불어 상응하기 때문이다. 이미 성태聖胎에 머물고 있기 때문에 미래에 성인과 평등한 경지에 들어갈 수 있는데, (이는) 모두 혜심의 체성의 공용인 것이다.

明行相中。非無緣者。標有所依緣也。慧亦無性。依他起故。何爲所依。謂
能知體。名之爲心。了[1]別一切法假名主者。心王性故。與道通同者。與慧
相應故。旣住聖胎。當入聖等。盡是慧心體性功用也。

1) ㉠ '了'는 '分'인 것 같다.

일체의 집착하는 견해인 네 가지 전도가 일어나고, 이것으로 인해 번뇌가 발생하는 것은, 모두 지혜의 성품을 염오하여 밝지 않게 만들기 때문이다. 그러므로 이것을 대치함에 있어서 지혜를 으뜸으로 삼고 불가설의 온갖 관찰하는 지혜를 닦아서 이것을 방편으로 삼아 중도인 하나의 진제에 들어간다.

다음은 공을 장애하는 것을 밝혔으니, "(모든 것은) 그 무명이 지혜를 장애하여 발생한 것이니"라고 한 것을 말한다. 온갖 연緣에 의해 화합한 것을 떠나서는 자체의 모양이 없기 때문에 "모양이 있지 않고"라고 했고, 연에 즉하지 않기 때문에 "온 곳도 있지 않고 연緣도 있지 않으며"라고 했으며, 이미 자성이 없기 때문에 "죄 지음도 있지 않고 여덟 가지 전도도 없으며 생멸도 없는 것이다."라고 했다. 이 지혜의 광명으로 말미암아 관조하고 의요가 허공처럼 걸림이 없는 경지에 도달한다.

진실한 지혜를 밝히는 것을 마쳤다. 다시 지혜의 방편을 일으켜 선변하면서 신통력을 현시하지만, 또한 지혜의 체성이 하는 것이니 지혜의 공용이기 때문이다.

一切能執四倒煩惱。皆由染慧性不明故。故對治之。以慧爲首。修不可說
種種聞[1]慧。以爲方便。入於中道一眞諦也。次明障空。謂其無明能障慧者。
離衆緣合。無自相。故言非相。不卽緣。故非來非[2]緣。旣無自性。故非罪。

非八倒。無生滅也。由此慧明。照而樂空。明眞實智已。更智方便。轉變神通。亦智體性所爲。以慧用故。

1) ㉟ '聞'은 '觀'인 것 같다. 2) ㊵ '非'를 '於'라고 했다.(갑본·을본·병본)

Ⓖ 원심願心 ⑦

경 "불자여, (일곱 번째는) 자신의 이익을 서원하고 타인의 이익을 서원하면서 대열반大涅槃을 구하고 일체지一切智를 구하는 것이다. 결과를 구하기 위해 원인을 닦기 때문에 원심이 이어진다. 원심이 이어지고 상속하여 백겁 만에 성불하여 (바로) 죄를 소멸하고, 끊임없이 자극한 마음으로 무생공無生空(생겨남이 없는 공)의 이치에 계합하여 일여一如한 모양을 증득할 것을 추구하며, 그것에 입각하여 세운 서원으로 끊임없이 관찰하여 고요한 경지(定)와 두루 비추는 경지(照)에 들어가면, 한량없는 견집見執에 의한 속박에서 구하는 마음 때문에 벗어나고, 한량없는 미묘한 행이 구하는 마음 때문에 이루어지니, 보리의 한량없는 공덕은 구하는 것을 근본으로 삼는다. 처음에 구하는 마음을 발하고 중간에 불도를 닦아 행이 서원을 만족시키기 때문에 불과佛果가 바로 이루어진다. 하나의 진리인 중도를 관찰하여 비추는 지혜도 없고 그 대상인 법계도 없지만, 몰沒(灰身滅智¹³⁹)의 상태에 있는 것은 아니다. 능견能見과 소견所見을 생기하지만 해혜解慧를 일으키지는 않는다. 이것이 서원의 체성이니 모든 행의 본원이다."

若佛子。願願。大求一切求。以果行因故。願心連。願心連相續。百劫得佛滅罪。求求至心。無生空一。願觀觀。入定照。無量見縛。以求心故解脫。無

---

139 회신멸지灰身滅智 : 몸을 불태워 재로 만들고 심지心智의 작용을 멸제滅除하는 것. 소승의 성문·연각이 이상으로 삼는 무여열반無餘涅槃을 말한다.

量妙行。以求心成。菩提無量功德。以求爲本。初發求心。中間修道。行滿願故。佛果便成。觀一諦中道。非照[1]非界。非沒。生見見。非解慧。是願體性。一切行本願。

---
1) ㉯ '照'를 어떤 곳에서는 '陰'이라 했다.(갑본)

술 일곱 번째는 원심願心이다.

述曰。第七願心。

a. 장문章門

"자신의 이익을 서원하고 타인의 이익을 서원하면서 대열반을 구하고 일체지를 구하는 것이다."라는 것은 장문을 제시한 것이다. 자신의 이익과 타인의 이익을 둘 다 구하기 때문에 "자신의 이익을 서원하고 타인의 이익을 서원하면서"라고 했다. 단덕斷德(열반)을 구하기 때문에 "대열반을 구하고"라고 했고, 지덕智德(보리)을 구하기 때문에 "일체지를 구하는 것이다."라고 했다.

願願大求一切求者。擧章門也。雙求二利。故言願願。求斷名大求。求智名一切求。

b. 행상行相

행상을 밝혔는데, 이 가운데, "미래에 얻을 결과를 구하기 위해 원인을 닦기 때문에 원심이 이어진다."라고 했다. 반드시 원심이 이어지고 상속하는 것으로 말미암아 백겁 만에 성불하여 바로 죄를 멸한다. ("백겁"에서) "백"은 많다는 뜻이다. "죄"라는 것은 곧 생사윤회하면서 겪는 재난과 환난의 무더기이기 때문이다. 오로지 주의를 기울이면서 연속하여 법공法空의 이치를 관찰하여 일여一如한 모양을 증득할 것을 추구하기 때문에 "끊임없이 지극한 마음으로 무생공의 이치에 계합하여 일여한 모양을 증득할 것을 추구하며"라고 했다. "일一"이라는 것은 일여한 모양이니, 이른바 무상승無相乘(무상의 가르침)에 입각한 서원으로 관觀을 증대하여 고요한 경지와 두루 비추는 경지에 들어가면, 한량없는 견집에 의한 속박에서 서원을 구하는 마음 때문에 벗어나고, 그 진리를 증득하도록 하는 행은 구하는 마음 때문에 이루어지니, 이로 말미암아 보리의 한량없는 공덕은 서원을 근본으로 삼는다.

이미 성불하고 나서 원만하게 법계를 증득하면 유변과 무변을 여의니, "하나의 진리인 중도를 관찰하여"라고 했다. 온갖 덕이 서로 융섭하여 능히 비추는 지혜의 부분과 비추이는 대상인 법계가 비록 차별이 없지만, 이승二乘의 회신멸지와는 같지 않기 때문에, 또한 "몰沒의 상태에 있는 것은 아니다."라고 했다.

친히 원만한 경지를 증득하고 나서 후득지後得智에 의해 한량없는 작용을 일으키니, "능견과 소견을 생기하지만"이라고 했다. 그러나 내가 지은 것이 있다고 말하지는 않으니, "해혜를 일으키지는 않는다."라고 했다.

明行相中。以求遠果。修行因故。願心連也。必由願心連相續故。百劫得佛。卽滅罪也。百謂多義。罪卽生死災患聚故。專注連求法空一相。故言求求至心於[1]無生空一。一者一相。所謂無相乘願。增觀而入定照。則無量見縛。以求願心故。得解脫。其能證行。以求心成。由此。菩提無量功德。以願爲本。旣成佛已。圓證法界。離有無邊。言觀一諦中道也。萬德相融。能照智分所照法界。雖無差別。非如二乘灰身滅智。亦言非沒。親圓證已。於後得智。起無量用。言生見見。然不謂言我有所作。言非解慧。

1) ㉠『범망경』본문에 따르면 '於'는 연자이다.

c. 맺음말

맺은 문장은 알 수 있을 것이다.

結文可解。

Ⓗ 호심護心 ⑧

경 "불자여, (여덟째는) 삼보를 호지護持하고 일체의 행의 공덕을 호지하는 것이다. 외도의 여덟 가지 전도·악사견惡邪見 등으로 하여금 바른 믿음을 어지럽히지 않게 하고, (자신에게 있어서는) 아박我縛(번뇌장)을 소멸시키고 견박見縛(소지장)이 일어나지 않게 한다. 이제二諦를 비추어 통달하여 관심觀心이 현전하니, 근본적인 것인 삼보를 호지하되 어떤 모양도 일으키지 않고 호지한다. 공하고 조작함이 없으며 모양이 없음을 호지하여 마음에 지혜가 이어지고 또 지혜가 이어져서 생겨남이 없는 경지에 들어가니, 공도空道(止道)와 지도智道(觀道)가 모두 밝게 빛나고 또 밝게 빛난다. (이렇게) 관觀을 호지하여 공에 들어가고 (세속의) 임시로 시설된 것에 대해 모양을 분별한다. (세속은) 허깨비(幻)이고 변화한 것(化)¹⁴⁰이다. 환술과 신통변화에 의해 일어난 것이니 여무如無이고 (또) 여무如無이다. 법체法體가 모이고 흩어짐에 있어서 호지할 만한 것은 없으니 관법도 또한 그러하다."

---

140 허깨비(幻)이고 변화한 것(化) : '환幻'은 마술사의 환술이고, '화화'는 부처님·보살이 신통력에 의해 변화하는 것. 혹은 그렇게 해서 생겨난 사물을 가리키기도 한다. 공空을 설명하기 위한 다양한 비유 중 일부인데, 이 경우 보통 후자의 의미로 쓰인다.

若佛子。護三寶。護一切行功德。使外道八倒惡邪見。不嬈正信。滅我縛。見縛無生。照達二諦。觀心現前。以護根本。無相護。護空無作無相。以心慧連慧連入無生。空道智道。皆明光明光。護觀入空。假分分。幻化。幻化所起。如無如無。法體集散。不可護。觀法亦爾。

a. 장문章門

🈯 여덟 번째는 호심護心을 밝혔는데, 이 가운데, "삼보를 호지하고 일체의 행의 공덕을 호지하는 것이다."라는 것은 장문을 제시한 것이다. 의지의 대상(所依)과 자신의 행(自行)을 보호하기 때문이다.

述曰。第八護心之中。護三寶護一切行功德者。舉章門也。以護所依及自行故。

b. 행상行相

다음은 행상을 밝혔다. 처음은 외도로부터 (의지의 대상인 삼보를) 호지하는 것이다. "바른 믿음을 어지럽히지 않게 하고"라는 것은 삼보를 호지하는 것이니, 모양이 없는 행으로 전도된 마음을 조복시키기 때문이다. "아박을 소멸시키고 견박이 일어나지 않게 한다." 등이라는 것은 자신의 행을 호지하는 것이다. 번뇌장을 조복시키기 때문에 "아박을 소멸시키고"라고 했고, 소지장을 조복시키기 때문에 "견박이 일어나지 않게 한다."라고 했다. 어떤 행상으로 이와 같이 호지할 수 있는가. 근본인 삼보를 호지하되 모양이 없는 행으로 호지하는 것을 말한다.
"자행인 삼공문三空門[141]을 호지하여 마음에 지혜가 이어지고 또 지혜

---

[141] 삼공문三空門 : 공空·무작無作·무상無相 등의 삼삼매三三昧를 가리키는 말. 본 경

가 이어지는 것" 등은, 두 가지 공이 서로 돕기 때문에 "지혜가 이어지고 또 지혜가 이어져서"라고 했다. 이와 같이 서로 이어지면서 생겨남이 없는 경지에 들어가면 지도止道와 관도觀道가 곧 밝게 빛나고 또 밝게 빛나니, 두 가지 장애를 조복시켜 걸림이 없기 때문이다. 이와 같이 관觀을 호지하여 공경空境에 들어가고 세속의 임시로 지어진 것에 대해 모양을 분별하니 "분별한다."라고 했다. 사아似我(실재하는 것처럼 보이지만 실재하지 않는 아) · 사법似法(실재인 것처럼 보이지만 실제하지 않는 법)은 망식妄識 속의 사유似有이니, "허깨비이고 변화한 것이다."라고 했다. 환술과 신통변화에 의해 일어난 것이어서 세속의 모양은 성품이 공한 것이니, 공지空智에 있어서는 사무似無이기 때문에 "여무이고 여무이다."라고 했다.

次明行相。初護外道。不令嬈正信者。護三寶也。以無相行。伏倒心故。滅我縛。見縛無生等者。護自行也。伏煩惱障。言滅我縛。伏所知障。言見縛無生。以何行相。如此護耶。謂護根本三寶。以無相行護。護自三空門以心慧連慧連等也。二空相資。故言慧連慧連。如是相連入無生者。止道觀道。則明光明光。以伏二障無罣礙故。如是護觀。入於空境。俗假相別。故言分分。似我似法。妄識中似有。故言幻化。幻化所起。俗相性空。空智中似無。故言如無如無。

c. 맺음말

이하는 맺으면서 말한 것이다. 인연에 의해 화합하여 일어난 것이니 "법체가 모이고"라고 했고, 다시 온갖 연緣에 속하는 것이니 "법체가 흩어짐에 있어서"라고 했으며, 결정적인 자성이 없으니, "호지할 만한 것은 없

의 본문에서 "공하고 조작함이 없으며 모양이 없음"이라고 한 것을 묶은 것이다.

으니"라고 했다. 관찰의 대상이 되는 것의 이치가 그러한 것처럼 관찰하는 주체도 또한 그러하기 때문에 ("관법도 또한 그러하다."라고 했다.)

以下結云。緣合所起。言法體集。還屬衆緣。言法體散。無定自性。言不可護。如所觀理。能觀亦爾。

① 희심喜心 [9]

경 "불자여, (아홉 번째는) 다른 사람이 즐거움을 얻는 것을 보면 항상 기뻐하는 것이다. 일체의 대상(物)에 이르기까지, 가假·공空을 비추어서 고요한 경지에 이르니, 유위有爲에 들어가지 않지만 적연寂然이 없는 것은 아니다. 대락大樂을 얻지만 계합할 만한 것은 없으니, 즐거움을 감수할 만한 이가 있으면 교화하고, 즐거움을 주는 법이 있으면 꿰뚫어 본다. 현법玄法(승의법)과 가법假法(세속법)의 성품이 평등하여 하나의 체임을 관찰하고 마음마다 실천한다. 일체의 부처님께서 행하신 공덕을 많이 듣고, 모양이 없이 (따라서) 기뻐하는 지혜(喜智)를 내고, 마음마다 정념正念을 내어 고요히 비춘다. (이에) 즐거운 마음으로 일체법을 연한다."

若佛子。見他人得樂。常生喜悅。及一切物。假空照寂。而不入有爲。不無寂然。大樂無合。有受而化。有法而見。玄假法性。平等一觀。心心行。多聞一切佛行功德。無相喜智。心心生念而靜照。樂心緣一切法。

술 아홉 번째는 희심喜心이다.

述曰。第九喜心。

a. 장문章門

"다른 사람이 즐거움을 얻는 것을 보면 항상 기뻐하는 것이다."라는 것은 장문을 제시한 것이다.

見他人得樂常生喜悅者。擧章門也。

b. 행상行相

"일체의 대상에 이르기까지" 이하는 행상을 밝힌 것이다. "가假"라는 것은 의타기이고, "공空"이라는 것은 변계소집이다. (가와 공의) 두 가지 모양을 두루 조복시켰기 때문에 "일체의 대상에 이르기까지"라고 했다. (가와 공의) 두 가지 모양이 나타나지 않는 것을 비추어서 고요한 경지에 이르는 것이라고 한다. 처음의 두 가지 성을 보지 않으니, "유위에 들어가지 않지만"이라고 했고, 진여眞如가 영상으로 나타나기 때문에 "적연이 없는 것은 아니다."라고 했다.

　내적으로 증득함으로써 얻는 즐거움 가운데 경계와 지혜가 모두 공하기 때문에 "대락을 얻지만 계합할 만한 것은 없으니"라고 했고, 반야에 의해 비록 공을 증득했어도 대비大悲에 의해 오히려 중생을 교화하기 위해 유有의 경계를 연緣하기 때문에 "즐거움을 간수할 만한 이가 있으면 교화하고 즐거움을 주는 법이 있으면 꿰뚫어 본다."라고 했다. "현법玄法과 가법假法의 성품" 등이라는 것은 이제의 성품을 보아 평등하여 한맛임을 관찰하고 마음마다 실천하는 것이다. "현법"이라는 것은 승의이고, "가법"이라는 것은 세속이다. 반야를 증득하고 대비를 일으켜서 서로 융섭하기 때문이다.

　"일체의 부처님께서 행하신 공덕을 많이 듣고" 등이라는 것은 과덕果德

과 인행덕因行德을 많이 듣고 두루 모양이 없이 따라서 기뻐하는 지혜로서 연속적으로 정념正念을 생기하여 오로지 비추는 것이다. 이미 어떤 것도 생겨남이 없으니 부처님이 곧 나(我)이기 때문이다.

及一切下。明行相也。假謂依他。空謂遍計。徧伏二相。言及一切。二相不現。名爲照寂。不見初二性。言不入有爲。眞如影現。言不無寂然。內證樂中。境智俱空。故言大樂無合。般若雖證空。大悲猶化物。攀緣有境。故言有受而化。有法而見也。玄假法性等者。見二諦性。平等一觀。心心中行也。玄者勝義。假者世俗。般若大悲而相融故。多聞一切佛行功德等者。多聞果德及因行德。普以無相隨喜之智。連生正念而專照也。旣一無生。佛卽我故。

C. 맺음말

이하에서 맺으면서 말하기를, "즐거운 마음으로 일체법을 연한다."라고 한 것은 질투 등을 여의고 희열을 연하기 때문이다.

以下結云樂心緣一切法者。離嫉妬等。喜悅緣故。

ⓙ 정심頂心 ⑩

경 "불자여, (열 번째이니) 이 지위에 도달한 사람은 가장 뛰어난 지혜를 갖춘다. 자아에 집착하여 생사의 세계를 윤회하게 하는 번뇌, 곧 견취견見取見·의疑·유신견有身見과 일체의 진瞋 등의 번뇌를 멸하여 없앰이 정수리와 같고, 관찰이 이어지고 (또) 관찰이 이어지는 것이 정수리와 같으며, 법계에 두루하고 원인과 결과가 원융하며 여여如如하고 하나의 도인 것이 정수리와 같이 가장 뛰어나다. (모두) 사람의 정수리와 같다.[142] 몸이 있다는 견해에 집착하지 않고 62견六十二見에도 집착하지 않는다. 오중五衆(五蘊)은 찰나마다 생겨나고 소멸한다. (그릇되게) 신아神我[143]라는 주인이 있다고 하지만 (항상) 움직이고 구르고 굽히고 펼치며 (변화하고,) 감수하는 것도 없으며, 행行도 없고 잡을 것도 없으며 묶는 것도 없음을 관찰한다. 이 사람은 그때 내공內空의 바른 도에 들어간다. 마음마다 중생에 대해 연을 보지 않고 연이 아닌 것도 보지 않는다. 정삼매적멸정頂三昧寂滅定에 머물고 가행加行을 발하여 도에 나아간다. 법에 자성과 실체가 있다는 견해와 아·인이 있다는 견해와 상주한다는 견해와 여덟 가지 전도가 생겨나면 둘이 아닌 법문을 연하니, 이로 말미암아 여덟 가지 어려움[144]을 당하지 않고, 허깨비와 변화한 것인 과보도 필경 받지 않으며, 오직 모든 중생을 동일하게 볼 뿐이다. 가든지 오든지 앉든지 서든지 수행하여 죄를 멸하니, 열 가지 악을 제거하고 열 가지 선을 낳는다. 도에 들어가서 바른 사람이 되고 바른 지혜와 바른 행위를 얻는다. 보살은 실상을 통달하고 눈앞에 나타난 것에 대해 생겨남이 없음을 관찰하여[145] 육도

---

142 앞에서 서술한 것을 거듭해서 서술한 것으로, 번뇌를 소멸하는 것·관찰하는 지혜·관찰의 대상인 법계 등이 모두 정수리와 같다는 말이다.
143 신아神我 : 상키야 학파의 용어. 세계의 전개 과정을 25가지 원리로 설명한 것 가운데 가장 근원적인 두 가지 원리 중 하나. 곧 정신적 원리를 가리킨다.
144 여덟 가지 어려움 : '팔난八難'을 풀어 쓴 것이다. 『증일아함경』 권36(T2, 747a)에서 "첫째는 지옥에 태어나는 것이고, 둘째는 축생으로 태어나는 것이며, 셋째는 아귀로 태어나는 것이고, 넷째는 장수천長壽天(하늘에 속한 대중의 하나. 색계·무색계의 어느 하늘에 속하는 것인지에 대해서는 이설이 있다.)으로 태어나는 것이다.(⑳ 여기까지는 부처님께서 출현하신 때라고 해도, 부처님께서 설법하시는 곳에 태어나지 않았기 때문에 겪는 어려움을 말한 것이다.) 다섯째는 변지邊地(문화의 중심지에서 멀리 떨어진 변두리 지역)의 하천한 종족으로 태어나서 설법을 들을 기회가 없는 것이고, 여섯째는 육정六情(六根)을 온전히 갖추지 못하여 설법을 해도 들을 수 없는 것이며, 일곱째는 마음과 인식이 사견에 물들어 설법을 해도 믿지 않는 것이고(⑳ 여기까지는 부처님께서 출현하신 때에 부처님께서 설법하시는 곳에 태어났지만, 자신이 처한 문제 상황에 의해서 그 말씀을 받아들이지 못하는 어려움을 말한 것이다.), 여덟째는 부처님께서 출현하지 않으셨을 때 태어나는 것이다."라고 했다.
145 보살은 실상을~없음을 관찰하여 : 『범망경직해』 권상(X38, 795a14)을 참조하여 풀었다.

의 과보를 받지 않고 반드시 불종성佛種性에서 물러나지 않는다. 태어날 때마다 불가佛家에 들어가고 바른 믿음을 여의지 않는다."

앞의 「십천광품十天光品」[146]에서 자세히 설했다.

若佛子。是人最上智。滅無我輪見疑身一切瞋等。如頂。觀連觀連。如頂。法界中因果如如一道。最勝上。如頂。如人頂。非非身見六十二見。五衆生滅。神我主人。動轉屈伸。[1] 無受。無行可捉縛者。是人爾時。入內空直[2]道。心心。衆生。不見緣。不見非緣。住頂三昧寂滅定。發行趣道。性實我人常見八倒生。緣不二法門。[3] 不受八難。幻化果。畢竟不受。唯一衆生。去來坐立。修行滅罪。除十惡。生十善。入道。正人正智正行。菩薩達觀現前。不受六道果。必不退佛種性中。生生入佛家。不離正信。上十天光品廣說。

1) ㉠ '伸'을 '申'이라 했다.(갑본) 2) ㉠ 『대정장』의 『범망경』에 따르면 '直'은 '值'이다. 그런데 태현의 주석에 따르면 그의 대본에는 전자로 기록되어 있을 가능성이 큰 것 같다. 전자에 의해 번역했다. 3) ㉠ '門' 뒤에 어떤 곳에는 '由此'가 있다.(갑본) ㉠ 태현의 주석에 따르면 그의 저본에는 '由此'가 있다.

술 열 번째는 정심頂心이다.

述曰。第十頂心。

a. 장문章門

"이 지위에 도달한 사람은 가장 뛰어난 지혜를 갖춘다."라는 것은 장문을 제시한 것이다.

---

146 「십천광품十天光品」: 대본大本 『범망경』의 한 품으로 추정되는 품의 이름이다.

是人最上智者。舉章門也。

다음은 이름의 뜻을 풀이했다. 앞의 아홉 가지 마음보다 뛰어나니, 세 가지 뜻이 있어서 "정수리와 같다."라고 했다. 첫째는 장애를 소멸함이 정수리와 같다. "자아에 집착하여 생사의 세계를 윤회하게 하는 번뇌"라는 것은 자아에 집착하는 것을 으뜸으로 삼아서 (생사의 세계를 윤회하는 것을 말한 것이다.) 생사의 세계를 윤회하게 하는 번뇌 가운데, 이사利使[147]에 속하는 견취견見取見·의疑·유신견有身見과 둔품鈍品[148]에 속하는 진瞋 등의 번뇌를 모두 소멸하여 없애기 때문에 뛰어남이 정수리와 같은 것이다.[149] 둘째는 지혜의 뛰어남이 정수리와 같다. 최상의 지혜가 연속되는 것이 정수리와 같기 때문이다. 셋째는 경계의 뛰어남이 정수리와 같다. 법계에 두루하고 원인과 결과가 원융하며, 여여如如하고 하나의 도인 것이 뛰어남이 정수리와 같기 때문이다. "(모두) 사람의 정수리와 같다."라

---

147 이사利使 : 이치에 미혹되어서 일어나는 번뇌. 그 성품의 체가 맹렬하고 날카롭기 때문에 '이利'라고 하고, 부림을 받기 때문에 '사使'라고 한다. 유신견有身見(자아가 있다고 하는 견해)·변집견邊執見(극단적 견해에 집착하는 것. 예컨대 자아가 죽은 후에 상주한다는 견해와 단멸한다는 견해의 양 극단에 집착하는 것)·사견邪見(사제의 因果의 이치를 부정하는 것)·견취견見取見(하열한 지혜에 의해 하열한 일을 뛰어난 것이라고 여기는 것)·계금취견戒禁取見(옳지 않은 도리를 설하는 계를 천상에 태어나는 원인 혹은 열반에 이르게 하는 원인이라고 여기는 것) 등의 다섯 가지를 말한다. 통틀어서 오리사五利使라고 한다.
148 둔품鈍品 : 둔사鈍使라고도 한다. 그 성품이 둔탁하고 졸렬하기 때문에 '둔鈍'이라고 한다. 탐貪(탐욕, 마음에 드는 대상에 대한 욕구)·진瞋(분노, 마음에 들지 않는 대상에 대한 증오)·치癡(어리석음)·만慢(교만, 자신이 다른 사람보다 훌륭하다고 여기는 마음)·의疑(의심) 등의 다섯 가지를 말한다. 통틀어서 오둔사五鈍使라고 한다.
149 태현의 주석은 일반적으로 설하는 오리사·오둔사와 차이가 있다. '의疑'는 둔사인데 이사에 집어넣은 것이 그것이다. 『범망경상권고적기강의』(『일본대장경』 20, 91a)에서는 "태현이 경의 차례에 의거하여 이렇게 분류했지만 실제에 의거하면 '의'는 둔사이다. 또한 '의'가 이사에 속할 수도 있는데, 예컨대 사제의 이치를 의심하는 것은 둔사의 행상行相이 아니기 때문이다. 따라서 이런 의미에서 '의'를 이사라고 한 것일 수도 있다."라고 하였다.

는 것은 총괄적으로 앞의 세 가지를 비유한 것이다.

次釋名義。前九心上。三義如頂。一滅障如頂。言我輪者。執我爲首。輪廻煩惱。利見疑身。及以鈍品瞋等煩惱。皆滅無故。勝如頂也。二智勝如頂。最上智。連如頂故。三境勝如頂。周徧法界。因果圓融。如如一道。最如頂故。如人頂者。總喩上三也。

b. 행상行相

다음은 행상을 밝혔다. "몸이 있다는 견해"와 "62견"은 같지 않은 것이니, 이 두 부류의 견집見執을 간별하기 위해, "~않고 ~않는다.(非非)"라고 했다. "오중"은 곧 오온이다. 찰나마다 생멸하는 온에 대해 그릇되게 신아神我라고 집착하지만 체는 항상 유전하니 식온識蘊이 공임을 관찰하는 것이다. 대체로 식온을 계탁하여 자아의 모양으로 삼기 때문이다. "감수하는 것도 없으며"라는 것은 수온受蘊이 공함을 관찰하는 것이다. "행도 없고 잡을 것도 없으며 묶는 것도 없다."라는 것은 나머지 세 가지 온蘊이 공함을 관찰하는 것이다. "행"은 곧 행온行蘊이고, "잡을 것도 없으며"라는 것은 색온色蘊이 공이기 때문이며, "묶는 것도 없다."라는 것은 상온想蘊이 공이기 때문이니, 망상妄想은 묶는 것의 근본이기 때문이다. 계경에서 "식識은 허깨비와 변화한 것과 같고, 내지[150] 색은 물방울 덩어리와 같다."[151]라고 한 것과 같다. "내공의 바른 도에 들어간다."라는 것은 곧 내

---

150 내지 : 생략했음을 나타내는 말. 경의 본문은 색·수·상·행·식의 차례로 오온을 모두 언급했지만, 태현은 이를 인용하면서 최후의 것인 식을 앞에 두고 중간의 세 가지는 생략하고 최초의 것인 색을 마지막에 두었기 때문에 '내지'를 써서 이를 나타낸 것이다.
151 『대품반야경大品般若經』 권20(T8, 367a21)에서 "보살은 선정바라밀에 머물러 색色이 물방울 덩어리(聚沫)와 같음을 관찰하고, 감수 작용(受)이 물거품(泡)과 같음을 관찰

문內門[152]을 대상으로 순수하고 한맛인 도에 들어가는 것이다. 이상은 반야를 밝힌 것이다.

> 次明行相。不同身見六十二見。簡二類見。故言非非。五衆卽五蘊也。於蘊刹那刹那生滅。謬執神我。體常流轉。觀識蘊空也。多計識蘊。爲我相故。無受者。觀受蘊空。無行可捉縛者。觀餘三蘊空也。行卽行蘊。無可捉者。色蘊空故。無可縛者。想蘊空故。妄想縛本故。如契經云。識如幻化。乃至色如聚沫。言入內空直道者。卽入內門純一味道。上明般若。

다음은 대비大悲를 밝혔다. 찰나마다 모든 중생에 대해 연이 있음을 보지 않고 연이 아님도 보지 않으니 항상 무연대비無緣大悲[153]를 연한다. 정삼매적멸정에 머물고 가행을 발하여 증득해야 할 도에 나아간다. 이때 가령 법에 자성과 실체가 있다는 견해와 아·인이 있다는 견해와 상주한다는 견해와 여덟 가지 전도가 생겨나면 둘이 아닌 법문을 연한다. "법에 자성과 실체가 있다는 견해"라는 것은 법집法執이고, "아·인이 있다는 견해"라는 것은 생집生執(我執)이다. "이로 말미암아 여덟 가지 어려움을 당하지 않고"에서 ("여덟 가지 어려움"이란) 삼악도三惡道(지옥·축생·아귀)에 태어나는 것 등을 말한다. "허깨비와 변화한 것인 과보도 필경 받지 않으며"라는 것은 도분道分(菩提分)의 선근에 의해 생사를 윤회하게 하는 인업引業[154]을 짓지 않기 때문이다. 동체대비同體大悲[155]에 의해 나를 여의고 교

하며, 표상(想)이 아지랑이와 같음을 관찰하고, 의지(行)가 파초와 같음을 관찰하며, 식識이 허깨비와 같음을 관찰한다."라고 한 것과 의미가 같다.
152 내문內門 : 인식 주관에 속하는 모든 것을 일컫는 말. 예를 들면 안근眼根 등의 육근六根, 색온色蘊 등의 오온五蘊을 가리킨다. 상대어는 외문外門으로, 객관 대상에 속하는 모든 것, 곧 육경六境을 가리킨다.
153 무연대비無緣大悲 : 무연자비無緣慈悲라고도 한다. 자타의 대립을 완전히 떠난 절대적이고 진실한 자비를 일컫는 말이다.

화할 것이 없다고 생각하니, "오직 모든 중생을 동일하게 볼 뿐이다."라고 했다. 네 가지 몸가짐 가운데 악을 멸하고 선을 낳는다.

"도에 들어가서"라는 것은 총괄적인 것을 나타낸 구절이고, 나머지 셋은 개별적인 것을 나타낸 구절이다. 10해를 원만하게 이룬 계위를 "바른 사람"이라 하고, 복덕과 지혜의 자량을 세운 것을 "바른 지혜와 바른 행위"라고 하는데, "행위"라는 것은 곧 복덕이다.

次明大悲。刹那刹那。於諸衆生。不見有緣。不見非緣。恒以無緣大悲攀緣。住頂三昧寂滅定。亦發加行。於趣證道。爾時。設有性實我人常見八倒生者。則緣不二法門。性實見者。法執也。我人見者。生執也。由此不受八難者。三途等也。幻化果。畢竟不受者。道分善根。不造生死引業故。同體大悲。離我無化。故言唯一衆生。四威儀中。滅惡生善。言入道者總句。餘三別句。滿十解位。名爲正人。立福智資糧。名正智正行。行卽福也。

c. 맺음말

이하는 총괄적으로 맺으면서 말한 것이다. 보살은 실상을 통달하여 눈앞에 나타난 것을 있는 그대로 관찰하기 때문에 육도의 과보를 받지 않고 반드시 불종성에서 물러나지 않으니, 유전流轉을 등지고 환멸還滅로 향하기 때문이다. "태어날 때마다 불가佛家에 들어가고"라는 것은, 『십주비바사론』에서 "진여를 불가라고 한다."[156]라고 했으니, (진여에) 상응하여 앎

---

154 인업引業 : 업을 두 가지로 분류한 것 중 하나. 견인업牽引業이라고도 한다. 미래세에 지옥·아귀·축생 등의 육도에 태어나는 과보를 얻게 하는 원인으로서의 업을 가리킨다. 상대어는 만업滿業으로 육근六根·힘의 강약·수명의 길고 짧음·빈부·귀천 등의 과보를 얻게 하는 원인으로서의 업을 가리킨다.
155 동체대비同體大悲 : 동체자비同體慈悲라고도 한다. 일체중생을 자신과 동체라고 관찰하여 그들의 고통을 자신의 고통으로 여기며 마음 아파하는 것이다.

이 이루어졌기 때문에 "들어가고"라고 했다. "십천광품"이라는 것은 앞에서 나온 품을 가리킨다.

> 下總結言。菩薩達觀現前故。不受六道果。必不退於佛種姓中也。以背流轉向還滅故。生生入佛家者。十住毗婆沙云。以眞如爲佛家。相應解成。故言入也。十天光品者。指上品也。

(B) 10장양十長養

Ⓐ 자심慈心 ①

경 노사나불께서 말씀하셨다.

"천 명의 부처들이여, 잘 들어라. 네가 앞서 장양의 10심을 물은 것에 (대해 설하겠다.) 불자여, 항상 자심慈心을 행하여 (중생으로 하여금) 즐거움이라는 결과를 낳게 하는 원인을 지을 뿐이다. 무아지無我智 가운데 즐거움과 상응하여 관찰한다. (곧) 법에 들어가서 수受·상想·행行·식識·색色 등의 대법大法[157] 가운데 생겨나는 것도 없고 머무는 것도 없고 소멸하는 것도 없으며, 허깨비과 같고 변화한 것과 같으며, 여여如如하여 둘이 없음을 관찰하기 때문에 일체를 수행하고 법륜을 성취한다. 교화가 일체에 미쳐 바른 믿음을 낳게 하고, 마구니의 가르침을 따르지 않게 하며, 또한 일체중생으로 하여금 자심에 의한 즐거움의 과를 얻게 하지만, 실체적인 이익을 얻는 것도 아니고 실체

---

156 『십주비바사론十住毘婆沙論』에서 동일한 문장을 찾을 수 없다. 다만 『십주비바사론』 권1(T26, 25b26)에서 "선권방편善權方便과 지혜를 모든 부처님의 집안이라고 하니, 이 두 법으로부터 모든 부처님이 나온다. 이 두 가지는 일체 선법의 근본이다.(善慧名諸佛家。從是二法出生諸佛。是二則是一切善法之根本)"라고 했다.
157 대법大法 : 태현은 대진법大眞法이라고 했는데, '대진'이란 대진여大眞如라는 뜻으로, 오온의 본래 성품에 대해 붙인 명칭이라고 할 수 있다.

적인 선악의 과보를 얻는 것도 아니다. 이에 공체성삼매空體性三昧를 깨닫는다."

盧舍那佛言。千佛諦聽。[1] 汝先問長養十心者。若佛子。常行慈心。生樂因已。於無我智中。樂相應觀。入法。受想行識色等大法中。無生無住無滅。如幻如化。如如無二故。一切修行。成法輪。化被一切。能生正信。不由魔敎。亦能使一切衆生。得慈樂果。非實非善惡果。解空體性三昧。

---
1) ㉯ '諦聽'이 어떤 곳에는 없다.(갑본)

술 두 번째는 10장양인데, 이 가운데 질문을 서술한 것[158]은 알 수 있을 것이다.

述曰。第二十長養中。牒問可知。

a. 장문章門

이것은 첫 번째로 자심인데 이 가운데 "항상 자심을 행하여 (중생으로 하여금) 즐거움이라는 결과를 낳게 하는 원인을 지을 뿐이다."라는 것은 장문을 제시한 것이다. 자慈는 즐거움을 주는 것을 뜻으로 삼기 때문이다. 이것은 무연無緣의 자慈이니, 자행慈行이 이미 이루어지면 자신도 또한 즐거움이 함께한다.

此初慈心中。常行慈心生樂因已者。擧章門也。慈與樂故。此無緣慈。慈行

---
158 질문을 서술한 것 : 앞에서 화광왕대지명보살이 노사나불에게 40심에 대해 질문한 일을 서술한 것을 가리킨다.

旣成。自亦樂俱。

b. 행상行相

소연법所緣法에 들어가는 것이다. (소연법은) 곧 오온五蘊이라는 대진법大眞法을 말하는데, 이 가운데 온蘊의 세 가지 모양(생겨남과 머묾과 소멸함)이 공하고 허깨비와 같고 변화한 것과 같으며 진여여서 둘이 없음을 관찰하기 때문에 성도聖道의 법륜을 감당하고 성취한다.

入所緣法。謂卽五蘊大眞法中。空蘊三相。如幻如化。眞如無二。故則堪當成聖道法輪。

"교화가 일체에 미쳐"라고 말한 것 이하는 다른 사람으로 하여금 믿음을 내게 하는 것이니, 대비大悲의 문이기 때문이다. "실체적인 이익을 얻는 것도 아니고"라고 한 것은 이익이 되는 것(믿음)의 (실상을) 말한 것이니 신심信心이 공하기 때문이고, "실체적인 선악의 과보를 얻는 것도 아니니"라는 것은 안락한 것의 (실상)을 말하는 것이니, 즐거움의 과보가 공하기 때문이다.

言化被已下。教他生信。大悲門故。言非實者。謂所利益。信心空故。非善惡果者。謂所安樂。樂果空故。

c. 맺음말

"(이에) 공체성삼매를 깨닫는다."라고 한 것은 맺으면서 자행이 성취된 것을 밝힌 것이다.

言解空體性三昧者。結慈行成也。

Ⓑ 비심悲心 ②

경 "불자여, 비悲인데 공하고 (공도 또한) 공하여 모양이 없다. 비悲를 연하여 도를 행하니 저절로 일체의 고통이 소멸한다. 일체중생의 한량없는 고통에 대해 지혜를 내니, 살생하지 않음을 연하고 살생하지 않는 법을 연하며 자아에 집착하지 않음을 연하기 때문에 항상 살생하지 않음과 도둑질하지 않음과 음란한 행위를 하지 않음을 실천하여 어떤 중생도 괴롭히지 않는다. 보리심을 발한 이는 공에서 일체법의 여실한 모양을 본다. 종성種性의 행 가운데 도지道智의 마음을 낸다. 여섯 가지 친한 것[159]과 여섯 가지 악한 것[160]에 있어서 친근한 것과 악한 것에 (다시) 세 품(상품·중품·하품)이 있는데, 이들에게 최상의 즐거움과 지혜를 준다. 상품의 악한 것도 반연한 내용에 따라 아홉 품이 있는데,[161] (그 내용에 따라 아홉 품으로 구별되는) 즐거움의 과보를 얻는다. 공이 현현할 때 자신과 타인을 포함한 일체의 중생을 평등하게 관조하여 동일한 즐거움을 주려는 행에 의해 대비大悲를 일으킨다."

---

159 여섯 가지 친한 것 : '육친六親'을 풀어 쓴 것이다. 출처에 따라 그 내용이 일정하지 않다. 일반적으로 부父·모母·형兄·제弟(손아래 형제)·자姊(손위 자매)·매妹(손아래 자매)를 말한다. 이 밖에 아버지·어머니·손위 형제·손아래 형제·아내·자식이라고 하는 경우도 있고, 아버지·어머니·손위 형제·손아래 형제·남편·아내 등이라고 하는 경우도 있다.

160 여섯 가지 악한 것 : '육악六惡'을 풀어 쓴 것이다. 태현은 '나에게 있어서 악이 되는 것'이라고 정의하고, 여섯 가지를 구체적으로 밝히지는 않았다. 여타 주석서에서 '상품의 악'은 조달調達이 부처님을 해친 것이라고 했다.

161 여섯 가지 친근한 것과 여섯 가지 악한 것에 각각 세 품이 있으니, 18+18=36품이 성립된다. 또한 18품 각각에 다시 세 품이 있으니, (18×3)+(18×3)=108품이 성립된다. 개별적으로 보면, 예컨대 첫 번째 악한 것에 상품·중품·하품의 세 품이 있고, 다시 각 품에 상품·중품·하품이 있으니, 모두 합하여 아홉 품이 성립된다. 나머지 악한 것과 친근한 것도 각각 이와 같다.

若佛子。以悲空空無相。悲緣行道。自滅一切苦。於一切衆生無量苦中生智。不殺生緣。不殺法緣。不著我緣故。常行不殺不盜不婬。而一切衆生不惱。發菩提心者。於空見一切法如實相。種性行中生道智心。於六親六惡。[1] 親惡三品中與上樂智。上惡緣中九品得樂果。空現時。自身他一切衆生平等一樂。起大悲。

1) ㉠ '惡'을 어떤 곳에서는 '怨'이라 했다.(갑본) 다음의 경우에도 동일하다.

a. 장문章門

述 두 번째는 비심인데, 이 가운데 "비悲인데 공하고 (공도 또한) 공하여 모양이 없다."라는 것은 장문을 제시한 것이다. 유有의 성품이 공하기 때문에 "공"이라 하고, 공도 또한 공하기 때문에 "(공도 또한) 공하여 모양이 없다."라고 했다.

述曰。第二悲心中。以悲空空無相者。舉章門也。有性空故言空。空亦空故言空無相。

b. 행상行相

이어서 행상을 밝혔다. "비悲를 연하여 도를 행하니 저절로 일체의 고통이 소멸한다."라는 것은 표방한 구절이다. "연"은 반연하는 것이니 뒤에서 설할 유정연有情緣 등의 세 가지와 같기 때문이다. 어떻게 고를 소멸하는가. 먼저 중생의 고통에 대해 지혜를 낸다. 어떤 지혜를 내는 것인가. 세 가지가 있다. 첫째는 유정연有情緣의 비이니, 경에서 "살생하지 않음을 연하고"라고 한 것과 같기 때문이다. 둘째는 법연法緣의 비이니, 경에서 "살생하지 않는 법을 연하며"라고 한 것과 같기 때문이다. 셋째는 무연

無緣의 비이니, 경에서 "자아에 집착하지 않음을 연하기 (때문에)"라고 한 것과 같기 때문이다. 이것으로 말미암아 일체의 중생을 괴롭히지 않는다.

次明行相。悲緣行道自滅一切苦者。標句也。緣謂攀緣。如下有情緣等三故。如何滅苦。先於衆生苦中生智。生何等智。謂有三種。一有情緣。¹⁾ 如經不殺生緣故。二法緣悲。如經不殺法緣故。三無緣悲。如經不著我緣故。由此。於一切衆生不惱也。

1) ㉠ '緣' 뒤에 '悲'가 생략된 것으로 보인다.

이어서 행상을 밝혔다. 무릇 대비심大悲心[162]을 발하는 이는 공의 성품 가운데 일체법의 여실한 성품을 보니, 공의 성품을 잃고 무너뜨리면 일체의 대승을 잃기 때문이다. "종성의 행 가운데 도지道智의 마음을 낸다."라는 것은 이 계위에서의 행을 낸 것이다. 『인왕경』에서 "은륜왕銀輪王이 되어 세 천하를 다스리는 이는 (바로) 성종성性種性이다."[163]라고 한 것과 같기 때문이다. 아버지 등의 여섯 가지 선한 것은 나에게 있어서 친한 것이니 ("여섯 가지 친한 것"이라 한다.) 그것과 반대로 "여섯 가지 악한 것"은 나에게 있어서 악이 되는 것이다. 그 두 가지에 각각 상품·중품·하품이 있는데 최상의 즐거움을 주어 고통을 뽑아 없애고자 한다. "또한 상품의 악한 것도 근기에 따라 각각 아홉 품의 즐거움을 얻는다."라는 것은, 곧 과보가 공임을 관찰하여 최상의 즐거움을 주고자 하지만, 아홉 품으로

---

162 본문에서 '보리심'이라고 한 것을 '대비심'으로 전환시켰다. 『권발보리심집勸發菩提心集』 권하(T45, 396b12)에서 "보리심에 세 가지가 있다. 첫째는 유위심을 싫어하여 여의는 것이고, 둘째는 보리심을 즐겨 구하는 것이며, 셋째는 깊이 중생의 마음을 생각하는 것이다."라고 한 것을 참조할 때, 보리심의 궁극적 지향점이 대비심이기 때문에 양자가 차이가 없다는 것에 의거한 것임을 추정할 수 있다. 혹은 바로 공성에 의거한 비심이기 때문에 이러한 전환이 가능한 것일 수도 있다.

163 『인왕경』 권중(T33, 333a19).

구별되는 것을 말한다. 즐거움은 도리어 근기에 속한 것이니 자성이 공하기 때문이다. 즐거움의 과보를 마주하여 공의 모양이 자심慈心 가운데 현현함으로써 (일체의 중생에게) 동일한 즐거움을 주려는 행에 의해 대비를 끌어내어 일으킨다.

次明行相。夫發大悲心者。於空性中見一切法如實性。若失壞空性。則失一切大乘故。種性行中。生道智心者。出斯位行也。如仁王云。銀輪。三天。性種性故。父等六善。於我爲親。翻彼六惡。於我爲惡。彼二各有上中下品。欲與上樂而拔苦也。[1] 且上品惡。隨器各得九品樂者。卽觀果空。欲與上樂。而九品別。樂還屬器。無自性故。樂果空相。慈心中現。以一樂行。引起大悲也。

---
1) ㉮ '也'를 어떤 곳에서는 '之'라 했다.(갑본·을본)

ⓒ 희심喜心 ③

경 "불자여, 기뻐하되 (기뻐한다는 생각이) 생겨남이 없는 마음을 지닐 때 (얻는 것이다.) 종성種性의 체와 모양을 여실히 관찰하여 도지道智를 얻는다.[164] 공하고 공함을 (관찰하여 다른 사람의 기쁨을 따라서) 기뻐하는 마음을 내지만 나와 나의 것[165]에 집착하지 않고, 과거·현재·미래에 걸쳐서 태어

---
164 『범망경직해』 권상(X38, 796c12)에서 "'종'은 곧 종자種子이고, '성'은 곧 성분性分이며, '체'는 곧 본체이고, '상'은 곧 모양이며, '도'는 곧 중도이고, '지'는 곧 관지觀智이다. 이 보살은 기뻐하되 생겨남이 없는 마음으로 일체 지혜를 발생하여 10계의 의보와 정보의 종성의 체와 모양을 모두 여실한 모양으로 관찰하고 분별한다. 이와 같은 종성의 체와 모양의 이치로부터 도지를 발하고 설법하여 중생을 이롭게 한다.(種卽種子。性卽性分。體卽本體。相卽相狀。道卽中道。智卽觀智。謂此菩薩。以悅喜無生心。發生一切智慧。觀察分別。十界依正種性體相。皆如實相。卽從如是種性體相理。發起道智。說法利生。)"라고 한 것을 참조하여 풀었다.
165 나와 나의 것 : 본문의 '아소我所'를 이렇게 풀었다. 태현이 뒤의 주석에서 아소를 아

나고 죽지만 원인에 의해 과보가 발생함에 있어서 실체적인 원인(集)은 없는 것임을 통달한다. (이때) 일체의 유有에 대해 공에 들어가니 관행觀行이 이루어진다. 일체중생에 대해 평등하게 기뻐하는 마음을 내고 공관空觀에서 일어나 모양이 있는 도에 들어가 악지식惡知識을 버리고 선지식善知識을 구한다. (선지식은) 나에게 좋은 도를 보이고 중생으로 하여금 불법佛法을 따르는 집안에 들어가서 법 가운데 항상 기뻐하는 마음을 일으키며, (끝내) 법위法位[166]에 들어가게 한다. 다시 모든 중생이 바른 믿음에 들어가서 삿된 견해를 버리고 육도의 고통을 등지는 것을 보기 때문에 (따라서) 기뻐한다."

若佛子。悅喜無生心時。種性體相道智。空空。喜心。不著我所。出沒三世。因果無集。一切有入空。觀行成。等喜一切衆生。起空入道。捨惡知識。求善知識。示我好道。使諸衆生。入佛法家。法中。常起歡喜。入法[1)]位中。復是諸衆生。入正信。捨邪見。背六道苦故喜。

1) ㉕ '法'을 어떤 곳에서는 '佛'이라 했다.(갑본) ㉗ 태현의 주석에 따르면 그의 대본에는 '法'으로 되어 있다.

술 세 번째는 희심喜心인데, 이 가운데 "기뻐하되 (기뻐한다는 생각이) 생겨남이 없는 마음을 지닐 때 (얻는 것)이다."라는 것은 장문을 제시한 것이다. 기뻐하는 마음이 일어날 때 공임을 관찰하는 것을 "(기뻐한다는 생각이) 생겨남이 없는 마음"이라고 한다.

述曰。第三喜心中。喜悅無生心時者。擧章門也。喜心觀空。名無生心。

"종성의 체와 모양을 여실히 관찰하여 도지를 얻는다."라는 것은 이 계

我와 아소我所를 합친 말로 보았기 때문이다.

166 법위法位 : 진여를 가리키는 말. 모든 법이 안주하는 자리라는 뜻을 나타낸다.

위에서의 체의 모양이다. 자신도 공하고 타인도 공하기 때문에 "공하고 공함"이라 했고, 다른 사람의 (기쁨을) 따라서 기뻐하기 때문에 "기뻐하는 마음을 내지만"이라 했다. 여기에 두 가지가 있다. 첫째는 생공生空이니 나(我)와 나의 것(我所)에 집착하지 않기 때문이고, 둘째는 법공法空이니 (생사의 세계를) 유전流轉함에 있어서 실체적인 원인은 없는 것임을 통달하기 때문이다.

"태어나고 죽지만"이라는 것은 곧 유전의 뜻이다. 온갖 연에 의해 일어난 것은 도리어 온갖 연에 속하니, 하나의 결정적인 모양은 없기 때문에 "실체적인 원인은 없는 것임을 통달한다."라고 했다. 이때 일체의 온갖 존재를 마주하여 공에 들어가니, 곧 관행이 이루어진다. 동등한 몸이라는 인식에서 일어난 기쁨으로 일체중생에 대해 평등하게 기뻐하는 마음을 내고 이 공관空觀에서 일어나 모양이 있는 도에 들어가 삿된 가르침을 멀리하고 바른 가르침을 가까이한다. 바른 가르침은 나에게 좋은 도를 보이고 중생으로 하여금 불법을 따르는 집안에 들어가서 법을 마음에 품음으로써 뜻과 몸이 기쁨으로 넘치게 하는 것을 말한다. 그러므로 "법 가운데 항상 기뻐하는 마음을 일으키며, (끝내) 법위에 들어가게 한다."라고 했다. 다시 다른 사람이 바른 것(바른 믿음과 바른 견해)에 들어가는 것을 보고 따라서 기뻐한다.

種性體相道智者。位體相也。自他空故。名爲空空。猶隨喜他。名爲喜心。此有二種。一者性[1]空。不著我及所故。二者法空。達流轉無集故。出沒卽流轉義。諸緣所起。還屬衆緣。無一定相。故言無集。爾時。一切萬有入空。卽觀行成。以同體之喜。等喜一切。起此空觀。入有相道。遠邪近正。正謂示我好道。及使衆生。入佛法家。得法在懷。行體怡悅。故言法中常起歡喜自入法位。復於他入正中隨喜也。

---
1) ㉠ '性'은 '生'인 것 같다.

Ⓓ 사심捨心 ④

경 "불자여, 항상 사심捨心을 내는 것이다. 지음이 없고 모양이 없으며 공인 법 가운데 허공과 같이 걸림이 없이 행한다. 선과 악, 있다는 견해와 없다는 견해, 죄와 복 등의 두 가지 모양 가운데 평등하게 한 가지로 비추고, 인심人心(人執)도 내지 않고 아소심我所心(法執)도 내지 않아 자신과 타인의 체성을 얻을 수 없는 것을 크게 버리는 것(大捨)이라고 한다. 자신의 살덩이와 손과 발, 남자와 여인, 나라와 성읍에 이르기까지의 (모든 것이) 허깨비나 변화한 것과 같으며, 흐르는 물과 같고, 타오르는 등불과 같은 것임을 알아 일체를 버리되 (버렸다는 생각이) 생겨남이 없는 마음을 가지면서 항상 그 버리는 마음을 닦는다."

若佛子。常生捨心。無造無相空法中。如虛空。於善惡有見無見罪福二中。平等一照。非人非我所心。而自他體性。不可得。爲大捨。及自身肉[1]手足男女國城。如幻化水流燈燄。[2]一切捨。而無生心。常修其捨。[3]

1) ㉲ '肉'을 '宍'이라 했다.(갑본) ㉣ 같은 글자이다. 2) ㉲ '燄'을 '炎'이라 했다.(갑본)
3) ㉲ '捨'를 어떤 곳에서는 '心'이라 했다.(갑본) ㉣ 태현의 주석에 따르면 그의 대본에는 '捨'로 되어 있다.

술 네 번째는 사심인데, 이 가운데 "항상 사심을 내는 것이다."라는 것은 장문을 제시한 것이다.

述曰。第四捨心中。常生捨心者。擧章門也

"지음이 없고 모양이 없으며 공인 법 가운데"라는 것은 삼공문三空門[167]

---

167 삼공문三空門 : 삼삼매문三三昧門을 가리킨다. 앞의 주석에서 삼삼매를 설명한 것을

이다. "허공과 같이"라는 것은 삼공三空을 걸림이 없이 행하는 것을 비유한 것이다. "선" 등이라고 한 것 가운데 법공法空과 인공人空을 "크게 버리는 것"이라 한다. "버리는 것"은 염오를 다스리는 것을 말한 것이고, 또한 탐욕을 다스리는 것을 나타낸 것이다. "허깨비나 변화한 것과 같으며" 등이라고 한 것은 차례대로 허공과 유전하는 것과 찰나에 멸하는 것을 비유한 것이다.[168] "(버렸다는 생각이) 생겨남이 없는 마음을 가지면서"라는 것은 사심이 공하기 때문이다. 비록 공하지만 항상 정진하니, "항상 버리는 마음을 닦는다."라고 했다.

無造無相空法中。三空門也。如虛空者。喻於三空無障礙行。於善等中。法空人空。爲大捨。捨謂治染。且顯治貪。幻等如次。喻虛流轉及利那滅。無生心者。捨心空故。雖空恒進。言常修捨。

Ⓔ 시심施心 5

경 "불자여, 보시하는 마음으로 일체중생에게 베푸는 것이다. 신시身施·구시口施·의시意施·재시財施·법시法施[169]에 의해 일체중생을 가르쳐서 이끌되,

---

참조할 것.
168 '허깨비나 변화한 것'은 허공, '흐르는 물'은 유전하는 것, '타오르는 등불'은 찰나에 멸하는 것을 비유한 것이라는 말이다.
169 신시身施·구시口施·의시意施·재시財施·법시法施: 『범망경직해』 권상(X38, 797c20)에서 "'신시'는 신체에 의해 짊어지는 것이니 몸으로 떠맡고 부담당하는 것이다. 버려야 하는 머리·눈·골수·뇌·살덩이·손·발도 포함된다. '구시'는 입으로 하는 말에 독기가 없고 좋은 말만 하는 것이다. 이 밖에 기뻐하는 말과 찬탄하는 말과 성실한 말을 하는 것도 포함된다. '의시'는 마음에 분노·한스러움·탐욕·어리석음·질투가 없는 것이다. 이 밖에 항상 공경하는 마음을 품고 부드럽고 온화한 모습을 보이는 것도 포함된다. '재시'는 국가와 성읍·아내와 자식·진귀한 보배·밭과 동산을 베푸는 것이다. 이 밖에 일체의 생활을 돕는 산업産業을 베푸는 것도 포함된다. '법시'는 권실방편權實方便·대승과 소승의 여러 가르침을 베푸는 것이다. 이 밖에 일체의 인연因

내신內身(내부의 身命)과 외신外身(외부의 재물)인 국가와 성읍, 남자와 여인, 논밭과 집에 대해 모두 여여如如한 모양을 관찰하며, 내지[170] 재물과 받는 이와 베푸는 이를 마음에 두지 않는다. 내신도 외신도, (인연에 의해 생멸하여) 화합해도 실체적인 모양은 있지 않고 흩어져도 실체적인 모양은 있지 않으니, 일으킬 만한 마음이나 지을 만한 행위나 교화할 만한 중생은 없다는 것을 안다. 이치에 통달하고 보시의 법에 통달하여 일체의 모양에 있어서 나타난 상황에 따라 보시를 행한다."

若佛子。能以施心被一切衆生。身施口施意施財施[1]法施。教導一切衆生。內身外身。國城男女田宅。皆如如相。乃至無念財物受者施者。亦內亦外。無合無散。無心行化。達理達施。一切相現在[2]行。

1) ㉤ '施'는 어떤 곳에는 없다.(갑본) 2) ㉤ '在' 뒤에 '前'이 있다.(갑본) ㉠ 태현의 주석에 따르면 그의 대본에는 '前'이 없었던 것 같다.

▮술▮ 다섯 번째는 시심施心인데, 이 가운데 "보시하는 마음으로 일체중생에게 베푸는 것이다."라는 것은 장문을 제시한 것이다. "일으킬 만한 마음이나 지을 만한 행위나 교화할 만한 중생은 없다는 것을 안다."라는 것은 집착이 없기 때문이다. "이치에 통달하고 보시의 법에 통달하여"라는 것은 진제의 성품과 속제의 성품을 분명히 아는 것이다. "일체의 모양에 있어서 나타난 상황에 따라 보시를 행한다."라고 한 것은 보시의 행을 성취하는 것이다.

緣·비유譬喩도 포함된다."라고 했다.
170 내지 : 그 밖에도 다양한 것이 생략되었음을 나타내는 말이다. "앞의 것을 행하고, 중간에 많은 것을 행하며, 뒤의 것에 이른다."라는 구조 속에서 '중간에 많은 것을 행하며'가 내지의 의미이다. 마땅한 번역어가 없어서 한자를 그대로 음사했다.

述曰。第五施心中。能以施心被一切衆生者。擧章門也。無心行化者。無執著故。達理達施者。了眞俗性。言一切相現在行者。施行成就也。

Ⓕ 애어심愛語心 ⑥

경 "불자여, 체성애어삼매體性愛語三昧에 들어가는 것이다. 제일의제第一義諦 가운데 법어法語의 의미를 설하고 일체의 진실한 언어를 말한 것은 모두 여일如一한 언어에 수순하는 곳이니, 일체중생을 조화하게 하고 마음에 분노도 없고 다툼도 없게 한다. 모든 법이 공임을 아는 지혜에 의해 어떤 것에도 특별히 집착하여 반연함이 없지만, 항상 은애하는 마음을 내고 부처님의 뜻에 수순하여 행하고 또한 일체의 다른 사람에게 수순하면서 성스러운 법어로써 모든 중생을 가르친다. 항상 진심眞心 그대로 행하여 선근을 일으킨다."

若佛子。入體性愛語三昧。第一義諦。法語義。一切實語言。皆順一語。調和一切衆生。心無瞋無諍。一切法空智。無緣。常生愛心。行順佛意。亦順一切他人。以聖法語。教諸衆生。常行如心。發起善根。

술 여섯 번째는 애어심愛語心인데, 이 가운데 "체성애어삼매에 들어가는 것이다."라는 것은 장문을 제시한 것이다. "체성"이라는 것은 진성眞性이다. 추어麤語(거친 말)든 연어輭語(부드러운 말)든 모두 승의의 관점에서는 사랑하고 좋아할 만한 것이기 때문에[171] "애어"라고 한다.

실제實諦(제일의제) 가운데 법어의 의미를 설하고 진실한 언어를 말한 것은 모두 순수하고 청정하며 여일한 언어에 수순하는 문이니, 일체중생을

---

[171] 부처님과 보살의 입장에서, '추어'는 강력하게 저항하는 중생을 굴복시키기 위한 방편이고, '연어'는 온화한 중생을 거두어들이기 위한 방편이다.

조화시키고 내지 다툼이 없게 한다. 그러한 말을 일으키는 지혜는 법이 공함을 아는 것이니, (어떤 것에도 특별히 집착하여) 반연하지 않으면서 은애하는 마음을 낸다.

述曰。第六愛語心中。入體性愛語三昧者。舉章門也。體性者。眞性也。麤語軟語。皆趣勝義。可愛樂故。名愛語也。實諦之中。法語之義。實語之言。皆順純淨一語之門。能調一切。乃至無諍。發語之智法空。無緣而生恩愛之心。

이하는 총괄적으로 맺으면서 말한 것이다. "항상 진심 그대로 행하여 선근을 일으킨다."라는 것은 진심에 부합하는 것이다.

下總結言。常行如心發起善根者。稱眞心也。

ⓖ 이행심利行心 [7]

경 "불자여, 이익을 얻게 하려는 마음이 생겨났을 때이다. 진실한 지혜의 체성과 널리 행하는 지혜의 도에 의해 일체의 밝게 빛나는 지혜의 법문을 모으고, 관찰하는 행과 일곱 가지 재물[172]을 모아서 앞에 있는 사람을 이익 되게 하고 오랫동안 수지해 온 자신의 법신의 혜명慧命[173]을 이익 되게 한다. 이익삼매利益三昧에 들어가서 (이익을 주는 것에) 일체의 몸과 일체의 입과 일체의 뜻을 나타내어 삼천대천세계를 진동시킨다. 일체의 하는 것과 짓는 것에

---

172 관찰하는 행과 일곱 가지 재물 : 『범망경직해』 권상(X38, 799a5)에서 "'관찰하는 행'은 곧 공가중空假中을, 단單·복複·원圓 등으로 관찰하는 25륜관행법二十五輪觀行法이다. '일곱 가지 재물'은 곧 일곱 가지 성스러운 재물이니, 신신信·계戒·문문聞·사사捨·혜慧·참慚·괴愧 등의 일곱 가지 일이다."라고 했다.
173 혜명慧命 : 법신이 지혜를 생명으로 함을 나타내는 말이다. 색신은 음식에 의해 길러지지만 법신은 지혜에 의해 길러지기 때문이다.

있어서 다른 사람으로 하여금 법종法種·공종空種·도종道種에 들어가고, (이어서) 이익을 얻으며, (궁극적으로) 즐거움의 과보를 얻도록 한다. 육도에 형신形身을 나타내어 한량없이 고통스러운 일을 당해도 근심으로 여기지 않는다. 단지 다른 사람을 이익 되게 하는 것을 자신의 이익으로 삼는다."

若佛子。利益心時。以實智體性。廣行智道。集一切明燄法門。集觀行七財。前人得利。益故受身命。而入利益三昧。現$^{1)}$一切身。一切口。一切意。而震動大世界。一切所爲所作。他人入法種空種道種中。得益得樂果。$^{2)}$ 現$^{3)}$形六道。無量苦惱之事。不以爲患。但益人爲利。

1) ㉮ '現'을 '疑'라고 했다.(갑본) 2) ㉮ '果'가 어떤 곳에는 없다.(갑본) ㉯ 태현의 주석에 따르면 그의 대본에는 있다. 3) ㉮ '現'을 '隨'라 했다.(갑본)

술 일곱 번째는 이행심利行心(이익이 되는 행위를 하려는 마음)이다. "이익을 얻게 하려는 마음이 생겨났을 때이다."라는 것은 장문을 제시한 것이다.

述曰。第七利行心也。利益心時者。擧章門也。

"진실한 지혜의 체성"이라는 것은 소연所緣(인식의 대상)인 진여眞如이고, "널리 행하는 지혜의 도"라는 것은 능연能緣(인식 작용의 주체)인 지혜智慧이다. "일체의 밝게 빛나는 지혜의 법문을 모으고"라는 것은 지혜의 자량資糧을 모으기 때문이고, "관찰하는 행과 일곱 가지 재물을 모으고"라는 것은 복덕의 자량을 모으기 때문이다. 이것을 통해 사람을 이익 되게 하니, "앞에 있는 사람을 이익 되게 하고"라고 했다. 그때 다시 자기의 법신의 혜명을 이익 되게 하기 때문에 "오랫동안 수지해 온 자신의 법신의 혜명을 이익 되게 한다."라고 했다.

"일체의 뜻"이라고 한 것은 작용이 크기 때문에 모든 다른 사람으로 하여금 차례대로 행을 이루게 하는 것이다. "법종"이라고 한 것은 습종성習種性의 행이 이루어지기 때문이고, "공종"이라는 것은 성종성性種性의 행이 이루어지기 때문이며, "도종"이라는 것은 도종성道種性[174]의 행이 이루어지기 때문이다. 모두 불과佛果를 낳는 것이기 때문에 '종'이라고 한 것이다. (이상은) 다른 사람으로 하여금 이 서른 가지 마음[175]에 들어가게 하는 것이다. 다음에 "(이어서) 이익을 얻으며"라고 한 것은 지상地上의 계위(10지)와 마지막 행(等覺)을 증득하게 하기 때문이고, "즐거움의 과보를 얻도록 한다."라는 것은 불지佛地라는 최후의 과보를 증득하게 하기 때문이다. 형신을 육도에 두고 고통을 당해도 달게 받아들이는 마음을 가진다.

實智體性者。所緣眞如也。廣行智道者。能緣智慧也。集一切明燄[1]法門者。集智資糧故。集觀行七財者。集福資糧故。用之益人。言前人得利。時還益己法身慧命。言益[2]受身命。言一切意者。作用多故。皆令他人。次第行成也。言法種者。習種行成故。空種者。性種行成故。道種者。道種行成故。皆生佛果。故言種也。令他人入此三十心中。次云得益者。證地上際行故。得樂果者。得佛後際果也。形居六道。處苦甘心。

1) ㉧ '燄'을 '炎'이라 했다.(갑본·을본·병본) 다음도 동일하다. 2) ㉠『범망경』에 따르면 '益' 뒤에 '故'가 누락되었다.

이하는 맺으면서 뜻을 나타낸 것이다. "단지 다른 사람을 이익 되게 하는 것을 자신의 이익으로 삼는다."라고 했기 때문이다.

下結意者。但益他人。爲己利故。

---

174 습종성習種性의 행이~것은 도종성道種性 : '습종성'은 10해·10발취이고, '성종성'은 10행·10장양이며, '도종성'은 10회향·10금강이다. 이 밖에 '성종성'은 10지이다.
175 서른 가지 마음 : 10발취·10장양·10금강을 말한다.

㉗ **동사심**同事心 ⑧

경 "불자여, 보리도善提道를 성품으로 하는 지혜에 의해 공하여 생겨남이 없는 법과 함께하는 것이다. 무아無我의 지혜에 의해 중생이 둘이 없는 이치에 의거한 행과 함께하고, 또한 법공의 이치에 의거하여 행하고 본원의 경계인 모든 법의 여여한 모양과 함께한다. 항상 생겨나고 항상 머물며 항상 소멸하는 세간의 모든 법은 상속하면서 한량없이 유전하니, (그것을 따라서) 한량없는 형신形身과 색심色心 등의 업을 나타내고 모든 육도에 들어가 모든 일을 함께한다. 공임을 알지만 함께하고 (함께하면서도) 생겨남이 없으며, 자아自我와 타아他我와 함께하지만 어떤 대상도 없다. 몸을 나누어 형신을 흩어져 나타나게 하기 위해서 동법삼매同法三昧에 들어간다."

若佛子。以道性智。同空無生法中。以無我智。同生無二。空同原境諸法如相。常生常住常滅。世法相續。流轉無量。而能現無量形身色心等業。入諸六道。一切事同。空同無生。我同無物。而分身散形故。入同法三昧。

술 여덟 번째는 동사심同事心인데, 이 가운데 "보리도를 성품으로 하는 지혜에 의해 공하여 생겨남이 없는 법과 함께하는 것이다."라는 것은 장문을 제시한 것이다. 이 계위에서 지혜가 공의 이치와 부합하는 것을 말한다.

述曰。第八同事心中。以道智性¹⁾同空無生法者。舉章門也。謂此位智稱空理也。

---
1) ㉮ '智性'을 '性智'라 했다.(갑본·을본·병본) ㉯ 『범망경』에 따르면 이것이 맞다.

다음은 행상을 밝혔다. "중생이 둘이 없는 이치"라는 것은 생공生空(人空)의 진여이다. 지혜와 행이 상응하니 "그것(중생이 둘이 없는 이치에 의거한 행)과 함께하고"라고 한 것이다. 또한 법공의 이치에 의거하여 행하고 가장 본원이 되는 법공의 여여한 모양을 안다. 세간의 모든 법은 항상 전변하기 때문에 "항상 생겨나고 항상 머물며 항상 소멸하는"이라고 했다. 이렇게 유전하는 것을 따라서 들어가 일마다 함께한다.

비록 법공을 깨달았지만 함께하고 (함께하면서도) 생겨남이 없으며, 또 자아와 타아와 함께하지만 어떤 대상도 없다. 오히려 대상을 이익 되게 하기 위해 동사삼매同事三昧(동법삼매)에 들어간다.

次明行相。生無二者。生空眞如也。智行相應。言同於彼。又法空行。同最本原法空如相。世間諸法。以恒轉故。言常生常住常滅。於此流轉。隨入事同。雖了法空。同而無生。及自他我。同而無物。猶爲益物。入同事三昧。

① 정심定心 ⑨

경 "불자여, 다시[176] 정심定心을 따르는 것이다. 관찰하는 지혜를 발하고 공을 증득하여 마음마다 고요한 가운데 일체 삼매의 경계를 두루 연한다. 아법我法과 소법所法인 식계識界와 색계色界를 마주하여 동요하고 구르지 않는다. 거스르는 형태로 (상위의) 선정에서 나와서 (하위의) 선정에 들어가고, 수순하는 형태로 (하위의) 선정에서 나와서 (상위의) 선정에 들기 때문에[177] 항

---

176 다시 : 『범망경직해』 권상(X38, 800b1)에서 "앞에서는 욕계의 정심定心을 말했고, 지금 여기에서는 다시 욕계의 정심에서 일어나 색계·무색계의 정심에 들어가서 몸을 나타내어 중생을 이롭게 하기 때문에 '다시'라고 했다."라고 했다.
177 거스르는 형태로~들기 때문에 : 『범망경합주』 권1(X38, 629b3)에서 "'거스르는 형태로'라는 것은 멸수상정滅受想定에서 나와서 비비상정非非想定으로 들어가는 것에서부터 제2선第二禪에서 나와서 초선初禪에 들어가는 것에 이르기까지의 선정의 형태와 같이, 상위의 선정에서 나와 하위의 선정에 들어가는 것을 말한다. '수순하는 형태로'라는 것은 초선에서 나와 제2선에 들어가는 것에서부터 비비상정에서 나와 멸수상정으로 들어가는 것에 이르기까지의 선정의 형태와 같이, 하위의 선정에서 나와 상위

상 온갖 삼매三昧와 10선지十禪支[178]에 들어가서 일념一念에 상응하는 지혜로 이렇게 생각한다.

'일체의 아我·인人, 그리고 내근內根(眼根 등의 오근)이든 외경外境(물리적 대상인 器世界)이든 중생의 종자種子가 현행現行한 것들은 모두 화합에 의해 실유實有를 이루는 것도 없고 흩어져서 완전히 소멸하는 것도 없다. (온갖 연이) 모이고 갖추어져서 일어나고 지어진 것이어서 얻을 수 있는 것이 없기 때문이다.'"

若佛子。復從定心。觀慧證空。心心靜緣。於我所法。識界色界中。而不動轉。逆順出沒故。常入百三昧。十禪支。以一念智。作是見。一切我人。若內若外。衆生種子。皆無合散。集成起作。而不可得。

🔳 아홉 번째는 정심定心인데, 이 가운데 "다시 정심을 따르는 것이다."라는 것은 장문을 제시한 것이다.

述曰。第九定心中。復從定心者。擧章門也。

의 선정에 들어가는 것을 말한다."라고 한 것을 참조할 것.
178 10선지十禪支 : 『범망경술기梵網經述記』 권하(X38, 436c18)에서 "'10선지'는 18선지十八禪支에서 (중복된 것을) 정리하여 10지를 이룬 것이다. 곧 색계의 사정려四靜慮 중 초정려初靜慮에 다섯 갈래(五支)를 갖추었으니 심尋(거친 마음 활동)·사伺(미세한 마음 활동)·희喜(기쁨)·낙樂(즐거움)·심일경성心一境性(三摩地 : 마음을 하나의 대상에 전념하게 하는 의식 작용)이다. 세2 정려는 새롭게 내등정內等淨(동등하게 상속하는 청정한 믿음)이 더해지고, 여기에 초정려의 다섯 갈래 중 희·낙·심일경성이 그대로 남는데, 이 세 갈래는 앞에서 이미 설하였다. 제3 정려는 새롭게 세 갈래가 더해지니, 사捨(行捨 : 마음이 온전히 평정한 상태)·염念(正念)·정지正知이고, 여기에 제2 정려의 네 갈래 중 낙·심일경성 등은 그대로 남는데, 이 두 갈래는 앞에서 이미 설하였다. 제4 정려는 새롭게 한 갈래가 더해지니 불고불락不苦不樂이고, 여기에 제3 정려의 다섯 갈래 중 행사行捨·염念·심일경성 등은 그대로 남는데, 이 세 갈래는 앞에서 이미 설하였다. 이렇게 18선지에서 앞과 중복이 되는 것을 빼고 새로 더해지는 것만 헤아렸기 때문에 10선지라 했다."라고 했다. 곧 초정려 5+제2 정려 1(3은 중복)+제3 정려 3(2는 중복)+제4 정려 1(3은 중복)=10선지(중복된 것을 합할 경우 18선지)이다.

다음은 행상을 밝혔다. 선정으로부터 지혜를 발하면 생각마다 고요하면서도 일체 대상을 비추어서 희론을 여의기 때문이다. "아법我法과 소법所法"이라는 것은 두루 계탁하는 대상인 18계十八界를 말한다. 이 글(我所法)은 "아법我法과 소법所法"이라고 해도 된다. 칠심계七心界[179]를 아법이라 하니, 대체로 식온識蘊을 계탁하여 아我라고 하기 때문이다. 10근진색十根塵色[180]과 법처색法處色[181] 등을 소법所法이라 한다. 뒤에서 체를 내어서 "식계와 색계"라고 했다. 이것에 집착하지 않는 것을 "동요하고 구르지 않는다."라고 했다.

"10선지"라는 것은, 첫째는 심尋이고, 둘째는 사伺이며, 셋째는 희喜이고, 넷째는 낙樂이며, 다섯째는 심일경성心一境性이고, 여섯째는 내등정內等淨이며, 일곱째는 사捨이고, 여덟째는 염念이며, 아홉째는 정지正知이고, 열째는 불고불락수不苦不樂受이다.

일념에 상응하는 지혜로 두 가지 공을 아울러 관찰한다. (곧) "일체의 아·인은 화합에 의해 실유를 이루는 것도 없고 흩어져서 완전히 소멸하는 것도 없다."라는 것은 생공生空(人空)을 관찰하기 때문이고, "내근이든 외경이든 중생의 종자가 현행한 것들은 화합에 의해 실유를 이루는 것도 없고 흩어져서 완전히 소멸하는 것도 없다."라는 것은 법공法空을 관찰하기 때문이다. "중생衆生"이라고 한 것은 모든 종류의 현행한 것들을 말한

---

[179] 칠심계七心界 : 18계 중 안眼·이耳·비鼻·설舌·신身·의意 등의 육식六識에 다시 육근六根 중의 의근意根을 더한 것을 말한다.
[180] 10근진색十根塵色 : '근'은 오근五根(眼根·耳根·鼻根·舌根·身根)을 가리키고, '진'은 오경五境(色境·聲境·香境·味境·觸境)을 가리킨다.
[181] 법처색法處色 : 갖추어서 법처소섭색法處所攝色이라 한다. 무표색無表色과 같은 것을 일컫는 말. 법처에 속하는 색이라는 뜻. 안근眼根 등의 오근五根과 색경色境 등의 오경五境이 변괴變壞·질애質礙의 성질을 갖추고 있어서 감각기관에 의해 파악되는 것이라면, 무표색無表色 등은 어업이나 신업 등의 물리적 행동에 의해 유발된 것이므로 색법으로 간주하지만, 의식에 의해 파악되기 때문에 법처에 속하는 것으로 간주한다.

다. 어떤 형태의 결정적 성품도 없기 때문에 "화합에 의해 실유를 이루는 것도 없고"라고 했고, 연에 의해 화합하면 사유似有(실체로서 있는 것은 아니지만 형상은 있는 것)가 이루어지기 때문에 "흩어져서 완전히 소멸하는 것도 없다."라고 했다. 그 이유는 무엇인가. 온갖 연이 모이고 갖추어져서 일어나고 지어진 것이니, 그 실체적 성품을 구하려고 해도 얻을 수 없기 때문이다.

次明行相。從定發慧。念念寂照。離戲論故。於我所法者。卽所遍計十八界也。此文。可言我法所法。謂七心界。名爲我法。多計識蘊。以爲我故。十根塵色。法處色等。名爲所法。下出體云。識界色界。於此不著。言不動轉。十禪支者。一尋。二伺。三喜。四樂。五心一境性。六內等淨。七捨。八念。九正知。十不苦不樂受。以一念智。雙觀二空。一切我人無合散者。觀生空故。內外現種無合散者。觀法空故。言衆生者。諸現行也。無一定性。言無合。緣合似有。言無散。所以者何。衆緣集成之所起作。求彼實性。不可得故。

ⓙ 혜심慧心 [10]

경 "불자여, 혜견심慧見心을 짓는 것이다. 모든 삿된 견해와 결박(結)과 근심(患) 등과 같이 생사에 속박되게 하는 것은 결정적인 체성이 없음을 관찰함으로써 순인順忍을 얻어 공과 한가지임을 관찰하기 때문에 (오음이) 오음이 아니고, (18계가) 18계가 아니며, (12입이) 12입이 아니고, (중생이) 중생이 아니며, (일아—我가) 일아가 아니고, (원인과 결과가) 원인과 결과가 아니며, (삼세의 법이) 삼세의 법이 아님을 안다. 지혜의 성품이 일어나 활발하게 비추고 한 줄기 빛이 밝고 밝게 빛나니, (대상 경계가) 텅 비어서 받아들일 것이 없음을 본다. 그 지혜의 방편으로 장양심長養心을 일으키고, 이 마음으로 공의 이치에 들어가 공의 도를 일으켜서 생겨남이 없는 마음을 발한다."

앞의 「천해안왕품千海眼王品」[182]에서 이미 (열 가지) 마음과 관련된 온갖 법을 분명하게 밝힌 문을 설하였다.

若佛子。作慧見心。觀諸邪見結患等縛。無決定體性。順忍空同故。非陰非界非入。非衆生。非一我。非因果。非三世法。慧性起光光。一燄明明。見虛無受。其慧方便。生長養心。是心入起空空道。發無生心。上千海眼王品。已說心百法明門。

述 열 번째는 혜심慧心인데, 이 가운데 "혜견심을 짓는 것이다."라는 것은 장문을 제시한 것이다.

述曰。第十慧心中。作慧見心者。擧章門也。

전문纏門을 "결"이라 하고, 수면문隨眠門을 "환"이라 하니,[183] 모든 고통의 근본이기 때문이다. "순인"이라고 한 것은 경계가 지혜에 수순하기 때문이다. "지혜의 성품이 일어나 활발하게 비추고"라는 것은 활발하게 비추기 때문이고, "한 줄기 빛이 밝고 밝게 빛나니"라는 것은 하나의 체가 여러 형태로 작용하기 때문이며, "텅 비어서 받아들일 것이 없음을 본다."라는 것은 연이 공함을 알아 집착하지 않기 때문이다.

纏門[1)]爲結。隨眠名患。衆苦本故。言順忍者。境順智故。慧性起光光者。運運照故。一燄明明者。一體多用故。見虛無受者。緣空不執故。

1) ㉲ '門'을 '名'이라 했다.(갑본·을본·병본)

---

182 「천해안왕품千海眼王品」: 대본大本 『범망경』의 한 품으로 추정되는 품의 이름이다.
183 '전문'은 번뇌가 작용하여 속박하는 상태이고, '수면문'은 번뇌가 아직 작용하지 않은 상태이다.

총괄적으로 맺으면서 말하기를, "그 지혜의 방편으로"라고 한 것은 혜행慧行이 선교善巧하기 때문이다. (이것에 의해) 이 계위에서의 열 번째 장양심을 일으키고, 이 마음으로 공의 이치에 들어가 공의 도를 일으키기 때문에 지혜와 자비를 함께 닦아서 생겨남이 없는 성인의 마음을 얻는 원인을 감당하고 일으킨다.

總結云。其慧方便者。慧行善巧故。能生此位十長養心也。是心入空理起空道故。雜修智悲。堪發無生聖心之因也。

(C) 10금강十金剛

Ⓐ 신심信心 ①

<mark>경</mark> 노사나불께서 말씀하셨다.
"천 명의 부처들이여, 잘 들어라. 너는 앞서 금강종자金剛種子인 열 가지 마음이 있는 것에 대해 (질문하여) 말했다. 불자여, (첫 번째는) 믿는 것이다. 일체의 행위는 믿음을 으뜸으로 삼으니 (이는) 온갖 덕의 근본이다. (이것에 의해) 외도의 삿된 견해에 물든 마음을 일으키지 않는다. (외도가 짓는) 모든 견해를 집착이라 하니, (그들은 이것에 의해) 유루有漏의 인因을 맺고 업을 짓는데, (신심에 의해) 반드시 이를 받아들이지 않고 공무위법空無爲法에 들어간다. 세 가지 모양이 없으니, 생하는 것도 없고 생겨난 것도 없으며, 생하는 것과 생겨난 것이 없으니 머무는 것도 없으며, 머무는 것이 없기 때문에 소멸해도 소멸함이 없다. 일체법공一切法空은 있는 것이니, 세제의 지혜와 제일의제의 지혜가 다 소멸하지만 (허무적멸의) 공과는 다르다. 색이 공하고, 세심심細心心(색음을 제외한 나머지 四陰)도 공하여 세심심심細心心心(삼세의 마음)이 공하기 때문에 이제에 대한 믿음도 적멸한다. 체성이 없이 화합한 것이니, 또한

의지할 것이 없다. 그러나 (실아라고 여기어) 주재하는 이와 아我·인人 등의 이름으로 작용하기도 하고, 삼계의 인가아人假我와 법가아法假我라는 이름으로 작용하기도 하는데(三界假我我), 모인 것의 모양을 얻을 수 없기 때문에 모양이 없는 믿음이라고 한다."

盧舍那佛言。千佛諦聽。[1] 汝先言金剛種子有十心。若佛子。信者。一切行。以信爲首。衆德根本。不起外道邪見心。諸見名著。結有造業。必不受。入空無爲法中。三相無。無無生。無生無住。[2] 住無滅滅無。有一切法空。世諦第一義諦智。盡滅異空。色空。細心心空。細心心心空故。信信寂滅。無體性和合。亦無依。然主者我人名用。三界假我我。無得集相故。名無相信。

1) ㉓ '諦聽'이 없다.(갑본) 2) ㉓ '無住'를 '住生'이라 했다.(갑본)

[술] 세 번째는 10금강이다. 처음은 보리심을 얻으려는 마음을 발하고 보리의 길을 향해 나아갔고,[184] 다음은 장양하는 것을 마쳤으며,[185] 지금은 파괴할 수 없는 경지에 도달한 것을 금강에 비유했기 때문이다. 이것은 첫 번째 마음인데, 이 가운데 "믿는 것이다."라는 것은 장문을 제시한 것이다.

述曰。第三十金剛也。初發心趣。次長養已。今不可壞。喩金剛故。此初心中。信者。擧章門也。

"(외도가 짓는) 모든 견해를 집착이라 하니"라는 것은 견해의 뜻을 풀이한 것이니, 그것에 의해 집착이 일어나기 때문이다. "유루의 인을 맺고 업을 짓는데"라는 것은 고통을 초래하고 그것을 불러 모으는 원인을 짓

---

184 40심 가운데 첫 번째 열 가지 마음인 10발취심을 가리킨다.
185 40심 가운데 두 번째 열 가지 마음인 10장양심을 가리킨다.

기 때문이다. 이것을 반드시 받아들이지 않고 비로소 공무위에 들어간다. "세 가지 모양이 없으니"라는 것은 총괄적으로 세 가지 모양이 적멸한 것을 표방한 것이고, "생하는 것도 없고 생겨난 것도 없으며" 이하는 개별적으로 세 가지 모양을 파괴한 것이다. 생겨난 것과 머무는 것과 소멸하는 것에는 모양을 짓는 주체(能相)와 만들어진 모양(所相)이 있는데, 지금 아울러 공하기 때문에 거듭해서 "~도 없고 ~도 없으며"라고 했고, 생하는 것의 모양과 생겨난 것의 모양을 떨쳐 버리니, "생하는 것도 없고 생겨난 것도 없으며"라고 한 것이다. 이 문장은 "생하는 것도 없고 생겨난 것도 없기 때문에 생겨남이 없으면서 머문다. 생겨남이 없으면서 머물기 때문에 머물러도 머무는 것이 없다. 머물러도 머무는 것이 없기 때문에 멸해도 멸하는 것도 역시 없다."라고 한 것이라고 말할 수 있다.

諸見名著者。訓釋見義。以執著故。結有造業者。招苦造集故。於此。必不受。方入空無爲。言三相無者。總標三相寂滅。無無生下。別破三相。謂生住滅。有能所相。今雙空故。重言無無。遣能所生。言無無生。此文可言。無無生故。無生之住。無生住故。住所住無。住住無故。滅滅亦無。

"일체법공은 있는 것이니"라고 한 것은, 법이 무아無我라는 진여眞如가 있다는 말이니, 손감損減[186]의 허물을 막기 때문이다. "다 소멸하지만 (허무적멸의) 공과는 다르다."라는 것은 이제의 지혜가 소멸하기 때문에 "다 소멸하지만"이라고 했지만, 오히려 나누어 보는 것이 있기 때문에 또한 "공과는 다르다."라고 했다. "색이 공하고"라는 것은 색음色陰이 공임을 말하는 것이고, "세심심도 공하여"라는 것은 사음四陰(수·상·행·식)이 공한

---

[186] 손감損減 : 있는 것을 없다고 부정하는 것. 예를 들어서 식식과 같은 가유假有를 전혀 존재하지 않는다고 부정하는 것을 말한다.

것이며, 과거·현재·미래의 삼세의 마음이 공하기 때문에 이제에 대한 믿음도 적멸한다. 체성이 없이 화합한 것은, 온갖 연에 속하여 어떤 결정적 성품도 없기 때문에, 귀속의 대상인 연도 또한 공하기 때문에 "또한 의지할 것이 없다."라고 했다.

> 言有一切法空者。存法無我眞如也。遮滅過故。言盡滅異空者。二諦智泯故。言盡滅。猶有分見。亦言異空。色空者。色陰空也。細心心空者。四陰空也。三世心空故。二諦信寂滅。無體性和合。還屬衆緣。無一定性故。所屬緣亦空故。言亦無依。

다음은 총괄적으로 맺으면서 말한 것이다. "그러나 주재하는 이와 아·인 등의 이름으로 작용한다."라는 것은 실아實我의 체體에 대한 명자名字의 공능을 제시한 것이다. "삼계의 가아假我"라는 것은 인가아와 법가아이다. "모인 것의 모양을 얻을 수 없기 때문에"라는 것은 실아實我·가아假我에서 어떤 형태로든 모인 것의 모양을 얻을 수 없기 때문이다. 이미 인·법이 공하니, "모양이 없는 믿음이라고 한다."라고 했다.

> 次總結言。然主者我人名用者。擧實我體名字功能也。三界假我我者。人法二假我也。無得集相者。實我假我。無可得一聚集相故。旣人法空。名無相信。

Ⓑ 염심念心 ②

경 "불자여, 염念(분명히 기억하여 잊지 않는 것)을 짓는 것이다. 여섯 가지 생각[187]이니, 항상 각자覺者(부처님)를 생각하고 내지 항상 보시를 생각하며 제

---

187 여섯 가지 생각 : '육념六念'을 풀어 쓴 것이다. 염불念佛(부처님을 생각함)·염법念法

일의제를 생각하는 것이다. (생각의 대상은) 공이어서 집착할 것이 없고 벗어날 것도 없다. 생겨남과 머묾과 소멸함의 모양은 움직이는 것도 없고 도달하는 것도 없으며, 가는 것도 없고 오는 것도 없다. 모든 업과 과보를 받는 이에 대해서 하나로 합해진 모양을 보고 본제本際(상대가 끊어진 평등한 진리의 체)로 돌아가서 법계에 계합하는 지혜에 들어간다. 지혜와 지혜[188]가 서로 수레가 되지만,[189] 수레와 수레는 적멸하며, 밝게 빛나고 밝게 빛나지만 상주하는 모양은 없다. 빛과 빛이 모양을 비추지만 (상주하는 모양은) 없애고 없애며, (모양이) 생겨나고 생겨나지만, (성품은) 일어나지 않는다. (번뇌를) 굴려서 돌리고(轉廻) (지혜로) 거슬러서 향하게 하는(易向) 공의 도리에 의해 이전의 하열한 것을 변화시켜서 버리고, 뒤의 뛰어난 것을 굴려서 얻는다. 변화하고 변화하며, 굴러서 변화하며, 변화하고 변화하는 것이 구르고 구르는 것에 의해 생겨난다. (없어지고 생겨나는) 변화는 (단절된 것이 아니고) 동시에 함께 머문다. 밝고 밝게 빛나지만 하나의 모양이고, 생겨나고 소멸함이 동시에 이루어진다. 이미 변한 것과 아직 변하지 않은 것과 지금 변화하고 있는 것이 변화함에 있어서, 또한 일념一念에 받아들여지는 것도 역시 이와 같다."

若佛子。作念。六念。常覺。乃至常施。第一義諦。空無著無解。生住滅相。不動不到[1]去來。而於諸業受者。一合相回[2]向。入法界智。慧慧相乘。乘乘寂滅。燄燄無常。光光無無。生生不起。轉易空道。變前轉後。變變轉化。化化轉轉。變同時同住。燄燄一相。生滅一時。已變未變變。變化。亦得一受。

(법을 생각함)·염승念僧(승가를 생각함)·염계念戒(계를 생각함)·염천念天(하늘을 생각함)·염시念施(보시를 생각함)를 말한다.
188 지혜와 지혜: 『범망경직해』 권상(X38, 803c15)에 따르면, 앞의 지혜는 여섯 가지 생각을 가리키고, 뒤의 지혜는 법계에 계합하는 지혜이다.
189 서로 수레가 되지만: 『범망경직해』 권상(X38, 803c15)에 따르면, 먼저 여섯 가지 생각이라는 지혜의 수레가 있는데, 이를 굴려서 법계에 계합하는 지혜라는 수레에 들어가는 것을 말한다.

亦如是。
───────
1) ⓐ '到'를 '倒而於'라고 했다.(갑본) 2) ⓐ '回'를 '廻'라고 했다.(갑본)

【술】 두 번째로 염심念心인데, 이 가운데 "염을 짓는 것이다."라는 것은 장문을 제시한 것이다.

述曰。第二念心中。作念者。擧章門也。

여섯 가지 생각 가운데, "항상 각자를 생각하고"라는 것은 염불이고, "내지"라는 것은 염법·염승·염계의 세 가지를 섭수하는 것이며, "항상 보시를 생각하며"라는 것은 염시이다. 그 진실한 성품을 관찰하기 때문에 모두 "항상 생각하고"라고 했다. "제일의제"라는 것은 염천이니 부처님께서 증득하는 상주하는 열반의 과보인 제일의천第一義天[190]을 말하기 때문이다.
"공이어서 집착할 것이 없고 벗어날 것도 없다." 등이라고 한 것은 생각의 대상이 공하여 묶여서 집착할 만한 것이 없으니, 하물며 벗어날 것이 있겠는가라고 관찰하는 것이다.
이미 공한 세 가지 모양은 움직이는 것도 없고 도달하는 것도 없으며 가는 것도 없고 오는 것도 없으니, 자취를 끊었기 때문이다. 그리하여 그것을 짓는 이에 대해서 하나로 합해진 진실한 모양을 보고, 본제本際로 돌

───────
190 제일의천第一義天 : 하늘을 다섯 가지로 분류한 것 중 하나. 나머지 네 가지는 세간천世間天·생천生天·정천淨天·의천義天 등이다. '세간천'은 사람 가운데 왕을 가리킨다. 예컨대 천자天子라고 칭하는 것과 같다. '생천'은 중생이 태어날 만한 하늘의 처소이다. 예컨대 사왕천四王天에서 비상천非想天에 이르기까지의 하늘이다. '정천'은 예류과預流果에서 벽지불辟支佛에 이른 성자들을 가리킨다. '의천'은 대승의 심오한 이치를 깨달은 10주 이상의 보살을 가리킨다. '제일의천'은 부처님과 부처님께서 증득한 열반을 가리킨다.

아가서 법계에 계합하는 지혜에 들어간다.

움직이고 움직이면서 더욱 밝아지니 "지혜와 지혜가 서로 수레가 되지만"이라고 했고, 움직이고 움직이지만 공임을 깨달으니 "수레와 수레는 적멸하며"라고 했으며, 생각마다 모양을 소멸하기 때문에 "밝게 빛나고 밝게 빛나지만 상주하는 모양은 없다."라고 했다.

六念中。常覺者。念佛也。乃至。攝法僧戒三也。言常施者。念施也。觀彼實性。皆言常也。第一義諦者。念天也。佛常涅槃果。第一義天故。言空無著無解等者。觀所念境空。無可縛著。況有解脫耶。旣空三相之所不動不到去來。以迹絶故。然於作者。一合眞相。還歸本際。入法界智。運運增明。言慧慧相乘。運運會空。言乘乘寂滅。念念泯相。言燄燄無常。

예로부터 전하여 말하기를, "지혜와 지혜가 모양에 머무는 것을 '빛과 빛이 모양을 비추지만'이라고 했고, 바로 그것이 모양을 소멸하는 것을 '없애고 없애며'라고 했으며, 연이어서 모양이 일어나는 것을 '생겨나고 생겨나지만'이라고 했다. 모양은 비록 바뀌고 흘러가지만 성품은 일어나지 않는다."라고 했다.

수행에 의해 훈습한 힘 때문에 굴려서 돌리고 거슬러 향하게 하는 공의 도리에 의해 이전의 하열한 것을 변화시켜서 버리고, 뒤의 뛰어난 것을 굴려서 얻는다. 움직이고 움직이면서 더욱 증장하여 본래 있던 하열한 것이 없어지니 "변화하고 변화하며"라고 했고, 본래 없던 뛰어난 것이 존재하게 되니 "굴러서 변화하며"라고 했으며, 되풀이해서 구르면서 뛰어난 것이 생겨나니 "변화하고 변화하는 것이 구르고 구르는 것에 의해 생겨난다."라고 했다. 이와 같이 뒤의 것으로 굴러서 향하고, 이전의 것을 변화시켜서 버릴 때, 저울의 양 끝과 같이 동시에 머문다. "밝고 밝게 빛나지만 하나의 모양이고"라는 것은 생각마다 비록 구별되지만, 항상 하나의 모양이니, 이른바 모양이 없는 것이다. "생겨나고 소멸함이 동시에 이루어진다."라는 것은 생겨나고 소멸함이 비록 다르지만 일념一念에 융섭된다는 것이다.

> 上古傳說。慧慧住相。名光光。卽彼滅相。名無無。後後生相。名生生。相雖遷流。然性不起。熏修力故。轉易空道。變捨前劣。轉得後勝。運運增長。本有劣無。故言變變。本無勝有。故言轉化。展轉勝生。言化化轉轉。如是後轉前變之時。如稱兩頭。同時住也。歘歘一相者。念念雖別。而恒一相。所謂無相。生滅一時者。生滅雖異。融於一念。

다음은 생멸의 사례와 같이 삼세도 또한 이와 같음을 밝혔다. "이미 변한 것"이라는 것은 과거이고, "아직 변하지 않은 것"이라는 것은 미래이며, "변화하고 있는 것"이라는 것은 지금 변하고 있는 것이니, 곧 현재이다. 삼세는 동시이기 때문에 "변화함에 있어서"라고 했다. "또한 일념에 받아들여지는 것"이라고 한 것에서, "받아들여지는 것"이란 넣어서 받아들이는 것이니, 일념에 융섭되기 때문이다.

> 次例生滅。三世亦如是。已變者過去。未變者未來。變者正變。卽現在也。三世同時。故言變化。亦得一受。受謂容受。一念融故。

ⓒ 심심深心 ③

경 "불자여, 심심深心을 갖는 것이다. 제일의공第一義空이니 진실한 법공의 지혜에 의해 유제有諦(속제)와 실제實諦(진제)를 비춘다. 업도業道가 상속하여도 인연에 의한 것이니, (본래 옮겨 가지도 않고 변화하지도 않아서) 중도임을 아는 것을 실제實諦라 하고, 가명에 의해 시설된 모든 법, 곧 아我와 인人과 주재하는 이 등을 세제라고 한다. 이 두 가지의 존재하는 진리[191]에 대해 깊고 깊게 공에 들어가니, 가는 것도 없고 오는 것도 없다. 허깨비와 변화한 것으로서 과보를 받기는 하지만 (실체로서) 받는 것은 없다. 그러므로 깊고 깊은 심해탈心解脫을 얻는다."

> 若佛子。深心者。第一義空。於實法空智。照有實諦。業道相續。因緣中道。名爲實諦。假名諸法。我人主者。名爲世諦。於此二有諦。深深入空。而無去來。幻化受果。而無受。故深深心解脫。

술 세 번째는 심심인데, 이 가운데 "심심을 갖는 것이다."라는 것은 장문을 제시한 것이다. 곧 회향심廻向心이니 멀고 심오한 것을 기약하기 때문이다.

> 述曰。第三深心中。深心者。擧章門也。卽廻向心也。期遠深故。

"제일의공이니"라는 것은 표방하는 구절이다. 두루 계탁하여 일어난 것이 공함을 아는 지혜에 의해 (속제인) 유와 (진제인) 중도中道를 비춘다. 12지十二支(12연기)에 의해 생겨나서 상주하는 것도 아니고 단멸하는 것도 아닌 것을 실제實諦라고 하고, 그릇·유정 등을 속제라고 한다. 이 두 가지 진리에 대해 두 가지 공을 깨닫기 때문에 거듭해서 "깊고 깊게"리고 했다. 나오고 들어감의 모양이 적멸하니 "가는 것도 없고 오는 것도 없다."라고 했다.

---

191 두 가지의 존재하는 진리 : 『범망경합주』 권2(X38, 631a23)에서 "이 두 가지 진리라는 것은, 실제는 정에는 없지만 이치상으로는 있는 것이고, 세제는 이치상으로는 없지만 정에는 있기 때문에 모두 '존재하는 진리'라고 했다.(此二諦者。實諦情無理有。世諦理無情有。故同名有諦。)"라고 한 것을 참조할 것.

第一義空者。標句。於徧計空智。照有中道。謂十二支。非常非斷。名爲實諦。䉼[1]有情等。名爲俗諦。於此二諦。了二空故。重言深深。出入相寂。言無去來。

1) ㉤ '䉼'을 '執'이라고 했다.(을본)

맺으면서 중도를 말했다. 12인연에 의해, 허깨비와 변화한 것으로서 과보를 받기 때문에 손감변損減邊(있는 것을 없다고 하는 것)을 여의었고, 그러나 실체로서 받는 것은 없기 때문에 증익변增益邊(없는 것을 있다고 하는 것)을 여의었다. 그러므로 장애를 조복시키고 심해탈을 얻는다.

結中道言。十二因緣幻化受果。故離減邊。而無實受。故離增邊。是故伏障心解脫也。

Ⓓ 달심達心 ④

경 "불자여, 걸림이 없이 비추는 것이다. 일체법의 진실한 성품을 인가하고 수순하여 속제의 성품은 얽매임이 없고 진제의 성품은 벗어남이 없음을 안다. 걸림이 없는 경지에 도달하니 법에 걸림이 없고(法達) 뜻에 걸림이 없으며 언사에 걸림이 없고 교화에 걸림이 없다. 삼세에 걸친 원인과 결과와 중생의 근기와 행위는 여여如如하니 화합하여 생겨나는 것도 없고 흩어져서 소멸하는 것도 없다. (체가 공하니) 실법實法의 작용도 없고 가법假法의 작용도 없으며 가명假名의 작용도 없어서 작용마다 일체가 공이며, (체와 작용이) 공한 것도 또한 공이다. 비추어 걸림이 없는 것도 공하니, 이를 일체법공一切法空을 통달하는 것이라 한다. 공한 것도 공하고 여여如如하니 모양을 얻을 수 없다."

若佛子。達照者。忍順一切實性。性性無縛無解。無礙。法達。義達。辭達。

敎化達。三世因果 衆生根行。如如。不合不散。無實用。無假[1])用。無名用。
用用一切空。空空。照達空。名爲通達一切法空。空空如如。相不可得。

1) ㉮ '假'가 어떤 곳에는 없다.(갑본)

[술] 네 번째는 달심達心인데, 이 가운데 "걸림이 없이 비추는 것이다."
라는 것은 장문을 제시하신 것이다.

述曰。第四達心中。達照者。擧章門也。

"일체법의 진실한 성품을 인가하고 수순하여"라는 것은 진제와 속제에
대해 전도가 없는 성품을 인가하고 수순하는 것이니, (이것에 의해) 속제
의 성품은 얽매임이 없고 진제의 성품은 벗어남이 없음을 안다.
"걸림이 없는 경지에 도달하니"라는 것은 총괄적으로 표방한 것이다.
"법에 걸림이 없고" 등의 네 가지는 개별적으로 낸 것이니, 차례대로 법
무애法無礙·의무애義無礙·사무애辭無礙·변무애辨無礙[192] 등이다. 걸림이
없는 것을 "달達"이라 한다.
걸림이 없는 대상인 삼세의 원인과 과보와 교화의 대상인 중생의 근기

---

192 법무애法無礙·의무애義無礙·사무애辭無礙·변무애辨無礙 : 합하여 사무애四無礙·
사무애해四無礙解 등이라고 한다. 자유자재하고 걸림이 없는 네 가지의 이해 능력(智
解)과 언어 구사 능력(辯才). 어느 측면으로 보나 모두 지혜를 본질로 하기 때문에 '사
무애지'라 하고, 이해하는 능력으로 말할 경우 '사무애해'라 하며, 상대와 상황에 따라
자유롭게 언어로 표현하는 능력으로 말하면 '사무애변'이라 한다. 또한 중생을 교화
하는 네 가지 법이기 때문에 사화법四化法이라고도 한다. 제9지인 선혜지善慧地에서
성취하는 지혜로 간주된다. 법무애는 명신名身(단어)·구신句身(문장)·문신文身(낱낱
의 글자) 등을 소연所緣(대상)으로 하는 걸림이 없는 지혜를 가리킨다. 의무애는 소전
所詮(언어에 담겨진 뜻)의 의義(의미)를 소연으로 하는 걸림이 없는 지혜를 가리킨다.
사무애는 모든 종류의 언어를 소연으로 하는 걸림이 없는 지혜를 가리킨다. 변무애는
바른 이치에 의거하여, 중생의 근기에 맞추어, 걸림이 없이 자유자재하게 설법할 수
있는 지혜를 가리킨다.

와 행위는 여여하니 (화합하여) 증가하는 것도 없고 (흩어져서) 감소하는 것도 없다. 체성이 이미 공하니 실법의 작용도 없고 가법의 작용도 없으며 가명의 작용도 없다. 이미 세 가지 작용이 없기 때문에 "작용마다 (일체가) 공이며"라고 했고, 그 체와 작용이 공한 것도 또한 공하기 때문에 "공한 것도 또한 공이다."라고 했다. 연하는 대상이 공한 것처럼 능히 비추는 것도 또한 공하니, 이것을 일체법공을 통달하는 것이라 한다.

> 忍順一切實性者。印順眞俗無倒性也。俗性無縛。眞性無解。言無礙者。總標也。法達等四。別出也。如次法義辭辨無礙。無礙名達。所達三世因果。所化衆生根行。如如。不增不減。體性旣空。無實法用。無假法用。無假名用。旣無三用。故言用用空。彼體用空亦空。故言空空。如處¹⁾緣空。能照亦空。是名通達一切法空。
>
> 1) ⓔ '處'는 '所'인 것 같다.

맺으면서 지혜의 행상行相을 말했다. "공한 것도 공하고 여여하니 모양을 얻을 수 없다."라고 한 것이다.

> 結智行相云。空空如如。相不可得。

ⓒ 직심直心 ⑤

경 "불자여, 곧은 것이니, 곧게 비추는 것을 말한다. 신아神我의 경계를 취하고 연하여 생겨남이 없는 이치에 계합하는 지혜에 들어간다. 무명無明으로 말미암아 계탁한 신아는 공과 공 가운데 없어진다. 공과 공의 이치를 연하는 마음이지만, 유有에 있기도 하고 무無에 있기도 한데, (그 속에서) 불도佛道의 종자(공의 이치)를 무너뜨리지 않는다. 무루중도無漏中道에 의해 평등하여 한맛임을 관찰하여 (유와 무에 집착하지 않고) 일체 시방의 중생을 교화한다. 일체 중생을 전변시켜서 모두 살바야薩婆若[193]를 얻어 진공眞空을 깨닫고 곧고 곧은 성품을 얻게 한다. 공에 대해 곧은 마음을 행하니, 삼계에 태어나 주재하는 이가 되어서 번뇌에 의해 속박되더라도, (실제로) 수용하는 것은 없다."

若佛子。直[1)]者。直照。取緣神我。入無生智。無明神我。空空[2)]中空。空空理心。在有在無。而不壞道種子。無漏中道一觀。而敎化一切十方衆生。轉一切衆生。皆薩婆若空。直直性。直行於空。三界主者。結縛而不受。

1) ㉱ '直' 뒤에 '心'이 있다.(갑본) 2) ㉱ '空' 뒤에 '空'이 있다.(갑본) 다음도 동일하다.

술 다섯 번째는 직심直心인데, 이 가운데 "곧은 것이니"라고 한 것은 장문을 제시한 것이다. 행위에 삿되고 굽힘이 없기 때문에 "직심"이라 했다. "곧게 비추는 것이다."라는 것은 직심이라는 명칭을 풀이한 것이다.

述曰。第五直心中。直者。擧章門也。行無邪曲。故名直心。言直照者。釋直心名。

다음은 경계의 체를 내었다. "신아의 경계를 취하고 연하여 생겨남이 없는 이치에 계합하는 지혜에 들어간다."라고 했으니, 이것을 직심이라 한다. 무명의 힘으로 말미암아 계탁한 신아를 두 가지 공 가운데 소멸시킨다. 비록 그 두 가지 공의 이치를 연하는 마음이지만, 무아無我인 유有에 있기도 하고, 실아實我인 무無에 있기도 한다. 그러나 유·무에 집착하지 않아 공의 이치를 잃고 무너뜨리지 않는다. 공의 이치를 "불도의 종

---

193 살바야薩婆若 : ⓢ sarvajña의 음사어. 모든 것을 빠짐없이 아는 지혜. 곧 불지佛智를 일컫는 말. 일체지一切智·일체종지一切種智 등으로 의역한다.

자"라고 하니, 『유가사지론』에서 "진여를 소연연所緣緣(마음과 마음 작용의 대상 경계)으로 하는 종자"[194]라고 하고, (같은 책에서) "공을 잃고 무너뜨리지 않는 것을 대승이라 한다."[195]라고 한 것과 같기 때문이다. 상사무루중도相似無漏中道[196]에 의해 한맛임을 관찰하여 시방을 교화한다. "일체중생을 전변시켜서'"라는 것은 범부를 굴려서 성인으로 향하게 하는 것이다. 중생을 전변시킬 때, 모두 살바야를 얻어 진공을 깨닫고 곧고 곧은 성품을 얻게 하니, 보리菩提에 의해 진공眞空의 성품에 나아갔기 때문이다. 두 가지 공의 바른 성품을 "곧고 곧은 성품"이라 한다.

> 次出境體。言取緣我境入無生理之智。名直心也。由無明力所計神我。二空中泯。雖其緣二空理之心。在無我有。在實我無。然不著有無。不失壞空理。空理。名爲佛道種子。如瑜伽云。眞如所緣緣種子故。不失壞空。名大乘故。相似無漏中道一味觀。而敎化十方。轉一切衆生者。轉凡向聖也。轉衆生時。皆以薩婆若空。直直性也。以趣菩提眞空性故。二空正性。名直直性。

다음은 총괄적으로 맺으면서 말했다. 공에 대해 곧은 마음을 행하기 때문에 삼계에 속박되더라도 수용하는 것은 없다. 번뇌의 근본이 되는 것을 "주재하는 이"라고 한다.

> 次總結言。直行於空故。三界縛而不受也。煩惱根本。名爲主者。

---

194 『유가사지론』 권52(T30, 589a16)에서 "모든 출세간법은 진여를 소연연으로 하는 종자에서 생겨나고, 저 습기가 적집한 종자(習氣積集種子)에서 생겨나는 것은 아니다."라고 했다.
195 『유가사지론』 권77(T30, 727a13)에서 "공의 성품(性)과 모양(相)을 잃고 무너뜨림이 있다면, 곧 일체의 대승을 잃고 무너뜨리는 것이다."라고 한 것을 취의 요약한 것이다.
196 상사무루중도相似無漏中道 : 진무루중도眞無漏中道의 상대어. 아직 완전한 무루중도를 얻지 못했으나, 그와 유사한 무루중도는 얻었음을 나타내는 것 같다.

Ⓕ 불퇴심不退心 ⑥

경 "불자여, 불퇴심不退心을 지니는 것이다. 일체의 범부의 지위에 들어가지 않는다. 온갖 견해를 일으키거나 새롭게 장양하지 않고, 또한 다시 습인習因[197]의 주체인 모양만 있는 것처럼 보이는 아我와 인人에 대한 집견을 일으키지 않는다. 삼계의 업도에 들어가서 유전하는 모습을 보이더라도, 또한 공의 이치에 의해 행하는 것이니, 도달한 계위에서 물러나지 않는다. 현행한 장애에서 벗어나고 제일중도第一中道에 계합하여 경계와 지혜가 하나로 합해진 가운데 행하기 때문에 닦은 행법에서 물러나지 않는다. 본제本際가 둘이 없음을 알기 때문에[198] 바르게 생각하는 것에서 물러나지 않는다.[199] 공에 의해 관찰하는 지혜가 생겨나고, (이를) 여여如如하게 상속하며, (이렇게) 뛰어난 마음을 타고 타서 둘이 없는 경지에 들어간다. 항상 공을 깨달아 생겨난 마음에 의지하여 하나의 도와 하나의 청정함에 계합하니, 하나의 도와 하나의 비춤에서 물러나지 않는다."

若佛子。不退心者。不入一切凡夫地。不起新長養諸見。亦復不起習因相似我人。入三界業。亦行空。位而不退。解脫。於第一中道。一合行。故不行退。本際無二故。而不念退。空生觀智。如如相續。乘乘心。入不二。常空生心。

---

197 습인習因 : 반복적으로 익힌 것이 이어지고 모여서 원인으로 작용하는 것.
198 생사의 본제가 곧 열반의 본제이고, 번뇌의 본제가 곧 보리의 본제여서 두 가지 제際가 없는 것.
199 도달한 계위에서~물러나지 않는다 : 도달한 계위에서 물러나지 않는다, 닦은 행법에서 물러나지 않는다, 바르게 생각하는 것에서 물러나지 않는다, 이 세 가지를 묶어서 삼불퇴三不退라고 한다. 불퇴란 불도를 닦는 과정에서 이미 증득한 깨달음의 공덕으로 물러나지 않는 지위에 들어가는 것을 말한다. 첫째는 위불퇴位不退라고 하니, 이미 수행하여 얻은 지위에서 물러나지 않는 것이고, 둘째는 행불퇴行不退라고 하니, 닦은 행법에서 물러나지 않는 것이며, 셋째는 염불퇴念不退라고 하니, 바른 생각(正念)에서 물러나지 않는 것이다.

一道一淨。爲不退一道一照。

【술】 여섯 번째는 불퇴심인데, 이 가운데 "불퇴심을 지니는 것이다."라는 것은 장문을 제시한 것이다. 오직 정진할 뿐 다른 생각을 내지 않는 것을 불퇴심이라 한다.

述曰。第六不退中。不退心者。擧章門也。唯進無慮。名不退心。

옛 법사가 말하기를, "범부에 두 가지가 있다. 습종성 이전(10신)을 외범부外凡夫라 하고, 지전地前의 30심(三賢)을 내범부內凡夫라고 한다."[200]라고 했다. 지금 ("범부의 지위에 들어가지 않는다."라는 것은 내범부의 지위에서) 물러나서 외범부의 지위에 들어가지 않는 것이다.

"온갖 견해를 일으키거나 새롭게 장양하지 않고"라는 것은 분별혹分別惑[201]을 조복시켰기 때문이고, "습인의 주체인 모양만 있는 것처럼 보이는 아와 인에 대한 집견을 일으키지 않는다."라는 것은 점차 구생혹俱生惑[202]

---

200 『범망경상권고적기강의』 권5(『일본대장경』 20, 112a)에서 "습종성 이전을 외범부라고 하고, 지전의 30심을 내범부라고 한 것은, 길장吉藏 · 혜원慧遠(정영사) 등이 『본업영락경』 · 『기신론』 등에 의거하여 설한 것이다. 『성유식론』에 따르면 외범부는 자량위(지전의 29심과 제30심인 제10 회향의 일부분)이고, 내범부는 가행위(제10 회향이 원만하게 이루어진 지위에서 사선근을 내는 것)이다."라고 했다.
201 분별혹分別惑 : 번뇌를 그 발생의 성격에 의해 크게 두 가지로 구별한 것 중 하나. 삿된 스승 · 삿된 가르침 · 삿된 생각 등에 의해 일어나는 후천적 번뇌를 가리킨다. 이는 성질은 강렬하지만 끊는 것은 용이하여 불도 수행의 제1 단계인 견도위見道位에서 끊어지기 때문에 견혹見惑이라고도 한다.
202 구생혹俱生惑 : 번뇌를 그 발생의 성격에 의해 크게 두 가지로 구별한 것 중 하나. 태어날 때부터 갖추고 있는 선천적인 번뇌를 가리킨다. 이는 성질은 미세하지만 끊는 것은 매우 어려워서 불도수행의 제2 단계인 수도위修道位에서 끊어지기 때문에 수혹修惑이라고도 한다. 10번뇌十煩惱 중 의疑 · 사견 · 견취견見取見 · 계금취견戒禁取見은 분별혹에 속하고, 탐貪 · 진瞋 · 만慢 · 무명無明 · 신견身見 · 변견邊見은 구생혹과 분별혹 모두에 통한다.

을 조복시켰기 때문이다.

비록 삼계의 업도에 들어가 유전하는 모습을 보이더라도, 또한 공의 이치에 의해 행하니, 도달한 계위에서 물러나지 않는다. 또한 현행한 장애에서 벗어나고 제일중도에 계합하여 경계와 지혜가 하나로 합해진 가운데 행하기 때문에 닦은 행법에서 물러나지 않는다. 또한 본래의 성품이 공한 것을 알고 의지하기 때문에 바르게 생각하는 것에서 물러나지 않는다.

공을 증득하여 깨달음을 낳기 때문에 "공에 의해 관찰하는 지혜가 생겨나고"라고 했고, "여여하게 상속하며"라는 것은, 이와 같이 하고 이와 같이 하는 것이며, (이렇게 해서) 뛰어난 마음을 타고 둘이 없는 경지에 들어간다.

古師云。凡夫有二。習種已前。名外凡夫。地前三十心。名內凡夫。今不退入於外凡也。不起新長養諸見者。伏分別惑故。不起習因相似我人者。漸伏俱生故。雖入三界業中流轉。而亦行空。位不退也。又解脫現行障。於第一中道。境智合行。故行不退也。又於本性空。正念不退也。證空生解。言空生觀智也。如如相續。如是如是。乘勝心。入於不二。

맺으면서 말한 것이다. 항상 공을 깨달아 생겨난 마음에 의지하여 일승一乘의 순일하고 청정한 법을 증득하니, 이것이 하나의 도와 하나의 비춤에서 물러나지 않는 것이다.

結云。常時。於空生心。一乘純淨。此爲不退一道一照也。

ⓖ 대승심大乘心 ⑦

경 "불자여, (이승과) 함께하지 않는 대승심大乘心을 갖는 것이다. 깨닫고

제1권 • 145

깨달아 하나인 공을 증득하기 때문에 일체의 행위와 마음을 일승一乘이라 한다. (이렇게) 하나인 공의 이치를 깨닫는 지혜를 타고서 (그것에 의지하여) 지혜를 타고 행行을 타면서 (수행한다.) 지혜와 행을 타는 것(乘)과 그것의 의지처인 하나인 공의 이치를 깨닫는 지혜(智)에 의해 마음마다 (자신의 일에 있어서) 자재하게 싣고 자재하게 공용을 발휘하며, 일체중생을 자재하게 싣고 감당하여 삼계의 강을 건너게 하고 결박結縛의 강을 건너게 하며 생멸의 강을 건너게 한다. 행자는 수레에 앉아 (자신의 일에) 자재하게 공용을 발휘하고, (중생을 자재하게) 실어서 공용을 발휘하면서 지혜에 상응하는 마음으로 바다와 같은 부처님의 세계에 들어가게 한다. 그러므로 일체중생이 아직 공의 이치를 깨닫는 지혜에 의해 자재하게 공용을 발휘한 것의 혜택을 얻지 못하면, 대승大乘이라 하지 않고 단지 승乘이라고만 하니, (자신만) 고통의 바다를 건널 뿐이기 때문이다."

> 若佛子。獨大乘心者。解解一空故。一切行心。名一乘。乘一空智。智乘行乘。乘智。心心任載任用。任載任一切衆生。度三界河。結縛河。生滅河。行者坐乘。任用載用。智心。趣入佛海。故一切衆生。未得空智任用。不名爲大[1]乘。但名乘。得度苦海。

1) ㉢ '大'가 없다.(갑본)

술 일곱 번째는 대승심인데, 이 가운데, "함께하지 않는(獨) 대승심을 갖는 것이다."라는 것은 장문을 제시한 것이다. "독獨"은 함께하지 않는다는 뜻이다.

> 述曰。第七大乘心中。獨大乘心者。擧章門也。獨謂不共義。

다음은 승행乘行의 움직이고 싣는 공능을 밝혔는데, 이 가운데 "깨닫고 깨달아 하나인 공을 증득하기 때문에"라는 것은 두 가지 공에 아울러 의지하여 하나의 참된 법계를 증득하기 때문이다. 법계는 한 가지이기 때문에 삼승三乘의 행이 모두 일승一乘임을 분명히 안다. 이와 같이 보살은 하나인 공의 이치를 깨닫는 지혜를 탄다. 복덕과 지혜를 아울러 닦는 것을 "지혜를 타고 행을 타면서 (수행한다.)"라고 한다.

> 次明乘行運載功中。解解一空者。雙依二空。證一眞法界故。法界同故。了三乘行皆一乘也。如是菩薩。乘一空智。雙修福智。名智乘行乘也。

"지혜와 행을 타는 것과 그것의 의지처인 하나인 공의 이치를 깨닫는 지혜에 의해"라는 것은 앞에서 운반하는 것을 나타낸 것을 서술한 것이다. "지혜와 행을 타는 것(乘)"은 앞에서 말한 닦아야 할 복덕과 지혜[203]를 서술한 것이다. "그것의 의지처인 하나인 공의 이치를 깨닫는 지혜(智)에 의해"라는 것은 앞에서 말한 능히 공의 이치를 닦는 지혜[204]를 서술한 것이다.

"마음마다"라는 것은 생각마다라는 뜻이다. 찰나찰나마다 자재하게 실으니, 행자는 자재하게 자신의 이익을 얻는 공용을 발휘하며, (또) 자재하게 실으니, 행자는 자재하게 중생을 제도한다. "삼계의 강을 건너게 하고"라는 것은 고통을 건너게 하는 것이고, "결박의 강을 건너게 하며"라는 것은 미혹을 건너게 하는 것이며, "생멸의 강을 건너게 한다."라는 것은 업을 건너게 하는 것이다.

그러므로 행자는 수레에 앉아 앞에서와 같이 자재하게 공용을 발휘하여 자재하게 실으면서 지혜와 상응하는 마음으로 (중생을) 바다와 같은

---

[203] 닦아야 할 복덕과 지혜 : 경의 본문은 '지혜를 타고 행을 타면서'에 해당하는 것이다.
[204] 능히 공의 이치를 닦는 지혜 : 경의 본문은 '하나인 공의 이치를 닦는 지혜'이다.

부처님의 세계에 들어가게 한다. 그러므로 모든 중생이 아직 승乘의 공용으로 인한 혜택을 얻지 못했다면, 단지 승이라고 할 뿐이니, 얻는 것은 (자신만) 고통의 바다를 건너는 것일 뿐이다.

言乘智者。牒上顯運。謂乘者。牒上所修福智。智者。牒上能修空智。言心心者。念念也。刹那刹那。任載行者任用自利。任載行者任度衆生。言度三界河者。度苦也。度結縛河者。度惑也。度生滅河者。度業也。是故行者坐乘。如上任用任載[1) 智相應心。趣入佛海也。故諸衆生。未得乘用。但名乘。所得度之[2)海。

1) ㉠ '任載'를 '載用'이라 했다.(갑본·을본·병본) 2) ㉠ '之'는 '苦'인 것 같다.

㉦ 무상심無相心 [8]

경 "불자여, 무상심無相心을 갖는 것이다. 망상에서 벗어나서 (실상의) 반야바라밀이 둘이 없음을 비추고, 일체의 업을 맺는 것과 그 삼세의 과법果法이 모두 여여如如하여 하나의 진리임을 관찰한다. 무생공無生空을 행하여 스스로 성불할 것을 안다. 모든 부처님은 나와 평등한 분이고 일체의 현성賢聖은 나의 동학同學이니, 모두 무생공을 함께하기 때문에 무상심이라 한다."

若佛子。無相心者。忘想解脫。照般若波羅蜜無二。一切結業三世法。如如一諦。而行於無生空。自知得成佛。一切佛。是我等者。[1) 一切賢聖。是我同學。皆同無生空故。名[2)無相心。

1) ㉠ '者'를 어떤 곳에서는 '師'라고 했다.(갑본) 2) ㉠ '名'이 없다.(갑본)

술 여덟 번째는 무상심인데, 이 가운데 "무상심을 갖는 것이다."라는 것은 장문을 제시한 것이다.

述曰。第八無相心中。無相心者。舉章門也。

다음은 행상을 밝혔다. 모양이 없는 마음으로 실상반야實相般若[205]가 둘이 없음을 비춘다. 다시 일체의 번뇌의 업과 과보에 대해 모두 여여하여 하나의 진리임을 관찰한다. 또한 무생공을 행하여 스스로 성불할 것을 아니, 평등함을 깨달았기 때문이다. "부처님은 나와 성품이 평등한 분이다."라고 한 것과 "현성은 나와 행을 함께하는 분이다."라고 한 것이 (이것이다.)

次明行相。謂亡相心。照實相般若無二。復於一切煩惱業果。如如一諦。亦行無生空。自知成佛。了平等故。佛是我性等者。賢聖是我同行者。

맺으면서 말한 것이다. "모두 무생공을 함께하기 때문에 무상심이라 한다."라고 한 것이다.

結言。皆同無生空。故無相心。

① 혜심慧心 [9]

경 "불자여, 여여혜如如慧를 갖는 것이다. 한량없는 법계에는 집제集諦라고 하는 원인도 없고, (그 원인에 의해) 생명을 받아 태어나는 과보도 없으며, 세세생생 번뇌의 업을 지어도 실제로 얽매이는 것은 없다. (세속의) 일체

---

205 실상반야實相般若 : 반야를 셋으로 분류한 것 중 하나. 이치 자체를 가리키는 말. 나머지 둘은 첫째는 관조반야觀照般若로 실상을 관조하는 반야이고, 둘째는 문자반야文字般若로 문자에 의지하는 반야를 가리킨다.

법문과 일체 현인이 행하는 도와 일체 성인이 관찰하는 법[206]도 모두 또한 이와 같이 안다. 모든 부처님께서 교화하기 위해 시설한 방편법을 자신(我)이 모두 마음에 모아 두어 외도의 일체 변론과 삿된 선정의 공용과 허깨비와 변화한 것과 마구니의 설과 부처님의 말씀을 모두 분별한다. (이렇게 해서) 이제二諦(진제와 속제)가 시설된 곳에 들어가지만, 하나도 아니고 둘도 아님을 관찰한다. (이러한 이치에 의해) 오음·18계·12입에 대해 어떤 모양도 갖지 않으니, 지혜의 빛으로 밝게 비추기 때문이다. (그러나) 지혜의 빛은 진실한 성품을 비추고는 바로 일체법에 들어간다."

若佛子。如如慧者。無量法界。無集無受生。生生煩惱。而不[1]縛。一切法門。一切賢所行道。一切聖所觀法。所有亦如是。一切佛敎化方便法。我皆集在心中。外道一切論。邪定功用。幻化。魔說佛說。皆分別。入二諦處。非一非二。非有陰界入。是慧光明。光明照性。入一切法。

1) ㉘ '不' 뒤에 '可'가 있다.(갑본)

술 아홉 번째는 혜심慧心인데, 이 가운데 "여여혜를 갖는 것이다."라는

---

206 일체 현인이~관찰하는 법 : '현인'은 10주·10행·10회향의 삼현위에 해당하는 보살을 가리키고, '성인'은 10지에 해당하는 보살을 가리킨다. 『대승의장大乘義章』권17 「현성의이문분별賢聖義二門分別」(T44, 788b7)에서 "'성현'은 선근을 조화롭게 성취한 것을 '현'이라 하고, 바른 것을 깨우친 것을 '성'이라 한다. 바른 것이란 이치를 말한다. 이치는 치우치거나 삿된 것이 없기 때문에 '바른 것'이라 한다. 이치를 증득하여 범부의 상태를 버린 것을 '성'이라 한다. 좀 더 구체적으로는 다섯 가지로 구별된다. 첫째는 허물을 여의고 선을 이루는 측면에서 악을 여읜 것을 '현', 선을 갖춘 것을 '성'이라 한다. 둘째는 삼업三業(신업·구업·의업)의 관점에서 세 가지 업이 선한 것을 '현', 내심內心이 참되고 바른 것을 '성'이라 한다. 셋째는 자리이타의 관점에서 중생을 교화하는 행위가 순수하고 선한 것을 '현', 스스로의 행위가 참되고 바른 것을 '성'이라 한다. 넷째는 경계의 관점에서 사事 속에서 선을 성취한 것을 '현', 이치를 증득하여 범부의 마음을 버린 것을 '성'이라 한다. 다섯째는 계위의 관점에서 견도 이전에 마음을 조절하여 악을 여읜 것을 '현', 견도 이상에서 바른 이치를 깨달은 것을 '성'이라 한다."라고 했다.

것은 장문을 제시한 것이다.

述曰。第九慧心中。如如慧者。擧章門也。

다음은 소연所緣을 들어서 말하기를, "한량없는 법계에는 집제라고 하는 원인도 없고, (그 원인에 의해) 생명을 받아 태어나는 과보도 없으며, 또한 세세생생 번뇌의 업을 지어도 실제로 얽매이는 것은 없다."라고 했으니, (이는) 승의勝義의 경계를 여실히 아는 것이다. (세속의 경계를 여실히 아는 것은) "일체 법문과 삼현三賢이 행하는 도와 십성十聖이 관찰하는 법도 또한 이와 같이 안다."(라고 한 것이 그것이다.) 단지 알기만 하는 것이 아니라, 외적으로 교화하기 위해 시설한 방편을 모두 마음에 모아 둔다. (이렇게) 바른 방편에 통달하기 때문에 외도의 삿된 견해와 삿된 (선정의) 공용과 허깨비와 변화한 것과 마구니의 설과 부처님의 말씀이 차별하여 나타난 가운데 모두 분별한다.

이제가 시설된 곳에 들어가지만, 진리의 관점에서는 (동일한 것은 아니기 때문에) 하나가 아니고, 깨달음의 관점에서는 (다른 것은 아니기 때문에) 둘이 아니다. (이러한 이치를 통달하여) 오음·18계·12입에 대해 있다고 하는 생각을 하지 않으니, 곧 지혜의 빛으로 비추어서 빼앗기 때문이다. 그러나 지혜의 빛은 진실한 성품을 비추고는 바로 일체법에 들어가니, 진여를 증득할 때 일체법을 사유하기 때문이다.

次擧所緣云。無量法界。無集因。無受生果。亦非生生煩惱所縛。如知勝義境。世俗一切法門。三賢所行道。十聖所觀法。亦如是知。非但所知。外化方便。皆集心中。達正方便故。外道邪見。功用。幻化。魔說及與佛說。差別之中。皆分別也。入二諦處。諦故非一。解故非二。非有陰界入。卽是慧光之所映奪。然慧光照性。卽入一切法。以證眞時。思惟一切法故。

ⓙ 불괴심不壞心 ⑩

경 "불자여, 불괴심不壞心을 갖는 것이다. 성인의 지위(10지 중 초지)에 들어가는 지혜를 감당하고, (번뇌장과 소지장에서) 벗어난 것에 근접한 지위에 도달하지만, 단지 성도聖道의 방편정문方便正門을 얻을 뿐이다. 보리심을 밝게 하고 복인伏忍[207]에 의해 공에 수순하여 여덟 가지 마구니에 의해 무너지지 않는다. 모든 성인께서 정수리를 만져 주고 모든 부처님께서 격려하니, 마정삼매摩頂三昧에 들어간다. 몸에서 광명을 내어 시방국토를 비추고 부처님의 위신威神을 익혀서 출몰이 자재하고 삼천대천세계를 진동시킨다. 평등지平等地(뒤의 10지 중 첫 번째인 지위)를 증득한 마음과 더불어 둘이 없고 차별이 없지만 중도를 관찰하는 지혜의 도에 들어간 것은 아니며, (또한) 삼매의 힘 때문에 광명 속에서 한량없는 국토를 본다. 몸을 나타내어 중생을 위해 법을 설한다. 이때 곧 정삼매頂三昧를 얻고 허공평등지虛空平等地에 올라 법문을 총지總持[208]하고 성인의 행을 원만하게 구족한다. 마음마다 공을 실천하고, 공하고 공한 지혜에 의해 중도에 계합하여 어떤 모양도 없는 이치를 비추어서 일체의 모양이 소멸하고, 금강삼매법문金剛三昧法門에 들어간다. (이로부터) 일체의 행을 닦는 문에 들어가서 바로 허공평등지虛空平等地(뒤의 10지 중 첫 번째 지위)에 들어간다."

『불화경佛華經』[209]에서 자세하게 설한 것과 같다.

---

[207] 복인伏忍 : 『인왕반야경仁王般若經』권상(T8, 826b23)에서 보살법으로 제시한 다섯 가지 인忍 중 하나. 다섯 가지란 복인伏忍·신인信忍·순인順忍·무생인無生忍·적멸인寂滅忍이다. 각각의 인忍은 다시 상·중·하의 삼품三品으로 나뉜다. 복인이란 지전地前의 삼현위三賢位에 있는 사람이 아직 무루無漏를 얻지 못하여 번뇌를 아직 끊지 못하고 단지 번뇌를 조복시켜 일어나지 못하게만 할 수 있는 것인데, 그 가운데 10주를 하품, 10행을 중품, 10회향을 상품이라 한다.

[208] 총지總持 : [S] dhāraṇi의 의역어. 능지能持·능차能遮 등으로도 의역하고, 다라니陀羅尼라고 음사한다. 무량한 불법佛法을 빠짐없이 모두 기억하여 잊어버리지 않는 염혜력念慧力을 가리킨다.

若佛子。不壞心者。入聖地智。近解脫。但¹⁾得道正門。明菩提心。伏忍順空。八魔不壞。衆聖摩頂。諸佛勸發。入摩頂三昧。放身光光。照十方佛土。入佛儀神。出沒自在。動大千界。與平等地心。無二無別。而非中觀智道。以三昧力故。光中。見佛無量國土。現爲說法。爾時。卽²⁾得頂三昧。登虛空平等地。總持法門。聖行滿足。心心行空。空空慧中道。無相照故。一切相滅。得金剛三昧法門。入一切行門。入虛空平等地。如佛華經中廣說。

1) ㉘ '但'을 어떤 곳에서는 '位'라고 했다.(갑본) 2) ㉘ '卽' 뒤에 어떤 곳에는 '得'이 있다.(갑본)

述 열 번째는 (불괴심인데,) "불괴심을 갖는 것이다."라고 한 것은 장문을 제시한 것이다.

述曰。第十。不壞心者。擧章門也。

다음은 행상을 밝혔는데, 이 가운데 "성인의 지위에 들어가는 지혜를 감당하고, 분별기分別起[210]의 두 가지 장애(번뇌장·소지장)에서 벗어난 것에 근접한 지위에 도달하지만, 단지 성도의 방편정문을 얻을 뿐이다."라고 했다. 이 마지막 마음에서 사선근四善根[211]을 열고 명득정明得定[212]과 명

---

209 『불화경佛華經』: 경록經錄에서는 보통 『칭양제불공덕경稱揚諸佛功德經』의 다른 이름으로 일컬어지지만, 본 경에는 10지와 관련된 설명이 없다. 따라서 『불화경』은 『대방광불화엄경大方廣佛華嚴經』(약칭 『화엄경』)을 가리키는 것으로 보인다. 비교적 후대의 주석서에서는 『화엄경』을 『불화경』이라고 일컬은 사례가 종종 보인다.
210 분별기分別起: 삿된 스승·삿된 가르침·삿된 생각 등에 의해 후천적으로 생긴 번뇌를 가리킨다. 분별기는 쉽게 끊어지는 것으로 견도위見道位에서 생법이공生法二空의 진여를 증득할 때 단박에 끊어진다.
211 사선근四善根: 유식종에서 실천수행의 계위를 다섯 가지로 나눈 것 중 두 번째인 가행위加行位를 가리킨다. 전단계인 자량위資糧位의 최후인 10회향의 만위滿位에서 생기하는 것이다. 난위煖位에서는 명득정明得定을 닦으면서 인식 대상의 본질에 대해 심구사찰尋求思察하여 그것의 이름(名)·대상(義, 所詮인 대상)·자성自性(법체의 自

증정明增定²¹³을 얻기 때문에 "보리심을 밝게 하고"라고 했다. 복인 가운데 공의 이치에 지극히 수순한다. "여덟 가지 마구니"라는 것은, 첫째는 고苦이고, 둘째는 공空이며, 셋째는 무상無常이고, 넷째는 무아無我이며, 다섯째는 생生이고, 여섯째는 노老이며, 일곱째는 병病이고, 여덟째는 사死이다. 이 여덟 가지에 의해 미혹되고 어지럽혀지지 않는다. 전해 오는 설은 이와 같으니, "생사를 싫어하고 소승의 열반을 좋아하여 보리심에서 물러나는 것을 '마구니'라고 한다."라고 했다.

자분행自分行²¹⁴을 밝히는 것을 마쳤다.

次明行相中。堪入聖智。近於分別二障解脫。但得聖道方便正門。於此終心。開四善根。明得明增故。名明菩提心。伏忍之中。極順空理。八魔者。一

相)·차별差別(무상·고 등의 차별) 등이 공함을 관한다. 정위頂位에서는 명증정明增定을 닦으면서 한층 진전된 관지觀智를 닦는다. 심구사찰하는 단계의 끝이기 때문에 '정위'라고 한다. 인위忍位에서는 인순정印順定을 닦고 하품의 여실지如實智를 일으켜서 인식 대상이 비실재임을 결정적으로 인가하고 인식의 주체도 비실재임을 수순하여 즐겁게 인가한다. 이전의 것을 인가하고 이후의 것에 수순하기 때문에 '인순정'이라 한다. 인식 대상도 인식 주체도 공임을 인정하기 때문에 '인위'라고 한다. 세제일법위世第一法位에서는 무간정無間定을 닦으면서 상품의 여실지를 일으켜서 인식되는 대상과 인식 주체가 모두 공한 도리를 확정적으로 인지한다. 상품의 인위에서 인식 주체의 공함만 인가한 것에 비해, 이 단계에서는 두 가지 공을 모두 인가한다. 여기에서 다음 찰나에 반드시 견도見道에 들어가기 때문에 '무간정'이라 했다.
212 명득정明得定 : 보살의 사선근 중 난위煖位를 얻는 선정. 처음으로 정혜定慧의 계단을 밟아 대상 경계에 있어서 명名·의義·자성自性·차별差別 등의 네 가지 법은 모두 자신의 마음이 전변한 것으로 가유假有라는 것을 관찰하는 것이다.
213 명증정明增定 : 보살의 사선근 중 정위頂位를 얻는 선정. 명득정과 비교할 때 관찰과 지혜가 그보다 더욱 깊어진 것으로 지혜가 더욱 성대해지기 때문에 명증정이라 한다.
214 자분행自分行 : 특정한 수행의 경지를 달성하는 것. 상대어는 승진행勝進行(勝分行)으로 이전에 달성한 경지를 바탕으로 다른 뛰어난 수행의 경지를 향해 전진하는 것이다. 법장의 『화엄경탐현기華嚴經探玄記』 권2(T35, 133b27)에서 자분과 승진의 일곱 가지 뜻 가운데, "여섯째는 두 가지 계위에 나아간 것이다. 이전의 계위가 이미 이루어진 것을 자분이라 하고, 뒤의 계위를 향해 나아가는 것을 승진이라 한다."라고 한 것을 참조할 것.

苦。二空。三無常。四無我。五生。六老。七病。八死。非此八種之所惑亂。傳說如此。應厭生死。欣小涅槃。退菩提心。立爲魔也。明自分行已。

다음은 승분행勝分行을 밝혔다. (이 계위에서) 모든 성인이 (행자에게) 힘을 준다. "모든 부처님께서 격려하니"라고 한 것은, 부처님께서 이 사람을 친견하여 깨달음을 일으키게 하기 때문이다. 그는 가피를 받고 나서 마정정摩頂定(마정삼매)에 들어가 세 가지 업에 있어서 가피의 힘을 얻는다. 처음은 신업에 있어서 가피의 힘인데, 이 가운데 "몸에서 광명를 내어 (시방국토를 비추고) 부처님의 위신을 익혀서"라고 한 것은, 전해 오는 설에 말하기를, "부처님의 위의威儀와 같은 행을 익히는 것이다."라고 했다. 다음은 의업에 있어서 가피의 힘이다. 평등지平等地(제1 체성평등지)를 증득한 마음과 더불어 서로 유사하여 구별되지 않지만 중도를 관찰하는 지혜의 도를 진실로 증득한 것은 아니니, 이것(중도를 관찰하는 지혜의 도)은 진제의 문이기 때문이다. 또한 선정의 힘에 의해 세속의 문 가운데 한량없는 국토를 본다. 나중은 어업에 있어서 가피의 힘이니, 몸을 나타내어 중생을 위해 설법하는 것이다. 이때 정선소의삼매頂善所依三昧에 들어가서 소취所取가 공임을 아는 평등지平等地에 올라 모양을 섭수하여 식識으로 되돌리고, (법문을) 총지하고 (성인의 행을) 원만하게 구족한다.

次明勝分。衆聖與力。言諸佛勸發者。佛見此人而發悟故。彼受加已。入摩頂定。得二業加力。初身加力中。自身放光入佛儀神者。傳說。習佛威儀行也。次意加力。與證地心。相似無別。而非實證中觀智道。此眞門也。又以定力。世俗門中。見無量土。後語加力。現爲說法。爾時。頂善所依三昧。登所取空平等地中。攝相歸識。總持滿足。

"마음마다 공을 실천하고"라는 것은 하인下忍(복인 중 하품, 곧 10주)의 계위에 오를 때, 소취所取가 공임을 인가하기 때문이다. "공하고 공한 지혜(空空慧)에 의해 중도에 계합하여 어떤 모양도 없는 이치를 비추어서"라는 것은, 처음의 "공"은 중인中忍(복인 중 중품, 곧 10행)으로 능취能取가 공한 것에 수순하는 것이고, 뒤의 "공"은 상인上忍(복인 중 상품, 곧 10회향)으로 능취能取가 공함을 인가하는 것이며, 다시 나머지 모양이 없는 것을 "어떤 모양도 없는 이치를 비추어서"라고 했다. 이 세제일법위世第一法位로 말미암아 두 가지 공을 아울러 인가하기 때문에 "일체의 모양이 소멸하고"라고 했고, 이 무간정無間定에서 영원히 물러남이 없는 것을 "금강삼매문"이라 한다. 이로부터 성인의 지위에 들어가 한 몸 가운데 일체의 행을 닦기 때문에 "일체의 행을 닦는 문"이라고 했다. 바로 초지인 허공평등지에 들어간다. 『불화경』이라는 것은 다른 경을 가리킨다.

心心行空者。下忍之時。印所取空故。言空空慧中道無相照者。初空中忍。順能取空。後空上忍。印能取空。更無餘相。言無相照。由此世第一法位中。雙印二空。故言一切相滅。此無間定。永無退還。言金剛三昧門。從此入聖。於一身中。修一切行。故言入一切行門。卽入初地虛空平等地也。佛華經者。指餘經也。

범망경고적기 제1권

梵網經古迹記。卷第一。

범망경고적기 제2권
梵網經古迹記 卷第二

청구사문 태현 지음
青丘沙門 太賢集

(D) 10지十地

Ⓐ 초지初地(入平等慧體性地, 體性平等地)

경 노사나불께서 말씀하셨다.

"천 명의 부처들이여, 잘 들어라. 너는 앞에서 10지란 어떤 뜻이 있는지를 물었다. 불자여, 보리살타의 입평등혜체성지入平等慧體性地[1]이다. 진실한 법을 증득하고 진실한 교화를 행하여 일체의 행(자리행과 이타행)을 이룬다. (불과佛果의) 꽃을 피우고 (어둠의 종자를 파척하여) 밝게 빛나며, (법계에 대한 깨달음을) 원만하게 구족한다. 사천하를 다스리는 전륜왕의 과보를 섭수하고, 승乘을 사용하여[2] 자재하게 교화하고 일정한 형식에 얽매이지 않고 진여의 이치에 수순하여 교화하며, 신통력에 의해 (중생을 조복시킨다.)[3] 10력十力·10호十號[4]·18불공법十八不共法과 부처님의 정토에 머물고자 하는 한량없는 큰 서원과 변재무애辯才無畏와 일체의 논論(五明論)과 일체의 행을 자신(我)이 모두 얻어서 들어가니, 부처님의 집안에 태어나 들어가고 불성佛性의 대지에 앉아서 일체의 장애와 범부의 원인과 과보를 끝내 받지 않으며, 크게 즐거워하고 기

---

1 입평등혜체성지入平等慧體性地 : 체성평등지·평등혜체성지 등과 같은 말이다. 평등혜와 체성을 증입하는 지위라는 뜻인데, 전후 맥락의 일관성을 위해 '입'을 계위의 명칭에 포함시켜서 풀었다.
2 사천하를 다스리는~승乘을 사용하여 : 『범망경순주梵網經順硃』 권상(X39, 24a10)에서 "'사천'은 사천하이고, '과'는 전륜왕의 과보이며, '승'은 상보象寶·마보馬寶의 승乘이고, '용'은 부려서 사용하는 것이다."라고 한 것을 참조할 것.
3 신통력에 의해 (중생을 조복시킨다) : 본문에서 '神通'을 앞에 연결된 것으로 보아야 할 것인지, 바로 뒤의 10력에 연결된 것으로 보아야 할 것인지 모호한데, 태현은 이에 대해 정확한 입장을 밝히지 않고 있다. 대부분의 주석서에서 앞에 연결된 것으로 보고 있고, 태현도 '10력'을 시작점으로 삼았기 때문에 앞에 연결된 것으로 보는 것이 타당할 것 같아서 이렇게 번역했다.
4 10호十號 : 부처님을 칭하는 열 가지 덕호. 여래如來·응공應供·등정각等正覺·명행족明行足·선서善逝·세간해世間解·무상사無上師·조어장부調御丈夫·천인사天人師·불세존佛世尊을 말한다.

뼈한다. 하나의 불국토에서 한량없는 불국토에 들어가고, 1겁으로부터 한량없는 겁에 들어가며, 설할 수 없는 법을 중생을 위해 설할 수 있다. 일체법을 반조反照하여 보고,[5] 일체법을 역순逆順으로 보며,[6] 항상 이제에 들어가지만 제일의제에 머문다.[7] (이러한) 하나의 지혜에 의해 10지의 차례를 알고, (각 계위에서 닦아야 할) 낱낱의 일을 중생에게 현시하며, 항상 마음마다 중도에 머문다. 하나의 지혜에 의해 일체 불국토의 차별적 성품과 부처님께서 설하신 (여러 가지) 법을 알지만, (한맛임을 알기 때문에) 신심身心은 변동하지 않는다. 하나의 지혜에 의해 12인연과 10악十惡의 종성種性을 알지만 항상 선도善道에 머문다. 하나의 지혜에 의해 유와 무의 두 가지 모양을 본다. 하나의 지혜에 의해 10선지행十禪支行과 37도三十七道[8]에 들어가는 것을 알지만, 일체의 색신을 육도六道에 나타내어 (중생을 제도한다.) 하나의 지혜에 의해 시방의 색과 색에 대해서 분분히 알고 여러 가지로 일으켜서 색의 과보를 영수領受하

---

5 일체법을 반조反照하여 보고 : 『범망경직해』 권상(X38, 811a22)에서 "'일체법을 반조하여 본다'라는 것은, 이 보살이 불평등대혜佛平等大慧를 증득하여 반조하여 보되, 범부일 때부터 망妄을 돌이켜서 진眞으로 돌려보내고, 시각지始覺智로서 일체의 염법染法을 멸하고 일체의 정법淨法을 생하는 것을 보기 때문이다."라고 했다. 곧 망견을 되돌리는 것을 '반'이라 하고, 진여를 비추는 것을 '조'라고 풀이했다.
6 일체법을 역순逆順으로 보며 : 『범망경직해』 권상(X38, 811b1)에서 "'일체법을 역순으로 본다'라는 것은, 곧 평등불혜平等佛慧로 본원인 자성청정심自性淸淨心을 보되, 무명불각無明不覺으로 인해 일념이 망령되게 움직여 진여의 이치를 거스르고 무명의 흐름에 수순하여 일체의 정법淨法을 멸하고 일체의 염법染法을 생기하였음을 보기 때문이다."라고 했다. 곧 진여의 이치를 거스르는 것을 '역'이라 하고 무명의 흐름에 수순한 것을 '순'이라고 풀이했다.
7 『범망경직해』 권상(X38, 811b3)에서, "비록 진제를 비추어도 공에 침몰하지 않고 속제를 비추어도 유에 걸리지 않아서 이제가 원융하여 두 가지 모양이 없음을 깨달아서 항상 제일의제에 머문다."라고 했다.
8 37도三十七道 : 보리를 증득하기 위해 실천해야 할 37가지 도. '도'는 보리분菩提分·도품道品 등이라고도 한다. 37가지는 사념주四念住·사정근四正勤·사여의족四如意足·오근五根·오력五力·칠각지七覺支·팔정도八正道이다. 이론적으로는 이 37가지를 차례대로 실천하면서 점차 보리를 향해 나아가는 것이라고 하지만, 각 항목은 사실상 독립된 수행 방법의 체계를 이루어서 그것 하나만으로 수행법이 완결되는 것으로 간주하는 경우가 많다.

여 들어가되, 마음마다 속박되는 것이 없다. 빛과 빛이 일체를 비추어 진여의 세계를 두루 가득 채운다. 그러므로 무생無生의 이치 속에서 신인信忍[9]의 공혜 空慧가 항상 현전하니, 제1지와 제2지에서부터 불계佛界에 이르는 것과 그 중간의 일체의 법문을 일시에 행하기 때문이다. 평등지(초지)의 바다와 같은 공덕과 행과 원願을 간략하게 내어 보였으니, 바닷물 한 방울을 털끝에 찍어낸 것과 같을 뿐이다."

盧舍那佛言。千佛諦聽[1] 汝先問地者有何義。若佛子。菩提薩埵。入平等慧體性地。眞實法化。一切行。華光滿足。四天果。乘用任化。無方理化。神通。十力。十號。十八不共法。住佛淨土無量大願。辯才無畏。一切論。一切行。我皆得入[2] 生入佛家。坐佛性地。一切障礙。凡夫因果。畢竟不受。大樂歡喜。從一佛土。入無量佛土。從一劫。入無量劫。不可說法。爲可說法。反照見一切法。逆順見一切法。常入二諦。而在第一義中。以一智。知十地次第。一一事。示衆生。而常心心中道。以一智。知一切佛土殊品。及佛所說法。而身心不變。以一智。知十二因緣。十惡種性。而常住善道。一智[3] 見有無二相。以一智。知入十禪支行三十七道。而現一切色身六道。以一智。知十方色色。分分了起。入受色報。而心心無縛。光光照一切。是故無生。信忍空慧。常現在前。從一地二地。乃至佛界。其中間一切法門。一時而行故。略出平等地功德海藏行願。如海一渧毛頭許事。

1) ㉠ '諦聽'이 없다.(갑본) 2) ㉠ '入'을 어떤 곳에서는 '出'이라 했다. 3) ㉠ '一智'를 이띤 곳에서는 '以一切智'라고 했다.

述 (네 번째는) 10지를 밝혔는데, 이 가운데 질문을 서술한 것은 알 수

---

9 신인信忍 : 다섯 가지 인忍 중 두 번째. 지상地上의 보살이 무루신無漏信을 얻어 수순隨順하여 의심하지 않는 것. 그 가운데 초지初地를 하품이라 하고, 제2지를 중품이라 하며, 제3지를 상품이라 한다.

있을 것이다.

述曰。明十地中。牒問可知。

a. 장문章門

이것은 초지인데, 이 가운데 장문을 제시하면서 "평등혜체성지"라고 한 것에서 "평등혜"라는 것은 증득하는 주체인 지혜이고, "체성"이라는 것은 증득해야 할 대상인 진여이며, "지"는 곧 총괄하는 것이다.

此初地中舉章門。言平等慧體性地者。平等慧者。能證智也。體性者。所證眞也。地卽總也。

b. 행상行相

다음은 행상인데, 이 가운데 "진실한 법"이라는 것은 내적으로 증득하는 문이고, "진실한 교화"라는 것은 외적으로 교화하는 문이다. 이 두 가지 이익을 모두 갖추었기 때문에 "일체의 행을 이룬다."라고 했다. 참된 무루無漏의 행으로 바로 불과佛果를 감감하는 것을 "꽃을 피우고"라고 했고, 열매를 맺어 어둠의 종자를 파척하는 것을 "밝게 빛나며"라고 했으며, 법계를 두루 증득하는 것을 "원만하게 구족한다."라고 했다. "사천하를 다스리는 전륜왕의 과보"라는 것은 보과報果를 섭수한 것이고, "승을 사용하여 자재하게 교화하고"라는 것은 세속의 문에 의해 교화하는 것이며, "일정한 형식에 얽매이지 않고 진여의 이치에 수순하여 교화하며"라는 것은 승의의 문에 의해 교화하는 것이다.

次行相中。眞實法者。內證門也。眞實化者。外化門也。具此二利。言一切行。眞無漏行。正感佛果。言華。實破闇種。名光。徧證法界。言滿足。四天果者。攝報果也。乘用任化者。世俗門化。無方理化者。勝義門化。

"10력 등을 모두 얻어서 들어가니"라는 것은, 『유가사지론』에서 "초지 이상에서 140가지의 불공불법不共佛法[10]을 분분히 얻는다."[11]라고 한 것과 같기 때문이다. "정토의 큰 서원"이라는 것은 타수용토他受用土에 머물고자 하는 서원을 감당하기 때문이다. "일체의 논"이라는 것은 오명론五明論[12]이고, "일체의 행"이라는 것은 그 오명에 대해 여러 가지 짓는 바가 있

---

10 140가지의 불공불법不共佛法 : 부처님만이 갖추고 있는 140가지의 뛰어난 특징을 일컫는 말. 범부나 여타의 수행자들과 함께하지 않는다는 뜻에서 '불공不共'이라 한다. 32상·80종호·사정四淨·10력·사무외·삼념처三念處·삼불호三不護·대비大悲·무망실법無忘失法·단번뇌습斷煩惱習·일체종지一切種智(一切種妙智) 등이다. '사정'은, 첫째는 신정身淨이니 번뇌의 습기를 지닌 몸을 버리고 여의어 남김이 없이 하고 최상의 몸을 얻어 생멸에 자재한 것이고, 둘째는 경계정境界淨이니 여러 가지 형태로 나타난 대상 사물과 언설된 것 등과 같은 모든 경계에 대해 자재하여 걸림이 없는 것이며, 셋째는 심정心淨이니 번뇌를 모두 여의어 선근이 성숙해지는 것이고, 넷째는 지정智淨이니 모든 무명의 더러움을 버리고 알아야 할 모든 경지에 대해 걸림이 없고 자재한 것 등이다. '삼념처'는 정취正趣·사취邪趣·비정비사취非正非邪趣의 세 가지 중생을 바른 생각으로 살펴 기뻐하거나 근심하는 마음을 내지 않고, 항상 정념과 정지에 안주하는 것이다.('삼념처'는 앞의 주석에서 서술한 '삼념주'와 같은 것이다.) '삼불호'는 몸과 입과 마음이 일으키는 행위가 항상 청정하여 억지로 보호하지 않더라도 어떤 장애도 생겨나지 않는 것이다. '무망실법'은 해야 할 일을 항상 기억하여 잊지 않는 것이다. '단번뇌습'은 움직이거나 멈추거나 바라보거나 말씀을 하거나 항상 번뇌에서 일어난 비슷한 여습餘習을 여읜 것이다. '일체종지'는 의요익義饒益·비의요익非義饒益·비의비비의요익非義非非義饒益의 세 가지 법을 아는 것이다.
11 『유가사지론』 권38(T30, 499a9).
12 오명론五明論 : 고대 인도에서 행해지던 학문 분류법. 오명처五明處라고도 한다. 내오명內五明(불교의 오명)과 외오명外五明(외도의 오명)으로 분류하는데, 여기에서는 내오명을 말한다. 첫째는 내명內明이니 자신을 위해 수행하고 다른 사람을 위해 설할 줄 아는 것이고, 둘째는 인명因明이니 자신의 주장을 펼치고 다른 사람의 주장을 굴복시킬 줄 아는 것이며, 셋째는 성명聲明이니 자신을 위해 좋은 음성을 내고 다른 사람들로 하여금 그 음성을 들음으로써 믿어 받아들이게 할 줄 아는 것이고, 넷째는 의명醫明이니 다른 사람의 질병을 치료할 줄 아는 것이며, 다섯째는 교명巧明이니 다른 사람

는 것이다. "불성의 대지에 앉아서"라는 것은 이미 대지大地[13]에 들어갔기 때문이다. "일체의 장애"라는 것은 분별기의 장애이고, "범부의 원인과 과보"라는 것은 삼악취三惡趣(지옥·축생·아수라)와 북취北趣(北俱盧洲[14])와 무상천無想天[15] 등이다.[16]

> 於十力等。皆得入者。如瑜伽云。初地已上。分得百四十不共佛法故。淨土大願者。堪住他受用土願故。一切論者。五明論也。一切行者。於彼五明。多有所作。坐佛性地者。已入大地故。一切障礙。分別起障。凡夫因果。惡趣北趣[1)]無想天等。
>
> 1) ㉑ '趣'를 '州'라고 했다.(을본)

"하나의 불국토에서 한량없는 불국토에 들어가고"라는 것은 하나의 국토에서 움직이지 않고 여러 국토에 이르기 때문이다. "1겁으로부터 한량

들로 하여금 이해하게 할 줄 아는 것이다.
13 대지大地 : 보살 10지 중 초지初地를 가리키는 말로도 쓰이고, 제8지를 가리키는 말로도 쓰인다. 여기에서는 전자의 의미로 쓰였으니, 곧 환희지歡喜地를 가리킨다.
14 북구로주北俱盧洲 : '북'은 Ⓢ uttara의 의역어이고, '구로'는 Ⓢ kuru의 음사어이며, '주'는 Ⓢ dvīpa의 의역어이다. 수미산을 둘러싼 네 개의 주洲 중 북쪽에 위치한 지역을 가리키는 말. 수명이 천 세이고 중간에 요절하는 일이 없으며 온갖 즐거움이 넘치는 곳이기는 하지만, 이 때문에 불법을 수용할 자세를 지닐 수 없고 부처님께서도 이곳에 출현하지 않아 부처님을 친견하고 법을 듣는 것이 불가능한 곳이기도 하다.
15 무상천無想天 : 색계 제4선第四禪에 속하는 하늘. 외도의 수행자들이 최고의 열반으로 여기는 곳으로, 이곳에 태어나는 중생은 마치 겨울잠을 자는 벌레처럼 염상念想이 없다. 이 때문에 부처님을 친견하고 법을 들을 수 없다.
16 삼악취·북취·무상천 등의 세 가지를 보장報障이라 한다. 전생에 지은 업으로 인해 받은 과보가 현생에서 가행加行의 선근善根을 심는 데 장애로 작용하는 것을 나타낸 말이다.『구사석론俱舍釋論』권13(T29, 247a25)에서 "세 가지의 악도를 과보장이라고 한다. 선도善道의 일부도 또한 장애로 작용하니, 북구로주 사람과 무상천을 말한다."라고 하였다. 삼악도(삼악취)는 고통과 어리석음 때문에, 북구로주는 무상無常을 감득할 기회가 없기 때문에, 무상천은 외도가 최고의 단계로 믿는 것이기 때문에 가행의 선근을 심는 것을 장애한다.

없는 겁에 들어가며"라는 것은 일념一念 중에 삼제三際(과거·현재·미래)를 섭수하기 때문이고, 혹은 1겁을 펼쳐서 다겁多劫으로 삼기 때문이다. "설할 수 없는 법을 중생을 위해 설할 수 있다."라는 것은 내적으로 증득한 매우 깊은 법을 설할 수 있기 때문이다. 법을 섭수하여 지혜로 돌아가는 것을 "일체법을 반조하여 보고"라고 했다. "항상 이제에 들어가지만" 등이라는 것은 이제를 노닐며 비추지만 마음의 참된 실상에 머물러 있기 때문이다.

> 從一佛土。入無量土者。不動一國。至諸國故。從一劫。入無量劫者。於一念中。攝三際故。或舒一劫。爲多劫故。不可說法。爲可說者。堪說內證甚深法故。攝法歸智。名反照見一切法。常入二諦等者。遊照二諦。宅心眞故。

"10지의 차례를 알고"라는 것은 10지의 계위이고, "낱낱의 일을 중생에게 현시하며"라는 것은 10지의 행이다. "신심은 변동하지 않는다."라는 것은 한맛임을 깨닫기 때문이다.

"10악"이라는 것은 살생 등이다. 비록 흑품黑品(黑業·惡業)을 알지만 백품白品(白業·善業)에 머물기 때문이다. "하나의 지혜에 의해 유와 무의 두 가지 모양을 본다."라는 것은 삼성三性[17]을 분명히 알기 때문이다. "분분히 알고 여러 가지로 일으켜서"라는 것은 분분히 색을 분명히 알기 때문이고, 여러 가지로 색을 일으키기 때문이다. "색이 과보를 영수하여 들어가되"라는 것은, 유색有色(욕계·색계 등의 색을 갖춘 세계)의 과보를 영수하여 들어가기 때문이니, 곧 무색계無色界에는 태어나지 않는다. "마음마다 속박되는 것이 없다."라는 것은 비록 정려靜慮에 머물지만 욕계欲界 등에 태어나는 것이어서 (속박됨이 없는 것이다.)

---

17 삼성三性 : 유식학에서 설한 세 가지 존재 형태. 앞의 주석에서 설명한 것을 참조할 것.

知十地次第者。地位也。一一事示衆生者。地行也。身心不變者。會一味故。
十惡者。殺生等也。雖知黑品。住白品故。一智。見有無二相者。達三性故。
分分了起者。別別了知故。別別生起色故。入受色報者。趣入領受有色報
故。卽不生無色也。而心無縛者。雖住靜慮。生欲界等。

지혜의 광명이 항상 비추어서 진여의 세계를 두루 가득 채우기 때문에
무생의 이치 속에서 신인의 공혜가 항상 현전하니, 곧 다섯 가지 인(五忍)
중 두 번째에 해당하는 신인信忍의 처음(下品, 初地)에 해당하기 때문이다.
"그 중간의 일체의 법문"이라는 것은 10도十度(10바라밀)이다.

慧光恆[1]照。徧滿眞故。無生理中。信忍空慧。常現前也。卽五忍之第二初
故。其中間一切法門者。十度也。

1) ㉚ 갑본과 을본에 따르면 '恆'은 '恒'이다. 뜻은 같다. 이하 동일하게 적용된다.

c. 맺음말

"간략하게 내어 보였으니" 이하는 맺은 것이다. 초지는 큰 바다와 같은
데, 지금 간략하게 내어 보였음을 밝힌 것이다.

略出下結。初地大海。今略出。

Ⓑ 제2지(善慧體性地, 體性善慧地)

a. 장문章門

경 "불자여, 보리살타의 선혜체성지善慧體性地이다."

若佛子。菩提薩埵。善慧體性地。

🔲 제2지인데, 이 가운데 세 가지가 있다. 장문을 들었기 때문이고, 해당 지위에서의 행을 설했기 때문이며, 자세하게 설한 품을 가리켰기 때문이다. 이것은 처음에 장문을 제시한 것이다. "선혜"라고 한 것은 계를 범하는 악을 여의었기 때문이다.

述曰。第二地中有三。章門故。地行故。指廣故。此初擧章。言善慧者。離犯戒惡故。

b. 해당 지위에서의 행行

a) 총괄적으로 표방함

🔲 "청정함을 얻고 실상을 밝게 통달하며 일체의 선근을 일으키니, 이른바 자慈·사捨·혜慧 등으로 일체 공덕의 근본이 되는 것이다."

清淨明達一切善根。所謂。慈[1]捨慧。一切功德本。

---
1) ㉮ '慈' 뒤에 어떤 곳에는 '悲喜'가 있다.(갑본)

🔲 두 번째로 해당 지위에서의 행을 밝혔는데, 이 가운데 두 가지가 있다. 총괄적으로 표방했기 때문이고, 개별적으로 풀이했기 때문이다. 이것은 처음이다.

"청정함을 얻고 실상을 밝게 통달하며 일체의 선근을 일으키니"라는 것은 행의 체를 제시한 것이다. 말하자면 세 가지가 있다. 첫째는 "자慈"이니, 즐거움을 주는 것에 있어서 가장 뛰어나기 때문이다. 둘째는 "사捨"

이니, 염오를 여의는 것의 근본이기 때문이다. 어떤 경본에서는 ("자慈" 뒤에 "비悲·희喜"를 집어넣어서) 사무량四無量[18]을 갖추기도 했다. 셋째는 "혜慧"이니, 깨달음을 증득하고 통달하는 근원이 되는 것이기 때문이다. "일체 공덕의 근본이 되는 것이다."라는 것은 앞의 "선근"이라는 명칭의 뜻을 풀이한 것이다.

述曰。第二地行中有二。總標故。別釋故。此初也。淸淨明達一切善根者。擧行體也。謂有三種。一慈與樂爲最故。二捨離染之本故。或有經本。具四無量。三慧證達之原故。一切功德本者。釋上善根名義也。

b) 개별적으로 풀이함

(a) 첫 번째 관찰 : 혜선근慧善根의 관찰

ⓐ 관찰함

경 "처음에 대공大空에 들어가는 지혜를 관찰한 것으로부터 방편도지方便道智를 일으켜 모든 중생이 고제苦諦가 아님이 없음을 본다. 모두 식십識心(고통을 아는 마음)이 있어서 삼악도三惡道에서 칼에 찔리고 몽둥이로 맞는 것 등

---

[18] 사무량四無量 : 부처님과 보살이 한량없는 중생을 두루 제도하여 고통을 여의고 즐거움을 얻게 하기 위해서 갖추어야 할 네 가지의 마음. 첫째는 자무량慈無量이니, 무량한 중생을 대상으로 그들이 즐거움(樂)을 얻도록 하는 법을 사유하며 자등지慈等至로 들어가는 것이다. 둘째는 비무량悲無量이니, 무량한 중생을 대상으로 그들이 괴로움을 벗어나도록 하는 법을 사유하며 비등지悲等至로 들어가는 것이다. 셋째는 희무량喜無量이니, 무량한 중생이 괴로움을 벗어나 즐거움을 얻고 내심 깊이 희열을 느낀다고 사유하며 희등지喜等至로 들어가는 것이다. 넷째는 사무량捨無量이니, 무량한 중생이 모두 평등하고 멀거나 가까운 등의 차별이 없다고 사유하며 사등지捨等至로 들어가는 것이다.

과 같은 일체의 고뇌를 반연하는 가운데 식식識을 생기하는 것을 고제苦諦라고 한다. 세 가지 고苦의 모양이라는 것은 어떠한 것인가?[19] 예컨대 (처음은) 신초각身初覺(신근에 처음으로 일어나는 覺)이다. 칼·몽둥이라는 색음色陰과 신근이라는 색음을 좇아 두 가지가 반연하는 가운데 알아차림(覺)이 생겨나는 것을 행고行苦의 연연緣이라 한다. 다음은 의지각意地覺이다. 신근에 있어서 알아차림의 소연所緣인 것, 곧 칼·몽둥이 및 몸의 부스럼 등의 법을 반연하기 때문에 고고苦苦의 연연緣을 알아차리니 거듭되기 때문에 고고라고 한 것이다. 다음은 수행각受行覺이다. 앞의 두 가지 마음이 반연했던 과거의 신근이라는 색음이 무너지고 부스럼이 났던 것에 대해 고통의 알아차림을 생기하기 때문에 괴고壞苦의 연연緣이라 한다. 이로써 세 가지 각은 차례대로 세 가지 마음을 낳기 때문에 고고고苦苦苦라고 한다."

從初[1]觀入大空慧。方便道智中。見諸衆生。無非苦諦。皆有識心。三惡道刀杖。一切苦惱。緣中生識。名爲苦諦。三苦相者。如者。如身初覺。從刀杖身色陰。二緣中生覺。爲行苦緣。次意地覺。緣身覺[2]所緣。得刀杖及身瘡腫等法故。覺苦苦緣。重故苦苦。次受行覺。二心緣向身色陰壞瘡中。生苦覺故。名爲壞苦緣。是以。三覺次第。生三心故。爲苦苦苦。

1) ㉠ '初'가 없다.(갑본) 2) ㉠ '覺' 뒤에 '重'이 있다.(갑본)

【술】 개별적으로 풀이한 것에 세 가지기 있으니, (앞의 자·사·혜와) 역순으로 혜·사·자를 풀이했기 때문이다. (이것은 첫 번째 관찰에 해당하는 것으로 혜慧를 풀이한 것이다.) 처음에 또한 두 가지가 있으니, 관찰하

---

[19] 어떠한 것인가 : 본문의 '如者'를 풀이한 것이다. 『범망경상권고적기강의』 권6(『일본대장경』 20, 138b)에서 "여如는 여하如何의 줄임말이다. 그리고 『범망경고적기』에서 '여如는 서로 같은 것을 말한다'라고 한 것에서 '여'는 '여신초각如身初覺'에서의 여를 풀이한 것이다."라고 한 것을 참조하여 풀었다.

기 때문이고, 교화하여 인도하기 때문이다. 이것은 처음이다.

述曰. 別釋有三. 逆次第. 釋慧捨慈故. 初亦有二. 觀察故. 化導故. 此初也.

"대공에 들어가는 지혜를 관찰한 것"이라고 한 것은, 말하자면 처음에 가장 뛰어난 진여인 대공에 들어가는 지혜를 관찰하는 것이다. 처음에 들어간 마음으로부터 마침내 후득後得의 (대비大悲를) 일으키고 교방편도지巧方便道智 가운데 모든 중생이 고제가 아님이 없음을 본다. 무엇 때문인가. 모두 고통을 아는 마음이 있어서 삼악도에서부터 선취善趣에 이르기까지 고통을 주는 것을 반연하는 가운데 식識을 생기하여 영수하기 때문이다.

言觀入大空慧者. 謂初觀入於最勝眞如大空之慧. 從初入心. 遂起後得. 巧方便道智中. 見諸衆生. 無非苦諦. 何以故. 皆有識苦之心. 三途乃至善趣. 苦緣中. 生識領故.

무엇을 고통이라 하는가. 말하자면 세 가지 고苦가 있다. ("여신초각如身初覺"에서) "여如"라고 한 것은 (예로부터) 서로 전해 온 것에 말하기를, "서로 같은 것을 '여如'라 하니, 일을 가리켜서 말하는 것이다."라고 했다. "신초각"이라는 것은 오식五識이다. "칼·몽둥이"라는 것은 외연外緣(外境)이고, "신근"이라는 것은 내연內緣(內根)이다. 근根과 경境을 아울러 색色이라 하기 때문에 "색음"이라 했다. 두 가지가 반연하는 가운데 식識을 내어 각覺하기 때문에 이러한 식을 "행고의 연"이라 하니, 솔이심率爾心[20]이

---

[20] 솔이심率爾心 : 심식心識이 외부의 대상을 지각할 때 차례대로 일어나는 다섯 가지 마음 중 첫 번째에 해당하는 것. 한 찰나에 일어나는 것으로, 갑자기 움직이는 대로 맡겨서 일어난 것이기 때문에 아직 선악의 분별이 있지 않다.

다분히 사수捨受(非苦非樂受)를 일으키기 때문이다.

다음은 의식각意識覺(意地覺)이다. (앞과) 동일하게 칼·몽둥이 및 몸의 종기 등을 반연하여 오식과 상응하는 고수苦受와 자체의 우근憂根을 인발하여 생기하니, "고고의 연"이라 한다. "거듭되기 때문에 고고라고 한 것이다."라는 것은, 핍박이 거듭되는 것을 "고고"라고 하는 것이라고 풀이한 것이다.

다음은 세 번째로 일어나는 것이니, 추념의식追念意識[21]을 "수행각"이라 한다. 앞에서 감수했던 것을 미루어서 반연하여 행하기 때문이다. 앞의 두 가지 각覺이 반연했던 신身 등이 일찍이 미묘하게 무너지는 것에 대해 근심과 괴로움을 내기 때문에 "괴고의 연"이라 한다.

이로써 세 가지 자리에서 식識이 점차로 세 가지 고통을 내기 때문에 "고고고"라고 한다. 이 세 차례의 고苦라는 글자는 차례대로 이전에 설한 행고行苦 등의 세 가지 고통을 맺은 것이다.

> 何等爲苦。謂有三苦。言如者。相傳云。相似如也。指事言故。言身初覺者。五識也。從刀杖者。外緣也。從身者。內緣也。根境並色。故言色陰。二緣中。生識覺故。此識。名爲行苦之緣。率爾多分。起捨受故。次意識覺。同緣刀杖及身瘡等。引生五識相應苦受及自憂根。名苦苦緣。重故苦苦者。釋逼迫重。名苦苦也。次起第三。追念意識。名受行覺。於前所受。追緣行故。於前二覺。所緣身等。曾妙壞中。生憂惱故。名壞苦緣。是以。三位識漸。生三苦

---

[21] 추념의식追念意識 : '추념'은 '수념隨念'이라고도 한다. 과거에 감수된 경계를 대상으로 생각하는 것이다. '의식'은 이러한 작용의 주체인 제6 의식을 가리킨다. '추념'은 분별을 세 가지로 분류한 것 중 하나이다. 세 가지란, 첫째는 자성분별自性分別이니 직접적인 지각에 의하여 현재의 경계를 있는 그대로 지각하는 작용이고, 둘째는 수념분별이니 과거의 경계를 억상하고 추념追念하는 작용이며, 셋째는 계탁분별이니 아직 지각되지 않은 대상에 대하여 추리하거나 구상하는 것으로 미래의 대상 경계에 작용한다. 제6 의식에 있어서는 세 가지 분별이 모두 작용한다.

故。爲苦苦苦。此三苦字。如次。結前行等三苦。

ⓑ 교화하여 인도함

경 "일체의 마음이 있는 중생에게 있어서 이 세 가지 고통이 한량없는 고뇌를 일으키는 인연이 되는 것을 보기 때문에 '내가 이 가운데에서 교화도삼매敎化道三昧에 들어가 일체의 색신色身을 육도에 나타내어 열 가지 변재로 온갖 법문을 설하리라'라고 한다. 말하자면 고식苦識과 고연苦緣이다. 칼·몽둥이 등의 반연하는 도구(外觸境)와 고식苦識이 몸에 작용하는 것과 종기가 나며 무너져 없어지는 것(內觸境)이 있는데, 내촉과 외촉 가운데 어떤 경우는 두 가지 촉을 모두 갖추기도 하고, 어떤 경우는 갖추지 않기도 한다. 두 가지 연(내근과 외경)을 갖추면 식이 생기하고 식이 지어지며 식이 감수하고 식이 접촉하니, 이것을 고식苦識이라 한다. 두 가지 연이 작용하기 때문에 이것으로 말미암아 마음마다 색을 반연하니, 이 마음이 촉경을 접촉하여 괴로움을 당하면서 번뇌의 독을 받을 때를 고고苦苦라고 한다. 마음이 식을 반연하여 처음에 근문根門에 있다가 (돌연히) 소연의 경계를 알아차리는 것(覺)을 고각苦覺이라 한다. 마음이 지어지고 마음이 감수하고 촉식觸識이 촉경觸境을 알아차리지만 아직 번뇌의 독을 받지 않을 때를 행고行苦라고 한다. 핍박하여 알아차림을 일으키니, 마치 돌을 깎을 때 불꽃이 일어나는 것처럼 (고통이 일어나) 몸과 마음을 태운다. 생각마다 생겨나고 소멸하며 (수명이 다하여) 몸이 흩어져 무너지고 전변하며 허깨비와 같이 사라질 때 식은 괴연壞緣에 들어간다. 연緣이 모였다가 흩어지니 마음이 고통스럽고 마음이 피로워진다. 비록 현재에는 감수하고 생각할 뿐이지만, 나중에 흩어지고 무너지는 연을 만나면 그 전에 있었던 것을 염오된 마음으로 집착하여 마음마다 버리지 않으니, 이것을 괴고壞苦라고 한다. (이것이) 삼계의 모든 것이 (처한 현실인) 고제에 (대한 설명)이다. 다시 무명無明이 한량없는 선악의 마음을 모으고 일체의 업을 지으며 서로 잇고 서로 연결하여 습인習因이 되고 집인集因이 되는 것을 관찰하니, 이것을 집제集諦라고 한다. 바른 견해에 의해 해탈의 과를 얻기 위해 공공지空空智라는 도체道體에 의지하여 마음마다 이어지게 하니, 이지도도제以智道道諦라고 한다. 유有라는 고통의 과보를 다하고 유를 불러모으는 원인도 다하여 청정하게 한 맛으로 비춘다. 체성體性인 미묘한 지혜에 의해 적멸한 하나의 진리에 도달한다. 혜품慧品을 구족한 것을 '근根'이라 한다. 일체 지혜의 성품은 공으로부터 일어나 관觀에 들어간다. 이것이 첫 번째 선근이다."

一切有心衆生。見是三苦。起無量苦惱因緣故。我於是中。入敎化道三昧。現一切色身。於六道中。十種辯才。說諸法門。謂苦識。苦緣。刀杖緣具。苦識行身瘡腫發壞。內外觸中。或具不具。具二緣中。生識。識作。識受。觸識。名爲苦識。行二緣故。心心緣色。心觸觸惱。受煩毒時。爲苦苦。心緣識。初在根。[1] 覺緣。名爲苦覺。心作心受。觸識覺觸。未受煩毒時。是名行苦。逼迮生覺。如斲石火。於身心。念念生滅。身散壞轉變化。識入壞緣。緣集散。心苦心惱。受念。後緣染[2]著。心心不捨。是爲壞苦。三界一切苦諦。復觀無明。集無量心。作一切業。相續相連。習因集因。名爲集諦。正見解脫。空空智道。心心。名以智道道諦。盡有果報。盡有因。淸淨一照。體性妙智。寂滅一諦。[3] 慧品具足名根。一切慧性。起空入觀。是初善根。

1) ㉤ '根'을 '煩'이라고 했다.(갑본) 2) ㉤ '染'을 어떤 곳에서는 '保'라고 했다.(갑본)
3) ㉤ '諦'를 '識'이라 했다.(갑본)

【술】 두 번째는 교화하여 인도하는 것이다. 일체의 마음이 있는 중생에게 있어서 이 세 가지 고통이 팔고八苦 등을 일으키는 인연이 되는 것을 보기 때문에 이 지위의 보살은 교화도삼매에 들어가 모든 과환過患을 설하여 중생으로 하여금 싫어하여 등지려는 마음을 일으키게 한다.
여기에서 "선정(교화도삼매)에 들어가"라는 것은 의업意業이 자재한 것이고, "색신을 육도에 나타내어"라는 것은 신업身業이 자재한 것이며, "열 가지 변재로 법문을 설하리라."라는 것은 어업語業이 자재한 것이다. "열 가지"라는 것은, 전해 오는 설에 말하기를, "첫째는 자상自相이니, 사상事相²²을 설하기 때문이다. 둘째는 동상同相이니, 이상理相²³을 설하기 때문이다. 셋째는 행상行相²⁴이고, 넷째는 설상說相이며, 다섯째는 지상智相이고, 여섯째는 무아만상無我慢相이며, 일곱째는 대소승상大小乘相이고, 여덟째는 보살지상菩薩地相이며, 아홉째는 여래지상如來地相이고, 열째는 작주지상作住持相²⁵이다."라고 했다. 예전이나 지금이나 항상 이것이 통한다.【『십지론』에서 설한 것²⁶과 같다.】

述曰。第二化導。諸有心者。見是三苦。起八苦等之因緣故。此地菩薩。入敎化道三昧。說諸過患。令生厭背。於中。入定。意業自在。現身六道。身業自在。十辯說法。語業自在。十者。傳說。一自相。說事相故。二同相。說理相故。三行相。四說相。五智相。六無我慢相。七大小乘相。八菩薩地相。九如來地相。十作住持相。卽古今恆爾通也【如十地論】。

"고식"이라는 것은 고통의 체이니, 여기에서 장차 사제문四諦門을 설하기 때문이다. "고연"이라는 것은 소의所依이니, 자체의 심왕心王과 근根에 의지하여 일어나기 때문이다. "칼·몽둥이 등의 반연하는 도구"라는 것은 외부의 촉경(外觸境)이다. "고식이 몸에 작용하는 것과 종기가 나며 무너져 없어지는 것"이라는 것은 내부의 촉경(內觸境)이다. 고식苦識이 작용하

---

22 사상事相 : 사법事法을 아는 것이니 체가 각각 다른 것을 말한다.
23 이상理相 : 이법理法을 아는 것이니 성性이든 상相이든 각각 동일한 이치를 갖는 것을 말한다.
24 행상行相 : 시간에 나아가서 법을 설하는 것이니 삼세에 걸쳐 천류하기 때문이다.
25 작주지상作住持相 : 항상 작용하여 끊어지지 않는 것을 가리킨다.
26 『십지경론十地經論』 권11(T26, 190b6).

여 잡아서 지니고 감수한 것을 알아차리는 것이 내신內身의 접촉이기 때문이다. "칼" 등이 몸을 파괴하기 때문에 "(어떤 경우는) 두 가지 촉을 모두 갖추기도 하고"라고 했고, "종기" 등은 저절로 생겨나는 것이기 때문에 "(어떤 경우는) 갖추지 않기도 한다."라고 했다. 소의연所依緣을 갖추면 요별了別이 생기기 때문에 "식이 생기하고"라고 했다. "식이 지어지며"라는 것은 사思이고, "식이 감수하고"라는 것은 수受이며, "식이 접촉하니"라는 것은 촉觸이다. 이와 같이 하나로 모여서 합해진 것을 고식苦識이라 한다. 수승한 것을 따라서 드러내어 우선 세 가지 심소心所를 들었다.

苦識者。苦體也。於此。且說四諦門故。苦緣者。所依也。依自心王及根起故。刀杖緣具者。外觸境也。苦識行¹⁾瘡腫發壞者。內觸境也。以覺苦識所行執受。內身觸故。刀等破身。故具二觸。瘡等自生。故言不具。具所依緣。生了別故。名爲生識。識作。思也。識受。受也。觸識。觸也。如是一聚。合名苦識。以隨顯勝。且擧三心所。

1) ㉑ '行' 뒤에 '身'이 있다.(을본) ㉓ 『범망경』 본문 및 의미 맥락에 의거하면 '身'이 들어가는 것이 맞는 것 같다.

그런데 이 고제는 차별적 관점에서 보면 세 가지가 있다.

첫째는 고고苦苦이다. 근根·경境에 의지하기 때문에 "두 가지 연이 작용하기 (때문에)"라고 했다. 이것으로 말미암아 생각마다 몸과 종기 등을 반연하기 때문에 "마음마다 색을 반연하니"라고 했다. 이 마음이 촉경을 접촉하여 괴로움을 당하면서 번뇌의 독을 받는 것을 "고고"라고 한다.

둘째는 행고行苦이다. 두 가지 고통의 근본이 되는 것이기 때문에 중간에 두어서 설했다. "마음이 식을 반연하여"라는 것은 ("마음"과 "식"은) 명칭에 있어서 차별된 것이다. 처음에 근문根門에 있다가 다분히 솔이심率

爾心이 소연의 경계를 알아차리는 것을 행고각行苦覺이라 한다. 사思·수受 및 촉觸이 겨우 경촉境觸을 알아차리기만 할 뿐 아직 번뇌의 독을 감수하지 않았을 때 사수捨受가 현전하는 것을 "행고"라고 한다.

셋째는 괴고壞苦이다. 경계가 끊어지는 것에 대해 고통을 낳는 것으로, 마치 돌을 깎을 때 불꽃이 일어나는 것과 같다. 곧 행고의 돌을 핍박하여 깎음으로 말미암아 괴멸 등의 고통을 내어 몸과 마음을 태우는 것을 말한다. 여기에 두 가지가 있다. 찰나마다 생겨나고 소멸하는 것이니, 곧 미세한 괴고壞苦이다. 또 한 번의 생을 사는 몸이 흩어져 무너지고 전변하여 허깨비와 같이 사라질 때 식이 그 안에서 요별하기 때문에 "식은 괴연에 들어간다."라고 했다. 처자妻子와 진귀한 보물 등이 존속하는 것을 "연이 모였다가"라고 했고, 그 뒤에 무너지는 것을 "연이 흩어지니"라고 했다. 이때 마음의 고통이 더욱 증가하여 마음이 괴로워진다. 비록 현재에는 감수하고 생각할 뿐이지만, 나중에 흩어지고 무너지는 연을 만나면 먼저 존속했던 것을 연모하고 집착하여 생각마다 버리지 않으니, 이것을 "괴고"라고 한다.

앞에서 설한 것을 총괄적으로 맺어서 말하기를, "(이것이) 삼계의 모든 것이 (처한 현실인) 고제에 (대한 설명)이다."라고 했다.

然此苦諦。差別有三。一者苦苦。依根境故。言行二緣。由此。念念緣身瘡等故。言心心緣色。此心。觸對觸惱之境。領受煩毒。爲苦苦也。二者行苦。二苦本故。處中說。言心緣識者。名之差別。初在根發。[1] 多分率爾。覺所緣境。名行苦覺。思受及觸。纔覺境觸。未受毒時。捨受現前。名爲行苦。三者壞苦。境切生苦。如斲[2]石火。謂由緣逼斲行苦石。出壞等苦。燒身心也。此有二種。刹那生滅。卽細壞苦。若一期身。散壞轉變。如幻化。識於中了故。言識入壞緣也。妻子珍等。存名緣集。彼後敗壞。名爲緣散。爾時。心苦轉增心惱。雖現受念。後散壞緣。戀著前存。念念不捨。是爲壞苦。總結上云。

三界一切苦諦也。

---
1) ㉻ '發'은 '門'인 것 같다. 2) ㉺ '斲'를 '斷'이라고 했다.(을본) 다음도 동일하다.

다음은 집제를 밝혔다. 무명이 한량없는 선악의 마음을 인발하고 모아서 일체의 업을 짓고, 습기가 상속하면서 번뇌의 습인이 되고 모든 업의 집인이 되는 것을 관찰하는 것을 집제라고 한다.

> 次明集諦。謂觀無明。引集無量善惡之心。作一切業。習氣相續。煩惱習因。諸業集因。名爲集諦。

다음은 도제를 밝혔다. "바른 견해"라는 것은 원인이고, "해탈"이라는 것은 결과이며, "공공지"라는 것은 도체이니, 이공二空의 지혜를 말한다. 세간에 대한 바른 견해를 원인이라 하고, 세간에서 벗어나 해탈하는 것을 결과라고 하며, 모든 성인의 발자취를 도道라고 하는데, 견도見道·수도修道 등으로 구별되는 것을 "마음마다 이어지게 하니"라고 했다. 총괄적으로 맺어서 "이지도도제以智道道諦라고 한다."라고 했다.

> 次明道諦。正見因也。解脫果也。空空智道。體也。謂二空智。以世間正見爲因。出世解脫爲果。羣聖之迹名道。見修等別名心心。總結。名以智道道諦。

다음은 멸제滅諦를 밝혔다. 유라는 고통의 과보를 다하고 유를 불러모으는 원인도 다하여 장애를 여의고 청정하게 한맛으로 비춘다. 체성體性(본래 갖추고 있는 것)인 성인의 미묘한 지혜에 의해서 일어나는 간택簡擇(바르게 판단하는 것)의 힘으로 적멸한 하나의 진리에 도달한다.

> 次明滅諦。盡有苦果。盡有集因。離障。清淨一味所照。體性以聖妙智擇力。

寂滅一諦也。

"혜품을 구족한 것을" 이하는 총괄적으로 처음의 혜선근慧善根을 맺은 것이다. "공으로부터 일어나"라는 것은 속제에 대한 지혜이고, "관에 들어간다."라는 것은 진제에 대한 지혜이다.

慧品具足已下。總結初慧善根。起空者。俗智。入觀者。眞智。

(b) 두 번째 관찰 : 사선근捨善根의 관찰

경 "두 번째로 일체의 탐착을 버리고 일체가 평등하고 공한 것임을 알아서 버리는 것을 행하는 것을 관찰한다. 무연행無緣行[27]에 의해 모든 법에 대해 공제空際(공의 궁극)와 하나의 모양을 관찰하여, '내가 관찰하니, 시방에 있는 대지의 흙은 모두 나의 옛 몸이 사용했던 예전의 흙이고, 네 개의 큰 바닷물도 내가 예전에 사용했던 물이며, 일체의 겁화劫火도 나의 옛 몸이 예전에 사용했던 불이고, 일체의 바람도 내가 예전에 사용했던 기운이다. 나는 지금 이 지위에 들어가 법신을 원만하게 구족하고, 나의 예전의 몸을 버려 필경 사대四大[28]에 의해 이루어진 분단생사分段生死[29]하는 청정하지 않은 예전의 몸을

---

27 무연행無緣行 : 분별심에 의해 특정 대상을 반연하려는 마음이 없는 평등한 행을 가리킨다.
28 사대四大 : 물질을 구성하는 네 가지 근본 요소. 지대地大·수대水大·화대火大·풍대風大 등을 가리킨다.
29 분단생사分段生死 : 계내界內(삼계의 안)에서 윤회하는 범부의 생사를 가리키는 말. 자신이 지은 업인業因에 따라 몸집의 크고 작음, 수명의 길고 짧음 등에 있어서 한정이 있는 형태의 신체로 생사하는 것을 말한다. 상대어는 변역생사變易生死로 부사의변역생사不思議變易生死라고도 한다. 아라한·벽지불·대력보살大力菩薩 등과 같은 성자가 삼계에서 생사윤회하는 몸인 분단생사하는 몸을 벗어나 삼계 밖에서 미묘한 작용이 헤아리기 어려운 몸을 받아 이러한 신체로 생사하는 것을 말한다.

받지 않을 것이다'라고 한다. 이것을 사품捨品을 구족했다고 한다."

第二觀。捨一切貪著。行一切平等空捨。無緣。而觀諸法空際一¹⁾相。我觀一切十方地土。皆吾昔身所用故土。四大海水。是吾故水。一切劫火。是吾昔身故所用火。一切風輪。是吾故所用氣。我今入此地中。法身滿足。捨吾故身。畢竟不受四大分段不淨故身。是爲捨品具足。

1) ㉑ '一' 뒤에 '切'가 있다.(갑본)

술 역순으로 관찰함에 있어서 두 번째로 사선근을 관찰하는 것이다. 처음에 총괄적으로 표하여 "두 번째로 일체의 탐욕의 장애를 버리고 평등하고 공한 것임을 알아서 버리는 것을 행하는 것을 관찰한다."라고 했다.

述曰。逆次。第二觀捨善根。初總標云。第二觀彼捨一切貪障。而行平等空之捨也。

다음은 행상을 밝혔다. 무연행無緣行에 의해 법에 대해 공제와 하나인 진여의 모양을 관찰한다. 또한 세속이 평등한 문을 관찰하니, 말하자면 (지금 이) 대지의 흙은 내가 이미 사용했던 오래된 예전의 흙이라고 관찰하여 사대四大에 대해서 모두 그렇게 관찰하는 것이다.

"나는 지금 이 지위에 들어가"라는 것은 이구지離垢地(10지 중 제2지)이다. "필경 (사대에 의해 이루어진 분단생사하는) 청정하지 않은 (예전의) 몸을 받지 않을 것이다."라는 것은, 『십주비바사론』에서 "초지의 보살은 오욕五欲에 대해 번뇌를 일으키고 근심을 짓지만 그보다 높은 지위의 보살은 그렇지 않다."[30]라고 했다. 무시이래로 이어져 온 음애婬愛에 의해 태내

---

30 『십주비바사론十住毘婆沙論』(T26, 20a4. No. 1521)에서 꼭 일치하는 문장은 찾을 수 없

에 의탁하여 생겨난 몸을 받고 버려졌던 시신尸身이 대지를 이룰 정도인 것 등을 관찰하여 지금 오욕에 대해 허물과 근심을 짓지 않으니, 다시 태내에 의탁하여 생겨난 몸을 받지 않아야 하기 때문이다.

次明行相。以無緣行。觀法空際一眞如相。又觀世俗平等之門。謂觀地土吾所已用舊故土等。四大皆然。我今入此地者。離垢地也。畢竟不受不淨身者。如十住論。初地菩薩。於五欲中。煩惱作患。上地不然。無始婬愛。受胎生身。所棄尸身。成大地等。今於五欲。不作過患。更不應受胎生身故。

(c) 세 번째 관찰 : 자선근慈善根의 관찰

경 "세 번째로 차례대로 교화의 대상인 일체중생에게 인도와 천도의 즐거움과 10지의 즐거움과 10악을 지음으로써 (삼악도에 떨어질 것이라는) 두려움을 여의는 즐거움과 묘화삼매妙華三昧를 얻는 즐거움에서부터 부처님의 즐거움에 이르기까지의 즐거움을 주는 것을 관찰한다. 이와 같이 관찰하는 것이 자품慈品을 구족하는 것이다. 보살은 이때 이 지위에 머물러 어리석음도 없고 탐욕도 없으며 분노도 없는 경지에 도달한다. 평등한 하나의 진리에 대한 지혜에 증입하니 일체의 행의 근본이다. 부처님의 일체 세계에 노닐면서 한량없는 법신을 나타내어 교화한다."

第三次觀。於所化一切衆生。與人天樂十地樂。離十惡畏樂。得妙華三昧樂。乃至佛樂。如是觀者。慈品具足。菩薩。爾時。住是地中。無癡無貪無瞋。入平等一諦智。一切行本。遊佛一切世界。現化無量法身。

다. 본 서에서 10지를 설한 것을 취의 요약한 것으로 보인다.

술 역순으로 관찰함에 있어서, 세 번째로 자선근을 관찰하는 것이다. "묘화삼매"라는 것은 일승삼매一乘三昧이니 총괄적으로 원인을 섭수한 것이고, "부처님의 즐거움"이라는 것은 결과이다.

述曰。逆次。第三觀慈善根。妙花三昧者。一乘三昧。總攝因也。佛樂果也。

나중에 맺어서 이루는 것을 밝혔다. "어리석음도 없고 탐욕도 없으며 분노도 없는 경지에 도달한다."라고 한 것은, 차례대로 맺으면서 앞의 혜품·사품·자품 등의 선근을 이룬 것을 밝힌 것이다. 평등한 지혜에 증입하니 모든 보살의 행의 근본이다. "한량없는 법신을 나타내어 교화한다."라는 것은 물에 비친 달처럼 법신의 영상을 나타내기 때문이다.

後結成。言無癡無貪無瞋。如次。結前慧捨慈品善根成也。入平等智。諸菩薩行本也。現化無量法身者。如水中月。法身影故。

c. 자세히 설한 품을 가리킴

경 「일체중생천화품一切衆生天華品」[31]에서 설한 것과 같다.

如一切衆生天華品說。

술 셋째는 자세히 설한 품을 가리켰다. 나머지 지地도 이것에 준한다.

---

31 「일체중생천화품一切衆生天華品」: 대본大本 『범망경』의 한 품으로 추정되는 품의 이름이다.

述曰。第三指廣。餘地準此。

ⓒ 제3지(光明體性地, 體性光明地)

경 "불자여, 보리살타의 광명체성지光明體性地이다. 삼매에 의해 생기한 분명히 이해하는 지혜(三昧解了智)에 의해 삼세의 모든 부처님의 법문인 12법품 十二法品의 명미구名味句[32]를 아니, (12법품이라는 것은) 중송重頌·기별記別·직어直語·게偈·불청설不請說·율계律戒·비유譬喩·불계佛界·석사昔事·방정方正·미증유未曾有·담설談說이다. 이 법의 체성은 이름은 동일하지만 뜻은 구별된다."

若佛子。菩提薩埵。光明體性地。以三昧解了智。知三世一切佛法門。十二法品。名味句。重頌。記別。直語。偈。不請說。律戒。譬喩。佛界。昔事。方正。未曾有。談說。是法體性。名一[1]義別。

1) ㉯ '一' 뒤에 각 판본에 '切'가 있다. ㉠『한불전』에서 출처를 밝히지 않았다.

a. 장문章門

술 제3지인데, (이 지의) 이름을 "광명"이라고 한 것은 발광지發光地(지혜의 광명이 일어나는 지위)이기 때문이다.

---

32 명미구名味句 : 언어를 총괄하여 일컫는 말. 명구문名句文·명구미名句味 등이라고도 한다. '미'는 '문文'이라고도 한다. '명'은 물질·소리·향기 등과 같은 단어를 가리키는 말로 어떤 의미를 갖는 최소 단위이다. 그 개념에 해당하는 대상을 떠올리게 하는 힘을 갖는다. '미(문)'는 sa·dha 등과 같은 낱낱의 글자를 가리킨다. '구'는 단어(名)로 구성된 문장을 가리킨다. 예컨대 '제행은 무상하다' 등과 같은 것이 여기에 해당하며, 이것에 의해 동작·성질·시제 등의 관계가 이해된다. 보통 뒤에 '신身'을 붙여 명신·미신·구신 등이라고 하는데, 이때 '신'은 이러한 것들의 집합을 일컫는 말이다.

述曰。第三地名光明者。發光地故。

b. 행상行相

a) 자신을 이익 되게 함

(a) 능전能詮을 아는 것

다음은 행상인데, 이 가운데 두 가지가 있다. 자신을 이익 되게 하기 때문이고, 다른 사람을 이익 되게 하기 때문이다. 처음에 또한 두 가지가 있다. 능전能詮(언어)을 알기 때문이고, 소전所詮(언어에 의해 나타내려는 뜻)을 알기 때문이다. 이것은 처음이다.

次行相中有二。自利故。利他故。初亦有二。知能詮故。知所詮故。此初也。

"삼매에 의해 얻은 모든 것을 분명히 이해하는 지혜에 의해"라는 것은 수승한 선정에 의지하여 세 가지 지혜[33]를 발생하기 때문이다. "삼세의 부처님의 법문"이라는 것은 12분교十二分教(12법품)[34]의 명구문신名句文身(名句味身)이니, 능전能詮을 두루 섭수하기 때문이다. "중송"이라는 것은 응송應頌(산문과 운문이 함께 섞인 것)이다. 이것은 불료의不了義로 "기별記別(미래에 성불할 것을 수기하는 것)"와 상대하기 때문에 앞에 두 가지를 세운 것이다. "직어"라는 것은 계경契經이다. 이것은 오직 장행長行(산문)만 있어서 풍송諷頌인 게偈(운문 형식으로 이루어진 것)와 상대하기 때문에 다음에 두 가지를 세

---

33 세 가지 지혜 : 문혜·사혜·수혜 등을 가리킨다. 자세한 내용은 앞의 주석을 참조할 것.
34 12분교十二分教 : 부처님의 설법을 문체·문장·기술 형식·내용 등에 의해 12가지로 분류한 것이다.

운 것이다. "불청설"이라는 것은 자설自說(無問自說)이고, "계율(율계)"이라는 것은 인연因緣이며,[35] "불계"라는 것은 본생本生(부처님의 본생담)이고, "석사"라는 것은 본사本事(과거의 일)이며, "방정"이라는 것은 방광方廣(철학적으로 심오한 내용을 담은 경문)이고, "미증유"라는 것은 희법希法(희유한 법)이며, "담설"이라는 것은 논의論議(부처님께서 논의하고 문답하여 온갖 법의 내용을 명백히 말한 것)이다. "이름은 동일하지만"이라는 것은 한 종류의 명구문이기 때문이다. "뜻은 구별된다."라는 것은 열어서 열두 가지로 분류되기 때문이다.

三昧解了智者。以依勝定。發三慧故。三世佛法門者。十二分教。名句文身。遍攝能詮故。重誦者。應頌。此不了義。對記別故。在前立二。直語者。契經。此唯長行。對諷頌偈故。次立二。不請說者。自說。戒律者。因緣。佛界者。本生。昔事者。本事。方正者。方廣。未曾有者。希法。談說者。論議。言名一者。一種名句文故。義別者。開爲十二分故。

(b) 소전所詮을 아는 것

경 "이 명미구 가운데에서 일체의 유위법有爲法을 설한다. 분단分段의 형태로 생명을 받으니, 처음에 식識이 태내에 들어가고, 사대四大가 증장하여 색심心(名色)이 이루어지며, 육주六住[36]라고 하는 것이 일어나고, 근根(인식 기관) 가운데 실질적인 알아차림이 일어나지만 아직 고통과 즐거움을 분별하지

---

35 본문에 따르면, 이 부분에 '비유'에 대한 해석이 나와야 하는데 누락되었다. 비유란 비유나 우화 등에 의해 교리를 설명한 것이다.
36 육주六住 : 육근六根·육처六處 등이라고도 한다. 『범망경직해』 권상(X38, 816a15)에서 "육근이 펼쳐짐으로써 육처六處를 받아들이는 작용이 있으니, 망심妄心의 의지처이기 때문에 '육주'라고 한다."라고 한 것을 참조할 것.

못하니 촉식觸識이라 하며, 또한 고통과 즐거움을 알아차리는 식이 이루어지니 세 가지의 감수 작용[37]이라고 하고, 연달아 알아차리고 그 감수한 것에 애착함이 끝이 없으며, 욕취欲取·아어취我語取·견취見取·계취戒取(戒禁取)[38]가 일어나고, 선업과 악업에 의지하여 유有가 이루어지며, 식이 처음으로 생겨나는 것을 '태어남(生)'이라고 하고, 식이 끝나는 것을 '죽음(死)'이라고 한다. 이 열 가지 품에 의해 현재의 고통과 현재의 인연과 (인연의) 결과를 관찰한다."[39]

是名味句中。說一切有爲法。分分受生。初入識胎。四大增長色心。名六住。於根中。起實覺。未別苦樂。名觸識。又覺苦樂識。名三受。連連覺。著受無窮。以欲我見戒取。善惡有。識初名生。識終名死。是十品。現在苦因緣果觀。

述 두 번째는 소전을 아는 것이다. "분단의 형태로 생명을 받으니"라고 한 것은 분단생分段生[40]이다. "처음에 식이 태내에 들어가고"라는 것은 식지識支의 자리이고, "사대가 증장하여 색심이 이루어지며"라는 것은 명색지名色支이며, "육주라고 하는 것이 일어나고 근 가운데 실질적인 알아차림이 일어나지만"이라는 것은 식識을 발할 수 있는 자리이니 육처지六處支(六根支)이기 때문이고, "아직 고통과 즐거움을 분별하지 못하니 촉식

---

37 세 가지의 감수 작용 : 고수苦受·낙수樂受·불고불락수不苦不樂受를 가리킨다.
38 욕취欲取·아어취我語取·견취見取·계취戒取(戒禁取) : 총괄하여 사취四取라고 한다. '취'는 집지執持·집취執取의 뜻. 욕취는 욕계의 오욕을 대상으로 하여 일어나는 탐착을 가리킨다. 아어취는 일체의 내신內身을 반연하여 일어나는 아집我執을 가리킨다. 견취는 삿된 견해를 진실한 것이라고 집착하는 것인데, 삿된 견해란, 첫째는 몸이 실재한다는 견해(有身見)를 갖는 것이고, 둘째는 한편에 기울어 집착하는 견해(邊執見)를 갖는 것이며, 셋째는 잘못된 견해(邪見)를 갖는 것이고, 넷째는 일정한 견해에 대해 집착하는 것(見取)이다. 계취는 잘못된 계율을 해탈에 이르게 하는 바른 계율이라고 집착하여 믿고 행하는 것을 가리킨다.
39 이상은 12연기 중 뒤의 열 가지만 설했는데, 이는 현재를 시점으로 삼았기 때문에 과거에 속하는 앞의 두 가지, 곧 무명·행은 생략한 것임을 밝힌 것이다.
40 앞의 주석에서 분단생사를 설명한 것을 참조할 것.

이라 하며"라는 것은 촉지觸支이며, "고통과 즐거움을 알아차리는 식이 이루어지니 세 가지의 감수 작용이라고 하고"라는 것은 수지受支이고, "연달아 알아차리고 그 감수한 것에 애착함이 끝이 없으며"라는 것은 애지愛支이니 항상 애착하기 때문이며, "욕欲"은 욕취이고, "아我"는 아어취이며, "견見"은 견취이고, "계戒"는 계금취이니 합해서 취지取支라고 하고, "선업과 악업에 의지하여 유가 이루어지며"라는 것은 유지有支이며, "식이 처음으로 생겨나는 것을 '태어남(生)'이라 한다."라는 것은 생지生支이고, "식이 끝나는 것을 '죽음(死)'이라 한다."라는 것은 사지死支이다. "이 열 가지 품"이라는 것은 (12연기에서) 무명지無明支와 행지行支를 제외했기 때문이다. "현재의 고통과 현재의 인연과 (인연의) 결과를 관찰한다."라는 것은 식 등의 다섯 가지 지支를 "현재의 고통"이라 하고, 애·취·유의 세 가지를 "현재의 인연"이라 하며, 생生·노사老死(死)의 두 가지를 "인연의 결과"라고 한다. 능히 그것을 관찰하기 때문에 "관찰한다."라고 했다.

述曰。第二知所詮也。分分受生者。分段生也。初入識於胎。卽識支位也。四大增長色心者。名色支也。名六住。於根中。起實覺者。堪發識位。爲六處支故。未別苦樂。名觸識者。觸支也。覺苦樂識。名三受者。受支也。連連覺。著受無窮者。愛支也。恆著愛故。欲謂欲取。我謂我語取。見卽見取。戒卽戒禁取。合取支也。善惡有者。有支也。識初名生。生支也。識終名死。死支也。言是十品者。除無明行支故。現在苦因緣果觀者。識等五支。名現在苦。愛取有三。名現在因緣。生老死二。名因緣之果。能觀察彼。名之爲觀。

b) 타인을 이익 되게 함

경 "'이 행상을 중도의 지혜로 관찰하니, 나는 오래전에 이미 집착을 여의었기 때문에 자체의 성품이 없다'라고 생각한다. 광명체성지光明體性地에 들어가서 신통력과 총지와 변재를 얻고 마음마다 공을 행한다. 시방의 불국토에서 겁을 자유자재하게 운용하며, 전전하면서 백겁이나 천겁 동안 교화하며, 그 국토에서 신통력을 기르고 부처님 앞에서 예경하며 법의 말씀을 자문하여 수지하는 모습을 나타낸다. 다시 육도에 몸을 나타내어 하나의 음성 속에서 한량없는 법품을 설하는데, 중생은 각자 분분히 마음으로 얻고자 하는 법을 듣는다. 고苦·공空·무상無常·무아無我의 음성과 하나의 진리의 음성으로 (교화한다.) 국토가 같지 않으니, 몸과 마음에 있어서 기연機緣에 맞추어 차별된 모습으로 교화한다."

> 是行相。中道。我久已離故。無自體性。入光明。神通。[1] 總持。辯才。心心行空。而十方佛土中。現劫化。轉化百劫千劫。國土中。養神通。禮敬佛前。諮受法言。復現六道身。一音中。說無量法品。而衆生。各自分分。得聞心所欲之法。苦空無常無我。一諦之音。國土不同。身心別化。

1) ㉠ '通'이 없다.(갑본)

【술】 두 번째는 다른 사람을 이롭게 하는 것이다. 보살은 생각하기를, '이 연에 의해 생겨나는 행상을 중도의 지혜로 관찰하니, 나는 오래전에 이미 유·무의 집착을 여의었기 때문에 자체의 성품이 없다'라고 한다. 증득해야 할 것을 알고 나서, 또한 다른 사람을 이롭게 하기 위해 (광명체성지에) 들어가서 총지와 변재를 얻고, 부처님을 섬기면서 법을 전수받으며, 육도에 몸을 나타내어 기연機緣에 따르고 응하여 설법한다. "겁을 자유자재하게 운용하며"라는 것은, 『유마경』에서 "하루를 펼쳐서 7대겁과 같게 한다."[41]라고 한 것과 같다. 전전하면서 교화하기 때문에 "전전하면

---

41 『유마힐소설경』 권중(T14, 546c8)에서 "어떤 중생이 오래 세상에 머물러 있는 것을 좋아하고 제도할 만한 사람이라면, 보살은 곧 7일을 연장하여 1겁이 되게 하고, 그 중생으로 하여금 1겁이라고 여기도록 한다. 어떤 중생이 오래 머물러 있는 것을 좋아하지

서 백겁이나 천겁 동안 교화하며"라고 했다. "국토가 같지 않으니, 몸과 마음에 있어서 기연에 맞추어 차별된 모습으로 교화한다."라는 것은 그 국토의 욕구에 따라 세 가지 업(신업·구업·의업)을 차별된 모습으로 나타내어 교화하는 것이다.

述曰。第二利他也。菩薩念言。於是緣生行相。以中道智。我久已離有無著故。無自體性。知所證已。亦爲利他。入總持辯。事佛受法。現身六道。隨應說法。現劫化者。如維摩經。一日舒爲七大劫等。展轉化故。言轉化百千劫。國土不同。身心別化者。隨其國欲。三業別化。

c. 지금 설한 부분이 약출한 것임을 밝히고 자세하게 설한 품을 가리킴

경 이는 묘화광명지 가운데 한 털끝만큼만 간략하게 연 것이다. 「법품法品」과 「해관법문천삼매품解觀法門千三昧品」[42]에서 설한 것과 같다.

是妙華光明地中。略開一毛頭許。如法品解觀法門千三昧品說

술 지금 설한 것이 약출한 것임을 밝히고 자세하게 설한 것을 가리켰으니, "저 두 품에서 이미 자세히 설한 것과 같다."라고 했기 때문이다.

述曰。第三存略指廣。如彼二品已廣說故。

않고 제도할 만한 사람이라면, 보살은 바로 1겁을 줄여서 7일이 되게 하고, 그 중생으로 하여금 7일이라고 여기도록 한다."라고 했다. 『범망경고적기』의 『유마경』에서 "하루를 펼쳐서 7대겁과 같게 한다."라고 한 것과 내용은 동일하지 않지만 시간을 자유자재하게 늘이고 줄여서 교화하는 것이라는 취지는 동일하다.

42 「법품法品」과 「해관법문천삼매품解觀法門千三昧品」: 대본大本 『범망』에 수록된 품의 이름으로 추정된다.

Ⓓ 제4지(體性爾焰地)

a. 자분행自分行

경 "불자여, 보리살타의 체성지 가운데 진제와 속제의 경계를 마주하여(爾眞談俗) 분명히 아는 것이다. (일체법은) 단멸하는 것도 아니고 상주하는 것도 아니다. 상즉하여 생겨나고 상즉하여 머물며 상즉하여 소멸하니, 하나의 시기이고 하나의 시간이며 하나의 유有이지만, 인연因緣(種)에 차이가 있어서 다른 모습을 드러낸다. 그러므로 인연에 의거하여 중도가 성립되니, 동일한 것도 아니고 다른 것도 아니며, 선善도 아니고 악惡도 아니며, 범부도 아니고 부처님도 아니다. 그러므로 부처님의 세계와 범부의 세계가 낱낱이 (차별되는 것을) 세제世諦라고 하고, 그 지혜와 도리로 관찰하면 동일한 것도 아니고 다른 것도 아니니, (이러한 경계는) 현묘한 경계를 아는 지혜(玄道)와 선정(定)의 품류에 의해서만 알려진다. 이른바 모든 부처님의 십행心行에 있어서 처음의 깨달음은 선정을 원인으로 한다. (이렇게 해서) 신각信覺·사각思覺·정각靜覺·상각上覺·염각念覺·혜각慧覺·관각觀覺·의각猗覺·낙각樂覺·사각捨覺을 행한다. 이 여러 가지 품류의 방편도方便道로 마음마다 선정의 과果(覺慧)에 들어간다. 이 사람은 선정에 머무는 가운데 불꽃을 일으켜 세속법을 보고 승의공勝義空을 행한다. 또 염念과 정정에서 일어나 중생을 연하는 마음을 내는 선정에 들어가서 자애심을 내고, 도법에 수순하여 중생을 교화하니, 법락인法樂忍이라 하고 주인住忍이라 하며 증인證忍이라 하고 적멸인寂滅忍이라 한다."

若佛子。菩提薩埵。體性地中爾眞談俗。不斷不常。卽生卽住卽滅。一世一時一有。種異異。現異。故因緣中道。非一非二。非善非惡。非凡非佛。故佛界凡界。一一。是名爲世諦。其智道觀。無一無二。玄道定品。所謂諸佛心行。初覺定因。信覺。思覺。靜覺。上覺。念覺。慧覺。觀覺。猗覺。樂覺。捨覺。是品品方便道。心心入定果。是人住定中。㲊㲊見法行空。若起念定。
入生心定。生愛。順道法。化生。名法樂忍。住忍。證忍。寂滅忍。

술 제4지이다. 행상을 밝혔는데, 이 가운데 두 가지가 있다. 자분행自
分行을 밝혔기 때문이고, 승진행勝進行⁴³을 밝혔기 때문이다. 이것은 처음
에 해당한다.

述曰。第四地。行相中有二。自分行故。勝進行故。此初也。

범어 음사어 "이염爾㲊([S] jñeya)"은 곧 소지所知(인식 대상)의 뜻이다.⁴⁴ 지
금 이제二諦에 배속하기 때문에 "진제와 속제의 경계를 마주하여 분명히
아는 것이다."라고 했다. 증익과 손감의 허물⁴⁵을 여의기 때문에 "단멸하
는 것도 아니고 상주하는 것도 아니다."라고 했다. 한량없는 겁이라고 해
도 곧 한 생각이니, 하물며 생겨남과 머묾과 소멸함이 하나의 시기이고
하나의 시간이며 하나의 유라고 하는 것임에랴. "하나의 유"라는 것은 하
나의 오묘한 유이다. 비록 참된 한맛이지만 인연에 의해 섞이지 않기 때
문에 "인연에 차이가 있어서 다른 모습을 드러낸다."라고 했다. 만약 인
연에 차별이 있으면 결과도 또한 같지 않기 때문에 "다른 모습을 드러낸
다."라고 했다. 이미 비록 모양이 없지만 임시로 지어진 명칭을 무너뜨리

---

43 승진행勝進行 : 이전에 달성한 경지를 바탕으로 다른 뛰어난 수행의 경지를 향해 전진
하는 것. 상대어는 자분행自分行이다.
44 법선法銑의 『범망경소梵網經疏』 권상(X38, 537a3)에서 "범어 음사어 '이염'은 지모智母
라고 의역하니, 곧 진속의 경계가 능히 지혜를 낳을 수 있기 때문에 지모라고 한다."라
고 한 것을 참조하였다.
45 증익과 손감의 허물 : 증익의 허물이란 허공의 꽃처럼 존재하지 않는 것을 존재하는
것으로 망상하는 것이고, 손감의 허물이란 식식과 같은 가유假有를 전혀 존재하지 않
는다고 부정하는 것이다. 상주하지 않음을 아는 것은 증익의 허물을 여의는 것이고,
단멸하지 않음을 아는 것은 손감의 허물을 여의는 것이다.

지 않기 때문에 "인연에 의거하여 중도가 성립되니"라고 했다. 이미 결정적 성품이 없는 것을 "중도"라고 하기 때문이다. "동일한 것도 아니고 다른 것도 아니며" 등은 문장과 같으니 알 수 있을 것이다.

梵云爾燄。卽所知[1]義。今配二諦。故言爾眞燄俗。離增減。故言不斷不常。如無量劫。卽是一念。況生住滅一世一時一有。一有者。一妙有也。雖眞一味。因緣不雜。故言種異異。如因緣別。果亦不同。故言現異。旣雖無相。不壞假名。故言因緣中道也。旣無定性。名中道故。非一二等。如文可知。

[1] ㉾ '所知'를 '知所'라고 했고 (그 관주冠註에서) 또한 "거꾸로 서사한 것으로 의심된다."라고 했다.(갑본)

그런데 임시로 시설된 모양을 따라서 부처님과 범부 등이 낱낱이 차별되는 것을 세제라고 한다. 그런데 승의勝義의 지혜와 도리로 관찰하면 그것에는 동일한 것도 없고 다른 것도 없으니, 어떤 법이 있어서 그 진제를 관찰할 것인가. 그러므로 총괄적으로 들어서 "현묘한 경계를 아는 지혜(玄道)와 선정(定)의 품류에 의해서만 알려진다."라고 했다. "현玄(현묘한 경계)"이란 곧 소연所緣이고, "도道(지혜)"란 지혜를 말하며, "정定(선정)"이란 소의所依를 말한다.

然隨假相。佛與凡等。一一差別。名爲世諦。然勝義智道觀。彼無一二。如何等法。觀彼眞耶。故總擧言玄道定品也。玄卽所緣。道謂慧也。定謂所依。

"부처님의 심행에 있어서"라고 한 것은 결과를 제시하고 원인을 나타낸 것이다.[46] "처음의 깨달음은 선정을 원인으로 한다."라는 것은, 처음에 공의

---

46 부처님은 결과이고, 심행은 원인이라는 말이다.

이치를 깨닫는 것은 선정이 곧 원인이 되니, 깨달음의 원인이기 때문이다.

무엇을 "품류"라고 하는 것인가? 열 가지가 있다. 처음의 세 가지(신각・사각・정각)는 차례대로 문혜聞慧・사혜思慧・수혜修慧이다. 다음의 칠증위七證位는 칠각지七覺支[47]이다.[48] "상각"은 정진精進이니 상위의 계위로 올라가기 때문이고, "관각"은 정定이니 결과로부터 이름하기 때문이며, "의각"은 안安(輕安)이니 구역에서 "의猗"라고 의역했기 때문이고, ("낙각"에서) "낙"은 희喜이다.

제4지의 보살이 점차 장애를 끊을 때 방편도의 힘으로 생각마다 선정의 과인 각혜覺慧에 진입한다. 이 사람은 선정에 머무는 가운데 지혜의 불꽃을 일으키기 때문에 세속법을 보고 승의공을 행한다.

言佛心行者。舉果顯因。初覺定因者。初悟空理。定卽因也。覺之因故。何等名品。謂有十種。初三。如次聞思修慧。次七證位。七覺支也。上覺。精進。以上昇故。觀覺。定也。從果名故。猗[1]覺。安也。舊翻猗故。樂謂喜也。四地菩薩。漸斷障時。方便道力。念念進入定果覺慧。是人住定。起慧燄故。見世俗法。行勝義空。

1) ㉮ '猗'를 '倚'라고 했다.(갑본)

---

47 칠각지七覺支 : 37보리분三十七菩提分(보리를 증득하기 위해 행해야 할 37가지 도) 중 하나. 37보리분은 사념주四念住・사정근四正勤・사여의족四如意足・오근五根・오력五力・칠각지・팔정도八正道이다. 칠각지 중 정진각지는 정법을 부지런히 닦아 잠시도 게을리 하지 않는 것이고, 염각지는 항상 선정과 지혜를 마음에 두는 것이며, 택법각지는 지혜에 의지하여 참된 법을 선택하고 거짓된 법을 버릴 수 있는 것이고, 정각지는 선정에 들어가 마음이 산란하지 않는 것이며, 경안각지는 신심이 경쾌하고 안온한 것이고, 희각지는 정법을 얻어 기뻐하는 것이며, 사각지는 마음에 치우침이 없어서 집착하지 않고 평정한 상태를 유지하는 것이다.

48 칠증위와 칠각지의 배대를 일부 누락된 것을 반영하여 도표로 나타내면 다음과 같다.

七證位	上覺	念覺	慧覺	觀覺	猗覺	樂覺	捨覺
七覺支	精進覺支	(念覺支)	(擇法覺支)	定覺支	安覺支(輕安覺支)	喜覺支	(捨覺支)

"또 염과 정에서 일어나"라는 것은, ("염"은) "정"의 직접적 원인이어서 "염"을 아울러 제시한 것이다. "일어나"라는 것은 나오는 것이다. 앞에서 일으킨 법을 연緣하고 공을 연하는 선정에서 일어나 바로 유정有情을 연하는 마음을 내는 선정에 들어가서 자애로운 마음을 내어 애념하며, 도법에 수순하여 중생을 교화한다. 이미 법을 사랑하여 즐거워하니 "법락인"이고, 덕德을 지켜서 물러나지 않으니 "주인"이며, 진제를 증득하여 들어가니 "증인"이라 하고, 망妄에서 벗어나니 "적멸인"이라 하는데, 이는 이름의 차별일 뿐이다.

若起念定者。定之親因。幷擧念也。起者出也。出前緣法緣空定者。卽入有情緣心定中。生慈心愛。以順道法。化生。旣愛法樂。名法樂忍。持德不退。名爲住忍。入眞。名爲證忍。出妄。名寂滅忍。名之差別也。

b. 승진행勝進行

경 "그러므로 여러 부처님께서 (보살이) 광광화삼매光光華三昧에 들어간 가운데 한량없는 부처님의 영상을 나타내어 손으로 정수리를 만지고 하나의 음성으로 법을 설한다. (보살은) 백천 가지를 일으키면서도 선정에서 나오지 않고, 선정에 머물고 선정을 맛보고 즐거워하면서 선정에 밀착하고 선정에 탐닉하여 1겁·천 겁 동안 선정에 머물며, 부처님께서 연화좌蓮華座에서 온갖 법을 설하시는 것을 보면, 이 사람은 공양하고 법을 들으면서 1겁 동안 선정에 머문다. 그때 여러 부처님께서 광명을 내는 가운데 정수리를 만지며 선정의 품류의 출상出相·진상進相·거향상去向相을 깨닫게 하기 때문에(發起) (생사의 세계에) 침몰하지 않고 (열반의 세계에서) 물러나지 않으며, (이승二乘의 지위로) 떨어지지 않으며, (인위因位에) 머물지 않는다. (이렇게) 정삼매법頂三昧法으로 상락인上樂忍을 얻음으로써 (일체의 장애를) 영원히 다하여 남은 것이 없어진다. 바로 일체 부처님의 국토에 들어가 한량없는 공덕품을 수행하고, 행위마다 모두 광명이 빛난다. 선권방편善權方便에 들어가 일체중생을 교화하여 부처님의 체성이 상常·낙樂·아我·정정淨임을 볼 수 있게 한다. 이 사람은 이 지위에 태어나고 머무는 가운데 법문을 실천하고 교화함이 점점 깊고 미묘해져서 공화관지空華觀智로 체성중도體性中道에 들어가니, 일체의 법문품을 원만하게 충족하여 금강金剛과 같은 경지에 도달한다."

앞의 「일월도품日月道品」[49]에서 이미 이 뜻을 밝혔다.

故諸佛。於入光光華三昧中。現無量佛。以手摩頂。一音說法。百千起發。而不出定。住定。味樂定。著定。貪定。一劫千劫中。住定。見佛蓮華座說百法門。是人。供養聽法。一劫住定。時諸佛。光中摩頂。發起定品出相進相去向相故。不沒不退。不墮不住。頂三昧法。上樂忍。永盡無餘。卽入一切佛土中。[1] 修行無量功德品。行行皆光明。入善權方便。敎化[2]一切衆生。能使得見佛體性常樂我淨。是人生住是地中。行化法門。漸漸深妙。空華觀智。入體性中道。一切法門品滿足。猶如金剛。上日月道品。已明斯義。

1) ㉮ '中'이 어떤 곳에는 없다.(갑본) 2) ㉮ '敎化'를 '化敎'라고 했다.(갑본)

🔷 두 번째는 승진행이다. 그 보살이 들어간 선정 속에서 여러 부처님께서 영상影像을 나타내어 (가피하고 이것에 의해 보살로 하여금) 깨닫게 하기 때문이다.

述曰。第二勝進行。於彼菩薩所入定中。諸佛現影。而起發故。

"백천 가지를 일으키면서도"라는 것은 정진精進의 법문이다. "선정에

---
49 「일월도품日月道品」: 대본大本 『범망경』의 한 품으로 추정되는 품의 이름이다.

밀착하고"라는 것은 "선정에 머물고"를 풀이한 것이고, "선정에 탐닉하여"라는 것은 "선정을 맛보고 즐거워하면서"를 풀이한 것이다. 그러나 선법善法에 속하는 욕구이고 번뇌에 속하는 탐욕은 아닌 것이니, 이미 선정에 대한 애착을 끊었기 때문이다.

> 百千起發者。精進法門也。著定者。釋住定也。貪定者。釋味樂定也。然善法欲。非貪煩惱。已斷定愛故。

"발기發起"라는 것은 깨닫게 하는 것이니, 저 정품의 세 가지 모양(출상·진상·거향상)을 깨닫게 하기 때문이다. 보살의 선정의 힘은 삼유三有를 넘어서기 때문에 "출상"이라 하고, 이승二乘의 멸滅[50]을 넘어서기 때문에 "진상"이라 하며, 대승의 과를 향하기 때문에 "거향상"이라 한다. 부처님께서 광명을 내어 출상을 깨닫게 하기 때문에 보살은 생사의 세계에 침몰하지 않고 열반의 세계에서 물러나지 않으며, 진상을 깨닫게 하기 때문에 이승에 떨어지지 않으며, 거향상을 깨닫게 하기 때문에 인위에 머물지 않는다. 이러한즉 선정의 품류의 공덕을 원만하게 구족한다.

> 發起者。覺發也。警彼定品三種相故。菩薩定力。超三有故。名爲出相。超二乘滅。名爲進相。向大乘果。名去向相。佛光。覺發出相之故。菩薩。不沒生死。不退涅槃。覺發進相之故。不墮二乘。覺發去向相故。不住因位。是則定品功德滿足。

정수리를 만지며 깨닫게 하는 것을 "정삼매법"이라 하고, 생사의 세계

---

[50] 이승二乘의 멸滅 : '멸'은 ⓢ nirvāṇa의 의역어로, 음사어는 열반涅槃이다. 이승의 열반을 보통 회신멸지灰身滅智라고 정의한다. 이에 대한 자세한 설명은 앞의 주석을 참조할 것.

에 침몰하는 것 등의 하열한 지위를 여의는 것을 "상락인"이라 하며, 공덕이 원만하게 갖추어진 것을 "영원히 다하여 남은 것이 없어진다."라고 한다. "한량없는 공덕품"이란 복덕이고, "행위마다 모두 광명이 빛난다." 라는 것은 지혜이다. "부처님의 체성이 상·낙·아·정임을 볼 수 있게 한다."라는 것은 마음으로 깨닫게 하기 때문이다. 나머지 문장은 이해할 수 있을 것이다. "앞의 「일월(도품)」" 이하는 다른 품을 가리킨 것이다.

謂摩頂發起。名頂三昧法。離沒等劣。名上樂忍。功德圓備。名永盡無餘。無量功德品。福也。行行皆光明。智也。見佛體性常樂我淨者。令心解故。餘文可解。上日月下。指餘品也。

Ⓔ 제5지(慧照體性地, 體性慧照地)

경 "불자여, 보리살타의 혜조체성지이다. (증득해야 할) 법에 열 가지의 능력을 발생하는 품이 있어서 일체의 공덕을 낳는 행을 일으킨다. (이는) 하나의 지혜의 방편에서 일어난다. (첫째는) 선악의 두 가지 업이 다르게 작용하는 것을 아는 것[51]이니, 처력품處力品이다. (둘째는) 선업을 지은 것과 악업을 지은 것을 아는 것이니, 업지력품業智力品이다. (셋째는) 일체중생이 육도에 태어남에 있어서 욕구하는 것과 소원하는 것을 아는 것이니, 과욕력품果欲力品[52]이다. (넷째는) 육도중생의 종성이 차별되어 같지 않은 것을 아는 것이니, 성력품

---

51 『범망경직해』 권상(X38, 819b19)에 따르면, 선업을 지었는데 선보善報를 받지 않고 악업을 지었는데 악보를 받지 않는 것에 대해 그 이치를 분명히 아는 것이다. 예컨대 삼보에 공양하되 사사로운 마음으로 했으면 선업을 지었지만 악보를 받는다는 것을 알고, 또한 사람을 보호하기 위해 사람을 해치는 포악한 동물을 죽였을 경우는 악업을 행했지만 선보를 받는다는 것을 아는 것이다.
52 과욕력품果欲力品 : 태현의 주석에 따르면, 종종승해지력種種勝解智力의 다른 이름이다. 중생이 과果로서 얻기를 바라는 것을 아는 힘을 가리킨다.

性力품性力品[53]이다. (다섯째는) 일체중생의 선근善根과 악근惡根이 낱낱이 동일하지 않은 것을 아는 것이니, 근력품根力品이다. (여섯째는) 삿된 선정과 바른 선정과 선정과 관련이 없는 것을 아는 것이니, 이것을 정력품定力品이라 한다. (일곱째는) 일체의 원인과 결과에 있어서 이러한 원인을 타는 것과 이러한 결과를 탄 것이, (그 원인에 의해) 어떤 과처果處에 이르는 것이며 어떤 원인이 되는 도를 타서 (그 결과에) 도달한 것인지를 아는 것이니, 이를 도력품道力品이라 한다. (여덟째는) 오안五眼[54]으로 일체법을 알고 일체의 생을 받아 태어나는 것을 꿰뚫어 보기 때문이니, 천안력품天眼力品이라 한다. (아홉째는) 백겁의 일을 낱낱이 아는 것이니, 숙세력품宿世力品이다. (열째는) 일체의 윤생번뇌潤生煩惱[55]를 소멸하고 일체의 업업에 있어서 발업무명發業無明[56]을 소멸하는 것이니, 해탈력품解脫力品이다. 이 열 가지 능력이 발생하는 품에 대한 지혜에 의해 스스로 닦아야 할 것의 원인과 결과를 알고, 또한 일체중생이 (닦아야 할 것에 있어서) 원인과 결과를 분명히 구별하여 안다."

若佛子。菩提薩埵。慧照體性地。法有十種力生品。起一切功德行。以一慧方便。知善惡二業別行。處力品。善作惡作。業智力品。一切欲求願六道生生。果欲力品。六道性。分別不同。[1)] 性力品。一切善惡根。一一不同。根力品。邪定正定不定。是名定力品。一切因果。乘是因。乘是果。至果處。乘因

---

53 『범망경직해』 권상(X38, 819c24)에 따르면, 이근과 둔근, 대승과大乘果와 소승과小乘果 중 어느 것을 얻을 것인지의 여부를 아는 것이다.
54 오안五眼 : 육안肉眼(육체적인 눈)·천안天眼(색계의 천인이 선정을 닦아서 얻은 눈. 원근·전후·내외·주야·상하를 막론하고 모두 볼 수 있는 눈)·혜안慧眼(二乘人의 눈. 모든 법의 平等과 性空을 분명히 아는 지혜의 눈)·법안法眼(보살이 일체중생을 구제하기 위해 일체의 법문을 두루 비추어 보는 눈)·불안佛眼(앞의 네 가지 눈이 갖춘 작용을 온전히 갖춘 눈. 보지 못하는 것도 없고 알지 못하는 것도 없고 듣지 못하는 것도 없는 눈) 등을 말한다.
55 윤생번뇌潤生煩惱 : 생을 윤택하게 하는 미혹의 작용. 임종할 때 미래의 과보에 대한 탐애를 일으켜서 다음 생의 과보를 불러서 끌어들이도록 하는 혹업惑業을 가리킨다.
56 발업무명發業無明 : 업을 발하는 미혹의 작용을 가리킨다.

道。是道力品。五眼。知一切法。見一切受生故。天眼力品。百劫事一一知。宿世力品。於一切生煩惱滅。一切受。無明滅。解脱力品。是十力品智。知自修因果。亦知一切衆生因果分別。

1) ㉮ '同'을 어떤 곳에서는 '定'이라 했다.(갑본)

술 제5지이다.

述曰。第五地。

a. 장문章門

장문을 제시한 것에서 "혜조"라고 한 것은 비로소 (진제와 속제를) 아울러 비추기 때문이다.[57]

擧章云。慧照者。始雙照故。

b. 행상行相

a) 자분행自分行

(a) 지혜

이 지위에서의 행상에 두 가지가 있으니, 자분행을 밝혔기 때문이고,

---

[57] 앞의 네 가지 지위에서는 오직 속제만 관찰하거나, 오직 진제만 관찰하는데, 이 지위에 이르러서는 진제와 속제를 아울러 관찰할 수 있는 지혜를 운용하게 되는 것을 말한다.

승진행을 밝혔기 때문이다. 처음에 또한 두 가지가 있으니, 지혜를 밝혔기 때문이고, 신통력을 밝혔기 때문이다. 이것은 처음에 해당한다.

地行有二。自分故。勝進故。初亦有二。智故。通故。此初也。

ⓐ 총괄적으로 표방함

총괄적으로 표방하여 말했으니, "(법에) 열 가지의 능력을 발생하는 품이 (있어서) 일체의 공덕을 낳는 행을 일으킨다."라고 했기 때문이다.

總標云。十力生品者。起一切功德行故。

ⓑ 개별적으로 나타냄[58]

첫째, "하나의 지혜의……처력품이다."라는 것에서 ("하나의 지혜의 방편에서 일어난다."라는 것은 열 가지를 총괄하는 구절이고, 나머지가 여기에 해당되니, "처력품"은) 처비처지력處非處智力[59]이다. 둘째, 자업지력自業智力[60]이다. 셋째, 종종승해지력種種勝解智力[61]이니, 육도중생이 지닌 의요의 뛰어남과 하열함을 알기 때문이다. 현행現行을 의요하는 것을 "과욕"이라 한다. 넷째, 종종계지력種種界智力이니, 종성을 알기 때문이다. 다섯째, 근상하지력根上下智力[62]이다. 여섯째, 정려해탈지력靜慮解脫智力이니, 범

---

58 태현의 분과에는 없지만 전후 문맥을 고려하여 역자가 집어넣었다.
59 처비처지력處非處智力 : 이치에 맞는 것과 이치에 맞지 않는 것을 아는 것이다.
60 자업지력自業智力 : 모든 중생이 삼세에 지은 업과 그 과보를 아는 것이다.
61 종종승해지력種種勝解智力 : 모든 중생들이 향수하려는 희喜·낙樂의 차별을 여실히 아는 것이다.
62 근상하지력根上下智力 : 중생이 지닌 근품根品의 차별과 그에 따른 과보의 양태를 두

부와 성인의 선정의 차별을 알기 때문이다. "바른 선정"이라는 것은 성인의 선정이다. 일곱째, 변취행지력遍趣行智力[63]이니, 취과趣果(과보로서 도달하게 될 곳)의 방편을 알기 때문이다. 이 원인을 타면 반드시 어떤 과처果處에 이르는 것인지, 이 과果를 탄 것은 (어떤) 인도因道를 탄 것으로 말미암은 것인지를 아는 것이다. 『대승아비달마잡집론(대법론)』에서 "대승과 소승의 교법이 섭수하는 경계를 깨달아 들어간다."[64]라고 한 것과 같다. 여덟째, 사생지력死生智力[65]이다. "오안으로 일체법을 알고"에서 ("오안"은) 무리 지어 총괄한 숫자를 든 것이니, 혜안慧眼·법안法眼 등으로 일체법을 알고, 천안天眼으로 모든 형태의 생生을 받아 태어나는 것을 꿰뚫어 보기 때문이다. 아홉째, 숙주수념지력宿住隨念智力[66]이다. 열째, 누진지력漏盡智力[67]이다. "일체의 업"이라는 것은 순현수順現受[68] 등이다. 윤생번뇌가 소멸하면 발업무명도 소멸하기 때문이다.

一以一慧至處力品者。處非處智力也。二自業智力。三種種勝解智力。能知六道意樂勝劣故。現行意樂。名爲果欲。四種種界智力。知種姓故。五根上下智力。六靜慮解脫智力能知凡聖定差別故。正定。聖也。七徧趣行智力。

루 아는 것이다.
63 변취행지력徧趣行智力 : 모든 중생이, 자신이 지은 유루행有漏行과 무루행無漏行에 의해 그 과보로서 도달하게 될 곳을 여실히 아는 것이다.
64 『대승아비달마잡집론大乘阿毘達磨雜集論』 권14(T31, 763a20).
65 사생지력死生智力 : 중생이 죽고 태어나는 때와 미래에 자신이 지은 과보에 따라 태어나는 곳, 태어나는 양태 등을 여실히 아는 것이다.
66 숙주수념지력宿住隨念智力 : 과거세에 일어난 모든 일을 분명하게 아는 것이다.
67 누진지력漏盡智力 : 모든 번뇌를 끊어 없애어 다시는 태어나지 않음을 여실히 아는 것이다.
68 순현수順現受 : 과보를 받는 시기의 차이에 따라 업을 셋으로 나눈 것 중 하나. 현생에 지은 업의 과보가 현생에 나타나게 되는 업을 말한다. 순차생수順次生受(順後受, 順生受)는 현생에 지은 업의 과보가 다음 생에 나타나 과보를 받게 되는 업을 가리키고, 순후차수順後次受(順不定受)는 현생에 지은 업의 과보가 제3의 생 이후에 나타나 과보를 받게 되는 업을 가리킨다.

能知趣果方便故。謂知乘是因。必至果處。及乘是果。由乘因道故。如對法云。悟入大小乘敎所攝境故。八死生智力。言五眼知一切法者。類擧總數。慧法眼等。知一切法。以天眼。見諸受生故。九宿住隨念智力。十漏盡智力。一切受者。順現受等。潤生煩惱滅。發業無明滅故。

(b) 신통력通力力

경 "몸과 마음과 입이 다르게 작용하면서 청정한 국토를 더러운 국토로 만들고 더러운 국토를 미묘한 즐거운 국토로 만들며, 선한 모습을 굴려 악한 모습을 짓게 하고 악한 모습을 굴려 선한 모습을 짓게 할 수 있으며, 색을 색이 아닌 것이 되게 하고 색이 아닌 것을 색이 되게 하며, 남자를 여인으로 만들고 여인을 남자로 만들며, 육도를 육도가 아닌 것[69]이 되게 하고 육도가 아닌 것을 육도가 되게 하며, 내지 지·수·화·풍을 지·수·화·풍이 아닌 것이 되게 한다. 이 사람은 이때 큰 방편의 힘으로 일체중생을 좇아 불가사의不可思議한 경계를 나타내니, 아래의 지위에 있는 사람은 발을 들고 발을 내리는 일조차 알아차리지 못하는 것이다."

而身心口別用。以淨國土爲惡國土。以惡國土爲妙樂[1]土。能轉善作惡。轉惡作善。色爲非色。非色爲色。以男爲女以女爲男。以六道爲非六道。非六道爲六道。乃至地水火風。非地水火風。是人。爾時。以大方便力。從一切衆生。而見不可思議。下地。所不能知覺擧足下足事。

---
1) ㉭ '樂' 뒤에 '國'이 있다.(갑본)

---

69 『범망경직해』권상(X38, 820c4)에서 "육도는 곧 범부이고 육도가 아닌 것은 곧 성인이다."라고 했다.

🔵 두 번째는 신통력이니 세 가지 업을 (달리) 변화시켜서 자유자재하게 작용하기 때문이다. 이미 중생을 좇아 인식할 수 없는 경계를 나타내니, 아래의 지위에 있는 사람은 발을 들고 발을 내리는 일조차 알아차리지 못한다.

述曰。第二通力。三業變化。自在用故。旣從衆生。現不可識。下地不知覺擧足下足事。

b) 승진행勝進行

🔵 "이 사람은 크고 밝은 지혜를 얻으니, 점점 나아가고, 분분히 부처님의 일체종지一切種智를 증득하며, 빛나고 빛나며 한량없고 한량없으며, 불가설불가설不可說不可說의 법문을 현재 눈앞에서 행한다."

是人大明智。漸漸進。分分智。[1] 光光無量無量。不可說不可說法門。現在前行。

---
1) ㉯ '智'를 '知'라 했다.(갑본)

🔵 두 번째는 승진분행이다. "크고 밝은 지혜"라는 것은 총괄하여 제시한 것이다. "점점 나아가고"라는 것은 가행도加行道이고, "분분히 부처님의 일체종지를 증득하며"라는 것은 무간도無間道이며, "빛나고 빛나며 한량없고 한량없으며"라는 것은 해탈도解脫道이고, "불가설불가설의 법문"이라는 것은 승진도勝進道이다.[70]

---
70 크고 밝은~것은 승진도이다 : 번뇌를 제거하고 열반에 도달하기 위한 수행 과정을 네 단계로 분류한 것을 말한다. 첫째는 가행도加行道이니, 방편도方便道라고도 한다. 무간도無間道에 들어가기 전에 번뇌를 끊을 것을 희구하여 번뇌를 끊을 수 있는 힘을 기

述曰。第二勝進分行。大明智者。總擧也。漸漸進者。加行道也。分分智者。
無間道也。光光無量無量者。解脫道也。不可說不可說法門。勝進道也。

Ⓕ 제6지(體性華光地)

경 "불자여, 보리살타의 체성화광지이다. 일체의 세계에서 열 가지 신통명
지품神通明智品을 갖추어서 일체의 중생에게 온갖 변화를 현시한다. (첫째,)
천안명지天眼明智에 의해 삼세의 국토의 티끌처럼 많은 일체의 색이 분분히 모
여 육도중생의 몸을 이루는 것에 대해서 알고, 낱낱의 몸을 구성하는 티끌처
럼 많은 미세한 색이 신체의 거대한 색을 이루는 것에 대해서 분분히 안다.
(둘째,) 천이지天耳智에 의해 시방삼세十方三世[71]의 육도중생의 고통과 즐거움
의 음성이 (고통도) 아니고 (즐거움도) 아닌 음음이고, (고통도) 아니고 (즐거
움도) 아닌 성성이라는 것과 (나머지) 일체법의 성성을 안다. (셋째,) 천신지天
身智에 의해 일체의 색과 색이 색이 아닌 것과 (남자와 여인이) 남자의 형상도
아니고 여인의 형상도 아닌 것을 알아 한 생각에 시방삼세의 국토와 겁의 분
량에 두루 통하여 크고 작은 국토에 따라 (그에 맞는) 티끌처럼 많은 수의 몸
을 나타낸다. (넷째,) 천타십지天他心智에 의해 삼세의 중생이 마음에서 행한

르기 위해 더욱 노력하고 준비하는 수행을 행하는 과정을 일컫는 말이다. 둘째는 무간
도無間道이니 무애도無礙道라고도 한다. 가행도에서 수행한 공덕이 성취되어 바른 지
혜를 발하여 직접 번뇌를 끊는 수행을 행하는 과정을 일컫는 말이다. 이 단계에서는
어떤 간격도 없이 바로 번뇌를 끊기 때문에 무간도라고 한다. 셋째는 해탈도解脫道이
니, 이미 번뇌에서 벗어나고 진리를 증득하여 해탈을 얻는 수행을 행하는 과정을 일컫
는 말이다. 넷째는 승진도勝進道이니 승도勝道라고도 하고, 앞의 세 가지를 제외한 나
머지 도라는 뜻에서 삼여도三餘道라고도 한다. 해탈도를 성취한 뒤에 다시 한 걸음 더
나아가 그 나머지의 뛰어난 행을 실천하여 완전하게 해탈을 완성하는 수행을 행하는
과정을 일컫는 말이다.
71 시방삼세十方三世: '시방'은 동·서·남·북의 사방과 사방의 사이에 있는 간방과 상·
하 등을 가리키는 말로 공간을 총칭하는 말이다. '삼세'는 과거·현재·미래를 가리키는
말로 시간을 총칭하는 말이다.

것과 시방의 육도에 살아가는 일체의 중생이 마음마다 생각한 것에 있어서 고통과 즐거움과 선과 악 등의 일을 안다. (다섯째,) 천인지天人智에 의해 시방삼세의 국토에 머무는 일체의 중생이 과거세에 지은 것에 의해 (현재) 고통과 즐거움을 받고 목숨의 과보를 받는 것을 알고 날날이 목숨이 백겁 동안 이어지는 과정을 안다. (여섯째,) 천해탈지天解脫智에 의해 시방삼세의 중생이 해탈하는 방도를 알아 (그 역량에 따라) 일체의 번뇌를 끊어 없애게 하니, 많든 적든, (적게는) 1지一地의 장애에서부터 (많게는) 10지十地까지의 장애에 이르기까지 멸하고 멸하여 모두 다하게 한다. (일곱째,) 천정심지天定心智에 의해 시방삼세의 국토에 머무는 중생의 마음이 선정에 든 것과 선정에 들지 않은 것과 선정에 든 것도 없고 선정에 들지 않은 것도 없음과 선정을 일으키는 방법과 섭수하는 것이 있는 삼매와 온갖 삼매를 안다. (여덟째,) 천각지天覺智에 의해 일체의 중생에 대해 이미 성불한 이와 아직 성불하지 못한 이에서부터 일체의 육도에 살아가는 사람에 이르기까지 마음마다 생각하는 것을 알고, 또한 시방의 부처님이 마음속에서 생각한 것을 설한 법을 안다. (아홉째,) 천념지天念智에 의해 백겁·천겁·대겁·소겁에 일체의 중생이 목숨을 받는 것과 그 목숨의 길고 짧음을 안다. (열째,) 천원지天願智에 의해 일체의 중생이 현자와 성자의 지위인 10지와 30심 가운데 날날의 수행의 문에서 서원하여, 혹은 고통을 (버리고) 즐거움을 구하는 것과 혹은 법을 구하여 법이 아닌 것을 끊는 것과 같은 일체의 구하는 것을 알고, 열 가지 서원과 백천 가지의 큰 서원의 품류를 구족한다. 이 사람은 이 지위에 머물면서 열 가지 신통명神通明 가운데에서 한량없는 몸과 마음과 입이 차별적으로 작용하는 모습을 나타낸다."

이 지위의 공덕을 설하기를 백천만 겁 동안 해도 다하여 끝나는 일이 없지만, 이곳에서는 석가불에게 신통명품神通明品을 간략하게 열었다. 「관십이인연품觀十二因緣品」[72]에서 설한 것과 같다.

---

[72] 「관십이인연품觀十二因緣品」: 대본大本 『범망경』의 한 품일 것으로 추정되는 품의 이

若佛子。菩提薩埵。體性華光地。能於一切世界中。十神通明智品。以示一切衆生種種變化。以¹⁾天眼明智。知三世國土中。微塵等一切色。分分成六道衆生身。一一身微塵細色。成大色。分分知。以天耳智。知十方三世六道衆生苦樂音聲。非非音。非非聲。一切法聲。以天身智。知一切色。色非色。非男非女形。於一念中。徧十方三世國土劫量。大小國土中。微塵身。以天他心智。知三世衆生心中所行。十方六道中。一切衆生。心心所念。苦樂善惡等事。以天人智。知十方三世國土中。一切衆生。宿世苦樂受命。一一知。命續百劫。以天解脫智。知十方三世衆生。解脫斷除一切煩惱。若多若少。從一地乃至十地。滅滅皆盡。以天定心智。知十方三世國土中。衆生心。定不定。非定非不定。起定方法。有所攝受三昧。百三昧。以天覺智。知一切衆生。已成佛未成佛。乃至一切六道人心心。亦知十方佛心中所說法。以天念智。知百劫千劫大小劫中。一切衆生。受命命久近。以天願智。知一切衆生。賢聖十地三十心中。一一行願。若求苦樂。若法非法。一切求。十願百千大願品具足。是人。住地中。十神通明中。現無量身心口別用。說地功德。百千萬劫。不可窮盡。而爾所。釋迦。略開神通明品。如觀十二因緣品中說。

---

1) ㉑ '以'가 없다.(갑본)

술 제6지이다.

述曰。第六地。

a. 장문章門

장문을 제시한 것에서 "화광"이라고 한 것은 반야의 직접적 원인이니,

름이다.

경계를 비추어 어둠을 무너뜨리기 때문이다.

學章云。華光者。般若正因。照境破闇故。

b. 행상行相

다음에 이 지위에서의 행상을 밝혔는데, 이 가운데 처음에는 총괄적으로 표방하고 나서 (다음의) "천안명" 이하에서는 개별적으로 열 가지 신통을 나타내었다.

"열 가지 신통"이라는 것은 다음과 같다. 첫째는 천안통이다. 티끌처럼 많은 사대四大라는 색이 분분히 모여 육도중생의 몸을 이루는 것을 알고, 낱낱의 몸을 이룬 미세한 색이 분분히 신체의 거대한 색을 이루는 것을 또한 분분히 안다. 둘째는 천이통이다. "(고통도) 아니고 (즐거움도) 아닌 음音이고, (고통도) 아니고 (즐거움도) 아닌 성聲이라는 것"은 전해 오는 설에 말하기를, "음과 성의 공空을 아울러 아는 것이다."라고 했다. "일체법의 성聲"이라는 것은 나머지 일체의 성이다. 어떤 사람은 해석하기를, "법의 소라(法螺)[73] 등과 같은 가르침을 듣는 것이다."라고 했다.

셋째는 천신통天身通이니, 곧 신경통神境通이다. 일체의 색을 알고, 색이 색이 아닌 것 등의 성품을 알며, 한 생각에 시방의 국토의 분량과 삼세 겁의 분량에 두루 통하여 나라의 크고 작음에 따라 그 공간과 시간과 동일하게 티끌처럼 많은 수의 몸을 나타내기 때문이다. 넷째는 천심통天心通이니, 곧 타심지他心智이다. 다섯째는 천인통天人通이다. 사람들에게 일어난 일을 알기 때문이니, 곧 숙주지宿住智이다. 여섯째는 천해탈통天解脫

---

[73] 법의 소라(法螺) : '螺'는 '螺'라고도 쓴다. 부처님의 설법을 그 목적이나 내용에 따라 분류하여 법고法鼓·법우法雨·법검法劍 등의 비유를 사용하는데, '법라'는 이러한 비유 중 하나이다.

통이니, 곧 누진지漏盡智이다. 모든 중생의 해탈의 방편을 알기 때문이다. "멸하고 멸하여 모두 다하게 한다."라는 것은 열 가지 장애[74]를 멸하기 때문이다. 이후의 네 가지 신통은 모두 타심통他心通을 차별화한 것이다. 차례대로 타인의 선정(定)·지혜(慧, 覺)·염념·원원願을 아는 것을 바로 넷으로 삼았기 때문이다.

"선정에 든 것도 없고 선정에 들지 않은 것도 없음"이라는 것은 앞의 두 가지 마음(선정에 든 것과 선정에 들지 않은 것)이, 체성이 공하기 때문이다. "30심"이라는 것은 지전地前의 마음이다. "일체의 구하는 것"이라는 것은 법과 법 아닌 것에 대해 (법을) 닦고 (법이 아닌 것을) 끊는 것을 구하는 것이다. "이곳에서는"이라는 것은 단지 이곳에서는 10신통명에 해당하는 것만 석가불에게 간략하게 설했음을 밝힌 것이다.

次地行中。初總標已。天眼明下。別顯十通。十通者。一天眼通。知微塵數大色。分成六道衆生身。及一一身細。分成大。亦分分知。二天耳通。言非非音非非聲者。傳說。幷知音聲空故。一切法聲者。餘一切聲。有說。聞法蠡等敎也。三天身通。卽神境通。知一切色及知色之非色等性。於一念中。通於十方國土之量三世劫量。隨國大小。現齊爾所時塵數身故。四天心通。卽他心智。五天人通。知人事故。卽宿住智。六天解脫通。卽漏盡智。知諸衆生解脫方便故。滅滅皆盡者。滅十障故。已後四通。皆是他心通之差別。如次知他定慧念願。立爲四故。非定非不定者。以上二心。體性空故。三十心者。地前心也。一切求者。於法非法。求修斷也。言而爾所者。但明爾所

---

74 열 가지 장애 : 10지의 보살이 각 지에서 얻은 지혜에 의해 다스려야 할 열 가지 장애를 가리킨다. 첫째는 이생성장異生性障이고, 둘째는 사행장邪行障이며, 셋째는 암둔장闇鈍障이고, 넷째는 미세번뇌현행장微細煩惱現行障이며, 다섯째는 어하승반열반장於下乘般涅槃障이고, 여섯째는 조상현행장粗相現行障이며, 일곱째는 세상현행장細相現行障이고, 여덟째는 무상중작가행장無相中作加行障이며, 아홉째는 이타중불욕행장利他中不欲行障이고, 열째는 어제법중미득자재장於諸法中未得自在障이다.

十通明者。於釋迦略說也。

ⓖ 제7지(滿足體性地, 體性滿足地)

경 "불자여, 보리살타의 만족체성지이다. 이 법 가운데 열여덟 가지의 성인의 지혜의 품에 들어가니, 아래의 지위에 있는 보살은 함께하지 않는 것이다. 이른바 몸에 누漏(번뇌)의 허물이 없는 것이고, 입에 말로 인한 죄가 없는 것이며, 생각에 잘못된 생각이 없는 것이고, 여덟 가지 법[75]을 여읜 것이며, 일체법 가운데 버리는 것이고, 항상 삼매에 있는 것이니, 이것이 이 지위에 들어가서 여섯 가지 품을 구족하는 것이다. 다시 이 지혜로부터 여섯 가지 원만하게 구족한 지혜를 생기하니, 삼계의 결結(번뇌)과 습기를 끝내 받지 않고자 하기 때문에 욕구족欲具足을 이루고, 일체의 공덕과 일체의 법문에 있어서 추구하는 것을 원만하게 이루기 때문에 진심족進心足을 이루며, 일체의 법의 일과 일체의 겁의 일과 일체의 중생의 일을 한마음 속에서 일시에 알기 때문에 염심족念心足을 이루고, 이 이제의 모양인 육도중생(속제)과 일체의 법(진제)을 (알기 때문에) 지혜족智慧足을 이루며, 10발취인十發趣人에서부터 일체의 부처님에 이르기까지 결結을 없애고 습기를 없애는 것을 알기 때문에 해탈족解脫足을 이루고, 일체의 중생에 대해 다른 사람과 자신의 제자가 누漏가 없고 모든 번뇌의 습기가 없는 것을 알기 때문에 이지지타신해탈족以智知他身解脫足을 이룬다. 이 사람은 여섯 가지에 들어가 밝은 지혜를 원만하게 구족한 가운데 곧 지혜를 일으키니, 몸은 육도중생의 심행心行을 따라서 (다양한 형태를 나타내고,) 입은 한량없는 법문을 잘 설하여 일체의 중생에게 열어 보이기 때문이며, 일체의 중생의 심행을 따라서 항상 삼매에 들면서도 시방의 대지를 진동시키

---

75 여덟 가지 법 : 태현은 주석에서 이를 세간의 팔법이라 했다. 사람의 마음을 선동하는 여덟 가지 세간의 법으로, 이익(利)·쇠락함(衰)·비방(毁)·명예(譽)·칭찬(稱)·비난(譏)·고통(苦)·즐거움(樂) 등을 말한다.

고 허공에 꽃을 변화하여 나타내기 때문에 중생으로 하여금 마음에 행하는 것이 있게 하고, 대명大明을 구족하여 과거 일체의 겁에 부처님께서 세상에 출현하신 것을 보고 또한 일체중생의 마음을 열어 (그들로 하여금) 볼 수 있게 하며, 집착이 없는 지혜로 현재 시방의 일체의 국토에 계시는 일체의 부처님과 일체의 중생의 마음과 마음이 행하는 것을 보고, 신통력을 내는 지혜로 미래의 일체의 겁에 일체의 부처님께서 세상에 출현하고 일체의 중생이 이 부처님으로부터 도道를 받아 법을 듣는 것을 보기 때문이다."

若佛子。菩提薩埵。滿足體性地。入是法中。十八聖人智品。下地所不共。所謂身無漏過。口無語罪。念無失念。離八法。一切法中捨。常在三昧。是入地六品具足。復從是智。生六足智。三界結習。畢竟不受故。欲具足。一切功德。一切法門。所求滿故。進心足。一切法事。一切劫事。一切衆生事。以一心中。一時知故。念心足。是二諦相。六道衆生。一切法故。智慧足。知十發趣人。乃至一切佛。無結無習故。解脫足。是一切衆生。知他人自我弟子。無漏無諸煩習故。以智知他身解脫[1]足。是人。入六滿足明智中。便起智。身隨六道衆生心行。口辯說無量法門品。示一切衆生故。隨一切衆生心行。常入三昧。而十方大地動。虛空化華故。能令衆生心行。以大明具足。見過去一切劫中佛出世。亦是示一切衆生心。以無著智。見現在十方一切國土中。一切佛。一切衆生心心所行。以神通道智。見未來中。一切劫。一切佛出世。一切衆生。從是佛。受道聽法故。

1) ㉮ '解脫'을 어떤 곳에서는 '六通'이라 했다.(갑본)

a. 장문章門

술 제7지인데, 이 가운데 장문을 제시한 것에서 "만족"이라 한 것은, 공용이 원만하기 때문이다.

述曰。第七地中。擧章云。滿足者。功用滿故。

b. 행상行相

a) 실제로 행함

이 지위에서의 행상에 두 가지가 있으니, 실제로 실천하는 것을 밝혔기 때문이고, 교화하는 모습을 밝혔기 때문이다. 이것은 처음에 해당한다.

地行有二。實行故。化相故。此初也。

"열여덟 가지의 성인의 지혜"라는 것은 분수에 따라 18불공법十八不共法을 얻기 때문이다. 예전에 어떤 사람이 소疏를 지어 말하기를, "처음의 여섯 가지 품 가운데 (첫 번째에서) '몸에 누漏의 허물이 없는 것이고'라는 것은 살생·도둑질·음행의 업과 습기를 여의기 때문이고, 두 번째에서 '입에 말로 인한 죄가 없는 것이며'라는 것은 망어妄語 등의 네 가지 죄를 짓는 말[76]을 여의기 때문이며, 세 번째에서 '생각에 잘못된 생각이 없는 것이고'라는 것은 탐욕을 여의고 분노와 삿된 견해를 여의기 때문이다."라고 했다. 이 밖에도 자세하게 설했는데 이는 옳지 않다. 이와 같은 열 가지 악은 앞의 제2지에서 이미 영원히 여읜 것이기 때문이다.

지금은 다음과 같이 풀이한다. "몸에 누의 허물이 없는 것이고"라는 것은 몸에 오류와 과실이 없는 것이고, "입에 말로 인한 죄가 없는 것이며"라는 것은 조급하고 포악한 음성이 없는 것이며, "생각에 잘못된 생각이 없는 것이고"라는 것은 망령되고 잘못된 생각이 없는 것이다.

---

[76] 네 가지 죄를 짓는 말 : 망어·양설兩舌·악구惡口·기어綺語를 가리킨다.

言十八聖人智者。以隨分得十八不共法故。古有作疏云。初六中。身無漏過
者。離殺盜婬業及習故。二口無語罪者。離妄語等四罪語故。三念無失念
者。離貪離瞋及邪見故。乃至廣說。非也。如此十惡。前第二地。已永離故。
今解。身無漏過者。身無誤失也。口無語罪者。無卒暴音也。念無失念者。
無忘失念也。

"여덟 가지 법을 여읜 것이며"라는 것은 잘 분별하여 버리지 않음이 없는 것이다. 아라한은 세간의 여덟 가지 법에 집착함으로 말미암아 오로지 자신의 이익을 추구하여 다른 사람을 이롭게 하는 일은 버리고, 보살은 여덟 가지의 법의 성품을 멀리 여의기 때문이다. "일체법 가운데 버리는 것이고"라는 것은 여러 가지 (차별하는) 생각이 없는 것이다. 생사와 열반에 대해 차별하는 생각이 없이 가장 뛰어나게 크게 버리는 것으로 말미암기 때문이다. "항상 삼매에 있는 것이니"라는 것은, 선정이 아닌 마음이 없는 것이다.
이 여섯 가지는 이 지위에 들어가서 원만하게 구족하는 것이다.

離八法者。無不擇捨。羅漢。由執世間八法。專求自利。捨利他事。菩薩。遠
離八法性故。一切法中捨者。無種種想也。於生死涅槃。無差別想。由住第
一大捨故。常在三昧者。無不定心也。此六。入地之所滿足。

두 번째 여섯 가지라는 것은 다음과 같다. 첫째는 욕구족欲具足이니, 삼계의 결結에 대해 두려워함이 없이 소지장所知障을 청정히 할 것을 추구하기 때문이다. "구족"이라는 것은 지금은 무감無減[77]이라고 한다. 둘째는 정진구족精進具足(진심족)이니, 구하는 것을 원만하게 성취할 수 있기 때문

---

[77] 『대품반야경』 권5(T8, 395b22)에서 18불공법을 설하면서 '욕무감欲無減'이라 했다.

이다. 셋째는 염구족念具足(염심족)이니, 모든 법과 겁과 사람의 일을 멀리까지 억념하기 때문이다. 넷째는 혜구족慧具足(지혜족)이니, "중생"이라는 것은 세제世諦이고, "일체의 법"이라는 것은 제일의제第一義諦이다. 네 가지로 중첩되는 가운데 단지 처음을 들었기 때문이다. 다섯째는 해탈구족解脫具足(해탈족)이니, 모든 해탈을 알아서 아직 얻지 않은 것에 대해 물러나는 마음을 내지 않기 때문이다. 여섯째는 지타해탈족知他解脫足(以智知他身解脫足)이니, 곧 선정에서 물러나지 않는 것이다. 반드시 선정의 힘으로 말미암아 제자의 마음도 또한 염오됨이 없음을 알기 때문이다.

> 第二六者。一欲具足。於三界結。無所怖畏。堪求所知障淸淨故。言具足者。今云無減也。二精進具足。所求能滿故。三念具足。遠憶諸法劫人事故。四慧具足。衆生者世諦也。一切法者第一義諦也。四重之中。且擧初故。五解脫具足。知諸解脫未得不退故。六知他解脫足。卽定不退也。必由定力。知弟子心亦無染故。

이 사람은 여기에서 여섯 가지 구족에 들어간 가운데 다시 뒤의 것을 일으켜 여섯으로 나뉜 것을 원만하게 갖추고자 하기 때문에 곧 지혜를 일으킨다. 첫째는 몸으로 육도중생의 심행을 따라서 다양한 형태를 나타낸다. 둘째는 입으로 법을 잘 설하여 중생에게 열어 보이기 때문이다. 셋째는 중생의 마음을 따라 선정에 들면서도 (대지를) 진동시킨다. "허공에 꽃을 변화하여 나타내기 때문에"라는 것은 꽃을 비처럼 뿌리기 때문에 중생으로 하여금 마음에 행하는 것이 있게 하는 것이다. 이상의 세 가지는 차례대로 세 가지 업에 있어서 지혜를 따르는 행이다. 넷째는 대명을 구족하여 과거의 부처님을 보고 또한 중생의 심안心眼을 열어 볼 수 있게 한다. 다섯째는 집착이 없는 지혜로 현재의 부처님을 보는 것 등을 행한다. 여섯째는 신통력을 내는 지혜로 미래의 부처님을 보는 것 등을 행한다.

여기에서 "대명", "집착이 없는 (지혜)", "신통력을 (내는 지혜)"라는 것은 (차례대로 과거·현재·미래의) 삼세에 통달하는 지혜이니, 이름에 있어서 차별이 있는 것이다.

> 是人。入此中六足中。更欲起後滿分六故。便起智也。一身隨六道心行而現。二口辨說法。示衆生故。三隨衆生心。入定振動。言虛空化華者。以雨華故。能令衆生心有所行。上三。如次三業隨智行也。四以大明具足。見過去佛。亦令衆生心眼得見。五以無著智。見現在佛等。六以神通智。見未來佛等。此中。大明無著神通者。達三世智。名之差別也。

b) 교화하는 모습

경 "이 열여덟 가지 성인의 지혜에 머물면, 마음마다 삼매에 들어 삼계의 타끌처럼 많은 색이 바로 나의 옛 몸이고 일체중생이 바로 나의 부모임을 관찰하고, 지금 이 지위에 들어가서 일체의 공덕과 일체의 신광神光(지혜)과 일체의 부처님께서 행한 법에서부터 8지와 9지의 일체의 법문품에 이르기까지 '내가 모두 이미 들어갔다'라고 알기 때문에 일체의 불국토에서 부처가 되어 도를 이루고, 법륜을 굴리는 모습을 나타내 보이고, 멸도(열반)에 드는 모습을 나타내 보이며, 전전하면서 타방의 과거와 미래와 현재의 모든 국토에서 교화한다."

> 住是十八聖人中。心心三昧。觀三界微塵等色。是我故身。一切衆生。是我父母。而今入是地中。一切功德。一切神光。¹⁾ 一切佛所行法。乃至八地九地中。一切法門品。我皆已入故。於一切佛國土中。示現作佛成道轉法輪。示入滅度。轉化他方過去來今一切國土中。

---
1) ㉯ '光'을 어떤 곳에서는 '呪'라고 했다.(갑본)

🔘 두 번째는 교화하는 모습인데, 이 가운데 앞은 평등함을 관찰하여 자비를 일으키는 문이고, 다음은 자신의 역량과 능력을 헤아리는 것이며, 나중은 변화한 모습을 나타내는 것이다.

역량과 능력을 헤아리는 것에서 "일체의 공덕"이라는 것은 복덕품이고, "일체의 신광"이라는 것은 지혜품이며, "일체의 부처님께서 행한 법" 등이라는 것은 결과를 증득하는 법문 및 승진勝進의 법문 가운데 이미 들어가서 이해한 것이다.

述曰。第二化相中。先觀平等慈悲門。次量自力能。後現變化。力能之中。一切功德者。福品也。一切神光者。智品也。一切佛所行法等者。證果法門。及勝進法門中。已入解也。

Ⓗ 제8지(佛吼體性地, 體性佛吼地)

🔘 "불자여, 보리살타의 불후체성지이다. 법왕위삼매法王位三昧에 들어가 그 지혜가 부처님과 같다. 불후삼매佛吼三昧를 얻기 때문에 열 가지 품의 대명大明에 들어가게 하는 선정의 문이 항상 바로 앞에 있다. 꽃(果地)과 광명(因地)과 관련된 법을 설하는 음성에 의해 십삼매心三昧에 들어간다."

若佛子。菩提薩埵。佛吼體性地。入法王位三昧。其智如佛。佛吼三昧故。十品大明定[1]門。常現在前。華光音。入心三昧。

---
1) ㉮ '定'을 어떤 곳에서는 '空'이라고 했다.(갑본)

a. 선정을 행함

🔘 제8지인데, 이 가운데 다섯 가지 행이 있다. 이것은 처음에 선정을

행하는 것이다.

述曰。第八地中。有五種行。此初定行。

처음에 공용이 없는 것[78]을 법왕위삼매에 들어간 것이라고 하니, 그 지혜는 불과佛果와 같다. 법을 설하는 선정[79]이기 때문에 비록 설한 것이 있더라도 모양이 없고, 공용이 없는 것에 머물기 때문에 "부처님과 같다."라고 했다. 뒤에서 말한 "내공內空" 등의 열 가지 대명혜大明慧[80]에 들어가게 하는 선정의 문이 저절로 흘러나오기 때문에 모든 부처님이 얻은 과지와 어둠을 제거하는 것과 관련된 가르침을 설하는 음성으로 인해 보살이 얻어야 할 심정心定(심삼매)에 들어간다. "꽃"은 능히 증득한 결과이고, "광명"은 어둠을 제거하는 것을 뜻한다.

初無功用。名入法王位三昧也。其智似果。說法定故。雖有所說。而於無相無功用住故。言似佛。下內空等十大明慧所入定門。任運流故。諸佛得果除闇敎音。入菩薩心定也。華能得果。光除闇義。

b. 지혜를 행함

경 "그 공에 대한 지혜(대명혜)라는 것은, 내공內空을 아는 지혜의 문이고 외공外空을 아는 지혜의 문이며, 유위공有爲空을 아는 지혜의 문이고 무위공無

---

78 공용이 없는 것 : 제8지의 보살은 수행력과 본원력을 원만히 갖추고 있으므로 의도하지 않아도 저절로 수행이 이루어지고 이타행을 행하기 때문에 제8지 이상을 무공용지無功用地라고 부르는 것과 관련된 해석인 것 같다.
79 법을 설하는 선정 : '불후삼매'를 설명한 것이다.
80 열 가지 대명혜大明慧 : 바로 뒤의 '지혜를 행함'에서 설한 공혜空慧를 참조할 것.

爲空을 아는 지혜의 문이며, 성공性空을 아는 지혜의 문이고 무시공無始空을 아
는 지혜의 문이며, 제일의공第一義空을 아는 지혜의 문이고 공도 역시 공임을
아는 지혜의 문이며, 공도 공이라는 것도 다시 공임을 아는 지혜의 문이고, 공
도 공이라는 것도 다시 공이라고 한 것도 공임을 아는 지혜의 문이다. 이와 같
은 열 가지 공의 문은 아래의 지위의 보살은 알지 못하는 것이다. 허공평등지
虛空平等地는 설할 수 없고 설할 수 없는 것이다."

其空慧者。謂內空慧門。外空慧門。有爲空慧門。無爲空慧門。性空慧門。
無始空慧門。第一義空慧門。空空慧門。空空復空慧門。空空復空空慧門。
如是十空門。下地[1]所不知。虛空平等地。不可說不可說。

1) ㉧ '地' 뒤에 어떤 곳에는 '各'이 있다.(갑본)

【술】 둘째는 지혜를 행하는 것이다. "내공" 등은 『변중변론辯中邊論』[81] ·
『대지도론』에서 자세히 설한 것[82]과 같다. 열 번째인 "공도 공이라는 것도
다시 공이라고 한 것도 공임을 아는 지혜의 문"에서 아홉 번째인 "공도
공이라는 것도 다시 공임을 아는 지혜의 문"에 대한 집착을 제거한다. 총
괄적으로 열 가지의 공성평등지空性平等地(허공평등지)를 맺었는데, 열 가지
문으로 임시로 설할 수는 있지만, (그 자체에) 집착하지 않기 때문에 또한
"설할 수 없는 것이다."라고 했다.

述曰。第二慧行。謂內空等。如辨中邊智論廣說。於此第十。泯第九也。總
結十空性平等地。可以十門假說。而不著故。亦不可說。

---

[81] 『변중변론辯中邊論』 권상(T31, 466a13).
[82] 『대지도론』 권31(T25, 285b11).

c. 신통력을 행함

경 "신통도를 내는 지혜를 얻어서 일념지一念智로 일체법에 대해서 분분히 차별되어 다른 것을 알고, 한량없는 불국토에 들어가 낱낱의 부처님 앞에서 법에 대해 질문하여 가르침을 받는다. 법을 굴려 일체중생에게 주어 제도하니, 법의 약을 일체중생에게 베풀어 줌으로써 뛰어난 법사가 되고 뛰어난 도사導師가 된다. 네 가지 마구니[83]를 파괴하고 법신을 구족하여 변화하고 변화하니, 부처님의 세계에 들어가 여러 부처님의 숫자에 들어가고, 여러 (보살의) 제9지와 제10지의 숫자에도 들어간다. 법신을 길러서 백천 가지의 다라니문陀羅尼門과 백천 가지의 삼매문과 백천 가지의 금강문金剛門과 백천 가지의 신통문과 백천 가지의 해탈문을 얻으니, 이와 같은 백천 가지의 허공평등문虛空平等門 가운데에서 크게 자유자재함을 얻어 한 생각에 한순간에 행한다."

神通道智。以一念智。知一切法。分分別異。而入無量佛國土中。一一佛前。諮受法。轉法度與一切衆生。而以法藥。施一切衆生。爲大法師。爲大[1]導師。破壞四魔。法身具足。化化。入佛界。是諸佛數。是諸九地十地數中。長養法身。[2] 百千陀羅尼門。百千三昧門。百千金剛門。百千神通門。百千解脫門。如是百千虛空平等門中。而大自在。一念一時行。

1) ㉱ '大'가 어떤 곳에는 없다.(갑본)   2) ㉱ '身' 뒤에 어떤 곳에는 '具足'이 있다.(갑본)

술 셋째는 신통력을 행하는 것이다. 말하자면 신통력을 내는 지혜로 모든 일을 두루 알고 한량없는 국토에 들어가서 신통력으로 경계를 비추어 보기를 마치 눈으로 사물을 보는 것처럼 하며 나머지 진실한 지혜로

---

83 네 가지 마구니 : 열반·법신 등의 무위법無爲法에 대해 일으키는 네 가지 전도된 견해. 무상無常·무락無樂·무아無我·무정無淨 등을 가리킨다.

사事에 통달하고 이理에 통달하여 행과 앎이 깊고 세밀해져서 뜻대로 분명히 아는 것이다.

"법을 굴려 일체중생에게 주어 제도하니"라는 것은 자신이 아는 것을 중생에게 주는 것이다. 보살이 법신을 구족하여 온갖 변화를 나타내 보이는 것이 불과佛果와 서로 유사하니, "부처님의 세계에 들어가 여러 부처님의 숫자에 들어가니 하물며 제9지와 제10지의 수임에랴."라고 한 것이다. "(허공)평등문"이라는 것은 다라니문 등이다. 행해야 할 대상인 진여문眞如門 가운데에서 크게 자유자재함을 얻어 한 생각에 한순간에 수행한다.

> 述曰。第三通行。謂神通智。徧知諸事。入無量土。神通照境。如眼見色。餘眞實智。達事達理。行解深細。如意識了。轉法度與一切衆生者。以己之解。授與衆生也。菩薩法身。示現諸化。與果相似。言入佛界。[1] 是諸佛數。況是九地十地數也。平等門者。陀羅尼門等。所行眞如門中。而大自在。一念一時。而修行也。

1) ㉔ '界'를 '果'라고 했다.(갑본·을본·병본)

d. 설법을 행함

경 "겁을 겁이 아니라고 설하고 겁이 아닌 것을 겁이라고 설하며,[84] 도가 아닌 것을 도라고 설하고 도를 도가 아니라고 설하며, 육도중생이 아닌 것을 육도중생이라고 설하고 육도중생을 육도중생이 아니라고 설하며, 부처님이 아

---

84 겁을 겁이~겁이라고 설하며 : "겁을 겁이 아니라고 설하고"에서 앞의 '겁'은 실체적인 것으로서의 겁이고, "겁이 아닌 것을 겁이라고 설하며"에서 '겁이 아닌 것'은 허무적멸인 것으로서의 겁이다. 이렇게 해서 실체적인 겁과 허무적멸의 겁을 모두 부정하여 어디에도 얽매이지 않는 경지가 이루어진다.

닌 것을 부처님이라고 설하고 부처님을 부처님이 아니라고 설한다."

劫說非劫。非劫說劫。非道說道。道說非道。非六道衆生說六道衆生。六道衆生說非六道衆生。非佛說佛。佛說非佛。

[술] 넷째는 설법을 행하는 것이다. 겁은 공한 것이어서 겁이 아니라고 하지만, 전혀 없는 것은 아니니 겁이 아닌 것을 겁이라고 설하는 것이다. 나머지는 모두 이것에 준한다.

述曰。第四說行。劫空非劫。然不都無。非劫說劫。餘皆準此。

e. 비춤을 행함

[경] "제불체성삼매諸佛體性三昧에 들어가고 나오면서 (자신의 본성을) 돌이켜서 비추어 보고, (연기하는 것을) 수순하여 비추어 보고 거꾸로 비추어 보며, 앞을 비추어 보고 뒤를 비추어 보며, 인因을 비추어 보고 과果를 비추어 보며, 공空을 비추어 보고 유有를 비추어 보며, 제1중도의제(第一中道義諦)를 비추어 본다. 이 지智는 오직 8지地에 이르러야 증득하는 것이고, 아래의 지위에서는 미치지 못하는 것이다. 인위적으로 작동하지 않고 전도되지 않으며, 벗어나지도 않고 들어가지도 않으며, 태어나지도 않고 소멸하지도 않는다."

이 지위의 법문품法門品은 한량없고 한량없으며 불가설불가설不可說不可說이다. 지금 간략하게 이 지위 가운데 백천 부분으로 나눈 것에서 한 털끝 정도의 일만 열었다. 「나한품羅漢品」[85]에서 이미 밝혔다.

---

85 「나한품羅漢品」: 대본大本 『범망경』의 한 품으로 추정되는 품의 이름이다.

제2권 • 219

而入出諸佛體性三昧中。反照。順照逆照。前照後照。因照果照。空照有照第一中道義諦照。是智。惟八地所證。下地所不及。不動不到。[1] 不出不入。不生不滅。是地法門品。無量無量。不可說不可說。今以略開地中。百千分一毛頭許事。羅漢品中。已明。

---

1) ㉡ 갑본에는 '到'를 '倒'라고 했다. 태현의 주석에 따르면, 그의 대본은 후자였을 가능성이 크다.

술 다섯째는 비춤을 행하는 것이다. "제불체성삼매"라는 것은, 전하는 설에서 말하기를, "과덕果德에 상응하기 때문이다."라고 했다. "돌이켜서 비추어 보고"라는 것은 자신의 본성을 되돌려서 비추어 보기 때문이다. "수순하여 (비추어 보고) 거꾸로 (비추어 보며)"라는 것은 수순하여 나오는 대로 거슬러 올라가는 대로 연기를 관찰하는 것이다. 나머지는 모두 경계에 수순하는 것이다.

"인위적으로 작동하지 않고" 이하는 지혜를 행함으로 얻는 힘을 밝힌 것이다. 공용을 여의기 때문에 "인위적으로 작동하지 않고"라고 했고, 영원히 염오를 조복시키기 때문에 "전도되지 않으며"라고 했으며, 항상 생공生空(衆生空)을 증득하기 때문에 "벗어나지도 않고"라고 했고, 법공法空을 알아 상속하지 않으니 "들어가지도 않으며"라고 했으며, 영원히 다시 분단생사를 받지 않기 때문에 "태어나지도 않고 소멸하지도 않는다."라고 했다.

맺는 글은 알 수 있을 것이다.

述曰。第五照行。諸佛體性三昧者。傳說。果德相應故。反照者。還照自故。言順逆者。如順逆觀緣起。餘皆隨境。不動已下。明智行力。離功用。故言不動。永伏染。故言不倒。恒證生空。言不出。法空不續。言不入。永不復受分段生死故。言不生不滅也。結文可解。

① 제9지(佛華嚴體性華嚴地, 體性華嚴地)

a. 내적으로 증득함

경 "불자여, 보리살타의 불화엄체성지佛華嚴體性地이다. 불위의정佛威儀定과 여래삼매자재왕왕정如來三昧自在王王定에 아무 때나 들어가고 나온다."

若佛子。菩提薩埵。佛華嚴體性地。以佛威儀如來三昧自在王王定。出入無時。

술 제9지인데, 이 가운데 "불화엄"이라고 한 것은 네 가지 무애無礙[86]로 장엄한 행을 갖추었기 때문이다. 이 지위에서의 행상에 두 가지가 있으니, 내적으로 증득하는 것을 밝혔기 때문이고, 외적으로 교화하는 것을 밝혔기 때문이다. 이것은 처음이다.
불위의정과 설법자재왕정說法自在王定(여래삼매자재왕왕정)을 나타내어 항상 눈앞에 있기 때문에 다시 들어가고 나옴에 있어서 별도의 시간이 없다.

述曰。第九地中。言佛華嚴者。具四無礙莊嚴行故。地行有二。內證故。外化故。此初也。現佛威儀定。及說法自在王定。恒現前故。更無出入別時也。

b. 외적으로 교화함

경 "시방의 삼천대천세계에 있는 백억 개의 해와 달이 주위를 도는 백억

---

[86] 네 가지 무애無礙 : 법무애法無礙·의무애義無礙·사무애辭無礙·변무애辨無礙 등을 가리킨다. 자세한 내용은 앞의 주석을 참조할 것.

개의 사천하에서 일시에 성불하여 법륜을 굴리고 멸도하는 것에 이르기까지의 일체의 불사佛事를 행한다. 한마음 속에서 일시에 일체의 중생에게 일체의 색신을 나타내어 보이는데, 80종호八十種好와 32상三十二相[87]을 갖추어 자유자재하게 큰 즐거움을 누리니 허공과 같이 걸림이 없으며, 한량없는 대비와 지혜의 광명에 의해 복덕의 모양과 지혜의 모양으로 장엄하여 하늘도 아니고 사람도 아니며 육도六道의 어느 것에도 해당되지 않는다. 일체의 법을 벗어났지만, 항상 육도에 나아가서 한량없는 몸과 한량없는 입과 한량없는 뜻을 나타내어 한량없는 법문을 설하면서 능히 마구니의 세계를 굴려 부처님의 세계에 들어가고 부처님의 세계를 굴려 마구니의 세계에 들어가며, 다시 일체의 견해를 굴려 부처님의 견해에 들어가고 부처님의 견해를 굴려 일체의 견해에 들어가며, 부처님의 성품을 굴려 중생의 성품에 들어가고 중생의 성품을 굴려 부처님의 성품에 들어간다. 그 지위의 광명은 광명과 광명이 비추고, 지혜와 지혜가 비추며, 밝게 빛나고 밝게 빛난다. 사무외四無畏[88]와 사무량과 10력과 18불공법과 팔해탈을 갖추고, 열반을 증득하니, 인위적인 조작이 없는 하나의 도에 계합하여 청정해진다. 그러나 일체의 중생이 부모와 형제라는 생각을 일으켜 그들을 위해 설법하기를 일체의 겁이 다할 때까지 하여 불도의 과

---

[87] 80종호八十種好와 32상三十二相 : 부처님과 보살이 몸에 갖추고 있는 특별한 모습을 가리키는 말. 80종호는 주로 은밀하여 보기 어려운 것, 곧 발의 복사뼈가 노출되지 않은 것, 목소리가 코끼리나 우레와 같은 것 등을 가리킨다. 32상은 주로 밖으로 드러나 보기 쉬운 것, 곧 눈이 감청색인 것, 정수리가 보이지 않는 것 등을 가리킨다.
[88] 사무외四無畏 : 부처님만이 갖추고 계신 네 가지 측면에서의 두려움 없음을 일컫는 말. 첫째는 제법현등각무외諸法現等覺無畏(一切智無所畏·正等覺無畏·等覺無畏)이니, 모든 법을 바르게 깨달았음을 선언함에 있어서 어떤 두려움도 없는 것이다. 둘째는 일체누진지무외一切漏盡智無畏(漏永盡無畏·漏盡無所畏·流盡無畏)이니, 모든 번뇌를 다하였음을 선언함에 있어서 어떤 두려움도 없는 것이다. 셋째는 장법불허결정수기무외障法不虛決定授記無畏(說障法無畏·說障道無所畏·障法無畏)이니, 장애가 되는 법의 부류를 설함에 있어서 그 설법으로 인해 비난받을 일이 생겨날 것을 두려워하지 않는 것이다. 넷째는 위증일체구족출도여성무외爲證一切具足出道如性無畏(說出道無畏·說盡苦道無所畏·出苦道無畏)이니, 세간을 벗어나는 도리를 설함에 있어서 두려움이 없는 것이다.

를 얻게 한다. 또한 일체의 국토에 몸을 나타내어 일체의 중생이 그 모습을 아버지와 같은 것으로 어머니와 같은 것으로 보게 하고, 천마天魔와 외도도 그 모습을 아버지와 같은 것으로 어머니와 같은 것으로 보게 한다. 이 지위에 머무는 가운데 생사의 변제로부터 일어나 금강심金剛心의 변제에 이르기까지 한 생각이 일어나는 마음 가운데 이와 같은 일을 나타내고 한량없는 중생의 세계로 굴러서 들어간다."

이와 같이 한량없는 것을 간략하게 설하였으니 바다에서 퍼 올린 한 방울의 물과 같을 뿐이다.

於十方三千世界。[1] 百億日月。百億四天下。一時成佛。轉法輪。乃至滅度。一切佛事。以一心中。一時。示現一切衆生。一切色身。八十種好。三十二相。自在樂。虛空同。無量大悲光明。相好[2]莊嚴。非天非人非六道。[3] 一切法外。而常行六道。現無量身。無量口。無量意。說無量法門。而能轉魔界入佛界。佛界入魔界。復轉一切見入佛見。佛見入一切見。佛性入衆生性。衆生性入佛性。其地光。光光照。慧慧照。明燄明燄。無畏無量十力十八不共法解脫。涅槃。無爲一道淸淨。而以一切衆生。作父母兄弟。爲其說法。盡一切劫。得道果。又現一切國土。爲一切衆生。相視如父如母。天魔外道。相視如父如母。住是地中。從生死際起。至金剛際。以一念心中。現如是事。而能轉入無量衆生界。如是無量。略說。如海一渧。[4]

1) 갑 '三千世界'를 '十世界中'이라고 했다. 또 그 권주에서 "어떤 곳에서는 '二千世界'라고 했다."라고 했다.(갑본) 열 태현의 주석에 따르면, 그의 대본에서는 '十世界中'이라고 했다. 2) 갑 '好'를 '相'이라 했다.(갑본) 열 태현의 주석에 따르면 그의 대본에서는 '相'이라 했다. 3) 갑 '道' 뒤에 어떤 곳에서는 '現'이 있다.(갑본) 4) 갑 '經於十方至無量意'는 오사誤寫이고, '經於十方至海一渧'라고 해야 한다.(갑본·병본) 열 이 말은 다음과 같은 뜻이다. 갑본과 병본에서 『범망경』 본문을 축약하여 "經於十方至無量意[정 시방의 삼천대천세계에~한량없는 뜻을(나타내어)]"라고 했는데, 『범망경』 본문에 의거할 때 '無量意'는 나오지 않기 때문에 이를 '海一渧'로 바꾸어야 한다는 말이다. 현재 『한불전』에는 전문이 수록되어 있기 때문에 앞의 주석의 내용을 이해하기 어려울 수 있어 별도로 해명해 보았다.

술 두 번째는 외적으로 교화하는 것이다. "시방의 삼천대천세계에 있는(十界)"이라는 것은 시방의 삼천대천세계를 말하는 것이기 때문이다. 나타낸 낱낱의 몸은 32상과 80종호를 구족하여 자유자재하게 노닐며 걸림이 없음이 허공과 같다. 한량없는 대비와 지혜의 광명에 의해 복덕의 모양과 지혜의 모양으로 법신을 장엄했다. "일체의 법을 벗어났지만" 등이라고 한 것은 육취사생법六趣四生法[89]에 속박되지 않지만 육취사생을 행하여 마구니의 세계 등을 굴려 부처님의 세계 등에 들어가니, 성품이 평등하기 때문에 설함에 걸림이 없는 것이다.

述曰。第二外化。十世界者。十方大千故。所現身別。相好具足。自在無礙。與虛空同。無量大悲。智慧光明。福相智相。莊嚴法身。言一切法外等者。非趣生法而行趣生。轉魔界等入佛界等。性平等故。說無礙也。

"광명과 광명이 비추고"라는 것은 두 가지 공을 비추기 때문이다. "지혜와 지혜가 비추며"라는 것은 그 뒤(두 가지 공을 비춘 뒤)에 일어나는 (두 가지 공에 대한) 지혜이기 때문이다. "밝게 빛나고 밝게 빛난다"라는 것은 무간도와 해탈도를 이루기 때문이다. 사무외와 사무량과 10력과 18불공법과 팔해탈八解脫[90] 등을 갖추고 머묾이 없는 열반을 증득하여 두 변에 머물지 않으니, 인위적인 조작이 없는 하나의 도에 계합하여 소지장所知障이 청정해진다.

모든 중생에 대해 부모 등이라는 생각을 일으켜 설법하기를 겁이 다할

---

[89] 육취사생법六趣四生法 : '육취'는 육도六道와 같은 말로 중생이 윤회하는 세계를 지옥·아귀·축생·아수라·인人·천天 등의 여섯 가지 범주로 분류한 것이고, '사생'은 육도의 중생이 태어나는 형태를 태생胎生·난생卵生·습생濕生·화생化生 등의 네 범주로 분류한 것이다. 통틀어서 윤회의 세계에 얽매여 있음을 일컫는 말이다.
[90] 팔해탈八解脫 : 앞의 주석에서 '해탈解脫'을 풀이한 것을 참조할 것.

때까지 하여 불도의 과를 얻게 한다. "생사의 변제로부터 일어나"라는 것은, 처음 보리심을 발한 때부터 금강심金剛心을 얻는 것에 이르기까지의 모든 소원과 행을 한마음에 나타내어 중생의 세계에 들어가 교화하는 것이다.

> 光光照者。二空故。慧慧者。彼後智故。明燄明燄者。無間解脫故。備四無畏四無量十力十八不共法八解脫等。無住涅槃。不住二邊。無爲一道。所知障淨。爲諸衆生。作父母等。說法窮劫。令得道果。從生死際起者。從初發心至金剛心。所有願行。於一心現。入衆生界。而敎化也。

Ⓙ 제10지(入佛界體性地, 體性入佛界地)

경 "불자여, 보리살타의 입불계체성지入佛界體性地이다. 그 큰 지혜(체)에 의해 공(두 가지 공, 작용)을 알지만, 공함과 공함(두 가지 공)이 다시 공함을 알아 허공과 같이 성품이 평등한 지혜를 얻고, 여래의 성품을 갖추어 열 가지 공덕품을 구족한다. (법계는) 공하여 모두 하나의 모양이고 체성이 무위無爲이며, (법신은) 신神이 허공과 같고 체는 하나이며, 법마다 법성法性과 함께하기 때문에 여래如來라고 한다. 사제四諦와 이제二諦에 수순함에 상응하고, 생사의 수레바퀴의 변제를 다하며, 법에 의해 법신을 길러 두 가지 모양이 없으니, 이를 응공應供이라 한다. 일체의 세계에서 일어나는 일체의 일을 두루 덮어서 정지正智와 성해탈지聖解脫智를 얻고, 일체법의 유有·무無와 일체의 중생의 근기를 알기 때문에 이를 정변지正徧知라고 한다. 지혜의 광명을 밝힘과 수행함이 부처님의 과에 이르렀을 때 구족되기 때문에 이를 명행족明行足이라 한다. 삼세의 부처님의 법에 잘 가서 도달한 법이 선대의 부처님의 법과 같다. 부처님께서 세상을 떠날 때에도 선하고 선하며, 부처님께서 세상에 오실 때에도 선하고 선하니, 이것을 선선善善[91]이라 한다. 이 사람은 이러한 뛰어난 덕을 행하니, 세간에 들어가 중생을 교화하여 중생으로 하여금 일체의 결박에서 벗어나게 하기 때문에 세간해탈世間解脫이라 한다. 이 사람은 일체법에서 부처님의 위신에 들어가는데, 위의와 형상을 마치 부처님과 대사(보살)가 하는 것과 같이 하고, 세간(에 들어가 중생을) 해탈하게 하니, (전자의 의미에서) 무상사無上士라고 하고,[92] (후자의 의미에서 세간해世間解라고 한다.) 일체의 중생을 조복시키고 수순하게 하니 장부丈夫라고 한다. 하늘과 사람 가운데 처하여 일체중생을 교화하여 질문하여 법의 말씀을 받는 스승이 되기 때문에 천인사天人師이다. 미묘한 본체를 얻어 두 가지 모양이 없고, 불성佛性과 현각玄覺을 이루어 항상하고 항상하면서 크게 원만하며, 일체의 중생이 예배하기 때문에, 존경하기 때문에 불세존佛世尊이라 한다. 일체의 세상 사람들이 질문하고 답변을 받아 가르침을 받들기 때문에 부처님의 지위인 것이니, 이 지위는 일체의 성인이 들어가는 곳이기 때문에 불계지佛界地라고 한다."

若佛子。菩提薩埵。入佛界體性地。其大慧空。空復。[1] 空空復空。如虛空。性平等智。有如來性。十功德品具足。空同一相。體性無爲。神虛體一。法同法性。故名如來。應順四諦二諦。盡生死輪際。法養法身無二。是名應供。徧覆一切世界中一切事。正智聖解脫智。知一切法有無。一切衆生根故。是正徧知。明明修行。佛果時足故。是明行足。善逝三世佛法。法同先佛去。[2] 佛去時善善。來時善善。是名善善。是人。行是上德。入世間中教化衆生。使衆生解脫一切結縛。故名世間解脫。是人一切法上。入佛威神。儀形。如佛大士行處。爲世間解脫。名無上士。調順一切衆生。名[3]爲丈夫。於天人

---

91 태현은 선서善逝를 부처님의 명호와 그에 대한 서술, 곧 '잘 간다'라는 뜻을 동시에 갖는 것으로 풀었다. 그러나 현재 『범망경』에서는, 선서는 선선善善에 대한 서술어로 보고, 부처님의 명호는 선선이라고 했다.
92 이 사람은~무상사라고 하고 : 태현은 이를 열 가지 명호 중 '세간해'와 '무상사'의 두 가지가 혼합된 문장으로 풀었기 때문에 역자도 그 주석에 상응하는 방식으로 본문을 풀었다.

中。敎化一切衆生。諮受法言故。是天人師。妙本無二。佛性玄覺。常常大滿。一切衆生禮拜故。尊敬故。是佛世尊。一切世人。諮受奉敎故。是佛地。是地中。一切聖人之所入處故。名佛界地。

1) ㉔ '空復'가 어떤 곳에는 없다.(갑본) ㉕ 태현의 주석에 따르면, 그의 대본에는 없는 것이 맞다. 2) ㉖ 강승개본의 미주에 "명본에 따르면 '去'는 '法'이다."라고 했다. 후대의 주석서에도 '法'으로 보는 경우가 많다. 태현의 주석만으로는 어느 것이 옳은지 확정할 수 없다. 다만 '佛'을 뒤의 문장에 붙여서 보는 것은 분명하기 때문에 앞의 '去'를 '法'으로 보는 것이 타당한 것 같다. 3) ㉔ '名' 앞에 '故'가 있다.(갑본)

a. 장문章門

🔲 제10지인데, 이 가운데 장문을 제시한 것에서 "입불계"라고 한 것은 (부처님의) 직위를 받기 때문이다.

述曰。第十地中。擧章云。入佛界者。受職位故。

b. 행상行相

a) 행의 공덕

다음은 이 지위에서의 행상을 밝혔는데, 이 가운데 두 가지가 있다. 행의 공덕을 밝혔기 때문이고, 행의 수승한 이익을 밝혔기 때문이다. 이것은 처음이다.

次地行中有二。行功德故。行勝利故。此初也。

(a) 체와 용을 냄

먼저 체와 용을 내어서 "큰 지혜에 의해 공을 알지만"이라고 했다. 그런데 그 두 가지 공의 작용이 또한 다시 공하기 때문에 "공함과 공함이 다시 공함을 알아"라고 했다. 다시 공하여 소취所取와 능취能取가 이미 평등하여 허공과 같기 때문에 "허공과 같이 성품이 평등한 지혜를 얻고"라고 했다.

先出體用。言大慧空。然二空用。亦復空故。言空空復空。復空所取能取。既平等空故。言如虛空。性平等智。

"불과의 덕성德性(여래의 성품)을 갖추어 열 가지 덕을 구족한다."라고 했으니, 이것은 총괄적으로 표방한 것이다. "열 가지"라는 것은 열 가지 명호이다.

첫째는 여래이다. 청정한 법계는 하나의 모양이고 무위無爲이며, 그 가운데 나타난 법신도 신神은 허공과 같고 체는 하나이며, 일체의 사법事法이 소멸하여 법성과 함께하니, 가는 것도 없고 오는 것도 없는 것을 여래라고 하기 때문이다. 그런데 경에서는 뜻을 (앞에서) 제시하고, 뒤에 명호를 두었다. 둘째는 응공이다. 지혜를 얻었으니 경계에 수순함에 상응하고, 번뇌를 끊었으니 후세의 존재를 받지 않는 것에 상응하며, 법신을 길러 두 가지 모양이 없으니 정법을 기르는 것에 상응하기 때문이다. 셋째는 정변지이다. 유정과 기세간의 일을 두루 덮고 모든 법과 유정을 두루 알기 때문이다. 정각正覺에 의해 아는 것을 "정지"라고 하고, 물들고 집착하는 것이 없는 것을 "성해탈지"라고 한다. 넷째는 명행족이다. 원인을 행함과 명明을 증대함이 이미 원만한 경지에 이르기 때문이다. 다섯째는 선서善逝이다. 삼세의 부처님의 법에 잘 가는데, 그 도달한 법이 앞서 계셨던 부처님과 같다. 부처님께서 세상을 떠날 때 많은 이익이 있으니, "세상을 떠날 때에도 선하고 선하며"라고 했다. 또한 세상에 와서 몸을 나타낼 때에도 또한 이익이 있으니, "세상에 오실 때에도 선하고 선하니"라고 했다. "선선이라 한다."라고 한 것은 "잘 가서"라고 한 것을 맺은 것이다.

有果德性。十德具足。此總標也。十者十號。一者如來。清淨法界。一相無爲。其中法身。神虛體一。一切事法。泯同法性。無所去來。名如來故。然經擧義。末後配名。二者應供。智應順境。斷應不受後有。法身無二。應正法養故。三者正徧智。[1] 徧覆有情及器世事。周知諸法及有情故。正覺所知。名爲正知。[2] 無所染著。名聖解脫智。四者明行足。因行增明。已到滿故。五者善逝。善逝於三世佛法。其所至法。同於先佛。佛去世時。多有所益。言去時善善。來現世時。亦有所益。言來時善善。名善善者。結善逝也。

---

1) ㉘『범망경』에 따르면 '智'는 '知'이다. 대본의 차이일 수도 있으므로 오자라고 단정할 수는 없다. 단 여래 10호와 관련해서 후자를 사용하는 것이 일반적이다. 2) ㉘『범망경』에 따르면 '知'는 '智'이다. 대본의 차이일 수도 있으므로 오자라고 단정할 수는 없다.

여섯째는 세간해世間解이다. 보살이 앞에서 말한 다섯 가지 덕행을 수행하고 세간에 들어가 중생을 교화하여 해탈하게 하기 때문이다. 일곱째는 무상사이다. 모든 행법行法에서 (부처님의) 위신威神에 들어가는데 부처님께서 행하신 위의처威儀處와 형처形處와 같기 때문이다. 여덟째는 조어장부調御丈夫이다. 세간에 들어가 중생을 해탈하게 함에 있어서 중생의 굳세고 강렬한 번뇌를 조복시켜 수순하게 하기 때문이다. 아홉째는 천인사天人師이다. 상대방이 물어서 법의 말씀을 받는 스승이기 때문이다. 열째는 불세존佛世尊이다. (미묘한 본체인) 법신을 얻어 두 가지 모양이 없고, (불성과 현각인) 지혜의 몸을 얻어 항상하면서 크게 원만한 것을 "불"이라 하고, 모든 중생이 예배 드리고 존경하는 대상을 "세존"이라 하기 때문이다.

六者世間解。菩薩修行。上說五種德行。入世間中。敎化衆生。令解脫故。
七者無上士。諸行法上。入威神。似佛所行義[1]形處故。八者調御丈夫。爲
世間解脫。調順衆生剛强煩惱故。九者天人師。彼所諮受法言師故。十者佛
世尊。法身無二。智身恒時大滿。名佛。一切禮拜及所尊敬。名世尊故。

1) ㉠ 전후 문맥상 '義'는 '儀'인 것 같다.

(b) 총괄적으로 맺으면서 불계지의 명칭을 풀이함

다음은 총괄적으로 맺으면서 불계지의 명칭을 풀이했다. 일체의 세간의 사람들이 가르침을 받는 자리이다. 그러므로 이 지위는 각지覺地(佛地)이다. 아래의 지위에서 와서 들어가니, 또한 "계지界地"라고 한다. 능히 많은 성인이 원만함을 지니도록 하는 곳이기 때문이다.

次總結釋佛界地名。一切世人受敎之處。是故。此地是覺地也。下地來入。
亦名界地。能持羣聖圓滿處故。

경 그때 보배 연꽃에 앉은 일체의 보살에게 수기를 주니 (모두) 기뻐하였다. 법신불께서 손으로 그 정수리를 만지시니 견해를 함께하고 배움을 함께하는 보살이 이구동성으로 둘이 없음을 찬탄하였다. 또한 백천억 개의 세계에 계시는 일체의 부처님과 일체의 보살이 일시에 구름처럼 모여 불가설不可說의 법륜인 허공장화도법문虛空藏化導法門을 굴려 줄 것을 요청하였다. 이 지위에서는 불가설의 기묘한 법문품과 기묘한 삼명삼매문三明三昧門과 다라니문을 갖추는데, 그 아래의 지위의 보살과 범부의 심식心識으로는 알 수 없는 것이다. 오직 부처님과 부처님의 한량없는 몸과 입과 마음만이 그 근원을 다할 수 있다.

「광음천품光音天品」[93]에서 설한 십무외十無畏 같은 것이 (여기에서 설한) 불도佛道(=불지에 들어가는 도)와 같다.

爾時。坐寶蓮華上一切。與授記。歡喜。法身。手摩其頂。同見同學菩薩。異口同音。讚歎無二。又有百千億世界中。一切佛一切菩薩。一時雲集。請轉不可說法輪虛空藏化導法門。是地。有不可說奇妙法門品。奇妙三明三昧門。陀羅尼門。非下地凡夫心識所知。惟佛佛無量身口心意。可盡其原。如光音天品中。說十無畏。與佛道同。

b) 행의 뛰어난 이익

술 두 번째는 행의 뛰어난 이익이다. 10지의 보살이 연꽃에 앉아 법신불로부터 수기를 받고 정수리를 만지는 은혜를 입었으며, 견해가 같고 배움이 같은 이들로부터 찬탄을 받았다. "법신"이라는 것은 얇은 명주로 가려진 것처럼 과보로서의 몸을 나타냈기 때문이다. 내적인 덕이 이미 원만해졌으니, 다시 일체의 부처님과 보살이 법륜을 굴릴 것을 요청하고, (이것에 의해) 세간을 이익 되게 하니, 굴리는 법륜을 "허공장주변용수화도문虛空藏周徧容受化導門"[94]이라 했기 때문이다.

---

93 「광음천품光音天品」: 대본大本 『범망경』의 한 품으로 추정되는 품의 이름이다.
94 허공장주변용수화도문虛空藏周徧容受化導門: 전후 문맥상 '허공장주변용수화도문'은 본문의 '허공장화도법문'을 가리키는 것 같다. 현존하는 어떤 판본에도 이 표현은 없기 때문에 저본의 차이라기보다는 태현이 그 함의를 좀 더 구체화한 용어라고 보았다. 곧 '허공장화도법문'은 '허공이 모든 것을 갈무리하는 것처럼 화도하는 법문'이라는 뜻이고, '허공장주변용수화도문'이란 '허공이 모든 것을 갈무리하는 것처럼 두루 받아들여서 화도하는 문'이라는 뜻이어서 그 의미에 차이가 없다.

述曰。第二行勝利。十地菩薩。坐蓮華上。蒙法身佛授記摩頂。及蒙同見同學讚歎。言法身者。如隔輕縠。見報身故。內德已滿。更得一切佛菩薩請轉法輪。饒益世間。所轉法輪。名虛空藏周徧容受化導門故。

범망경고적기 제2권

梵網經古迹記。卷第二。

범망경고적기 제3권
梵網經古迹記 卷第三

청구사문 태현 지음
青丘沙門 太賢集

5. 부촉함

경 그때 노사나불께서는 대중을 위해 불가설不可說의 수가 쌓이고 모여서 이루어진 백천 개의 갠지스 강[1]의 모래알처럼 많은 수의 법문 가운데에서 십지心地를 털끝만큼 간략하게 열어 보이셨다.

"이것은 과거의 모든 부처님께서 이미 말씀하신 것이고, 미래의 부처님께서 앞으로 말씀하실 것이며, 현재의 부처님께서 지금 말씀하시는 것이다. 삼세의 보살이 이미 배웠고, 앞으로 배울 것이며, 지금 배우는 것이다. 나는 이미 백 겁 동안 이 십지를 수행하였기 때문에 나를 노사나라 부른다. 그대들 여러 부처들은 내가 말한 것을 굴려 모든 중생들에게 들려주어 그들로 하여금 십지의 도를 열어서 일으키게 하라."

그때 연화대장세계의 하늘 광명처럼 눈부시게 빛나는 사자좌師子座[2] 위에 앉으신 노사나불께서 여러 줄기의 광명을 놓으시고, 천 장의 꽃잎 위에 계시는 부처님에게 말씀하셨다.

"나의 「십지법문품」을 가지고 가서 다시 굴려 천백억 명의 석가불과 온갖 중생들을 위해 내가 말한 이 「십지법문품」을 차례로 설하고 그대들도 받아 지니고 읽고 외우며 한마음(一心)으로 행하라."

爾時。盧舍那佛。爲此大衆。略開百千恒河沙不可說法門中心地。如毛頭許。是過去一切佛已說。未來佛當說。現在佛今說。三世菩薩。已學當學今學。我已百劫。修行是心地。號吾爲盧舍那。汝諸佛。轉我所說。與一切衆

---

1 갠지스 강 : 해당 원문은 '항하恒河'이다. 긍가兢伽라고도 한다. ⑤ Gaṅgā의 음사어이다. 의역어는 천당래天堂來이다. 인도 북부를 동서로 가로질러 벵골만으로 흘러드는 인도 최대의 강. 이하 갠지스 강(Ganses江)으로 통일한다.
2 사자좌師子座 : 부처님께서 앉으신 자리를 일컫는 말. 사자가 모든 짐승의 왕인 것처럼 부처님도 사람 가운데 사자와 같은 역할을 하기 때문에 이렇게 부른다.

生。開心地道。時蓮華臺藏世界。赫赫天光師子座上。盧舍那佛。放光光。
告千華上佛。持我心地法門品而去。復轉。爲千百億釋迦及一切衆生。次
第。說我上心地法門品。汝等。受持讀誦。一心而行。

술 다섯째는 부촉한 것이다. "불가설"이라는 것은 수의 명칭이다. 이 수를 일一로 삼아 쌓아서 백천 개의 갠지스 강의 모래알처럼 많은 법문에 이른다. "갠지스 강"이라는 것은, 향산香山[3]의 정상에 있는 무열뇌無熱惱 池에서 (사방에 하나씩) 네 개의 강이 흘러 나오는데, 이것은 동쪽으로 흐르는 강이다. 물의 폭은 40여 리里이다. 범어를 바르게 음사하면 긍가殑 伽라고 해야 하고, 별도의 바른 번역은 없으며, 의역어는 천당래天堂來(천당에서 온다.)이다. 강의 발원지가 산의 정상에 있어서 사람들이 보지 못하는 것이니, 『구사론』에서 "신통력이 없으면 도달할 수 없다."[4]라고 한 것과 같다. 단지 그 물이 높은 곳에서 흘러서 떨어지는 것을 볼 수 있을 뿐이다. 당시 세속의 사람들이 마침내 '천당래'라고 하였다. 이 하나의 강의 모래알을 일一의 수량으로 삼아서 백천이라는 수에 이르기 때문에 그 (백천 가지의) 법문에 나아가면, 지금 이 제10「심지법문품」이라는 것은, "털끝만큼"에 해당하는 것이라고 한 것이다.

---

3 향산香山 : 『구사론』 권11(T29, 58a18)에서 "남섬부주 중앙(중인도)에서 북쪽으로 가면 세 곳에 각각 세 겹의 흑산黑山이 있고, 흑산 북쪽에 대설산大雪山이 있으며, 대설산 북쪽에 향취산香醉山이 있다. 대설산의 북쪽이고 향취산 남쪽에 해당하는 곳에 큰 연못이 있는데, 이름은 무열뇌無熱惱이다. 여기에서 네 개의 큰 강이 흘러나오는데, 첫째는 긍가하殑伽河이고, 둘째는 신도하信度河이며, 셋째는 사다하徙多河이고, 넷째는 박추하縛芻河이다."라고 했다. 향산은 곧 향취산의 다른 의역어이다. 단 『구사론』에서는 향산의 남쪽을 발원지라고 했는데, 본문에서는 향산의 정상이라고 하여 내용을 달리하고 있다. 후대의 여러 주석서에는 '향산의 정상'이라는 표현이 자주 등장하는데, 그 출처는 알 수 없다.

4 『구사론』 권11(T29, 58a23)에서 "여덟 가지 공덕수가 그 안에 가득 차 있는데 신통력을 얻은 사람이 아니면 그곳에 도달할 수 없다."라고 했다.

述曰。第五付屬也。不可說。數名也。此數爲一。積至百千恆沙法門。恆河
者。香山頂。無熱惱池。流出四河。此東河。水寬四十餘里。梵語。應言殑伽。
無別正翻。義天堂來。河源山頂。人所不見。如俱舍云。無通不能至。但見
彼水。高湍而下。時俗遂言天堂來也。此一河沙。爲一數量。至百千故。就
彼門中。今此第十心地品者。如毛頭許。

부처님께서 부촉하여 말하기를, "삼세의 부처님과 보살이 설하고 배우
는 것이고, 나는 이미 여러 겁 동안 닦았기 때문에 성불하였다."라고 하였
다. 광명을 쏟되 한 줄기가 아니기 때문에 "여러 줄기의 광명"이라고 했
다. 천 장의 꽃잎 위에 있는 정토와 예토의 부처님에게 말씀하시기를, "너
희들은 각각 일체의 중생과 부처들에게 굴려서 교화하고 전전하면서 설
하라."라고 하셨다.

佛付屬言。三際佛菩薩之所說學。我已多劫修故成佛。放光非一。故言光
光。告千葉上淨穢土佛。汝各轉化一切衆生佛等展轉說也。

제2절 화신이 전하여 설함

1. 은혜에 보답함

경 그때 천 장의 꽃잎 위의 부처님과 천백억 명의 석가불[5]이, 연화대장세
계의 눈부시게 빛나는 사자좌에서 일어나 각각 물러나면서 온몸에서 불가사

---

5 천백억 명의 석가불 : 『범망경』 권상에 따르면, 천 장의 꽃잎 각각에 계시는 석가불이 다
시 각각 백억 명의 석가불을 화현한다. 이렇게 해서 천 장의 꽃잎 각각에 백억 명의 석
가불이 있으니, 모두 합하여 천백억 명의 석가불이 있는 것이다.

의不可思議⁶한 광명을 놓으니, 그 광명이 모두 한량없는 부처님으로 변화하여 한꺼번에 한량없이 푸르고 노랗고 붉고 흰 연꽃으로 노사나불께 공양하고, 앞에서 말씀하신 「심지법문품」을 받아 지니고, 각각 이 연화대장세계에서 사라졌다.

> 爾時。千華上佛。千百億釋迦。從蓮華藏世界赫赫師子座起。各各辭退。舉身。放不可思議光。光皆化無量佛。一時。以無量靑黃赤白華。供養盧舍那佛。受持上說心地法門品竟。各各。從此蓮華藏世界而沒。

[술] 이하는 (제7장의) 큰 단락에서 두 번째로 화신化身이 전하여 설한 것인데, 이 가운데 두 가지가 있다. 은혜에 보답하는 것을 밝혔기 때문이고, 개별적으로 교화하는 것을 밝혔기 때문이다. 이것은 처음이니, 법은 소중하게 여길 만한 것이기 때문이다.

> 述曰。自下大段。第二化傳說中有二。報恩故。別化故。此初也。法可重故。

2. 개별적으로 교화함

1) 앞에서 설한 삼현·10성의 도를 전함

(1) 경가經家의 총괄적인 서문

[경] 사라지고 나서는 체성허공화광삼매體性虛空花光三昧에 들어가서 본원本

---

6 불가사의不可思議 : 생각으로 헤아릴 수 없고, 언어에 의해 의론할 수 없는 것. 언어와 사유를 넘어선 것을 일컫는 말이다.

源본원의 세계[7]인 염부제閻浮提의 보리수菩提樹 아래로 돌아와서 찰성허공화광삼매에서 나왔다. (삼매에서) 나오고 나서는 비로소 금강천광왕좌金剛千光王座[8]와 묘광당妙光堂에 앉아 10세계해十世界海를 설하였고, 다시 자리에서 일어나 제석천帝釋天[9]의 궁전에 이르러 10주十住를 설하였으며, 다시 염천燄天[10]에 이르러 10행十行을 설하였고, 다시 자리에서 일어나 네 번째 하늘[11]에 이르러 10회향十廻向을 설하였으며, 다시 자리에서 일어나 화락천化樂天[12]에 이르러 10선정十禪定을 설하였고, 다시 자리에서 일어나 타화천他化天[13]에 이르러 10지十地를 설하였으며, 다시 일선一禪[14]에 이르러 10금강十金剛을 설하였고, 다시 이선二禪[15]에 이르러 10인十忍을 설하였으며, 다시 삼선三禪[16]에 이르러 10원十願을 설하였고, 다시 사선四禪[17]에 있는 마혜수라천왕摩醯首羅天王[18]의 궁전에 이르러

---

7 본원本源의 세계 : 본래 응신應身을 나타내어 중생을 교화하던 세계를 가리키는 말. 곧 석가모니불에게 있어서 염부제가 갖는 성격을 나타내는 말이다.
8 금강천광왕좌金剛千光王座 : 부처님께서 깨달음을 이루신 자리를 가리킨다.
9 제석천帝釋天 : 욕계의 여섯 가지 하늘 중 두 번째 하늘. 도리천忉利天을 관장하는 주인이다.
10 염천燄天 : 욕계의 여섯 가지 하늘 중 세 번째 하늘. 염마천燄摩天·야마천夜摩天 등이라고도 하고, 의역어는 시분천時分天이다. 그 하늘의 처소는 시시각각 대부분이 쾌락에 칭합稱合하기 때문에 붙여진 이름이다.
11 네 번째 하늘 : 욕계의 여섯 가지 하늘 중 네 번째 하늘이라는 말로 곧 도솔천兜率天을 가리킨다. '도솔'은 [S] Tuṣita의 음사어로 의역어는 지족知足이다. 그 하늘의 처소는 대개 자신이 감수한 것에 대해 기쁘고 만족하는 마음을 내는 곳이기 때문에 붙여진 이름이다.
12 화락천化樂天 : 욕계의 여섯 가지 하늘 중 다섯 번째 하늘. 낙변화천樂變化天이라고도 한다. 이 하늘은 자신이 욕계의 경계를 화작化作하는 것을 즐기고 이 속에서 즐거움을 누리기 때문에 붙여진 이름이다.
13 타화천他化天 : 욕계의 여섯 가지 하늘 중 여섯 번째 하늘. 타화자재천他化自在天이라고도 한다. 이 하늘은 다른 하늘이 화작한 욕망의 경계를 빼앗아서 자신의 것으로 삼아 즐거움을 누리기 때문에 붙여진 이름이다.
14 일선一禪 : 색계의 사선四禪 중 첫 번째에 해당하는 하늘로 초선初禪이라고도 한다.
15 이선二禪 : 색계의 사선 중 두 번째 하늘이다.
16 삼선三禪 : 색계의 사선 중 세 번째 하늘이다.
17 사선四禪 : 색계의 사선 중 네 번째 하늘이다.
18 마혜수라천왕摩醯首羅天王 : '마혜수라'는 [S] Maheśvara의 음사어로 대자재大自在라고

자신(석가불)의 본원本源으로 연화장세계에 계시는 노사나불께서 설한 「십지법문품」을 설하였다. 그 나머지 천백억 명의 석가모니불도 또한 이와 같이 하여 둘도 아니고 다르지도 않았다. 「현겁품現劫品」[19]에서 설한 것과 같다.

> 沒已。入體性虛空華光三昧。還本源世界閻浮提菩提樹下。從體性虛空華光三昧出。出已。方坐金剛千光王座及妙光堂。說十世界海。復從座起。至帝釋宮。說十住。復從座起。至燄天中。說十行。復從座起。至第四天中。說十迴向。復從座起。至化樂天。說十禪定。復從座起。至他化天。說十地。復至一禪中。說十金剛。復至二禪中。說十忍。復至三禪中。說十願。復至四禪中。摩醯首羅天王宮。說我本源蓮華藏世界盧舍那佛所說心地法門品。其餘千百億釋迦。亦復如是。無二無別。如賢劫品中說。

술 두 번째는 개별적으로 교화하는 것이다. 각각 본래의 국토로 돌아가 개별적으로 중생을 교화했기 때문이다. 여기에 두 가지가 있다. 앞에서 설한 삼현三賢·10성十聖의 도를 전한 것이니 내문內門인 행이기 때문이다. 처음으로 발심發心한 이에게 전한 것이니 외문外門인 계戒이기 때문이다. 처음에 또한 두 가지가 있으니, 경가經家[20]의 총괄적 서문이기 때문이고, 개별적으로 풀이했기 때문이다. 이것은 처음에 해당한다.

> 述曰。第二別化也。各還本土。別化衆故。於中有二。傳上賢聖。內門行故。傳初發心。外門戒故。初亦有二。經家總序故。別釋故。此初也。

의역한다. 원래 힌두교의 주신인 쉬바(S Śiva)의 다른 이름이지만 불교에서 색계의 제4선의 가장 위에 있는 색구경천色究竟天의 최정상에 머물고 있는 하늘로 수용하였다.
19 「현겁품現劫品」: 대본大本 『범망경』의 한 품으로 추정되는 품의 이름이다.
20 경가經家: 부처님의 가르침을 암송하고 이것을 결집하여 경전을 완성한 제자를 일컫는 말이다. 예컨대 부처님이 입멸한 후 행해진 1차 결집에서 경전 편찬의 주도적 역할을 한 아난阿難을 경가라고 할 수 있다.

그 삼매의 이름(체성허공화광삼매)은 앞에서 이미 풀이한 것과 같다. 대승의 근기와 소승의 근기는 보는 것이 같지 않으니, 보살중이라야 처음에 성불하고 나서 제4선에 있는 대자재천왕의 궁전에 가서 광명을 쏘아 대중을 접인하고, 노사나불을 섬기어 「심지품」에 대한 설법을 듣고, 보리수 아래로 돌아와 선정에서 나와서 10세계해를 설하는 것을 보는 것이다. "보리수"라는 것은 필발라수畢鉢羅樹[21]이다. 가야성伽耶城에서 서남쪽으로 24리 떨어진 곳에 있다.

("금강천광왕좌"라는 것은) 금속 가운데 정밀하고 단단한 것을 '금강金剛'이라 하니, 금강과 같은 체를 지닌 분의 자리로서 적합한 것이다. 빛 가운데 가장 뛰어난 것이니 "광왕좌"라고 했다. "묘광당"이라는 것은 『화엄경』에서 "보광당普光堂"[22]이라고 했다. 부처님께서 광명을 쏜 것으로 인해 이름을 세운 것이다. 마가다국의 적멸도량 안에 있는 보리수에서 3리 떨어진 곳에 있다. 생사의 원인을 (모두) 소멸해 버린 곳을 "적멸도량"이라 한다.

"10세계해"라는 것은, 『화엄경』 권2에서 "연화장세계해蓮華藏世界海의 동쪽에 다음으로 세계해가 있으니, 이름은 정련화승광장엄淨蓮華勝光莊嚴이다. 그 가운데 부처님의 국토가 있으니, 이름은 중보금강장衆寶金剛藏이다."[23]라고 하고, 이와 같이 시방에 대해 각각 다른 명칭을 설했는데, 자

---

21 필발라수畢鉢羅樹: '필발라'는 ⓢ pippala의 음사어. 석가모니불이 깨달음을 이룬 곳에 있던 나무의 이름. 엄밀하게 말하자면, 나무 이름은 발다鉢多(阿輸陀, ⓢ aśvattha)이고, 그 열매의 이름이 필발라인데, 그 열매의 이름을 따라서 필발라수라고 했다. 석가불에게 있어서 보리수란 '깨달음을 이룬 곳에 있던 나무'라는 뜻으로 필발라수를 가리킨다.
22 보광당普光堂: 60권본 『화엄경華嚴經』 권4(T9, 418a26)에서는 보광법당普光法堂이라 했고, 80권본 『화엄경』 권12(T10, 57c24)에서는 보광명전普光明殿이라 했다. 후대의 주석서에서는 대부분 이를 보광당이라고 했다. 『화엄경』의 설법이 이루어진 칠처팔회七處八會 혹은 칠처구회七處九會의 법회가 열린 장소 중 하나이다. 마가다국 보리도량 근처에 있는 법당이라고 한다.

세한 것은 그곳에서 설한 것²⁴과 같다. "연화장세계해"를 제외했기 때문에 "10세계해"라고 한 것이다. 세계해의 분량은 앞에서 이미 설한 것과 같다.

其三昧名。如前已釋。大小乘機。所見不同。菩薩衆見。初成佛已。往第四禪大自在天王宮。放光接衆。事盧舍那。聽心地品。還來樹下。出定而說十世界海。菩提樹者。畢鉢羅樹。在伽耶城西南二十四里。金中精牢。名曰金剛。可宜金剛體之座也。光中最勝。名光王座。妙光堂者。即華嚴云普光堂也。因佛放光而立名也。在摩伽陀國。寂滅道場界。去菩提樹三里也。滅生死處。名寂滅道場。十世界海者。華嚴第二云。蓮華藏世界海。次東¹⁾方²⁾有世界海。名淨³⁾勝光莊嚴。中有佛刹。名衆寶金剛藏。如是十方。各說異名。廣如彼說。除蓮華藏。言十世界海。世界海量。如前已說。

1) ㉠『화엄경』에 따르면 '東'은 앞의 '海' 뒤로 옮겨야 한다. 2) ㉠『화엄경』에 따르면 '方'은 연자이다. 3) ㉠『화엄경』에 따르면 '淨' 뒤에 '蓮華'가 누락되었다.

"10주"와 "10행"과 "10회향"이라는 것은 곧 앞에서 설한 10발취 등을 말한다.

"10선정"이라는 것은 (다음과 같다.) 여기에서는 본문의 내용을 차례대로 서술하자면 사선근四善根²⁵이 와야 하지만,²⁶ 한결같이 지혜를 닦았기

---

23 60권본『화엄경』권2(T9, 405c26).
24 60권본『화엄경』권2(T9, 405c26)에 따르면, 연화장세계해를 중심으로 ① 동쪽에 있는 정련화승광장엄淨蓮華勝光莊嚴, ② 남쪽에 있는 중보월광장엄장衆寶月光莊嚴藏, ③ 서쪽에 있는 보광락寶光樂, ④ 북쪽에 있는 유리보광충만장瑠璃寶光充滿藏, ⑤ 동남쪽에 있는 염부단파려색당閻浮檀玻瓈色幢, ⑥ 서남쪽에 있는 보조장엄普照莊嚴, ⑦ 서북쪽에 있는 선광조善光照, ⑧ 동북쪽에 있는 보조광명장寶照光明藏, ⑨ 아래쪽(下方)에 있는 연화묘향승장蓮華妙香勝藏, ⑩ 위쪽(上方)에 있는 잡보광해장엄雜寶光海莊嚴 등의 열 가지 세계해를 가리킨다.
25 사선근四善根 : 유식종에서 실천수행의 계위를 다섯 가지로 나눈 것 중 두 번째인 가행위加行位를 가리킨다. 10회향의 만위滿位에서 생기하는 것이다.
26 10회향의 만위에서 사선근이 일어나기 때문에 차례대로 하면 10선정보다는 사선근을

때문에 치우치게 선정을 설하였다. (선정에 해당하는 범어) 선나禪那ⓢ dhyāna)는 적정寂靜이라 의역한다. 그 열 가지란 무엇인가. 『화엄경』「십정품十定品」[27]에서 설한 것[28]과 같고, 『보살선계경』 권5 「선품禪品」에서 "열 가지 적정정선寂靜淨禪이 있다. 첫째는 세법적정정선世法寂靜淨禪이다."[29] 등이라고 한 것과 같다.

十住十行十廻向者。即前所說十發趣等。十禪定者。此文次第。當四善根。一向修慧。故偏說定。禪那。此云寂靜。其十者何。如華嚴經。十定品說。善戒經。第五禪品中。有十寂靜淨[1)]禪。一世法寂靜淨禪等。

1) ㉲ '淨'을 '淸'이라 했다.(갑본) ㉠ 『보살선계경』에 따르면 '淨'은 연자이다. 단 문맥에 의거하면 '淨'을 붙여도 무방하다. 태현이 의도적으로 붙여 쓴 것으로 보인다.

그 열 가지는 어떤 뜻인가. 게송으로 말한다.

彼十何義。頌曰。

두어야 한다는 말이다.
27 「십정품十定品」: 본 품은 60권본 『화엄경』에는 나오지 않고 그보다 뒤에 한역된 80권본 『화엄경』 제27품에 수록되어 있다. 단 본 서의 앞 부분에서 태현이 『화엄경』을 인용한 것은, 그 문장이 60권본과 가깝다. 태현이 양자를 모두 활용한 것으로 보인다.
28 80권본 『화엄경』 권40 「십정품」(T10, 212c7)에서 "열 가지 큰 삼매(十大三昧)가 있다. 보광대삼매普光大三昧·묘광대삼매妙光大三昧·차제변왕제불국토대삼매次第遍往諸佛國土大三昧·청정심심행대삼매清淨深心行大三昧·지과거장엄대삼매知過去莊嚴藏大三昧·지광명장대삼매智光明藏大三昧·요지일체세계불장엄대삼매了知一切世界佛莊嚴大三昧·중생차별신대삼매衆生差別身大三昧·법계자재대삼매法界自在大三昧·무애륜대삼매無礙輪大三昧이다."라고 했다.
29 『보살선계경菩薩善戒經』 권5(T30, 988c6)에서 "열 가지 적정정선이란, 첫째는 세법적정정世法寂靜淨禪이고, 둘째는 출세법적정정出世法寂靜淨이며, 셋째는 방편적정정方便寂靜淨이고, 넷째는 근본적정정根本寂靜淨이며, 다섯째는 상적정정上寂靜淨이고, 여섯째는 입적정정入寂靜淨이며, 일곱째는 주적정정住寂靜淨이고, 여덟째는 기적정정起寂靜淨이며, 아홉째는 자재적정정自在寂靜淨이고, 열째는 번뇌지혜이장적정정煩惱智慧二障寂靜淨이다."라고 했다.

누정漏定과 무루정無漏定과 근분정近分定과

근본정根本定과 승진정勝進定이며

입정入定과 주정住定과 출정出定과 변제정邊際定이며

결택정決擇定이니 나누어서 열 가지가 되니라.[30]

漏無漏近分。根本與勝進。

入住出邊際。決擇分爲十。

이 경의 상권에 준하면, "10금강"이라는 것은 곧 "10회향"이니, (욕계의) 네 번째 하늘(도솔천)에서 (이미) 설한 것이다. 그런데 무엇 때문에 색계色界에 (속하는 사선四禪의 초선에서) 거듭해서 회향을 설하는 것인가? 북병주北幷州의 진장사眞藏師[31]는 말하기를, "색계에서 설한 것은 모든 지위에서 공통으로 행해진다."라고 했다. ("10금강"이라는 것은) 『화엄경』 권39에서 10금강심을 설하여 "보살은 이와 같은 마음을 낸다. '나는 삼세의 모든 법을 남김 없이 분명히 깨달을 것이다.' 이것이 보살이 첫 번째로 금강심을 내는 것이다."라고 하고, 또 자세히 설한 것[32]과 같다.

---

30 이 게송에서 제시한 10선정의 명칭은 『보살선계경』에서 제시한 것과 그 의미가 동일한데, 도표로 나타내면 다음과 같다.

10선정	제1	제2	제3	제4	제5	제6	제7	제8	제9	제10
태현의 게송	누정	무루정	근분정	근본정	승진정	입정	주정	출정	변제정	결택정
『보살선계경』	세법적 정정선	출세법적 정정선	방편적 정정선	근본적 정정선	상적 정정선	입적 정정선	주적 정정선	기적 정정선	자재적 정정선	번뇌지혜 이장적정정

31 진장사眞藏師 : 생몰 연대 및 자세한 행적은 미상이다. 다만 『범망경』에 대한 주석서를 지은 것으로 전해진다.

32 60권본 『화엄경』 권39(T9, 645a19). 이어지는 문장에서 "제2 금강심은 '나는 큰 장엄을 내어 스스로를 장엄하고 중생을 교화하고 제도하여 모두 아뇩다라삼먁삼보리를 증득하여 큰 열반을 성취하는 형태로 열반에 들도록 하겠다'이고, 제3 금강심은 '나는 위없는 청정한 장엄으로 이러한 일체 세계를 장엄하되, 그 장엄이 모두 진실하여 허망하지 않게 할 것이다'이며, 제4 금강심은 '나는 모든 선근을 모든 중생에게 회향하고 위없는 큰 지혜의 광명으로 모든 중생을 두루 비출 것이다'이고, 제5 금강심은 '내가 심은 선근

"10인十忍"이라는 것은, 『유가사지론』「인품忍品」에서 "청정인清淨忍에 열 가지가 있다."[33]라고 하고, 그곳에서 자세히 설한 것[34]과 같다. 또 『보살선

> 을 모든 부처님께 회향하고 받들며 공양하고 그렇게 한 후에야 비로소 나는 등정각等正覺을 이룰 것이다'이며, 제6 금강심은 '보살은 모든 부처님을 뵙고, 말씀하시는 법을 듣고, 매우 기뻐하는 마음을 내지만, 자기 몸에도 부처님의 몸에도 집착하지 않는다. 그리하여 부처님의 몸은 진실한 것이 아니고 허망한 것도 아니며, 있는 것도 아니고 없는 것도 아닌 것 등을 알고, 부처님은 진실로 존재하지 않지만 또한 존재하는 모습을 무너뜨리지도 않는다는 것을 안다. 왜냐하면 모든 것을 포섭하여 취하기 때문이다'이고, 제7 금강심은 '보살은 어떤 중생이 꾸짖고 욕하거나, 손과 발을 자르거나 하는 것과 같은 온갖 해치는 행위를 하여도……보살은 이로 말미암아 분노하여 해치려는 마음을 내지 않고, 불가설의 겁 동안 보살행을 닦아 중생을 포섭하고 취하여 그만두고 버리려는 마음을 내지 않는다. 왜냐하면 보살은 불이법不二法에 머물러 보살이 배워야 할 것을 잘 배우고, 청정하고 곧은 마음을 지녀 모든 중생에 대해 분노하는 마음을 내지 않고 온갖 고통을 참아내며, 보복을 가하려는 마음을 내지 않고, 자기 몸으로 모든 중생의 고통을 견디고 받아들인다'이며, 제8 금강심은 '나는 미래세계의 법계法界와 허공계虛空界 등과 같은 분량의 겁이 다하도록 한 세계에서 보살도를 행하며 중생을 교화하고, 한 세계에서 한 것과 같이 법계와 허공계와 같은 일체의 세계가 다하도록 또한 다시 이와 같이 하여 일체중생을 위해 보살행을 닦을 것이다'이고, 제9 금강심은 '아뇩다라삼먁삼보리는 마음을 근본으로 한다. 마음은 청정하기 때문에 모든 선근을 쌓고 모아 원만하게 이룰 수 있다. 마음이 자재함을 얻으면 위없는 보리를 성취할 수 있으니, 보살행을 행하여 모든 서원을 충족시키고 끝내 모든 중생을 교화할 것이다'이며, 제10 금강심은 '부처님은 얻을 수 없고 보리도 얻을 수 없음을 알며……일체지一切智를 얻으려는 마음을 일으킨 것을 버리지 않고 보살행을 닦기를 포기하지 않으며 중생을 교화하기를 포기하지 않을 것이다'이다."라고 했다.

33 『유가사지론』 권42(T30, 525b15).
34 『유가사지론』에서 단락 구분 없이 설했기 때문에 주석서에 따라서 끊는 지점이 다르다. 도륜道倫(遁倫이라고도 함)의 『유가론기』 권10(T42, 542c28)에 의거하면, 열 가지란 다음과 같다. 첫째는 다른 사람이 이익이 되지 않는 일을 하면서 괴롭혀도 끝내 보복하지 않는 것이고, 둘째는 또한 분노하는 마음도 내지 않는 것이며, 셋째는 또한 원망하고 미워하는 마음도 내지 않는 것이고, 넷째는 의요意樂가 상속하고 항상 현전現前하여 이익이 되는 일을 함에 이전과 이후에 차이가 없고 한 번 이익 되게 하는 것에 그치지 않는 것이며, 다섯째는 원망을 지닌 이에게 스스로 가서 참회하고 사죄하는 것이고, 여섯째는 끝내 상대방으로 하여금 피로하고 염증을 내게 한 후에야 사죄를 받아들이는 일을 하지 않으니, 그가 피로하고 염증을 일으킬 것을 염려하여 사죄하면 바로 받아 주는 것이며, 일곱째는 감인堪忍하지 못하는 것에 대해 증상맹리增上猛利의 참괴慚愧를 성취하는 것이고, 여덟째는 감인에 의지하여 대사大師의 처소에서 증상맹리增上猛利의 애경愛敬을 성취하는 것이며, 아홉째는 모든 유정을 괴롭히지 않는 것에 의지하기

계경」「인품」에서도 열 가지를 설했다.[35] "10원十願"이라는 것은『화엄경』에서 설한 것[36]과 같다.『발보리심경發菩提心經』에서도 (설하였는데) 뒤에서 인용하고 풀이할 것[37]이다.

準此上卷。十金剛者。卽十廻向。四天中說。何故。色界。重說廻向。北幷州。眞藏師云。色界所說。諸位通行。如華嚴。三十九。說十金剛心。謂菩薩。發如是心。我當覺了三世一切諸法悉無有餘。是第一發金剛心。乃至廣說。十忍者。瑜伽。忍品云。淸淨忍有十。如彼廣說。又善戒經。忍品。說十。十願者。如華嚴說。發菩提心經。下當引釋。

때문에 모든 유정에 대해 맹리猛利의 애민哀愍과 애락愛樂을 성취하는 것이고, 열째는 일체의 불인不忍과 그것을 돕고 짝하는 법(助伴法)을 모두 끊기 때문에 욕계의 욕망을 여의는 것이다.

35 『보살선계경』 권5(T30, 985b6)에서 성인性忍을 비롯한 다양한 인忍을 설하고, 본 품(「인품」)의 마지막에서 "이와 같은 열 가지 인을 구족한 보살은 팔정도八正道를 닦고 아뇩다라삼먁삼보리를 얻을 수 있다."라고 했는데, 본문은 "열 가지 인"으로 구획 지을 수 없는 형태로 서술되어 있다. 따라서 "열 가지 인"이란 앞에서 설한 모든 인忍을 가리키는 것으로 보아야 한다. 그런데 본 품(「인품」)에서 설한 마지막 인忍인 적정인寂靜忍의 내용이 『유가사지론』의 청정인과 유사하니, 『보살선계경』 권5(T30, 986c22)에서 "적정인이라는 것은, 보살이 악한 중생에게 구타를 당해도 그에 대해서 끝내 악심을 내지 않고, 원망하는 생각도 내지 않으며, 착한 벗이라는 생각을 하고, 이들 악한 사람이 없었더라면 나의 선법이 어떻게 증장되었겠는가 하는 생각을 하며, 욕하는 이가 있으면 부드러운 말로 위로하고 달래며 자비심을 닦아 욕계의 모든 번뇌를 무너뜨리는 것이다."라고 했기 때문이다. 열 가지로 갈라지지는 않지만, 청정인과 적정인은 단어의 의미가 유사하고, 내용도 유사하기 때문에 열 가지 인은 적정인을 가리키는 것으로 보이기도 한다.
36 60권본『화엄경』 권23 「십지품十地品」(T9, 545b10)에서 제1 환희지歡喜地에서 일으키는 열 가지 큰 서원을 설한 것을 가리킨다. 첫째는 모든 부처님께 모든 공양거리를 바치는 것이고, 둘째는 모든 부처님께서 설한 경법을 수지하고 모든 부처님의 보리를 섭수하며 모든 부처님께서 설한 법에 수순하고 일체의 불법을 수호하는 것이며, 셋째는 모든 부처님께서 이 세상에 태어나고 성불하여 열반에 들 때 늘 곁에서 공양하는 것 등이다.
37 본 서의 뒷부분에서『발보리심경發菩提心經』의 10대원을 설한 것을 가리킨다.

(2) 개별적으로 풀이함

경 그때 석가모니불께서는, 처음 몸을 나타냈던 연화장세계에서 동쪽으로 와서 도솔천의 궁전에 들어가 마구니에게 가르침을 주어 교화하는 내용의 경을 설하기를 마치고, 남염부제 가이라국迦夷羅國[38]에 내려와 태어났다. 어머니의 이름은 마야摩耶이고, 아버지의 이름은 백정白淨[39]이며, 나의 이름은 실달悉達(⑤ Siddhārtha)이다. 일곱 살에 출가하여 30세에 불도를 이루었으니, 나를 석가모니라고 불렀다.

적멸도량에 있는 금강화광왕좌金剛華光王座[40]에 앉음으로부터 마혜수라천왕의 궁전에 이르기까지 그 가운데 차례대로 열 가지 주처에서 설법하기를 (마쳤다.)[41] 그때 부처님께서 여러 대범천왕大梵天王이 (공양한) 망라당網羅幢(깃대에 매달린 그물)을 관찰하고 그것으로 인해 말하였다.

"한량없는 세계가 그물코와 같아서 낱낱의 세계가 각각 같지 않고 서로 다르기 한량없으니 부처님의 가르침의 문도 역시 그와 같다. 나는 지금 이 세계에 8천 번이나 되돌아왔다."

爾時。釋迦牟尼佛。從初現蓮華藏世界。東方來入天王宮中。說魔受化經

---

38 가이라국迦夷羅國 : ⑤ Kapilavastu의 음사어. 가비라국迦毘羅國이라고도 한다. 기원전 5세기경 인도에 있던 석가족의 왕국. 석가모니불께서 태어나신 나라이다. 현재 네팔 타라이 지방의 티라우파 고트에 해당한다.
39 백정白淨 : ⑤ Śuddhodana의 의역어. 정반淨飯이라고도 한다. 석가모니불의 아버지이다.
40 부처님께서 깨달음을 이루신 자리, 곧 붓다가야에 있는 금강좌金剛座를 일컫는 말.
41 열 곳에서 열 가지 법문을 설한 것을 말한다. 첫째는 금강천광왕좌와 묘광당에서 10세계해를 설한 것이고, 둘째는 제석천의 궁전에서 10주를 설한 것이며, 셋째는 염천에서 10행을 설한 것이고, 넷째는 도솔천에서 10회향을 설한 것이며, 다섯째는 화락천에서 10선정을 설한 것이고, 여섯째는 타화천에서 10지를 설한 것이며, 일곱째는 일선에서 10금강을 설한 것이고, 여덟째는 이선에서 10인을 설한 것이며, 아홉째는 삼선에서 10원을 설한 것이고, 열째는 사선 중 마혜수라천왕의 궁전에서 「심지법문품」을 설한 것이다.

已。下生南閻浮提迦夷羅國。母名摩耶。父字白淨。吾名悉達。七歲出家。三十成道。號吾爲釋迦牟尼佛。於寂滅道場。坐金剛華光王座。乃至摩醯首羅天王宮。其中次第。十住處所說。時佛觀諸大梵天王網羅幢。因爲說。無量世界。猶如網孔。一一世界。各各不同。別異無量。佛敎門。亦復如是。吾今來此世界。八千返。

술 두 번째는 개별적으로 풀이한 것이다. 어떤 사람이 의심해서 말하기를, "처음 성불하고부터 어느때에 설하셨는가?"라고 했기 때문에 지금 풀이하여 말하기를, "이 화신인 석가는 처음에 연화장세계에서 본원인 부처님으로부터 화현하여 스스로 동쪽으로 와서 도솔천의 궁전에 들어가 마구니에게 가르침을 주어 교화하는 경을 설하고 나서 이 세상에 내려와 태어나서 태내에 들어갔고, 내지 나를 석가모니불이라 불렀다."라고 했으니, 이것은 불도를 이룬 것을 제시한 것이다.

述曰。第二別釋。謂有疑云。從初成佛。何時說耶故。今釋云。此化釋迦。初蓮華界。從本佛現。自東來。入兜率天宮。說魔受化經已。下生入胎。乃至。號吾釋迦牟尼佛。此擧成道也。

문 나머지 여러 경에서는 "보리수 아래에서 마구니를 항복시켰다."라고 했는데, 어째서 이 경에서는 마구니에게 가르침을 주어 교화하고 나서 비로소 이 세상에 내려와 태어나는 것인가?

답 마구니의 무리는 하나가 아니니, 교화에 있어서 앞과 뒤가 있는 것일 뿐이다. (마구니의 무리가 하나가 아니라는 것은) 『대방등대집경』에서 "마왕魔王은 백억 명이나 된다."[42]라고 한 것과 같다. 만약 하나를 이미 조

---

42 『대방등대집경大方等大集經』 권21(T13, 151b2), 권31(T13, 217c21) 등에서 "백억 명의

복시키고 나서 다시 남은 것이 없다면, 부처님께서 멸도한 후에 누가 결집을 교란했겠는가. 힘의 뛰어남을 나타내기 위해 때때로 마구니를 항복시킨다. 『화엄경』에서 "보살의 공덕의 힘은 파괴할 수 없는 것임을 나타내기 위해서이다."[43]라고 한 것과 같다.

> 餘諸經云。樹下降魔。云何此經魔受化已。方始下生。解云。魔衆非一。化有前後。如大集經云。魔王有百億。若一已伏。更無餘者。佛滅度後。誰亂結集。爲顯力勝。時時降魔。如華嚴云。爲顯菩薩功德之力。不可壞故。

"남염부제에 내려와"라는 것은 태내에 들어가는 모습이다. ("염부제"는) 섬부贍部([S] Jambu)라고도 음사하고, 승금勝金이라 의역한다. 『아함경』「염부제품」에서 "염부수 아래에 금이 있는데 두께는 40유순이다. 승금이라 부르니, 금 가운데 뛰어나기 때문이다. 곧 염부단금閻浮檀金이다."[44]라고 한 것과 같다. ("마야"의 갖춘 음사어는) 마하마야摩訶摩耶([S] Mahāmāyā)이고, 의역어는 대술大術이다.

"일곱 살에 출가하여" 등이라는 것은 이 경에서 착오를 일으킨 것으로 보아야 하니,[45] (여러 경에서) 이미 결혼하여 아내를 맞아들인 후 출가했

마구니(百億魔)"라고 한 것을 말한다.
43 60권본 『화엄경』 권43(T9, 668c16)에서 보살이 마구니를 항복시키는 모습을 나타내는 열 기지 이유를 설한 것 중 하나이다.
44 『아함경』에서 해당 문장을 찾을 수 없었다. 단 『기세인본경起世人本經』 권1(T1, 366c10)에서 "이 염부주에 염부라는 이름의 큰 나무가 한 그루 있다. 그 뿌리는 넓이가 7유순이고, 내지 가지와 잎은 50유순을 덮었다. 그 나무 아래에 염부단이라는 금덩어리가 있는데 두께가 20유순이다. 금이 염부수 밑에서 출생하니, 그러므로 염부단이라 이름한다. 염부단금이란 이것으로 인해 이름을 얻은 것이다."라고 했는데, 뜻이 꼭 일치하지는 않는다.
45 『범망경합주』 권3(X38, 642c24)에서는 "출가칠세出家七歲"는 "출가하여 7년 동안 수행하고"라고 해야 옳다고 하고, 그 이유를 부처님께서 출가하여 1년 동안은 여러 나라를 돌아다니면서 당대의 저명한 수행자들을 만났고, 그 다음에 6년 동안 고행을 행했기

다고 말했기 때문이다. 『서역전』에서 "여러 부파에서 보거나 들은 것에 의해 세운 견해가 같지 않다."[46]라고 했다. 그 바른 뜻은 『금광명기金光明記』[47]에서 설한 것과 같다.

> 下閻浮提者。入胎相也。梵云贍[1]部。此云勝金。如阿含經。閻浮提品。閻浮樹下。有金。厚四十由旬。號曰勝金。金中勝故。即閻浮檀金也。摩訶摩耶。此云大術。七歲出家等者。此經應錯旣。說娶婦方出家故。西域傳云。諸部見聞不同也。其正義者。如金光明記。

1) ㉠ '贍'을 '瞻'이라 했다.(갑본·을본·병본)

"적멸도량" 이하는 때를 나타낸 것이다. 불도를 이루고 나서 제4선에서 노사나불을 섬기고 심지법을 받고 도량으로 되돌아와서 (금강화광왕좌金剛華光王座[48]에서) 10세계해를 설하고, 차례대로 앞에서 설한 열 가지 주처를 걸쳐 지나면서 (해당처에 상응하는 법을 설하고,) 열 번째 처소인 마혜수라천왕의 궁전에 이르러 심지를 설할 때, 모든 대범왕이 망라당을 공양하니, 이것으로 인해 설법하고, 내지 말하기를, "나는 지금 이 세계에 8천 번이나 되돌아왔다."라고 했다.

때문에 이 기간을 합하여 7년이라 한 것이라 했다.
46 『서역전西域傳』은 『대당서역전大唐西域傳』이라고도 칭하는 현장의 『대당서역기大唐西域記』를 가리키는 것 같은데, 꼭 일치하는 문장은 없다. 다만 『대당서역기』 권2(T51, 876a18)에서 입태에서부터 열반에 이르기까지의 시기에 대해 다양한 설이 있음을 밝혔는데, 일반론적 관점을 서술한 것이라면 이 문장이 일치하는 것으로 볼 수는 있다. 실제로 승장은 『범망경술기』(X38, 398c1)에서 『서역전』이라는 이름으로 『대당서역전』의 해당처를 인용한 후, 『범망경』에서 일곱 살에 출가했다고 한 것을 이상하게 여길 것이 없는 근거로 삼고 있다.
47 『금광명기金光明記』: 어떤 책을 가리키는지 확정할 수 없다. 다만 여러 주석서에 진제眞諦와 원효元曉의 저술이라고 언급한 문장이 보인다.
48 금강화광왕좌金剛華光王座: 앞에서는 금강천광왕좌라고 했다. 모두 부처님께서 깨달음을 얻은 나무, 곧 보리수 아래에 있는 자리를 가리킨다.

寂滅道場已下。顯時。謂成佛已。從第四禪。事盧舍那。受心地法。還來道場。說十世界海。如次前說。歷十住處。乃至。第十摩醯首羅天王宮中。說心地時。諸大梵王。供網羅幢。因此說法。乃至告言。吾今來此世界八千返。

2) 악행을 경계하는 문

(1) 서분을 엶

① 시간과 장소를 서술함

경 이 사바세계를 위해 금강화광왕좌에 앉음으로부터 마혜수라천왕의 궁전에 이르기까지 (열 곳에서) 그 안에 사는 모든 중생을 위해 십지心地를 간략히 열어 보이기를 마치고, 다시 천왕의 궁전에서 내려와 염부제의 보리수 아래에 이르러 이 지상地上의 일체중생과 범부인 어리석은 중생[49]을 위해 나의 근본인 노사나불의 십지 중 처음 발심하면서 항상 외웠던 광명과 같은 한 가지 계戒를 설했다.

爲此娑婆世界。坐金剛華光王座。乃至摩醯首羅天王宮。爲是中一切大衆。略開心地法門品竟。復從天王宮下。至閻浮提菩提樹下。爲此地上一切衆生凡夫癡暗之人。說我本盧舍那佛心地中。初發心中。常所誦一戒光明。

술 큰 단락에서 두 번째는 악행을 경계하는 문이니, 이 가운데 세 가지가 있다. 서분을 열었기 때문이고, 바로 설했기 때문이며, 유통했기 때문

---

49 이 지상地上의~어리석은 중생 : 『범망경술기』 권상(X38, 399a5)에서 "위하는 대상이 되는 사람에 두 종류가 있으니, 첫째는 지상地上(초지 이상)의 보살이고, 둘째는 지전地前(초지 이전)의 이생異生이다."라고 한 것을 참조하여 풀이했다.

이다. 처음에 또한 세 가지가 있으니, 시간과 장소를 밝혔기 때문이고, 권장하고 책려했기 때문이며, 계를 제정했기 때문이다. 이것은 처음에 경가가 시간과 장소를 서술한 것이다.

述曰。大段第二誡惡行門。於中有三。開序故。正說故。流通故。初亦有三。時處故。勸策故。結戒故。此初經家序時處也。

이 사바세계를 교화하기 위해, 금강좌에서부터 사선에 이르는 처소에서 상응하는 부류를 교화했기 때문에 심지를 설하기를 마치고, 다시 보리수 아래로 돌아와 비로소 뒤에 서술한 것과 같은 보살계본菩薩戒本을 설하였다. 계는 죄의 어둠을 파괴하기 때문에 "광명과 같은"이라고 했다.

爲化此娑婆界。從金剛座。乃至四禪所化類故。說心地竟。復還樹下。始說如下菩薩戒本。戒破罪闇。名爲光明。

② 법왕께서 권하고 책려함

A. 책려하여 일으키게 함

경 "금강보계金剛寶戒는 모든 부처님의 본원이고, 모든 보살의 본원이며 불성佛性의 종자이다. 모든 중생은 다 불성이 있으니, 일체의 의意(제7 말나식)와 식識(육식)과 색色(오근)과 마음(心, 제8 아뢰야식)에 있어서 이와 같은 정情과 마음은 모두 불성계佛性戒에 들어간다. 미래에 얻을 결과에 대해 항상 원인을 가지고 있기 때문에 미래(堂堂)에 얻을 상주하는 법신을 지닌다. 이와 같은 10바라제목차婆羅提木叉를 세상에 내어 놓을 것이니, 이 법계法戒를 이 삼세의 모든 중생들은 머리에 받쳐 이고 굳게 지켜야 한다. 나는 이제 이 대중을 위해 열 가지 다함이 없는 창고인 계품戒品을 거듭하여 설할 것이다. 이는 일체의 중생이 (빠짐없이) 수지하는 계이고, (중생과 부처에게 있어서 동일하게) 본원이 되는 것이며, 자성이 청정한 것이다."

金剛寶戒。是一切佛本源。一切菩薩本源。佛性種子。一切衆生。皆有佛性。一切意識色心。是情是心。皆入佛性戒中。當當常有因故。有當當常住法身。如是十波羅提木叉。出於世界。是法戒。是三世一切衆生。頂戴受持。吾今當爲此大衆。重說十無盡藏戒品。是一切衆生戒。本源自性淸淨。

술 두 번째는 법왕께서 권하고 책려한 것이니, 이 가운데 두 가지가 있다. 책려하여 일으키게 했기 때문이고, 믿음을 권했기 때문이다. 이것은 처음이다.

述曰。第二法王勸策。於中有二。策發故。勸信故。此初也。

부처님께서 계를 제시하면서 "금강보"라고 한 것은 단단하게 둘러싸서 일체의 공덕을 수지하여 누실되지 않게 하고 모든 악을 무너뜨리기 때문이다. 원인과 결과의 온갖 덕은 계를 근원으로 삼으니 "본원"이라 했다. 뒤에서 자세히 설한 것과 같다. "불성의 종자"라는 것은 계의 진실한 성품이다.
"의意"는 (제7식인) 말나末那이고, "식"은 육식六識이며, "마음(心)"은 제8식이고, "색"은 오근五根이다. 무릇 이와 같이 정과 마음이 있는 이라면 모두 불성에 들어가 성불할 수 있다. 그러한 이유는 무엇인가. 미래에 얻을 결과에 대해 항상 원인을 가지고 있기 때문에 미래에 얻을 상주하는 법신을 지니는 것이다. 이것은 세 가지 보리[50]의 원인이니, 거듭해서 "당당當

---

50 세 가지 보리 : 보신보리報身菩提·화신보리化身菩提·법신보리法身菩提 등이다.

當"이라고 했다. 그 미래에 얻을 결과의 원인은 본래 저절로 지니고 있는 것이기 때문에 미래에 얻을 보신報身과 화신化身 및 상주하는 법신을 지니는 것이다.

佛擧戒云。金剛寶者。堅牢。能持一切功德。令不漏失。破諸惡故。因果萬德。以戒爲初。名曰本源。如下廣釋。佛性種子者。戒實性也。意謂末那。[1] 識卽六識。心謂第八。色卽五根。凡有如是情及心者。皆入佛性。當得作佛。所以者何。當當常有因故。有當當常住法身。三菩提因。重言當當。其當果因。法爾有故。有當當報化及常住法身。

1) ㉑ '末那'를 '邪末'이라 했다.(을본)

"이와 같은 10계(바라제목차)를 세상에 내어 놓을 것이니" 등이라는 것은, 석가불께서 (노사나불의 말씀을) 전하여 설함으로써 세상에 내어 놓을 것이니, 이 법계를 수지해야 함을 (말한 것이니,) 이것으로 말미암아 스스로 지니고 있는 불성의 결과를 나타낼 수 있기 때문이다. 그러므로 지금 이 대중을 위해 전하여 설한 것이다. "일체의 중생이 (빠짐없이) 수지하는 계이고, (중생과 부처에게 있어서 동일하게) 본원이 되는 것이며, 자성이 청정한 것이다."라는 것은 계의 진실한 성품을 제시한 것이다. 모든 중생이 다 불성을 지니고 있기 때문에 성불할 수 있음을 나타낸 것이다.

如是十戒出於世界等者。釋迦傳說。出現於世。則是法戒。應受持也。由此顯自佛性果故。故今爲此大衆傳說。言一切衆生戒本源[1]自性淸淨者。擧戒實性。表諸衆生。皆有佛性故。得成佛也。

1) ㉑ '源'을 '原'이라 했다.(갑본·을본·병본)

B. 믿음을 권함

이하의 열한 수의 게송과 반 수의 게송은 두 번째로 믿음을 권한 것이다. 믿음은 법에 들어감에 있어서 근본이 되는 것이고,[51] 계는 법에 머무는 것에 있어서 근원이 되는 것이다.[52] 그러므로 게송을 설하여 다시 계를 믿게 한 것이다.

已下十一頌半。第二勸信。信爲入法之本。戒爲住法之原。所以說偈。更令信戒。

[보살계의 세 가지 문][53]

그런데 보살계에는 간략히 세 가지 문이 있다. 첫째는 수득문受得門이고, 둘째는 호지문護持門이며, 셋째는 범실문犯失門이다.

然菩薩戒。略有三門。一受得門。二護持門。三犯失門。

---

51 『보살영락본업경』 권하(T24, 1020b22)에서 "일체의 중생이 처음 삼보의 바다에 들어감에 있어서 믿음을 근본으로 삼고, 불가에 머물러 있음에 있어서 계를 근본으로 삼는다.(若一切衆生。初入三寶海以信爲本。住在佛家以戒爲本。)"라고 했다.
52 『살바다비니비바사薩婆多毘尼毘婆沙』 권6(T23, 543a29)에서 "계는 불법의 평지이니 온갖 선이 이것으로 말미암아 생장한다. 또한 계는 일체의 불제자가 모두 의지하여 머무는 것이다. 계가 없으면 의지할 것이 없다. 일체의 중생이 계로 말미암아 존재한다.[戒是佛法之平地。萬善由之生。又戒一切佛弟子皆依而往。(❀ 往은 住인 것 같다.) 若無戒者則無所依。一切衆生。由戒而有。]"라고 했다.
53 이하에서 보살계와 관련하여 세 가지 문을 시설하여 설명한 것은 본문의 분과와는 관련 없이 이루어지고 있다. 따라서 역자가 임의로 별도의 단락으로 독립시키고 'Ⅰ, Ⅱ, Ⅲ……'으로 번호를 부여했다.

I. 수득문受得門

첫째, 수득문이라는 것은 (다음과 같다.)

初受得者。

1) 발심發心

육도의 중생으로서 단지 법사의 말을 알아들을 수만 있으면 되기는 하지만, 요컨대 먼저 대보리심을 발해야 한다. 결정코 무상보리를 취할 것이고, 미래제가 다하도록 유정을 이롭고 즐겁게 할 것임을 맹세하는 것을 말한다.『유가사지론』에서 "보리심이란 결정코 희구하는 것을 행상行相으로 삼기 때문에 무상보리無上菩提와 일체 유정의 의리義利(옳음과 이익)를 연緣할 대상으로 삼는다."[54]라고 한 것과 같다.

> 六道衆生。但解師語。要須先發大菩提心。謂誓定取無上菩提。窮未來際利樂有情。如瑜伽云。菩提心者。決定希求以爲行相故。無上菩提。一切有情義利爲境。

II) 수지受持

(1) 일분수一分受

---

[54]『유가사지론』권35(T30, 480c1)에서 "이와 같이 보리심을 발하여 결정코 스스로 무상보리를 희구하고, 유정의 의리義利를 지을 것을 추구한다. 그러므로 보리심을 발하는 것은 결정코 희구하는 것을 그 행상으로 삼는다.(如是發心。定自希求無上菩提。及求能作有情義利。是故發心。以定希求爲其行相。)"라고 했다.

이러한 마음을 발하고 나서 (계를 받음에) 두 가지의 수지가 있다. 첫째는 일분수一分受(일부분을 수지하는 것)이다. 그것을 받는 이의 의요意樂가 감당할 수 있는 정도에 따라서, 혹은 하나의 계를 받거나, 혹은 다수의 계를 받는 것인데, (어느 경우이든) 모두 계를 이룰 수 있으니, (이들을 모두) 보살이라고 할 수 있다. (이것은) 성문이 반드시 모두 수지해야 하는 것과는 같지 않으니, (성문은) 그 일부분만 수지하면 비구라고 하지 않는다.

말하자면 (비구는) 현재의 몸으로 아라한과를 얻을 것을 추구하니, 원만한 궤칙으로 학처學處(禁戒)를 건립하여 10계와 구족계具足戒(비구계)를 각각 반드시 모두 수지해야 한다.[55] 범부이든 성인[56]이든 동일한 궤칙을 수지하고 배운다. 곧 이러한 뜻으로 말미암아 (수지의 자격에 있어서) 사람이라는 근기를 가려서 선택하고, 차遮와 난難[57]이 있는 이와 다른

---

55 보살은 불도를 성취함에 있어서 현재의 몸에 국한하지 않고 내세를 기약하기 때문에 일분수가 가능하지만, 성문은 현재의 몸으로 아라한과를 얻을 것을 추구하니, 그 결과를 낳는 인행因行도 역시 원만해야 하기 때문에 일분수를 허락하지 않는다는 말이다.

56 성인 : 소승의 사향사과四向四果에 도달한 성인. 예류향·예류과·일래향·일래과·불환향·불환과·아라한향·아라한과의 여덟 성인을 가리킨다.

57 차遮와 난難 : 10차十遮와 13난十三難을 가리킨다. 소승율법에서 비구계를 줄 때 교수사敎授師는 수계자의 근기를 간별하기 위해서 수계자에게 13난과 10차에 해당하는 질문을 한다. '차'란 자성이 악인 것은 아니지만 단지 비구계를 받기에 적합하지 않기 때문에 막아서 받지 못하게 하는 것이다. '난'이란 자성이 악인 것으로 끝내 비구계를 받을 수 있는 그릇이 아니니, 비구계를 받을 수 없는 것이다. 10차란, ① 수계인의 이름, ② 화상의 이름, ③ 나이가 20세인지의 여부, ④ 의발衣鉢이 갖추어졌는지의 어부, ⑤ 부모님이 허락했는지의 어부, ⑥ 채무가 있는지의 여부, ⑦ 노비인지의 여부, ⑧ 관인官人인지의 여부, ⑨ 장부丈夫인지의 여부, ⑩ 다섯 가지 병, 곧 나병癩病·옹저癰疽(악창과 종기)·백라白癩·건소乾痟(피부 건조증)·전광癲狂(미치광이)이 있는지의 여부 등을 묻는 것이다. 지욱智旭의 『중치비니사의집요重治毗尼事義集要』 권11(X40, 437a3)에 따르면, ⑦의 경우 노비라고 대답하면 주인의 허락을 받았는지의 여부를 물어야 하고, ⑧의 경우 관인이라고 대답하면 녹봉을 받는지의 여부를 묻고, 그렇다고 대답하면 왕의 허락을 받았는지를 물어야 한다. 13난이란, ① 변죄邊罪(먼저 비구계를 받고 나중에 四重禁戒를 범하여 捨戒하였다가 그후 다시 와서 받는 것)를 범했는가, ② 비구니를 범했는가, ③ 도적과 같은 마음으로 출가하려는 것은 아닌가, ④ 외도外道였는데 불법에 귀의했다가 비구계를 받고 다시 외도로 돌아갔다가 다시 외도를 버리고 불

취趣⁵⁸에 속하는 것은 제외한다. 보살은 그렇지 않으니 수분계隨分戒⁵⁹이기 때문이다. (보살은) 무릇 반드시 현재의 몸으로 성불할 것을 추구하지 않으니, 요컨대 무수대겁無數大劫⁶⁰을 경유하면서 수행해야 하기 때문이다. 단지 (법사의) 말을 알아들을 수 있는 사람에서부터 금강위金剛位⁶¹에 도달한 사람에 이르기까지 그 지위에서의 능력에 따라 점점 수행하여 원만함을 얻으니, 산과 바다가 만들어짐에 있어서 미진과 물방울을 처음으로 삼는 것과 같다. 이미 대보리는 어떤 덕도 섭수하지 않음이 없으니, 그 덩어리를 이루고자 함에 있어서 어떤 선善이든 원인이 아닌 것이 있겠는가. 곧 이 뜻으로 말미암아 육취六趣와 사생四生⁶²을 가려서 선택하지 않고, 단지 법사의 말을 알아들을 수 있고 발심하기만 했으면 모두 얻을 수 있는 것이다. 비록 단지 말만 알아들을 수 있어서 오직 하나의 계만 받았어도, 이승二乘의 일체의 공덕보다 뛰어나니, 아라한의 공덕은 단지 자신

교에 들어오려는 것은 아닌가, ⑤ 황문黃門인가, ⑥ 아버지를 살해했는가, ⑦ 어머니를 살해했는가, ⑧ 아라한을 살해했는가, ⑨ 법륜승法輪僧을 파괴했는가, ⑩ 부처님의 몸에 피를 낸 적이 있는가, ⑪ 8부의 귀신으로 변화하여 사람의 모습을 한 것은 아닌가, ⑫ 축생이 변화하여 사람의 모습을 한 것이 아닌가, ⑬ 남근과 여근을 모두 지니고 있는가 등을 질문하는 것이다.

58 다른 취趣 : 육도 중 인도人道(人趣)를 제외한 나머지를 통틀어서 일컫는 말이다.
59 수분계隨分戒 : 일분수계一分受戒와 같은 말. 자신이 감당할 수 있는 능력이 있는지의 여부에 따라 일부만 받는 것을 말한다.
60 무수대겁無數大劫 : 보살이 수행을 하여 불과를 원만하게 이룰 때까지 걸리는 시간. 3대아승기겁大阿僧祇劫이라고도 한다. 10주·10행·10회향 등 삼현위三賢位를 수행하면서 7만 5천 분의 부처님께 공양하는 데 첫 번째 아승기겁이 걸리고, 10지 중 초지初地부터 제7지에 이르기까지 수행하면서 6만 6천 분의 부처님께 공양하는 데 두 번째 아승기겁이 걸리며, 제8지부터 부처님이 되기까지 수행하면서 7만 7천 분의 부처님께 공양하는 데 세 번째 아승기겁이 걸린다.
61 금강위金剛位 : 보살의 10지 중 제10 법운지法雲地의 다음에 해당하는 계위. 등각위等覺位라고도 한다.
62 육취六趣와 사생四生 : 육취란, 중생이 윤회하는 세계를 여섯 가지로 분류한 것이니, 지옥·아귀·축생·아수라·인간·하늘 등이다. 사생이란, 중생을 태어나는 방식에 의해 네 가지로 분류한 것이니, 난생卵生·태생胎生·습생濕生·화생化生 등이다. 두 용어 모두 일체의 중생을 총칭하는 말이다.

만을 위하는 것이어서 유정계有情界에 은혜가 되는 부분이 있지 않지만, 보살이 수지한 하나의 계는 일체를 제도하기 위한 것이니, 어떤 중생도 은혜를 입지 않음이 없기 때문이다.

發此心已。有二種受。一者一分受。隨其受者意樂所堪。或受一戒。或多。皆得成戒。名爲菩薩。不同聲聞。必總受持。若其一分。不名比丘。謂令[1]現身。得阿羅漢。圓滿軌則。建立學處。十戒具戒。各必總受。若凡若聖。受學一軌。卽由此義。簡擇人器。除有遮難及餘趣也。菩薩不爾。隨分戒故。謂凡必無現身成佛。要經無數大劫修故。從但解語。乃至金剛。隨其位力。漸漸修滿。如成山海。塵渧爲初。旣大菩提。無德不攝。欲成彼聚。何善非因。卽由此義。不擇趣生。但解師語。發心皆得。雖但解語。唯受一戒。猶勝二乘一切功德。羅漢功德。但爲自身。於有情界。無有恩分。菩薩一戒。爲度一切。無一衆生。不荷恩故。

1) ㉠ '令'은 '求'인 것 같다.

(ll) 전분수全分受

둘째는 전분수全分受(모두 수지하는 것)이니, 삼취계三聚戒를 말한다. 섭률의攝律儀라는 것은 일체의 악을 끊는 것이니, 악은 일체의 끊고 버려야 할 법을 말한다. 처음 발심한 때부터 살생 등을 끊고 삼현·10성의 지위에서 이장二障을 조복시키고 끊으며 부처님의 지위에서 생사법生死法을 버리기 때문이다. 섭선계攝善戒라는 것은 일체의 선을 닦는 것이니, 선은 일체의 닦고 증득해야 할 법을 말한다. 처음 발심한 때부터 분수에 따라 배워야 할 것을 배우고, 삼현·10성의 지위에서 각각 열 가지 뛰어난 행[63]을 닦으

---

63 열 가지 뛰어난 행 : 열 가지 바라밀, 곧 보시·지계·인욕·정진·선정·반야·방편·원

며, 내지 부처님의 지위에서 두 가지 전의轉依^64를 증득하기 때문이다. 요익유정饒益有情이라는 것은 일체의 중생을 제도하는 것이다. 처음 발심한 때부터 분수에 따라 교화하고 미래제가 다하도록 일체를 제도하기 때문이다. 모든 범부가 바로 일체를 능히 행할 수 있는 것은 아니니, 삼취계에 대해 한꺼번에 (지킬 것을) 맹세하더라도 점차 닦아서 원만해지기 때문이다. 이와 같이 걸림이 없이 발한 원행願行은, 모든 원행에 있어서 가장 위없는 것이기 때문에 태어나는 곳에 따라 반드시 그 가운데 왕이 된다. 그러나 끝내 그 결과로서 감인할 만한 것은 없으니, 오직 무상정등보리無上正等菩提라는 (결과만은) 제외한다.

二者全分受。謂三聚戒。攝律儀者。斷一切惡。惡謂一切應斷捨法。從初發心。斷殺生等。三賢十聖。伏斷二障。乃至佛捨生死法故。攝善戒者。修一切善。善謂一切應修證法。從初發心。隨分所學。三賢十聖。各十勝行。乃至佛證二轉依故。饒益有情者。度一切衆生。從初發心。隨分敎化。窮未來際。度一切故。非諸凡夫。卽能一切。三聚頓誓。漸修滿故。如是無礙所發願行。於諸願行。最無上故。隨所生處。必^1)其中王。然無畢竟。堪爲其果。唯除無上正等菩提。

1) ㉾ '必'을 '心'이라 했다.(갑본·을본·병본)

願·역力·지智 등을 가리키는 말이다. 『설무구칭경소說無垢稱經疏』 권2(T38, 1010a12) 에서 "이 열 가지 바라밀은 지전의 지위에서는 하나의 행 가운데 오직 하나의 행을 닦으니, 오직 유루이다. 7지 이전에는 하나의 행 가운데 일체의 행을 닦으니, 유루와 무루에 통한다. 8지 이상에서는 일체의 행 가운데 일체의 행을 닦으니, 오직 무루이다.(然此十度。在地前位。於一行中。唯修一行。唯是有漏七地以前。於一行中。修一切行。通有無漏。八地以上。一切行中。修一切行。唯是無漏。)"라고 했다.

64 두 가지 전의轉依 : '전의'는 소의所依를 전환하는 것, '의'는 염정染淨·미오迷悟 등과 같은 모든 법의 소의所依를 가리킨다. '전의'는 곧 하열한 법의 소의를 전사轉捨하고 뛰어나고 청정한 법의 소의를 전득轉得하는 것이다. 유식학파에 따르면 성도聖道를 닦음으로 말미암아 번뇌장과 소지장을 끊고 열반과 보리의 과를 증득하는데, 이 두 가지 과를 이전의과二轉依果라고 한다.

II. 호지문護持門

둘째, 호지문이라는 것은 다음과 같다. 간략히 열 가지 문이 있다.

第二護持者。略有十門。

(1) 수심문隨心門

첫째는 수심문隨心門이다. 그 과거의 습기에 따라 마음이 즐겨 머무는 것이 있기 때문이다. 세간은 그 본래의 색[65]을 따르니, 비록 동일한 성분으로 온축된 물일지라도 (그릇의 색깔에 따라) 녹색과 벽색碧色(짙푸른 색) 등의 차이가 생겨나는 것과 같다. 그러므로 먼저 하나를 견고히 하고 점점 다른 것을 갖추어서 행한다. 『보살영락본업경』에서 "하나의 계를 받으면 일분보살一分菩薩이라 하고, 내지 갖추어서 받으면 구분보살具分菩薩이라 한다."[66]라고 한 것과 같기 때문이다.

一隨心門。隨其宿習。心樂住故。猶如世間。隨其本色。雖一蘊[1]水。綠[2]碧等異。故先固一。漸具餘行。如本業云。若受一戒。名一分菩薩。乃至具受。名具分菩薩故。

1) ㉠ '蘊'을 '薀'이라 했다.(갑본 을본·병본) 2) ㉠ '綠'을 '緣'이라 했다.(갑본·을본·병본)

---

65 본래의 색: 그릇에 물이 담겼을 경우, 본래의 색이란 그릇의 색을 말한다.
66 『보살영락본업경』 권하(T24, 1021b16).

(II) 변학문偏學門

그런데 부처님께서 제정하신 것은 점차 두루 배워야 한다.[67] 이로 말미암아 두 번째로 변학문偏學門이 있으니,『유가사지론』에서 "성문은 자신의 이익을 성취하는 것을 (뛰어난 것으로 여기면서도) 오히려 다른 사람을 수호하려는 마음을 (버리지 않거늘) 하물며 보살은 다른 사람의 이익을 성취하는 것을 우선함에 있어서랴."[68]라고 한 것과 같다. 그러므로 (성계性戒인 중죄와 함께) 모든 기혐계譏嫌戒[69]를 두루 호지護持해야 한다.

然佛所制。應漸徧學。由此。第二有徧學門。如瑜伽說。聲聞自利。尙護他心。況諸菩薩。利他爲先。故應徧護諸譏嫌戒。

(III) 수성문隨性門

그런데『대지도론』에서 "신행보살新行菩薩[70]은 일세一世에 일시에 다섯 가지 바라밀을 두루 행할 수는 없다. 예컨대 (지계바라밀을 행할 때) 삼의三衣[71]를 (지녀야 하는 계를) 호지해야 하는데, (어떤 사람이 삼의를 요

---

67 성계性戒와 차계遮戒를 두루 배워야 한다는 말이다.
68 『유가사지론』 권41(T30, 517a11).
69 기혐계譏嫌戒 : 계를 그 성격에 따라 둘로 나눈 것 중 하나. 다른 한 가지는 성계性戒이다. 기혐계는 차계遮戒·식세기혐계息世譏嫌戒 등이라고도 한다. 성계는 부처님께서 계율로 제정한 것과 무관하게 언제 어디서나 그 자체로 죄가 되는 것이니, 살생·도둑질·음란함·거짓말 등과 같은 것이다. 기혐계는 상황·지역 등에 따라서 세상 사람들이 싫어하는 것일 경우 그와 관련된 행위를 죄로서 설정한 것이니, 매매 행위·음주·오신채를 먹는 것 등과 같은 것이다.
70 신행보살新行菩薩 : 이제 막 보살도를 닦기 시작한 보살이라는 뜻. 곧 오랫동안 보살도를 닦아서 자유자재한 보살이 하나의 행 가운데 일체의 행을 행하는 것과는 달리, 하나의 행을 하면 다른 행을 함께하지 못하는 보살을 가리킨다.
71 삼의三衣 : 구조가사인 승가리僧伽梨, 칠조가사인 울다라승鬱多羅僧, 오조가사인 안

구했을 때 그것을 준다면 계를 어기는 것이 되니,) 보시할 수 없는 일 등이 생겨난다."[72]라고 했다. 이것으로 말미암아 세 번째로 수성문隨性門이 있으니, 서로 어긋나는 학처가 현재 눈앞에서 발생할 때 오직 성계性戒를 호지하고 차계遮戒는 놓아 두기 때문이다.『섭대승론』에서 "보살은 성죄性罪[73]가 현행하지 않기 때문에 성문과 함께하고, 상사차죄相似遮罪[74]가 현행함이 있기 때문에 그것과 함께하지 않는다."[75]라고 한 것과 같다.

然智論云。新行菩薩。不能一世一時。徧行五度。如護三衣。不能施等。由此。第三有隨性門。相違學處。現在前時。唯護性戒。縱遮戒故。如攝大乘。菩薩性罪。不現行故。與聲聞共。相似遮罪。有現行故。與彼不共。

(Ⅳ) 은밀문隱密門

그런데『유가사지론』에서 "뛰어난 이익이 있어서 성죄가 현행하면 (위범이 성립되지 않는다.)"[76]라고 했다. 이것으로 말미암아 네 번째로 은밀

타회安陀會를 가리킨다. 차례대로 탁발을 하거나 궁중에 들어갈 때 등에 정장의 형태로 입는 옷, 예배·청강 등을 할 때 입는 옷, 일상생활을 할 때 입는 옷 등의 용도로 쓰인다. 삼의는 비구가 반드시 지녀야 하는 것이다.
72 『대지도론』 권16(T25, 179b25). 본 서에서는 바로 이어서 보시바라밀을 행할 때, 굶주린 호랑이에게 자신을 보시할 경우, 부모님이 슬픔으로 눈이 멀게 한 죄와 호랑이로 하여금 사람을 살생한 쇠를 짓게 하는 결과가 발생한다고 해도, 보살은 오직 보시바라밀의 성취에 전념해야 한다고 했다.
73 성죄性罪 :『섭대승론석』 권8(T31, 361a9)에 따르면, 살생하는 것, 도둑질하는 것 등을 가리킨다.
74 상사차죄相似遮罪 :『섭대승론석』 권8(T31, 361a10)에 따르면, 생명체가 살고 있는 땅을 파는 것, 살아 있는 풀을 베는 것 등이다.
75 『섭대승론본攝大乘論本』 권하(T31, 146b16).
76 『유가사지론』 권41(T30, 517b6)에서 "훌륭한 방편으로 다른 사람의 이익을 위해 성죄의 적은 부분이 현행했다면 보살계를 위범한 것이 아니다. 예컨대 보살이 살생을 행하려는 중생으로 하여금 무간업無間業을 짓지 않도록 하기 위해서 그를 살생했다면 위

문隱密門이 있으니, 『섭대승론』에서 "(중생의 이익을 위해서 방편으로 살생 등의) 열 가지 악을 행해도 (죄가 없다.)"[77]라고 한 것과 같다. 여기에서 『유가사지론』은 단지 일곱 가지의 그릇된 행위를 열었다.[78] 그런데 그 세 번째[79]는 단지 (그 자체로서는) 성죄가 아닌 경우도 있으니, 누구에게도 소속되어 있지 않은 여인의 경우는 욕행欲行을 허용했기 때문이다. 『섭대승론』에서는 삿된 행위를 모두 열어서 허용하는 경우를 설했다. 열 가지 악을 말했지만, (이것이) 남을 이롭게 하는 행위가 되는 것을 보였기 때문이다. (『섭대승론』에서) "살생 등"이라고 한 것과 같은 것은 하나를 따라서 다른 것을 섭수하기 때문이다.

> 然瑜伽云。若有勝利。性罪現行。由此。第四有隱密門。如攝大乘。行十惡故。就中。瑜伽。但開七非。然其第三。但非性罪。於無屬女。許欲行故。攝

범이 성립되지 않을 뿐만 아니라 많은 공덕을 낳는다."라고 한 것을 요약한 것이다.
[77] 『섭대승론본』 권하(T31, 146b28).
[78] 『유가사지론』 권41(T30, 517b6)에서 성죄에 해당되는 행위를 했지만 성죄가 성립되지 않는 경우를 설한 것을 가리킨다. 이 문장은 여덟 가지, 아홉 가지 등으로 볼 수도 있는데, 태현은 별도의 설명 없이 이를 일곱 가지라고 했다. 태현과 마찬가지로 본문을 일곱 가지로 분류한 『유가사지론분문기瑜伽師地論分門記』(T85, 892c5)에 따르면, 일곱 가지의 그릇된 행위라는 것은, 첫째는 살업殺業이고, 둘째는 도업盜業이며, 셋째는 비범행非梵行(음행)이고, 넷째는 망어妄語이며, 다섯째는 이간어離間語이고, 여섯째는 추악어麁惡語이며, 일곱째는 기어綺語이다.
[79] 『유가사지론』 권41(T30, 517c4)에서 "또한 보살이 집에 머물고 있을 때 (재가보살) 여인(母邑)으로서 현재 누군가에 매여 있지 않은 이가 음욕법을 익히고 계속해서 보살에게 마음을 두어 청정하지 않은 행위(음행)를 할 것을 요구하는 것을 보면, 보살은 이러한 상황을 보고 나서 뜻을 일으키고 생각하기를, '분노하는 마음을 일으켜 복되지 않은 과보를 낳는 일은 없게 하자. 만약 그 욕망을 따라 주면 자재함을 얻을 것이니, 그 이후에 방편으로 편안하게 머물러 선근을 심게 하고, 또한 그가 불선업不善業을 버리도록 해야겠다'라고 한다. 이렇게 해서 자비로운 마음에 머물러 청정하지 않은 행위를 하면, 비록 이와 같은 더럽고 물든 법을 익혔더라도 계를 범하지 않고 많은 공덕을 낳는다. 출가보살은 성문을 보호하고 성현의 가르침을 괴멸하지 않게 하기 위해 어떤 경우에도 청정하지 않은 행위를 행해서는 안 된다."라고 한 것을 말한다.

大乘論。通開邪行。以言十惡。見利行故。如殺生等。隨一攝故。

(V) 순승문順勝門

그런데 『대승장엄경론』에서 "군생群生(중생)을 이롭게 하려는 뜻으로 인해 탐욕을 일으키면 죄가 되지 않지만, 분노는 그것(중생을 이롭게 하려는 뜻)과 어긋나니, 항상 다른 사람을 해치려고 하기 때문이네."[80]라고 했다. 이것으로 말미암아 다섯 번째로 순승문順勝門이 있으니, 애착(탐욕)은 대비大悲에 수순하기 때문에 죄가 하열하고, 분노는 그것과 서로 어긋나니 죄가 무겁기 때문이다. 『유가사지론』에서 "이 여러 보살이 다분히 분노와 상응하여 일으킨 것은 위범이 되고, 탐욕과 상응하여 일으킨 것은 위범이 되지 않는다."[81]라고 하고, 그 밖의 것도 자세히 설한 것과 같다. 또한 『대지도론』에서 "보살은 중생을 괴롭히지 않는 것을 계로 삼으니, 성문이 현재의 몸으로 열반을 얻기를 구하는 것과 같지 않다. 음욕은 비록 중생을 괴롭히지 않지만 마음을 속박시키기 때문에 대죄大罪로 삼는다. 보살은 현세에 열반을 얻기를 구하지 않으니, (한량없는 시간 동안) 가고 오고 나고 죽으면서 자량資糧을 갖추기 때문이다."[82]라고 했다.

然莊嚴云。由利羣生意。起貪不得罪。瞋則與彼違。恒欲損他故。由此。第五有順勝門。愛順大悲故。罪爲劣。瞋彼相違。罪爲重故。如瑜伽云。是諸菩薩。多分。應與瞋所起犯。非貪所起。乃至廣說。又智論云。菩薩。不惱衆生爲戒。不同聲聞。求現涅槃。婬欲。雖不惱衆生。繫縛心故。立爲大罪。菩

---

80 『대승장엄경론』 권6(T31, 623a15).
81 『유가사지론』 권41(T30, 521b20).
82 『대지도론』 권46(T25, 395c2). '중생을 괴롭히는 것'은 분노에, '음욕'은 탐욕에 배대되는 것으로 파악한 것으로 보인다.

薩。不求現世涅槃。往返生死。具資糧故。

(Ⅵ) 의요문意樂門

그런데『유가사지론』에서 "그러한 마음을 끊고자 하여 의요를 일으키고 부지런히 정진하였으나 번뇌가 치성하여 그 마음을 가리고 억압함으로써 분노 등을 일으켰을 경우는 위범하는 것이 없다."[83]라고 했다. 이것으로 말미암아 여섯 번째로 의요문意樂門이 있으니, 의요를 일으키고 노력함으로 말미암아 악을 지었을 경우는 범하는 것이 없기 때문이다.『십주비바사론』에서 "아까워하는 마음에서 벗어나지 못하여 보시할 수 없을 때 지금의 미숙함을 버리고 나중에 보시해야 한다."[84]라고 한 것과 같다.

然瑜伽云。若欲斷彼。生起意樂。發勤精進。煩惱熾盛。蔽抑其心。起瞋蓋等。無所違犯。由此。第六有意樂門。由意樂力。惡無犯故。如十住論。慳心不解。不能施時。謝今未熟。後當施故。

(Ⅶ) 포외문怖畏門

---

[83]『유가사지론』권41(T30, 518a7)에서 "보살들이 보살의 청정한 계율에 편안히 머물러 거짓말을 일으켜 허황된 말로 알지 못하면서도 아는 것 같은 모습을 드러내고, 방편을 연구하여 이익을 빌리고 이익을 구하며, 잘못된 방편으로 생활하는 법을 탐미하면서도 부끄러워하지 않고 그것을 굳게 지키면서 버리지 않으면 이를 범하는 것이 있고, 어긋나고 넘어서는 것이 있으며, 염오에 의한 위범이라 한다. 위범에 해당하지 않는 경우는 그러한 마음을 제거하고자 하여 욕구를 일으키고 부지런히 정진하였으나, 번뇌가 치성하여 그 마음을 가리고 억압함으로써 시시각각 나타나고 생기는 것이다."라고 한 것을 취의 요약한 것이다. 단 여기에서는 분노(瞋蓋)는 언급하지 않고 있다.
[84]『십주비바사론』권6(T26, 51c15)에서 "보살이 만약 목숨이 있는 것과 목숨이 없는 것에 대해 아까워하는 마음이 생겨난 것을 알아차리면 이 물건을 비축하지 않는다. 그러므로 베푸는 것이 있다면 모두 아까워하는 마음이 없는 것이다."라고 했다.

그런데 『범망경』에서 또한 설하기를, "계를 호지하는 마음을, (큰바다를 건너는 이가) 부낭浮囊(물에 뜨는 주머니)을 아끼는 것처럼 하고, 초계자草繫者(풀띠를 해치지 않기 위해 풀띠에 몸이 묶인 사람)처럼 하라."[85]라고 했다. 이것으로 말미암아 일곱 번째로 포외문怖畏門이 있으니, 미미한 차죄를 보기를 성죄와 같이 여기기 때문이다.

然經亦說。護戒之心。如惜浮囊及草繫者。由此。第七有怖畏門。見微遮罪。如性罪故。

(VIII) 성승문成勝門

그런데 『열반경』에서 "승乘을 느슨하게 하는 것은 느슨한 것이라고 하지만, 계를 느슨하게 하는 것은 느슨한 것이라고 하지 않는다."[86]라고 했다. 이것으로 말미암아 여덟 번째로 성승문成勝門이 있으니, 선을 지음에 있어서는 뛰어나서 (급하게 해야 할 것이) 있고, 또한 풀어 두어서 (느슨하게 해야 할 것이) 있기 때문이다.

然涅槃云。於乘緩者。乃名爲緩。於戒緩者。不名爲緩。由此。第八有成勝門。作善。有勝且放止故。

---

85 『범망경』의 뒷부분에서 48경계를 설하는 가운데 제34에서 언급한 것이다. 자세한 것은 해당처를 참조할 것.
86 36권본 『열반경』 권6(T12, 641b17). '승'은 부처님께서 설한 대승과 소승의 모든 법이고, '계'는 부처님께서 제정한 계율이다. 전후 문맥에 의해 보충하면, "승을 급하게 한다는 것은 대승의 가르침을 깨우치려는 노력을 게을리하지 않는 것인데, 이는 곧 계를 받드는 일이다. 그러므로 승을 느슨하게 하는 것은 바로 계를 버리는 일이다. 그러므로 승을 느슨하게 하는 것은 참으로 느슨한 것이고, 계를 느슨하게 하는 것만으로는 느슨한 것이라고 하지 않는다."라고 하였다.

(IX) 호장문護障門

그런데 『대승장엄경론』에서 "비록 항상 지옥에 머물더라도 대보리大菩提를 장애하지 않지만, 자신을 이익 되게 하는 마음을 일으킨다면, 이는 대보리의 장애가 된다네."[87]라고 했다. 이것으로 말미암아 호장문護障門이 있으니, 비록 선을 지음이 있다고 해도 소승의 (마음을 일으키는 것을) 방호防護해야 하기 때문이다. 『대반야경』에서 "보살이 설령 갠지스 강의 모래알처럼 많은 겁을 지나도록 미묘한 오욕五欲[88]을 받더라도 보살계에 있어서 위범이라고 하지 않지만, 한 생각이라도 이승의 마음을 일으켰다면 곧 위범이라 한다."[89]라고 한 것과 같다. 해석하여 말한다. 비록 탐욕에 의해 물들어도 대승을 구하려는 마음만 다하지 않으면 무여범無餘犯[90]은 없기 때문에 위범이 없는 것이라 한다.

然莊嚴云. 雖恒處地獄. 不障大菩提. 若起自利心. 是大菩提障. 由此. 第

---

[87] 『대승장엄경론』 권6(T31, 622b27). 전후 문맥에 의해 보충하면, "보살은 중생을 위해서라면 지옥에 떨어져 큰 고통을 받기를 마다하지 않는다. 보살은 단지 현재의 몸으로 열반을 증득할 것을 추구하는 소승의 마음을 일으키는 것을 가장 큰 고통으로 여기니, 이는 대보리를 얻는 것을 장애하기 때문이다."라고 하였다.

[88] 오욕五欲 : 색色·성聲·향香·미味·촉觸 등의 다섯 가지 대상에 대해 일으키는 다섯 가지 욕망. 차례대로 색욕·성욕·향욕·미욕·촉욕 등을 말한다.

[89] 『대반야경大般若經』 권584(T7, 1022b10)에서 "이와 같이 보살은 비록 거주하는 집에 머물면서 갠지스 강의 모래알처럼 많은 대겁을 경유하면서 미묘한 오욕을 받는다고 해도, 뛰어난 의요에 항상 머물러 물러나거나 무너지지 않는다. 곧 항상 일체지지一切智智를 나아가서 구하고 일찍이 이승二乘의 마음을 일으키지 않는 것을 말한다. 그러므로 보살계를 위범한 것이라고 하지 않는다. 만약 보살이 비록 갠지스 강의 모래알처럼 많은 대겁을 경유하면서 범행을 수행한다고 해도 이승의 지위로 회향하는 마음을 일으키면 청정하게 계를 수지한 이라고 하지 않음을 알아야 한다."라고 했다.

[90] 『유가론기』 권10(T42, 540a25)에서 "성문계 가운데 사중계를 범하면 현재의 몸 가운데 참회하는 것이 가능하지 않은 것을 무여범이라 한다. 지금 보살계에서는 버리고도 다시 받을 수 있기 때문에 '무여범은 없다'라고 한 것이다.(聲聞戒中. 若犯四重. 於現身中. 不可悔. 名無餘犯. 今明菩薩戒. 捨而還受. 故云無無餘犯.)"라고 했다.

九有護障門。雖有作善。護小乘故。如大般若云。若菩薩。設殑伽沙劫。受妙五欲。於菩薩戒。猶不名犯。若起一念二乘之心。卽名爲犯。解云。雖貪所汗。大心不盡。無無餘犯。故名無犯。

(X) 구경문究竟門

그런데『문수사리문경』에서 "마음으로 남녀나 남녀가 아닌 모양을 분별하면, 이는 보살의 바라이죄波羅夷罪[91]이다."[92]라고 했다. 이것으로 말미암아 열 번째로 구경문究竟門이 있으니, 법의 모양을 취하면 구경이 아니기 때문이다.『대반야경』에서 "호지한다는 생각에 갇힘이 없이 정계바라밀다淨戒波羅蜜多를 원만하게 이루어야 하니, 위범함과 위범하지 않음의 모양은 얻을 수 없는 것이기 때문이다."[93]라고 한 것과 같다.

然文殊問經云。若以心分別男女非男女相。是菩薩波羅夷罪。由此。第十有究竟門。若取法相。非究竟故。如大般若。應以不護圓滿淨戒波羅蜜多。犯無犯相。不可得故。

---

91 바라이죄波羅夷罪: 바라이는 ⑤ pārājika의 음사어. 계율 중에서 가장 무거운 죄. 성문계인 비구의 250계에서는 최초의 네 조목을 가리키고, 보살계에서는 10중계를 가리킨다. 이 죄를 지었을 경우, 머리를 자르면 다시 살아나는 것이 불가능한 것처럼 승가의 구성원으로서의 자격을 영원히 박탈당하기 때문에 단두斷頭라고 하고, 번뇌와의 싸움에서 패배하여 정복당하기 때문에 타승他勝·타승처他勝處 등이라고 하며, 참회에 의해 용서받는 것이 허락되지 않기 때문에 불가회죄不可悔罪라고도 하고, 여의치 않은 곳에 떨어지기 때문에 타불여처墮不如處라고도 하며, 승가의 공동생활을 허락하지 않고 추방당하는 벌을 받기 때문에 불공주不共住라고도 한다.
92 『문수사리문경文殊師利問經』 권상(T14, 497a11).
93 『대반야경』 권3(T5, 11c20).

III. 범실문犯失門

셋째, 범실문이라는 것은 (다음과 같다.) 보살계에 있어서는 무여범은 없다. 예컨대 일분수一分受가 있으면 일분지一分持가 있기 때문이다.[94] 성문이 하나의 중계를 범할 때 곧 모든 것을 파괴하여 비구의 성품을 잃는 것과는 같지 않다.『보살영락본업경』에서 "일체 보살의 범부와 성인의 계는 마음이 다하는 것을 체로 삼는다. 그러므로 마음이 다하면 계도 또한 다하지만 마음이 다함이 없기 때문에 계도 또한 다함이 없다."[95]라고 한 것과 같다.

> 第三犯失者。謂菩薩戒。無無餘犯。如有一分受。有一分持故。不同聲聞犯一重時。便破一切。失比丘性。如本業經。一切菩薩凡聖戒。盡心爲體。是故心盡。戒亦盡。心無盡故。戒亦無盡。

"마음"이라는 것은 기약하는 마음이다. 무진계無盡戒를 지키려는 서원을 놓아서 버리지 않으면, 다 범함이 있지 않으니, 변제가 없는 계이기 때문이다. 이것으로 말미암아 전전하면서 태어날 때, 계도 또한 항상 따르고 옮겨 가면서 증장하여 성불하기에 이른다. 마치 강물이 밤낮으로 머무르지 않고 옮겨 가면서 흘러서 저절로 큰 바다에 이르는 것과 같다. 오직 고의로 대보리심을 버린 경우는 제외하니, 그가 이미 마음이 다하면 계도 또한 마음이 다하기 때문이다.

> 心謂期心。若不放捨無盡戒願。無有盡犯。無邊戒故。由此轉生。戒亦恒隨。

---

94 성문은 바라이죄 중 하나만 범해도 더 이상 교단의 구성원이 될 수 없고 교단에서 추방되는데, 보살은 일분수가 가능하기 때문에 하나를 범해도 나머지를 모두 범한 것은 아니기 때문에 실제로 교단의 구성원으로서의 자격을 상실하기에는 이르지 않는다는 말이다.
95 『보살영락본업경』 권하(T24, 1021b20).

運運增長。乃至成佛。猶如河水。日夜不停。運運遷流。自到大海。唯除故
捨大菩提心。彼旣心盡。戒亦盡故。

그런데 중계를 범하는 것에 간략히 두 가지가 있다. 첫째는 파괴한 것
이고, 둘째는 염오만 이루어진 것이다. 만약 상품의 번뇌가 현행하여 위
범했을 경우는, 위범한 갈래(계율의 조목)에 따라서 계율의戒律儀를 잃는다.
중품과 하품의 번뇌가 현행하여 위범했을 경우는, 오직 염오만 이루어지
고 잃는 것은 아니다. 『유가사지론』에서 "보살이 네 가지 타승처법他勝處
法[96]을 훼범하고, 여러 차례 현행하고도 전혀 부끄러워함이 없고 깊이 애
락하는 마음을 내어 이것을 공덕이 되는 것이라고 여긴다면, 상품의 번
뇌에 의해서 위범하는 것이라고 한다. 여러 보살이 잠시 한 번 타승처법
을 현행함으로써 바로 보살의 정계율의를 버리는 것은, 성문비구가 (타승
처법을) 한 번 범하면 바로 별해탈계를 버리는 것과는 같지 않다. (보살은
현법 가운데 다시 받을 수 있지만, 성문은 현법 중에 다시 받을 수 없기
때문이다.)"[97]라고 한 것과 같다. 또한 상품의 번뇌가 현행하여 위범했을
경우는 비록 정계를 잃지만, 경에서 설하기를, 곧 "참회하면 또한 거듭해
서 받을 수 있다."[98]라고 했으니, 성문이 머리를 잘린 사람과 같이 취급하
여 현재의 몸으로 다시 승단의 숫자에 들어갈 수 없는 것과는 같지 않다.
교리를 자세하게 인용한 것은 『보살계본종요菩薩戒本宗要』에서 해석한 것[99]

---

96 네 가지 타승처법 : 타승처법은 바라이의 의역어이다. 이 죄를 지으면 자신의 선법
이 다른 악법에 패배하여 다른 악법이 승리하도록 한다는 뜻이 있다. 『유가사지론』 권
40(T30, 515b21)에서 "네 가지 타승처법이 있다. 첫째는 이양과 공경을 탐하여 자신을
칭찬하고 남을 비방하는 것이고, 둘째는 재물을 주는 것을 아까워하는 것이며, 셋째는
분노하는 마음을 일으키는 것이고, 넷째는 대승법을 비방하는 것이다."라고 했다.
97 『유가사지론』 권40(T30, 515c12).
98 『범망경』 권하(T24, 1008c13). 48경계 중 제41을 참조할 것.
99 『보살계본종요』(T45, 916a24).

과 같다. 또한 본문과 관련이 없는 것에 대한 논의는 그치도록 한다.

然犯重戒。略有二種。一破。二汙。若以上品煩惱纏犯。隨所犯支。失戒律儀。若中下纏。唯汙不失。如瑜伽云。若諸菩薩。毁犯四種他勝處法。數數現行。都無慚愧。深生愛樂。見是功德。當知。說名上品纏犯。非諸菩薩。暫一現行他勝處法。便捨菩薩淨戒律儀。不同¹⁾聲聞。一犯卽捨。又上纏犯。雖失淨戒。經說卽懺亦得重受。不同聲聞。如斬頭者。現身不能復入僧數。廣引敎理。如宗要釋。且止傍論。

1) ㉅『유가사지론』에 따르면 '不同'은 '如'인 것 같다.

A) 본사의 말씀을 전하여 외우는 문

(A) 주존의 수승함을 나타내는 문

Ⓐ 나타낸 몸의 본말을 밝힌 문

게송을 풀이함에 두 가지 문이 있다. 말하자면, 처음의 여섯 수의 게송은 본사의 말씀을 전하여 외우는 것을 나타낸 문이니, 석가불께서 본사가 서술한 것을 전하여 외웠기 때문이다. 나중의 다섯 수 반 수의 게송은 말주末主가 현양한 것을 나타낸 문이니, 석가불께서 스스로 계의 종요를 연설했기 때문이다. 처음에 또한 두 가지가 있으니, 처음의 다섯 수의 게송은 주존의 수승함을 나타내는 문이고, 나중의 한 수의 게송은 계의 공능을 찬탄하는 문이다. 처음에 또한 두 가지가 있으니, 처음의 두 수의 게송과 반 수의 게송은 나타낸 몸의 본말을 밝힌 문이고, 나중의 두 수의 게송과 반 수의 게송은 설법의 본말을 밝힌 문이다.

釋頌二門。謂初六頌。傳誦本師門。釋迦傳誦本師序故。後五頌半。末主顯揚門。釋迦自演戒宗要故。初亦有二種。初五頌。顯主尊勝門。後之一頌。讚戒功能門。初亦有二。初二頌半。現身本末門。後二頌半。說法本末門。

a. 타수용신他受用身

경
나는 이제 노사나이니
바르게 연화대에 앉았네.

我今盧舍那。方坐蓮華臺。

술 나타낸 몸의 본말本末을 밝힌 문이다. 간략히 네 가지가 있다. 이것은 첫 번째로 타수용신他受用身[100]을 밝힌 것이다. 전하는 설에 말하기를, "이 몸(타수용신)은 제2지(離垢地)의 (보살의 근기)에 응應한 것이다. 계바라밀이 이 경의 종지이기 때문이다.[101] 자수용신은 아니니, 『화엄경』 등

---

[100] 타수용신他受用身 : 두 가지 수용신受用身 중 하나. 타자로 하여금 법락을 향유하도록 하는 몸이라는 뜻. 부처님께서 평등지平等智로 말미암아 미묘하고 청정한 공덕을 지닌 몸을 현시하고 순수한 정토에 거주하면서 10지十地에 머무는 보살을 위해 대신통大神通을 현현하여 정법륜正法輪을 굴리는 것을 말한다. 또 다른 하나는 자수용신自受用身으로 스스로 법락을 향유하는 몸이라는 뜻이다. 부처님께서 한량없는 복혜福慧를 수습하여 가없는 진실한 공덕을 일으켜 항상 스스로 광대한 법락法樂을 수용하는 것을 말한다.

[101] 『성유식론成唯識論』 권9(T31, 51b8)에서 10지에서의 뛰어난 행으로 10바라밀을 들었는데, 차례대로 시施·계戒·인忍·정진精進·정려靜慮·반야般若·방편선교方便善巧·원願·력力·지智 등이다. 이것에 따르면 제2지는 계바라밀에 상응한다. 10지의 각 계위에서 10바라밀을 모두 행하지만, 각 바라밀이 원만하게 이루어지는 것이라는 관점에서 이렇게 배대한 것이다.

에서 노사나불에 대해서 '변제가 없다'[102]라고 말했기 때문이다.[103]"라고 했다.

述曰。現身本末門。略有四重。此初他受用身。傳說。此身。應第二地。戒波羅蜜。此經宗故。非自受用。華嚴等。說彼無邊故。

"방方(바르게)"이라는 것은 바른 것(正)이다. 천 장의 꽃잎과 대臺는 총괄적으로 제2지의 보살의 정토를 이룬다. 이 가운데 대 위는 이 몸이 머무는 곳이고, 천 장의 꽃잎은 곧 교화의 대상인 마을들이다. 『인왕반야경』에서 "신인信忍[104]의 보살은 백 분의 부처님, 천 분의 부처님, 만 분의 부처님의 국토에 백 개의 몸, 천 개의 몸, 만 개의 몸을 나타내어 교화한다."[105]라고 했고, 『십지경』에서 "2지의 보살은 천 개의 세계에 들어가 천 분의

---

102 60권본 『화엄경』 권4(T9, 414a23)에서 "노사나불은 시방에 두루하여 일체의 모습으로 변화하여 장엄한 몸을 나타내니, 그것은 오는 것도 아니요 가는 것도 아니지만, 부처님의 원력으로 어디서나 다 보이네.(盧舍那佛遍十方。出一切化莊嚴身。彼亦不來亦不去。佛願力故皆悉見。)"라고 했다.
103 『화엄경』에서 설한 것에 따르면 자수용신과 그 국토는 변제가 없는데, 여기에서 노사나불은 이미 연화장세계에 몸을 나타내고, 화신을 마주하여 설법하기 때문에 자수용신 및 그 국토의 특성과 일치하지 않는다는 말이다.
104 신인信忍 : 오인五忍 중 두 번째에 해당하는 것. 오인은 다음과 같다. 첫째는 복인伏忍이니, 지전地前의 삼현을 가리킨다. 아직 무루를 얻지 못하고 번뇌를 끊지 못하였으며, 단지 번뇌를 조복시켜 일어나지 않도록 한 상태이다. 10해(10주)는 하품下品, 10행은 중품中品, 10회향은 상품上品이다. 둘째는 신인이니, 무루의 믿음을 얻어서 수순하여 의심하지 않는 것이다. 초지初地는 하품, 제2지는 중품, 제3지는 상품이다. 셋째는 순인順忍이니, 보리도菩提道에 수순하여 무생無生의 결과를 향해 나아가는 것이다. 제4지는 하품, 제5지는 중품, 제6지는 상품이다. 넷째는 무생인無生忍이니, 망혹妄惑이 이미 다하여 모든 법이 모두 생겨남이 없음을 분명히 아는 것이다. 제7지는 하품, 제8지는 중품, 제9지는 상품이다. 다섯째는 적멸인寂滅忍이니, 모든 혹惑을 다 끊어서 청정하고 무위하며 담연하고 적멸한 것이다. 제10지는 하품이고, 불佛은 상품이다.
105 『인왕반야경』 권상(T8, 826c10).

부처님을 본다."^106라고 한 것과 같다.

> 方者正也。千葉臺。總成二地菩薩淨土。此中。臺上是身所居。千葉卽是所化部落。如仁王云。信忍菩薩。百佛千佛萬佛國中。化現百身千身萬身。十地經云。二地菩薩。入千世界。見千佛故。

이 대 위에 별도로 부처님의 자리가 있다. 이 천 장의 꽃잎의 대를 어떤 사람은, "이것이 좌대座臺이다."라고 했는데, 옳지 않다. 『범망경』 권상에서 별도로, "노사나불께서 백만 송이 연꽃으로 이루어지고 환한 광명으로 빛나는 좌대에 앉아 계신다."^107라고 했기 때문이다. 이미 "나는 연화장세계해에 머문다. 그 대는 둘레에 천 장의 꽃잎이 있는데, 한 장의 꽃잎은 한 개의 세계이다. 나는 화현하여 천 명의 석가가 된다. (한 장의 꽃잎에) 다시 백억 개의 수미산이 있다."^108라고 설했으니, 이 국토의 모습을 분명히 알 수 있다.

> 於此臺上。別有佛座。此千葉臺。有說。是座。非也。上卷。別說盧舍那佛。坐百萬蓮華赫赫光明座上故。旣說我住蓮華藏世界海。其臺周帀有千葉。一葉一世界。我化爲千釋迦。復有百億須彌。明知是土。

어떤 사람이 힐난하기를, "그(노사나불) 국도가 어씨 아미타불의 원만한 광명보다 좁은 것인가. 『관무량수불경』에서 '그 부처님(아미타불)의 원만한 광명은 백억 개의 삼천대천세계와 같다'라고 했기 때문이다."라고 했는데, 이러한 힐난은 옳지 않다. 부처님의 광명은 한정할 수 있는 것이 아니

---

106 『십지경』 권2(T10, 544b16).
107 『범망경』 권상(T24, 997b23).
108 『범망경』 권상(T24, 997c5).

니, 석가불도 또한 한량없는 국토를 비추기 때문이다. 혹은 이미 "같다."라고 했으니, 단지 광대함을 비유한 것일 뿐이지, 아직 반드시 크기가 동일함을 말한 것은 아니다. 예컨대 눈을 바다에 비유한 것과 같다.[109] 그러므로 백만 송이 연꽃을 좌대로 삼는 것을 알라. 무엇 때문에 모든 부처님께서는 연꽃을 좌대로 삼는 것인가? 부처님께서는 비록 세간에 계시지만 (세간에 물들지 않음이 연꽃이 진흙물에서 자라지만) 진흙물에 더럽혀지지 않는 것과 같음을 나타내기 때문이다.

有難。彼土。豈狹彌陀圓光。經說。彼佛圓光。如百億三千大千世界故。此難不然。佛光不定。釋迦亦照無量刹故。或旣言如。但比廣大。未必量同。如眼喩海。故知。百萬蓮華爲座。何故。諸佛蓮華爲座。表佛雖在世。如不著水故。

b. 정토淨土의 화신化身

경

둘러싼 천 장의 꽃잎 위에
다시 천 명의 석가를 나타내었네.

周帀[1]千華上。復現千釋迦。
1) ㉮ '帀'을 '匝'이라 했다.(갑본·을본·병본)

술 두 번째는 정토의 화신化身이다. 전하는 설에 말하기를, "이 몸은

---

109 눈에 대해 "바다와 같다."라고 했을 경우 눈이 크다는 것을 비유한 것이지, 눈의 크기가 바다와 동일함을 말한 것은 아니라는 말이다.

지전의 근기에 응한 것이다."라고 했고, 어떤 사람은 "오직 사선근위四善
根位[110]에 이르러야 비로소 정토에 왕생한다."[111]라고 했는데, 이치상 반드
시 그러한 것은 아니니, 정토부의 경전에서 "나머지도 또한 왕생한다."[112]
라고 말했기 때문이다. 정토와 예토는 동일한 곳인데 업에 따라서 다른 것
을 보는 것일 뿐이다. 마치 네 가지 형태의 인식(四識)이 대상은 동일하지
만 마음이 다른 것일 뿐인 것과 같고,[113] 추자鶖子[114]가 보는 (더러운) 산하
山河를 나계螺髻범왕은 도리어 보배로 가득 찬 국토로 보는 것[115]과 같기
때문이다.

述曰。第二淨土化身。傳說。此身應地前機。有說。唯四善根。方生淨土。理
未必然。淨土經說。餘亦生故。淨穢同處。隨業異見。猶如四識。等事心異。

---

110 사선근위四善根位 : 가행위의 보살. 10회향의 만위滿位에서 도달하는 계위이다.
111 자은 규기慈恩窺基가 『대승법원의림장』 권7(T45, 368c8)에서 "한 개의 세계에 곧 한 분의 대석가가 있으니, 사선근위의 보살이 보는 것이다. 백억 분의 소석가는 나머지 삼승이 보는 것이다.(有一釋迦化身。一四天下各一化身。一界即有一大釋迦。四善根所見。百億小釋迦。餘三乘所見。)"라고 한 것을 말하는 것 같다.
112 『무량수경』과 『관무량수경』 등에서 범부도 왕생할 수 있음을 말했다.
113 『섭대승론본』 권하(T31, 148b1)에서 "귀신과 방생傍生(축생)과 사람과 하늘이 각각 그 응하는 것에 따라서 대상은 동일하지만 마음(인식 내용)이 다른 것이기 때문에 대상은 진실한 것이 아님이 인정된다."라고 한 것을 참조할 것.
114 추자鶖子 : ⓢ Śāriputra의 의역어. 음사어는 사리불舍利佛이다. 부처님의 10대제자 중 한 분으로 지혜제일智慧第一로 일컬어진다.
115 『유마힐소설경』 권상(T14, 538c6). 본 경에서 "사리불이 부처님께 '보살의 마음이 청정하면 불국토도 청정하다'라고 하신 말씀을 듣고, '부처님께서 보살일 때 마음이 청정하지 않음이 없었을텐데 지금 나의 눈에 비친 이 불국토가 청정하지 않은 이유는 무엇인가' 하는 의문을 일으켰다. 부처님께서 '중생의 죄 때문에 청정한 국토를 보지 못하는 것이지 여래의 잘못이 아니다'라고 말씀하셨지만, 사리불이 아직 이해하지 못했다. 이에 나계범왕이 사리불에게 '나의 눈에는 현재 이 불국토가 타화자재천의 궁전처럼 깨끗하다'라고 하였고, 사리불은 다시 '나의 눈에 이 불국토는 언덕과 구덩이 모래와 자갈 등의 더러운 것으로 가득 찼다'라고 말했다. 나계범왕이 '마음에 차별심이 있고 부처님의 지혜에 의지하지 않기 때문에 이 불국토를 더러운 것으로 보는 것일 뿐이다'라고 답했다."라고 한 것을 참조할 것.

如鷲[1]子所見山河。 蠃[2]髻梵王變[3]寶土故。

1) ㉠ '鷲'를 '鷲'라고 했다.(갑본·을본·병본) ㉡ 『유마힐소설경』에 따르면 '鷲'이다.
2) ㉠ '蠃'를 '螺'라고 했다.(갑본·을본·병본) ㉡ 『유마힐소설경』에 따르면 '螺'이다.
3) ㉠ '變'을 '反'이라고 했다.(갑본·을본·병본) ㉡ 전후문맥상 '反'이 더욱 자연스러운 것 같다.

c. 예토穢土의 화신化身

경

한 장의 꽃잎에 백억 개의 국토이고
한 개의 국토마다 한 명의 석가로다.

一華百億國。一國一釋迦。

술 세 번째는 예토의 화신이다. "한 개의 국토"라는 것은 하나의 수미계須彌界[116]이니, 그 세계에서 특별히 남주南洲(남섬부주)에 나타나기 때문이다. 『유가사지론』에서 "한 개의 (삼천)대천세계에 백 구지의 세계가 있

---

116 수미계須彌界 : 불교의 세계관에 따를 때 우주의 최소 단위. 수미산을 중심으로 구성되었다는 뜻에서 이렇게 부른다. 최소 단위라는 뜻에서 소세계小世界라고도 한다. 풍륜風輪·수륜水輪·금륜金輪이 중첩되고, 그 위는 대지로 이루어졌다. 대지의 중앙에 수미산이 솟아 있고, 그 주위를 일곱 개의 외륜산外輪山이 바다를 사이에 두고 일곱 겹으로 둥글게 감싸고 있다. 가장 바깥에 있는 니민다라산 주위를 둘러싼 바다의 사방에 사람들이 거주하는 네 개의 대륙(四大洲)이 있다. 다시 이 네 개의 대륙이 있는 바다를 하나의 산이 둥글게 감싸고 있는데, 이 마지막 외륜산을 철위산鐵圍山이라 한다. 수미산과 일곱 개의 외륜산의 허리와 산정은 천계天界의 일부이다. 수미산은 허리 부분이 안으로 들어가 모래시계와 같은 모습인데, 해와 달은 그 잘룩하게 들어간 허리 주위를 일주한다. 수미산의 허리 아래, 일곱 개의 외륜산의 위, 그리고 해와 달 위에는 사천왕四天王이 거주한다. 수미산의 정상에는 삼십삼천이 거주하고, 이보다 뛰어난 천天은 더 높은 곳에 거주한다. 네 개의 대륙 가운데 남쪽에 있는 대륙이 현재 우리가 머무는 세계로 남주南洲·남섬부주南贍浮洲·염부제 등이라고 한다.

다."¹¹⁷라고 했고, 『잡집론』에서 "1구지의 크기는 백억에 해당한다."¹¹⁸라고 했는데, 무엇 때문에 여기에서 오직 "백억"이라고만 했는가.¹¹⁹ 억에는 여러 가지가 있다. 『유가사지론』에서는 또한 10만을 억으로 삼는 것에 의지했고, 이 경은 천만을 억으로 삼는 것에 의지했기 때문에 서로 어긋나지 않는다.

述曰。第三穢土化身。言一國者。一須彌界。以世界。別南洲現故。瑜伽論云。一大千。有百俱胝界。雜集云。一俱胝量。當於百億。何故。此中。唯言百億。億有多種。瑜伽。且依十萬爲億。此經千萬故。不相違。

여기에서는 소략한 모양에 의거하여 또한 한 부류의 수미세계를 설했지만, 실제에 의거하면 나무의 형상과 사람의 형상, 거꾸로 선 것과 옆으로 누운 것 등이 각각 그 부류를 따라 두루 모든 곳에 가득한데, 다른 부류가 서로 걸림이 없는 것이 마치 인다라망因陀羅網¹²⁰이 거듭 겹쳐지면서

---

117 『유가사지론』 권2(T31, 288a15).
118 『대승아비달마잡집론』 권11(T31, 744b27)에서 "백백천(100×100×1000=1천만)을 구지라고 한다."라고 했고, '백억'이라고 한 문장은 찾을 수 없다. 단 『유가론기』 권1(T42, 330a5)에서 "구지라는 것은 『구사론』에서 제시한 52수 중 여덟 번째 수를 구지라고 한다. 일·십·백·천·만·낙차·도락차·구지로 가면서 열 배씩 올라가니, 낙차는 1억이고, 도락차는 10억이며, 구지는 백억이다. 서방에 네 가지의 억이 있다. 첫째는 10만을 억으로 하는 것이고, 둘째는 백만을 억으로 하는 것이며, 셋째는 천만을 억으로 하는 것이고, 넷째는 만만을 억으로 하는 것이다. 지금 『유가사지론』과 『현양성교론』은 백만을 억으로 삼으니 10억을 구지로 삼는다. 그러므로 '백 구지를 한 부처님의 국토로 삼는다'라고 했다."라고 한 것에 따르면, 네 가지 억 중 첫 번째, 곧 10만을 억으로 삼는 것에 의거하면 1천만은 백억이다. 이러한 전제가 있다면 『잡집론』의 문장을 "백억을 1구지라고 했다."라고 해도 무방해진다.
119 삼천대천세계에 100구지의 세계가 있고, 1구지가 백억이라면, 환산할 경우 백백억 개의 세계가 있어야 하는 것인데, 백억 개의 세계만 말한 이유가 무엇인지를 힐문한 것이다.
120 인다라망因陀羅網 : 제석천의 궁전에 펼쳐진 보배 그물. 각 매듭마다 구슬이 달려 있는데 한 구슬에 다른 모든 구슬이 비추어져 들어와 있고, 그 하나는 또 다른 모든 구

다함이 없는 것과 같아서 생각하고 의론할 수 있는 것의 밖으로 벗어나고 지나간다. 그런데 모두 연화대장세계해에 포섭되어 있고, 아울러 노사나불이 법륜을 굴리는 곳이다.

>此依麤相。且說一類須彌世界。據實樹形人形倒及側等。各隨其類。徧滿諸方。異類無礙。如因陀羅網。重重無盡。出過思議之表。然皆攝在蓮華臺藏世界海中。並盧舍那轉法輪處。

d. 정토와 예토를 제시함

경
각각 보리수 밑에 앉아
일시에 불도를 이루었네.
이와 같은 천백억 명의 부처님은
노사나가 근본인 몸이라네.

>各坐菩提樹。一時成佛道。
>如是千百億。盧舍那本身。

술 네 번째는 정토와 예토를 제시했다. 근기가 단번에 성숙해지면, 일시에 거듭해서 교화하여 지말적인 것을 섭수하여 본질적인 것으로 돌아가게 한다. 『범망경』 권상에서 "천 장의 꽃잎의 부처님은 나의 화신이고, 천백억 명의 석가는 천 명의 석가의 화신이다."라고 했기 때문이다.

슬로 들어가 서로 비추어지는 형상을 하고 있는데, 이를 '중중무진重重無盡'이라 표현한다.

述曰。第四擧淨穢土。機根頓熟。一時重化。攝末歸本。如上卷云。千華[1]上佛。是吾化身。千百億釋迦。是千釋迦化身故。

1) ㉚ 본 서에 수록된 『범망경』에서는 '華'를 '葉'이라 했다. 강승개본에서 '花'라고 하였고, 다른 판본에서는 '葉'이라고 하였음을 밝혔다. 따라서 오자로 보지 않고 그대로 두었다.

Ⓑ 설법의 본말을 밝힌 문

경

천백억 명의 석가들
각각 타끌처럼 많은 대중을 거느리고
모두 와서 나의 처소에 이르러
내가 불계佛戒 외우는 것을 들으니,
감로甘露의 문이 바로 활짝 열렸네.
이때 천백억 명의 부처들
돌아가 본래의 도량에 이르러
각각 보리수 아래 앉아
나의 본사이신 노사나불께서 설한 계인
10중금계와 48경계를 외웠네.

千百億釋迦。各接微塵衆。
俱來至我所。聽我誦佛戒。
甘露門則開。是時千百億。
還至本道場。各坐菩提樹。
誦我本師戒。十重四十八。

술 두 번째는 설법의 본말이다. 노사나불의 몸은 비록 범부의 경계는 아니지만, 가피의 힘으로 보고 들을 수 있으니, 대중을 접인하여 (노사나불의 처소에) 이른 것이다. 이미 삼제(과거·현재·미래)를 꿰뚫는 법칙이니, 시기의 적절함에 따라서 제정된 것이 아니다. 그러므로 "내가 외우는 것(我誦)"이라고 했고, '말하는 것(說)'이라고 하지 않은 것이다.

> 述曰。第二說法本末。盧舍那身。雖非凡境。加力見聞。接衆而至。旣貫三際之則。非隨時宜所制。故說我誦。不言說也。

맛에 있어서 뛰어난 것을 "감로"라고 하기 때문에 (이것을) 즐거움 중에 가장 지극한 것인 열반에 비유하였다. "계"는 고통에서 벗어나서 즐거움을 증득하는 문이기 때문에 "(내가 불계) 외우는 것을 들으니 감로의 문이 (바로) 활짝 열렸네."라고 하였다. 어떤 사람은 말하기를, "계경은 (능전能詮의 교敎이니,) '문'이라 하고, 소전所詮(언어에 의해 나타내려는 것)의 계를 '감로'라고 한다. 교敎는 능히 이치를 열어 삼계를 벗어나게 하는 문인데, 근기를 마주하여 나타내니, 이를 '열렸네'라고 했다."라고 했다.

> 味中之上。名爲甘露。故喩樂中最極涅槃。戒則出苦證樂之門。故言聽誦甘露門開也。或說。戒經。名之爲門。所詮之戒。名爲甘露。敎能開理出三界門。對機而顯。是爲開也。

무릇 마음은 쉽게 다하고, 뛰어난 영상은 머물기 어렵다. 그러므로 본래 있던 곳으로 돌아가서 본사의 계를 외운 것이다. 이 가운데 "본사"는 말하자면 본래의 몸 그 자체이다. 혹은 계법戒法을 본사라고 할 수도 있으니, 부처님께서 스승으로 삼는 것이기 때문이다.

凡心易竭。勝影難留。故歸本處。誦本師戒。此中本師。謂卽本身。或可戒法。名爲本師。佛所師故。

(B) 계의 위력을 찬탄하는 문

> 경

계는 해와 달처럼 밝고
또한 영락瓔珞[121]과 구슬처럼 찬란하네.
티끌처럼 많은 보살 대중들
이것으로 말미암아 바른 깨달음을 이루었네.

戒如明日月。亦如纓絡[1]珠。
微塵菩薩衆。由是成正覺。

1) ㉯ '纓絡'을 '瓔珞'이라 했다.(갑본·을본·병본) 다음도 동일하다. ㉲ '瓔珞'이 맞는 것 같다.

> 술 이것은 곧 두 번째로 계의 위력을 찬탄하는 문[122]이다. 계는 죄의 어둠을 파괴하기 때문에 "해와 달"과 같다고 했고, 행자를 장엄하는 것이기 때문에 "영락과 구슬"과 같다고 했으니, 『유교경』에서 "부끄러움이라는 의복은 모든 장엄 가운데 가장 뛰어난 것이다."[123]라고 한 것과 같다. 어떤 사람은 말하기를, "성계를 수지하는 것을 '해와 달처럼 밝고'라고 했고, 차계에 의해 장엄하는 것을 '영락과 구슬처럼 찬란하네'라고 했으니,

---

121 영락瓔珞 : 구슬이나 꽃을 엮어 만든 장식물로 머리·목·가슴 등에 두른다.
122 앞의 분과에서는 "계의 공능을 찬탄하는 문"이라 했다.
123 『불수반열반약설교계경佛垂般涅槃略說教誡經』(T12, 1111b5). 본 경은 『유교경遺教經』이라고도 한다.

성죄의 어둠을 무너뜨려 성계를 장엄하기 때문이다."라고 했다.

述曰。此卽第二讚戒威力門也。戒破罪闇。猶如日月。華[1]嚴行者。如纓絡珠。如遺敎云。慚愧[2]之衣。[3] 於諸莊嚴。最爲第一。或說。性戒。明如日月。遮戒莊嚴。如纓絡珠。破性罪闇。嚴性戒故。

1) ㉱ '華'는 '莊'인 것 같다. 2) ㉯『유교경론』에 따르면 '愧'는 '恥'이다. 3) ㉯『유교경론』에 따르면 '衣'는 '服'이다.

모든 행의 시작은 계를 근본으로 삼고, 모든 행의 끝은 보리를 결과로 삼는다. 그러므로 삼제에 걸쳐 모두 계로 말미암아 성불하니, 삼취三聚(삼취정계)는 상응하는 대로 세 가지 덕을 이루기 때문이다.[124] 『유가사지론』에서 "이와 같이 모이고 쌓인 복덕과 지혜의 자량은 함께 서로 부합할 만한 다른 결과는 없는 것이니, 오직 무상정등보리만은 제외한다."[125]라고 한 것과 같다.

萬行之始。以戒爲本。萬行之終。菩提爲果。是故三際。皆由戒成佛。三聚。如應成三德故。如瑜伽云。如是所集福智資糧。更無餘果。可共相攝。[1] 唯除無上正等菩提。

1) ㉯『유가사지론』에 따르면 '攝'은 '稱'이다.

---

124 의적의『보살계본소』권상(T40, 662a18)에서 "삼종계(삼취정계)로 말미암아 세 가지 불과를 이루니, 율의계는 단덕斷德을 갖춘 법신을 이루고, 섭선법계는 지덕智德을 갖춘 응신應身을 이루며, 섭중생계는 은덕恩德을 갖춘 화신化身을 이룬다."라고 하였다.
125 『유가사지론』권43(T30, 529c11). 그 원인이 수승하기 때문에 오직 무상정등보리의 결과만이 상응하는 것이라는 말이다.

B) 말주末主가 현양顯揚함을 나타낸 문

(A) 전전展轉하면서 열어서 교화함을 나타낸 문

경
이는 노사나불께서 외우신 것이고
나도 또한 이와 같이 외우니,
너희 처음 발심하여 배움을 시작한 보살[126]이여,
머리에 받들어 이고 수지해야 한다.
이 계를 수지하고 나서는
굴려서 모든 중생에게 전해 주어라.

是盧舍那誦。我亦如是誦。
汝新學菩薩。頂戴受持戒。
受持是戒已。轉授諸衆生。

술 이하는 말주가 현양함을 나타낸 문이다. 여기에 네 가지 문이 있다. 첫째는 전전하면서 열어서 교화함을 나타낸 문이고, 둘째는 이루어야 할 계의 모양을 나타낸 문이며, 셋째는 능히 받을 수 있는 유정을 나타낸 문이고, 넷째는 자세하게 설하는 것을 열어서 허락함을 나타내는 문이다. 이것은 곧 처음이다. 말하자면 앞의 여섯 수의 게송은 본사가 외워낸 것이고, (그것을) 그대로 내가 전하여 외우니, 너희도 또한 그렇게 해야 할 것이라고 한 것이다. 계를 전하는 손이 서로 이어지면 부처님의 종자는

---

126 너희 처음~시작한 보살 : '신학보살新學菩薩'을 풀이한 것이다. 초발의보살初發意菩薩·시학보살始學菩薩 등이라고도 한다. 이제 막 불도를 배우기 시작한 사람임을 나타내는 말이다.

곧 끊어지지 않는다.

述曰。自下末主顯揚門。此有四門。一展轉開化門。二所成戒相門。三能受有情門。四開許廣說門。此卽初也。謂上六頌。本師誦出。如我傳誦。汝亦應爾。戒手相接。佛種卽不斷也。

(B) 이루어야 할 계의 모양을 나타낸 문

경

잘 새겨들어라, 나는 바로 외울 것이니.
이는 불법 중의 계장戒藏인
바라제목차이니라.
대중들은 마음에 새기고 믿어라.
그대들은 장차 성불할 것이고,
나는 이미 성불하였음을.
항상 이와 같이 믿으면,
계품戒品은 이미 원만하게 갖추어진다네.

諦聽我正誦。佛法中戒藏。
波羅提木叉。大衆心諦信。
汝是當成佛。我是已成佛。
常作如是信。戒品已具足。

술 두 번째 문이다. 세존께서 제정하신 일체의 금계는 상승上乘이든 하승下乘이든 모두 여기에서 나온 것이다. 그러므로 "불법 중의 계장"이라 했다. 정공계定共戒[127] · 도공계道共戒[128]와 간별하기 위해 "바라제목차"라고 했다. ("바라제목차"에서) 범어 "바라제波羅提⑤ prāti)"는 별別이라 의역하고, ("목차"는) 갖추어서 말하자면 '비목차毗木叉⑤ vimokṣa)'라고 해야 하고, (해탈解脫이라 의역하니, 바라제목차는) 별해탈別解脫이라고 의역한다. (각 조목에 대해) 개별적으로 그릇됨에서 벗어나기 때문에 별해탈이라고 한다. 또한 『유교경』에서 "계는 해탈에 수순하는 근본이 되는 것이기 때문에 바라제목차라고 한다."[129]라고 했다.

述曰。第二門也。世尊所制。一切禁戒。上乘下乘。皆從此出。故言佛法中戒藏也。簡定道戒。故言波羅提木叉。梵云波羅提。此云別也。若具。應言毗木叉。此云別解脫。別出非。故名別解脫。又遺教云。戒是順解脫之本。故名波羅提木叉。

보살계를 받고 "이 계로 말미암아 나는 장차 성불할 것이니, 석가불께서 계로 말미암아 이미 성불하신 것과 같으리라."라고 하고, 다시는 나머지 부동분심不同分心[130]을 일으키지 않으면, 그때를 계품이 원만하게 갖추어졌다고 하니, 선사善思(선한 생각)의 분한分限인 것을 계라고 하기 때문이다.[131] 『보살영락본업경』에서 "일체 보살의 범부와 성인의 계는 마음이 다

---

127 정공계定共戒 : ⑤ dhyāna-saṃvara. 색계의 선정에 의해 얻는 율의. 정려율의靜慮律儀·색전계色纏戒라고도 한다. 선정을 수습하여 초선初禪·이선二禪·삼선三禪·사선四禪의 선정을 발득할 때 내심內心에 저절로 생겨나는 방비지악防非止惡의 계체를 가리킨다.
128 도공계道共戒 : ⑤ anāsrava-saṃara. 번뇌를 끊어서 다하는 무루無漏인 계. 무루율의無漏律儀·무루계無漏戒라고도 한다. 곧 성자가 무루정無漏定에 들어갔을 때 발득하는 방비지악의 계체를 가리킨다.
129 『유교경』(T12, 1111a2).
130 부동분심不同分心 : 같은 부류가 아닌 마음. 여기에서의 뜻은 『유가론기』 권20(T42, 768a27)에서 "계를 받아서 생겨나는 마음을 수심受心이라고 하고, 본래 계를 받아서 생겨나는 마음과 서로 어긋나는 마음이 생겨난 것을 부동분심이라 한다.(受戒之心名受心。發起相違本受戒心名不同分心。)"라고 한 것을 참조할 것.

하는 것을 체로 삼는다. 그러므로 마음이 다하면 계도 또한 다하지만 마음이 다함이 없기 때문에 계도 또한 다함이 없다."[132]라고 한 것과 같다. 여기에서 "마음"이라는 것은 대승심大乘心이니 모든 대승에서 물러난 이와 아직 발심하지 않은 이가 얻을 수 있는 것이 아니다.

> 若受菩薩戒。謂由此戒。我當成佛。猶如釋迦。由戒已成。更不起餘不同分心。爾時。名爲戒品具足。善思分限。名爲戒故。如本業云。一切菩薩。凡聖戒。盡心爲體。其心若盡。戒亦盡。心無盡故。戒亦無盡。此中心者。大乘心也。非諸退乘及未發心之所能得。

(C) 능히 받을 수 있는 유정을 나타낸 문

경

마음이 있는 이라면
누구나 다 불계佛戒를 섭수할 수 있으니(應),
중생이 불계를 받아 지니면
바로 여러 부처님의 지위에 들어가서
그 지위가 대각大覺과 같아지니,
이러한 사람이야말로 진실로 모든 부처님의 자식이라네.

> 一切有心者。皆應攝佛戒。
> 衆生受佛戒。卽入諸佛位。

---

131 『성유식론』 권1(T31, 4c24)에서 "사思와 원願의 선과 악의 분한에 의거하여 무표업을 가립한다고 함이, 이치에 있어서 또한 어긋나지 않는다.(然依思願善惡分限。假立無表。理亦無違。"라고 한 것을 참조할 것.
132 『보살영락본업경』 권하(T24, 1021b20).

位同大覺已。眞是諸佛子。

술 세 번째 문이다. "응應(섭수할 수 있으니)"이라는 것은 받아들이는 것이다. 장애가 있고 성품이 없으면 계를 이룰 수 없기 때문에 ("마음이 있는 이"라고 했다.) 이 계는 가장 뛰어난 것이니, 어찌 성문계보다 쉽겠는가? 누가 쉽게 얻을 수 있다고 말하는 것인가? 발심이 어려운 것이기 때문에 (옳지 않다.) 무상보리는 어떤 덕도 섭수하지 않음이 없으니, 발심하여 닦는 것은 어떤 선도 인因이 되지 않음이 없기 때문이다. 마음이 있는 이는 대승심大乘心을 발하고 모든 원행願行으로 모두 인성因性(원인으로 갖추고 있는 성품)을 이루는 것이다.

述曰。第三門也。應者容也。有障無性。不成戒故。此戒最勝。何易聲聞。誰言易得。難發心故。無上菩提。無德不攝。發心所修。無善不因故。有心者。得發大心。所有願行。皆成因性。

"바로 여러 부처님의 지위에 들어가서"에서, 부처님의 지위에는 두 가지가 있다. 첫째는 발심했을 때 원만하게 이루어진 지위이고, 둘째는 행에 의해 과를 얻었을 때 원만하게 이루어진 지위이다. 지금은 처음에 들어갔기 때문에 (이렇게 말한 것이다.) 처음에 발심하면서 세운 서원이 두루하고 원만하지 않음이 없어서 부처님과 다름이 없으니, "대각과 같아지니"라고 했다. 『계경』에서 "(처음의) 발심과 (마지막의) 필경畢竟(궁극)의 두 가지는 다르지 않다."[133]라고 한 것과 같기 때문이다. 이미 이 지위를 얻으면 진실로 부처님의 자식이니, 부처님의 법으로부터 태어나 부처님의 지위를 잇기 때문이다.

---

133 36권본 『열반경』 권34(T12, 838a4).

卽入諸佛位者。佛位有二。一發心滿位。二行果滿位。今入初故。初發之願。
無不周圓。與佛無異。言同大覺。如契經云。發心畢竟。二無[1]別故。已得此
位。眞是佛子。從佛法生。紹佛位故。

1) ㉠『열반경』에 따르면 '無'는 '不'이다.

게송으로 말한다.

頌曰。

방편을 아버지로 삼고 믿음을 종자로 삼으며
반야를 어머니로 삼고 선정을 태胎로 삼으며
자비를 길러 주는 어머니로 삼으니
부처님의 자식으로 그 지위를 이어서 태어나네.

方便父信種。般若母禪胎。
慈悲爲養母。佛子紹位生。

이 뜻을 자세히 설한 것은『섭대승론』[134]과 같다.

---

[134]『섭대승론석』권8(T31, 206b17)에서 "다시 불자에 다섯 가지 뜻이 있다. 첫째는 무상 승을 원하고 좋아하는 것(믿음)을 종자로 삼는 것이고, 둘째는 반야를 어머니로 삼는 것이며, 셋째는 선정을 태로 삼는 것이고, 넷째는 대비를 유모로 삼는 것이며, 다섯째 는 모든 부처님을 아버지로 삼는 것이다. 이러한 뜻으로 말미암기 때문에 부처님의 집안에 태어난다고 말한다.(復次。佛子有五義。一願樂無上乘爲種子。二以般若爲母。三 以定爲胎。四以大悲爲乳母。五以諸佛爲父。由此等義故。說得生佛家。)"라고 했다. 여기 에서는 "부처님을 아버지로 삼는다."라고 하여 "방편을 아버지로 삼는다."라고 한 것 과 일치하지 않는다.『유마힐소설경』권중(T14, 549c2)에서는 "지도(반야)는 보살이 어 머니로 삼는 것이고, 방편은 아버지로 삼는 것이다.(智度菩薩母。方便以爲父)"라고 하여 "방편을 아버지로 삼는다."라고 했다.

廣說此義。如攝大乘。

(D) 자세하게 설하는 것을 열어서 허락함을 나타내는 문

경 대중들은 모두 공경하고
정성스러운 마음으로 내가 외우는 것을 들어라.

大衆皆恭敬。至心聽我誦。

술 네 번째 문이다. 문장과 같으니 알 수 있을 것이다.

其¹⁾第四門。如文可解。
1) 옌 '其'는 '述曰'인 것 같다.

③ 계를 제정하는 서문

A. 경가經家의 서문

경 그때 석가모니불께서 처음으로 보리수 아래 앉아서 위없는 깨달음을 이루시고, 처음으로 보살의 바라제목차를 맺으시니, 이는 부모님과 사승師僧과 삼보에 효순孝順하는 것이고, 지극한 도리인 법에 효순하는 것이다. 효를 계라 하고 제지制止라고도 한다. 곧 입에서 한량없는 광명을 놓으시니, 그때 백만억 대중, 곧 여러 보살들과 18법천과 육욕천자六欲天子[135]와 16대국十六

---
135 육욕천자六欲天子 : 욕계의 여섯 가지 하늘. 곧 사대왕중천四大王衆天·삼십삼천

大國[136]의 왕이 합장하고 정성스런 마음으로 부처님께서 모든 부처님의 대계 大戒(大乘戒)를 외우는 것을 들었다.

爾時。釋迦牟尼佛。初坐菩提樹下。成無上覺。初結菩薩波羅提木叉。孝順父母師僧三寶。孝順至道之法。孝名爲戒。亦名制止。佛卽口放無量光明。是時。百萬億大衆。諸菩薩。十八梵天。六欲天子。十六大國王。合掌。至心。聽佛誦一切佛大乘[1)]戒。

1) ㉐ 태현의 주석에 따르면, 그의 대본에는 '乘'은 연자이다.

🖋 이하는 세 번째로 계를 제정하는 서문인데, 이 가운데 두 가지가 있다. 앞에서는 경가의 서문을 밝혔고, 뒤에서는 세존의 서문을 밝혔다. 이 것은 곧 앞에 해당하는 것이다.

述曰。自下第三結戒序中有二。初經家序。後世尊序。此卽初也。

"그때"라는 것은 도솔천의 궁전으로부터 내려와 응하여 나타났을 때이다. "석가釋迦([S] Śākya)"는 능能으로 의역하고, "모니牟尼([S] muni)"는 적寂으로 의역한다. "보리수"라는 것은 마가다국에 있고, 이 나무 아래 금강대가 있는데, 이 나무 아래서 깨달음을 증득했기 때문에 보리수라고 한다.

言爾時者。從天宮來。應現時也。釋迦。此云能。牟尼。卽[1)]寂也。菩提樹者。在摩伽陀國。於此樹下。有金剛臺。此下證覺。名菩提樹。

三十三天·시분천時分天·지족천知足天·낙변화천樂變化天·타화자재천他化自在天 등이다.

136 16대국十六大國 : 부처님 재세 시 인도를 대표하던 열여섯 개의 국가를 일컫는 말. 앙가鴦伽·마갈다摩竭陀·가시迦尸 등을 말한다.

1) ㉠ '卽'은 '此云'인 것 같다.

무엇 때문에 처음에 단번에 맺은 것인가? 삼승의 온갖 행은 여기에서 생겨나기 때문이다. 삼제에 걸쳐서 결정된 것이니 위범이라는 상황이 일어날 것을 기다리지 않기 때문이다. 성문계가 시간에 따라서 점차 제정하는 것, 예컨대 『문수사리문경』과 『열반경』에서 "먼저 계를 제정함을 유예하는 것에 대해 세간인이 ('여래는 일체지를 갖추었는데 어째서 죄 짓기를 기다려서 계를 제정하는 것인가'라는) 의심을 낸 것"[137]과 "그러므로 (구멍이 있으면) 옷을 깁는 것과 같으니, 파손된 곳을 따라 깁는 것도 따르는 것이다."[138]라고 한 것과는 같지 않다. 지금 보살계는 이와 같지 않기 때문에 처음으로 성불하고 처음으로 이 계를 제정한 것이다.

『십지론』에 의거하면, "불도를 이루고 처음 7일 동안은 스스로 법락을 누리고, 두 번째 7일에야 비로소 일어나서 말씀하셨다."[139]라고 했으니, 지금 "처음으로……맺으시니"라고 한 것은 두 번째 7일이어야 한다.

> 何故。初頓結者。三乘萬行。從此生故。三際決定。不待犯故。不同聲聞。隨時漸制。如文殊問經及涅槃經云。先預制戒。世間生疑。故如補衣。隨破隨補。今菩薩戒。則不如是故。初成佛。初結此戒。依十地論。成道。初七日。自受法樂。第二七日。方起言說。今云初結。應第二七。

"효"는 양육하는 것이고, "순"은 공경하는 것이다. 은혜를 알고 은혜를 갚는 것이 곧 효도이다. 은혜에 두 가지가 있다. 첫째는 생신生身(육신)을 자라게 한 은혜이니 곧 부모님을 말하고, 둘째는 법신을 길러 준 은혜이

---

137 『문수사리문경』 권하(T14, 503c10).
138 36권본 『열반경』 권4(T12, 627a21).
139 『십지경론』 권1(T26, 124a11).

니 곧 사승師僧 등이다. 재물과 법의 두 가지를 가지고 상응해야 할 것 그대로 공경하고 양육한다. 이 가운데 "사승"과 "삼보"와 "지극한 도리"라는 것은, 차례대로 조반助伴이고 소의所依이며 소연所緣이다.[140] 그러므로 별도로 제시했다.

> 孝謂養育。順卽恭敬。知恩報恩。卽是孝道。恩有二種。一滋長生身恩。謂卽父母。二長養法身恩。卽師僧等。以財法二。如應敬養。此中。師僧三寶至道。如次。助伴所依所緣。所以別擧。

"효를 계라 하고 제지制止라고도 한다."라는 것은, "효"는 온갖 행위의 근본이고, 선대의 왕의 중요한 도리이며, "계"는 온갖 선의 기초이고, 모든 부처님의 본원이다. 선이 이것으로부터 생겨나니 효를 계라고 하고, 악이 이것으로부터 소멸하니, 또한 제지라고도 하는 것이다. 그러므로 효와 계는 이름은 다르지만 뜻은 같다. "곧 입에서……놓으시니" 등이라고 한 것은 광명을 놓아 중생을 부르는 것이다. 한량없는 광명을 놓아서 인연이 있는 중생을 부르니, 걸림이 없는 문으로 생사윤회의 긴 밤에 빠진 중생을 비추어 인도함을 나타낸 것이다. "대계"라고 한 것은 대승계이다. 그러므로 여기에 성문중은 없는 것이다.

> 孝名戒亦名制止者。孝爲百行之本。先王要道。戒爲萬善之基。諸佛本原。

---

140 차례대로 조반助伴이고 소의所依이며 소연所緣이다 : 의적이 『보살계본소』 권상(T40, 662c6)에서 "'사승에게 효순하고'라는 것은 법신을 길러 주었기 때문이고, '삼보에 효순하고'라는 것은 불도에 들어가는 뛰어난 경계이기 때문이며, '지극한 도리에 도달하는 법에 효순하고'라는 것은 결과를 얻는 근본이기 때문이다."라고 한 것을 참조할 때, 사승이라는 것은 불도의 성취를 돕는 것(조반)이고, 삼보라는 것은 불도의 성취에 있어서 의지해야 할 것(소의)이며, 지극한 도리라는 것은 불도를 성취하기 위해 연해야 할 것(소연)임을 나타낸 것으로 보인다.

善從此生。孝名爲戒。惡從此滅。亦名制止。所以。孝戒名異義同。言卽口放等者。放光招衆。放無量光。而招有緣。表無礙門。照導長夜。言大戒者。大乘戒也。是以。此中。無聲聞衆。

B. 부처님의 서문

A) 스승

경 부처님께서 여러 보살에게 말씀하셨다.
"내가 이제 보름마다 여러 부처님의 법계法戒를 외울 것이니, 너희들 보리심을 발한 모든 보살들도 또한 외우고, 10발취·10장양·10금강·10지에 이르기까지의 여러 보살들도 또한 외울지라. 그러므로 계의 광명이 입에서 나오니, 연緣만 있고 인因은 없는 것은 아니기 때문이다."

佛告諸菩薩言。我今半月半月。自誦諸佛法戒。汝等一切發心菩薩。亦誦。乃至十發趣。十長養。十金剛。十地諸菩薩。亦誦。是故戒光從口出。有緣非無因故。

술 이하는 부처님의 서문이다. 차례대로 서문은 스승·법·제자의 삼륜상을 이루는데, (이것은 처음으로 스승에 해당하는 것이다.) 스승에는 두 가지가 있다. 첫째는 근본인 것이니 부처님을 말하고, 둘째는 지말인 것이니 보살을 말한다. 그러므로 "내가……외울 것이니, 너희들……외우고"라고 했다.
(계를) 보름마다 외우는 것은 비록 스승은 자취를 감추었더라도 법에 의지하여 머물기 때문이다. (또한) 그보다 많으면 곧 물러나기 쉽고, 그보다 적으면 정진하기 어려우니, 계에서 물러나지 않고 선정과 지혜를

정진하여 수행하기 위한 것이다. 그러므로 보름보다 더 많이 하지도 않고 더 적게 하지도 않는다. 『유교경』에서 "바라제목차는 너희들의 스승이니 내가 세상에 머문다고 해도 이것과 다름이 없다."[141]라고 한 것과 같다.

"보리심을 발한 (모든 보살)"이라는 것은 10신의 지위이다. 진실한 도리를 행함에 있어서 물러남이 있으니, 삼현에 해당하는 지위가 아니다. "10발취"라는 것은 10주이니, 삼현의 처음에 해당하기 때문이다. "10장양"이라는 것은 10행이니, 성태聖胎를 장양하기 때문이다. "10금강"이라는 것은 10회향이니, 다섯 가지 능력[142]을 섭지하기 때문이다. 『보살영락본업경』 권하에서 모두 10지 이전(地前)에 해당하는 것[143]이라고 했기 때문에 (이상 세 가지는 10성에 해당하는 지위가 아니다.) 계는 어둠을 무너뜨릴 수 있으니, 광명을 상서로운 모습으로 삼는다. 항상 외우고 수지하면 입에서 (광명이) 나오기 때문에 "연만 있고 인은 없는 것은 아니기 (때문이다.)"라고 한 것이다.

述曰。自下佛序。如次序成師法弟子三輪相也。師有二種。一本謂佛。二未菩薩。故言我誦汝等亦誦。半月誦者。雖師隱沒。依法住故。增卽易退。減卽難進。爲不退戒進修定慧。是故半月不增不減。如遺敎云。波羅提木叉。是汝等師。若我住世。無異此也。言發心者。十信位也。行實有退。非三賢之正位。十發趣者。十住也。三賢初故。十長養者。十行也。長養聖胎故。十金剛者。十廻向也。攝五力故。本業下卷。皆地前故。戒能破暗。以光爲瑞。

---

141 『유교경』(T12, 1110c20).
142 다섯 가지 능력 : 37보리분법 중 제5과에 해당하는 것. 신력信力·정진력精進力·염력念力·정력定力·혜력慧力 등을 가리킨다.
143 『보살영락본업경』 권하 「석의품釋義品」(T24, 1017a6)에서 10주·10행·10회향·10지·무구지·묘각지 등의 순서로 보살의 계위를 해석한 것을 참조할 것.

常所誦持。從口而出。故說有緣非無因也。

B) 법

경 "광명과 광명은 푸른 것도 아니고 노란 것도 아니며, 붉은 것도 아니고 흰 것도 아니며, 검은 것도 아니다. 색도 아니고 마음도 아니다. 있는 것도 아니고 없는 것도 아니니 인과법因果法이 아니고, 모든 부처님의 본원이며 보살의 근본이고 불자인 대중의 근본이다. 그러므로 여러 불자인 대중은 마땅히 (이 계를) 받고, (그 뒤에는 잃어버리지 말고) 지키며 읽고 외워야 하며 잘 배워야 한다."

光光。非青黃赤白黑。非色非心。非有非無。非因果法。是[1]諸佛之本源。菩薩之根本。是大衆諸佛子之根本。是故大衆諸佛子。應受持。應讀誦。善學。

1) ㉑ '是'가 없다.(갑본)

술 이것은 두 번째로 법이다. 여기에서 "광명과 광명"이라는 것은 여러 가지 계를 말한다. 상서로운 모습을 좇아 비유로 삼아 이름을 얻었기 때문이다. 계는 비록 색色이라고 할지라도 현색顯色과 형색形色[144]인 것은 아니니, 선사善思의 분한分限에 의지하여 세워진 것[145]이기 때문에, 질애質

---

144 현색顯色과 형색形色 : 설일체유부에 따르면, 색은 오근五根·오경五境·무표색無表色의 셋으로 분류된다. 또한 오경의 첫 번째로 안근眼根의 대상인 색경色境은 현색과 형색의 둘로 분류된다. 현색이란 색깔을 이루는 극미로 청青·황黃·적赤·백白 등이고, 형색이란 형태를 이루는 극미로 장長·단短·방方·원圓 등을 말한다.

145 계율이 무표색無表色임을 나타내는 말. 무표색은 무표업이라고도 한다. 어업·신업 등의 표업表業이 이루어질 때 그 행위가 종료된 후에도 행위자 자신에게 머무는 것을 무표색이라고 한다. 이러한 행위의 여세는 외면적으로 나타나지 않으므로 '무표'라고 하고, 색에 속하는 어語·신身 등에 의해 유발된 것이기 때문에 '색'이라고 한다. 예컨대 계율을 준수하는 것은 선한 무표업을 낳는 강력한 어업과 신업이고, 계율을 위반하는 것은 악한 무표업을 낳는 강력한 어업과 신업이다.

礙(공간을 점유하는 성질)가 없기 때문에 "색도 아니고"라고 했다. (또한) 연려緣慮(대상을 취하여 사유함)가 없기 때문에 "마음도 아니다."라고 했다.

연을 여의지 않기 때문에 "있는 것도 아니고"라고 했고, 연에 상즉하지 않기 때문에 "없는 것도 아니니"라고 했다. 있는 것이 아니기 때문에 "인과법이 아니고"라고 했고, 없는 것이 아니기 때문에 "모든 부처님의 본원이며"라고 했으며, 부처님의 본원이기 때문에 "보살의 근본이고"라고 했으니, 원인(보살)과 결과(부처님)를 함께하면서 근본이 되는 것이기 때문이다. 이것으로 말미암아 당시의 대중에게도 또한 근본이 되는 것이다. 그러므로 불자에게 처음에는 받고, 나중에는 지키며 문장을 외우고 뜻을 배우라고 하였다.

述曰。此第二法也。此中光光。謂諸戒也。從喩瑞相。而得名故。戒雖名色。而非顯形。以依善思分限立故。無質礙故非色。無緣慮故非心。不離緣故非有。不卽緣故非無。以非有故非因果法。以非無故諸佛本原。佛本原故菩薩根本。以與因果。作根本故。由此。時衆亦爲根本。是以。佛子。初受後持。誦文學義。

C) 제자

경 "불자여, 마음에 새겨서 들어라. 만약 불계를 받으려는 이가 있다면, 국왕·왕자·모든 관리·재상宰相·비구·비구니·18법·육욕천자·서민·황문黃門[146]·음란한 남자·음란한 여인·노비·팔부중·귀신·금강신金剛神·축생에서부

---

146 황문黃門 : ⓢ paṇḍakāḥ의 의역어. 불남不男·불능남不能男 등이라고도 하고, 음사어는 반택가半擇迦이다. 남근男根이 본래의 기능을 온전히 갖추지 못하는 사람을 가리키는 말. 보통 생불능남生不能男·반월불능남半月不能男·투불능남妬不能男·정불능남精不能男·병불능남病不能男 등의 다섯 가지가 제시된다.

터 변화하여 나타난 사람에 이르기까지 단지 법사의 말을 알아들을 수만 있다면 모두 계를 받아 얻을 수 있으니, 모두 가장 청정한 이라고 한다."

佛子諦聽。若受佛戒者。國王。王子。百官。宰相。比丘。比丘尼。十八梵天。[1] 六欲天子。庶民。黃門。婬男。婬女。奴婢。八部鬼神。金剛神。畜生。乃至變化人。但解法師語。盡受得戒。皆名第一淸淨者。

1) 㘴 '天'이 없다.(갑본) 㘴 태현의 주석에 인용된 문장에 따르면, 그의 대본에는 '天'이 없다.

술 이것은 세 번째로 계를 받는 제자이다. "비구"라고 한 것은 앞서 성문계를 받은 사람이다. 어떤 사람은 말하기를, "마음을 회향하여 계를 받을 때 (그 이전의 무표업이 그대로) 옮겨져서 보살계를 이룬다."[147]라고 했는데, 옳지 않다. 그것(성문계)은 다른 승乘(이승)의 종자에 의지하여 세운 것이기 때문이다. 단지 앞의 소승계(성문계)는 대승계(보살계)를 돕는 힘이 있을 뿐이다. 보살승의 마음에는 별도로 종자가 발생하고, 그것이 훈습한 것에서 별도로 무표無表가 일어나는 것이다.

述曰。此卽第三所被弟子。言比丘者。先受聲聞。有說。廻心。受戒時。轉成菩薩戒。非也。彼依餘乘種子立故。但前小戒。有助大力。菩薩乘心。別種子生。於彼所熏。別起無表。

"18범"이라는 것은 색계의 중생이다. 세 정려(초선·이선·삼선)에 각각 세 하늘이 있고, 네 번째 정려(사선)에 아홉 하늘이 있기 때문이다.[148] (18범

---

147 소승에서 회심하여 대승으로 전입했을 때 성문계에 의해 발생한 무표업이 그대로 보살계로 상속된다는 주장인 것 같다.
148 18범천의 구체적 명칭은 이설이 있다. 의적의 『보살계본소』권상(T40, 663a21)에서 여

중 하나인) 무상천은 처음과 나중에 마음이 있는 것을 인정하기 때문에
(계를 받을 수 있는 부류에 넣어도 무방하다.)[149]

十八梵者。色界衆也。謂三靜慮。各有三天。第四有九故。無想初後。許有
心故。

문『보살선계경』에서 "먼저 보리심을 발해야 비로소 보살계를 받을 수
있다."[150]라고 했는데, 어떻게 (보리심을 발하지 않은) 오정거천五淨居天[151]
도 또한 계를 받을 수 있는 것인가.[152]

러 가지 설을 소개하였는데, 태현이 무상천을 18범에 집어넣는 것과 그에 대해 주석
한 내용을 보면, 그가 첫 번째 설을 따랐음을 알 수 있다. 이것에 의거하면 18범이란
다음과 같다. 제1 정려에 셋이 있으니, 범중천梵衆天 · 범보천梵輔天 · 대범천大梵天
이다. 제2 정려에 셋이 있으니, 소광천小光天 · 무량광천無量光天 · 극광천極光天이다.
제3 정려에 셋이 있으니, 소정천小淨天 · 무량정천無量淨天 · 변정천遍淨天이다. 제4
정려에 무운천無雲天 · 복생천福生天 · 광과천廣果天 등의 세 가지 하늘과 무상천無想
天과 오정거천五淨居天(無煩天 · 無熱天 · 善見天 · 善現天 · 色究竟天)이 있다. 제4 정려
에서 오정거천을 별도로 묶는 것은, 이곳에는 범부는 없고 청정한 업을 닦은 성인만
머물기 때문이다.

149 의적의 『보살계본소』 권상(T40, 663a23)에서 첫 번째 설을 소개하면서 "무상천은, 이
미 처음과 나중에 마음이 있음을 인정하니, 발심하여 보살계를 받는 일이 있을 수 있
다."라고 한 것을 참조해서 풀었다. 『수능엄경』 권9(T19, 146b14)에 따르면, "무상천은
수명이 5백 겁이며, 처음의 반 겁과 나중의 반 겁에는 마음이 있는 것"이라고 하였다.
150 『보살선계경』(T30, 964b19).
151 오정거천五淨居天 : 색계의 제4선에 속한 여러 하늘 중 위에 있는 다섯 가지 하늘. 차
례대로 무번천無煩天 · 무열천無熱天 · 선견천善見天 · 선현천善現天 · 색구경천色究竟
天 등이다. 가장 상위인 색구경천의 정상에 대자재천大自在天이 머문다. 오정거천을
별도로 묶는 것은, 이곳은 범부는 없고 성인만이 머무는 곳이기 때문이다. 『대지도론
大智度論』 권9(T25, 122c)에서 "수행을 통해 깨끗한 경지에 도달한 성인들만이 머무
는 곳이기 때문에 정거천이라 했다."라고 하였다. 출처에 따라 선현천과 선견천은 순
서가 바뀌기도 하는데, 앞의 순서는 『유가사지론』에 따른 것이다. 『구사론俱舍論』 · 『현
양성교론顯揚聖教論』 등에서는 선현천이 앞에 나온다.
152 오정거천은 성문의 사과四果 중 제3 아나함과阿那含果를 증득한 성자가 태어나는 곳
이기 때문에 이러한 의문을 상정한 것 같다. 곧 보리심을 발해야 보살계를 받을 수 있
는데, 이곳에 태어난 성문승은 보리심을 발하지 않았으니, 이들이 보살계를 받을 수

📖 어떤 사람은 말하기를, "'18'이라는 것은, 말은 총괄적인 것이지만 뜻에 의해 개별적인 것으로 사용할 수도 있다. 예를 들면 한 명의 비구를 육군六群이라고 하는 것과 같다."[153]라고 했다.

어떤 사람은 말하기를, "무상천과 정거천을 제외하고 별도로 18범이 있는 것이다. 『본업경』에서 '아래의 세 정려에 각각 네 가지의 하늘이 있고, 네 번째 정려에 여섯 가지 하늘이 있다'[154]라고 한 것과 같기 때문이다."[155]라고 했다.

어떤 사람은 말하기를, "실법實法에 의거하면 (정거천도) 또한 성불할 수 있으니 (보리심을 발할 수 있는 것으로 보아야 한다.)[156] 그러므로 『성유식론』에서 '통틀어서 색계를 이루는 것이니, 마음을 회향했는지의 여부에 달렸을 뿐이다'[157]라고 했다. 아직 보리로 회향하는 성문에 대한 가르침을 건립하지 않은 것을 부수적으로 서술하여 말하면, '만약 반야부의

있다고 하는 것은 모순이라는 말이다.
153 육군비구라는 것은 부처님 재세 시 무리 지어 다니면서 악행을 일삼았던 여섯 명의 비구를 가리키는 말인데, 이들 중의 한 명을 가리킬 때에도 육군비구라고 하는 것처럼, 18범이란 18가지의 범천을 가리키는 말이지만 그중의 일부를 가리키는 말로도 쓰일 수 있다는 말인 것 같다.
154 『보살영락본업경』 권상(T24, 1011a5)에서 "제1 정려는 범천梵天·범중천梵衆天·범보천梵輔天·대범천大梵天, 제2 정려는 수행천水行天·수미천水微天·수무량천水無量天·수음천水音天, 제3 정려는 약정천約淨天·무상천無想天·변정천遍淨天·정광명천淨光明天, 제4 정려는 수묘천守妙天·미묘천微妙天·극묘천極妙天·복과천福果天·과승천果勝天·대성전大靜天이다."라고 했다.
155 이 주장이 타당하려면 앞의 주석에서 제시한 『보살영락본업경』의 18천에서 설한 약정천(정거천)·무상천은 여기에서 논의하고 있는 오정거천·무상천과 이름만 같고 의미는 다른 것이어야 한다.
156 『보살영락경』 권13(T16, 116b27)에서 부처님께서 정거천자에게 현겁 가운데 7백 명의 부처님을 지나면 성불할 수 있다고 한 것을 그 증거가 되는 문장으로 삼을 수 있다.
157 『성유식론』 권7(T31, 40b19)에서 "모든 범부로서 부처님의 증과를 구하는 사람은 반드시 색계 이후에 무루를 이끌어낸다. 그는 반드시 정거천의 대자재천궁에 태어나 살면서 보리를 증득하기 때문이다."라고 한 것을 취의 요약한 것 같다. 정거천도 보리심을 발하는 것의 증거가 되는 문장이다.

가르침에 의거하면 대승심을 발하지 않으니, 곧 오정거천은 마음을 회향함이 없는 중생이다'라고 할 수 있다. 이것은 요의了義에 의해 또한 마음을 회향함이 없다고 한 것은 아니다."라고 했다.

善戒經云。要先發菩提心。方得受菩薩戒。如何淨居。亦得受戒。有說。十八。言總意別。如一比丘。名六羣。有說。除無想淨居。別有十八梵。如本業經。下三靜慮。各有四天。第四六故。有說。據實亦有成佛。然唯識論。總成色界。有廻心已。傍述未建立廻向菩提聲聞教云。若依般若。不發大心。卽五淨居。無廻心者。不謂了義。亦無廻心。

이 가운데 또한 불공계不共戒[158]를 받는 것에 의거하니, "황문" 등도 또한 계를 받는 것을 허락한 것이다. 만약 두루 배우고 행하는 경우라면, 별도로 칠중七衆[159]의 율의를 받는다. 차난遮難[160]은 성문의 수계의식과 같음을 알아야 한다.

於中。且依受不共戒。許黃門等。亦受得戒。若徧學行。別受七衆。當知。遮難。同聲聞受

---

158 불공계不共戒 : 이승과 함께하지 않는 계라는 뜻이다.
159 칠중七衆 : 비구·비구니·사미·사미니·식차마나·우바새·우바이 등을 가리킨다. 출가자와 재가자를 통틀어서 불교 교단의 구성원을 일곱으로 분류한 것이다.
160 차난遮難 : '차'는 자성으로서의 악은 아니지만 계를 받는 것에는 장애가 되는 죄, '난'은 자성으로서의 악이기 때문에 계를 받는 것에 장애가 되는 죄를 가리킨다. 소승 비구계를 받는 의식에서는 10차와 13난을 지었는지의 여부를 질문하는데, 10차란 수계인의 이름, 화상의 이름, 비구계를 받는 조건인 20세가 되었는지의 여부, 의발을 갖추었는지의 여부, 부모에게 허락받았는지의 여부 등을 질문하는 것이고, 13난이란 칠역죄 등을 지었는지의 여부를 질문하는 것이다. 재가신자의 보살계와 관련된 차난은 뒤에서 『우바새계경』을 인용한 것을 참조할 것.

어떤 사람은 의문을 제기하기를, "황문 등도 또한 계를 받아서 얻을 수 있다면 무엇 때문에 경에서 '우바새계·사미계·비구계를 받지 않고 보살계를 받는다고 한다면 이러한 일은 있지 않다. 비유컨대 여러 층으로 이루어진 누각을 첫 번째 층을 말미암지 않고 두 번째 층에 오를 수 있다고 한다면 이러한 일은 있지 않은 것과 같다'[161]라고 했겠는가."라고 하고, 그스스로 해석하기를, "(보살의 삼취정계를 받을 때) 반드시 율의律儀[162]로 말미암아야 뒤의 함께하지 않는 두 가지 보살계[163]를 얻기 때문에 이렇게 설한 것이다. 반드시 보살이 먼저 소승심을 발하고 (대승에 들어가는 것을 말한 것은) 아니다."[164]라고 했다.

有問。若黃門等。亦受得戒。何故。經云。若言。不受優婆塞戒沙彌戒比丘戒。得菩薩戒。無有是處。譬如重樓。不由初級。得第二級。無有是處。彼自解云。必由律儀。得後不共二菩薩戒。故作是說。未必菩薩先發小心。

"모두 가장 청정한 이라고 한다."라는 것은, 『대지도론』에서 "뛰어난 아

---

161 『보살선계경』(T30, 1013c26).
162 율의律儀 : 삼취정계 중 첫 번째. 섭률의계攝律儀戒라고도 한다. 칠중이 수지하는 별해탈율의別解脫律儀로 비구계·비구니계·정학계正學戒(式叉摩那戒)·사미계·사미니계·우바새계·우바이계 등을 말한다.
163 함께하지 않는 두 가지 보살계 : 삼취정계 중 뒤의 두 가지이니, 곧 섭선법계와 섭중생계를 가리킨다.
164 이상은 의적의 『보살계본소』 권상(T40, 659a7)에서, "㊀ 어떤 사람이 말하기를, '반드시 먼저 성문계를 받고 난 뒤에 보살계를 받아야 한다'라고 했는데, 이것의 의미는 무엇인가? ㊁ 반드시 그래야 하는 것은 아니다. 어찌 보살이 먼저 소승심을 일으키고 그렇게 한 후에 대승에 들어가야 한다는 것을 받아들일 수 있겠는가? 그런데 경에서 '우바새계·사미계·비구계를 받지 않고 보살계를 받는다고 한다면 이러한 일은 있지 않다. 비유컨대 여러 층으로 이루어진 누각을 첫 번째 층을 말미암지 않고 두 번째 층에 오를 수 있다고 한다면 이러한 일은 있지 않은 것과 같다'라고 한 것은, 율의를 의지함으로 말미암아 비로소 뒤의 두 가지를 얻기 때문에 이렇게 말한 것이다."라고 한 것과 내용이 동일하다.

라한을 넘어선다."¹⁶⁵라고 한 것과 같기 때문이다. 무엇 때문에 그러한 것인가. 『대반야경』에서 "이승의 선근은 반딧불과 같으니 오직 자신만 비추고, 대승의 선근은 해의 광명과 같으니 일체를 비추어 인도한다."¹⁶⁶라고 한 것과 같기 때문이다.

> 皆名第一淸淨者。如論超勝諸羅漢故。何故爾者。如般若言。二乘善根。猶如螢火。唯照自身。大乘善根。猶如日光。導一切故。

(2) 정설분正說分

① 중계重戒

A. 총괄적으로 표함

A) 숫자를 들고 수지할 것을 제정함

경 부처님께서 모든 불자에게 말씀하셨다.
"열 가지 무거운 바라제목차가 있다. 보살계를 받고 이 계를 외우지 않는다면 보살이 아니고 부처님의 종자도 아니다. 나도 또한 이와 같이 외운다."

> 佛告諸佛子言。有十重波羅提木叉。若受菩薩戒。不誦此戒者。非菩薩。非佛種子。我亦如是誦。

---

165 『대지도론』 권35(T25, 322b4)에서 "시방의 갠지스 강의 모래알처럼 많은 사리불과 목건련 등과 같은 (뛰어난 아라한도) 한 명의 보살만 못한 것은 반딧불이 아무리 많아도 햇빛에는 미치지 못하는 것과 같다."라고 했다.
166 『대반야경』 권200(T5, 19b24).

🔲 두 번째는 정설분이다. 여기에 두 가지가 있으니, 앞에서는 중계를 밝혔고, 뒤에서는 경계를 밝혔다. 앞에 세 가지가 있으니, 총괄적으로 표방했기 때문이고, 개별적으로 외웠기 때문이며, 맺어서 이루는 것을 밝혔기 때문이다. 총괄적으로 표방한 것 가운데 두 가지가 있으니, 숫자를 들고 수지할 것을 제정했기 때문이고, 모양을 보이고 배울 것을 권했기 때문이다. 이것은 처음이다.

述曰。第二正說分。此有二。初重。後輕。初中有三。總標故。別誦故。結成故。總中有二。[1] 擧數制持故。示相勸學故。此初也。

---
1) ⓦ '二'를 '三'이라 했다.(갑본)

『유가사지론』에서는 네 가지를 세웠는데,[167] 『보살계본종요』에서 풀이한 것[168]과 같다. 또 『선생경善生經』[169]에서는 재가 대중에 의거하여 오직 (10중계 중) 앞의 여섯 가지[170]만 설했으니, 거친 것을 드러냈기 때문이고, 『보살선계경』에 의거하면, 출가보살에게 팔중이 있으니,[171] 곧 여기(『범망

---
167 『유가사지론』 권40(T30, 515b21)에서 네 가지 타승처법他勝處法(바라이법)을 설한 것을 말한다. 이는 『범망경』의 10중계 중 뒤의 네 가지와 일치한다.
168 태현의 『보살계본종요』(T45, 916a23)에서 비구와 보살의 사계捨戒의 인연을 밝히는 가운데 보살의 네 가지 타승처법의 위범에 대해 설명했다.
169 『선생경善生經』: 담무참曇無讖이 한역한 『우바새계경優婆塞戒經』의 다른 이름. 장자長者의 아들인 선생善生이 질문하고 부처님께서 답변하는 형식으로 이루어졌기 때문에 이렇게 부른다.
170 『우바새계경』 권3(T24, 1049a28)에서 설한 우바새의 육중법六重法을 가리킨다.
171 『보살선계경』(T30, 1015a3)에서 "보살계란 팔중이다. 앞의 네 가지는 사중계, 곧 살생·도둑질·음행·거짓말 등을 금한 것이다. 나머지 네 가지는, 다섯째는 이양을 탐하여 자신을 찬탄하는 것을 금한 것이고, 여섯째는 가난한 사람·병자가 와서 구걸하는데 인색하여 베풀지 않는 것과 법을 구하는 사람에게 법을 알려 주지 않는 것을 금한 것이며, 일곱째는 분노하여 타인을 해치는 것, 다른 사람이 참회하는데 받아들이지 않는 것 등을 금한 것이고, 여덟째는 대승경을 비방하고 상사비법相似非法(대승법과 유사한 모습을 지닌 그릇된 법)을 배우는 이와 함께 머무는 것을 금한 것이다."라고 했다.

경』)에서 설한 10중계 가운데 앞의 네 가지와 뒤의 네 가지인데, (앞의 네 가지는) 공근본중죄共根本重罪(이승과 함께하는 근본중죄[172])이고, (뒤의 네 가지는) 불공근본중죄不共根本重罪(이승과 함께하지 않는 근본중죄)이기 때문이다. 이 경과 『보살영락본업경』에서는 통틀어서 10중을 세웠으니[173] 통틀어서 섭수했기 때문이다.

瑜伽立四。如宗要釋。若善生經。依在家衆。唯說前六。以麤顯故。依善戒經。出家菩薩。立有八重。卽此十中初四後四。以共不共根本重故。此經本業。總立十重。以通攝故。

게송으로 말한다.

頌曰。

넷[174]은 신업이고 셋[175]은 어업이며 의업도 또한 셋[176]이라네.
탐욕·분노·어리석음으로 말미암아 넷[177]과 둘[178]과 하나[179]가 생겨나고
세 가지 어업[180]은 탐욕·분노·어리석음으로 말미암아 구경에 이른다네.

---

172 근본중죄 : 계 가운데 가장 무거운 것인 바라이죄를 가리킨다.
173 『보살영락본업경』 권하(T24, 1022c21).
174 넷 : 10중계 중 제1 쾌의살생계·제2 겁도인물계·제3 무자행욕계·제5 고주생죄계를 가리킨다.
175 셋 : 10중계 중 제4 고심망어계·제6 담타과실계·제7 자찬훼타계를 가리킨다.
176 셋 : 10중계 중 제8 간생훼욕계·제9 진불수사계·제10 훼방삼보계를 가리킨다.
177 넷 : 탐욕에 의해 일어나는 것. 곧 제2 겁도인물계·제3 무자행욕계·제5 고주생죄계·제8 간행훼욕계를 가리킨다.
178 둘 : 분노에 의해 일어나는 것. 곧 제1 쾌의살생계·제9 진불수사계를 가리킨다.
179 하나 : 어리석음에 의해 일어나는 것. 곧 제10 훼방삼보계를 가리킨다.
180 세 가지 어업 : 어업과 관련된 계. 곧 제4 고심망어계·제6 담타과실계·제7 자찬훼타계를 가리킨다.

음행·분노·삿된 견해는 또한 비정非情도 관련되는 경우도 있다네.

四身三語意亦三。由貪瞋癡四二一。
三語由三得究竟。婬瞋邪見亦非情。

10중계에서 네 가지는 신업을 체로 한다. 『대지도론』 권13에서 술을 마시는 것[181]과 앞의 세 가지[182]는 모두 신업과 관련된 계라고 했기 때문이다.[183] 제4 고심망어계·제6 담타과실계·제7 자찬훼타계는 어업에 의해 죄를 이루는 것이니, (네 가지 어업[184] 가운데) 나머지 세 가지 어업(기어·악구·양설)은 일의 양태에 따라 제6 담타과실계가 되거나 제7 자찬훼타계가 되기 때문이다.[185] 그런데 업도業道[186]는 있지만 타승처는 아닌 경우도 있으니, 말하자면 염오심으로 노래하는 것 등과 같은 것은 기어綺語[187]에 섭수되는 것인데, (이 경우가 그러하다.)[188]

---

181 『범망경』 10중계 중 제5 고주생죄계를 가리킨다.
182 『범망경』 10중계 중 제1 쾌의살생계·제2 겁도인물계·제3 무자행욕계를 가리킨다.
183 『대지도론』 권13(T25, 158c12)에서 "이와 같이 네 가지 죄(살생·도둑질·삿된 음행·술을 마시지 않는 것)를 짓지 않는 것은 몸의 선율의이고, 망어를 짓지 않는 것은 입의 선율의이다.(如是四罪不作。是身善律儀。妄語不作。是口善律儀。)"라고 한 것을 말한다.
184 네 가지 어업 : 망어妄語(거짓말)·악구惡口(추악한 말)·양설兩舌(이간질하는 말)·기어綺語(무용한 말, 가식적인 말)를 가리킨다.
185 기어에 의해 자찬훼타하면 제7 자찬훼타계를 범하는 것이고, 악구로 타인의 허물을 말하면 제6 담타과실계를 범하는 것을 말한다.
186 업도業道 : 근본업도根本業道를 가리킨다. 하나의 업이 이루어지는 과정을 세 단계로 나눌 수 있다. 어떤 일을 이루기 위한 준비적 행위를 가행加行이라고 하고, 그러한 행위를 완성하는 찰나에 발생하는 표업表業과 무표업無表業을 근본업도라고 하며, 그 뒤에 다시 나머지 뒷일을 하는 것을 후기後起라고 한다. 예컨대 양을 살해하는 업을 지을 때, 양에게 가해하는 행위를 가행이라 하고, 양이 죽는 그 순간의 표업과 무표업을 근본업도라고 하며, 양을 죽이고 난 뒤에 칼을 씻는 것 등은 후기라고 한다.
187 기어綺語 : 착하지 않은 마음을 근간으로 한 무의미하고 쓸데없는 말을 가리킨다.
188 태현의 『보살계본종요』(T45, 917b24)에서 "중죄는 있지만 업도는 이루어지지 않는 경우가 있으니 술을 파는 것 등이 그러하고, 업도는 있지만 중죄에는 포섭되지 않는 경

十中四。以身業爲體。智論十三云。酒及前三。俱身戒故。第四六七。語業爲罪。餘二[1]語。隨相爲第六七故。然有業道。非他勝處。謂染歌等綺語所攝。

1) ㉘ '二'를 '三'이라 했다.(갑본·을본·병본) ㉠ 전후 문맥상 '三'이 맞는 것 같다.

이 낱낱의 중계는 각각 탐욕과 분노와 어리석음을 수용하는 것을 방편으로 삼는다. 도둑질(제2 겁도인물계)·음행(제3 무자행욕계)·술(제5 고주생죄계)·간탐(제8 간탐훼욕계)은 탐욕으로 말미암아 구경(성취되는 것)에 이르고, 살생(제1 쾌의살생계)과 분노(제9 진불수사계)는 분노로 말미암아 (구경에 이르며,) 삿된 견해(제10 훼방삼보계)는 어리석음으로 말미암아 (구경에 이른다.) 나머지 세 가지(제4 고심망어계·제6 담타과실계·제7 자찬훼타계)는 탐욕·분노·어리석음으로 말미암는 것이니, 다른 사람이 명성과 이익을 얻은 것에 대해 질투로 말미암아 찬탄하거나 훼손하며, 분노로 말미암아 구경에 이르기 때문이다. 음행과 분노와 삿된 견해는 어떤 경우에는 비정非情과 관련되기도 하니, 음행에 있어서 아직 괴멸하지 않은 시체는 비정非情의 부류이기 때문이다. 나머지는 오직 유정의 편에서만 비로소 중죄를 맺는다. 비록 도둑질을 했다고 해도 그것이 비정의 것이라면 그것을 소유한 주인의 편에서 죄를 결정하기 때문이다.

此一一重。各容貪瞋癡爲方便。盜婬酷慳。由貪究竟。殺瞋由瞋。邪見由癡。餘三由三。於他名利。由嫉讚毀。瞋究竟故。婬瞋邪見。或從非情。婬屍未壞。是非情類故。餘唯情邊。方結重罪。雖盜非情。王[1]邊結故。

1) ㉘ '王'을 '主'라고 했다.(갑본·을본·병본) ㉠ '主'가 맞는 것 같다.

우가 있으니 기어 등이 그러하다."라고 한 것을 참조할 것.

또 다음에 게송으로 말한다.

復次頌曰。

　10중계는 모두 자신이 다른 사람에게 짓는 것이고
　다른 사람이 다른 사람에게 짓는 것도 또한 그러하여 10중계에 모두 통한다네.
　자신이 자신에게 짓는 것에는 다섯 가지가 있고
　다른 사람이 자신에게 짓는 것은 오직 음행뿐이라네.[189]

皆自於他造。他於他亦然。
自於自有五。他於自唯婬。

"자신이 다른 사람에게 짓는 것"은 일체의 10중계가 짓는 것에 상응한다. "다른 사람이 다른 사람을 향하는 것"도 또한 10중계에 모두 갖추어져 있으니, 다른 사람으로 하여금 다른 사람을 향해 짓도록 하기 때문이다.

"자신이 자신에게 짓는 것"은, 전하는 설에 말하기를, "다섯 가지가 있으니, 살생·음행·간탐·분노 및 삿된 견해이다. (살생의 경우는 보살이라면 죽더라도 중생을 구제하기 위해 다시 태어날 것을 원해야 하는데) 이타행을 버리고 스스로 죽는 것을 죄로 삼는 것이고, (음행의 경우는) 율律에서 '등을 구부려서 스스로 입으로 음행을 행하면 바라이죄이다'[190]라고 한 것이며, (간탐의 경우는)『선생경』에서 '자신에게 보시하면 보시가

---

[189] 이 게송과 뒤의 풀이는 법장의『범망경보살계본소』권1(T40, 609a19)의 내용과 많은 부분 동일하기 때문에 이것을 참조하여 풀었다.
[190] 『사분율四分律』권55(T22, 973a3).

이루지지 않지만 자신에게 인색하면 곧 인색함이 이루어진다'^191라고 했고, (분노의 경우는) 자신에 대해서 화를 내는 것이며, (삿된 견해의 경우는) 이성理性(불성)을 갖추고 있다는 대승법을 비방하는 것이니, 이것들은 모두 자신에 대해서 위범을 짓는 것이기 때문이다."라고 했다.

다른 사람이 자신에게 지은 것인데 (위범이 성립되는 것은) 음행의 경우에만 있고, 나머지의 경우는 이런 일이 없다. 도적에 의해 욕보이는 일을 당했을 때, 그 경계에 수순하여 애욕에 물든 마음을 내면, 또한 위범이 성립되기 때문이다.

자못 죄를 범하기는 했지만, 자신도 또한 짓지 않았고, 다른 사람으로 하여금 짓게 하지도 않은 경우가 있으니, (짓는 것을 보고) 따라서 기뻐하는 경우를 말한다.[192] 자못 신업·어업·의업을 발하지는 않았지만, 계를 위범하는 죄를 얻는 경우가 있으니, 지어야 할 것을 짓지 않는 경우 등을 말한다.[193] 이러한 것과 관련된 문답은 『보살계본종요』「지범문」에서 자세히 설한 것[194]과 같다.

> 自於他邊。一切應造。他向於他。亦容具十。謂敎他人向他造故。自於自造。傳說。有五。殺婬慳瞋及以邪見。謂捨利他。自死爲罪。律云。弱背自婬面門。善生經云。自施不成施。自慳卽成慳。於自發瞋。謗理性等。皆自犯故。他於自造。婬有餘無。被賊所汚。順生愛染。亦爲犯故。頗有犯罪。自亦不作。不敎^1)他作。有謂隨喜。頗有不發身語意業。得犯戒罪。有謂不作所應

---

191 『우바새계경』에서 꼭 일치하는 문장을 찾을 수는 없다. 다만 본 경 권5(T24, 1058a18)에서 인색하여 보시하지 않는 것을 설한 내용이 있는데, 이것을 취о 요약한 것으로 보인다.
192 살생을 하지는 않았지만 다른 사람이 살생한 것을 보고 따라서 기뻐함으로써 상대방이 후회하는 마음이 사라지고 바로 또 살생을 하게 만드는 경우를 말한다.
193 삼보에 공양하는 것 등과 같은 일을 하지 않음으로써 위범이 이루어지는 것을 말한다.
194 『보살계본종요』(T45, 917b13).

作等。此等問答。廣如宗要持犯門說。

1) ㉘ '敎'를 '殺'이라 했다.(갑본)

이미 부수적인 뜻을 밝혔으니 본문을 풀이해야 할 것이다. "이와 같은 10중계를 받았으나 외우지 않으면 곧 보존하여 지키는 것과 위범하는 것에 미혹되어 보살행을 잃어서 이미 보살이 아니니, 어찌 부처님의 종자이겠는가. 나는 이미 과를 원만히 이루었는데도 오히려 이와 같이 외우는데 하물며 처음 발심하여 배움을 시작한 보살임에랴."라고 하는 것이 여기에서의 뜻이다.

已辨傍義。應釋本文。如是十重。受而不誦。卽迷持犯。失菩薩行。旣非菩薩。寧佛種子。我已果滿。猶如是誦。況新學者。此中意也。

B) 모양을 보이고 수지할 것을 권함

경 "모든 보살이 이미 배웠고, 모든 보살이 미래에도 배울 것이며, 모든 보살이 지금 배우고 있는 것이다. 이미 보살의 바라제목차의 모양을 간략하게 설하였으니, 마땅히 배워야 하고 공경하는 마음으로 받들어 지녀야 한다."

切菩薩已學。一切菩薩當學。一切菩薩今學。已[1]略說菩薩[2]波羅提木叉相貌。應當學。敬心奉持。

1) ㉘ '已' 앞에 '我'가 있다.(갑본) 2) ㉘ '菩薩'이 없다.(갑본)

술 두 번째는 모양을 보이고 수지할 것을 권하는 문이다. 『열반경』에서 "성문계에서는 부처님께서 시기의 적절함을 알아 가벼운 것을 무거운 것

이라고 설하고, 무거운 것을 가벼운 것이라고 설했다."¹⁹⁵라고 했고, 『대지
도론』에서 "비니毘尼(律, ⓢ vinaya)는 모두 세속의 일과 관련하여 중승衆僧을
섭수하기 위한 것이고, 실상實相을 논한 것은 아니다. 불법을 보호하려는
목적이 있기 때문에 (계에 있어서는) 후세의 (업보를 고려하여) 죄의 정
도를 관찰하지는 않는다. 또한 후세의 (업보를 고려할 때에는) 죄가 무겁
지만 계에 있어서는 곧 가벼운 것으로 제정하니, 불도를 닦는 사람이 소·
양 등을 살해하는 것 등과 같은 것이다. 여인을 찬탄하는 것은 계에 있어
서는 무거운 것으로 제정하지만 후세의 (업보를 고려할 때에는) 죄가 가
벼운 것이다."¹⁹⁶라고 하고, 그 밖의 것도 자세히 설하였다.

> 述曰。第二示相勸持門也。涅槃經云。聲聞戒中。佛知時宜。說輕爲重。說
> 重爲輕。大智論云。毗尼。皆爲世俗攝意。¹⁾ 不論實相。爲護佛法故。不觀後
> 世罪多少。又後世罪重。戒中便輕。如道人。殺牛羊等。讚歎女人。戒中重。
> 後世罪輕。乃至廣說。
> 1) ㉔『대지도론』에 따르면 '意'는 '衆僧'이다.

보살계는 그렇지 않아서 실상이 무거우면 무거운 것이라고 설하고, 이
치상 가벼우면 가벼운 것이라고 설한다. 법성이 항상 그러하여 삼제를 꿰

---

195 36권본 『열반경』 권6(T12, 643a20)에서 "어떤 사람이 '부처님께서 중생을 불쌍히 여기
고 시기의 적절함을 잘 알기 때문에 가벼운 것을 무거운 것이라고 설하고, 무거운 것
을 가벼운 것이라고 설했다. 예컨대 제자에게 필요한 것을 충분히 공급해 줄 단월이
있을 경우 노비·금은 등을 비축하는 것을 허락하지 않았다. 그러한 단월이 없거나,
기근이 발생하여 음식을 구하기 어렵고 정법을 호지하려는 목적이 있고 믿음이 돈독
한 단월이 청정하게 보시했을 경우에는 비축하는 것을 허락했다'라고 한다면, 이는
올바른 것이니, 의지해야 한다."라고 했다. 혜원의 『대반열반경의기大般涅槃經義記』
권3(T37, 686b27)에서 "여기에서 허락하지 않은 것(遮)은 무거운 것이고, 허락한 것
(聽)은 가벼운 것이다."라고 했다.
196 『대지도론』 권84(T25, 648b1).

뚫기 때문이니, 이것을 보살의 별해탈율의의 모양이라 한다. 대과大果를 얻고자 하면 공경하는 마음으로 수지해야 한다. 『유교경』에서 "부지런히 정진하면 일에 있어서 어려운 것이 없으니, 비유컨대 작은 물도 지속적으로 흐르면 돌을 뚫는 것과 같다."[197]라고 했고, "(부지런히 정진하라.) 하는 일 없이 헛되이 죽으면 나중에 반드시 후회하니, 비유컨대 훌륭한 의사가 병을 알아 약을 말해 주어도 복용하는 것과 복용하지 않는 것은 의사의 허물이 아닌 것과 같다."[198]라고 한 것과 같다.

菩薩不爾。實重說重。理輕說輕。法性常然。貫三際故。是謂菩薩別解脫相。欲取大果。宜敬心持。如遺敎云。若勤精進。事無難者。譬如小水。常流穿石。無爲空死。後必有悔。譬如良醫。知病說藥。服與不服。非醫咎也。

B. 개별적으로 외움

A) 10계十戒

(A) 쾌의살생계 제1(즐거운 생각으로 살생하는 일을 하지 마라)

快意殺生戒。第一。

경 부처님께서 말씀하셨다.
"불자여, 자신이 죽이거나, 다른 사람을 시켜 죽이게 하거나, 방편을 이용

---

[197] 『유교경』(T12, 1111c17).
[198] 『유교경』(T12, 1112a18).

하여 죽이거나,[199] 찬탄하는 것에 의해 죽이거나,[200] 죽이는 것을 보고 따라서 기뻐하는 것에 의해 (죽이거나,)[201] 내지 주문에 의해 죽이면서 살생의 업과 살생의 법과 살생의 인因과 살생의 연緣을 성취하여 내지 일체의 생명이 있는 것들을 고의로 죽여서는 안 된다. 보살은 항상 머물러 있는 자비로운 마음과 효순하는 마음을 일으키고, 방편으로 모든 중생을 구호해야 하거늘, 도리어 자신의 마음이 내키는 대로 즐거운 생각으로 살생한다면, 이는 보살의 바라이죄이다."

佛言.[1] 佛子。若自殺。教人殺。方便.[2] 讚歎殺。見作隨喜。乃至咒殺。殺因。殺緣。殺法。殺業。[3] 乃至一切有命者。不得故殺。是菩薩。應起常住慈悲心孝順心。方便救護一切衆生。[4] 而反[5] 自恣心。快意。殺生者。[6] 是菩薩波羅夷罪。

1) ㉠ '佛言'을 '若'이라 했다.(갑본·을본·병본) 2) ㉠ '便' 뒤에 '殺'이 있다.(갑본) ㉡ 태현의 주석에 의해서는 그 대본의 원문을 알 수 없다. 여러 주석서에 의거할 때, '殺'이 있는 판본과 없는 판본이 있었던 것 같다. 예를 들면 지의智顗의 『보살계의소菩薩戒義疏』 권하(T40, 571c3)와 의적의 『보살계본소』 권상(T40, 664c6) 등에서는 '방편살方便殺·찬탄살讚嘆殺'이라고 하여 양자를 구별했고, 명광明曠의 『천태보살계소天台菩薩戒疏』 권상(T40, 588a10)과 법장의 『보살계본소』 권1(T40, 612c27) 등에서는 '방편찬탄살方便讚嘆殺'이라고 하여 하나로 묶어서 보았다. 전자의 사례가 더욱 많기 때문에 전자를 따랐다. 3) ㉠ 태현의 주석에 따르면 '殺因殺緣殺法殺業'은 '殺業殺法殺因殺緣'이다. 4) ㉠ '一切衆生'이 없다.(갑본) 5) ㉠ '反'을 '更'이라 했다.(갑본) 6) ㉠ '者' 가 없다.(갑본)

述 두 번째는 개별적으로 외운 것이다. 이것은 처음에 열 가지 계를 밝

---

199 약을 먹게 하는 것, 죽이려는 대상이 다니는 길가에 덫을 놓는 것 등에 의해 죽이는 것을 말한다.
200 비참하게 사는 것보다 차라리 죽는 것이 낫다고 하는 방식으로 죽음을 찬탄함으로써 상대방이 자살하게 만드는 것이다.
201 죽이는 것을 따라서 기뻐하고, 어떤 사람이 나의 따라서 기뻐하는 마음을 보고서 살생을 하는 것을 말한다.

힌 것이다. 각각 두 가지 문을 설한다. 첫째는 제정한 뜻을 나타내고, 둘째는 경의 문장을 풀이한다.

述曰。第二別誦。此初十戒。各二門說。一顯制意。二釋經文。

Ⓐ 제정한 뜻

첫 번째로 제정한 뜻을 나타내는 것은 다음과 같다. 세간에서 두려워하는 것으로 죽음의 고통보다 더한 것은 없다. 다른 사람을 훼손하는 것 가운데 목숨을 빼앗는 것보다 더한 것은 없다. 『대지도론』에서 "설령 세계를 보배로 가득 채운다고 해도, 몸과 목숨만큼 값어치 있는 것은 없다."[202]라고 한 것과 같다. 이러한즉 보살은 중생을 구제하는 것에 마음을 기울이니, 지극히 두려워하는 것을 베풀면 그 성품[203]을 잃는다. 『유가사지론』에서 "만약 보살은 무엇을 체로 삼는지를 물으면, 응당 바로 답하기를, '대비를 체로 삼는다'라고 해야 한다."[204]라고 한 것과 같다. 이것으로 말미암아 가장 처음에 이 계를 제정하였다. 성문은 고통에서 벗어나는 것을 무엇보다 먼저 해야 할 것으로 삼기 때문에 (성문계에서는) 첫 번째에 욕탐欲貪[205]을 제정하고, 가장 처음에 두어 중계로 삼은 것과 같다.

---

202 『대지도론』 권13(T25, 155b26).
203 『보살선계경』 권1(T30, 962c14)에서 "성품에는 두 가지가 있다. 첫째는 본성本性이니, 무시이래로 저절로 이어져 온 것이다. 둘째는 객성客性이니, 일체의 선법을 닦아서 얻어진 것이다."라고 했다. 본성은 잃을 수 없는 것이므로 여기에서의 성품이란 객성을 가리키는 것이라고 볼 수 있다.
204 『유가사지론』에서 동일한 문장을 찾을 수 없다. 단 법장의 『범망경보살계본소』 권1(T40, 609c18)과 도륜의 『유가론기』 권8(T42, 490c10)에서도 동일한 내용을 인용하고, 『유가사지론』 본문에 있는 것임을 명기하고 있기는 하다.
205 욕탐欲貪 : 정情에 수순하는 경계에 대해서 탐착하는 마음을 일으켜 싫증을 내지 않는 것. 여기에서는 성문계의 사바라이 중 첫 번째인 음계婬戒를 가리킨다.

初制意者。世間所畏。死苦爲窮。損他之中。無過奪命。如智論云。設滿世界寶。無有直身命。是則菩薩。濟物爲心。而施極怖。便失其性。如瑜伽云。若問。菩薩以何爲體。應正答云。大悲爲體。由此。最初。制斯戒也。猶如聲聞。出苦爲先。初制欲貪。最爲重戒。

Ⓑ 문장을 풀이함

두 번째로 문장을 풀이하는 것은 다음과 같다. 경에 네 가지 문이 있다. 첫째는 위범의 모양을 밝힌 문이고, 둘째는 위범의 자성을 밝힌 문이며, 셋째는 경계사境界事(대상)를 밝힌 문이고, 넷째는 죄를 이루는 것을 맺은 문이다.

第二釋文者。經有四門。一違犯相門。二違犯性門。三境界事門。四結成罪門。

a. 위범의 모양을 밝힌 문

첫 번째로 (위범의 모양이라는 것은,) 경에서 "자신이 죽이거나, 다른 사람을 시켜 죽이게 하거나, 방편을 이용하여 죽이거나, 찬탄하는 것에 의해 죽이거나, 죽이는 것을 보고 따라서 기뻐하는 것에 의해 (죽이거나,) 내지 주문에 의해 죽이면서"[206]라고 한 것과 같은 것이다. 이것은 곧 위범의 차별된 모양을 나타낸 것이기 때문이다.

---

[206] 본문의 '至'는 원문을 생략했음을 나타내는데, 맥락을 이해하기 쉽게 하기 위해 역자가 생략된 부분을 모두 집어넣었다. 이하 이런 형태의 문장은 모두 이렇게 처리하고 별도로 밝히지 않는다.

初者。如經。若自殺至呪殺。此卽違犯差別相故。

b. 위범의 자성을 밝힌 문

위범의 자성이라는 것은, 경에서 "살생의 업과 살생의 법과 살생의 인과 살생의 연을 성취하여"라고 한 것과 같기 때문이다. 말하자면 다섯 가지 조건을 갖추면 반드시 위범을 이루기 때문이다. 여기에서 "살생의 업"은 곧 구경究竟(완성되는 것)이고, "살생의 법"은 방편方便이며, "살생의 인"은 의요意樂(의지)와 번뇌(탐욕·분노·어리석음)이고, "살생의 연"은 사事이다.

違犯性者。如經。殺因[1]至殺業[2]故。謂具五支。必成犯故。此中。殺業卽究竟也。殺法方便。殺因。意樂及煩惱也。殺緣事也。

[1] ㉠ '因'을 '業'이라 했다.(갑본·을본·병본) [2] ㉠ '業'을 '緣'이라 했다.(갑본·을본·병본)

이것에 의거하여 어떤 사람은 말하기를, "(살생을 했어도) 업도는 이루어지지 않고 중계를 위범한 것에도 들어가지 않는 경우가 있다. 『유가사지론』에서 '만약 보살이 (다른 사람이) 중죄를 지으려는 것을 보고 마음을 일으켜 생각하기를, 내가 저 악한 중생의 생명을 끊는다면 나는 지옥에 떨어질 것이고, 만약 그의 생명을 끊지 않는다면 그는 무간의 죄업을 성취하여 장차 큰 고통을 받을 것이다. 내가 차라리 그를 죽여서 나락가那落迦(지옥)에 떨어질지언정 끝내 그로 하여금 무간지옥에서의 쉴 새 없이 이어지는 고통을 받게 하지는 않겠다고 했다고 하자. 이와 같이 보살이 상대방에 대해 혹은 선심善心이나 혹은 무기심無記心으로, 그 일로 인해 생겨날 모든 일들을 잘 알고도 그를 미래의 나쁜 과보로부터 구제하기 위해 매우 부끄러워하는 마음을 품고 있으면서도 그를 불쌍하게 여기는 마음에 의해 그의 생명을 끊는다고 하자. 이러한 인연으로 말미암아 (살생을 했을 경우는) 보살계를 위범함이 없고 많은 공덕을 낳는 것이다[207]라고 한 것과 같다. 이러한 경우는 번뇌를 결여했기 때문에 위범이 없는 것이고, 의요가 선하기 때문에 많은 공덕을 낳는 것이다."라고 했다.

> 依此。有說。不成業道。不入犯重。如瑜伽說。菩薩。若見欲作重罪。發心思惟。我若斷彼惡衆生命。當墮地獄。如其不斷。彼罪業成。當受大苦。我寧殺彼。墮那落迦。終不令其受無間苦。如是於彼。或以善心。或無記心。知此事已。爲當來故。深生慚愧。以憐愍心。而斷彼命。由此因緣。於菩薩戒。無所違犯。生多功德。此闕煩惱故。無違犯。意樂善故。生多功德。

지금 풀이하면 그렇지 않다. (의도가 선하거나 무기이면) 업도는 이루어지지 않더라도 또한 위범은 성립되기 때문이다. 예컨대 모든 생명이 있는 것은 모두 중처重處(중죄)를 위범한 것이니, 비록 생각에 전도가 있어서 (살생한 것이라고) 해도, (업도는 이루어지지 않지만) 중죄를 범하는 것은 성립되기 때문이다.[208] 하물며 분수에 따라서 받은 계이고, 지위에 따라서 제정한 것에 차별이 있는 것임에랴. 『문수사리문경』에서 이 계를 설하면서 "출세간의 보살계를 받고서 자비심을 일으키지 않으면 보살의 바라이죄이다."[209]라고 한 것과 같다.[210]

---

207 『유가사지론』 권41(T30, 517b9).
208 사람을 나무그루터기라고 잘못 생각하여 죽였을 경우를 생각에 전도가 있는 것이라고 한다.
209 『문수사리문경』 권상 「출세간계품出世間戒品」(T14, 497a15).
210 『문수사리문경』에서는 출세간보살계라고 했으니, 지상地上의 보살에 대해서 설한 것이고, 그럼에도 불구하고 바라이죄에 해당한다고 했다. 그러므로 범부를 포함한 보살계를 설한 본 경(『범망경』)에서 바라이죄를 짓지 않는다고 하면 타당하지 않다고 하는 말인 것 같다.

今解不然。不成業道。亦成犯故。如諸有命。皆犯重處。雖想顛倒。而犯重故。況隨分戒。隨位制別。如文殊問經。說此戒云。若受出世間菩薩戒。而不起慈悲心。是菩薩波羅夷罪。

여러 가지 위범처에 대해서 『유가사지론』에서 "세 가지에 해당하는 사람은 (위범에서) 제외하니, 마음이 광란한 상태인 경우와 무거운 고통으로 핍박받는 경우와 아직 정계율의를 받지 않은 경우이다."[211]라고 했다. 전해 오는 설에 말하기를, "또한 억념이 없는 경우과 여러 가지로 뛰어나게 이익 되는 것이 있는 경우도 제외해야 한다. 전생轉生(몸을 바꾸어 태어나는 것)하면서 (앞서 받은 계를) 억념하지 못했으면, 비록 지었어도 위범이 없기 때문이다. 뛰어나게 이익 되는 것이 있으면 어떤 경우라도 위범이 없기 때문이다."[212]라고 했다.

於諸犯處。論除三人。謂心狂亂重苦無戒。傳說。亦應除無憶念及有勝利。轉生不能憶。雖作無犯故。諸有勝利處。一切無犯故。

c. 경계사를 밝힌 문

경계사라는 것은 다음과 같다. 경에서 "내지 일체의 생명이 있는 것들을 고의로 죽여서는 안 된다."라고 한 것과 같기 때문이다. 성문계에서는 오직 사람을 죽이는 것만 취하지만, 지금은 취趣[213]를 간별하지 않기 때문

---

211 『유가사지론』 권41(T30, 521a9).
212 이상의 다섯 가지 예외적 조건은 의적의 『보살계본소』 권상(T40, 663c10)에서 설한 것과 같다. 의적은 『유가사지론』에 의거하여 앞의 세 가지를 제시하고, 이치에 의해 뒤의 두 가지를 첨가하였다. 그러므로 전해 오는 설이란 의적의 입장으로 보인다.
213 취趣 : 중생이 자신이 지은 업에 따라 얻는 생존의 형태. 혹은 그러한 생존의 세계를 가리키는 말이다. 지옥취·아귀취·축생취·아수라취·인취·천취 등을 육취六趣라고

에, "내지"라고 했다. 거기(성문계)에서는 세속의 일을 따라서 제정했으니, 사람을 죽여야만 중죄라고 했고, 지금은 이치에 나아가서 제정했기 때문에 (육취 중 어느 것이든 죽이면 모두 중죄이다.) 『열반경』에서 "부처님께서 아사세왕에게 말씀하시기를, '대왕이여, 그대가 왕궁에서 항상 양을 잡으라고 명령했을 때에는 마음에 애초에 어떤 두려움도 없었거늘, 어찌하여 아버지에 대해서만 유독 두려워하는 마음을 내는 것인가. 비록 다시 사람과 짐승이 존귀함과 비천함에 차별이 있더라도 목숨을 보배처럼 여기고 죽음을 무겁게 여기는 것은 둘 모두 차이가 없다'라고 했다."[214]라고 한 것과 같다.

言境界事門者。如經。乃至一切有命者。不得故殺故。聲聞戒中。唯取殺人。今不簡趣。故言乃至。彼隨事重。今約理制。如涅槃經。佛告阿闍世王言。大王。汝王宮中。常勅屠羊。心初無懼。云何於父。獨生懼心。雖復人獸。尊卑差別。寶命重死。二俱無異。

문 만약 여기에서 그가 목숨이 다하려고 하는 찰나에 죽였다면 죄를 얻음이 어떠한 것인가?

답 『문수사리문경』에서 "(그렇지 않은 시기에 죽인 것과) 동일한 죄를 얻는다."[215]라고 했으니, 그에게 고통을 가하는 연을 구족했기 때문이다.

한다.
214 36권본 『열반경』 권18(T12, 727b22).
215 『문수사리문경』 권상(T14, 502b24)에서 "문수사리가 말했다. '부처님께서 〈모든 중생은 죽을 때가 되어서 죽는 것이고, 죽을 때가 아니면 죽지 않는다〉라고 하셨더니, 삿된 견해를 지닌 사람들이 〈죽을 때가 된 중생을 죽인다면 이러한 경우에는 살생의 죄가 있지 않다〉라고 말하는데, 이것에 대해 어떻게 답변해야 합니까?' 부처님께서 말씀하셨다. '궁전이 완성되어 점치는 사람에게 입주하기 좋은 날을 물었더니, 불에 타버릴 것이기 때문에 입주할 수 없다고 했다. 주인이 불에 탈 것을 대비하여 부지런히 지켰지만 어떤 사람에 의해 궁전은 불타고 말았다. 이 경우라고 해도 불 태운 사람에

자세한 것은 그곳에서 설한 것과 같다.

若中。彼壽盡利那殺。如何得罪。文殊問經說。得同罪。以加彼苦緣具足故。廣如彼說。

가르침을 위범하는 죄는 대상의 가벼움과 무거움을 (불문하고) 비록 동일하게 (중죄를 범하지만,) 마음과 대상 등에 따라서 업도業道에 있어서는 가벼움과 무거움의 차별이 있다.[216] 논에서 자세히 설한 것[217]과 같다.

違教之罪。輕重雖同。隨心境等。業有輕重。如論廣說。

게 죄가 있는 것과 마찬가지로 죽을 때가 되었건 죽을 때가 되지 않았건 살생한 이는 반드시 살생한 죄를 얻는 것이다.'"라고 했다.
216 위범의 측면에서는 어떤 대상이든 살해하면 중죄이지만, 업도에 있어서는 마음이 맹렬한 것과 맹렬하지 않은 것에 따라서, 대상이 존귀한 것과 비천한 것에 따라서 가벼운 것과 무거운 것으로 나뉜다는 말이다.
217 『유가사지론』 권60(T30, 632b18)에서 "다섯 가지 인연으로 말미암아 살생에 의해 중죄가 이루어진다. 첫째는 의요意樂이고, 둘째는 방편方便이며, 셋째는 무치無治(온갖 선을 닦지 않는 것)이고, 넷째는 사집邪執이며, 다섯째는 사사이다."라고 했다. 의적의 『보살계본소』 권상(T40, 664b6)에서 "위범의 경·중을 제정하는 것에 세 가지가 있다. 첫째, 방편方便(어떤 목적을 성취하기 위한 예비적 행위, 예컨대 죽일 대상을 고르는 것 등과 같은 것)과 근본根本(앞의 방편을 실행한 이후 목적과 직접적으로 관련된 행위를 하는 것, 예컨대 실제로 죽이는 것)을 서로 짝하여 분별하는 것이다. 방편의 단계에서는 (중죄가 성립되는) 조건을 결여하여 (목적을) 완수하지 못했기 때문에 경죄가 된다. 근본을 행할 때는 (중죄가 성립되는) 조건을 갖추었고 업을 창달했기 때문에 중죄가 된다. 둘째, 근본에 나아가서는 대상에 따라 경·중이 구별된다. 삼품三品의 대상(상품은 부처님·성인·부모 등이고, 중품은 나머지 인간과 하늘이며, 하품은 지옥·축생·아귀·아수라이다.)에 따라 업의 경·중이 있기 때문이다.(상품은 역죄와 중죄, 중품은 중죄, 하품은 중죄·경죄의 두 가지 설이 있다.) 셋째, 동일한 대상에 나아가서는 마음에 따라 경·중이 있으니, 일으키는 마음을 따라 경·중이 있기 때문이다. 업을 이루는 것도 또한 그러하여 염오에 의한 위범과 염오되지 않은 것에 의한 위범의 차이가 있으니, (차례대로) 고의에 의한 마음과 실수에 의한 마음이 차이가 있기 때문이다."라고 한 것도 동일한 맥락인 것 같다.

문 자품自品의 번뇌²¹⁸는 세력이 같아야 할 것인데, 무엇 때문에 『선생경』에서 "탐욕에 의해 살생하는 것은 경죄이고, 분노에 의해 살생하는 것은 다음이고, 어리석음에 의해 살생하는 것은 무거운 것이다."²¹⁹라고 했는가?

답 거친 것(상품의 삼독)과 미세한 것(하품의 삼독)이 비록 같지만 위범하는 것에는 차이가 있다. 벗어나서 여의는 것을 추구하는 대승의 바른 이치를 어기는 것에 의하면, 그 차례대로 탐욕이 가장 무겁고 (분노는 그 다음이고 어리석음은 또 그 다음인데,) 『선생경』에서는 다른 번뇌와 서로 통하는 것에 나아가서 어리석음을 무거운 것이라고 한 것이다.²²⁰

問. 自品煩惱. 勢力應等. 何故. 善生云. 貪殺生輕. 瞋次癡重. 答. 麤細雖等. 所違有異. 違於出離大乘正理. 如其次第. 貪等爲重. 經約相通. 且癡爲重.

d. 죄를 이루는 것을 맺은 문

죄를 이루는 것을 밝힌 문이라는 것은, 경에서 "이는 보살의 바라이죄

---

218 탐욕과 분노와 어리석음에 모두 상품·중품·하품의 세 가지가 있는데, 이들 각각은 다른 것을 마주할 때 자품自品이라고 한다.
219 『우바새계경』권6(T24, 1067c23)에서 "10업도에 세 가지가 있다. 첫째는 탐욕으로부터 생겨난 것이고, 둘째는 분노로부터 생겨난 것이며, 셋째는 어리석음으로부터 생겨난 것이다. 탐욕과 이익을 위해서 생명을 해치는 것을 탐욕으로부터 생겨난 것이라고 하고, 원수의 집안을 살해하는 것을 분노로부터 생겨난 것이라고 하며, 노부모를 살해하는 것을 어리석음으로부터 생겨난 것이라고 한다."라고 했고, 세 가지의 경중은 논하지 않았다. 다만 『대반열반경집해』권44(T37, 513c10)에서 "승량이 말했다. '네 번째 문으로 살생을 밝힘에 세 가지가 있다. 무거운 것이니 삿된 견해에 의해 살해하는 것이고, 중간에 해당하는 것이니 분노에 의해 살해하는 것이며, 아래에 해당하는 것이니 탐욕에 의해 살해하는 것이다.'"라고 하여 동일한 내용을 설하였다.
220 삼독 가운데 어리석음은 다른 번뇌를 유발시키는 것이기 때문에 치우치게 중한 것으로 보았다는 말이다.

이다."라고 한 것과 같으니, 바른 행을 마주하고 반대되는 행위를 제시하여 죄를 이루는 것을 맺었기 때문이다.

結成罪門者。如經。是菩薩至¹⁾波羅夷罪。以對正行。翻結罪故。

1) ㉹ 생략된 부분이 없는 문장이기 때문에 '至'는 연자이다.

"항상 머물러 있는 자비로운 마음"이라는 것은, 아래로 중생을 걱정하고 불쌍히 여기는 마음을 연하여, '유정은 저절로 종성에 속박되어 있으니 나에게 속한 부류인데, 나로 말미암아 죽게 되는구나'라고 하기 때문이다.

보살은 이와 같은 두 가지 마음을 일으켜야 하는데, 즐거운 생각으로 자신의 마음이 내키는 대로 살생하면 중죄를 범하는 것이다. 율에서 "성문계에서는 사람에 대해 사람이라는 생각을 하고 (살생했으면) 바라이죄를 얻는다. 사람이 아닌 것에 대해 사람이라는 생각을 하고 (살생했으면) 단지 투란차偸蘭遮²²¹이다."²²²라고 했다. 보살은 그렇지 않아서 단지 목숨이 있는 것이기만 하면 고의로 살생했을 경우 모두 바라이죄이다. "바라이"라는 것은 타승처他勝處라고 의역한다. 선은 자신이고 악은 상대방이니, 악법이 이기는 것을 ("타승"이라 하고,) 계는 지·범이 의지하는 것이

---

221 투란차偸蘭遮 : Ⓢ stūlātyaya의 음사어. 의역어는 중죄重罪·대죄大罪 등이다. 바라이죄나 승잔죄僧殘罪에 해당하는 죄에 대한 예비죄 또는 미수죄를 가리킨다. 예를 들면 낙태하려고 했는데 태아가 죽었으면 바라이죄이지만, 모친이 죽고 태아는 살았다면 모친을 죽일 의향은 없었기 때문에 투란차죄에 해당한다. 바라이죄는 이를 범했을 경우 승가로부터 영원히 추방당하는 벌을 받는 가장 무거운 죄이고, 승잔죄는 바라이죄 다음으로 무거운 죄이지만 6일 동안 비구로서의 권리를 박탈당한 후에 여법하게 행한 것이 20인 이상의 승가에 의해 승인받으면 출죄出罪할 수 있다.

222 『사분율』 권2(T22, 577b3)에서 "실제 사람을 사람이라고 생각하고 살해했으면 바라이죄이다. 사람인데 사람이 아닐 것이라고 의심하면서 살해했다면 투란차이다. 사람을 사람이 아니라고 생각했으면 투란차이다. 사람이 아닌 것을 사람이라고 생각했으면 투란차이다. 사람이 아닌데 사람일 것이라고 의심하면서 살해했다면 투란차이다.(實人人想殺波羅夷。人疑偸蘭遮。人非人想偸蘭遮。非人人想偸蘭遮。非人疑偸蘭遮。)"라고 했다.

니, "처"라고 한다.

"효순하는 마음"이라는 것은, 위로 뛰어난 품인 부끄러워하는 마음을 연하여, '보살들이 나를 제도하기 위해 한량없는 겁 동안 큰 고행苦行을 감수했다'라고 하기 때문이다.

常住慈悲心者。下緣羣生傷愍心也。有情法爾。種性繫屬。屬我之類。由我沒故 孝順心者。上緣勝品慚愧心也。以諸菩薩爲度於我。無量劫。受大苦行故。菩薩。應起如是二心。而快恣心殺生。犯重。律云。聲聞。人作人想。得波羅夷。非人人想。但偸蘭¹⁾遮。菩薩不爾。但於有命。故意殺生。皆波羅夷。波羅夷者。此云他勝處。善自惡他。惡法所勝。戒是持犯所依。名處。

1) ㉠ '蘭'을 '闌'이라 했다.(갑본)

이 문장은 대의를 간략하게 취한 것이다. 말하자면 이러저러하게 모양에 있어서 다르게 위범하는 가운데 다섯 가지 조건을 갖추어서 위범하면 바른 것을 뒤집어서 죄를 얻는 것이다. 나머지 모든 계율의 조문도 이것에 준하여 해석해야 한다. 이 가운데 모든 계는 의주석依主釋[223]에 의해 이름을 붙인 것이다.

此文略意。謂彼彼相差別犯中。以五緣犯。翻正得罪。餘諸戒文。準此應釋。此中諸戒。依主爲名。

---

[223] 의주석依主釋 : 두 단어 이상의 복합어가 A之B의 관계(격관계)로 분석되는 것. 예를 들면 태현이 10중계 중 첫 번째 계에 부여한 명칭인, "쾌의살생계"의 경우, 쾌의살생과 계는 A之B(쾌의살생의 계)의 관계로 분석될 수 있다. 그런데 만약 앞에 '不'이라는 글자를 붙여서 "불쾌의살생계"라고 하면 A卽B(불쾌의살생=계)의 관계로 분석될 수 있으니, 이럴 경우는 지업석持業釋이라고 한다.

(B) 겁도인물계 제2(남의 물건을 겁탈하고 훔치는 일을 하지 마라)

劫盜人物戒。第二。

경 "불자여, 스스로 훔치거나, 다른 사람으로 하여금 훔치게 하거나, 방편으로 훔치거나 하면서 도둑질의 인과 도둑질의 연과 도둑질의 법과 도둑질의 업을 성취하여 내지 귀신의 물건과 도둑에게 빼앗긴 물건 등의 주인이 있는 일체의 물건을 하나의 바늘과 한 포기의 풀일지라도 고의로 훔쳐서는 안 된다. 보살은 불성佛性인 효순하는 마음과 자비로운 마음을 내어 항상 모든 사람을 도와 복을 낳고 즐거움을 낳게 해야 하거늘, 도리어 남의 재물을 훔친다면, 이는 보살의 바라이죄이다."

若佛子。自盜。敎人盜。方便盜。[1] 盜因。盜緣。盜法。盜業。呪盜。[2] 乃至鬼神。有主。劫賊物。一切財物。一鍼[3]一草。不得故盜。而菩薩。應生佛性孝順[4]慈悲心。常助一切人生福生樂。而反更盜人財物者。是菩薩波羅夷罪。

1) ⓚ '盜' 뒤에 '呪盜'가 있다.(갑본) ⓨ 태현의 주석에 따르면, 그의 대본에는 '呪盜'가 없는 것 같다. 2) ⓚ '呪盜'가 없다.(갑본) ⓨ 태현의 주석에 따르면, 그의 대본에는 '呪盜'가 없는 것 같다. 3) ⓚ '鍼'을 '針'이라 했다.(갑본) 4) ⓚ '順' 뒤에 '心'이 있다.(갑본)

Ⓐ 제정한 뜻

술 이 가운데 첫 번째로 제정한 뜻을 나타내는 것은 다음과 같다. 보시는 육바라밀을 포섭하는 것[224]이니, 널리 중생을 구제한다. 도둑질은 바

---

224 보시가 육바라밀의 근본이 되는 것이고, 나머지 바라밀은 이것으로부터 생겨난다는

로 단檀(보시, Ⓢ dāna)을 무너뜨리는 것이니, 자신의 이익과 타인의 이익을 모두 손상시킨다. (현세에서는) 세간에서 싫어하는 것이 이른바 도둑질이니, 응하는 대로 도를 장애하며, 범위를 넓혀 보면 미래세에 고통을 초래하기 때문이다. 차라리 몸을 버릴지언정 이 허물을 피해야 하거늘, 어찌 소소한 재물 때문에 스스로 현세와 미래세를 욕되게 하겠는가.

그러므로 (두 번째 계인) 의보依報[225]를 손상시키는 것을 (첫 번째 계인) 정보正報[226]를 (손상시키는 것을) 이어서 제정한 것이다.[227]

述曰。此中。第一制意者。施攝六度。廣濟羣生。盜正壞檀。二利俱喪。世間醜謂盜也。如應障道。廣招苦故。寧應捨身。以避斯咎。何以少財。自辱二世。故損依報。次正報制。

Ⓑ 문장을 풀이함

두 번째는 문장을 풀이하는 것인데, 이 가운데 또한 네 가지가 있다.

第二釋文。於中亦四。

말이다.
225 의보依報 : 중생의 물리적 환경을 구성하는 것. 곧 산하·대지 등과 같은 것을 말한다.
226 정보正報 : 중생의 신체. 곧 아수라·아귀 등과 같이 의보에 의탁하여 살아가는 중생을 가리킨다.
227 홍찬弘贊의 『범망경보살심지품하약소梵網經菩薩心地品下略疏』 권하(X38, 712a6)에서 "앞의 계(제1 쾌의살생계)는 그 정보인 내명內命을 해치는 것이고, 이 계(제2 겁도인물계)는 그 의보인 외명外命을 해치는 것이다. 재물로써 능히 색신色身을 돕고 기르기 때문에 외명에 속한다."라고 했다. 제1 쾌의살생계는 정보를 손상시키는 것과 관련된 계이고, 제2 겁도인물계는 의보를 손상시키는 것과 관련된 계라는 말이다.

a. 위범의 모양을 밝힌 문

첫 번째 문이라는 것은, 경에서 "스스로 훔치거나, 다른 사람으로 하여금 훔치게 하거나, 방편으로 훔치거나 하면서"라고 한 것과 같기 때문이다. (제1 쾌의살생계에서 설한) "찬탄하는 것"과 "따라서 기뻐하는 것"은 생략하고 논하지 않은 것으로 보아야 하니, 이치상 있어야 하는 것이기 때문이다.

初門者。如經。自盜至方便盜故。讚歎隨喜。略而不論。理應有故。

b. 위범의 자성을 밝힌 문

그 두 번째 문은 앞에서와 같이 알아야 한다. 이것은 세간문에서의 계이기 때문에 (이렇게 말한 것이다.) 만약 출세간문에서의 계일 것 같으면, 『문수사리문경』에서 "다른 사람의 물건을 마음으로 도둑질하려는 생각만 일으켜도 바라이죄를 범한 것이다."[228]라고 했다.

其第二門。如前應知。此世間門。若出世戒。文殊問經云。若於他物。心起盜想。犯波羅夷。

c. 경계사를 밝힌 문

경계사를 밝힌 문이라는 것은, 경에서 "내지 귀신의 물건과 도둑에게 빼앗긴 물건 등의 주인이 있는 일체의 물건을 하나의 바늘과 한 포기의

---

[228] 『문수사리문경』 권상 「출세간계품出世間戒品」(T14, 497a19).

풀일지라도 고의로 훔쳐서는 안 된다."라고 한 것과 같다. 여기에서 (바늘 하나와 풀 한 포기를 도둑질하는 것도) 중계에 해당하기 때문에 "내지"라고 했다.

그런데 "주인이 있는 물건"에는 간략히 다섯 가지가 있다. 첫째는 삼보의 물건이고, 둘째는 사람의 물건이며, 셋째는 축생의 물건이고, 넷째는 귀신의 물건이고, 다섯째는 도둑에게 빼앗긴 물건이다. 그 "주인이 있는"이라는 말은 앞과 뒤를 포섭한다.[229]

境界事門者。如經。乃至鬼神至不得盜。此中攝重。故言乃至。然有主物。略有五種。一三寶物。二屬人物。三畜生物。四鬼神物。五劫賊物。其有主言。攝前後也。

『마하승기율』에서 "지사知事[230]의 소임을 맡은 사람이 삼보의 물건을 서로 바꾸어 사용하니, 부처님께서 '바라이죄이다'라고 하셨다."[231]라고 했고, 『보량경寶梁經』[232]에서 "불보와 법보에 속한 두 재물은 (승보에 속한 재물로) 서로 바꾸어 쓸 수 없다. 불보와 법보에 속한 재물은 주인이 없기

---

[229] 경에서 "乃至鬼神有主劫賊物一切財物"이라고 하여 '有主'를 중간에 두었는데, 실제로는 그 앞과 뒤의 모든 물건에 적용되는 것이라는 말이다.
[230] 지사知事 : 절의 여러 가지 일을 담당하는 사람을 총칭하는 말. 마마제摩摩帝[S] vihāra-svāmin)라고도 한다.
[231] 『마하승기율』권3(T22, 251c22)의 도계盜戒에서 "마마제(지사)의 소임을 맡은 비구가 불탑인 불탑에 속한 재물이 없어서 승보인 중승의 재물을 가져다가 불탑을 수리했으면 바라이죄이다. 중승에게 재물이 없어서 불탑에 속한 재물로 중승에게 공양하면 바라이죄이다. 앞과 같은 상황이 생겨날 경우 법대로 해야 하니, 곧 임대한 사실을 기록하고 나서 사용해야 위범이 성립되지 않는다."라고 했다. 삼보에 속한 물건을 서로 바꾸어 쓰는 것도 도둑질의 일종이라고 본 것이다.
[232] 『보량경寶梁經』: 북량北涼의 도공道龔이 한역한 단행본. 당나라 때 보리류지菩提流志가 편찬한 『대보적경大寶積經』권113~권114(T11, 638c6~648a8)의 제44 보량취회寶梁聚會에 편입되었다.

때문에 다시 알릴 만한 대상도 없으니, 승보에 속한 재물과는 같지 않은 것이다. 상주승常住僧과 초제승招提僧[233]의 재물은 서로 취하여 사용할 수 있다. 영사비구營事比丘(절을 경영하는 소임을 맡은 비구)가 승중에게 허락을 받으면 사용할 수 있는 것이다. 승보에 속한 재물로 불탑을 수리하려고 할 경우 승중이 허락하지 않으면 속인에게 권유하여 수리하도록 한다."[234]라고 했다. 이 문장에 의거하면, 앞의 『마하승기율』에서는 승중이 허락하지 않은 것에 의거하여, (삼보에 대해서) 모두 중죄를 범하는 것이라고 한 것이다.[235] 서로 바꾸어 사용하는 것도 오히려 그러하거늘 하물며 도둑질하려는 마음으로 취하는 것임에랴.

僧祇律云。知事人。互用三寶物。佛言波羅夷。寶梁經云。佛法二物。不得

---

[233] 초제승招提僧 : '초제'는 ⓢ catur-diśa의 음사어이다. 바른 음사어는 자투제사柘鬪提奢이고, 사방四方이라 의역한다. 초제승은 사방승四方僧을 가리킨다. 『일체경음의一切經音義』 권64(T54, 734c7)의 '초제'에서 "의역어는 사방이다. '초'의 의역어는 '사'이고, '제'의 의역어는 '방'이니, 사방승을 말한다. 어떤 사람이 '초제'라고 한 것은 잘못된 것이다. 바른 음사어는 자투제사로, 의역어는 사방이다. 역자가 '투'를 버리고 '사'를 버리고 '자'는 다시 잘못하여 '소'라고 썼다. '자'와 '소'는 서로 유사하기 때문에 마침내 이러한 오류가 생겨났다.(譯云四方也。招此云四。提此云方。謂四方僧也。一云。招提者訛也。正言柘鬪提奢。此云四方。譯人。去鬪去奢。柘復誤作招。以柘招相似。遂有斯誤也。)"라고 했다.
[234] 『대보적경』 권113(T11, 643c2)에서 "상주승의 재물과 초제승의 재물과 불보에 속한 물건은 분명히 구별해야 한다. 영사비구가 마음대로 서로 바꾸어 써서는 안 된다. 만약 서로 바꾸어 쓰려면 소유하고 있는 주체의 허락을 받아야 한다. 예컨대 상주승의 재물이 많은데 초제승이 이것을 필요로 할 때 영사비구는 승중에게 허락을 받아야 하고, 또한 승보의 재물로 불탑을 수리하려고 할 때 승중의 허락을 받아야 한다. 단 불보의 경우는 소유하는 주체가 현존하지 않기 때문에 허락을 받을 수 없으니, 그것으로 승중이 필요로 하는 것에 사용하는 것은 허락되지 않는다."라고 했다. 『마하승기율』에서는 법대로 빌려 쓰는 형식을 취했을 경우에는 불물도 승물로 전용할 수 있다고 한 것과는 차이가 있다.
[235] 『마하승기율』에서는 삼보의 물건을 바꾸어 쓰면 모두 바라이죄라고 하고, 『보량경』에서는 승보의 물건인 경우는 승중의 허락을 받으면 바라이죄가 아니라고 했기 때문에 서로 모순되는 듯이 보이지만, 『마하승기율』에서는 승중의 허락을 받지 않은 것을 전제로 한 것이기 때문에 실제로 모순이 되지 않음을 말하려는 것이다.

互用。於佛法物。無有主故。復無可白。不同僧物。常住招提。互有取¹⁾用。
營事比丘。和僧得用。若用僧物。修治佛塔。僧若不和。勸俗修理。若依此
文。前僧祗律。約僧不和。皆言犯重。互用尚爾。況盜心取。

1) ㉭ '取'를 '所'라 했다.(갑본·을본·병본)

그와 같다면 무엇 때문에 『열반경』에서 "불보에 속하는 재물을 도둑질
하면, 알고 했거나 알지 못하고 했거나 투란차偸蘭遮를 범한다."²³⁶라고 했
는가? 부처님은 재물에 대해 아소我所(나의 것이라는 생각)가 없기 때문이고,
그것에 의해 괴롭고 해침을 당함이 없기 때문이다.²³⁷

若爾。何故。涅槃經云。盜佛物者。若知不知。犯偸蘭遮。以佛於物。無我所
故。無惱害故。

중국에서 전하는 설에 말하기를, "수호하는 이가 없다는 관점에 의해
『열반경』에서는 투란차라고 했다. 수호하는 이가 있다면 서로 바꾸어 쓰
는 것도 오히려 중죄이니, 하물며 도둑질하는 것이 어떻게 경죄가 되겠는
가."라고 했다. 그러므로 『선생경』에서 "수호하는 사람을 바라보아 중죄를
짓는 것이라고 제정한다."²³⁸라고 했다. 그런데 『열반경』에서는 소승계를
설한 것으로 보아야 한다. 보살계는 그렇지 않으니 단지 주인이 있는 물
건이면 모두 중죄를 범하는 것이기 때문이다.

---

236 36권본 『열반경』 권7(T12, 646c7).
237 『열반경』은 부처님을 주체로 한 것이니, 부처님께서는 어떤 대상에 대해서도 집착함
이 없고, 그것에 의해 동요됨이 없기 때문에 불보에 소속된 재물을 훔쳐도 중죄가 되
지 않는다고 했다는 말이다.
238 『우바새계경』 권6(T24, 1069a2)에서 "불보의 물건을 훔치면 불탑을 수호하는 사람이
주인이라고 하는 측면에서 죄를 얻는다.(若偸佛物。從守塔人主邊。得罪。)"라고 했다.

漢地傳說. 約無守護. 經說偸蘭. 若有守護. 互用尙重. 況盜何輕. 故善生經. 望護人. 結重. 然涅槃經. 說小乘戒. 菩薩不爾. 但有主物. 皆犯重故.

무릇 삼보의 물건은 관장하기 어려우니, 금제함과 청허함, 지키는 것과 위범함을 자세히 아는 것이 어렵기 때문이다. 『대방등대집경』에서 "(승물은 관장하기 어렵기 때문에) 부처님께서 두 사람이 관장하는 것을 허락했으니, 첫째는 아라한이고, 둘째는 수다원이다."[239]라고 했고, 또한 (『대보적경』에서) "또 두 부류의 사람이 있으니, 첫째는 계율을 지키고 업보를 잘 아는 사람이고, 둘째는 죄의 과보를 두려워하고 부끄러워하는 마음을 지닌 사람이다."[240]라고 한 것과 같다.

凡三寶物. 難可掌之. 制聽持犯. 難可委故. 如大集言. 佛聽二人. 一阿羅漢. 二須陀洹. 又有二人. 一持戒識知. 二畏罪慚愧.

그런데 보살계에 있어서도 또한 부처님의 물건을 사용할 수 있다. 『유가사지론』에서 "보살은 앞서 비축해 두었던 자구資具와 (일체의 시물施物을) 청정한 보시를 짓기 위하여 청정한 의요로 시방의 여러 부처님과 보살에게 준다.……와서 구하는 자를 보고 도리에 칭합하지 않으면 '이것은 다른 사람의 물건이다'라고 하고 부드러운 말로 타일러서 보낸다. 바른

---

239 『대방등대집경』 권31(T13, 216a25).
240 『대보적경』 권113(T11, 643a14)에서 "나는 두 부류의 비구에게 모든 일을 경영하는 소임을 허락한다. 어떤 것이 두 부류인가. 첫째는 청정하게 계를 수지하는 사람이고, 둘째는 후세의 과보를 두려워하는 사람이니, 그 과보가 금강과 같음을 아는 사람이다. 다시 두 부류가 있다. 어떤 것이 두 부류인가. 첫째는 업보를 잘 아는 사람이고, 둘째는 모든 종류의 부끄러움과 후회하는 마음을 지니고 있는 사람이다.(我聽二種比丘. 得營衆事. 何等二. 一者能淨持戒. 二者畏於後世喩如金剛. 復有二種. 何等二. 一者識知業報. 二者有諸慚愧及以悔心.)"라고 한 것을 취의 요약한 것이다.

이치에 합당하면 이렇게 생각한다. '여러 부처님과 보살은 소소한 물건까지도 모든 중생에게 베풀지 않은 것이 있지 않다.' 이렇게 알고서 청정하게 보시한 물건을 가지고 와서 구하는 이에게 보시하여 소원을 만족시켜 준다."[241]라고 한 것과 같다.

> 然菩薩戒。亦用佛物。如瑜伽說。菩薩。先於所畜資具。爲作淨故。以淨意樂捨與十方諸佛菩薩。見求求者。不稱道理。言此他物。輭[1]言發遣。若當正理。應作是念。諸佛菩薩。無有小物。於諸衆生。而不施者。如是知己。取淨施物。施來求者。令所願滿。
>
> 1) ㉤ '輭'을 '㪰'이라고 했다.(갑본·을본·병본) ㉢ 『유가사지론』에 따르면 '軟'(輭의 속자)이다.

이러한 가르침으로 말미암아 화상이 말하기를, "궤칙은 비록 소승의 율에서 설한 것과 같지만 살생의 사례에서와 같이 이익이 있으면 실행해야 한다."[242]라고 했다. 모든 부처님께서 출현하신 것은 모두 법을 일으키기 위한 것이니, 법을 일으키는 뜻은 모두 중생을 위하는 것에 있다. 법을 일으키고 중생을 이롭게 함에 있어서 어느 것이든 사용하지 않을 수 있겠는가. (다만) 염오심이 있는 경우와 뛰어난 이익이 없는 경우는 제외한다. 단지 소승계에서는 바꾸어 사용할 수 없다고 했으니, 비록 부처님이 곧 법이라고 할지라도 보시한 사람의 뜻에 어긋나기 때문이다.[243]

---

241 『유가사지론』 권39(T30, 508c2).
242 출처는 알 수 없다. 다만 전하는 설에 따르면, 태현은 원측圓測의 제자인 도증道證의 제자이므로 도증이 한 말이라고 짐작할 수 있을 뿐이다. 이하 "화상이 말하기를"이라고 한 것은 모두 도증의 교설이라고 할 수 있다. 별도로 밝히지 않는다.
243 삼보가 일체一體라는 관점에서 보면 서로 바꾸어 사용할 수 없는 것은 아니지만, 시주한 사람의 뜻을 고려할 때에는 그 의도를 손상시키지 않기 위해서 서로 바꾸어 사용할 수 없는 것이라는 말이다.

由此等教。和上云。軌則雖如小乘律說。然如殺生。有利應行。諸佛出現。皆爲興法。興法之意。皆爲衆生。興法利生。何所不用。除有染心及無勝利。但小乘戒。不得互用。雖佛卽法。違施意故。

그런데 『사분율』에서 "불탑에 공양한 음식은 탑을 관리하는 사람이 먹을 수 있다."[244]라고 했고, 『오분율』에서 "백의白衣(재가자)가 절에 들어갔는데 스님들이 음식을 주지 않자 곧 혐오하는 마음을 일으켰다. 부처님께서 '나누어 주어야 한다'라고 하셨다."[245]라고 했으며, 『마하승기율』에서 "손해를 끼치는 사람이든 이익을 주는 사람이든 주어야 한다."[246]라고 했고, 『십송률』에서 "왕·대신·도둑에게 공급해야 한다."[247]라고 했다. 소승의 경우 (그 지향하는 목표가) 협소하지만, 오히려 (이렇게) 손해를 끼치는 이와 이익을 주는 이에게도 승물을 나누어 주는데, 어찌 하물며 대승의 가르침을 따름에 있어서랴. (다양한 상황을 고려해야 하며) 하나의 규칙을 결정하여 제시할 수는 없는 것이다.

然四分云。供養佛塔食。治塔人得食。五分云。若白衣入寺。僧不與食。便起嫌心。佛言應與。又僧祇云。若損者益者應與。十誦。供給王大臣賊。小乘狹小。猶見損益。何況大乘。不可一定。

---

244 『사분율』 권52(T22, 957a2).
245 『오분율五分律』 권22(T22, 152b24).
246 『마하승기율』 권3(T22, 252a26). 승물임을 알아도 이익이 되는 이와 손해를 끼치는 이 모두에게 주어야 함을 말했다. 이어서 손해를 끼치는 이라는 것은, 절에 들어와서 음식을 찾는 도둑인데, 마땅히 주어야 하는 것은 아니지만 주지 않을 경우 절을 태우는 것 등과 같은 일을 저지를 것을 우려하여 주어야 하고, 이익이 되는 이라는 것은, 중승의 방사를 관리하는 사람·화공·요리사 등이니, 이들은 마땅히 주어야 하는 것이라고 했다.
247 『십송률』 권34(T23, 250a6), 권34(T23, 250a11).

🈎 『십송률』에서 "부처님의 사리를 훔쳤으되, 청정한 마음으로 공양하고 스스로 생각하기를, '그들에게도 스승이고 나에게도 스승이다'라고 할 경우, 이와 같은 뜻이 있다면 위범하는 것이 아니다. (그런데) 경권經卷(법)을 도둑질했으면 (청정한 마음이든 그렇지 않든) 죄를 범하는 것이다."[248]라고 한 것은, 무엇 때문인가. 법을 도둑질하는 것을, 율에서는 중죄를 짓는 것이라고 제정했다. (그렇다면) 법도 또한 스승이니, (부처님에 대해서만 청정한 마음으로 공양을 하면 위범이 아니라고 한 것은 형평성이 맞지 않는 것이기 때문이다.)[249]

🈷 부처님의 사리는 멀리서라도 공경하는 의식을 행할 수 있지만, 법은 마주해야 비로소 이해를 낳는 것이다.[250]

問。十誦云。偸[1]佛舍利。淨心供養。自作念言。於彼亦師。於我亦師。如是意者。不犯。若盜賣[2]者。犯罪。何故。盜法。律中結重。法亦師故。答。佛得遙申敬。法對方生解。

1) ㉓『십송률』에 따르면 '偸'는 '盜'이다. 2) ㉓『십송률』과 전후 문맥에 따르면 '賣'는 '經卷'인 것 같다.

그런데 보살계에서는, 상대방이 (그 경권을) 사용하지 않고 있는 것을 알고, 청정한 마음으로 배움의 의지처인 경권을 훔쳤다면, 이치상 위범한 것이 아니어야 하고,[251] (그것을 훔쳤을 때) 상대방이 선을 닦는 것을 장

---

248 『십송률』 권52(T23, 380a2).
249 법은 곧 부처님이니, 청정한 마음으로 불사리를 취한 것이 중죄를 범하는 것이 아니라면, 청정한 마음으로 경권을 취하는 것도 또한 중죄를 범하는 것이 아니어야 한다는 말이다.
250 부처님의 사리는 훔쳐서 다른 곳에 두었다고 해도 다른 사람들이 멀리서라도 보고 공경할 수 있지만, 법을 담은 경권은 개인이 소장할 경우 다른 사람이 접근하는 것이 용이하지 않기 때문에 법에 대해서는 좀 더 엄격한 제한을 두었다는 말이다.
251 보살계에서는 경권을 훔친 경우에도 상대방이 경권을 활용하지 않고 있고 그것을 배우

애하는 것을 알면서도 부처님의 사리를 훔쳤다면 또한 중죄를 범하는 것이어야 한다.[252]

然菩薩戒。知彼不用。淨心盜學。理應無犯。知障彼善。盜佛亦重。

문 『유가사지론』과 『구사론』에서 "승물을 겁탈하는 것은 승가를 파괴하는 것과 동일한 부류이다."[253]라고 했는데, 무엇 때문에 『대방등대집경』에서는 "승물을 도둑질하는 이는 죄가 오역죄보다 더하다."[254]라고 했고, 『방등경』에서는 "사중죄와 오역죄를 지은 이는 내가 또한 구할 수 있지만, 승물을 훔친 이는 내가 구하지 못한다."[255]라고 한 것인가.[256]

답 관점에 따라 각각 다르다. (『대방등대집경』과 『방등경』에서는) 승가

려는 마음으로 한 것이라면 이치상 중죄를 범하지 않은 것으로 보아야 한다는 말이다.
252 보살계에서는 부처님의 사리를 청정한 마음으로 훔쳤어도 상대방이 그것을 잃어버릴 경우 선을 닦는 데 장애가 되는 것을 알면서도 그렇게 했다면 중죄를 범하는 것으로 보아야 한다는 말이다.
253 『구사론』 권18(T29, 93a24)에서 다섯 가지 무간업을 설하면서 승가의 화합을 파괴하는 것을 제시하고, 같은 책 권18(T29, 94b24)에서 "승중의 화합의 인연이 되는 것(資具)을 겁탈하는 것……이것은 무간업無間業의 동류이다.(奪僧和合緣。……是無間同類。)"라고 했다. 본문은 이것을 합하여 서술한 것이다. 『유가사지론』 권9(T30, 318b19)에서 "다섯 가지 무간업이란, 어머니를 죽이는 것, 아버지를 죽이는 것, 아라한을 죽이는 것, 승가의 화합을 파괴하는 것, 여래에게 악한 마음으로 피를 내게 하는 것이다. 무간업의 동분同分이란, 승문僧門(승물)을 겁탈하는 것, 영묘靈廟를 파괴하는 것 등을 말한다."라고 했다.
254 『대방등대집경』 권44(T13, 292a5)에서 "이 악업은 불보의 물건을 훔친 것과 동등하여 차별이 없다. 비구의 역업逆業(역죄업)은 그 죄가 이것의 절반이다.(此之惡業。與盜佛物。等無差別。比丘逆業其罪如半。)"라고 했다.
255 정확히 일치하는 문장을 찾을 수 없다. 『사분율산번보궐행사초』 권중(T40, 56a24)·『범망경보살계본소』 권중(T40, 616c24) 등을 비롯한 여러 곳에서 동일하게 『방등경』의 글로써 인용하고 있다.
256 『구사론』과 『유가사지론』에서는 승물을 겁탈하는 것과 승가를 파괴하는 것이 무간죄(역죄)와 동일한 것이라고 했는데, 『대방등대집경』과 『방등경』에서는 승물을 겁탈하는 것은 역죄보다 더 큰 것이라고 하여 서로 차이가 있다는 말이다.

를 파괴하는 것은 잠시이고, 또한 현전승가現前僧伽[257]와 관련된 것이며, 화합승의 재물을 도둑질하는 것은 삼세에 상주하는 승가의 도를 두루 장애하니, (전자보다 더한 것이라고 한 것이다. 그러나 『유가사지론』과 『구사론』에서는) 직접적으로 성도聖道를 장애하는 것은 아니기 때문에 동일한 부류라고 한 것이다.

問。瑜伽俱舍云。劫奪僧物。破僧同類。何故。大集。盜僧物者。罪過五逆。方等經云。四重五逆。我亦能救。盜僧物者。我所不救。答。所望各別。破僧暫[1]時。且現前僧。盜和合財。普障三世常住僧道。非親障聖。故名同類。

1) ㉮ '暫'을 '蹔'이라 했다.(갑본·을본·병본)

"도둑에게 빼앗긴 물건"이라고 한 것은, 물건이 이미 상대방에게 소속되었으면 율에서는 빼앗는 것을 허락하지 않았다. 율에서 "(도둑에게 빼앗긴 물건을 다시 찾는 것은) 도둑이 되어서 도둑의 물건을 겁탈하는 것과 같다."[258]라고 했고, 『오분율』에서 "어떤 비구가 도둑에게 옷을 박탈당했는데, 그와 싸워서 옷을 되찾고 나서 의심이 생겨 부처님께 물었더니, 부처님께서 말씀하셨다. '위범한 것이 아니다.' (그러나 이미 잃어버린 것이라고 생각한 것을 되찾았다면 위범한 것이다.)"[259]라고 했다.

---

257 현전승가現前僧伽 : 시간적으로 공간적으로 한정된 형태의 승가. 곧 지금 여기에 성립하고 있는 승가. 상대어는 사방승가四方僧伽인데 시방승가十方僧伽라고도 하며, 이상적 이념으로서의 승가, 곧 승가 전체를 통틀어서 일컫는 말이다.

258 『마하승기율』 권3(T22, 251a17)에서 "비구가 도둑에게 가사와 발우를 빼앗기고 다시 무리를 지어 도둑을 쫓아가서 빼앗긴 물건을 되찾았을 경우, 아직 잃어버렸다는 생각을 하지 않은 상태라면 무죄이고, 이미 잃어버렸다는 생각을 한 상태라면 도둑이 다시 도둑을 겁탈하는 것이니 바라이죄이다."라고 했다.

259 『오분율』 권28(T22, 183a3). 전후 문맥상 이 부분은 빼앗아서는 안 되는 것을 말하고자 한 것이므로 바로 뒤에 나오는 문장을 인용해야 옳은 것 같다. 곧 같은 책 권28(T22, 183a4)에서 "다시 어떤 비구가 있었는데 도둑에 의해 옷이 벗겨져서 잃어버렸다. 이미 도둑의 손에 들어가고 혹은 이미 가지고 가 버렸는데 나중에 쫓아가서 빼

言劫賊物者。物已屬彼。律不許奪。如律云。賊奪賊物。五分云。有比丘。爲賊所剝。爭得衣物。生¹⁾疑問佛。佛言不犯。

1) ㉑ '生'을 '然'이라 했다.(갑본·을본·병본)

보살은 그렇지 않다. 『유가사지론』에서 "보살이, 매우 큰 힘을 가진 관리가 있어서 상품의 포악함으로 자애로움이 없이 (유정을) 핍박하고 괴롭히는 것을 보고 불쌍히 여기는 마음을 일으켜서 큰 힘을 가진 지위를 폐기하면, (위범이 없고 많은 공덕을 낳는다.) 도둑이 다른 사람의 재물이나 승가의 물건이나 솔도파에 소속된 물건을 훔쳐서 자기의 소유라고 하면서 멋대로 사용하는 것을 보고, (유정에게) 이익과 즐거움을 주려는 의요를 일으켜 힘 닿는 대로 핍박하여 빼앗아 (이 물건을) 수용하여 오랜 세월 동안 고통을 받지 않도록 하며, 빼앗은 재보는 각각 그 본래의 주인에게 돌려준다."²⁶⁰라고 하고, 그 밖의 것도 자세히 설했고, (또 같은 책에서) "보살이 이와 같이 비록 주지 않을 것을 취했다고 하더라도 위범이 없고 많은 공덕을 낳는다."²⁶¹라고 한 것과 같다. 『오분율』에서 "싸워서 옷을 되찾은 비구"라고 한 것은, 보살계에 의거할 경우, 재물을 아까워해서 그렇게 한 것이라면 죄가 되지만, 상대방이 (죄를 짓는 것을) 방호하기 위해서 그렇게 한 것이라면 많은 공덕을 낳는 것이기에 이와 같이 설한 것이다.

菩薩不然。如瑜伽云。菩薩。見有增上宰官。上品暴惡。於諸有情。無慈逼惱。起憐愍心。廢增上位。見劫盜賊。奪他財物。若僧伽物。窣¹⁾堵波物。執

앗아서 얻었다. 의심이 생겨서 부처님께 물었다. 부처님께서 말씀하셨다. '너의 마음이 옷을 잃어버렸다고 생각하고 있는가?' 비구가 대답했다. '아직 잃어버렸다고 생각하지 않습니다.' 부처님께서 말씀하셨다. '아직 잃어버렸다고 생각하지 않은 상태라면 위범이 아니고, 이미 잃어버렸다고 생각한 상태라면 위범이다.'"라고 했다.

260 『유가사지론』권41(T30, 517b17).
261 『유가사지론』권41(T30, 517c3).

爲已²⁾有。利樂意樂。隨力逼奪。勿令受用。受長夜苦。所奪財寶。各還其本。乃至廣說。菩薩如是。雖不與取。而無違犯。生多功德。如五分云。爭衣比丘。若菩薩戒。由慳財罪。若護彼罪。生多功德。

如是所說。
───────
1) ㉧ '窒'을 '率'이라 했다.(갑본·을본·병본) 2) ㉡『유가사지론』에 따르면 '已'는 '己' 이다.

단지 주인이 있는 물건을, 옳은 것을 위함도 없고 이익을 위함도 없이 도둑질하려는 마음으로 취하면, 한 포기의 풀에 이르기까지도 바라이를 범한다. 자기의 물건이거나 혹은 주인이 없는 물건이거나 혹은 주인이 있는 것이지만 미혹하여 주인이 없다고 여긴 물건을 (도둑질했거나,) 혹은 비록 주인이 있지만 도둑질하려는 마음이 없었다면, 도둑질이 성립되지 않기 때문이다.

但有主物。於無義利。盜心取。乃至一草。犯波羅夷。若於己物。或無主物。或於有主迷謂無主。或雖有主不作盜心。不成盜故。

자기의 물건을 다른 사람의 것이라고 생각하고 도둑질하거나 혹은 주인이 없는 물건인데 주인이 있다고 생각하고 (도둑질했을) 경우, 전하는 설에 말하기를, "마음에 입각하여 중방편重方便을 맺는다."²⁶²라고 했는데, 그 물건(훔친 물건)이 실제로는 중죄를 범하는 대상이 되는 것이 아니기 때문이다.²⁶³

───────
262 법장의『범망경보살계본소』권2(T40, 614a17)에서 "앞에서 도계를 범하는 여러 가지 조건을 서술한 것 중 첫 번째에서 자기의 물건이 아닌 것을 훔칠 것이라는 조건이 있었는데, 이것이 결여된 사례에 두 가지가 있다. 첫째는 자기의 물건을 훔쳤으나 끝내 자기의 물건임을 알지 못하는 것이니, 마음에 입각하여 중방편을 맺는다. 둘째는 나중에 자기의 물건임을 아는 것이니, 경방편輕方便이다."라고 했다.

若於己物。謂他而盜。或無主物。謂有主物。傳說。約心結重方便。彼物。實非犯重境故。

만약 주인이 있는데 미혹되어 주인이 없는 것으로 여겼다가 나중에 알았으나 돌려주지 않았거나, 혹은 사람의 물건에 대해서 비인非人의 물건이라고 여겼거나, 다른 물건을 구하려고 했으나 다른 사람의 물건으로 교체되었다면, 전하는 설에 말하기를, "모두 중죄이니, 위범의 대상이기 때문이다."[264]라고 했다.

若於有主。迷謂無主。後知不還。或於人物。謂非人物。或求餘物。餘人物替。傳說。皆重。是犯境故。

무엇을 주인이 없는 물건이라 하는가? 다른 사람이 버린 것 등과 같은 것이다. 『선견율비비사』에서 "자식이 나쁜 일을 저질러서 부모가 쫓아내었는데 나중에 부모가 죽었으면 그 물건은 주인이 없는 것이다."[265]라고 했고, 『대비바사론』 등에서 "두 나라의 중간에 묻혀 있는 것은 (전륜성왕이 출현하지 않았을 경우에는 주인이 없는 것이다.)"[266] 등이라고 했다.

---

263 도계라는 중죄의 위범이 성립되기 위해서는 자기의 물건이 아닌 것을 훔쳐야 하는데, 자기의 물건이기 때문에 중죄의 위범이 성립될 수 있는 물건이 아니라는 말이다.
264 『범망경보살계본소』 권2(T40, 614a20)에서 "사람의 물건을 도둑질하려고 했으나 축생 등의 물건으로 교체되어서 축생 등의 물건을 도둑질하면서 사람의 물건이라는 생각을 했을 경우는, 도둑질하고 나서 나중에 그 사실을 알았든 알지 못했든 모두 중죄에 해당하니, 모두 위범의 대상이기 때문이다."라고 했다.
265 『선견율비바사善見律毘婆沙』 권9(T24, 739a7).
266 『대비바사론大毘婆沙論』 권113(T27, 585a2)에서 "㉮ 두 나라의 중간에 묻혀 있는 것에 대해 도둑질하려는 생각을 일으켰다면 누구의 입장에서 근본업도根本業道를 얻는 것인가. ㉯ 전륜성왕이 세간에 출현했을 때에는 전륜성왕의 입장에서 얻는다. 만약 전륜성왕이 없으면 전혀 얻을 대상이 없다."라고 했다. 전륜성왕은 사천하를 다스리는 왕이기 때문에 두 나라의 어디에도 소속되지 않는 물건은 곧 전륜성왕의 것이다.

이와 같다면 백성이 산림山林 등을 취하면 왕의 물건을 훔치는 것이어야 하는가? 그렇지 않다. 국왕은 그들을 두텁게 길러야 하기 때문이다. 성문법에서는 (훔친 물건의 가치가) 5전錢이 되어야 비로소 중죄이다. 지금은 차이가 있음을 간별하고자 하여 "하나의 바늘과 (한 포기의) 풀에 이르기까지"라고 했다.

> 云何名爲無主物耶。如他棄等。善見論云。子作惡事。父母趁出。[1] 後父母死。其物無主。婆沙[2]等云。二國中間伏藏也。若爾。百姓取山林等。應盜王物。不爾。國王擬[3]養彼故。聲聞法中。五錢方重。今欲簡異。言一鍼[4]草。

1) ㉠『선견율비바사』에 따르면 '趁'은 '遣'이다. 단 『범망경보살계본소』 권2(T40, 614b15)에서는 동일한 문장으로 취의 요약하였는데, 이것에 따르면 '趁出'은 '逐去'이다. 2) ㉔ '沙'를 '娑'라고 했다.(갑본·을본·병본) 3) ㉠ '擬'는 '優'인 것 같다. 4) ㉔ '鍼'을 '針'이라 했다.(갑본· 을본·병본)

d. 죄를 이루는 것을 맺은 문

"보살은" 이하는 네 번째 문이다. "효순하는 마음"과 "자비로운 마음"을 '불성'이라 한다. 보살은 이것으로 말미암아 이승과 다르기 때문이다. "복을 낳고"라는 것은 이익을 주기 때문이고, "즐거움을 낳게 해야 하거늘"이라는 것은 안락함을 주기 때문이다. 그러나 다른 사람의 물건을 훔쳐서 그들로 하여금 번뇌를 일으키게 하기 때문에 이익에 어긋나고, 목숨을 빼앗는 인연이 되기 때문에 또한 안락함에 어긋난다. 『대지도론』 권13에서 "게송으로 말한다. 일체의 모든 중생은 옷을 입고 음식을 먹으며 스스로 살아가네. 협박하거나 빼앗아서 취하면 목숨을 겁탈하는 것이라네."[267]라

그러므로 각 나라에 소속된 것일 경우는 그 나라의 왕이 주체가 된다.
267 『대지도론』 권13(T25, 156a27).

고 한 것과 같다.

言菩薩下。第四門也。孝順慈悲。名爲佛性。菩薩。由此異二乘故。生福者利益故。生樂者安樂故。而盜人物。生彼煩惱故。違利益。奪命緣故。亦違安樂。如智論。十三。頌曰。一切諸衆生。衣食以自活。若劫若奪取。則爲劫奪命。

(C) 무자행욕계 제3(자비로운 마음이 없이 음욕을 행하는 일을 하지 마라)

無慈行欲戒。第三。

경 "불자여, 스스로 음란한 행위를 하거나 다른 사람으로 하여금 음란한 행위를 하도록 하거나 하면서 내지 일체의 여인에게 고의로 음란한 행위를 해서는 안 된다. 음란한 인과 음란한 업과 음란한 법과 음란한 연을 지으며, 내지 축생의 여성과 모든 하늘과 귀신의 여성의 (정도正道 및 일체의 여인의) 비도非道에 음란한 행위를 해서야 되겠는가. 보살은 효순하는 마음을 내어 일체중생을 구제하고 청정한 법을 사람들에게 주어야 할 것이거늘, 도리어 모든 사람에 대해 음란한 마음을 일으키고, 축생 내지 모녀와 자매·육친六親을 가리지 않고 음란한 행위를 하면서 자비심이 없다면, 이는 보살의 바라이죄이다."

若佛子。自婬。教人婬。乃至一切女人。不得故婬。婬因。婬緣。[1] 婬法。婬業。[2] 乃至畜生女。諸天鬼神女。及非道行婬。而菩薩。應生孝順心。救度一切衆生。淨法與人。而反更起一切人婬。不擇畜生。乃至母女姊妹六親。行婬。無慈悲心者。[3] 是菩薩波羅夷罪。

---
1) ㉠ 태현의 주석에 따르면 '緣'은 '業'이다. 2) ㉠ 태현의 주석에 따르면 '業'은 '緣'이다. 3) ㉯ '者'가 없다.(갑본)

Ⓐ **제정한 뜻**

述 처음에 제정한 뜻은 다음과 같다. 생사의 견고한 감옥에서 음욕은 가쇄枷鎖[268]가 되어 유정을 더욱 속박하고 벗어나기 어렵게 만들기 때문이다. 『대지도론』에서 "음욕은 비록 중생을 괴롭히지는 않지만 마음을 속박시키기 때문에 대죄大罪로 삼는다."[269]라고 했고, 『유가사지론』에서 "모든 애愛 가운데 욕애欲愛가 가장 강력하니, 그것을 다스릴 수 있으면 나머지는 저절로 조복된다. 강력한 것을 제압하면 하열한 것은 저절로 조복되는 것과 같다."[270]라고 한 것과 같다.

述曰。初制意者。生死牢獄。婬爲枷鎖。深縛有情。難出離故。如智論云。婬欲者。雖不惱衆生。繫縛心故。立爲大罪。瑜伽論云。諸愛之中。欲愛爲最。若能治彼。餘自然伏。如制强力。劣者自伏。

그런데 이 욕법欲法에는 세 가지 허물이 있으니, 고통스러운 것이지만 즐거운 것처럼 여기기 때문이고, 맛은 적고 재앙은 많기 때문이며, 청정하지 않은 것이지만 청정한 것처럼 여기기 때문이다.

然此欲法。有三種過。苦而似樂故。少味多災故。不淨似淨故。

---

268 가쇄枷鎖 : 죄인을 다스리는 형벌의 도구. '가'는 목에 씌우는 나무이고, '쇄'는 허리에 채우는 쇠사슬이다.
269 『대지도론』 권46(T25, 395c5).
270 『유가사지론』 권11(T30, 329c25)에서 "'청정하고 미묘한 모양'이라는 것은 가장 뛰어나고 미묘한 여러 가지 욕의 모양을 말한다. 이것에 있어서 염심을 멀리 여읠 수 있으면 나머지 하열한 것에 대해서도 또한 염심을 여읠 수 있으니, 강력한 것을 제어하면 나머지 하열한 것은 저절로 조복되는 것과 같다."라고 한 것을 취의 요약한 것이다.

첫 번째 것[271]을 게송으로 말한다.

初者。頌曰。

번뇌의 병을 견디지 못하여
음욕을 행하면 즐거움이 생겨나는 것 같지만
마치 옴병에 걸린 피부를 긁는 것처럼
고통스러운 것에 대해 즐겁다는 생각을 낸 것일 뿐이라네.

不忍煩惱病。行婬似樂生。
猶如抓疥病。於苦樂想生。

"옴병에 걸린 피부를 긁는 것처럼"이라는 것은 고통스러운 것을 즐거운 것이라고 여기는 것이니,[272] 욕망에 의해 생겨난 즐거움도 또한 그러함을 알아야 한다. 이미 욕망을 여읜 이는 욕망의 대상을 보면 고통스러운 것이라고 여기니, 마치 옴병이 없는 사람이 옴을 긁어서 얻는 즐거움을 고통이라고 여기는 것과 같다. 그런데 모든 욕망은 그 성품이 헛되고 거짓된 것이어서 중생을 속일 수 있으니, 항상 그것에 의해 태워지고 해침을 받는 일이 생겨난다. 세존께서 말씀하시기를, "욕망은 마른 해골과 같고 또한 나무 끝에 매달린 터질 듯이 익은 열매와 같다. 뼈다귀를 씹는 것과 같으니 배부름을 기약할 수 없고, 조각난 고깃덩어리와 같으니 결정코 소속된 주인이 없어서 (온갖 것들이 함께 얻으려고 다투며,) 풀을 엮어 만든 횃불과 같으니 근심의 불꽃이 항상 타오르고, 불구덩이와 같으니

---

271 첫 번째 것 : 욕법의 세 가지 허물 중 첫 번째에 해당하는 것을 가리킨다.
272 옴병에 걸려서 괴로울 때 피부를 긁으면 잠시 시원해지지만 그것은 진정한 시원함은 아니라는 말이다.

갈애를 증장시키며, 이무기나 독사와 같으니 현자와 성인이 멀리하고 피하며, 꿈에서 본 것과 같으니 빨리 괴멸로 향하고, 빌려서 두른 장엄구와 같으니 단지 온갖 연緣에 의탁해서만 의미가 있을 뿐이며, (나뭇가지에 걸린) 잘 익은 과일과 같으니 위태롭게 매달려 있는 것이다."[273]라고 하셨다. 이와 같이 고통스러운 것이지만 즐거운 것으로 여겨지는 것임을 관찰해야 한다.

如抓疥者。以苦爲樂。欲所生樂。應知亦然。已離欲者。見欲爲苦。如無疥者。疥樂爲苦。然諸欲塵。其性虛僞。能誑衆生。恆生燒害。如世尊言。欲如枯骨。乃至亦如樹端爛[1)]果。[2)] 如齧骨故。令無飽期。如段肉故。無定屬主。如草炬故。憂火恒燒。如火阬[3)]故。增長渴愛。如蟒毒故。賢聖遠避。如夢見故。速趣壞滅。如借嚴具故。但託衆緣。如熟果[4)]故。危所依地。如是應觀苦而似樂。

1) ㉾『열반경』에 따르면 '爛'은 '熟'이다.『유가사지론』에 따르면 '爛' 뒤에 '熟'이 누락되었다. 2) ㉾ '果'를 '菓'라 했다.(갑본·을본) 병본을 구하지 못했기 때문에 확인할 수 없었으나, 뒤의 교감주에 의거하면 병본도 동일할 것으로 추정된다. 3) ㉹ '阬'을 '坑'이라 했다.(갑본·을 본·병본) ㉾ 뜻은 같다. 4) ㉹ '果'를 '菓'라 했다.(갑본·을본·병본) ㉾ 뜻은 같다.

무엇을 모든 욕망은 맛은 적고 재앙은 많다고 하는 것인가?[274]

云何諸欲少味多災。

게송으로 말한다.

273 『열반경』 권22(T12, 496b8), 『정법념처경』 권5(T17, 25a27), 『유가사지론』 권17(T30, 369c17) 등에 나오는 말을 선별적으로 집약한 것이다.

274 욕법의 세 가지 허물 중 두 번째에 해당하는 것을 설명한 것이다.

頌曰。

나찰녀羅刹女[275]와 같이
원수가 친한 척하는 것과 같이
마음을 기만하여 악업을 낳고
고통을 초래하고 열반을 장애하네.

猶如羅刹女。如怨詐示親。
誑心生惡業。招苦障涅槃。

나찰녀가 교접하고 나서 잡아먹는 것과 같이, 또한 원수가 친한 척하면서 해를 끼치는 것과 같이, 오욕五欲이라는 원적怨賊도 또한 다시 이와 같아서, 마음을 태우고 어지럽히며 미혹되게 하여 혜명慧命을 해치고 한량없는 고통을 초래하고 열반의 즐거움을 장애한다. 『보살장경』 제10품에서 "욕망을 익히고 가까이 할 때 어떤 악도 짓지 않음이 없으니 그 과보를 받을 때 어떤 고통도 받지 않음이 없다."[276]라고 한 것과 같다.
애착의 강물과 욕망의 바다에 빠져서 떠내려가지만 기댈 언덕이 없고,

---

[275] 나찰녀羅刹女 : '나찰'은 ⓈRākṣasa의 음사어. 인도 신화에서 악마로 출현하는데 이후 악귀惡鬼의 총칭으로 사용되었다. 사람의 혈육을 먹는 모습으로 나타난다. 특히 여성은 나찰녀라고 하는데, 이는 ⓈRākṣasī의 의역어와 음사어를 합친 것으로, 갖춘 음사어는 나차사羅叉私이다. 나찰녀는 용모가 빼어나서 사람을 매혹시키는 힘이 있는 것으로 전해진다.

[276] 『대보적경』 권44(T11, 258a16). 『보살장경菩薩藏經』은 『대보살장경大菩薩藏經』이라고도 한다. 『대보적경』 권35~권54(T11)에 수록된 제12 대보살장회大菩薩藏會의 다른 이름이다. 본 서는 당나라 645년 현장玄奘이 한역하였고, 보리류지菩提流志(ⓈBodhiruci)가 『대보적경』에 편입시켰다. 『대보적경』 12회인데 모두 12품으로 이루어졌다. 본문에서 '제10품'이라고 한 것은 제10 시라바라밀품尸羅波羅蜜品을 가리키는 말이다.

사생死生의 물결은 길이 흘러 끊어질 날이 없다. 일체의 원망과 해침이 모두 욕망에서 생겨나니, 어리석은 사람이 탐하는 것이 마치 나방이 불길에 몸을 던지는 것과 같다. (음욕에 의해) 5백 명의 선인도 신통력을 잃고 (허공에서) 떨어졌으며,[277] 일각선인一角仙人도 여인의 손길에 사로잡혀 (신통력을 잃었다.)[278] 그러므로 율에서 "가장 두려워할 만한 것으로 여인을 넘어서는 것은 없으니, 차라리 남근男根을 독사의 입에 넣는 것이 낫다."[279]라고 했으니, 독사는 한낱 육신을 해칠 뿐이지만 여인은 법신을 해치기 때문이다. 또 용수龍樹가 말하기를, "다른 사람의 악惡을 교묘하게 살피는 것이 여인의 지혜이다. (부귀·명예 등과 같은) 다른 것들에 대해서 득실을 따지지도 않고 단지 욕망을 친하게 여긴다. 청풍淸風은 오히려 잡을 수 있지만 여인의 마음은 확정적으로 얻기 어렵다."[280]라고 했다.

끝내 만족할 날을 기약할 수 없으니 감과感果에 의해 태어남이 다함이

---

[277] 『대지도론』 권17(T25, 188b7)에서 "5백 명의 선인이 허공을 날 때 견다라녀甄陀羅女의 노랫소리를 듣고 마음에 집착이 일어나며 지나치게 심취하여 모두 신족통을 잃고 일시에 땅에 떨어진 것과 같다."라고 했고, 『대비바사론』 권61(T27, 314b28)에서 "옛날 우다연나嗢陀衍那라는 왕이 있었다. 어느 날 수적산水跡山으로 가서 여러 여인과 함께 유희하면서 음악을 연주하고 벌거벗고 춤을 추게 하였다. 그때 5백 명의 욕망을 여읜 선인이 있어 신통력에 의해 그 위를 날아가다가 이 광경을 보고는 신통력을 잃고 이 산에 떨어졌다."라고 했다.
[278] 『대지도론』 권17(T25, 183a16)에서 "옛날 바라나국에 어떤 선인의 정액을 핥아먹은 사슴이 낳은 아이가 있었다. 형상은 사람이지만 머리에 뿔 하나가 있고 발은 사슴과 같았다. 선인이 자신의 아이임을 알아보고 거두어 가르쳤더니, 어느 날 오신통을 얻었는데 그가 바로 일각선인이다. 일각선인이 어느 날 산에 올라가다 빗길에 미끄러져서 크게 다쳤다. 화가 나서 주술에 의해 12년 동안 그 지역에 비가 내리지 않게 했다. 이로 인해 바라나국이 가뭄에 시달리자, 왕이 일각선인의 신통력을 잃게 하면 나라의 반을 줄 것임을 공고했다. 바라나국에 단아하여 겨룰 이가 없는 선타扇陀라는 음녀淫女가 있었는데 5백 명의 미녀를 데리고 선인의 주처 근처에 거주하였다. 어느 날 일각선인이 이를 발견하자 여인들이 모두 맞이하며 공양하였다. 일각선인은 여인들과 목욕을 했는데 여인들이 어루만지자 음행을 범하여 신통력을 잃었다."라고 했다.
[279] 『마하승기율』 권1(T22, 232c17), 『사분율』 권1(T22, 570b20).
[280] 『대지도론』 권14(T25, 166a20)를 취의 요약한 것이다.

없고, 생사의 긴 밤을 지내면서 만남과 헤어짐을 슬퍼하며 육취六趣를 전전함이 그칠 날이 없다. 이것을 모든 욕망은, 맛은 적고 재앙은 많다고 하는 것이다.

如羅利女。交已致食。亦如怨士。詐親加害。五欲怨賊。亦復如此。燒亂迷心。害於慧命。招無量苦。障涅槃樂。如菩薩藏經第十云。習近欲時。無惡不造。受彼果時。無苦不受。愛河欲海。漂溺無岸。死生之波。長流莫絶。一切怨害。皆從欲生。愚人所貪。如蛾投火。五百登空。失通而落。一角仙人。被女人捉。是以。律云。可畏之甚。無過女人。寧以男根。納毒蛇口。蛇害一肉身。女害法身故。又龍樹說。巧察人意。¹⁾ 女人爲²⁾智。不觀餘得失。但以欲爲親。淸風猶可捉。女心難得定。終無厭期。感生無窮。生死長夜。會離之悲。六趣無已。³⁾ 是謂諸欲少味多災。

1) ㉠『대지도론』에 따르면 '意'는 '要'인데, 그 미주에 여러 판본에서 '惡'이라 했음을 밝혔다. 후자를 따랐다. 2) ㉠『대지도론』에 따르면 '爲'는 '之'이다. 3) ㉯ '己'를 '已'라고 했다.(갑본)

무엇을 욕망의 번뇌는 청정하지 않지만 청정한 것이라고 여긴다고 하는 것인가?[281]

云何欲塵不淨似淨。

게송으로 말한다.

頌曰。

---

[281] 욕법의 세 가지 허물 중 세 번째에 해당하는 것을 설명한 것이다.

육신은 비록 청정하지 않지만
청정한 것처럼 어리석은 범부를 속이네.
더러운 것을 즐거워하면서 싫어할 줄 모르니
돼지가 진흙탕에서 뒹굴며 즐거워하는 것과 같다네.

肉身雖不淨。似淨誑愚夫。
樂穢而無厭。似豬樂淤泥。

이 몸은 청정하지 않으니, 뼈를 쌓아서 이루고, 피와 살과 똥·오줌 등의 더러운 것을 얇은 가죽이 담아 지니며, 벌레가 사는 8만 개의 호戶(구멍)가 있고, 한 호마다 9억 마리의 벌레가 살고 있으며, 온갖 나쁜 냄새가 나고 더러운 것이 아홉 개의 구멍[282]에서 흘러나온다. (이렇게) 청정하지 않은 것을 청정한 것이라고 여기니, 가죽 위에 흰 기름과 뜨거운 피가 서로 겹쳐 덮어서 마음을 속이고 눈을 현혹하여 온갖 태워짐과 해침을 입는 것을 말한다. 그런데 모든 어리석은 범부는 일찍이 싫어하여 등지는 일이 없는 것이, 돼지가 목숨을 마치는 날까지 진흙 구덩이를 떠나지 않는 것과 같다. 그러므로 지금 금제한 것이니 수행隨行[283]하여 범하지 말아야 한다.

此身不淨。累骨所成。血肉便穢。薄皮所持。八萬戶蟲。一戶九億。種種臭穢。九孔流漏。不淨似淨。謂皮上分。白膏熱血。交所重映。誑心媚眼。種種燒害。然諸愚夫。曾無厭背。似豬竟日。不離淤泥。所以今制。隨應莫犯。

---

282 아홉 개의 구멍 : 두 개의 눈, 두 개의 콧구멍, 두 개의 귀와 입·대변도·소변도 등이다.
283 수행隨行 : 수계隨戒라고도 하고 줄여서 수隨라고도 한다. 수체受體란 계를 받고 계체를 수지하여 파계하지 않을 것을 결심하는 것이고, 수행이란 이후에 그러한 결심에 상응하여 생활 속에서 실천해 나가는 것이다.

Ⓑ 문장을 풀이함

a. 위범의 모양을 밝힌 문

두 번째로 문장을 풀이하는 것 가운데 위범의 모양을 밝힌 문이라는 것은, 경에서 "스스로 음란한 행위를 하거나 다른 사람으로 하여금 음란한 행위를 하도록 하거나 하면서, 내지 일체의 여인에게 고의로 음란한 행위를 해서는 안 된다."라고 한 것과 같다. 성문법에서는 스스로 음란한 행위를 해야 비로소 중죄가 되지만 지금 보살계에서는 다른 사람으로 하여금 음란한 행위를 하도록 해도 또한 중죄가 된다. 예컨대 소승교에서는 자신이 행해야 비로소 업도業道가 이루어진다고 하고, 대승교에서는 다른 사람을 중매하는 것도 또한 업도를 이룬다고 한 것과 같다. 이중二衆(출가중과 재가중)에 대해 통틀어서 제정했다.

> 第二釋文中。違犯相門者。如經。自婬至不得故婬。聲聞法中。自婬方重。今菩薩戒。敎他亦重。如小乘敎。自行方業道。大乘敎中。媒他亦業道。通制二衆。

"일체의 여인"이라고 한 것은, 실질적인 것에 의거하면 재가자의 경우는 오직 삿된 행위만 금하는 것이니, 단지 불도의 수행을 장애할 뿐만 아니라 (미래세에) 악취惡趣를 초래하기 때문이다. '삿된 행위'란 무엇인가. 『유가사지론』에서 "(욕사행欲邪行의 업도에서 '사事'는) 음란한 행위의 대상으로 삼지 말아야 할 여인이다. 설령 음란한 행위를 해도 되는 여인이라고 할지라도, 그릇된 부분(非支)이고, 그릇된 장소(非處)이며, 그릇된 시기(非時)이고, 적절한 한도에 들어맞지 않는 것(非量)이 여기에 해당한다. 또한 이치에 상응하지 않는 것이니, 일체의 남자와 불남不男(不能男)이 여기에 해당한다."²⁸⁴라고 했고, (또 같은 책에서) "어머니와 같은 부류²⁸⁵는 음란한 행위의 대상으로 삼지 말아야 할 것이라고 한다."²⁸⁶라고 했으며, (또 같은 책에서) "산문產門(여인의 음부)을 제외한 나머지 부분을 모두 '그릇된 부분(非支)'이라고 한다. 오물을 쏟아낼 때, 태아가 원만해졌을 때, 아이에게 젖을 먹일 때, 재계齋戒를 받을 때, 병들었을 때이니, 말하자면 음행을 하지 말아야 할 병에 걸린 때인 것을 '그릇된 시기(非時)'라고 한다. 모든 존중해야 할 분을 모셔 놓은 곳이나, 혹은 영묘靈廟나 대중의 앞이나, 혹은 굳고 단단한 땅으로 높낮이가 평평하지 않아 안은安穩하지 않게 하는 것 등과 같은 곳을 '그릇된 장소(非處)'라고 한다. 적절한 한도를 넘어서 행하는 것을 '적절한 한도에 들어맞지 않는 것(非量)'이라 한다.······ 세속의 예제禮制에 따르지 않기 때문에 '이치에 상응하지 않는 것'이라 한다."²⁸⁷라고 한 것과 같다. 재가자는 이러한 경우를 제외하고는 자분自分(자신의 부인)과는 음행을 할 수 있다.

言一切女人。據實在家。唯制邪行。非但障道。招惡趣故。云何邪行。如瑜伽云。女¹⁾不應行。設所應行。非支非時。非處非量。若不理理。一切男及不男。母等。名爲所不應行。除産門外。皆名非支。若穢下時。胎圓滿時。飮兒乳時。受齊戒時。或有病時。謂有²⁾病。不³⁾宜婬。⁴⁾ 是名非時。若諸尊重所集會處。或靈廟中。或大⁵⁾衆前。或堅鞕地。高下不⁶⁾安。⁷⁾ 此⁸⁾等。⁹⁾ 非¹⁰⁾處。若過五返。¹¹⁾ 名爲非量。不依世禮。名爲非理。在家除此。於自分行。

1) ㉠『유가사지론』에 따르면 '女' 뒤에 '所'가 누락되었다.   2) ㉠『유가사지론』에 따르면 '有' 앞에 '所'가 누락되었다.   3) ㉠『유가사지론』에 따르면 '不'은 '匪'이다. 뜻은 같다.   4) ㉠『유가사지론』에 따르면 '婬'은 '習欲'이다. 뜻은 같다.   5) ㉫ '大'를 '人'이

284 『유가사지론』 권59(T30, 630b24).
285 어머니와 같은 부류 : 자매나 다른 사람의 부인 등을 가리킨다.
286 『유가사지론』 권59(T30, 631b13).
287 『유가사지론』 권59(T30, 631b15).

라 했다.(갑본·을본·병본) ㉡『유가사지론』에 따르면 '大'이다. 6) ㉡『유가사지론』에 따르면 '不' 뒤에 '平令不'이 누락되었다. 7) ㉡『유가사지론』에 따르면 '安' 뒤에 '隱' 이 누락되었다. 8) ㉡『유가사지론』에 따르면 '此'는 '如是'이다. 9) ㉡『유가사지론』 에 따르면 '等' 뒤에 '處'가 누락되었다. 10) ㉡『유가사지론』에 따르면 '非' 앞에 '說 名'이 누락되었다. 11) ㉡『유가사지론』에 따르면 '若過五返'은 '過量而行'이다. 취지 는 동일하다.

비록 자신의 부인이 아니더라도 소속이 없을 경우, 재가자는 그것을 통해 상대방을 이익 되게 할 수 있을 것이 예상되면 또한 음행을 할 수 있다. (『유가사지론』)「보살지」에서 "보살이 집에 머물고 있을 때,[288] 현재 누군가에 매여 있지 않은 모습母邑[289]이 있어서 음욕법을 익히고 계속해서 보살에게 마음을 두어 청정하지 않은 행위(음행)를 할 것을 요구하는 것을 보면, 보살은 이러한 상황을 보고 나서 뜻을 일으키고 생각하기를, '마음에 분노를 일으키게 하여 복되지 않은 과보를 낳게 하는 일은 없게 하자. 만약 그 욕망을 따라 주면 자재함을 얻을 것이니, (그 이후에) 방편으로 편안하게 머물러 선근을 심게 하고, 또한 그가 불선업不善業을 버리도록 해야겠다'라고 한다. (이렇게 해서) 자비로운 마음에 머물러 청정하지 않은 행위를 하면 비록 이와 같은 더럽고 물든 법을 익혔더라도 계를 범하지 않고 많은 공덕을 낳는다. 출가보살은 성문을 보호하고 성현의 가르침을 괴멸하지 않게 하기 위해 어떤 경우에도 청정하지 않은 행위를 해서는 안 된다."[290]라고 한 것과 같기 때문이다.

雖非自婦。若無所屬。在家見利。亦得行婬。如菩薩地云。在家菩薩[1] 見有母邑。現無繫屬。習婬欲法。繼心菩薩。求非梵行。菩薩見已。作意思惟。勿令彼[2]恚。多生非福。若隨其欲。便得自在。方便安處。種善捨惡[3] 住慈愍

---

288 보살이 집에 머물고 있을 때 : 재가보살이라는 것을 나타낸다.
289 모읍母邑 : 여인을 가리키는 말. 모촌母村이라고도 한다.
290 『유가사지론』 권41(T30, 517c).

心。行非梵行。雖習如是穢染之法。而無所犯。多生功德。出家不爾。護聲聞[4]故。

1) ㉄『유가사지론』에 따르면 '在家菩薩'은 '如菩薩處在居家'이다. 뜻은 같다. 2) ㉄『유가사지론』에 따르면 '彼'는 '心'이다. 취지는 동일하다. 3) ㉄『유가사지론』에 따르면 '種善捨惡'은 '亦當令其捨不善業'이다. 취지는 같다. 4) ㉄『유가사지론』에 따르면 '出家不爾護聲聞'은 '出家菩薩爲護聲聞聖所敎誡令不壞滅一切不應行非梵行'이다. 취지는 같다.

b. 위범의 자성을 밝힌 문

위범의 자성을 밝힌 문이라는 것은, 경에서 "음란한 인과 음란한 업과 음란한 법과 음란한 연"이라고 한 것과 같은 것이니, 단지 거친 모양[291]에 의거하여 초업보살初業菩薩(10지 이전의 보살)을 금제한 것이기 때문이다. 만약 출세간계出世間戒에 나아갈 것 같으면, 『열반경』에서 "비록 여인과 교합하지는 않았더라도 벽 밖에서 멀리 여인이 영락을 찰랑이는 소리를 듣고 마음에 애착이 생겨나면 욕법을 성취하여 파계가 이루어진다."[292]라고 했고, 『우바새계경』에서 "보살이 여인의 몸에 영락 등으로 장엄한 것을 생각하면 모두 바라이이다."[293]라고 했으니, 이것은 모두 지상地上(제1 환희지 이후)의 보살에 의거하여 금제한 것임을 알아야 한다. 『문수사리문경』에서 "보살의 출세간계를 말한다. 마음에 남녀라거나 남녀가 아니라는 모양을 일으키고 분별하면, 이는 보살의 바라이죄이다."[294]라고 한 것과 같기 때

---

291 거친 모양 : 업도가 성립되기 위해서 갖추어야 할 다섯 가지 조건을 모두 갖추었을 때만 위범이 성립되는 것이라는 관점에 서는 것을 가리킨다. 상대어는 미세한 모양(細相)으로 다섯 가지 조건 중 일부가 빠졌어도 위범이 성립되는 것이라는 관점에 서는 것을 말한다. 바로 뒤의 출세간계는 미세한 모양에 의거한 것이라고 할 수 있다.
292 36권본『열반경』권31(T12, 549a20).
293 『대정장』에 실린『우바새계경』에서 육중법六重法 중 네 번째 중법으로 음계를 들었지만 동일한 내용은 없다. 또한『대정장』의 다른 글에서도 찾을 수 없다.
294 『문수사리문경』권상(T14, 497a11).

문이다.

言違犯性門者。如經。婬因婬業婬法婬緣。且依麤相。制初業故。若就出世。涅槃經云。雖不交女。壁外遙聞女瓔絡[1]聲。心生愛著。成欲破戒。優婆塞戒經云。菩薩。想女人身上瓔絡等。皆波羅夷。當知。此皆依地上制。如文殊問經云。菩薩出世戒。若以心分別男女非男女相。是菩薩波羅夷故。

1) ㉯ '瓔絡'을 '瓔珞'이라고 했다.(갑본·을본·병본) 다음도 동일하다. ㉠ 후자가 맞는 것 같다.

c. 경계사를 밝힌 문

경계사를 밝힌 문이라는 것은, 경에서 "내지 축생의 여성과 모든 하늘과 귀신의 여성의 (정도 및 일체의 여인의) 비도에 음란한 행위를 해서야 되겠는가."라고 한 것과 같다. 여성의 세 곳(대변도·소변도·입)과 남성의 두 곳(대변도·입)은 직접적으로 중죄를 범하는 대상으로 ("정도"라고 하니,) 다른 곳에 행하면 중죄를 범하지 않기 때문이다.[295] "모든 하늘"이라고 한 것은 마녀魔女(하늘의 일종) 등이 몸을 변화시켜 사람이 되어 비구와 음행을 하는 것 등과 같은 경우를 말한다.[296]

境界事門者。如經。乃至畜生女。至及非道行婬。女三男二。正是境也。以行餘處。不犯重故。言諸天者。魔女等。變[1]身爲人。婬比丘等。

---

295 전후 맥락으로 보아 태현의 입장은 정도는 중죄이고, 비도는 중죄가 아니라고 본 것임을 알 수 있다.
296 『사분율』 권55(T22, 975a5)에서 "어떤 비구가 천녀와 함께 음행을 하고 위범인지 의문을 일으키고 여쭈었다. 부처님께서 말씀하셨다. '바라이죄이다. 아수라녀·용녀·야차녀·아귀녀·축생·여성으로 변화한 사람과 음행을 행하면 모두 바라이죄이다.'"라고 했다.

1) ㉘ '變'을 '反'이라 했다.(갑본·을본·병본)

"비도"라고 한 것은 법장 스님이 말하기를, "그 산문産門(소변도)을 제외하고 나머지 두 곳(대변도·입)이다."[297]라고 했고, 의적 스님이 말하기를, "세 가지 중죄를 범하는 곳(대변도·소변도·입)을 제외한 나머지 지분支分이다."[298]라고 했다.[299]

만약 율에 나오는 글에 준하면, "정도에 대해 정도라는 생각을 하는 것, 정도에 대해 정도가 아니라고 생각하는 것과 그렇게 의심하는 것이 모두 중죄를 이룬다. 만약 대상과 합하여 털끝만큼이라도 들어갔다면 곧 구경을 이룬다. 만약 원수의 핍박을 당하는 경우라면, 대상과 교합하는 것을

---

297 『범망경보살계본소』(T40, 623a22)에서 "열 번째는 비도非道이니, 하부下部(대변도)와 입을 말하는 것으로 모두 범하는 대상이다."라고 했다.
298 의적의『보살계본소』(T40, 665b14)에서 "위범이 성립되기 위해 갖추어져야 할 조건 가운데 '사事'란 (음란한 행위의 대상을 말하는데) 세 가지 대상(三境)에 대해 모두 중죄가 성립된다. 또한 율문에서 '오직 여인의 삼도三道(대변도·소변도·입)와 남자의 이처二處(대변도와 입)만 중죄에 해당하는 대상이고, 나머지에 해당하는 곳은 중죄에 해당하는 대상이 아니다'라고 했다. 본 경의 본문에 준하면 '비도非道에 음란한 행위를 해서야 되겠는가'라고 했다. 그러므로 보살은 비도非道에 대해서도 또한 중죄를 범하는 것임을 알 수 있다."라고 했다. 의적은 소변도·대변도·입 등을 정도라고 하고 나머지 부분을 비도라고 하였으며, 성문은 정도에 대해서만 중죄이지만 보살의 경우는 비도에 대해서도 중죄를 범하는 것이라고 보았음을 알 수 있다. 이는 태현이 정도는 중죄이지만 비도는 중죄가 아니라고 한 것과 어긋나는 입장이다.
299 원효는『보살계본사기菩薩戒本私記』(X38, 284a5)에서 "비도에 두 가지가 있다. 첫째는 소도小道(소변도小便道)를 정도라고 하고, 구도口道와 대변도大便道의 두 길을 비도라 한다. 둘째는 (앞의) 삼도三道를 정도라고 하고, 나머지 신체의 부분을 비도라 한다. (재가보살의 경우) 음계를 범하는 것은 정도가 아닌 것에 (음행을 하기) 때문이다. 출가보살·비구 등에 나아가면 모두 삼도三道의 정도에 (음행을 하기) 때문에 중죄를 범하고, 나머지 신체의 부분에 음행을 하면 경죄를 범한다. 재가보살의 경우 '비도에 음행을 하기 때문에 삿된 것'이라고 한 것은, 나머지 신체의 부분을 비도라고 하는 것이 아니고, 구도·대변도의 두 가지 기관이 모두 비도이기 때문에 삿된 음행이라고 한 것이다."라고 했다. 원효는 출가보살은 정도(삼도)에 음행을 하면 중죄이고, 나머지 신체의 부분인 비도에 음행을 하면 경죄라고 보았는데, 태현과 입장이 동일하다.

(피치 못할 상황이기 때문에) 허락하고, 그것에 의해 쾌락을 느끼는 것은 금제300한다."301라고 할 수 있다. 지금 보살계에서는 비록 즐기고자 하지 않았지만 번뇌에 의해 제압당하여 즐거운 마음을 내었다면 위범하지 않은 것이다.

> 言非道者。法藏師云。除其産門。餘二處也。義寂師云。除三重處。餘支分等。若準¹⁾律文。於道道想。於道非道想及疑。皆成重。若與境合。入如毛頭。卽成究竟。若爲怨逼。開與境合。禁其受樂。今菩薩戒。雖不樂欲。煩惱所制生樂。無犯。
>
> 1) ㉤ '準'을 '准'이라 했다.(갑본·을본·병본) ㉣ 뜻은 같다.

d. 죄를 이루는 것을 맺은 문

죄를 이루는 것을 맺은 문이라는 것은, 경에서 "보살은 효순하는 마음을 내어 일체중생을 구제하고 청정한 법을 사람들에게 주어야 할 것이거늘, 도리어 모든 사람에 대해 음란한 마음을 일으키고 축생 내지 모녀와 자매·육친六親을 가리지 않고 음란한 행위를 하면서 자비심이 없다면, 이는 보살의 바라이죄이다."라고 한 것과 같으니, 바른 것302을 마주하여 죄

---

300 '허락하고'와 '금제한다'는 것은 합하여 개제開制 혹은 개차開遮라고 한다. '개'는 계율에 있어서 경우에 따라시 위범으로 판정하지 않는 길을 열어 놓은 것이고, '차'는 어떤 경우에도 반드시 지켜야 하는 것을 가리킨다.
301 『사분율』 권1(T22, 572b3)에서 "(바라이죄를) 범하지 않는 것은, 잠이 듦으로써 지각능력이 없는 상태인 경우와 깨어 있었더라도 쾌락을 느끼지 않은 경우 등과 같이 일체의 음란한 행위를 하려는 뜻이 있지 않은 경우는 범하지 않는 것이다."라고 했고, 『사분율산번보궐행사초四分律刪繁補闕行事鈔』 권중(T40, 55a19)에서 "첫 번째 경우는 원수가 와서 자기 신체의 일부를 접근시키는 경우를 열어 놓은 것이고, 두 번째 경우는 원수가 장차 다른 사람에 대해 그렇게 하도록 시키는 경우를 열어 놓은 것이니, 모두 애착에 의한 염오심이 없기 때문에 범하지 않는 것이다."라고 했다.
302 바른 것 : "보살은 효순하는 마음을 내어 일체중생을 구제하고 청정한 법을 사람들에

를 맺었기 때문이다. "청정한 법을 사람들에게 주어야 할 것이거늘"이라는 것은, 보살은 욕망을 여의는 법문을 중생에게 베풀어 주어 생사의 고통을 건너게 해야 한다는 말이다.

言結成罪門者。如經。而菩薩至波羅夷罪。對正結罪故。淨法與人者。菩薩。應以離欲法門。施與衆生。度生死苦。

(D) 고심망어계 제4(고의적인 마음으로 거짓말을 하는 일을 하지 마라)

故心妄語戒。第四。

경 "불자여, 스스로 거짓말을 하고 다른 사람으로 하여금 거짓말을 하게 하며 방편으로 거짓말을 하면서 거짓말의 인과 거짓말의 연과 거짓말의 법과 거짓말의 업을 지으면서, 내지 보지 않은 것을 보았다고 말하고, 본 것을 보지 않았다고 말하며, 몸과 마음으로도 거짓말을 해서야 되겠는가. 보살은 항상 바른 말과 바른 견해를 내고, 또한 모든 중생으로 하여금 바른 말과 바른 견해를 내도록 해야 하거늘, 도리어 모든 중생으로 하여금 삿된 말과 삿된 견해와 삿된 업을 일으키도록 한다면, 이는 보살의 바라이죄이다."

若佛子。自妄語。敎人妄語。方便妄語。妄語因。妄語緣。妄語法。妄語業。乃至不見言見。見言不見。身心妄語。而菩薩。常生正語正見。亦生一切衆生。正語正見。而反更起一切衆生。邪語邪見邪業者。[1] 是菩薩波羅夷罪。

1) ㉮ '者'가 없다.(갑본)

게 주어야 할 것이거늘"이라고 한 것을 말한다.

Ⓐ 제정한 뜻

述 처음에 제정한 뜻이라는 것은 다음과 같다. 『대지도론』 권15[303]에서 "거짓말을 하는 사람은 먼저 스스로 자신을 속이고 그런 후에 다른 사람을 속여서 실제를 거짓이라고 하고 거짓을 실제라고 하여 거짓과 실제를 전도시키고 선법을 받아들이지 않으니, 비유컨대 뒤집힌 항아리에는 물을 담을 수 없는 것과 같다."[304]라고 했으니, (같은 책에서) "부처님께서 말씀하셨다. (그릇이 뒤집히면 물을 담을 수 없는 것처럼) 거짓말이 마음을 뒤집으면 도법道法이 들어갈 수 없다."[305]라고 한 것과 같다. 또 (같은 책에서) "진실한 사람은 그 마음이 바르고 곧아서 쉽게 고통에서 벗어날 수 있으니, 비유컨대 빽빽한 숲에서 나무를 끌어당길 때 곧은 것이 쉽게 빠져나오는 것과 같다."[306]라고 했고, 『유가사지론』에서 "위범한 학처學處를 거듭해서 수행하는 지支이니 망어를 여의는 것을 말한다."[307]라고 했다. 망어는 이것을 뒤집은 것이니, 이미 선법을 장애하여 악취에 굴러 떨어지고, 나중에 인간으로 태어나도 항상 비방을 당하니, 과실이 무겁기 때문에 신업身業과 관련된 계[308]를 이어서 제정하였다.

述曰。初制意者。智論十五云。妄語之人。先自誑身。然後誑他。以實爲虛。以虛爲實。虛實顚倒。不受善法。譬如覆缾。[1)] 水不得入。如世尊言。妄語覆

---

303 『대정장』에는 13권에 수록되어 있다. 판본의 차이라는 가능성을 고려하여 오자로 보지 않고 그대로 두었다.
304 『대지도론』 권13(T25, 157a20).
305 『대지도론』 권13(T25, 158a18).
306 『대지도론』 권13(T25, 157a27).
307 『유가사지론』 권53(T30, 591a10)에서 "둘째는 받은 계를 위반한 것을 거듭해서 수행하는 지支이다.……망어를 멀리 여의는 것이 두 번째 지支이다."라고 했다.
308 신업身業과 관련된 계 : 10중계 중 세 번째인 무자행욕계를 가리키는 말이다.

心。道水²⁾不入。又實語人。其心端直。易得出離³⁾ 譬如稠⁴⁾林曳木。直者易出。瑜伽云。所犯學處。重修行支。謂離妄語。妄語翻此。旣障善法。顚墜惡趣。後生人間。常被誹謗。過失重故。次身業制。

1) ㉤ '缾'을 '甁'이라 했다.(갑본·을본·병본) ㉥『대지도론』에 따르면 '甁'이다. 2) ㉥『대지도론』에 따르면 '水'는 '法'이다. 전후 문맥상 불도를 물에 비유했으므로 이 비유를 온축한 것으로 파악하면 '水'라고 해도 무방하다. 3) ㉥『대지도론』에 따르면 '出離'는 '免苦'이다. 뜻은 같다. 4) ㉤ '椆'를 '稠'라고 했다.(갑본·을본·병본) ㉥『대지도론』에 따르면 '稠'가 맞다.

Ⓑ 문장을 풀이함

a. 위범의 모양을 밝힌 문

두 번째로 문장을 풀이하는 것 가운데, 처음에 위범의 모양을 밝힌 문이라는 것은, 경에서 "스스로 거짓말을 하고 다른 사람으로 하여금 거짓말을 하게 하며 방편으로 거짓말을 하면서"라고 한 것과 같다. "방편으로"라고 한 것은, 다른 일을 가탁하여 다른 사람으로 하여금 달리 이해하게 하는 것[309]이다.

第二釋文中。初犯相門者。如經。自妄語至方便妄語。言方便者。假託餘事。令他異解。

---

309 『범망경보살계본사기』(X38, 284b9)에서 "'방편으로 거짓말을 하면서'라는 것은 비록 입으로 대망어를 설하지 않았더라도 여러 가지 일을 나타내어 나머지 사람들로 하여금 성법聖法(과인법)을 얻은 것으로 알게 하면서 뜻을 (성인의) 명리名利를 얻는 것에 두는 것을 '방편으로 거짓말을 하면서'라고 한다. 율에서 '용이 오고 하늘이 와서 나를 공양했다'라고 한 것 등과 같다."라고 한 것을 참조할 것. 본문의 율은『사분율』권 28(T22, 758a22)에서 "(진실로 그러한 것이 아니면서 '아라한과를 얻었다'라고 하고,) '하늘이 오고 용이 오고 귀신이 와서 나를 공양했다'라고 하면, 이는 비구니도 아니고 석종녀釋種女도 아니다."라고 한 것을 참조할 것.

b. 위범의 자성을 밝힌 문

다음에 위범의 자성을 밝힌 문이라는 것은, 경에서 "거짓말의 인과 거짓말의 연과 거짓말의 법과 거짓말의 업"이라고 한 것과 같다. 이 가운데 제기할 수 있는 의문과 그에 대한 답변은 『대론기大論記』[310]에서 설명한 것과 같다.

次犯性門者。如經。妄語因至妄語業。[1] 此中問答。如大論記。

---
1) ㉲ '業'을 '緣'이라 했다.(갑본·을본·병본)

c. 경계사를 밝힌 문

경계사를 밝힌 문이라는 것은, 경에서 "내지 보지 않은 것을 보았다고 말하고, 본 것을 보지 않았다고 말하며, 몸과 마음으로도 거짓말을 해서야 되겠는가."라고 한 것과 같다. 성문이 오직 (입에 의해 일으키는) 대망어大妄語만을 (중죄로 삼는 것과) 간별하기 위해서 "내지"라고 했다. 혹은 본 것과 들은 것 등의 네 가지 언설[311] 가운데 (본 것에 의해) 나머지 세 가지를 섭수하는 것이기 때문에 그렇게 한 것일 수도 있다.[312]

---
310 『대론기大論記』: 어떤 책을 가리키는 것인지 알 수 없다. 다만 태현 자신의 저술인 『성유식론학기』에서도 자주 기론되고 있는 것으로 보아 그의 저술인 것으로 추정할 수 있을 뿐이다.
311 네 가지 언설: 안식眼識의 작용인 견見, 이식耳識의 작용인 문聞, 비식鼻識·설식舌識·신식身識의 작용인 각覺, 의식意識의 작용인 지知 각각에 있어서 진실되게 말하는 것을 사성어四聖語라고 하는데, '네 가지 언설'이란 사성어에 반대되는 것, 곧 견·문·각·지에 있어서 거짓되게 말하는 것을 가리킨다. 곧 첫째는 본 것을 보지 않았다고 하고 보지 않은 것을 보았다고 하는 것이고, 둘째는 들은 것을 듣지 않았다고 하고 듣지 않은 것을 들었다고 하는 것이며, 셋째는 지각한 것을 지각하지 않았다고 하고 지각하지 않은 것을 지각했다고 하는 것이고, 넷째는 아는 것을 알지 못한다고 하고 알지 못하는 것을 알았다고 하는 것을 말한다.

境界事門者。如經。乃至不見言見至身心妄語。爲簡聲聞。唯大妄語。故言乃至。或見聞等。四言說中。攝餘三故。

"몸으로 거짓말을 하는 것"이라는 것은, 어떤 말도 하지 않고 몸 동작에 의해 거짓말을 이루는 것이다.[313] "마음으로 거짓말을 하는 것"이라는 것은, 말하자면 생각이 전도된 것 등이니, 보지 않은 것을 본 것이라고 생각하면서도, 보지 않았다고 속여서 말하는 것과 같은 것이다. (보지 않았다고 하는 것은 실제로 그가 보지 않았기 때문에) 일어난 일만 생각하면 사실에 칭합하지만, (그 자신은 보았다고 생각하고 있기 때문에) 그 자신이 알고 있는 것을 뒤집은 것이니, 이것을 곧 "마음으로 거짓말을 하는 것"이라 한다. 또한 『문수사리문경』「출세간계품」에서 "거짓말을 하려는 마음을 일으키면 바라이를 범한다."[314]라고 한 것과 같다.

> 身妄語者。無語動身。心妄語者。謂想倒等。如於不見。而起見想。詑言不見。雖稱於事。以覆所知。此卽名爲以心妄語。又如文殊問經。出世間戒品言。若起妄語心。犯波羅夷。

d. 죄를 이루는 것을 맺은 문

죄를 이루는 것을 맺은 문이라는 것은, 경에서 "보살은 항상 바른 말과 바른 견해를 내고, 또한 모든 중생으로 하여금 바른 말과 바른 견해를 내도

---

312 견·문·각·지에 있어서 견을 제외한 나머지, 곧 문·각·지를 포함하는 뜻에서 '내지'라고 했을 수도 있다는 뜻이다.
313 아라한과를 얻은 이는 자리에서 일어나라고 했을 때, 아라한과를 얻지 못했는데도 자리에서 일어남으로써 아라한과를 얻은 것으로 이해하게 만드는 것과 같은 경우를 말한다.
314 『문수사리문경』 권상(T14, 497a20).

록 해야 하거늘, 도리어 모든 중생으로 하여금 삿된 말과 삿된 견해와 삿된 업을 일으키도록 한다면, 이는 보살의 바라이죄이다."라고 한 것과 같다.

보살은 항상 스스로 바른 말을 하고, 또한 다른 사람에게도 권하여 바른 말을 하게 해야 한다. 거짓말과 간별하기 위해 "바른 말"이라고 했고, 뒤집어서 생각하는 것과 간별하기 위해서 "바른 견해"라고 했다. (보살이) 도리어 스스로 거짓말을 할 때 중생이 (이것을) 따라서 말하기 때문에 "삿된 말을 일으키도록 하고"라고 했고, (중생이) 그것을 진실하다고 여기기 때문에 "삿된 견해를 일으키도록 하고"라고 했으며, (중생이) 이러한 마음과 말을 따라서 짓는 것이 있기 때문에 "삿된 업을 일으키도록 한다면"이라고 했다. 만약 많은 유정을 구제하여 고난에서 벗어나게 하기 위해서 생각을 뒤집어서 바르게 알면서도 거짓말을 하면 『유가사지론』에서 "위범하는 것이 없고 많은 공덕을 낳는다."[315]라고 했다. 이와 같은 경우가 아니면 거짓말은 타승처他勝處를 범한다.

結成罪門者。如經。而菩薩至波羅夷罪。菩薩。應常自行正語。亦勸他人。
令生正語。爲簡妄語。故言正語。爲簡覆想。故言正見。而反自起妄語之時。
衆生隨說。故生邪語。他謂爲實。故言邪見。隨此心語。有所作。故言生邪
業。若爲救脫多有情故。覆想正知。而說妄語。瑜伽論云 無所違犯。生多功

---

315 『유가사지론』 권41(T30, 517c11)에서 "또한 보살은 많은 유정을 목숨을 잃는 재난과 꽁꽁 묶여 감옥에 갇히는 재난과 손과 발이 잘리는 재난과 코를 베이고 귀를 잘리며 눈을 도려내는 재난에서 벗어나게 하기 위해 노력한다. 비록 보살들은 자신의 목숨을 잃을 수도 있는 재난에서 벗어나기 위해 올바른 것이 무엇인지를 알면서 거짓말을 하는 일은 하지 않더라도, 그러한 재난에 빠진 유정을 구원하기 위해서라면, 올바른 것이 무엇인지를 알면서도 잘 생각하고, 고의로 거짓말을 한다. 요점만 간략히 말하면, 보살은 오직 유정을 위해 의미와 이익이 있는 것을 보고 행위하는 것일 뿐, 의미와 이익이 없는 것을 행하지는 않는다. 스스로 염오심이 없이 오직 유정을 이익 되게 하기 위해서 생각을 뒤집어서 바르게 알면서도 다른 말을 한다. 이러한 말을 할 때 보살계를 위범하는 일은 없고 많은 공덕을 낳는다."라고 했다.

德。不爾。妄語。犯他勝處。

(E) 고주생죄계 제5(술을 팔아서 죄를 일으키게 하는 일을 하지 마라)

酤酒生罪戒。第五。

경 "불자여, 스스로 술을 팔고 다른 사람으로 하여금 술을 팔게 하며, 술을 파는 인과 술을 파는 연과 술을 파는 법과 술을 파는 업을 지어서야 되겠느냐. 일체의 술을 팔아서는 안 되니, 술은 죄를 일으키는 인연이 되는 것이다. 보살은 모든 중생으로 하여금 이치를 밝히 알고 일을 두루 아는 지혜를 내도록 해야 하거늘 도리어 다시 중생으로 하여금 전도된 마음을 내게 한다면, 이는 보살의 바라이죄이다."

若佛子。自酤酒。敎人酤酒。酤酒因。酤酒緣。酤酒法。酤酒業。一切酒。不得酤。是酒起罪因緣。而菩薩。應生一切衆生。明達之慧。而反更生一切[1] 衆生倒之心者。[2] 是菩薩波羅夷罪。

1) ㉻ '切'가 없다.(갑본) ㉼ 있는 것이 맞다. 『한불전』에서 주석번호를 '一'에 붙였는데, 이는 오류이다. 2) ㉻ '者'가 없다.(갑본)

술 처음에 제정한 뜻이라는 것은 다음과 같다. 술에 탐닉하여 방일하면 나중에 반드시 후회하니, 자신의 바른 생각을 잃고 본심本心에 어긋나기 때문이다. 하지 말아야 할 행위를 하고, 말하지 말아야 할 것을 말하면서 어떤 악도 짓지 않음이 없다. 다른 사람에게 베푸는 것도 하지 말라고 제정했으니, 이것은 불공계不共戒(성문과 함께하지 않는 계)이다.[316] 혹은 (재가

---

316 다른 사람에게 술을 베풀 경우, 대승에서는 중죄에 해당하지만, 소승에서는 경죄에 해당하기 때문에 불공계라고 한 것이다.

신자의) 오계五戒³¹⁷에 상대하기 때문에 지금 다섯 번째로 고주계酤酒戒를
제정한 것일 수도 있다. 나머지는 앞에서 설한 것과 같다.

述曰。初制意者。耽酒放逸。後必有悔。失自正念。違本心故。作不應作。言
不應言。無惡不造。制勿施人。此不共戒。或對五戒。故今第五。制酤酒戒。
餘如前說。

위범이 성립되기 위해 갖추어야 할 조건³¹⁸에서, "욕락"이라는 것은 술
을 다른 사람에게 주어서 이익을 구하려는 마음을 일으키는 것이다. 술이
이미 상대방에게 속하면 곧 "구경"이다. "사事" 가운데 "술은 죄를 일으키
는 인연이 되는 것이다."라고 한 것은, 오직 승가를 파괴하는 것을 제외한
나머지 악을 아울러 일으키는 것을 말한다.³¹⁹

---

317 (재가신자의) 오계 : 첫째는 살생이고, 둘째는 투도偸盜(不與取)이며, 셋째는 사음邪
婬이고, 넷째는 망어妄語이며, 다섯째는 음주飮酒이다.
318 위범이 성립되기 위해 갖추어야 할 조건 : 『유가사지론』 권59((T30, 630a27)에서 "다
시 열 가지 악도惡道의 자성自性에 있어서의 차별을 자세하게 건립하면, 다시 다섯
가지 모양으로 말미암아서 (건립할 수 있으니) 그 다섯 가지는 무엇인가? 첫째는 사
事(대상으로 삼는 것)이고, 둘째는 상상想(생각)이며, 셋째는 욕락欲樂(욕구·의지)이고,
넷째는 번뇌이며, 다섯째는 방편구경方便究竟(방편이 성취되는 것)이다."라고 한 것을
참조할 것.
319 『대방편불보은경大方便佛報恩經』 권6(13, 158a2)에서 "㉮ 우바새계의 오계 중 몇 가
지가 실죄實罪인가, 몇 가지가 차죄遮罪인가? ㉯ 살생·투도·사음·망어 등의 네 가
지는 실죄이고, 음주 한 가지는 차죄이다. 음주는 방일의 근본이 되는 것이니, 이것에
의해 나머지 네 가지 계를 범할 수 있기 때문이다. 가섭불이 출현했을 때, 어느 우바
새가 술을 마셔서 다른 사람의 부인과 음행을 행했고, 다른 사람의 닭을 훔쳐서 죽였
으며, 다른 사람이 그러한 행위를 했는지를 물었더니, 하지 않았다고 답했다. 술에 의
해 어지럽혀져서 동시에 네 가지 계를 파괴했다. 또한 음주에 의해서 오역죄(어머니를
살해하는 것, 아버지를 살해하는 것, 아라한을 살해하는 것, 악한 마음으로 부처님의 몸에
피를 내는 것, 승단을 파괴하는 것) 가운데 앞의 네 가지 역죄를 지을 수 있는데, 오직
승가를 파괴하는 것만은 제외한다."라고 했다.

具緣成犯中。欲樂者。以酒與人求利心也。酒已屬彼。卽爲究竟。事中。言是酒起罪因緣者。唯除破僧。餘惡並起。

(F) 담타과실계 제6(다른 사람의 과실을 말하는 일을 하지 마라)

談他過失戒。第六。

경 "불자여, 입으로 스스로 출가보살이나 재가보살, 비구와 비구니의 죄과를 말하고, 다른 사람으로 하여금 죄과를 말하도록 하며, 죄과를 말하는 인과 죄과를 말하는 연과 죄과를 말하는 법과 죄과를 말하는 업을 지어서야 되겠느냐. 보살은 외도의 악한 사람과 이승의 악한 사람이 불법에 비추어 볼 때 법이 아닌 것과 율이 아닌 것을 말하는 것을 들어도, 항상 자비로운 마음을 내어 이러한 악한 사람들을 교화하여 대승에 대한 착한 믿음을 내도록 해야 하거늘, 보살이 도리어 다시 스스로 불법에 있어서 죄과가 되는 것을 말한다면 보살의 바라이죄이다."

若佛子。口自說出家在家菩薩比丘比丘尼罪過。敎人說罪過。罪過因。罪過緣。罪過法。罪過業。而菩薩。聞外道惡人及二乘惡人。說佛法中非法非律。常生悲心。敎化是惡人輩。令生大乘善信。而菩薩。反更自說佛法中罪過者。是菩薩波羅夷罪。[1]

1) ㉮ '罪'가 없다.(갑본) ㉯ 있는 것이 맞는 것 같다.

Ⓐ 제정한 뜻

술 처음에 제정한 뜻이라는 것은 다음과 같다. 불법의 허물을 말하면, 반드시 다른 사람의 믿음을 무너뜨려서 보살로서 법을 일으켜 중생을 이롭게 할 의무를 잃어버리고 무너뜨리게 된다. 하물며 또 광대한 고통의 과보를 초래할 수 있음에랴. 그러므로 타승처법으로 제정하였다.

> 述曰。初制意者。說佛法過。必壞他信。失壞菩薩興法利生。況復能招廣大苦果。是故制爲他勝處法。

『정법념처경』에서 "혀를 뽑아내는 고통을 받는 지옥에 들어가 (쟁기에 의해) 그 혀가 갈린다."[320] 등이라고 했고, 『대지도론』에서 "승의勝意라는 비구는 계율을 수지하여 청정하게 지냈다. 희근喜根이라는 비구는 계행을 찬탄하지 않고 (단지 제법의 실상을 설하였는데, 그가) 게송을 설하기를, '음욕이 곧 도道라네. 분노와 어리석음도 역시 그러하여 (이 세 가지 일에 한량없는 부처님의 길이 있다네)'라고 하는 것을 듣고, 곧 (그를) 비방하는 말을 일으켜 지옥에 빠져 들어가 고통을 받았다."[321]라고 했으며, 『부사의광보살소설경』에서 "요재饒財라는 보살은 현천賢天이라는 보살의 허물을 말했기 때문에 91겁 동안 항상 음녀의 뱃속에 들어가 태어났고, 태어나서는 버림받아 여우와 이리의 먹이가 되었다."[322]라고 하고, 그 밖의 것도 자세히 설한 것과 같다.

> 如正法念處經云。入拔舌地獄。耕其舌等。大智論云。勝意比丘。持戒淸淨。聞喜根比丘。無戒。說偈。婬欲卽是道。恚癡亦復然。便生誹謗。陷入地獄。又不思議光菩薩經云。饒財菩薩。說賢天菩薩過故。九十一劫。常墮婬女腹

---

[320] 『정법념처경正法念處經』 권9(T17, 48c16)에서 거짓말을 하면 그 과보로 지옥에 들어가 뜨거운 쇠집게로 혀를 빼어내는 고통을 받는다고 했고, 같은 책 권11(T17, 65a25)에서 거짓말을 하면 그 과보로 쟁기로 그 혀를 갈리는 고통을 받는다고 했다.
[321] 『대지도론』 권6(T25, 107b13)의 취의 요약이다. 승의 비구는 문수사리의 전신이고, 희근 비구는 보엄국寶嚴國의 광유일명왕불光踰日明王佛의 전신이라고 했다.
[322] 『부사의광보살소설경不思議光菩薩所說經』(T14, 671c26).

中生。生已棄之。爲狐狼所食。乃至廣說。

Ⓑ 문장을 풀이함

두 번째는 문장을 풀이하는 것이다. 위범의 모양이라는 것은, 경에서 "입으로 스스로 출가보살이나 재가보살, 비구와 비구니의 죄과를 말하고, 다른 사람으로 하여금 죄과를 말하도록 하며"라고 한 것과 같다.

第二釋文。違犯相者。如經。口自說至敎人說罪過。

지금 이 계 가운데 첫 번째 문(위범의 모양을 밝힌 문)에서 (세 번째 문인) 경계사를 밝힌 문을 겸하여 섭수하였다. (곧) 이 가운데 처음의 둘[323]은 보살계를 받은 사람이고, 나중의 둘[324]은 성문이다. 모두 내중內衆이니, 인간과 하늘의 스승이기 때문이다.

今此戒中。初門。兼攝境界事門。此中。初二受菩薩戒。後二聲聞。俱是內衆。人天師故。

문 만약 진실로 위범한 것이 있다면 허물을 말한들 무슨 과실이 있겠는가?

답 (허물을 범했다고 해도) 여전히 복전福田이 될 수 있는 뜻이 있기 때문이다. 『보살영락본업경』에서 "계를 받아 지니고 위범하는 이는 계를 받지 않아서 위범하는 일도 없는 이보다 뛰어나다. 위범함이 있는 이

---

323 처음의 둘 : 출가보살과 재가보살을 가리키는 말이다.
324 나중의 둘 : 비구와 비구니를 가리키는 말이다.

를 보살이라 하고, 위범함이 없는 이를 외도라고 한다."³²⁵라고 했고, 또한 『대방광십륜경』에서 "첨복화瞻蔔華³²⁶는 비록 시들어도 오히려 다른 어떤 꽃보다 뛰어난 것처럼, 파계한 어떤 비구도 오히려 모든 외도보다 뛰어나다."³²⁷라고 했으며, (『대방등대집경』에서) "출가인의 허물을 말할 경우, (계를 이미 받았는데) 그 계를 파괴한 사람이든 계를 수지한 사람이든, (이미) 계를 받은 사람이든 (아직) 계를 받지 못한 사람이든, 허물이 있는 사람이든 허물이 없는 사람이든, (그들의 허물을) 말하는 것은, (그 죄가) 만억 부처님의 몸에 피를 내는 것보다 더하다."³²⁸라고 한 것과 같다.

若實有犯。說過何失。猶有堪作福田義故。如本業經云。有而犯者。勝無不犯。有犯名菩薩。無犯名外道。又十輪云。占匐花¹⁾雖萎。猶勝²⁾諸餘花。破戒諸比丘。猶勝諸外道。說出家人過。若破戒。若持戒。若有戒。若無戒。若有過。若無過。說者。過出萬億佛身血。

---

325 『보살영락본업경』 권하(T24, 1021b15).
326 첨복화瞻蔔華 : 첨복수瞻蔔樹에서 피는 꽃. '첨복'은 ⑤ campaka의 음사어이다. 금색화金色華·황색화黃色華 등으로 의역한다. 황금과 같은 색깔을 지녔고 향기가 매우 뛰어나며 멀리까지 퍼진다.
327 『대방광십륜경大方廣十輪經』 권3(T13, 694b24).
328 『대방등대집경』 권54(T13, 359b3)에서 "상좌 아야교진여가 부처님께 말씀드렸다. '세속인으로서 계를 지닌 이와, 머리를 깎고 가사는 입었지만 아직 계를 받지 못한 이와, 계를 받았지만 위범한 사람을 괴롭히면 그 죄가 어떠합니까?' 부처님께서 답변하지 않으려고 하시자, 대범천왕이 말씀해 주실 것을 요청하였다. 부처님께서 말씀하셨다. '만억 부처님의 몸에 피를 흘리게 하면 그 죄는 어떠한가?' 대범천왕이 답했다. '한 부처님의 몸에 피를 내도 그 죄가 한량없는데 하물며 만억 부처님에 있어서는 그 죄를 헤아릴 수 없습니다.' 부처님께서 말씀하셨다. '출가인 중 아직 계를 받지 못했거나 계를 받았으나 위범한 이를 괴롭히면 그 죄는 만억 부처님의 몸에 피를 낸 것보다 더 많다. 왜냐하면 출가인은 모든 하늘과 사람을 위해 열반의 길을 보여 주기 때문이다. 하물며 계를 원만히 수지하는 사람에 있어서랴. 세속인은 출가인이 잘못을 범하면 법대로 추방할 뿐이지 욕하거나 때려서는 안 된다.'"라고 했다.

1) ㉑『대방광십륜경』에 따르면 '占匐花'는 '瞻蔔華'이다. 2) ㉑『대방광십륜경』에 따르면 '猶勝'은 '勝於'이다.

해석하여 말한다. (부처님의 몸에) 피를 내어도 도를 장애할 수는 없지만, 승단의 구성원의 죄를 말할 때 많은 사람의 믿음을 무너뜨리고 그들로 하여금 번뇌를 발생하게 하여 성도聖道를 장애하기 때문이다. 그러므로 보살은 그 덕을 찾는 것을 좋아하고 과실을 찾는 것을 좋아하지 않는다. 과실을 찾아내려고 하면, 인각성사麟角聖士³²⁹라고 할지라도 취할 만한 허물이 있고,³³⁰ 덕을 찾아내려고 하면, 선을 끊어 버린 이의 몸에도 채록할 만한 덕이 있는 것이다.³³¹ 『열반경』에서 "그 중생에게 찬탄할 만한 어떤 선도 없으면 불성을 지녔음을 생각하고 찬탄한다."³³²라고 한 것과 같다. 세간에서, 어떤 범부도 과실이 없는 이는 있지 않으니, 다른 사람의

---

329 인각성사麟角聖士 : 독각獨覺(다른 이의 가르침에 의지하지 않고 스스로 깨달음을 얻는 부류의 사람을 일컫는 말)을 두 가지로 나눈 것 중 하나. 곧 인각유독각麟角喩獨覺을 가리킨다. '인각'이란 기린의 뿔인데, 기린의 뿔이 서로 만나지 못하는 것처럼, 홀로 머물면서 깨달음을 증득하기 때문에 이렇게 부른다. 나머지 한 가지는 부행독각部行獨覺인데, 다른 것에 의지하지 않고 홀로 깨달음을 얻기는 하지만, 여러 사람이 한 곳에 함께 모여 수행하기 때문에 이렇게 부른다.
330 『구사론기俱舍論記』 권29(T41, 435a17)에서 "인각유독각에게도 취할 만한 과실이 있으니, 이전에 지은 죄업의 과보에 의해 모습이 검고 병색이 완연한 것 등을 현재 볼 수 있기 때문이다.(以於麟喻獨覺。有失可取。先罪業果。貌黑疲等。現可見故。)"라고 한 것을 참조할 것.
331 『구사론기』 권29(T41, 435a15)에서 "선근을 끊은 사람에게도 채록할 만한 덕이 있으니, 이전에 지은 복업의 과보에 의해 모습이 단정한 것 등을 현재 볼 수 있기 때문이다.(以於斷善者。有德可錄。先福業果。貌端正等。現可見故。)"라고 한 것을 참조할 것.
332 36권본『열반경』 권26(T12, 517c29)에서 "보살은 비록 중생이 짓는 온갖 악과 허물을 보아도 끝내 말하지 않는다. 무엇 때문인가. 번뇌가 일어나는 것을 염려하기 때문이다. 번뇌가 일어나면 악취에 떨어진다. 이와 같이 보살은 중생에게 사소하게라도 착한 일이 있는 것을 보면 찬탄하니, 무엇을 착한 것이라 하는가. 이른바 불성이니, 불성을 찬탄하기 때문에 모든 중생으로 하여금 아뇩다라삼먁삼보리심을 내게 한다.(菩薩摩訶薩。雖見衆生諸惡過色。終不說之。何以故。恐生煩惱。若生煩惱。則墮惡趣。如是菩薩。若見衆生有少善事。則讚歎之。云何爲善。所謂佛性。讚佛性故。令諸衆生。發阿耨多羅三藐三菩提心。)"라고 한 것을 취의 요약한 것이다.

단점을 말하면 (바로 그) 단점이 바로 자신에게도 존재한다. 『대방등대집경』에서 신발의보살新發意菩薩[333]의 열여섯 가지 행을 설하는 가운데 "자기의 덕을 말하여 교만함을 일으키는 일을 하지 않고, 다른 사람의 과실을 말하여 혐오하는 마음을 일으키는 일을 하지 않는다."[334]라고 했고, 『제법무행경』에서 게송으로 말하기를, "파계한 사람을 보면 그 허물을 말하지 말고, 그 사람도 오랜 세월이 흐르면 또한 불도를 증득할 것이라고 생각하라."[335]라고 한 것과 같다.

解云。出血不能障道。說僧過時。壞多人信。生彼煩惱。障聖道故。是故菩薩。樂求彼德。不樂求失。求失之者。麟角聖士。[1] 有失可取。求德之者。斷善者身。有德可錄。如涅槃云。若彼衆生。無善可讚。當念佛性。而讚歎之。世間無有凡而無失。談人之短。短在己身。如大集經。新發意[2]菩薩十六行中云。不說己德而起高心 不說他失而起嫌心。諸法無行經。頌云。若見破戒人。[3] 不說其過惡。應當念彼人。久久[4]亦得道。

1) ㉮ '士'를 '上'이라 했다.(갑본·을본·병본) 2) ㉮ '意'가 없다.(갑본·을본·병본) ㉯ 있는 것이 맞는 것 같다. 3) ㉯ 『제법무행경』에 따르면 '破戒人'은 '著五欲'이다. 다만 법장의 『화엄경탐현기』 권6(T35, 233c18) 및 『범망경보살계본소』 권3(T40, 627b6)에서도 동일한 경의 동일한 문장을 인용하면서 '破戒人'이라고 했기 때문에 판본의 차이로 볼 수도 있다. 따라서 전자에 의해 해석했다. 4) ㉯ 『제법무행경』에 따르면 '久'는 '後'이다. 다만 『화엄경탐현기』 권6(T35, 233c19)에서는 '久'라고 했기 때문에 판본의 차이로 볼 수도 있다.

---

333 신발의보살新發意菩薩 : '신발의'는 초발심初發心·초발의初發意 등이라고도 한다. 처음으로 보리심을 발한 보살이라는 뜻. 보살수행 52계위 중 제1~제10, 곧 10신의 지위에 해당하는 보살을 가리킨다.
334 『대방등대집경』 권34(T13, 237a25)에서 "이와 같은 비구는 다른 사람의 단점을 지칭하지 않고 자신의 장점을 말하지 않으며, 겸손하게 자신을 낮추며 교만하게 뽐내지 않는다.(如是比丘。不稱他短。不說己長。謙下卑遜。不自憍高。"라고 한 것과 내용이 맥락적으로 동일하다.
335 『제법무행경諸法無行經』 권상(T15, 752a3).

죄를 이루는 것을 맺은 문이라는 것은, 경에서 "보살은 외도의 악한 사람과 이승의 악한 사람이 불법에 비추어 볼 때 법이 아닌 것과 율이 아닌 것을 말하는 것을 들어도, 항상 자비로운 마음을 내어 이러한 악한 사람들을 교화하여 대승에 대한 착한 믿음을 내도록 해야 하거늘, 보살이 도리어 다시 스스로 불법에 있어서 죄과가 되는 것을 말한다면 보살의 바라이죄이다."라고 한 것과 같다. "항상 자비로운 마음을 내어"라는 것은, 『유가사지론』「보살지」에서 "악한 사람을 연민하는 것이 바른 행위를 한 사람을 연민하는 것보다 뛰어나다."[336]라고 했고, 같은 책에서 또 "계를 위범한 이를 미워하여 이익이 되지 않는 일을 행하면 이것을 보살의 모양만 비슷할 뿐 (진실하지는 않은) 공덕이라고 한다."[337]라고 한 것과 같다. 그러므로 자비로운 마음을 내어 악한 사람들을 교화해야 한다.

結成罪者。如經。而菩薩至波羅夷罪。言常生悲心者。如菩薩地云。憐愍惡人。勝於正行。又云。若憎犯戒。行不饒益。是名菩薩相似功德。故說。悲心敎化惡輩。

문 뒤의 경계輕戒에서 "칠역죄와 10중계를 범했다고 말해서야 되겠느

---

336 똑같은 문장은 찾을 수 없다. 다만 『유가사지론』 권41(T30, 517a1)에서 "모든 보살은 청정하게 계를 수지하고, 신업·어업·의업이 적정寂靜하게 현행하는 모든 유정을 대상으로 일어난 연민하는 마음으로 이익을 짓고자 하는 것만 아니라, 포악하여 계를 범하는 유정이 모든 고통의 과보의 원인이 되는 행위를 현재 굴리고 있는 것과 같은 경우에도 동일하게 행해야 하기 때문이다."라고 한 것과, 같은 책 권41(T30, 517b17)에서 "보살이 유정을 포악하게 다루는 관리를 보면 그의 죄업을 덜기 위해 그 지위를 박탈하는 것, 도둑을 보면 그의 죄업을 덜기 위해 빼앗은 물건을 다시 빼앗아 주인에게 되돌려 주는 것, 원림주園林主가 승가의 소유물을 마음대로 사용하는 것을 보면 그의 죄업을 덜어 주기 위해 그 주인의 지위를 폐하는 것 등은 위범함이 없고, 오히려 많은 공덕을 낳는다."라고 한 것과 그 취지가 일치하는 것 같다.
337 『유가사지론』 권46(T30, 546c6)에서 보살의 다섯 가지 모양만 비슷한 공덕(진실한 공덕이 아닌 것)을 제시한 것 가운데 첫 번째에 해당하는 것을 참조할 것.

냐."³³⁸라고 했다. (동일한 죄인데) 어째서 여기에서는 중계라고 했고, 그 곳에서는 경계라고 한 것인가.

답 그곳에서는 같은 법을 배우는 사람을 향하여 말한 것이기 때문에 허물이 경죄에 해당하고, 여기에서는 다른 도를 추구하는 사람을 향하여 말했기 때문에 허물이 중죄에 해당하는 것이다.³³⁹ 어떤 사람은 말하기를, "그곳에서는 근거가 없는 것에 의거하여 말한 것이니, (이러할 경우 그러한 사실이 밝혀지면) 죄과罪過를 받게 할 수 없으므로 (경죄로 제정한 것이고,) 여기에서는 근거가 있는 것에 의거하여 말한 것이니, (이러할 경우 사실이 밝혀지면) 위범이 성립되기 때문에 중죄로 제정한 것이다."³⁴⁰라고 했다.³⁴¹

問。下輕戒云。說七逆十重。如何。此重彼爲輕耶。答。彼向同法說故罪輕。此向異道說故過重。或說。彼¹⁾無事。不能被罪過。此說有實犯故。制爲重罪。

1) ㉠『보살계본소』에 따르면 '彼' 뒤에 '說'이 누락되었다.

(G) 자찬훼타계 제7(자신을 찬탄하고 다른 사람을 비방하는 일을 하지 마라)

自讚毀他戒。第七。

---

338 48경계 중 열세 번째인 무근방훼계를 가리킨다.
339 실제로 위범한 것인지 실제로 위범하지 않은 것인지를 따지지 않고, 다른 도를 추구하는 사람을 향해서 말했으면 중죄이고, 같은 법을 따르는 사람을 향해서 말했으면 경죄라는 말이다.
340 같은 법을 따르는 사람인지 다른 도를 추구하는 사람인지를 따지지 않고 실제로 위범한 것을 말했으면 중죄이고, 실제로 위범하지 않은 것을 말했으면 경죄라는 말이다.
341 문답 부분은 의적이 『보살계본소』 권상(T40, 666b29)에서 제시한 것과 내용이 동일하다.

경 "불자여, 입으로 스스로를 찬탄하고 다른 사람을 비방하며, 또한 다른 사람으로 하여금 스스로를 찬탄하고 다른 사람을 비방하게 하며, 다른 사람을 비방하는 인과 다른 사람을 비방하는 업과 다른 사람을 비방하는 법과 다른 사람을 비방하는 연을 지어서야 되겠느냐. 보살은 모든 중생을 대신하여 헐뜯음과 욕됨을 받아 나쁜 일은 자신에게 돌리고 좋은 일은 다른 사람에게 주어야 하거늘, 스스로 자기의 덕을 드러내고 다른 사람의 좋은 일을 숨기며 다른 사람으로 하여금 헐뜯음을 당하도록 한다면, 이는 보살의 바라이 죄이다."

若佛子。口自讚毀他。亦教人自讚毀他。毀他因。毀他緣。毀他法。毀他業。[1)]
而菩薩。應代一切衆生。受加毀辱。惡事自向己。好事與他人。若自揚己德。
隱他人好事。令他人受毀者。是菩薩波羅夷罪。

1) ㉠ 뒤의 태현의 주석과 10중계 중 세 번째 계를 참조할 때 '毀他緣毀他法毀他業'은 '毀他業毀他法毀他緣'인 것 같다.

Ⓐ 제정한 뜻

술 처음에 제정한 뜻이라는 것은 다음과 같다. 또한 공구孔丘(孔子)가 말하기를, "나에게 한마디 말씀이 있어서 종신토록 행할 만한 것이니, '자신이 하고자 하지 않는 일을 다른 사람에게 베풀지 말라'라는 것이다."[342] 라고 했으니, 이 계도 또한 그러하다. 비록 자신을 찬탄하고 남을 비방하는 것을 말했지만, 뜻은 모든 것에 통한다. 보살은 유정을 두루 이익 되게 하기 위하여 바로 위없는 보리를 얻으려는 큰 서원을 발하고 생사의 길에

---

342 공자의 말씀을 모은 책인 『논어』에서 "자공子貢이 물었다. '한마디 말씀으로 종신토록 행할 만한 것이 있습니까?' 공자가 말했다. '그것은 서恕이니, 자신이 하고자 하지 않는 것을 다른 사람에게 베풀지 말라.'"라고 한 것을 취의 요약한 것이다.

머물며 한량없는 고통을 받아들일 것을 맹세해야 하거늘, 도리어 다른 사람이 싫어하는 일을 베푸는 것은 대승을 잃어버리고 무너뜨리는 것이다. 그러므로 치우치게 근본중죄로 제정하였다.

述曰。初制意者。且孔丘云。吾有一言。可以終身行之。己所不欲。勿施於人。此戒亦爾。雖言讚毀。義通一切。菩薩。普爲饒益有情。正發無上菩提大願。誓處生死。受無量苦。反施惡他。失壞大乘。所以偏制爲根本重。

ⓑ 문장을 풀이함

a. 위범의 모양을 밝힌 문

두 번째로 문장을 풀이하는 것 가운데 위범의 모양이라는 것은, 경에서 "입으로 스스로를 찬탄하고 다른 사람을 비방하며"라고 한 것과 같다. 반드시 찬탄함과 비방함이 있어야 비로소 중죄를 범하기 때문이다. 별도로 찬탄하고 별도로 비방하면 별도로 두 가지 경죄를 얻으니, 별도의 시간에 별도로 4전을 취하는 것[343]과 같다. 나머지 네 가지의 구절 등은 『보살계본종요』에서 기술한 것[344]과 같다.

---

343 겁도인물계는 5전 이상의 가치를 지닌 것을 훔쳤을 때 중죄가 성립되는데, 별도의 시간에 각각 4전을 훔쳤으면, 그때마다 경죄를 짓는 것일 뿐이고, 합산하여 중죄가 되는 것은 아니라는 말이다.

344 태현의 『보살계본종요』(T45, 917c6)에서 "말하자면 네 가지의 구절이 있다. (첫째는) 혹은 자신을 찬탄하고 남을 비방함이 죄가 되는 경우와 자신을 비방하고 남을 찬탄함이 복이 되는 경우가 있으니, 차례대로 상대방의 편에서 (그에게) 손해를 끼치는 것이기 때문이고, 이익을 주기 위해서 그렇게 한 것이기 때문이다. (둘째는) 혹은 자신을 찬탄하고 남을 비방함이 복이 되는 경우와 자신을 비방하고 남을 찬탄함이 죄가 되는 경우가 있으니, (차례대로 상대방의) 삿됨을 꺾는 것 등을 위해서 그렇게 한 것이기 때문이고, (상대방에게) 아첨하여 (자신의) 이익을 이끌어내기 위해 그렇게 한 것

第二釋文中。違犯相者。如經。口自讚毀他。必有讚毀。方重罪故。別讚別毀。別得兩輕。猶如別時。別取四錢。餘四句等。如宗要記。

b. 위범의 자성을 밝힌 문

위범의 자성이라는 것은, 경에서 "다른 사람을 비방하는 인과 다른 사람을 비방하는 업과 다른 사람을 비방하는 법과 다른 사람을 비방하는 연"이라고 한 것과 같기 때문이다. 앞의 것(제6 담타과실계)과 이것(제7 자찬훼타계)은 모양에 따라서 이간어離間語・추어麤語・기어綺語에 섭수된다. 이러한즉 상응하는 것에 따라 구경究竟에 이른다. (담타과실계와 자찬훼타계는) 거짓말을 하는 것에도 비록 통하기는 하지만 앞에서 이미 제정했기 때문에 (섭수하지 않은 것을) 알아야 한다.[345]

이기 때문이다. (셋째는) 혹은 자신을 찬탄하고 남을 비방함이 복이 되기도 하고 죄가 되기도 하는 경우와 자신을 비방하고 남을 찬탄함이 복이 되기도 하고 죄가 되기도 하는 경우가 있다. 말하자면 천박하고 협소한 것에 수순하여 심원하고 광대한 것에 어긋나는 것 등이다. (넷째는) 혹은 자신을 찬탄하고 남을 비방함과 자신을 비방하고 남을 찬탄함이 죄도 아니고 복도 아닌 경우가 있다. 말하자면 그 마음이 강렬하게 광란한 상태인 경우이거나, 혹은 무거운 고통에 의해 핍박받는 상태이거나, 혹은 아직 계를 받지 않은 이가 무기심無記心에 의해 지은 것일 경우이다.(謂有四句。或有讚毀罪。毀讚福。如次。他邊。損害故。饒益故。或有讚毀福。毀讚罪。摧邪等故。侫引利故。或有讚毀亦福亦罪。毀讚亦爾。謂順淺小。違深廣等。或有讚毀毀讚非罪非福。謂如彼心增上犯狂亂。或重苦逼。或未受戒。無記所作。)"라고 한 것을 말한다. 세 번째는 좀 모호한 부분이 있는데, 『보살계본종요찬주菩薩戒本宗要纂註』에서 "'천박하고 협소한 것'은 소승의 행이고, '심원하고 광대한 것'은 대승의 행이다. 이승법에서는 일에 있어서 거짓이 없는 것을 중시하니, 일어난 것과 같이 찬탄하고 비방하면 거짓이 아니기 때문에 위범함이 없다. 그러므로 이러한 측면에서 복이라고 한다. 보살승에서는 본의가 법을 일으키고 다른 사람을 이롭게 하는 뛰어난 이익을 주려는 것에 있을 경우, 바로 자신의 바름을 드러내고 다른 사람의 삿됨을 물리치는 것에 어찌 두려워할 것이 있겠는가. 그러나 명예와 이익에 있어서 자신에게 손상이 있을 것을 두려워하여 자신을 비방하고 타인을 찬탄한다면, 이는 자신만을 제도하는 소승의 행에 수순하는 것이기 때문에 복이기는 하지만, 중생을 널리 구제하려는 뜻을 중시하는 대승의 행에는 어긋나기 때문에 죄가 된다."라고 풀이했다.

違犯性者。如經。毀他因至毀他緣故。次前及此。隨相。離間麤綺語攝。是卽隨應究竟。應知。妄語雖通。前已制故。

c. 경계사를 밝힌 문

세 번째로 경계사를 밝힌 문에 (해당하는 글은) 생략하여 없다. 그런데 『유가사지론』에서 "이양과 공경을 탐내어 구하고자 하여 자신을 찬탄하고 남을 비방하면 이를 첫 번째 타승처법他勝處法이라 한다."³⁴⁶라고 했다. 이러한즉 다분히 탐욕에 의해 구경에 이른다. 만약 (탐욕을) 얻지 못하면 단지 질투심으로 말미암아 분노에 의해 구경에 이른다.

略無第三境界事門。然瑜伽云。爲欲貪求利養恭敬。自讚毀他。是名第一他勝處法。是卽多分以貪究竟。若無所得。但由嫉妬。以瞋究竟。

d. 죄를 이루는 것을 맺은 문

네 번째 문이라는 것은, 경에서 "보살은 모든 중생을 대신하여 헐뜯음

---

345 법장은 『범망경보살계본소』 권1(T40, 608c14)에서 "또한 네 번째 계인 거짓말을 하는 것과 여섯 번째 계인 다른 사람의 허물을 말하는 것과 일곱 번째 계인 자신을 찬탄하고 남을 비방하는 것과 열 번째 계인 삼보를 비방하는 것, 이 네 가지는 어업語業에 의해 위범하는 것이니, 곧 말에 있어서의 네 가지 과실이다. 첫째는 거짓말이다. 둘째는 이간어이니, 허물을 말하여 멀어지게 하기 때문이다. 셋째는 기어이니, 자신을 찬탄하고 남은 비방하는 것은 어떤 의미나 이익도 없기 때문이다. 넷째는 악구惡口이니, 추악한 말로 비방하고 욕되게 하기 때문이다."라고 하여 네 번째 계는 거짓말, 여섯 번째 계는 이간어, 일곱 번째 계는 기어, 열 번째 계는 악구라고 했다. 태현은 여섯 번째 계와 일곱 번째 계가 상황에 따라서 거짓말·이간어·기어·추어의 네 가지 과실을 모두 범할 수 있는 것으로 파악한 것으로 보인다.
346 『유가사지론』 권40(T30, 515b22).

과 욕됨을 받아 나쁜 일은 자신에게 돌리고 좋은 일은 다른 사람에게 주어야 하거늘, 스스로 자기의 덕을 드러내고 다른 사람의 좋은 일을 숨기며 다른 사람으로 하여금 헐뜯음을 당하도록 한다면, 이는 보살의 바라이 죄이다."라고 한 것과 같다. 보살의 본원은 다른 사람을 이롭게 하는 것에 마음을 기울이는 것인데, 좋은 것은 자신의 것으로 끌어들이고 악한 것은 남에게 미루면, 대승의 정신을 잃고 무너뜨리는 것이다. 어떤 사람이 도리에 벗어나게 보살을 비방할 때, 어떻게 하는 것이, 악한 것은 자신의 것으로 끌어들이고 좋은 일은 남에게 회향하는 것이겠는가. '그가 이 일을 행함으로써 나의 계는 견고해졌다. (나의 몸이 있음으로 말미암아 비방이 이루어졌으니) 내가 참지 못한다면 악은 바로 나에게 있는 것이다'라고 생각하는 것이다.[347]

第四門者。如經。而菩薩至波羅夷罪。菩薩本願。利他爲心。引好推惡。失壞大乘。若人無道。毀菩薩時。如何引惡。好事向他。謂作是念。彼行此事。堅固我戒。我若不忍。惡在己身。

---

[347] 의적의 『보살계본소』 권상(T40, 667a26)에서 "앞에 있는 사람이 도리에 어긋나게 보살을 비방할 때 보살은 생각하기를, '과녁이 있으면 화살이 과녁을 맞추겠지만 과녁이 없으면 과녁을 맞추는 일도 없다. 나의 몸이 있음으로 말미암아 중생으로 하여금 나쁜 일을 일으키게 하였으니, 나의 몸이 없었다면 말미암아 일어날 것도 없었을 것이다. 나쁜 일이 일어난 것은 나로 말미암은 것이니 나쁜 것은 나에게 있다'라고 한다. 이러한즉 '나쁜 일은 자신에게 돌리는 것'이 성립된다. 또한 생각하기를, '앞에 있는 사람이 나를 비방함으로 말미암아 계를 닦아서 (나쁜 일을) 방지할 수 있게 되었으니, 앞에 있는 사람이 없었다면 나의 선이 무엇을 인연으로 하여 생겨날 수 있겠는가. 선을 낳는 것은 그로 말미암은 것이니 선은 그에게 있다'라고 한다. 이러한즉 '좋은 일은 다른 사람에게 주는 것'이 성립된다."라고 한 것을 참조할 것.

(H) 간생훼욕계 제8(재물과 법을 아까워하고 헐뜯고 욕하는 일을 하지 마라)

慳生毀辱戒。第八。

경 "불자여, 스스로 인색하고 다른 사람으로 하여금 인색하게 하며, 인색함의 인과 인색함의 연과 인색함의 법과 인색함의 업을 지어서야 되겠느냐. 보살은 모든 가난한 사람들이 와서 구걸하는 것을 보면 자신의 앞에 선 사람이 필요로 하는 모든 것을 공급해 주어야 하거늘, 보살이 악한 마음과 분노하는 마음으로 돈 한 푼이나 바늘 한 개나 풀 한 포기에 이르기까지도 베풀지 않고, 법을 구하는 이가 있는데, 하나의 구절, 한 수의 게송, 하나의 미진微塵만큼의 법도 설해 주지 않으며, 도리어 다시 꾸짖고 모욕을 준다면, 이는 보살의 바라이죄이다."

若佛子。自慳。教人慳。慳因。慳緣。慳法。慳業。而菩薩。見一切貧窮人來乞者。隨前人所須。一切給與。而菩薩。以惡心瞋心。乃至不施一錢一鍼[1] 一草。有求法者。不爲說一句一偈一微塵許法。而反更罵辱者。是菩薩波羅夷罪。

1) ㉮ '鍼'을 '針'이라 했다.(갑본) ㉡ 뜻은 같다.

Ⓐ 제정한 뜻

술 처음에 제정한 뜻이라는 것은 다음과 같다. 보살의 본원本願은 유정계를 위해 생사윤회하는 몸에 머무는 것이다. 이미 (자신의 것인) 보살의 몸도 중생에게 속하는 것이거늘, 하물며 재물과 같이 자신의 소유가 아닌 것임에랴. 그러므로 인색함은 보시의 덕을 이루는 것에 장애가 되고, 온갖 행을 파괴함이 심하며, 의지意地(意識)에 깊이 머물러 널리 육도六度(육바라밀)의 행을 훼손한다. 그러므로 치우치게 근본중죄로 제정했다. 광대한 보시를 위해 많은 물건을 비축할 것을 추구하는 것은 보살이 해야 할 것이니, 이러한 의미에서의 탐욕은 (대비의 뜻에 수순하여) 심하게 어긋나는 것은 아니기 때문에 경죄가 된다.

述曰。初制意者。菩薩本願。爲有情界。留生死身。旣菩薩身。屬於衆生。況乎財物非自所有。故慳施障。破萬行甚。深居意地。廣毀六度。是故偏制爲根本重。多求廣施。菩薩所宜。貪不深違。故爲輕罪。

ⓑ 문장을 풀이함

문장을 풀이하는 것 가운데, "보살은 모든 가난한 사람들이 와서 구걸하는 것을 보면"이라고 한 것은, 『유가사지론』「보살지」에서 "(후세에) 뛰어난 이익을 얻을 수 있는 것이 있어 와서 구하는 이를 보면 바야흐로 베풀어 주어야 하니, 재물로써 섭수하여 쉽게 교화하여 이끌고자 하기 때문이다. 만약 (그에게) 이익 되지 않는다면 설령 (현세의) 안락함이 있다고 하더라도 베풀어 주지 말아야 한다. 무엇 때문인가. 그에게 베풀었을 때는 비록 잠시 그로 하여금 보살의 처소에서 마음에 기쁨을 일으키겠지만, 다시 그로 하여금 널리 온갖 종류의 이익이 되지 않는 일을 짓도록 하기 때문이다. 말하자면 베풀어 준 것을 원인으로 하여 그로 하여금 교만함과 방일함과 악행을 많이 행하여 몸이 무너진 이후에 악취에 떨어지게 하기 때문이다."[348]라고 했다.

---

[348] 『유가사지론』 권39(T30, 505c3)에서 "보살들은 온갖 내외의 보시할 물건이 그 중생에게 오직 안락함을 주고 이익은 되지 않거나, 혹은 또 그에게 안락함을 주지 않고 이익도 되지 않는 것을 알면, 바로 베풀어 주지 않는다. 온갖 내외의 보시할 물건이 그 중생에게 결정코 이익이 되지만 결정코 안락함을 주지 않거나, 혹은 그에게 결정코 이

釋文中。言菩薩見一切貧窮人來乞者。菩薩地云。見有勝利而來乞者。方應施與。欲以財攝。易化導故。若無利益。設有安樂。不應施與。何以故。若施彼時。雖暫令彼於菩薩所。心生歡喜。而後¹⁾令彼廣作種種不饒益事。謂因施故。令彼多行憍逸惡行。身壞已後。墮惡趣故。

1) ⓔ『유가사지론』에 따르면 '後'는 '復'이다.

이 가운데 여러 가지 구절은 (『유가사지론』「보살지」) 권75에서 설한 것[349]과 같다.

此中諸句。如七十五。

간략하게 게송으로 섭수하여 말한다.

略攝頌曰。

익이 되고 안락함을 주는 것을 알면 곧바로 베풀어 준다.(諸菩薩。若知種種內外施物。於彼衆生。唯令安樂不作利益。或復於彼不作安樂不作利益。便不施與。若知種種內外施物。於彼衆生定作利益不定安樂。或復於彼定作利益定作安樂。即便施與。)"라고 한 것과, 『유가사지론』 권39(T30, 506a11)에서 "또한 보살들은 어떤 중생이 와서 온갖 것을 구할 경우, 희락으로 이끌고 의미 없음으로 이끌면 보시해야 할 물건을 베풀어 주지 않는다. 무엇 때문인가. 그에게 보시했을 때 비록 잠시 그로 하여금 보살의 처소에서 마음에 기쁨을 일으키게는 하겠지만, 다시 그로 하여금 온갖 이익이 되지 않는 일을 널리 짓게 할 것이기 때문이다. 말하자면 보시를 원인으로 하여 그로 하여금 교만함과 방일함과 악행을 많이 짓게 하여 몸이 소멸한 후에 악취에 떨어지게 하는 것이다.(又諸菩薩。若有衆生。來求種種。能引戱樂。能引無義。所施之物。不應施與。何以故。若施彼時。雖暫令彼於菩薩所。心生歡喜。而復令彼廣作種種不饒益事。謂因施故。令彼多行憍逸惡行。身壞已後。墮諸惡趣。)"라고 한 것을 취의 요약한 것으로 보인다.

349 『유가사지론』 권75(T30, 711b3)에서 "자신(自)·다른 사람(他)·재물의 쇠락(財衰)·재물의 성대함(財盛)·법의 쇠락(法衰)·법의 성대함(法盛)" 등의 육처(六處)에 대해 설한 것을 가리키는 것 같다.

설령 다른 사람이 재물과 법의 이익을 얻는 일이 있더라도
자신의 법을 쇠락하게 해서는 안 되네.
자신은 단지 재물만 쇠락할 뿐이라면
다른 사람이 재물과 법을 성대하게 이루도록 해야 하네.

設他財法利。不應自法衰。若自但衰物。他財法盛爲。

"자신의 앞에 선 사람이 필요로 하는 모든 것을 공급해 주어야 하거늘"이라는 것은 (『유가사지론』「보살지」) 권74에서 (구청정垢淸淨의 열 가지 모양을 설하는 가운데 여섯 번째와 관련하여) "가난한 사람일 경우는 자신의 복종僕從(부리는 사람)의 처소에, 어느 정도의 재물이 있는 사람일 경우는 곧 그(복종) 처소와 가난으로 고통받는 사람의 처소에, 많은 재물이 있는 사람일 경우는 그(복종·가난으로 고통받는 사람) 처소와 또한 여타의 와서 구하는 이의 처소에 그렇게 하는 것을 말한다."[350]라고 했으니, 각각 잘 분배하여 베풀어서 보시를 행하는 것이다. 지금 이 경의 글은 또한 (『유가사지론』에서 구청정의 열 가지 모양을 밝힌 것 가운데) 세 번째에 견줄 수 있다.[351] 용수龍樹가 "보살은 몸과 마음을 약이 되는 나무처럼 다스려야 한다. (약이 되는 나무는) 모든 중생이 비록 (자신의 필요에 따라) 뿌리와 줄기와 가지와 잎을 취하여 (병이 낫는다고 해도) 자신으로부

---

[350] 『유가사지론』권74(T30, 710b12)에서 구청정의 열 가지 모양을 설하는 가운데, "여섯째는 잘 분배하여 베풀어서 혜시惠施를 행하는 것이니, 이렇게 하면 곧 도리에 맞지 않는 구垢를 멀리 여읜다."라고 하고, 이어서 그 구체적 사례를 제시하면서 서술한 글이다.
[351] 10중계 중 여덟 번째 계의 본문에서 "분노하는 마음으로"라고 한 것을 참조할 때, 『유가사지론』권74(T30, 710b9)에서 구청정의 열 가지 상을 설하면서 "셋째는 진구瞋垢를 멀리 여의어서 혜시惠施를 행하는 것이니, 구하는 이에게 그렇게 하는 것을 말한다."라고 한 것을 가리키는 것 같다.

터 이익을 얻었다고 분별하지 않는다."³⁵² 라고 한 것과 같다.

言隨前人所須一切給與者。七十四云。若¹⁾貧乏者。於自僕從。若中財者。卽於彼所及貧苦所。若大財者。卽於彼所。亦於其餘來求者所。各善分布而行布施。今此經文。且依第三也。如龍樹云。菩薩身心。應如藥樹。一切雖取根莖枝葉。而不分別由我得益。

1) ㉠『유가사지론』에 따르면 '若'은 '謂'이다.

문 그러하다면 재물이 많을 경우 단지 상대방에게 이익이 되기만 한다면 모든 것을 베풀어야 하는가?
답 그렇지 않다.

若爾。多財。但彼有益。一切施耶。不爾。

게송으로 말한다.

頌曰。

아버지와 어머니, 스승과 윗사람은
허락되시 않고, 자신이 할 수 없는 일도 그러하다네.
이렇게 또한 모든 것을
한결같이 베풀어야 하는 것은 아니라네.

父母及師長。未許自無能。

---
352 『십주비바사론』 권6(T26, 51c19).

此亦於一切。一向不應爲。

『유가사지론』「보살지」에서 "몸과 목숨에서부터 독·칼·술 등에 이르기까지 단지 의미와 이익이 있다면 모두 베풀어 주어야 하지만, 아버지와 어머니·스승과 윗사람은 결정코 (남에게) 베풀지 말아야 한다. 무엇 때문인가. 은혜가 있는 분들이니, 항상 머리에 이고 공경할 것을 생각하고, (그분들이) 마음대로 (나를) 죽이거나 팔아 버린다고 해도 (마음속으로 그분들을 베풀려는 마음을 내지 않으니, 하물며 명백하게 와서 구하는 이에게 베푸는 것에 있어서랴.)"[353]라고 했기 때문이다.

(게송에서) "허락되지 않고"라고 한 것은 또한 두 가지가 있다. 첫째는 다른 사람의 소유인 경우이다. 『유가사지론』에서 "아버지와 어머니, 아내와 자식, 노비 등이 소유한 물건을 빼앗아서 그것을 가지고 보시에 사용하면 안 된다."[354]라고 한 것과 같다. 행에 죄와 복이 있으니, 보살의 상사공덕에 섭수되는 것이기 때문이다.[355] 둘째는 자신의 소유인 경우이다. 『유가사지론』에서 "먼저 바른 말로 타이르고 가르쳐서 그로 하여금 즐거운 마음을 내게 하는 것이 아니라면, 끝내 억지로 핍박하고 그로 하여금 고통스러운 마음을 내게 하면서 와서 구하는 이에게 베푸는 일을 하지 않는다. 비록 다시 타이르고 가르쳐서 즐겨 하고자 하는 마음을 내게 했다고 해도, 원수의 집안이나 악한 사람에게는 베풀어 주지 않고, 아내와 자식과 형용이 연약한 족성族姓의 남자와 여인을 와서 구하는 이에게 베풀어 주어서 노비로 삼게 하는 일을 해서는 안 된다."[356]라고 한 것과 같다.

---

353 『유가사지론』 권39(T30, 505c9).
354 『유가사지론』 권39(T30, 506c2).
355 『유가사지론』 권46(T30, 546c10)에서 보살의 다섯 가지 상사공덕相似功德(진실한 공덕이 아닌 것)을 설하면서 "넷째는 죄를 지으면서 보시하는 것 등의 선행을 수행하는 것이다.(四者。修行有罪施等善行。)"라고 한 것을 참조할 것.
356 『유가사지론』 권39(T30, 506b23).

이것은 생각건대 이들도 또한 중생으로 평등하게 불쌍히 여겨야 할 대상이니, 저들의 즐거움을 위해서 이들로 하여금 고통이 일어나게 해서는 안 된다는 뜻을 나타내는 것이다.

菩薩地云。身命乃至毒刀酒等。但有義利。一切施與。父母師長。定不應施。何以故。以有恩者。常生¹⁾頂戴。任屠賣故。言未許者。亦有二種。一他所有。謂如論說。不應侵奪父母妻子奴婢等物。持用布施。行有罪福。菩薩相似功德攝故。二自所有。謂如論說 若不先以正言曉喩。令其歡喜。終不強逼令其憂惱。施來求者。雖復曉喩令生樂欲。而不施與怨家惡者 不以妻子形容輭²⁾弱族姓男女。施來求者。令作奴婢。此意爲顯。此亦衆生。平等所愍。不應爲彼樂。令此生苦故。

1) ㉠『유가사지론』에 따르면 '生'은 '思'이다. 2) ㉑ '輭'을 '耎'이라 했다.(갑본·을본·병본) ㉠『유가사지론』에 따르면 '軟'이다.

문 그러하다면 어째서 수달나須達拏³⁵⁷ 태자는 억지로 아들과 딸을 핍박하여 바라문에게 보시했는가?

답 그 경우에도 또한 타이르고 가르쳤다. 그 경에서 "두 아이가 말씀드렸다. '저희가 과거에 무슨 죄를 지었기에 국왕의 종성으로 태어나 다른 이의 노비가 된 것입니까? 지금 참회하니 (세세생생 이러한 일을 겪지 않게 하소서.)' 태자가 말했다. '천하에 은애恩愛가 있는 것은 모두 헤어지는 것이다. 모든 것이 무상無常하니 무엇을 보존하고 지킬 수 있겠는가. 내가 위없는 평등한 도를 증득했을 때 너희들을 제도할 것이다.'"³⁵⁸라고 한 것

357 수달나須達拏 : Ⓢ Sudāna의 음사어. 수대나須大拏라고도 음사하고 호시好施·선시善施 등으로 의역한다. 부처님의 전신前身. 한 나라의 태자였는데 보시를 좋아하여 아내와 자식까지 보시하였다.
358 『태자수대나경太子須大拏經』(T3, 422a29).

과 같다.

若爾。云何須達拏太子。强逼男女。施婆羅門。彼亦曉喩。謂如彼云。兩兒白言。我宿何罪。是國王種。而作奴婢。今乞懺悔。太子語言。天下恩愛。皆當別離。一切無常。何可保守。我得無上平等道時。自當度汝。

🔵 이미 타이르고 가르쳤다면 어째서 수긍하고 순순히 가지 않았는가? 경에서 "바라문이 (순순히 따르지 않는 아이들을) 때리자 피가 흘러 땅에 흘렀다. 태자가 눈물을 흘리자 그 땅은 곧 샘솟는 물처럼 젖었다."[359]라고 한 것과 같다.

🔵 그들은 노비가 되는 것을 수긍하지 않은 것이 아니다. 오직 아양阿孃(어머니)을 기다렸다가 직접 만나서 작별하려고 한 것이다. (그 경에서) 말하기를, "어머니가 와서 나를 보지 못하면 마치 어미소가 새끼를 잃고 울면서 종일토록 이쪽 저쪽으로 돌아다니면서 찾는 것과 같을 것이다."[360]라고 한 것과 같다.

問。若已曉喩。何不肯去。如彼經云。婆羅門打。血出流地。太子淚下。其地卽沸。答。彼非不肯作奴婢。唯待阿孃面別。如說。母來不見我。當如牛母。失犢子。啼哭。竟日向東西。

(게송에서) "자신이 할 수 없는 일도 그러하다네."라는 것은, 보시로 말미암아 보리의 행에서 물러나게 된다면 보시를 하지 말아야 하는 것이다. 이러한 뜻을 나타내기 위해 추자鶖子(사리불)[361]가 10해十解의 계위에서 보

---

359 『태자수대나경』(T3, 422b10).
360 『태자수대나경』(T3, 422b17)・『육도집경六度集經』 권3 「수대나경須大拏經」(T3, 9c15).
361 추자鶖子 : ⓢ Śāriputra의 의역어. 부처님의 10대제자 중 한 분으로 지혜제일智慧第

리의 행에서 물러난 행적을 보였으니,³⁶² 분수에 맞지 않게 은혜를 베푸는 것은 도리어 보리의 행에서 물러나는 결과를 낳기 때문이다. 『십주비바사론』에서 "출가한 사람이 재물의 보시를 행하면 다른 선을 닦는 것에 방해가 되니 반드시 일이 많아지기 때문이다. 그러므로 출가자에 대해서는 법의 보시를 칭찬하고 재가자에 대해서는 재물의 보시를 칭찬한다."³⁶³라고 한 것과 같다. 이로 말미암아 『결정비니경決定毘尼經』에서 "재가보살은 두 가지 보시를 행해야 하니, 첫째는 재물이고, 둘째는 법이다. 출가보살은 네 가지 보시를 행해야 하니, 첫째는 종이이고, 둘째는 먹(墨)이며, 셋째는 붓이고, 넷째는 법이다. 무생인無生忍을 얻은 보살은 세 가지 보시를 행해야 하니, 첫째는 왕위王位이고, 둘째는 아내와 자식이며, 셋째는 머리와 눈과 피부와 뼈이다."³⁶⁴라고 했다.

그런데 『대방등대집경』에서 "신발의보살은 몸과 목숨과 재물에 대해서 항상 버리려는 생각을 짓는다."³⁶⁵라고 한 것은, 점점 훈습하여 버림을

　一로 일컬어진다. 사리불舍利弗이라고 음사하고, 음사어와 의역어를 합해 사리자舍利子라고도 한다.
362 『보살영락본업경』 권상(T24, 1014c9)에서 "정목천자·법재왕자·사리불 등과 같은 이는 제7주에 들어가려고 했지만, 그 가운데 악한 인연을 만났기 때문에 물러나 범부의 불선악不善惡으로 들어갔으니, 습종성인이라고 하지 않는다.(如淨目天子法才王子舍利弗等。欲入第七住。其中值惡因緣故。退入凡夫不善惡中。不名習種性人)"라고 한 것에 따르면, 10해(10주) 가운데 제6 정심주보살正心住菩薩이었을 때를 가리킨다. 또한 『대지도론』 권12(T25, 145a17)에서 "과거세에 사리불이 보시바라밀을 닦을 때 거지가 찾아와 눈을 빼어 줄 것을 요구했다. 사리불이 한쪽 눈을 빼어 주었더니, 거지가 그 눈에서 더러운 냄새가 난다고 하면서 땅에 던지고 짓밟아 버렸다. 사리불은 '이렇게 제도하기 어려운 사람을 제도하려 애쓰기보다는 차라리 나 자신이나 생사윤회에서 벗어나는 것이 낫겠다'라고 생각하고, 모든 중생을 구제하려는 보살도를 버리고 자신의 해탈을 추구하는 소승으로 회향하였다. 이것을 보시의 강물을 건너다가 아직 피안(저쪽 언덕)에 도달하지 못하고 되돌아간 것이라 한다."라고 했다.
363 『십주비바사론』 권7(T26, 54b24).
364 『결정비니경』(T12, 38b25).
365 『대방등대집경』 권15(T13, 101b21)에서 "선남자여, 무엇을 보살이 진여를 여의지 않고 여래께서 허락한 사捨를 생각하는 것이라 하는가. 이른바 재물을 버리는 것이고,

감당할 수 있는 상태에 이르도록 하기 위한 것이다. 『십주비바사론』에서 "(보살이) 매우 아끼는 물건을 구걸할 때 스스로 (자신에게) 권유하여 (주도록) 해야 한다. (그렇게 하고도) 마음에 오히려 탐하고 아까워함이 있다면 구걸하는 사람에게 사양하여 말하기를, '나는 이제 처음 발심하여 배움을 시작한 보살로서 아직 선근이 성취되지 않았습니다. 원하옵건대 나중에 드리도록 하겠습니다'라고 한다."366라고 한 것과 같다.

言自無能者。若見由施。退菩提行。則不應施。爲顯此義。鷟¹⁾子十解。示退之迹。非分惠施。反生退故。如十住論云。出家之人。若行財施。則妨餘善。必多事故。故於出家。稱讚法施。於在家者。稱讚財施。由此。決定毗尼經云。在家菩薩。應行二施。一財。二法。出家菩薩。應行四施。一紙。二墨。三筆。四法。得忍菩薩。應行三施。一王位。二妻子。三頭目皮骨。然大集云。新發意菩薩。於身命財。常作捨想者。欲令漸熏。²⁾ 至堪捨故。如十住論。乞極惜物時。當自勸喩。心猶貪惜者。應辭謝乞者言。我今是新學。善根未成就。心未得自在。願後當相與。

1) ㉯ 갑본과 을본에 따르면 '鷟'는 '鷟'이다. 2) ㉯ '熏'을 '薰'이라 했다.(갑본·을본·병본)

"법을 구하는 이가 있는데"라고 한 것은 다음과 같다. 하나의 구절의 위력으로 고통의 수레바퀴에서 벗어날 수 있다. 그러므로 법의 보시는 재물의 보시보다 뛰어난 것이다. 『유가사지론』 권71367과 『금광명경』 권2368

법을 버리는 것이다. 또한 몸과 목숨을 버리는 것과 일체의 삿된 도를 버리는 것이 있다. 또한 일체법을 취하지 않음으로써 버리는 것이 있다.……곧 능히 일체를 버리고 나서 버린 것을 분별하지만 누가 버린 사람인지, 어떤 물건을 버렸는지, 무엇을 억념한 것인지, 이와 같은 것을 분별해도 전혀 얻을 것이 없다. 버린 사람과 베풀어 준 물건과 억념한 것을 보지 않는다. 이것을 보살이 진여를 여의지 않고 여래께서 허락한 시를 생각하는 것이라 한다."라고 했다.
366 『십주비바사론』 권8(T26, 59c4)의 취의 요약이다.

에서 자세히 설한 것과 같다. 그런데 『유가사지론』 「보살지」에서 "뛰어난 지혜[369]를 추구하지 않으면 베풀어 주지 않는다."[370]라고 하고, 법의 보시에 대해 자세히 설했으니, 그대로 알아야 한다.

"도리어 다시 꾸짖고 모욕을 준다면"이라고 한 것은 다음과 같다. 이 구절은 앞의 재물을 베푸는 데 인색한 법과 상통하는 것이다. 재물을 베푸는 데 인색하고 도리어 꾸짖기까지 하는 것이니, 곧 아귀도餓鬼道에 떨어진다. 법을 베푸는 데 인색하면 치광癡狂(어리석어 사리분별을 하지 못함)을 초래하여 (생사의) 긴 밤을 지나면서 불도를 성취하는 것을 장애한다. 『유가사지론』에서 "보살이 현재 재물이 있고 와서 구하는 사람이 있는데 혐

---

367 『유가사지론』 권70(T30, 688a24)에서 "다시 다섯 가지 인연으로 말미암아 모든 재물의 보시보다 법의 보시가 뛰어나다. 첫째는 재물의 보시는 다른 사람에게 악행을 일으킬 수 있지만, 법의 보시는 결정코 온갖 선행을 일으키기 때문이다. 둘째는 재물의 보시는 다른 사람에게 번뇌를 일으킬 수 있지만, 법의 보시는 번뇌를 다스리게 하기 때문이다. 셋째는 재물의 보시는 다른 사람에게 무간無間에 죄가 있는 안락함을 인발할 수 있지만, 법의 보시는 무간에 죄가 없는 안락함을 인발하게 한다. 넷째는 재물의 보시는 부처님이 세상에 출현했든 출현하지 않았든 쉽게 획득할 수 있는 것이지만, 법의 보시는 부처님이 세상에 출현하지 않으면 획득하기 어려운 것이다. 다섯째는 재물의 보시는 보시함에 있어서 다함이 있지만, 법의 보시는 보시함에 있어서 다함이 없는 것이다.(復次由五因緣. 於諸財施法施爲勝. 一者財施於他身中發起惡行. 法施決定起諸善行. 二者財施於他身中發起煩惱. 法施能令對治煩惱. 三者財施於他身中無間引發有罪安樂. 法施能令無間引發無罪安樂. 四者財施若佛現世若不現世易可獲得. 法施若無諸佛現世難可獲得. 五者財施施而有盡. 法施施而無盡.)"라고 했다.
368 『금광명경』 권2(T16, 370a23)에서 "그 법의 보시라는 것에 다섯 가지 일이 있다. 무엇이 다섯 가지인가. 첫째는 법의 보시는 타인과 자신이 모두 이익이 되지만, 재물의 보시는 그렇지 않다. 둘째는 법의 보시는 중생으로 하여금 삼계에서 벗어나게 하지만, 재물의 보시는 욕계에서도 벗어나게 하지 못한다. 셋째는 법의 보시는 법신을 이익되게 하지만, 재물의 보시라는 것은 색신을 증장시킬 뿐이다. 넷째는 법의 보시는 증장함이 다함이 없지만, 재물의 보시는 반드시 모두 다하는 때가 있다. 다섯째는 법의 보시는 무명을 끊어 버리게 하지만, 재물의 보시는 탐욕스런 마음을 그치고 조복하게 할 뿐이다.(其法施者. 有五種事. 何者爲五. 一者法施彼我兼利. 財施不爾. 二者法施能令衆生出於三界. 財施不出欲界. 三者法施利益法身. 財施之者增長色身. 四者法施增長無窮. 財施必皆有竭. 五者法施能斷無明. 財施止伏貪心.)"라고 했다.
369 뛰어난 지혜 : 반야 곧 무분별지無分別智를 가리키는 것 같다.
370 『유가사지론』 권39(T30, 508b1).

오하는 마음을 품고 분노하는 마음을 품어서 베풀지 않는다면 염오에 의한 위범이다. 만약 나태와 방일에 의해 그렇게 했다면 염오에 의한 위범은 아니다. 위범이 성립되지 않는 경우는, 보시할 만한 물건이 없는 것, 또는 (상대방이) 적절하지 않은 물건을 요구하는 것, 또는 (방편에 의해) 상대방을 조복시키기 위한 것, 또는 (상대방이) 왕이 옳게 여기지 않는 대상이어서 (왕의 뜻을 보호하기 위한 것,) 또는 승단의 제도를 보호하기 위한 것 등과 같은 것이다."[371]라고 했다.

言有求法者。一句威力。能出苦輪。是故法施。勝於財施。如瑜伽七十一。[1] 金光明經第二。廣說。然菩薩地云。不求勝智。不應施與。廣說法施。如彼應知。言而反罵辱者。此句通上慳財法也。慳財反罵。便墮餓鬼。慳法招狂。長夜障道。瑜伽論云。現有資財。有來求者。懷嫌恨心。懷[2]恚惱心。不施。染犯。若怠放逸。非染違犯。無違犯者。若無可施物。若求不宜物。若調伏彼。若彼王所匪宜。若護僧制。

1) ㉠ '一'은 연자인 것 같다. 2) ㉮ '懷'를 '壞'라 했다.(갑본·을본·병본)

문 어떤 뜻 때문에 『대방등대집경』에서 "몸과 목숨과 재물에 대해 항상 버리려는 생각을 짓는다."라고 한 것인가?

問。以何義故。大集經云。於身命財。常作捨想。

답 게송으로 말한다.

頌曰。

---

371 『유가사지론』 권41(T30, 520b6).

자신을 위해 재물을 구하고 악행을 일삼으며
죽음에 이르도록 은혜를 알지 못하였네.
재물은 목숨을 따라 버려지지만 악업은 지은 그대로 따라가는데
그 과보를 받을 때에는 함께 받을 이 아무도 없다네.

爲身求財集惡行。當歸死滅不知恩。
財隨命捨惡業隨。受彼果時無共受。

(l) 진불수사계 제9(분노하면서 다른 사람이 사과하는 것을 받아들이지 않는 일을 하지마라)

瞋不受謝戒。第九。

경 "불자여, 스스로 분노하고 다른 사람으로 하여금 분노하게 하며, 분노의 인과 분노의 연과 분노의 법과 분노의 업을 지어서야 되겠느냐. 보살은 모든 중생의 마음속에 깃들어 있는 선근과 다툼이 없는 일을 낳게 하고 항상 자비로운 마음을 내어야 하거늘, 도리어 다시 모든 중생에서 중생이 아닌 것[372]에 이르기까지 추악한 말로 모욕을 주고, 게다가 손으로 때리고 칼과 지팡이를 휘두르면서 분노하는 마음을 여전히 그치지 않고, 앞에 있는 사람이 참회를 받아들여 줄 것을 요청하면서 좋은 말로 참회하고 사죄하여도 여전히 분노하면서 그 마음을 풀지 않으면, 이는 보살의 바라이죄이다."

若佛子自瞋。敎人瞋。瞋因。瞋緣。瞋法。瞋業。而菩薩。應生一切衆生中。

---

372 중생이 아닌 것 : 주석자에 따라 여러 가지 해석이 있는데, 대표적인 것은, 첫째는 무정물無情物이라는 설이고, 둘째는 변화인變化人과 성인聖人이라는 설이다. 태현은 전자를 따르고 있다.

善根無諍之事。常生悲心。而反更於一切衆生中。乃至於非衆生中。以惡口
罵辱。加以手打。及以刀杖。意猶不息。前人求悔。善言懺謝。猶瞋不解者。[1]
是菩薩波羅夷罪。

1) ㉘ '者'가 없다.(갑본)

Ⓐ 제정한 뜻

술 처음에 제정한 뜻이라는 것은 다음과 같다. 중생이 즐겨 보려고 하지 않는 것으로 분노를 넘어서는 것이 없다. 그러므로 오직 불선不善일 뿐이고, 반드시 고통의 과보를 초래한다. 보살은 이승의 열반을 버리고 단지 유정계有情界를 연민할 것을 맹세했기 때문에 분노는 대비를 장애하니 근본중죄가 된다.

述曰。初制意者。衆生不喜見。無過瞋恚也。故唯不善。必招苦果。菩薩。誓捨二乘涅槃。但以憐愍有情界故。瞋障大悲。爲根本重。

(『유가사지론』「보살지」에서) "(보살의 범계도犯戒道에 있어서 무여범無餘犯은 없으니) 세존께서 말씀하신 것과 같다. '보살들은 다분히 분노와 함께 일어난 것에 의해 위범을 이루니, 탐욕과 함께 일어난 것은 그렇지 않다.'"[373]라고 하여 (세존의 말씀을 인용하고,) 『유가사지론』에서 풀이하기를, "여기에서 설한 비밀스러운 뜻은 다음과 같다. 보살들이 모든 유정을 사랑하는 뛰어난 힘 때문에 지은 일체의 일은 모두 보살이 지어야 할 것이다. 지어야 할 것을 지었으니 위범을 이루지 않는다. 만약 보살들이 모든 유정을 증오하고 모든 유정을 질투하여 자신과 타인을 이롭게 하는

[373] 『유가사지론』 권41(T30, 521b19).

행을 수행할 수 없으면, 보살들이 짓지 말아야 할 것을 지은 것이다. 짓지 말아야 할 것을 지었으니 위범을 이룬다."[374]라고 했다.

如世尊說。是諸菩薩。多分應與。瞋所起犯。非貪所起。論釋。此中所說密意。謂諸菩薩。愛諸有情增上力故。凡有所作。一切。皆是菩薩所作。非作所作可得成犯。若諸菩薩。憎諸有情。嫉諸有情。不能修行自他利行。作諸菩薩所不應作。作不應作。可得成犯。

해석하여 말한다. 탐욕에 의한 것도 실제로는 또한 위범이 성립된다.[375] 그러므로 "비밀스러운 뜻"이라고 한 것이다. (또한) 위범이 분노에 의거해서 일어났을 경우에도 실제로 일체를 무너뜨리는 것을 말한 것은 아니니,[376] 보살은 무여범無餘犯이 있지 않기 때문이다.[377] 단지 거친 것을 들어서 모양을 나타내어 심오한 무여범의 뜻을 보인 것이다.[378]

解云。貪實亦犯。故云密意。非謂犯瞋實破一切。勿菩薩有無餘犯故。但擧麤顯相。示深無餘義。

---

374 『유가사지론』 권41(T30, 521b21).
375 『유가론기』 권10(T42, 540b15)에서 "이미 '다분히 분노와 함께 일어난 것에 의해 (위범하는 것)'이라고 했으니, 곧 탐욕에 의해 위범하는 것도 계를 잃는 것을 알 수 있다.(既云多分在瞋。即知貪犯亦失。)"라고 한 것을 참조할 것.
376 분노에 무여범의 모양이 있음을 나타낸 것은 분노를 금하려고 한 것일 뿐이니, 은밀한 뜻에 나아가면 결국은 무여범의 뜻은 없는 것이라는 말이다.
377 『유가론기』 권10(T42, 540a25)에서 "성문계에서는 사중계를 범하면 현재의 몸으로는 참회할 수 없으니 무여범無餘犯이라 한다. 지금 보살계에서는 버리고 나서 다시 받을 수 있음을 밝히기 때문에 '무여범은 없다'라고 한 것이다."라고 한 것을 참조할 것.
378 분노·탐욕·어리석음의 세 가지 독이 모두 무여범을 낳는 원인이지만, 분노는 대비에 어긋나기 때문에 특히 이것만을 제시했을 뿐이라는 말이다.

문 (무여범이 없다고 했는데) 상품의 삿된 견해로 일체를 두루 비방하면 그때 어떻게 남은 계가 잔존해 있는 것인가?
답 그때 오직 하나의 바라이를 범하는 것일 뿐이니 (나머지 계는 버리지 않는 것이다.) 그러나 (삿된 견해는) 반드시 부동분심不同分心을 인생引生한다.

上品邪見。徧謗一切。爾時如何殘有餘戒。爾時唯犯一波羅夷。然必引生不同分心。

ⓑ 문장을 풀이함

둘째는 문장을 풀이한 것이다. 위범의 모양과 위범의 자성은 앞과 같이 알아야 한다.

第二釋文。犯相犯性。如前應知。

"보살은 모든 중생의 마음속에 깃들어 있는 선근과 다툼이 없는 일을 낳게 하고 항상 자비로운 마음을 내어야 하거늘"이라는 것은, 다른 사람을 권하여 분노가 없는 선근을 내게 하고, 스스로도 또한 항상 대비심을 내어야 하니, 악한 사람을 마주하면 곧 세 가지 생각을 내는 것을 말한다. 첫째는 '그 사람이, 심성이 본래 청정한데 무명의 술에 취하고 번뇌의 귀신이 달라붙어서 부득이하게 이러한 일을 한 것일 뿐이다'라고 생각하는 것이다. 둘째는 본원을 생각하여, '나는 중생을 위해 보리를 증득할 것을 맹세했다. 생사의 큰 고통에 대해서도 오히려 두려움을 일으키지 않아야 할 것이거늘, 하물며 이러한 작은 고통을 참고 받아들이지 않을 수 있겠는가'라고 하는 것이다. 셋째는 상대방의 은혜를 생각하여, '(그가 나를 해치면) 반드시 (그) 해침으로 말미암아 (내가) 인욕행을 이룰 것이니, 그가 곧 나의 보리의 인을 이루어 원만해지게 할 것이다. 어찌 은혜를 배반하고 도리어 분노에 의해 해침을 일으키겠는가'라고 하는 것이다.

> 言而菩薩至常生悲心者。勸他令生無瞋善根。自亦應常生大悲心。謂對惡人。便作三念。一念彼人心性本淨。醉無明酒。著煩惱鬼。不獲已。有此所作耳。二念本願。我爲衆生。誓證菩提。生死大苦。尙不生畏。況此小苦。應否¹⁾忍受。三念彼恩 必由惱害 乃成忍行 彼卽成滿我菩提因。何乃背恩反生瞋害。
> 1) ㉮ '否'를 '不'이라고 했다.(갑본·을본·병본)

"추악한 말로 모욕을 주고, 게다가 손으로 때리고 칼과 지팡이를 휘두르면서 분노하는 마음을 여전히 그치지 않고, 앞에 있는 사람이 참회를 받아들여 줄 것을 요청하면서 좋은 말로 참회하고 사죄하여도 여전히 분노하면서 그 마음을 풀지 않으면"이라는 것은, 그 차례대로 어업·신업·의업에 해당한다. 비록 세 가지 업을 갖추었지만 지금은 의업(能等起)에 의한 죄를 취하니, (두 가지 업을 든 것은) 소등기所等起(어업·신업)에 의해 분노의 무거움을 나타내고자 했기 때문이다. 이것은 의지意地의 죄이니, (의지가) 결정되었을 때 죄가 이루어진다. 이러한 결정으로 말미암아 참회를 받아들이지 않기 때문이다.

비록 "중생이 아닌 것"은, (그가) 와서 참회하고 사과하고, (그것에 대해) 분노에 의해 간언에 응하지 않는 일이 있을 수 없는 것일지라도, 역시 중죄를 이룬다. 어떤 사람은 말하기를, "진실에 의거하면 오직 유정만 섭수되는 것인데, 가벼운 것으로 무거운 것을 비유하여 '중생이 아닌 것에 (이르기까지)'라고 한 것이다."[379]라고 했다.

---

379 승장의 『범망경술기』 권상(X38, 413c15)에서 "'중생이 아닌 것'이라는 것은 가벼운 것

온갖 법은 어디에 섭수되는가. 곧 분노를 체로 삼는다. 『유가사지론』에 서 "이와 같은 종류의 분노라는 번뇌[380]를 길러 오직 추언麤言을 일으키고 바로 (분노를) 그치는 것이 아니라, 분노에 의해 가려진 채 더 나아가 손으로 때리고 분한忿恨의 의요를 품어 상대방이 찾아와서 간언하면서 사과해도 받아들이지 않고 참지 않으며 원망이라는 번뇌[381]를 버리지 않는다면, 이것을 타승처라고 한다."[382]라고 한 것과 같다.

言以惡口罵辱至猶瞋不解者。如其次第。語身意業。雖具三業。今取意罪。以所等起。顯瞋重故。此意地罪。決定時結。由此決定。不受悔故。雖非衆生。不來懺謝。瞋不應諫。猶成重罪。有說。據實。唯有情邊。以輕況重。言非衆生。百法何攝。卽忿爲體。如瑜伽云。長養如是種類忿纏。不唯發起麤言便息。由瞋蔽故。加以手打。懷忿意樂。他來諫謝。不受不忍。不捨怨結。名他勝處。

(J) 훼방삼보계 제10(삼보를 헐뜯고 비방하는 일을 하지 마라)

毀謗三寶戒。第十。

을 들어 무거운 것을 드러낸 것(중생이 아닌 것도 해쳐서는 안 되는데 중생을 해치는 것은 더더욱 안 된다는 것을 강조하기 위한 것이라는 말)이다. 중생이 아닌 것에 대해 분노하는 것은 타승처법을 범하는 것은 아니기 때문이다."라고 한 것과 의미 맥락이 동일하다.
380 번뇌 : '전纏'을 번역한 말. 이는 얽힘이라는 뜻으로 번뇌를 그 성격에 따라 여러 가지로 달리 부르는 이름 중 하나이다.
381 번뇌 : '결結'을 번역한 말. 이는 맺는다는 뜻으로, 번뇌를 그 성격에 따라 여러 가지로 달리 부르는 이름 중 하나이다. 생生을 결박시키는 것, 괴로움과 결합하게 하는 것 등의 의미이다.
382 『유가사지론』 권40(T30, 515b28).

경 "불자여, 스스로 삼보를 비방하고 다른 사람으로 하여금 삼보를 비방하게 하며, 비방의 인과 비방의 연과 비방의 법과 비방의 업을 지어서야 되겠느냐. 보살은 외도와 악한 사람이 한마디라도 부처님을 비방하는 음성을 내는 것을 보면 3백 개의 창으로 심장을 찔린 것처럼 여겨야 하거늘, 하물며 입으로 스스로 비방하면서 믿는 마음과 효순하는 마음을 내지 않고, 도리어 다시 악한 사람과 그릇된 견해를 지닌 사람을 도와 비방하기까지 한다면, 이는 보살의 바라이죄이다."

若佛子。自謗三寶。教人謗三寶。謗因。謗緣。謗法。謗業。而菩薩。見外道及以惡人。一言。謗佛音聲。如三百鉾刺心。況口自謗。不生信心孝順心。而反更助惡人邪見人謗者。[1] 是菩薩波羅夷罪。

1) ㉯ '者'가 없다.(갑본)

Ⓐ 제정한 뜻

술 처음에 제정한 뜻이라는 것은 다음과 같다. 불보·법보·승보는 삿된 것에서 벗어나는 큰 나루터이고, 바른 것으로 들어가는 중요한 문이다. 이것에 수순하는 이는 반드시 영원한 즐거움을 증득하고, 이것을 등지는 이는 영원히 고통의 바다에 침몰한다. 삿된 견해를 일으키고 위역하는 것은 죄가 이보다 큰 것이 없으니, 행상行相이 아득하고 맹렬히여 모든 선을 끊기 때문이다. 그러므로 또한 근본중죄로 삼았다.

述曰。初制意者。佛法僧寶。出邪之大津。入正之要門。順之者。必證常樂。背之者。常沈苦海。邪見違逆。罪莫大焉。行相幽猛。斷諸善故。是故亦立爲根本重。

Ⓑ 문장을 풀이함

문장을 풀이하는 것은 앞의 것에 준하여 알아야 한다. "3백 개의 창으로 심장을 찔린 것처럼 여겨야 하거늘"이라는 것은, 『유가사지론』 권79에서 "문 보살은 무엇을 고통으로 삼는다고 말해야 하는가? 답 중생의 손상과 괴로움을 곧 자신의 고통으로 여긴다. 문 이와 같다면 무엇을 즐거움으로 삼는다고 말해야 하는가? 답 중생의 풍요와 이익을 곧 자신의 즐거움으로 삼는다."383라고 하고, 그 밖의 것도 자세히 설한 것과 같다. 중생의 손상과 괴로움은 법을 비방하는 것을 넘어서는 것이 없다. 그러므로 보살은 창으로 심장을 찔린 것처럼 여긴다. 자애롭지 않은 마음을 익히면 다른 사람의 고통을 즐거움으로 여기고, 자애로운 마음을 익히면 다른 사람의 이익을 즐거움으로 여긴다. 즐거움이 이와 같으니 고통도 또한 그러하기 때문이다.

釋文者。準[1]前應知。言如三百鉾刺心者。如瑜伽七十九云。菩薩當言。以何爲苦。衆生損腦。[2] 即爲自苦。若爾當言。以何爲樂。衆生饒益。即爲自樂。乃至廣說。衆生損惱。無過謗法。是以。菩薩如鉾刺心。習不慈心。他苦爲樂。習慈心者。他益爲樂。樂既如此。苦亦然故。

1) ㉲ '準'을 '准'이라 했다.(갑본·을본·병본) ㉵ 뜻은 같다. 2) ㉵ 『유가사지론』에 따르면 '腦'는 '惱'이다.

"하물며 입으로 스스로 비방하면서"라는 것은, 『유가사지론』에서 "보살장을 비방하고 정법과 유사한 법을 건립하는 것을 좋아하며, (그 법을) 스스로 믿고 이해하거나 다른 사람을 따라서 굴리면, 이것을 제4 타승처법

---

383 『유가사지론』 권79(T30, 737b8).

이라 한다."[384]라고 했다. 이것은 증익增益과 손감損減의 삿된 견해[385]와 통하는 것이다. 이 삿된 견해라는 번뇌는, 만약 결정되었을 때라면, 비록 아직 선근을 끊지 않았더라도, 반드시 부동분심을 일으킨다. 그러므로 보살계는 선을 끊는 것에 의해 버리는 것이 아니니, (선근을 끊으면 이미 위범할 만한 계도 없는 것이기 때문이다.)

삿된 견해에 (다시) 두 가지가 있다.[386] 만약 전분全分의 삿된 견해에 의해 일체의 인과因果를 비방하여 폐기하면, 설령 나머지를 비방하지 않았다고 해도 대승을 비방한 것이어서 한결같이 중죄를 범한다. 상품의 번뇌에 의거하여 비방했을 때에도 또한 청정한 계를 잃는다.

言況口自謗者。瑜伽論云。謗菩薩藏。愛樂建立像似正法。或自信解。或隨他轉。是名第四他勝處法。此通增益損減邪見。此邪見纏。若決定時。雖未斷善。必起不同分心。故菩薩戒。無斷善捨。邪見有二。若全分謗一切因果。設不謗餘。而謗大乘。一向犯重。若至上纏。亦失淨戒。

이상에서 설한 것은 모두 세속문에 의거한 것이다. 승의문에 의거하면

---

384 『유가사지론』 권40(T30, 515c4).
385 증익增益과 손감損減의 삿된 견해 : 증익의 삿된 견해란 허공의 꽃처럼 존재하지 않는 것을 존재하는 것으로 망상하는 것이고, 손감의 삿된 견해란 식識과 같은 가유假有를 전혀 존재하지 않는다고 부정하는 것이다.
386 의적의 『보살계본소』 권상(T40, 669a3)에서 "무릇 삿된 견해를 설함에 두 가지가 있다. 첫째는 손감의 삿된 견해이니, 실제 있는 것을 폐기하는 것이다. 둘째는 증익의 삿된 견해이니, 실제 없는 것을 세우는 것이다. 손감에는 두 가지가 있다. 첫째는 전분全分이니, 일체의 인과법을 통틀어서 폐기하는 것이다. 둘째는 일분一分이니, 혹은 외도에 집착하여 내법을 비방하거나, 혹은 소승에 집착하여 대승을 비방하거나 할 뿐이고, 모든 것을 전혀 있지 않은 것이라고 하여 폐기하지는 않는 것이다. 전분의 삿된 견해는 일으키면 바로 계를 잃는다. 인과를 모두 폐기하면 곧 보리심에서 물러나기 때문이다.(凡說邪見。有其二種。一損減邪見。撥實有事。二增益邪見。立實無事。損減有二。一全分。總撥一切因果法。二一分。或執外謗內。或執小謗大。非撥一切都無有也。全分邪見 若起 即失戒。總撥因果 即退菩提故。)"라고 한 것을 참조할 것.

곧 삼륜三輪이 청정하니,『보살계본종요』에서 설한 것[387]과 같다.

已上所說。皆世俗門。若勝義門。卽三輪淨。如宗要說。

C. 죄를 이루는 것을 맺은 문

경 "선을 배우는 사람들이여, 이 보살의 10바라제목차를 배워야 한다. 그 중에 낱낱의 계를 미진만큼이라도 범하는 일이 없어야 할 것이니, 어찌 하물며 10계를 구족하게 범해서야 되겠는가. 범하는 사람이 있다면, 현재의 몸으로 보리심을 일으키지 못할 것이고, 국왕의 지위와 전륜왕의 지위를 잃을 것이며, 비구와 비구니의 지위도 잃을 것이고, 10발취·10장양·10금강·10지와 불성佛性을 비롯하여 항상 머물고 있는 묘과妙果 등을 잃을 것이다. 일체를 모두 잃고 삼악도에 떨어져 2겁, 3겁 동안 부모와 삼보라는 이름조차 듣지 못한다. 그러므로 낱낱이 범하지 말아야 할 것이다. 너희들은, 모든 보살들이 지금 배우고 앞으로 배울 것이며 이미 배웠던 이와 같은 10계를 배워서 공경하는 마음으로 받들어 지녀야 한다."

「팔만위의품八萬威儀品」[388]에서 자세하게 밝힐 것이다.

---

387 『보살계본종요』(T45, 917c26)에서 "셋째, 구경이라는 것은 곧 두 가지 공에 나아가 삼륜三輪의 모양이 없는 것이다. 계경『대반야경』 권3(T5, 11c20)]에서 '호지한다는 생각에 갇힘이 없이 정계바라밀다淨戒波羅密多를 원만하게 얻어야 하니, 위범과 위범하지 않음의 모양은 얻을 수 없기 때문이다'라고 한 것과 같다. 계와 죄와 사람의 삼륜의 모양은 연에 즉하지 않기 때문이다. 그러나 모양이 없는 것은 아니니, 연을 여의지 않기 때문이다. 자성으로 있는 것은 아니니, 나아감·여읨·중간도 또한 얻을 수 없다. 성품이 있지 않기 때문에 능히 수지한다고 증익할 수 없고, 모양이 없지 않기 때문에 폐하여 없애지도 않는다. 공이지만 폐하지 않으니 계의 모양을 잃지 않고, 유이지만 증익하지 않으니 계율을 범함의 자성은 없다. 비록 경輕·중重과 시是·비非의 모양을 밝히지만 삼륜을 보면 구경행究竟行이 아니다."라고 한 것을 참조할 것.
388 「팔만위의품八萬威儀品」: 대본大本『범망경』에 실려 있을 것으로 추정되는 품의 이름이다.

善學諸人者。是菩薩十波羅提木叉。應當學。於中。不應一一。犯如微塵許。何況具足犯十戒。若有犯者。不得現身。發菩提心。亦失國王位。轉輪王位。亦失比丘比丘尼位。亦¹⁾失十發趣。十長養。十金剛。十地。佛性常住妙果。一切皆失。墮三惡道中。二劫三劫。不聞父母三寶名字。以是。不應一一犯。汝等一切諸菩薩。今學。當學。已學。如是十戒。應當學。敬心奉持。八萬威儀品。當廣明。

1) ㉕ '亦'이 없다.(갑본) ㉠ 있는 것이 맞는 것 같다.

술 이것은 곧 세 번째로 죄를 이루는 것을 맺은 문이다. 여기에 세 문단이 있으니, 훼범하지 않을 것을 권했기 때문이고, 위범에 의해 잃고 무너지는 것을 보였기 때문이며, 배울 것을 명하고 자세히 설할 곳을 가리켰기 때문이다.

述曰。此卽第三結成門也。此有三文。勸不毀犯故。示犯失壞故。誡學指應¹⁾故。

1) ㉕ '應'을 '廣'이라 했다.(갑본) ㉠ 후자가 맞는 것 같다.

A) 훼범하지 않을 것을 권함

처음은 경에서 "선을 배우는 사람들이여, 이 보살의 10바라제목차를 배워야 한다. 그중에 낱낱의 계를 미진만큼이라도 범하는 일이 없어야 할 것이니, 어찌 하물며 10계를 구족하게 범해서야 되겠는가."라고 한 것과 같다. "선을 배우는"이라고 한 것은, 외도가 여러 가지 선하지 않은 것을 배우는 것과 이승이 구경이 아닌 것을 배우는 것을 간별한 것이다. (『유가사지론』) 권80에서 "또한 저 성문은 비록 구경에 이르러도 저 여러 하늘과 사람 등이 공양하고 찬탄함이 (처음 발심하여) 처음으로 닦아야 할 업에 머물러 수행하는 보살과 같지 않다."³⁸⁹라고 한 것과 같다.

初者。如經。善學諸人者至犯十戒。言善學者。簡外道諸不善學及以二乘不究竟學。如八十云。又彼聲聞。雖到究竟。而不爲彼諸天人等供養讚歎。¹⁾ 如住新²⁾業。修菩薩行。³⁾

1) ⑳『유가사지론』에 따르면 '歎'은 '嘆'이다. 뜻은 같다. 2) ⑳『유가사지론』에 따르면 '新'은 '始'이다. 3) ⑳『유가사지론』에 따르면 '行'은 앞의 '修' 뒤에 들어가야 한다.

여기에서 "낱낱의 계를 미진만큼이라도 범하는 일이 없어야 할 것이니"라는 것은, 비록 허물이 가볍고 자잘한 것일지라도 쌓여서 큰 허물을 이루기 때문이다. 경에서 게송으로 말하기를, "작은 악을 가볍게 여기어 재앙과 무관하다 생각하지 말라. 물방울이 비록 작지만 조금씩 불어나 큰 그릇을 채운다네."³⁹⁰라고 한 것과 같다.

혹은 또한 이렇게 말할 수도 있다. 어리석은 사람은 작은 죄를 범해도 무거운 결과를 낳기 때문에 미진만큼도 또한 범하지 말아야 하는 것이다. (『구사론』에서) "어떤 사람이 게송으로 말했다. 어리석은 이는 죄가 아무리 작아도 또한 악도에 떨어지고, 지혜로운 이는 죄가 아무리 커도 또한 고통에서 벗어나니, 둥근 쇳덩이가 아무리 작아도 또한 물에 빠지고, 쇠로 만든 발우가 아무리 커도 또한 물에 뜨는 것과 같다네."³⁹¹라고 한 것과 같다. 곧 『대지도론』에서 "지혜에 의해 마음을 비웠으니, (속이 빈) 발우가 물에 뜰 수 있는 것과 같아서 (중죄에 빠지지 않는다.)"³⁹²라고 했다.

---

389 『유가사지론』 권80(T30, 744b28). 그 배움의 내용에 차이가 있기 때문에 최고의 경지에 도달한 성문이라고 할지라도 처음 발심한 보살보다 하열하다는 것을 나타낸 말이다.
390 『법구경』 권상(T4, 565a2), 『열반경』 권14(T12, 693c25).
391 『구사론』 권23(T29, 123c3).
392 『대지도론』 권37(T25, 333a18)에서 "또 비유컨대 쇠그릇은 속이 비었기 때문에 물에 떠 있을 수 있지만 속이 채워지면 물에 빠지는 것처럼, 보살도 또한 이와 같아서 반야

此云不應一一犯微塵許者。雖過輕微。積成大故。如經。頌曰。莫輕小惡。
以爲無殃。水渧雖微。漸盈大器。或復愚人。犯小罪重故。微塵許。亦不應
犯。如有。頌曰。愚者[1]罪小亦墮惡。智爲罪大亦脫苦。如團鐵小亦沈水。爲
鉢鐵大亦能浮。即智論云。智慧心虛。如鉢能浮也。

1) ⓔ『구사론』에 따르면 '者'는 '作'이다.

문 알면서도 고의로 짓는 것은 세간에서 책망하는 것이니, 미친 사람이 한 짓은 괴이하게 생각하지 않는 것과 같지 않다. 지혜로운 이와 어리석은 이가 죄를 짓는 것도 또한 다시 그래야 하거늘, 어찌 지혜로운 이는 (죄가) 가볍고 어리석은 이는 (죄가) 무겁다고 할 수 있겠는가?[393]

답 이러한 힐난은 타당하지 않다. 자신이 지은 것은 자신이 받는 것이니, 다른 사람이 지은 것이 아니기 때문이다. 미친 사람은 칼을 접촉하면 피해를 입지만, 지혜로운 이는 비록 접촉하더라도 칼날을 피하여 손상을 입지 않는 것과 같고, 또한 어두운 방에서 기둥을 알면 접촉해도 가벼운 손상을 입지만, 기둥이 있는 것을 알지 못하여 부딪치면 곧 무거운 손상을 입는 것과 같다. 어리석은 사람과 지혜로운 사람이 죄를 짓는 것도 도리가 또한 그러하다.[394] 『십주비바사론』에서 "지혜로운 이가 지은 죄는 소금을 연못에 던진 것과 같다."[395]라고 하고, 그곳에서 게송으로 말하기를,

---

바라밀을 행하여 지혜에 의해 마음이 비워졌기 때문에 중죄에 빠지지 않지만 범부는 지혜가 없기 때문에 중죄에 침몰한다."라고 한 것을 취의 요약한 것이다.

[393] 이를 재해석하면 다음과 같다. "세간의 상식으로는 알면서 행한 것은 무겁게 여기고, 알지 못하고 행한 것은 가볍게 여긴다. 그러므로 지혜로운 이가 지은 죄는 무겁게 여기고, 어리석은 이가 지은 죄는 가볍게 여겨야 한다. 그럼에도 불구하고 이와 반대로 말한 것은 무엇 때문인가?"

[394] 『열반경』 권29(T12, 797c6)에서 "지혜로운 사람은 선업을 많이 쌓았기 때문에 죄가 무거워도 가벼운 과보를 받고, 어리석은 사람은 선업을 적게 지었기 때문에 죄가 가벼워도 무거운 과보를 받는다.(智者善業多故重則輕受。愚者善業少故輕則重受。)"라고 한 것을 참조할 것.

[395] 『십주비바사론』 권6(T26, 48c27).

"한 되의 소금을 큰 바다에 던지면 그 맛에 차이가 없지만, 작은 그릇에 담긴 물에 던지면 짜고 써서 마실 수 없다네."[396]라고 한 것과 같다.

> 問。知而故作。世間所責。非如狂夫。所作無怪。智愚作罪。亦復應然。可何智輕。愚者爲重。答。此難不爾。自作自受。非他制故。謂如狂夫。觸刀被害。智者雖觸。避刃無損。又如闇室。知柱觸輕。不知有柱。打著卽重。愚智作罪。道理亦然。十住論中。智所作罪。如投鹽池。如彼頌曰。斗[1)]鹽投大池。[2)]其味無有異。若投小器水。鹹[3)]苦不可飮。
> 1) ㉠『십주비바사론』에 따르면 '斗'는 '升'이다. 2) ㉠『십주비바사론』에 따르면 '池'는 '海'이다. 3) ㉮ '鹹'을 '醶'이라 했다.(갑본·을본·병본) ㉠ 같은 글자이다.

B) 위범에 의해 잃고 무너지는 것을 보임

두 번째로 위범에 의해 잃고 무너지는 것은, 경에서 "범하는 사람이 있다면, 현재의 몸으로 보리심을 일으키지 못할 것이고, 국왕의 지위와 전륜왕의 지위를 잃을 것이며, 비구와 비구니의 지위도 잃을 것이고, 10발취·10장양·10금강·10지와 불성을 비롯하여 항상 머물고 있는 묘과 등을 잃을 것이다. 일체를 모두 잃고 삼악도에 떨어져 2겁, 3겁 동안 부모와 삼보라는 이름조차 듣지 못한다. 그러므로 낱낱이 범하지 말아야 할 것이다."라고 한 것과 같다. 이 가운데 "범하는 사람이 있다면, 현재의 몸으로 보리심을 일으키지 못할 것이고"라는 것은, 10중계를 범하고 칠차七遮[397]

---

396 『십주비바사론』 권6(T26, 49a5). 한 되의 소금은 작은 죄를, 큰 바다는 많은 선을 쌓은 지혜로운 사람을, 작은 그릇에 담긴 물은 선을 조금밖에 쌓지 못한 어리석은 사람을 비유한 것이다.
397 칠차七遮 : 칠역죄七逆罪를 가리킨다. 부처님의 몸에 피를 내는 것, 아버지를 살해하는 것, 어머니를 살해하는 것, 화상을 살해하는 것, 아사리를 살해하는 것, 갈마승羯磨僧과 전법륜승轉法輪僧을 파괴하는 것, 성인을 살해하는 것 등이다.

에 들어가면 다시 보살계를 받을 수 없기 때문이다. 나머지는 그렇지 않으니, 『유가사지론』과 『보살영락본업경』에 거듭해서 받는 것을 허용했기 때문이다.398

第二犯失壞者。如經。若有犯者至一一犯。此中。若犯不得現身發菩提心者。若犯十重入七遮者。更不能受菩薩戒故。所餘不爾。瑜伽本業。許重受故。

■문 중계를 범하면 계를 잃는데, 무엇 때문에 『보살영락본업경』에서 "보살계는 받는 법은 있지만 버리는 법은 없다."399라고 하고, 그 밖의 것도 자세히 밝혔는가?
■답 여러 가지 해석이 있다. 원효 스님은 해석하기를, "삼승교에 의지하여 발심했으면 곧 잃어버리는 일이 있고, 일승교를 들었으면 영원히 물러나 잃어버리는 일이 없기 때문이다."400라고 했다. 그런데 신교新教의 종

---

398 『보살영락본업경』 권하(T24, 1021b18)에서 "십중계는 범함이 있으면 참회하여 (제거할 수는) 없지만 거듭해서 수계하도록 할 수는 있다. 팔만위의계를 모두 경계라고 하니, 이를 범함이 있으면 허물을 참회하게 할 수 있으니, 대수회對手悔를 행함으로써 소멸된다."라고 했고, 『유가사지론』 권40(T30, 515c17)에서 "만약 보살들이 이러한 훼범으로 말미암아 보살의 정계율의를 버리면, 현법現法 가운데에 다시 받는 것을 감당할 수 있으니, 마치 비구가 별해탈계에 머물러 타승처법을 범하면 현법 가운데에서 다시 받을 수 없는 것처럼 감당할 수 없는 것은 아니다."라고 했으며, 같은 책 권75(T30, 711c13)에서 "이러한 인연으로 말미암아 보살의 율의를 버리게 되는 것을 알아야 한다. 만약 다시 청정하게 계를 받으려는 마음이 있으면 다시 계를 받을 수 있도록 해야 한다."라고 했다.
399 『보살영락본업경』 권하(T24, 1021b7)에서 "위범할 수는 있지만 미래제가 다하도록 잃어버리는 일은 없다."라고 했다.
400 원효는 『영락본업경소瓔珞本業經疏』 권하(X39, 258a8)에서 동일한 의문을 제기한 후 자신의 견해를 제시하였는데, 이를 취의 요약한 것이다. 곧 『유가사지론』에서 계를 잃는다고 한 것은 삼승교三乘教에 의지한 경우를 말한 것이고, 『보살영락본업경』에서 계를 잃지 않는다고 한 것은 일승교一乘教에 의지한 경우를 말한 것이므로 서로 모순되지 않는다고 하는 것이 원효의 입장이다.

지에 따르면 (이것은) 결정적인 것으로 의지하기는 어렵다.[401]

의적 스님은 해석하기를, "공능은 비록 잃을지라도 종자의 체는 항상 머물러 있다. 『유가사지론』과 『보살영락본업경』에 차례대로 다르게 설했는데, (이는 『유가사지론』은 한 번 훈습하면 영원히 존재하는 체로서 위연違緣을 만나면 잃기도 하는 공능을 좇아서 잃어버린다고 했고, 『보살영락본업경』은 공능으로 체를 좇아서 잃어버리지 않는다고 한 것이다.) 이 경우에도 또한 이해하기 어려운 면이 발생한다. 성문계의 경우도 역시 종자의 체는 항상 머물러 있기 때문에 (잃지 말아야 하는 것인데, 성문을 위한 가르침에서는 영원히 잃지 않음을 말하지 않았기 때문이다. 이는 성문을 위한 가르침에서는 공능의 측면을 강조했기 때문인 것으로 보인다.)"[402]

---

401 신교는 법상종을 가리키는데, 법상종은 삼승이 진실이고 일승은 방편이라는 입장이기 때문에 그들의 입장에서는 원효의 주장을 수용하기 어렵다는 말인 것 같다.
402 의적의 『보살계본소』 권상(T40, 659b14)에서 "㉠ 앞에서 인용한 것과 같이 『본업경』에서 '보살계는 받는 법은 있지만 버리는 법(捨法)은 없다. 범할 수는 있지만 미래제未來際가 다하도록 잃어버리는 일은 없다'[『보살영락본업경』 권하(T24, 1021b7)]라고 했는데, 무엇 때문에 『유가사지론』에서는, '두 가지 인연에 의해 버리고[『유가사지론』 권40(T30, 515c21)], 네 가지 인연에 의해 버린다[『유가사지론』 권75(T30, 711c9)]'라고 했는가. 이 말은 어떻게 해서 경전의 말씀과 통하지 않는 것인가? ㉡ 의미에 나아가서 각각 구별되는 것이 있기 때문에 서로 어긋나지 않는다. 이 의미는 무엇인가? '계를 잃는다'라고 한 것은, (계를 받고) 목숨이 다할 때까지 파계하지 않을 것이라고 서원하는 사思(의식 작용·의지)에 의해 훈습된 종자가 구르면서 증상增上(뛰어난 것)의 작용을 일으켜 (그릇된 것을) 막고 (선한 것을) 섭수하는 공능을 버리는 것을 말한다. 종자의 체體를 논하자면 한 번 훈습하면 영원히 남아 있고, 공능을 논하자면 어떤 경우에 위연違緣을 만나면 잃을 수도 있다. 체로서 공功을 좇기 때문에 『유가사지론』에서는 '계를 버린다'라고 했고, 능能으로 체를 좇기 때문에 『본업경』에서는 '잃지 않는다'라고 했다. 그러므로 그 경(『본업경』)에서 '일체 보살의 범부와 성인의 계는 모두 마음을 체로 삼는다. 그러므로 마음이 다하면 계도 또한 다하지만, 마음이 다함이 없기 때문에 계도 또한 다함이 없다'[『보살영락본업경』 권하(T24, 1021b20)]라고 하였다. ㉢ 이와 같다면 성문계聲聞戒의 경우도 다섯 가지 위범의 연이 있어도 잃지 말아야 할 것이다. ㉣ 체體에 의거하면 진실로 그러해야 한다. 단지 부처님께서 저 성문을 위한 가르침에서 대체로 공능에 나아가서 '계는 색色이다'라고 설했으니, 그렇기 때문에 영원히 남아 있고 잃지 않는 것이라고 설하지 않았다.(㉤ 계의 본질은 無表色이고, 이러한 계를 받음으로써 계의 무표색이 戒體가 되어 소의신에 존재하는데, 소의신이 멸하면

라고 했다. 지금 해석은 『보살계본종요』에서 설한 것⁴⁰³과 같다.

問。犯重失戒。何故。本業經云。菩薩戒。有受¹⁾法而無捨法。乃至廣明。²⁾ 答。此有多釋。元曉師云。若於三乘敎發心。卽有失 若聞一乘敎。永無退失故。然新敎宗。難可依定。義寂師云。功能雖失。種體常留。³⁾ 瑜伽本業。如次說異。此亦難解。聲聞戒種。亦常留故。今解如宗要。

----
1) ㉠『보살영락본업경』에 따르면 '受' 앞에 '有'가 누락되었다. 2) ㉡ '明'을 '說'이라 했다.(갑본·을본·병본) 3) ㉡ '留'를 '留'라고 했다.(갑본·을본·병본) ㉠ 뜻은 같다.

"국왕의 지위를 잃고" 등이라고 한 것은, 인因이 없어졌기 때문에 과果의 이익을 잃고 악취에 떨어질 것임을 나타낸 것이다. 세간과 이승의 과도 잃고 무너지는데, 어찌 하물며 대승의 삼현·10성과 삼신三身의 미묘한 과를 잃는 것임에랴.

"불성"이라고 한 것은 법신을 말하니, 체성이기 때문이다. "항상 머물고 있는"이라고 한 것은, 나머지 두 가지 몸[수용신(食身)·변화신(化身)]에 통한다. 차례대로 (법신은) 자성에 의해, (식신은) 간단함이 없음에 의해, (화신은) 상속함에 의해 상주하기 때문이다. "부모와 삼보라는 이름조차 듣지 못한다."라는 것은, 세간과 출세간에서 모두 구제할 수 없음을 나타낸 것이다.⁴⁰⁴ 나머지 문장은 알 수 있을 것이다.

함께 멸하기 때문이다.)"라고 한 것을 참조할 것.
403 『보살계본종요』(T45, 917c1)에서 "🈯 이와 같다면 무엇 때문에 『본업경』에서 '보살계는 받는 법만 있고 버리는 법은 없다. 범함이 있어도 미래제가 다하도록 잃어버리는 일은 없다'라고 했는가? 🈯 하승下乘이 대승을 향하였을 경우는 버리는 법이 있지만, 보살계를 버리는 경우는 그러한 것이 없기 때문이다. 혹은 보살계는 무여범이 없으니, 모두 다하는 일이 있지 않다. 앞에서 설한 것과 같기 때문이다.(問若爾何故。本業經言。菩薩戒有受法。而無捨法。有犯不失。盡未來際。答下乘向大。有應捨法。棄菩薩戒。無應爾故。或菩薩戒。無無餘犯。無有總盡。如前說故。)"라고 했다.
404 "세간"이라는 것은 부모를 가리키니, 부모는 세간에 속하는 것 가운데 자애롭게 양육함이 지극한 것이다. "출세간"이라는 것은 삼보를 가리키니, 출세간에 속하는 것 가운

言亦失國王位等。顯因亡故失果利也。當墮惡趣。失壞世間及二乘果。何況
大乘三賢十聖三身妙果。言佛性者。謂法身也。以體性故。言常住者。通餘
二身。如次自性無間相續常故。不聞父母三寶名者。謂顯世間及出世間無
能救也。餘文可解。

[C) 배울 것을 명하고 자세히 설할 곳을 가리킴][405]

범망경고적기 제3권

梵網經古迹記。卷第三。

데 구제하고 보호함이 지극한 것이다. 악취에 떨어져서도 이 두 가지의 이름조차 듣
지 못한다는 것은, 어떤 형태로든 구제받을 수 없음을 나타낸 것이다.
405 태현이 앞에서 시설한 분과에 의해 역자가 집어넣었다. 해당 본문은 "너희들은, 모든
~밝힐 것이다."라고 한 것이다.

범망경고적기 제4권
梵網經古迹記 卷第四

청구사문 태현 지음
靑丘沙門 太賢集

② 경계輕戒

경 부처님께서 여러 보살에게 말씀하셨다.
"이미 10바라제목차를 설하기를 마쳤으니, 48경계를 이제 설할 것이다."

佛告諸菩薩言。已說十波羅提木叉竟。四十八輕今當說。

A. 앞의 것을 맺고 뒤를 일으킴

술 이 이하는 개별적으로 경계輕戒를 외웠다. 이 가운데 셋이 있다. 처음은 앞을 맺고 뒤를 일으켰으며, 다음은 차례대로 외웠으며, 나중은 맺으면서 받들어 행할 것을 권했다. 이것은 처음이다.

述曰。此下別誦輕戒。此中有三。初結前生後。次次第誦出。後結勸奉行。此初也。

이 모든 경계는 그 의요에 따라 위범이 있는 경우가 있고 위범이 없는 경우가 있으며, (위범이 있는 경우에는 다시) 염오에 의한 것인 경우와 염오에 의한 것이 아닌 경우가 있으며, (마음과 경계에 있어서) 연품軟品(하품)·중품·상품의 (여부에 따라 차별이 있으니,) 『유가사지론』「보살지」에서 설한 것과 같이 분명히 알아야 한다.[1]
이 가운데 염오에 의한 위범은 말하자면 (근본번뇌根本煩惱[2]와 상응하여

---

1 『유가사지론』 권41(T30, 516a8)의 경계를 설하는 초입에서 앞에서 서술한 것과 동일한 내용을 설하였다. 또한 이후 경계를 서술하면서 각 경계마다 그것과 관련된 내용을 자세히 서술했는데, 그것을 참조할 것을 권한 것 같다.
2 근본번뇌根本煩惱 : 모든 번뇌의 근본이 되는 것. 탐貪·진瞋·치痴·만慢·의疑·견見

일어난) 악한 의요에 의해 (위범한 것이다.) 그렇지 않은 경우라면 설령 번뇌와 상응할지라도 (수번뇌隨煩惱³와 상응한 것이어서 악한 의요가 일어나지 않으니) 염오에 의한 위범이 아니라고 한다.

此諸輕戒。隨其意樂。有犯無犯。是染非染。輕¹⁾中上品。應當了知。如菩薩地。就中。染犯。謂惡意樂。不爾。設有煩惱相應。名不染犯。

1) ㉑ '輕'을 '耎'이라고 했다.(갑본·을본·병본)

마음과 경계 등에 세 품의 차별이 있으니, (그에 따라 위범의 정도에도 차별이 있다.)『유가사지론』권68에서 "여섯 가지 차별로 말미암아 범한 것은 중죄를 이룬다. 첫째는 학처學處(계율)에서 중죄로 제정한 것이고, 둘째는 일이 무거운 것이며, 셋째는 자주 범하는 것이고, 넷째는 번뇌가 맹렬한 것이며, 다섯째는 지혜의 힘이 하열한 것이고, 여섯째는 (법대로) 빨리 참회하여 제거할 수 없고 (오랜 시간 동안 수습한 후 대치할 수 있는 것이다.)"⁴라고 한 것과 같다.⁵

隨心境等三品差別。如六十八言。由六差別所犯成重。一敎制爲重。二事重。三數犯。四煩惱猛。五智力劣。六不速悔。

등의 여섯 가지 를 말한다. 이 중 앞의 다섯 가지는 오둔사五鈍使라고 한다. 견은 다시 신견身見·변견邊見·사견邪見·견취견見取見·계금취견戒禁取見 등으로 나누어 오리사五利使라고 한다.
3 수번뇌隨煩惱 : 근본번뇌에 수반하여 일어나는 번뇌. 근본번뇌를 제외한 모든 번뇌를 가리킨다.
4 『유가사지론』권68(T30, 677c17).
5 경죄를 설명하는 가운데『유가사지론』의 중죄에 대한 설명을 인용한 것이 자연스럽지 않지만, 이 여섯 가지에 의해 위범하면, 경죄 가운데 무거운 것인 염오에 의한 위범이 성립된다는 것을 보이려는 것으로 파악할 수도 있을 것 같다.

이와 같은 모든 계는 낱낱이 모두 삼취계三聚戒[6]의 뜻을 갖추고 있다.[7] (경계의 숫자는) 중요하게 여기는 것에 따라 열어서 늘리거나 합하여 줄이기도 했으니, 여러 가르침이 일정하지 않다.[8]

---

6 삼취계三聚戒 : 삼취정계三聚淨戒라고도 한다. 대승보살의 계법. 첫째는 율의계律儀戒이니, 칠중七衆의 별해탈율의別解脫律儀, 곧 비구계·비구니계·정학계正學戒(式叉摩那戒)·사미계·사미니계·우바새계·우바이계 등을 말한다. 둘째는 섭선법계攝善法戒이니, 율의계를 받은 후에 보리를 증득하기 위하여 몸과 입과 마음으로 선한 행위를 실천하는 것을 말한다. 셋째는 요익유정계饒益有情戒이니, 중생을 이익 되게 하는 열한 가지 행을 실천하는 것을 말한다.
7 범망계의 해석에 유가계인 삼취계를 끌어들이는 것은 유식학자들의 주석서에 나타나는 공통된 현상이다. 태현도 역시 48경계가 각각 삼취정계를 내포하고 있다는 입장을 보인다. 의적은 『보살계본소』에서 10중계를 섭률의계, 48경계 중 제1~제30을 섭선법계, 제31~제48을 요익유정계라고 하고, 동시에 48경계가 낱낱이 삼취정계의 뜻을 갖추고 있다고 하였는데, 후자는 태현과 같은 입장이라고 할 수 있다. 승장勝莊은 『범망경술기』에서 제1~제8을 섭선법계, 제9~제20을 요익유정계, 제21~제24를 섭선법계, 제25~제33을 요익유정계, 제34~제39를 섭선법계, 제40~제48을 요익유정계라고 하여, 각 경계가 삼취계 중 일부를 섭수하고 있다는 입장을 보였다.
8 『유가사지론』에서는 43경계를 설했고, 『보살내계경』에서는 42경계를 설했으며, 『우바새계경』에서는 28경계를 설했고, 『범망경』에서는 48경계를 설하여 그 숫자를 달리한 것을 말한다. 또한 법장은 『범망경보살계본소』 권4(T40, 634b29)에서 "앞의 여섯 가지 계는 각각 중계를 함께 포함하니 열어서 모두 열두 가지의 계가 성립되고, 다음의 열 가지 계도 여러 가지 계가 함께 들어 있어서 통틀어서 35가지의 계가 성립되며, 나머지 32가지 계는 오직 한 가지 계만 설하고 있다. 따라서 48경계는 열어서 79계가 되는 것을 알 수 있다."라고 했다. 그런데 『유가사지론』에서 설한 경계의 숫자는 주석자마다 차이가 있다. 규기窺基의 『유가사지론약찬』 권11(T43, 147a24)에서는 43경계라고 했고, 둔륜遁倫의 『유가론기』 권10(T42, 538b8)에서는 "『구론舊論』(『보살지지경』)에 의하면 42경계가 있고, 『신론』(『유가사지론』)에는 43경계가 있다. 두 논서를 교감해 보면, 『구론』에는 『신론』의 아홉 번째 계에서 설한 삼생·두둑질 등의 칠지성죄七支性罪(몸으로 짓는 세 가지 성죄, 곧 살생·도둑질·사음 등과 입으로 짓는 네 가지 성죄, 망언·기어·악구·양설 등의 네 가지 성죄를 합하여 일컫는 말. 성죄란 환경·시대 등을 초월하여 자성적으로 악인 것)가 없어서 한결같이 함께하지 않기 때문에 수효가 42가지이지만, 『신론』은 이것이 있기 때문에 43가지를 갖추었다. 그(『신론』) 가운데 여덟 번째 계에서 차죄遮罪의 공공共·불공不共이 있어서 이것을 개별적으로 열어서 두 가지가 되니, 응당 수효는 44가지라고 말해야 한다. 또한 (『신론』의) 제29계에 '보살장菩薩藏을 듣고 제불의 신력에 대해 신해信解를 내지 않으며 뒤에서 비방하는 것'이라고 한 것에서 양설兩舌을 별도로 열어서 두 가지가 되니, 응당 수효가 45가지를 이루어야 한다. 그런데 지금 양처兩處(둘로 나눌 수 있는 두 가지 사례)를 모두 합했기 때문에 수효를 43가지라고 한 것이다."라고 했다.

如此諸戒。一一皆具三聚戒義。隨要開合。諸敎不定。

B. 차례대로 외움

A) 첫 번째 열 가지 계

(A) 자신의 심념心念을 수호하는 문

Ⓐ 불경사장계 제1 ①⁹(스승과 어른을 공경하지 않는 일을 하지 마라)

不敬師長戒。第一。

경 "불자여, 국왕의 지위를 받고자 할 때, 전륜왕의 지위를 받고자 할 때, 관료가 되어 일정한 직위를 받고자 할 때, 먼저 보살계를 받아야 하니, (그렇게 해야) 모든 귀신이 왕의 몸과 관료의 몸을 구호하고 모든 부처님께서 기뻐하신다. 이미 계를 받고 나서는 효순하는 마음과 공경하는 마음을 갖고, 상좌와 화상과 아사리나 배움을 함께하고 견해를 함께하며 행을 함께하는 이 중 나이가 자신보다 많은 이¹⁰를 보면, 일어나서 맞이하고 예배 드리면서 안부를 물어야 하거늘, 보살로서 도리어 거만한 마음(憍心)과 오만한 마음(慢心)¹¹과 어리석은 마음을 내어 일어나 반갑게 맞이하여 예배하지 않고, 낱

---

9 이것은 48경계를 순서대로 분명히 드러나도록 하기 위해 역자가 임의로 번호를 붙인 것이다. 이하 동일하다.
10 의적의 『보살계본소』 권하(T40, 671a26)에서 "'배움을 함께하고 견해를 함께하며 행을 함께하는 이 중 나이가 자신보다 많은 이'라는 것은 배움을 함께하는 이 등에 있어서 나이가 자신보다 많은 이를 말한다. 또 대승법을 함께 배우고, 대승의 견해를 함께 익히며, 대승행을 함께 닦는 사람이다."라고 했는데, 전자에 의거하여 이렇게 풀었다.
11 거만한 마음(憍心)과 오만한 마음(慢心) : '憍'와 '慢'은 번뇌의 하나인데, 전자는 자신의

날이 법대로 공양하지 않아서야 되겠는가. 스스로 몸과 나라와 아들·딸과 칠보와 온갖 물건을 팔아서 공급해야 할 것이니, 이와 같이 하지 않는다면 경구죄를 범하는 것이다."

若佛子。欲受國王位時。受轉輪王位時。百官受位時。應先受菩薩戒。[1] 一切鬼神。救護王身百官之身。諸佛歡喜。旣得戒已。生[2]孝順心恭敬心。見上座和上阿闍梨。大同學同見同行者。應起承迎禮拜問訊。而菩薩反生憍心慢心癡心。[3] 不起承迎禮拜。一一不如法供養。以自賣身國城男女七寶百物而供給之。若不爾者。犯輕垢罪。

1) ㉭ '戒'를 '成'이라 했다.(갑본) 2) ㉭ '生' 앞에 '應'이 있다.(갑본) ㉡ 있는 것이 맞는 것 같다. 3) ㉭ '慢心癡心'을 '癡心慢心'이라 했다.(갑본)

[술] 이 이하는 (차례대로) 개별적으로 외운 것이다. 첫 번째 열 가지 계에 네 가지 문이 있다. 처음의 두 가지는 자신의 심념을 수호하는 문이니, 교만함이 일어나는 곳에서 경멸함과 교만함을 제지하기 때문이고, 방일함이 일어나는 곳에서 음주의 허물을 끊기 때문이다. 다음의 세 가지는 다른 사람의 심행을 수호하는 문이고, 다음의 세 가지는 불법을 우러러 닦는 문이며, 나중의 두 가지는 중생을 구호하는 문이다.

述曰。自下別誦。初十有四門。初二護自心念門。於憍逸處。制輕慢故。於放逸處。斷酒過故。次二護他心行門。次三仰修佛法門。後二救護衆生門。

"왕 등의 지위를 받을 때 먼저 보살계를 받는다."라는 것은, 전하는 설

장점에 대해 스스로 마음이 거만한 것이고, 후자는 다른 사람과 비교하여 스스로를 높이는 심리 작용이다. 전자는 뽐내는 마음이, 후자는 남을 업신여기는 마음이 내재되어 있다.

에 따르면 두 가지가 있다.

어떤 사람은 말하기를, "보살이 비록 일찍이 계를 받았더라도 이때 다시 받는 것은 마음을 조복시키기 위한 것이다.[12] 표업表業 등에 의해 연을 갖추어서 비록 무표업無表業을 인생引生하더라도 앞에서 계를 받을 때 생기한 것과 같은 부류이기 때문에 새로 얻은 것은 아니라고 한다. 『대승아비달마잡집론』에서 '이미 열반에 의지하여 (그때) 먼저 (순해탈분順解脫分의) 선근을 일으킨 이는 다시 새롭게 일어나지 않는다'[13]라고 한 것과 같다. (비록 그렇다고 해도) 어찌 (그것이) 나중에 종자를 훈습하고 낳지 않는다고 할 수 있겠는가.[14] 이것도 또한 그러해야 하니 일찍이 계를 받지 않았으면 어찌 불자라고 말할 수 있고, (계를 받지 않았는데) 어찌 경죄를 범했다고 할 수 있겠는가."[15]라고 했다.

> 受王等位。先受戒者。傳說有二。有說。菩薩。雖曾有戒。爾時更受。爲調心故。表等緣具。雖引無表。前戒類故。說非新得。如對法說。已依涅槃。先起善根者。不復新起。豈彼後時。不熏生種。此亦應爾。若曾無戒。何名佛子。犯何輕罪。

어떤 사람은 말하기를, "별해탈계는 궤칙이 되는 법이다. 비구계는 거듭해서 받는 법이 없으니, 설령 비록 거듭 받는다고 해도 오직 이전에 받은 계를 증장하는 것일 뿐인 것과 같은 경우로 이해해야 한다. 이로 말미

---

12 높은 지위에 올라서 그것에 의해 교만한 마음을 일으켜 스승이나 어른을 공경하지 않는 마음을 일으키는 것을 막기 위한 것이라는 말이다.
13 『대승아비달마잡집론』 권13(T31, 754a16). 본 서는 『대집론』이라고도 한다.
14 천 리를 떠나는 여행자가 첫발을 디디는 것을 발취發趣라고 하는데, 그 뒤 아침에 출발할 때마다 그것을 발취라고 말하지는 않지만, 날마다 발취하는 일이 일어나는 것은 사실이라는 것을 말한다.
15 이미 계를 받았지만 왕 등의 지위를 받을 때 다시 거듭해서 계를 받는 것이라는 말이다.

암아 보살이 초지에 들어가서 유루계有漏戒를 버리고 무루계無漏戒를 받는 것은 불덕佛德을 장양하고 성취하기 위한 것이니, 먼저 계를 지니고 있었기 때문에 견도위見道位[16]에서 비로소 얻는 것이라고 할 수는 없다.[17] 이것은 성문이 앞서 계를 받지 않았기 때문에 견도위에서 비로소 계를 얻는 것과는 같지 않다.[18] 그러므로 『유가사지론』에서 '거듭해서 받더라도 새로 얻은 것은 아니다'[19]라고 했다. 다른 법에서 거듭해서 종자를 훈습한다고 하는 것과는 같지 않으니, 그렇게 주장하는 것은 작법에 의해 제지되는 궤칙과 관련된 것이 아니기 때문이다."[20]라고 했다.

有說。別解脫戒。軌則之法。如比丘戒。無再受法。設雖重受。唯增舊戒。由此菩薩。入初地已。捨有漏戒。受無漏[1]戒。爲欲長養。成佛德故。先有戒故。見道不得。不同聲聞。先無戒故。見道得戒。故瑜伽云。重受不新得。不同餘法重熏種子。彼非作法制軌則故。

1) ㉠ '漏'를 '滿'이라 했다.(갑본·을본·병본)

비록 아직 계를 받지 않았어도 부처님의 종자는 잃지 않으니, 이미 위

---

16 견도위見道位 : 성문의 사과四果 중 예류과預流果 이상의 계위. 보살의 10지十地 중 초지初地 이상의 계위를 가리킨다. 여기에서는 후자의 의미로 쓰였다.
17 유루계 이외에 별도로 무루계를 받은 것이 아니고, 유루계가 수승하게 굴러서 무루계가 된 것이라는 말이다.
18 교진여 등 최초의 다섯 비구가 사제四諦의 가르침을 듣고 견도위에 들어갔을 때, 저절로 구족계(비구계)를 얻은 것과 같은 경우를 말한다.
19 『유가사지론』 권40(T30, 515c27). 무상보리의 대원을 버리는 것과 상품의 번뇌를 현행하여 타승처법을 범하는 것의 두 가지를 제외하고는 보살은 정계율의를 버리지 않는다. 여러 생을 전전하면서 본념을 망실했어도 선우를 만나면 자신이 받은 보살계를 깨달을 수 있다. 그러므로 거듭 받는다고 해도 새로 받는 것이 아니고 새로 얻는 것도 아니다.
20 이미 계를 받았지만 왕 등의 지위를 받을 때 위세에 의해 스승과 어른을 업신여기는 마음이 일어나는 것을 막기 위해서 다시 받는 형식을 취하는 것일 뿐이고, 이것에 의해 실제로 계를 새롭게 받는 일이 이루어지는 것은 아니라는 말이다.

없는 보리를 증득하려는 서원을 발했기 때문이다. 경죄를 범하는 것은, 교만한 마음을 내는 것에 의해 맺어지는 것이니, 반드시 거듭해서 받아야 비로소 위범함이 없는 것이 아니겠는가. 만약 일찍이 (계를 지니고) 마음을 조복시켰다면 이러한 일이 무용해야 하기 때문이다.

> 雖未受戒。佛子無失。已發無上菩提願故。犯輕罪者。結生憍慢。不必重受。方無犯耶。若曾調心。應無用故。

"상좌"라고 한 것은 대중 가운데 상수가 되는 화상이라는 것이니, 곧 친교사親教師로 수계화상授戒和尙을 말한다. "아사리"라는 것은 곧 궤범사軌範師로, 수계授戒 · 갈마羯磨 · 위의威儀 · 교수敎授 · 수업受業 등에 있어서 스승이 되는 분이다. "배움을 함께하고 견해를 함께하며 행을 함께하는 이"라는 것은, 차례대로 스승을 함께하고 종지를 함께하며 승乘을 함께하는 것이다.

"칠보"라고 한 것은, '소중한 것도 오히려 베풀 수 있어야 하니, 어찌 하물며 나머지 가벼운 것임에랴'라고 하는 것이 여기에서의 뜻이다. "이와 같이 하지 않는다면"이라고 한 것은 공경하고 공양함을 법대로 하지 않는 것이다. 『유가사지론』에서 "교만한 마음과 혐오하는 마음과 분노하는 마음에 의해서 그렇게 하면 염오에 의해 위범하는 것이고, 게으름과 잊어버림에 의해서 그렇게 하면 위범하는 것이지만 염오는 아니다. 위범하는 것이 아닌 경우는, 병이 있거나, 광란한 상태이거나, 잠자고 있는 상태이거나, 자신이 설법하고 있거나, 다른 사람과 말하고 있거나, 자신이 다른 사람이 설법하는 것을 듣고 있거나, 설법하는 사람의 마음을 보호하기 위해서이거나, 많은 유정의 마음을 보호하기 위해서이거나, 조복시키기 위해서이거나, 승제僧制를 보호하기 위해서이거나 하는 경우에 그렇게 한 것이니, 모두 위범함이 없는 것이다."[21]라고 했다.

言上座者。衆中上首和上者。卽新¹⁾教師受²⁾戒和上也。阿闍梨者。卽軌範師。授戒羯磨威儀敎授³⁾受業等師也。同學同見同行。如次同師同宗同乘者也。言七寶者。所重猶可施。何況所餘輕。此中意也。言若不爾者。恭敬供養。不如法也。瑜伽論云。慢心嫌心恚心。染犯。懈怠忘念。是犯非染。無違犯者。或病或狂或睡。或自說法。或與他語。或自聽法。或欲將護說法者心。或爲將護多有情心。或爲調伏。或護僧制。皆無違犯。

1) ㉑ '新'을 '親'이라 했다.(을본·병본) ㉓ 후자가 맞다. 2) ㉑ '受'를 '授'라 했다.(을본·병본) ㉓ 후자가 맞다. 3) ㉑ '授'를 '受'라고 했다.(갑본·을본·병본)

Ⓑ 음주계 제2 ②(술을 마시는 일을 하지 마라)

飮酒戒。第二。

21 『유가사지론』 권41(T30, 516a28)에서 "보살들이 보살의 정계율의에 안주하여 모든 나이 든 스님과 덕이 있는 스님과 법을 함께하는 이로서 공경할 만한 이가 온 것을 보고도, 교만이라는 번뇌에 제압당하고 싫어하는 마음을 품고 분노하는 마음을 품어서 일어나 반갑게 맞이하지 않고 좋은 자리를 내어 주지 않으며, 또한 다른 사람이 와서 말을 걸고 담론談論하며 축하나 위로의 말을 건네거나 청문請問하거나 할 때, 교만이라는 번뇌에 제압당하고 싫어하는 마음을 품고 분노하는 마음을 품어서 바른 이치에 칭합하지 않게 대답해 주면, 이를 범하는 것이 있고 어긋나고 넘어서는 것이 있으며 염오에 의해 위범하는 것이라고 한다. 교만이라는 번뇌에 제압당하지 않고 싫어하는 마음도 없으며 분노하는 마음도 없는데, 단지 나태함·게으름·잊어버림·무기無記 등의 마음으로 말미암아서 그렇게 한 것이라면, 범하는 것이 있고 어긋나고 넘어서는 것이 있지만 염오에 의해 위범하는 것은 아니라고 한다. 위범을 하지 않는 경우는, 중병을 앓고 있거나, 제정신이 아니거나, 자신은 삼가고 있는데 다른 사람이 깨어 있는 줄 알고 있을 때 등과 같은 경우에 다가와서 친근하게 말을 걸고 담론하며 축하나 위로의 말을 건네거나 청문하거나 하는 것에 의해 그렇게 하는 것이다. 혹은 자신이 다른 사람을 위해 여러 법을 설하고 논의論義하며 결택決擇하고 있을 때, 혹은 다른 사람과 함께 담론하거나 축하나 위로의 말을 건네고 있을 때, 혹은 다른 사람이 법을 설하고 논의하며 결택하는 것을 귀기울여서 듣고 있을 때, 혹은 위범하여 정법을 설하는 사람이 있을 경우 설법하는 사람의 마음을 보호하기 위해, 혹은 방편으로 상대방을 조복시키고 불선처不善處에서 벗어나 선처에 안립하게 하기 위해서, 혹은 승제僧制를 보호하기 위해서, 혹은 장차 여러 유정의 마음을 보호하기 위해서, 대답해 주지 않았을 경우는 모두 위범하는 것이 아니다."라고 한 것을 취의 요약한 것이다.

경 "불자여, 고의로 술을 마시고 술에 의해 한량없는 과실을 일으켜서야 되겠느냐. 자신의 손으로 술잔을 들어 다른 사람에게 주어 술을 마시게 해도 5백 세 동안 손이 없는 중생으로 태어날 것인데, 하물며 스스로 마신다면 어떠 하겠는가. 모든 사람으로 하여금 술을 마시지 않게 하고, 모든 중생으로 하 여금 술을 마시지 않게 해야 할 것이거늘, 하물며 스스로 술을 마시는 일을 해서야 되겠는가. 고의로 스스로 술을 마시고 다른 사람으로 하여금 마시게 하는 이가 있다면, 이는 경구죄를 범하는 것이다."

若佛子。故飲酒。而生酒過失無量。若自身手。過酒器。與人飲酒者。五百世無手。何況自飲。不得教一切人飲。及一切衆生飲酒。況自飲酒。若故自飲。教人飲者。犯輕垢罪。

술 "술"이라는 것은 미란시키고 죄를 일으키는 근본이 되는 것이다. (술을 마시지 않았던) 예전에는 용을 항복시키는 기세가 있었어도, (술을 마시고 난) 지금은 청개구리조차 막지 못하며,[22] 내지 (오역죄 가운데) 네 가지 역죄逆罪가 이것으로부터 생겨나니, 오직 파승역破僧逆은 제외한다.[23] 그러므로 지금 제지하였다.

---

22 『십송률』 권17(T23, 120b29)에서 "지제국支提國 발타라바제읍跋陀羅婆提邑에 암바라제타菴婆羅提他라는 악한 용이 있어서 중생을 괴롭혔다. 장로 사가타莎伽陀가 이를 알고 용과 대적하여 물리쳤다. 그 명성이 두루 퍼져 어떤 여인이 사가타 장로에게 공양하면서 냉기를 보충하도록 하기 위해 물처럼 보이는 술을 바쳤다. 사가타 장로가 이를 자세히 살펴보지 않고 그대로 마시고 술에 취해 길에 쓰러졌다. 부처님께서 이를 보고 비구들에게 물었다. '과거에 용왕을 조복시킨 사가타 장로가 술에 취해 쓰러진 지금 청개구리 한 마리라도 조복시킬 수 있겠는가?' 비구들이 대답했다. '할 수 없습니다.' 부처님께서 말씀하셨다. '음주로 말미암아 죄가 생겨나니 한 방울의 술도 마시지 말라.'"라고 했다.
23 『살파다비니비바사』 권9(T23, 560a14)에서 "이것보다 더한 죄를 짓게 하는 것이니, 이 술은 매우 무거운 죄와 관련된다. 술을 마시는 이는 (다섯 가지 역죄 가운데) 네 가지 악을 지을 수 있다. 파승역破僧逆은 제외하니, 파승의 요체는 스스로 부처님이라고 칭

述曰。酒者迷亂起罪之本。昔是伏龍之勢。而今不禁蝦蟆。乃至四逆。從此而生。唯除破僧。故今制也。

"한량없는 과실"이라고 한 것은, 술에 취해 과실이 생겨나야 비로소 (성죄性罪에 해당하는) 죄를 범하는 것이기 때문이다. 『구사론』에서 "(성죄는 염오심에 의해 이루어지는 것이니,) 병을 다스리기 위해 양을 한정하여 (마시면 취하거나 어지러움이 없으니 염오심이 없다. 따라서 염오심에 의해 행해지는) 성죄의 모양이 존재하지 않는다. 그러므로 (술을 마시는 것 자체는) 차죄에 해당한다. (그러나) 지율자持律者[24]는 '(술을 마시는 것 자체가) 성죄이다. 우파리鄔波離[25]가 〈저는 어떤 것을 병자에게 공급해야 합니까?〉라고 하자, 세존께서 말씀하시를, 〈성죄와 관련된 것을 제외하고는 모두 공급해도 된다〉라고 하셨다. 그런데 염질染疾(유행병)이 돌자 석가釋迦 종족이 (이를 치유하기 위해) 술을 사용해야 했지만 세존께서는 그들이 술을 마시는 것을 허락하지 않았으니, (이는 결국 병을 치유하기 위해 사용하는 것도 성죄라고 한 것이라고 할 수 있기) 때문이다. (경에서 〈비구는 술을 마셔서는 안 된다. 풀 끝에 묻은 한 방울의 술에 이르기까지도 마셔서는 안 된다〉라고 했기 때문이다.) 또한 경생經生의 성자[26]가

하는 것에 있기 때문이다. 또한 일체의 계를 파괴하고 나머지 온갖 악업을 지을 수 있다."라고 했다.
24 지율자持律者 : 율을 수지하는 사람이라는 뜻. 수계 시 작법을 담당하는 스님을 가리킨다.
25 우파리鄔波離 : [S] Upāli의 음사어. 우파리優波離라고도 하고, 근집近執·근취近取 등이라 의역한다. 인도 가비라위국에서 수다라 종성의 집안에 태어났다. 부처님의 10대 제자 중 지율제일持律第一로 일컬어진다.
26 경생經生의 성자 : 한 번 혹은 그 이상의 생을 경유하면 열반에 드는 성자라는 뜻. 성문사과聲聞四果 중 첫 번째인 예류과預流果(須陀洹果)를 얻은 성자와 두 번째인 일래과一來果(斯陀含果)를 얻은 성자를 가리킨다. 예류과의 성자는 인간계와 천계를 최대한 일곱 번 왕복한 후에 열반에 들고, 일래과의 성자는 한 번 왕복한 후에 열반에 든다.

역시 (살생 등과 마찬가지로) 범하지 않는 것이기 때문이다.²⁷'라고 했다. 여러 대법對法(아비달마)의 논사들은 '(술 그 자체는) 성죄가 아니다. 그리하여 병자를 위한 것일 경우는 (성죄에 해당하는 것만 제외하고) 차계에 해당하는 것은 모두 (행해도 되는 것이라고) 허락한 것이다.²⁸ (그런데도) 나중에 다른 때에 술을 마시는 것을 막은 것은 이것으로 인해 성죄를 범하는 것을 방지하려고 했기 때문이다.²⁹ 또한 일체의 성자가 술을 마시지 않는 것은, 모든 성자가 부끄러움을 갖추었기 때문이고, 마시면 정념正念을 잃게 하기 때문이다.³⁰ 또한 적은 분량이라도 마시지 말라고 한 것은, 독약처럼 분량에 한정이 없기 때문이다³¹'라고 했다."³²라고 한 것과 같다.

言過失無量者。醉生過失。方犯罪故。如俱舍云。治病限量。無性罪相。故知。遮罪。持律者云。性罪也。¹⁾ 鄔波離云。吾如何供養²⁾病者。世尊言。除性罪。皆可供給。然有染病。³⁾ 釋種須酒。世尊無許⁴⁾彼飮酒故。又經生聖者。亦無犯故。諸對法師言。非性罪。然爲病者。總開遮戒。後於異時。遮飮酒者。爲防用此犯性罪故。又一切聖。不飮酒者。以諸聖者。具慚愧⁵⁾故。飮令失正念故。乃至小⁶⁾分。亦不飮者。以如毒藥。量不定故。

1) 갑 '也'가 없다.(갑본·을본·병본) 옝 『구사론』에 따르면 없다.   2) 옝 『구사론』에 따르면 '養'은 '給'이다.   3) 『구사론』에 따르면 '病'은 '疾'이다.   4) 옝 『구사론』에 따르면 '許'는 '開'이다. 뜻은 같다.   5) 옝 『구사론』에 따르면 '慚愧'는 '慚羞'이다. 뜻은

---

27 경생의 성자는 성죄를 범하지 않는데, 술을 마시는 것도 역시 범하지 않기 때문에 이것은 성죄라고 할 수 있다는 말이다.
28 앞에서 "성죄와 관련된 것을 제외하고는 모두 공급해도 된다."라고 한 말의 의미를 풀이한 것이다.
29 앞에서 "부처님께서 유행병이 돌았지만 술을 마시는 것을 허락하지 않았다."라고 한 말의 의미를 풀이한 것이다.
30 앞에서 "경생의 성자는 술을 마시지 않는다."라고 한 말의 의미를 풀이한 것이다.
31 앞에서 "풀 끝에 달린 한 방울의 술도 마시지 말아야 한다."라고 한 말의 의미를 풀이한 것이다.
32 『구사론』 권14(T29, 77b8).

같다. 6) ㉢『구사론』에 따르면 '小'는 '少'이다.

"5백 세 동안 손이 없는 중생으로 태어날 것인데"라고 한 것은 지극히 강렬한 악심惡心으로 지은 허물이기 때문이다. 선심善心 등이 아닌 것이니, 만약 선심으로 베풀었다면, 『유가사지론』에서 시도施度(보시바라밀)에 섭수하는 것을 허락했기 때문이다.[33] 『십주비바사론』에서 "재가보살은 술을 베풀어도 죄가 되지 않는다. (술을 베풀 때에는) 이러한 생각을 해야 한다. '보시바라밀의 법은 다른 사람이 원하는 것을 만족시켜 주는 것이다. (그러므로 지금 그가 원하는 것을 주고) 나중에 방편으로 교화하여 술을 여의게 해야 하겠다.'"[34]라고 한 것과 같기 때문이다.

> 言五百世無手者。以極增上惡心過故。非善心等。若善心施。瑜伽論。許施度攝故。如十住云。在家菩薩。施酒無罪。應生是念。施度之法。悉滿人願。後當方便敎化離酒故。

"모든 사람으로 하여금 술을 마시지 않게 하고, 모든 중생으로 하여금 술을 마시지 않게 해야 할 것이거늘, 하물며 스스로 술을 마시는 일을 해서야 되겠는가."라고 한 것은, 먼저 술잔을 건네고 하물며 스스로 마시는 것을 설하기를 마쳤고, 이것은 곧 두 번째로 다른 사람으로 하여금 마시게 하고, 하물며 스스로 마시는 것을 설한 것이다. "고의로 스스로 술을 마시고 다른 사람으로 하여금 마시게 하는 이가 있다면"이라는 것은 총괄

---

33 『유가사지론』 권39 「시품施品」(T30, 506a5)에서 "또한 모든 보살이 외부에 속하는 보시하는 물건에 있어서, 어떤 중생이 와서 독·불·칼·술 등을 구하되, 혹은 자신을 해치기 위해서이거나 혹은 다른 사람을 해치기 위해서이면 곧 베풀지 말아야 한다. 어떤 중생이 와서 독·불·칼·술을 구하되, 자신을 이익 되게 하기 위해서이거나 다른 사람을 이익 되게 하기 위해서이면 이러한 경우는 곧 베풀어야 한다."라고 했다.
34 『십주비바사론』 권7(T26, 56c13).

적으로 위범을 맺은 것이다.

言不得教至況自飮酒者。先以過器。況自飮已。此卽第二以教他飮況自飮也。若故自飮教人飮者。總結違犯。

그런데 『문수사리문경』에서 "술을 마셔서는 안 된다. 만약 약과 합하되, 의사가 말한 많은 약과 서로 화합하여 술이 적고 약이 많으면 마실 수 있다. 기름을 복용하는 것과 몸에 바르는 것 등은 해서는 안 되지만 인연이 있으면 할 수 있다. 유乳·낙酪·생소生蘇·제호醍醐는 먹을 수 있으니, 내가 먼저 유미乳糜(우유죽)를 먹었으니, 풍병風病·담병痰病·냉병冷病을 다스리기 위함이었다."[35]라고 했다. 『미증유경』에서 오계五戒를 제정한 것에 대해 설명하면서, "술을 마시고 기쁜 마음으로 선을 일으켰다면 마셔도 계를 범하지 않는다."[36]라고 했다. 자세한 것은 그곳에서 설한 것과 같다. 하물며 보살계에 있어서는 (상대방에게) 이익이 있으면 위범이 성립되지 않음에랴. 유마힐維摩詰[37]이 온갖 술집에 들어가서도 (방일하지 않고) 그 뜻

---

35 『문수사리문경』 권상(T14, 493a19).
36 『미증유인연경』 권하(T17, 585a18)에서 "태자 기타祇陀가 부처님께 말씀드렸다. '제가 예전에 오계를 수지했는데 지금 다시 버리고 10선법을 받고자 합니다. 그 이유는 오계 중 술을 마시지 말 것이라는 계는 수지하기 어려우니 죄를 지을까 두렵기 때문입니다.' 부처님께서 말씀하셨다. '술을 마셨을 때 나쁜 일을 행한 적이 있는가?' 기타 태자가 답했다. '술을 마시면서 계율을 생각하여 방탕하지 않고 화목을 도모했을 뿐입니다.' 부처님께서 말씀하셨다. '세상 사람들이 모두 그와 같다면 평생 술을 마신들 무슨 죄가 있겠느냐. 이렇게 행동하면 복을 받을 뿐 죄는 있지 않다. 술을 마시고도 나쁜 일을 일으키지 않고 환희심 때문에 번뇌를 일으키지 않으며 착한 마음을 내면 이것을 인연으로 착한 과보를 받으니, 네가 오계를 수지함에 있어서 어찌 과실이 있었다고 하겠느냐.'"라고 했다.
37 유마힐維摩詰 : [S] vimalakīrti의 음사어. 정명淨名이라 의역한다. 부처님의 재가 제자. 『유마힐소설경』에 따르면, 중인도 비사리성의 장자로 대승불교의 교의에 정통한 것으로 전해진다.

을 굳게 세웠던 것과 같다.[38]

然文殊問經云。不得飲酒。若合藥醫師所說多藥相和。少酒多藥。得用。不得服油及塗身等。若有因緣。得用。得用乳酪生蘇醍醐。我先噉乳糜。[1] 爲風淡[2]冷故。未曾有經。制五戒云。若有飲酒。悅心生善。飲不犯戒。廣如彼說。況菩薩戒。有利無犯。如維摩詰。入諸酒肆。能立其志。

---

1) ㉠ '糜'를 '麋'라 했다.(갑본·을본·병본) ㉡『문수사리문경』에 따르면 후자가 맞다.
2) ㉡『문수사리문경』에서 '淡'을 '痰'이라 했고, 그 미주에 다른 판본에는 '淡'이라 했음을 밝혔는데, '痰'이 맞는 것 같다.

(B) 다른 사람의 심행心行을 수호하는 문

Ⓐ 식육계 제3 ③(고기를 먹는 일을 하지 마라)

食肉戒。第三。

경 "불자여, 고의로 고기를 먹어서야 되겠느냐. 어떤 고기든 먹어서는 안 된다. 대자비大慈悲라는 불성의 종자種子가 끊어져서 모든 중생이 그를 보면 버리고 떠나간다. 그러므로 모든 보살은 모든 중생의 고기를 먹어서는 안 되니 고기를 먹으면 한량없는 죄를 얻는다. 고의로 먹으면 경구죄를 범한다."

若佛子。故食肉。一切肉不得食。斷大慈悲性種子。一切衆生。見而捨去。是故一切菩薩。不得食一切衆生肉。食肉得無量罪。若故食者。犯輕垢罪。

술 보살은 이치상 자신의 살을 버려서라도 중생의 생명을 구해야 하

---

38 『유마힐소설경』 권상(T14, 539a29).

거늘, 도리어 그들을 먹음으로써 반드시 (그들을) 살생하는 결과에 이르
게 하기 때문에 지금 제정한 것이다.

述曰。菩薩。理應捨自身肉。而救物命。而反食他。必至於殺。故今制也。

『문수사리문경』에서 "(부처님께서) 보살을 제지하여 말씀하셨다. '자기
를 위해 살생한 것이면 먹을 수 없다. 고기가 목재처럼 이미 저절로 썩어
서 문드러졌을 경우 먹고자 하면 먹을 수 있다. 고기를 먹으려면 이 주문
을 세 번 말해야 한다. 〈다질타多姪咃【S tadyathā】【의역어는 여시如是이다.】 아날
마【S anātman】아날마阿捺摩阿捺摩【의역어는 무아무아無我無我이다.】 아시바다【S
ajīva】아시바다阿視婆多阿視婆多【의역어는무수명무수명無壽命無壽命이다.】 나사【S
nāśa】나사那舍那舍【의역어는 실실失失이다.】 타하【S dāha】타하陀呵陀呵【의역어는 소
소燒燒이다.】 파불파불婆弗婆弗【의역어는 파파破破이다.】 승가율다이僧柯慄多弭【S
saṃskṛta】【의역어는 유위有爲이다.】 사하莎呵【S svāhā.】【의역어는 제살생除殺生이
다.】[39]〉' 문수가 말씀드렸다. '고기를 먹을 수 있다면 『상귀경』·『대운경』·
『지만경』·『능가경』[40] 등의 여러 경전에서 무엇 때문에 모두 끊어야 한다
고 한 것입니까?' 부처님께서 문수에게 말씀하셨다. '중생에게 있어서 자

---

39 '사하莎呵【S svāhā】'는 본래 원만성취圓滿成就라는 뜻이다. 진언의 끝에 관용적으로 붙
이는 말로, 소원하는 모든 것이 성취되기를 바라는 주문이다. 여기에서 '제살생'이라고
의역한 것은 살생과 관련된 주문이기 때문에 그러한 의미를 첨가했기 때문인 것으로
보인다.
40 『입능가경入楞伽經』 권8(T16, 563c24)에서 "만약 어떤 사람이 말하기를, '부처님께서
계율에서 세 가지 청정한 고기에 대해 말한 것은, 먹는 것을 허락하지 않기 위한 것이
지, 먹는 것을 허락하기 위한 것이 아니다'라고 한다면, 마땅히 알라. 이 사람은 굳게
계율에 머무르는 것이요, 나를 비방하는 것이 아니다. 대혜여, 지금 이 『능가경』에서는
'어느 시기이든, 어떤 고기이든, 또한 어떤 방편으로도 먹을 수 없다'라고 한다."라고
했다. '세 가지 청정한 고기'라는 것은, 자신이 직접 죽이는 것을 보지 않았고, 다른 사
람으로부터 나를 위해서 죽였다는 말을 듣지도 않았으며, 나를 위해서 죽였다는 의심
이 들지도 않는 것 등의 세 가지 조건을 갖춘 고기를 가리킨다.

비의 힘을 없애고 살해의 뜻을 품게 하니, 이 인연으로 고기를 먹는 것을 끊도록 하였다. 문수사리여, 어떤 중생이 분소의糞掃衣[41]를 좋아하면 나는 분소의에 대해서도 그렇게 설할 것이고, 이와 같이 걸식도 또한 그러하여 그들을 교화하기 위해 나는 두타頭陀[42]에 대해서도 그렇게 설할 것이다. 이와 같이 문수여, 중생이 살해하려는 마음이 있기 때문에 나는 고기를 끊을 것을 설했다. 만약 해치려는 마음을 품지 않고 대자비심으로 일체중생을 교화하기 위해서 그렇게 한 것이라면 죄와 허물은 있지 않다.'"[43]라고 했다.

文殊問經。制菩薩言 若爲已殺。不得噉。若肉如林[1]木。已自腐爛。欲食得食。若欲噉肉。三說此呪。多咥他[2]【此云如是】。阿檾[3]摩阿檾摩【此云無我無我】。阿視婆多阿視婆多【此云無壽命無壽命】。那舍那舍【此云失失】。陀呵陀呵【此云燒燒】。婆弗婆弗【此云破破】。僧柯慄多拑[4]【此云有爲】。莎呵【此云除殺生】。文殊白言。若得食肉者。寫[5]龜經。大雲經。指鬘經。楞伽經等諸經。何故悉斷。佛告文殊。以衆生。無慈悲力。懷殺害意。爲此因緣故。斷食肉。文殊師

---

41 분소의糞掃衣 : 쓰레기나 오물 등으로 버려진 헝겊 조각을 깨끗이 씻은 다음 조각조각 기워서 만든 옷을 가리킨다.
42 두타頭陀 : ⑤ dhūta의 음사어. 두다杜多라고도 하고, 기제棄除·수치修治 등으로 의역한다. 의·식·주 등에 있어서 탐착을 버리고 신심身心을 수련하기 위해 제정된 엄격한 수행 원칙으로 보통 열두 가지를 제시하여 12두타행이라고 하는데, 그 구체석인 내용은 출처에 따라 약간 다르다. 왕래하던 집에서 걸식하는 것(常期乞食), 마을에 들어가 분별하지 않고 차례대로 걸식하는 것(次第乞食), 한 번 앉은 자리에서 한 번만 먹는 것(但一坐食), 단지 삼의三衣만 지니는 것, 아란야阿蘭若(마을에서 멀리 떨어진 고요한 곳)에 머무는 것, 항상 나무 밑에 거주하는 것, 항상 가린 것이라곤 아무것도 없는 맨 땅에 머무는 것 등이다. 『대지도론』 권68(T25, 537b28)에서 "12두타는 계라고 하지 않으니, 곧 능히 행하면 계를 장엄하는 것이지만, 능히 행하지 않는다고 하여 계를 범하는 것은 아니다. 비유컨대 보시는 행하면 복을 얻지만, 행하지 않는 것은 죄가 없다. 두타도 또한 이와 같다."라고 하여 계율이 타율적이라면 두타는 자율적인 것임을 밝혔다.
43 『문수사리문경』 권상(T14, 492c26).

利。有衆生樂糞掃衣。我說糞掃衣。如是乞食。亦爾。爲敎化彼。我說頭陀。
如是文殊。若衆生。有殺害心故。我說斷肉。若能不懷害心。大慈悲心。爲
敎化一切衆生故。無有罪過。

1) ㉘『문수사리문경』에 따르면 '林'은 '材'이다. 2) ㉘『문수사리문경』에 따르면 '咥
他'는 '姪唯'이다. 3) ㉘『문수사리문경』에 따르면 '燎'는 '捺'이다. 이하 동일하다. 4)
㉔ '枏'을 '弭'라고 했다.(갑본·을본·병본) 5) ㉘『문수사리문경』에 따르면 '寫'는 '象'
이다.

"대자비라는 불성의 종자가 끊어져서"라는 것은 고기를 먹음으로 말미
암아 살생에 이르는 것이기 때문이다. "보면 버리고 떠나간다."라는 것은
매에게 쫓기던 비둘기가 추자鷲子(사리불)의 그림자 속으로 들어갔는데도
아직 그 두려움에서 벗어나지 못했거늘,[44] 하물며 이것을 먹은 지위에 있
는 사람임에랴.

"고기를 먹으면 한량없는 죄를 얻는다."라고 한 것은,『일체지광명선인

---

[44] 사리불이 오랜 옛날부터 분노라는 마음 작용을 강렬하게 일으켰기 때문에 아라한과
를 얻어 탐욕·분노·어리석음의 세 가지 번뇌를 모두 제거했어도 여전히 잔존하는 분
노의 습기에 의해 장애를 받았음을 보여 주는 고사.『대지도론』권25(T25, 138c18)에
서 "부처님께서 사리불과 경행하고 계실 때, 부처님의 그림자가 매에 쫓기던 비둘기를
덮으니, 비둘기는 두려움이 제거되어 편안하게 머물렀는데, 사리불의 그림자가 비둘
기를 덮으니 다시 두려움에 떨었다. 사리불이 자신도 삼독을 제거했는데, 이런 상황이
벌어진 이유가 무엇인지를 물었다. 부처님께서 삼독의 습기가 아직 제거되지 못했기
때문이라고 하였다."라고 했다. 삼독이 제거되지 않은 것과 관련된 것은『대지도론』권
1(T25, 70c3)에서 "㉠ 아라한이나 벽지불도 또한 음욕과 분노와 어리석음을 무너뜨렸
거늘 부처님과 어떻게 다른가? ㉡ 아라한과 벽지불은 비록 세 가지 독을 무너뜨렸어
도 습기의 남은 부분이 다하지 않았다. 비유컨대 향을 담은 그릇은 향을 꺼낸 후에도
남은 향기가 그대로 있는 것과 같고, 초목이 불에 타고 연기에 그을려도 재까지 다 없
어지지는 않으니, 불의 힘이 약하기 때문인 것과 같다. 부처님은 세 가지 독을 영원히
다하여 남은 것이 없으니, 비유컨대 겁이 다하여 불이 수미산을 태우고 모든 대지가
다 사라져서 연기도 없고 재도 없는 것과 같다. 예를 들면 사리불은 분노의 습기가 잔
존하고, 난타는 음욕의 습기가 잔존하며, 필릉가바차는 교만의 습기가 잔존하였으니,
비유컨대 이는 마치 어떤 사람이 쇠사슬에 묶여 있다가 처음 풀려났을 때 걸음걸이가
편하지 않은 것과 같다."라고 한 것을 참조할 것.

불식육인연경一切智光明仙人不食肉因緣經』⁴⁵에서 먹는 것의 과실을 자세히 밝히고,⁴⁶ (또 말하기를,) "(과거세의) 그 선인이 곧 미륵인데, (그는 세세생생 고기를 먹지 않은 것이며,) 성불했을 때 고기를 먹는 것을 중죄를 범하는 것이라고 제정할 것이라고 했다."⁴⁷라고 한 것과 같다. 자세한 것은 그곳에서 설한 것⁴⁸과 같다.

> 言斷大慈悲性種子者。由食至殺故。言見而捨去者。鷹逐之鴿。於鷲子影。未解其惶。況乎在食之位。言食肉得無量罪者。如一切智光明仙人不食肉因緣經中。廣顯食之失。彼仙人。卽是彌勒。當成佛時。制食肉犯重。其如彼說。

---

45 『일체지광명선인불식육인연경一切智光明仙人不食肉因緣經』: 『대정장』에서는 『일체지광명선인자심인연불식육경一切智光明仙人慈心因緣不食肉經』이라고 했다. 단 법장의 『범망경보살계본소』 권4(T40, 636c11)에서도 태현과 동일한 명칭을 쓰고 있고 이어진 문장도 동일하다.
46 『일체지광명선인자심인연불식육경』(T3, 458c3)에서 "부처님께서 말씀하신 것처럼, 고기를 먹은 사람이라면, 이 사람은 자애로움을 행함이 만족하지 않으니, 항상 단명하고 병이 많은 몸을 받으며, 미혹에 의해 생사윤회의 세계에 침몰하며 성불하지 못한다.(如佛所說食肉者。此人行慈不滿足。常受短命多病身。迷沒生死不成佛。)"라고 했다.
47 전반부는 『일체지광명선인자심인연불식육경』(T3, 458c16)에 나오고, 후반부는 같은 경의 그보다 앞부분(T3, 458c5)에 나온다.
48 『일체지광명선인자심인연불식육경』(T3, 457c15)에서 "부처님께서 마가다국에 계실 때 바라문의 아들 미륵은 그 형상이 매우 뛰어났다. 제자들이 그 연유를 물었더니, 부처님께서 말씀하셨다. '과거세 미륵불彌勒佛이 세상에 계실 때 일체지광명一切智光明이라는 바라문이 부처님께 귀의한 후 미래세에 미륵불이 될 것을 소원하고 산에 들어가 불도를 닦았다. 온 나라가 홍수로 황폐해져서 일체지광명선인이 7일 동안 음식을 먹지 못했다. 이 사실을 안 토왕兎王이 자신의 아들과 함께 정법이 오랫동안 머물도록 하기 위해 그 몸을 태워 선인에게 공양했다. 이를 목격한 선인은 슬퍼하며 〈세세생생 살생하려는 생각을 일으키지 않고 고기를 먹지 않을 것이며, 훗날 성불하면 단육계斷肉戒를 제정할 것이다〉라고 하고, 자신도 불구덩이에 몸을 던졌다. 그때의 토왕은 석가모니불이고, 토왕의 아들은 라후라이며, 일체지광명선인은 바라문의 아들 미륵이다. 미륵은 내가 열반에 든 후 56억 년이 지나면 용화수 아래에서 성불할 것이다.'"라고 했다.

ⓑ 식오신계 제4 ④(다섯 가지 매운 것을 먹는 일을 하지 마라)

食五辛戒。第四。

경 "불자여, 다섯 가지 매운 것인 대산大蒜(마늘)·혁총革蔥(부추와 비슷한 것)·구총韭蔥(파)·난총蘭蔥(달래)·흥거興渠(나무의 즙) 등을 먹어서는 안 된다. 이 다섯 가지가 들어간 음식은 어떤 것이라도 먹어서는 안 되니, 고의로 먹으면 경구죄를 범한다."

若佛子。不得食五辛。大蒜。革蔥。韭蔥。蘭蔥。興渠。是五種一切食中。不得食。若故食者。犯輕垢罪。

술 다섯 가지 매운 것은 비록 풀이지만 냄새가 좋지 않아서 친근히 하기 어려워 어질고 착한 사람이 피하는 대상이다. 그러므로 이것을 제정했다.

述曰 五辛雖草。臰¹⁾穢難親。賢良所避。所以制之。

1) 원 '臰'를 '臭'라고 했다.(갑본) 역 뜻은 같다.

법장 스님이 말하기를, "지금 이 다섯 가지 가운데 대산은 알 수 있을 것이다. 어떤 사람이 말하기를, '구총은 호총胡蔥이고, 난총은 가총家蔥이다'라고 했다. 앞의 세 가지는 사람들이 일상적으로 먹는 것이다. 혁총을 『이아』에서는 산총山蔥이라고 했다. 줄기가 가늘고 잎이 크다. 각䓞이라는 글자로 써야 하니, 혁䓞이라 한 것은 잘못된 것이다. 북지北地에 있고, 강남江南에는 없다. 그 흥거를 어떤 사람은 말하기를, '운대芸臺이다'라고 했는데, 아직 그것을 입증하는 글은 보지 못했다. 어떤 사람은 말하기를, '강남에 있다. 잎은 야산野蒜과 같고, 뿌리와 줄기는 구韭와 같다. 북지에는 없다'라고 했다. 또한 풀이하기를, '아위약阿魏藥[49]을 범어로 음사하여 흥거興渠(⑤ hiṅgu)라고 한다'라고 했다."[50]라고 했다. 전하는 설이 이와 같다.

法藏師云。今此五中。大蒜。家蒜[1]也。有人說。韮蔥是胡蔥。蘭蔥是家蔥。上三是人間常食。革蔥。爾雅云[2]山蔥也。莖細葉大。應爲茗字。革者非也。[3] 北地有。江南無。其興渠。有說。芸臺。然未見文。有說。江南。葉似野蒜。根莖似韭。北地所無。又釋。阿魏藥。梵語名興渠。傳說如是。

1) 옛『범망경보살계본소』에 따르면 '家蒜'은 '可知'이다. 2) 옛『범망경보살계본소』에 따르면 '爾雅云'은 없다. 전후 문맥상 문제가 없으므로 연자로 보지 않았다. 3) 옛『범망경보살계본소』에 따르면 '莖細葉大應爲茗字革者非也'는 없다. 전후 문맥상 문제가 없으므로 연자로 보지 않았다.

이와 같이 다섯 가지 매운 것은, 자신이 중병에 걸렸을 때와 이익이 있을 때를 제외한 나머지의 경우에는 먹을 수 없다. 『문수사리문경』에서 "산蒜을 먹어서는 안 된다. 인연이 있으면 먹을 수 있으니, 약과 섞어서 병을 다스리기 위한 용도로 쓰이는 것이라면 먹을 수 있다."[51]라고 했고, 또한 『화엄경』에서 "'나의 몸 속에 있는 8만 개의 호戶(구멍)에 살고 있는 벌레들을 위해서 먹는다.【『정법념처경』에서 〈한 개의 호에 9억 마리의 벌레가 살고 있다〉[52]라고 했다.】 나의 몸이 안락하면 그들도 또한 안락하다. 나의 몸이 굶주려서 고통스러우면 그들도 또한 굶주려서 고통스럽다'라고 생각한다. 그러므로 보살은 복용하는 음식이 있을 경우 모두 온갖 벌레를 안락하게 하려

---

49 아위약阿魏藥 : '아위'는 도화라어覩貨邏語(⑤ Tukhāra語) ankwa에서 유래한 말이라고 한다. 나무의 즙으로 음식에 넣어서 먹는 것이라고 한다.
50 『범망경보살계본소』 권4(T40, 637a4).
51 『문수사리문경』 권상(T14, 493a17).
52 이는 태현의 주석이다. 『대정장』에 수록된 『정법념처경』에는 본 내용이 나오지 않는다. 다만 『관불삼매해경觀佛三昧海經』 권2(T15, 652b13)에서 동일한 내용을 찾을 수 있을 뿐이다.

고 생각할 뿐이고, 그 맛을 탐하지 않는다."⁵³라고 한 것과 같다.

如是五辛。除自重病及有利益。餘不得食。如文殊問經云。不得噉蒜。若有因緣得噉。若合藥治病得用。又華嚴云。我身中。有八萬戶蟲。¹⁾【正法念經云。一戶九億。】我身安樂。彼亦安樂。我身飢苦。彼亦飢苦。是故菩薩。有所服食。皆爲諸蟲。²⁾欲令安樂。不貪其味。

1) ㉠ '蟲'을 '虫'이라 했다.(갑본·을본·병본) 2) ㉠ '蟲'을 '蠱'라 했다.(갑본·을본·병본)

Ⓒ 불거교참계 제5 ⑤(잘못을 공개적으로 거론하여 참회하게 하지 않는 일을 하지 마라)

不擧教懺戒。第五。

📖 "불자여, 어떤 중생이든 팔계를 범하거나, 오계를 범하거나, 10계를 범하거나, 금계禁戒를 훼손하거나,⁵⁴ 칠역죄七逆罪를 짓거나, 팔난八難의 과보를 얻을 행위를 짓거나 하면서 온갖 계를 범하여 죄를 짓는 것을 보면, 참회하도록 가르쳐야 한다. 보살로서 참회하도록 가르치지 않고 함께 머물고 승중僧衆의 이양을 함께하며, 함께 포살布薩⁵⁵을 행하여 동일한 계내의 중승衆僧과 함께 머물면서⁵⁶ 계를 설하게 해서야 되겠는가. 그 죄를 공개적으로 거론하

---

53 60권본『화엄경』권12(T9, 476b13).
54 『범망경보살계약소梵網經菩薩戒略疏』권4(X38, 722b11)에서 "'훼금毁禁'이라는 것은, '훼'는 훼손하고 범하는 것이고, '금'은 방호하고 금지하는 것이다. 여래께서 계를 제정하신 것은 중생의 근문根門을 방호하고 금지하여 몸과 입을 경계하고 제약하기 위한 것이다. 그러므로 '금'은 곧 '계'이다."라고 한 것을 참조할 것.
55 포살布薩 : Ⓢ poṣadha의 음사어. 의역어는 정주淨住이다. 동일한 지역에 머무는 스님들이 보름마다 모여서 대표자가 수지해야 할 계율의 조목을 소리 내어 읽는 것을 듣고, 계를 어긴 것이 있으면, 이를 고백하고 참회하여 청정함을 회복하는 의식이다.
56 『범망경』권하(T24, 1005b19)에서 '一衆'을 '同一衆住'라고 한 것에 의거하여 풀었다.

고 가르쳐서 허물을 참회하게 하지 않으면, 경구죄를 범하는 것이다."

若佛子。見一切衆生。犯八戒五戒十戒。毀禁。七逆。八難。一切犯戒罪。應
敎懺悔。而菩薩。不敎懺悔。共住。同僧利養。而共布薩。一衆住說戒。而不
擧其罪。敎令悔過者。犯輕垢罪。

述 『유가사지론』에서 "보살이, 청정하게 계를 수지하는 유정은 연민하고, 계를 범하여 고통의 과보를 받을 원인이 되는 번뇌를 굴리는 유정은 같지 않게 대하여 혐한嫌恨하는 마음으로 말미암아 방편으로 버리고 이익이 되는 일을 짓지 않으면, 이를 염오에 의한 위범이라 한다."[57]라고 했고, 『유마경』에서 "중생이 번뇌의 병에 걸리면 바로 (그것이) 보살의 병이 된다."[58]라고 한 것과 같다. 이러한즉 보살이, (중생이) 고통의 원인이 되는 행위를 (하는 것을 보고도) 구제하지 않으면, (중생을) 이롭게 하고 즐거움을 주는 도리에 어긋남이 심한 것이다. 그러므로 지금 제정했다.

述曰。如瑜伽說。菩薩。憐愍淨戒有情。不如犯戒。於苦因轉。若由嫌恨。方
便棄捨。不作饒益。是染違犯。維摩經云。衆生煩惱病。卽爲菩薩病。是卽
菩薩。不救苦因。違利樂深。故今制也。

---

57 『유가사지론』 권41(T30, 516c25)의 취의 요약인데, 전문은 다음과 같다. "보살들이 모든 포악하여 계를 범한 유정에 대해 혐오하는 마음을 품고 분노하는 마음을 품으며, 그가 포악하여 계를 범한 것을 연緣으로 삼아 방편으로 버리고 이익이 되는 일을 하지 않으면 이것을 범함이 있고 어긋나고 넘어서는 것이 있으며 염오에 의한 위범이라고 한다. 만약 나태함과 게으름으로 말미암아 버리고, 망령된 생각으로 말미암아 이익이 되는 일을 하지 않는다면, 이는 범함이 있지만 염오에 의한 위범은 아니라고 한다. 왜냐하면 모든 보살은 청정하게 계를 수지하고 신업·어업·의업이 적정寂靜하게 현행하는 모든 유정의 상황에 대해 연민하는 마음을 일으켜 이익을 짓고자 하는 것만 아니라, 포악하여 계를 범하는 유정이 모든 고통의 과보의 원인이 되는 행위를 현재 굴리고 있는 것과 같은 경우에도 동일하게 행해야 하기 때문이다."
58 『유마힐소설경』 권중(T14, 544b26).

여기에서 "팔계" 등이라고 한 것은 모두 성문계와 보살계에 통하는 것이다. 『유가사지론』에서 "섭률의계는 칠중계이다."[59]라고 했기 때문이고, 『열반경』에서 "무상도無上道를 위해 팔계를 수지한다."[60]라고 했기 때문이다. "금계를 훼손하거나"라고 한 것에서, ("금계"는) 비구대계比丘大戒(구족계)와 보살의 섭률의계이다. "칠역죄"라는 것은 뒤에서 서술한 것과 같다.

此八戒等。皆通聲聞菩薩戒也。瑜伽論云。攝律儀戒。七衆戒故。涅槃經云。爲無上道。受八戒故。言毀禁者。比丘大戒。及以菩薩攝律儀戒。七逆如下。

"팔난"이라는 것은, 어떤 사람은 팔무가八無暇라고 했다. 삼악취三惡聚(지옥·아귀·축생)에 떨어지는 것이고, 북주北洲[61]에 태어나는 것이며, 장수천長壽天[62]에 태어나는 것이고,[63] 선천적으로 눈이 보이지 않는 사람이나 선천적으로 귀가 들리지 않는 사람으로 태어나는 것이며, 세간의 지혜

---

59 『유가사지론』 권40(T30, 511a16)에서 "율의계라는 것은, 여러 보살이 수지하는 칠중별해탈율의七衆別解脫律儀이다. 곧 비구계·비구니계·정학계正學戒·근책남계勤策男戒·근책녀계勤策女戒·근사남계近事男戒·근사녀계近事女戒이다. 이와 같은 일곱 가지는 재가와 출가의 두 부분에 의지한 것이니 응하는 대로 알아야 한다. 이것을 보살율의계라고 한다."라고 했다.
60 『열반경』 권21(T12, 491a28).
61 북주北洲: 북구로주北俱盧洲(S Uttara-kuru-dvīpa)를 가리킨다. '북'은 uttara의 의역어이고, '구로'는 kuru의 음사어이며, '주'는 S dvīpa의 의역어이다. 수미산을 둘러싼 네 개의 주州 중 북쪽에 위치한 지역을 가리키는 말로 수명이 천세이고, 중간에 요절하는 일이 없으며, 온갖 즐거움이 넘치는 곳이다. 이 때문에 불법을 수용할 자세를 지닐 수 없고 부처님께서도 이곳에 출현하시지 않아 부처님을 친견하고 법을 듣는 것이 불가능하다.
62 장수천長壽天: 색계 제4선에 속하는 무상천無想天을 가리킨다. 수명이 5백 겁이기 때문에 이렇게 부른다. 외도의 수행자들이 최고의 열반으로 여기는 곳으로 이곳에 태어나는 중생은 마치 겨울잠을 자는 벌레처럼 염상念想이 없다. 이 때문에 부처님을 친견하고 법을 들을 수 없다.
63 이상의 다섯 곳은 부처님을 친견하여 법을 듣는 길이 원천적으로 막혀 있는 곳이다.

에만 밝고 총명한 사람⁶⁴으로 태어나는 것이고,⁶⁵ 부처님께서 출현하시기 전이나 부처님께서 열반에 드신 뒤에 태어나는 것이다. 그것(팔난)은 불도를 닦을 겨를이 없는 상황에 처하는 것이기 때문에 '무가'라고 한다. 또한 '난'이라고 하는데, 그것은 과보로서 얻는 장애로서, 비록 (그 자체는) 죄를 거론하여 참회해야 하는 것은 아니지만 그 인因 가운데 과果의 이름을 설한 것이다. 이 가운데 10악을 행하면 악취난惡趣難을 초래하고, 세속의 선을 닦으면 북주에 태어나며, 삿된 선정을 행하면 장수천의 과보를 감하고, 법을 비방하면 눈이 보이지 않는 사람이나 귀가 들리지 않는 사람으로 태어나며, 삿된 지혜를 익히면 세간의 지혜에만 밝고 총명한 사람으로 태어나고, 삼보를 공경하지 않으면 부처님께서 출현하시기 전이나 이후에 태어난다. 어떤 사람은 말하기를, "('팔난'은) 13난十三難⁶⁶ 가운데 오역

---

64 오직 외도의 경전을 배울 뿐 출세간의 정법인 불법은 믿지 않는 사람이라는 뜻이다.
65 이상의 두 가지는 비록 인간 세상에 부처님께서 출현하신 곳에 태어나더라도 자신이 지닌 장애로 인해 불법을 들을 수 없는 것이다.
66 소승율법에 따르면, 구족계를 받을 때, 교수사敎授師가 수계자의 기器·비기非器 여부를 판별하기 위해 13난과 10차十遮를 시설하여 수계자에게 차례대로 묻는다. '차遮'는 자성악自性惡이 아니고 단지 구족계를 받기에 적합하지 않은 것이기 때문에 차지遮止하여 받지 못하게 하는 것이다. '난難'은 자성악이어서 필경 구족계를 받을 수 있는 기器가 아니어서 또한 구족계를 받을 수 없다. 13난은 다음과 같다. 첫째, 변죄난邊罪難이니, 먼저 구족계를 받은 후에 사중금계四重禁戒를 범하여 사계捨戒한 적이 있는 것이다. 사중금계는 죄가 너무 무거워 불법의 바다 밖으로 밀려나서 다시 들어올 수 없기 때문에 '변죄'라고 한다. 둘째, 범비구니犯比丘尼이니, 재가자일 때 정계淨戒의 비구니를 범한 것이다. 셋째, 적심입도賊心入道이니, 이양利養을 얻고 생활방편을 위해 혹은 법을 도둑질하기 위해 출가하는 것이다. 넷째, 파내외도破內外道이니, 원래 외도였다가 불법에 귀의하여 구족계를 받은 후 다시 외도로 돌아갔다가 다시 외도를 버리고 내도에 들어오려는 것이다. 다섯째, 황문黃門이니, 남근男根이 본래의 기능을 온전히 갖추고 있지 못한 사람을 가리킨다. 생불능남生不能男·반월불능남半月不能男·투불능남妬不能男·정불능남精不能男·병불능남病不能男 등을 5종 불능남이라 한다. 여섯째, 아버지를 살해하는 것이고, 일곱째, 어머니를 살해하는 것이며, 여덟째, 아라한을 살해하는 것이고, 아홉째, 화합승가와 법륜法輪을 파괴하는 것이며, 열째, 부처님의 몸에 피를 내는 것이다. 열한째, 비인난非人難이니, 하늘·귀신 등이 사람의 모습으로 변화한 것이다. 열두째, 축생난畜生難이니, 용·여우 등이 사람의 모습으로 변화한

죄五逆罪를 제외한 것이니, 그 다섯 가지는 칠역죄에 들어가기 때문이다. 비록 대략적인 숫자를 들은 것일지라도 비구니를 오염시킨 것[67] 등을 취한다."라고 했다. 전하는 설이 이와 같다.

八難者。有說。八無暇也。謂三惡趣。北洲。長壽天。生盲生聾。世智辯[1])聰。佛前佛後。彼無修道。故名無暇。亦名爲難。彼是報障。雖非學懺。然彼因中。說果名也。此中。十惡招惡趣難。世善生北洲。邪定感長壽。謗法生盲聾。邪智得聰辯。不敬三寶佛前後生。有說。十三難中。除五逆罪。以彼五入七逆中故。雖擧大數。取汙尼等。傳說如此。

1) ㉠ '辯'을 '辨'이라 했다. 다음도 동일하다.(갑본·을본·병본)

"경구죄를 범하는 것이다."라고 한 것은, 다섯 가지 덕을 갖추지 못한 이는 제외하고 말한 것이다.[68] 혹은 (그렇게 했을 때) 도리어 허물을 낳는다면 그 죄를 비록 거론하지 않는다고 해도 위범하는 것이 아니다. 그러므로 『유가사지론』에서 "위범하지 않는 경우란 다음과 같다. 그가 다스려질 수 없음을 알았거나, 함께 말할 수 없는 사람임을 알았거나, 때를 기다려야 함을 관찰하였거나, 이것으로 인해 싸움이 일어나는 것을 관찰했거나, 승중이 어지러워질 것을 관찰했거나, 그가 맹렬하고 날카롭게 부끄러워하여 다시 청정해질 것을 알았거나 하여 꾸짖거나 벌을 주어 다스리거

것이다. 열셋째, 이형난二形難이니, 남녀의 이근二根을 모두 갖춘 것이다. 이 가운데 여섯째~열째의 다섯 가지를 오역죄라고 한다.

67 13난 가운데 두 번째에 해당하는 것. 앞의 주석을 참조할 것.
68 타인의 죄를 공개적으로 거론하여 참회하게 하는 일을 하는 스님은 다섯 가지 덕을 갖추어야 한다. 곧 때를 아는 것, 진실된 것, 이익이 되는 것, 유연한 것, 자애로운 마음 등이다. 이 다섯 가지 덕을 갖추지 않았을 경우 자격을 갖추지 못한 것이기 때문에 그러한 일을 행하지 않아도 위범이 아니라는 것을 말하는 것으로 보인다. 『사분율산번보궐행사초』 권상(T40, 42c23)을 참조할 것.

나 쫓아내거나 하지 않았으면 모두 위범함이 없다."⁶⁹라고 했다.

言犯輕垢罪者。除無五德。或反生過。彼雖不擧。無違犯。故瑜伽論云。無
違犯者。若了知彼不可療治。不可與語。若觀待時。若觀因此鬪¹⁾頌²⁾亂衆。
知彼猛利慚愧還淨。而不呵責治罰驅³⁾擯。皆無違犯。

1) ㉘ '鬪'를 '鬭'라 했다.(갑본) ㉙ 같은 글자이다. 2) ㉙ 『유가사지론』에 따르면 '頌'
은 '訟'이다. 3) ㉘ '驅'를 '駈'라 했다.(갑본)

(C) 불법을 우러러 닦는 문

Ⓐ 주불청법계 제6 ⑥(처소에 머물면서 설법을 요청하지 않는 일을 하지 마라)

住不請法戒。第六。

경 "불자여, 대승의 법사로서 대승의 가르침 속에서 배움을 같이하고 견
해를 같이하며 실천을 같이하는 사람이, 승방僧坊이나 사택舍宅(일반 주택)이
나 성읍城邑으로 와서 들어오는 것을 보면, 백 리 길을 온 분이거나 천 리 길을
온 분이거나 바로 일어나서 오는 것을 맞이하고 가는 것을 배웅해야 한다. 예
배 드리고 공양하면서 날마다 세 때에 공양하되, 하루에 금 세 냥에 해당하는
음식으로 온갖 종류의 맛난 음식을 만들어 드리고, 평상과 의약품으로 법사
에게 공양하는 것에 힘쓰며, 필요로 하는 모든 것을 다 공급해야 한다. 항상
법사에게 하루 세 때에 설법해 줄 것을 요청하고, 날마다 세 때에 예배하면서
분노하는 마음이나 근심하고 괴로워하는 마음을 내지 말아야 한다. 법을 위
해서는 몸을 소멸시키는 일도 해야 할 것일진대, 법을 요청하기를 게을리해서

---

69 『유가사지론』 권41(T30, 520c25).

는 안 된다. 이와 같이 하지 않는다면 경구죄를 범하는 것이다."

若佛子。見大乘法師。大乘同學同見同行。來入僧坊舍宅城邑。若百里千里來者。卽起迎來送去。禮拜供養。日日三時供養。日食三兩金。百味飮食。牀座醫藥。供事法師。一切所須。盡給與之。常請法師三時說法。日日三時禮拜。不生瞋心患惱之心。爲法滅身。請法不懈。¹⁾ 若不爾者。犯輕垢罪。

1) ㉲ '不懈'가 없다.(갑본)

述 모든 부처님께서 스승으로 삼는 것이 이른바 법이니, 지혜를 낳고 열반을 증득하게 하는 것이기 때문이다.『유교경론』에서 "지혜라는 것은 생사의 바다를 건네 주는 견고한 배이고, 무명의 어두운 밤을 밝혀 주는 밝은 등불이며, 모든 병든 이의 훌륭한 약이고, 번뇌의 나무를 베어내는 예리한 도끼이다. 그러므로 너희들은 문혜·사혜·수혜로 스스로 증익하라."[70]라고 했다. 보살은 이치상 몸을 소멸시키는 한이 있더라도 오히려 (법을) 구해야 할 것이거늘, 도리어 가볍게 여기어 게을리하면 위범함이 이에 깊어진다. 그러므로 지금 제정했다.

述曰。諸佛所師。所謂法也。以能生智。證涅槃故。遺敎云。智慧者。度生死海牢船。無明闇夜明燈。一切病者良藥。伐煩惱樹利斧。是故汝等。以聞思修慧。而自增益。菩薩。理應滅身上¹⁾求。而反輕慢。違犯乃深。故今制也。

1) ㉲ '上'을 '尙'이라 했다.(을본·병본) ㉣ '尙'이 맞는 것 같다.

"승방"이라는 것은 출가자를 위해 지은 것이고, "사택"이라는 것은 재가자가 머무는 곳이며, "성읍"이라는 것은 국왕 등[71]이 머무는 곳이다.

---

70 『유교경론』(T26, 289a17).

"날마다 세 때에"라는 것은 진시辰時(오전7~9시)에 해당하는 아침에 (소식小食을 공양하고,) 재시齋時(정찬을 먹는 시간)에 (정식正食을 공양하며, 나머지 시간에는) 비시약非時藥을 (공양하는 것이다.)[72] "'하루에 금 세 냥에 해당하는 음식으로"라는 것은 소중한 보배도 또한 아끼지 말아야 함을 말한 것이다. 왜냐하면 성스럽지 않은 재물을 보시하여 성스러운 재물을 얻기 때문이다. 두 재물의 차이에 대해 자세한 것은 『유가사지론』에서 설한 것[73]과 같다.

言僧坊者制出家也。舍宅在家也。城邑國王等也。日日三時者。晨[1]旦[2]齋時非時藥等。日食三兩金者。所重之寶。亦勿惜之。何者。施非聖財。得聖財故。二財差別。廣如瑜伽。

1) ㉠ 『범망경보살계본소』에 따르면 '晨'은 '辰'이다. 2) ㉯ '旦'을 '且'라 했다.(갑본)

---

71 국왕 등 : 왕·왕족·왕에게 소속된 관원 등을 가리킨다.
72 법장의 『범망경보살계본소』 권5(T40, 638a1)에서 "'날마다 세 때에'란 시간에 나아가서 나눈 것이다. 진시의 아침(辰旦)에 소식小食을 공양하고, 재시齋時에 정식正食을 공양하며, 나머지 시간에 비시탕약非時湯藥 등을 공양하는 것이다. 그러므로 '세 때'라고 했다."라고 한 것을 참조하여 풀었다. '비시탕약'은 병을 치료하기 위해 음식을 섭취하는 것이 허락된 때(동이 튼 후~정오)가 아닌 시간, 곧 비시非時에도 복용이 허락된 탕약을 가리키는 말이다. 이 밖에 콩·곡식 등을 끓여서 만든 미음이나 소유蘇油·꿀·과일즙 등도 비시에 먹는 것이 허락된 음식이다.
73 『유가사지론』 권5(T30, p.299a19)에서 즐거움을 그 발생의 원인에 의해 비성재소생락非聖財所生樂과 성재소생락聖財所生樂의 둘로 나누고, 비성재는 네 가지를, 성재는 일곱 가지를 밝혔다. 비성재는 다음과 같다. 첫째는 적열자구適悅資具이니, 수레·옷 등과 같이 기쁨을 주는 것이고, 둘째는 자장자구滋長資具이니, 안마 기구 등과 같이 몸을 두드리고 주물러 원기를 북돋워 주는 것이며, 셋째는 청정자구淸淨資具이니, 길상초·빈라과頻羅果 등과 같이 길상한 것으로 여겨져 보는 이에게 기쁨을 주는 것이고, 넷째는 주지자구住持資具이니, 마실 것과 음식 등을 가리킨다. 성재는 신信·계戒·참慚·괴愧·문聞·사捨·혜慧 등이다. 같은 책 권5(T30, 299b3)에서 비성재와 성재에 의해 생겨나는 즐거움의 차이를 열다섯 가지로 분류하였다. 예컨대 전자는 악행을 일으키고 후자는 미묘한 행을 일으키는 것, 전자는 죄가 있는 즐거움과 상응하고, 후자는 죄가 없는 즐거움과 상응하는 것 등이다.

"항상 법사에게 하루 세 때에 설법해 줄 것을 요청하고"라는 것은, 만약 그 법사가 지혜와 실천이 자신보다 뛰어나면 하루의 처음의 때와 중간의 때와 나중의 때[74]에 설법을 요청해야 하는 것이다. 설법을 청하기 때문에 어업語業의 선을 얻고, 세 때에 예경하기 때문에 신업身業의 선을 얻으며, 분노하는 마음 등을 일으키지 않기 때문에 의업意業의 선을 얻는다.

"법을 위해서는 몸을 소멸시키는 일도 해야 할 것일진대, 법을 요청하기를 (게을리해서는 안 된다.)"라는 것은 반 수의 게송을 구하기 위해서 영혼을 설산雪山에 침몰시킨 것[75]과 같은 것이니, 그 일이 한 가지가 아니다. 병에 걸리는 것 등과 같은 어려움이 있을 경우와 상대방이 하열하고 자신이 뛰어날 경우에는 청하지 않아도 어긋남이 없다.

常請法師三時說法者。若彼法師。慧行勝己。日初中後。應請說法。以請說故語業善。三時禮故身業善。不生瞋等意業善。言爲法滅身請法者。如求半偈。魂沈雪山。其事非一。有病等難。彼劣我勝。不請無違。

---

74 지의의 『보살계의소』(T40, 575b22)에서 "'세 때'라는 것은 중전中前·중후中後·초야初夜이다."라고 했고, 그 주석서인 『범망보살계경의소발은梵網菩薩戒經義疏發隱』(X38, 184a16)에서 "중전·중후는 곧 사시巳時(9~11시)와 미시未時(1~3시)이다."라고 했다. 그러므로 처음의 때란 사시, 중간의 때란 미시, 나중의 때란 초야初夜(초저녁)를 가리킨다.
75 36권본 『열반경』 권13(T12, 691b3)에서 "부처님께서 과거세에 바라문 집안에 태어나 설산에서 수행하실 때, 제석천이 그를 시험하려고 나찰로 변화하여 그 앞에 나타나 과거세에 부처님께서 설하신 게송의 절반을 암송하기를, '모든 현상(行)은 항상된 것이 없으니 생겨났다가는 없어지는 법이다(諸行無常。是生滅法。)'라고 했다. 이 게송을 들은 바라문이 나머지 절반의 게송을 말해 줄 것을 요청하자, 나찰은 그의 목숨을 줄 것을 요구했고, 바라문은 이 제안을 받아들여 나찰이 암송하기를, '생겨났다가 소멸하는 법이 없어지고 나면 고요하여 즐거우리라(生滅滅已。寂滅爲樂。)'라고 했다. 바라문은 이 게송을 듣고 나서 약속대로 자신을 나찰에게 공양하기 위해 몸을 던졌다. 나찰이 본래의 제석천의 모습으로 돌아가서 그를 구했다."라고 했다.

Ⓑ 불능유학계 제7 ⑦(설법처를 찾아가서 배우지 않는 일을 하지 마라)

不能遊學戒。第七。

경 "불자여, (승단에 속한 곳이든 세속에 속한 곳이든) 어느 곳이든지 비니毗尼[76]를 설한 경·율[77]을 강의하는 곳이 있거나, (세속에 속한 곳인) 큰 주택 가운데 법을 강의하는 곳이 있으면, 처음 발심하여 배움을 시작한 보살은 경서經書와 율서律書를 지니고 법사의 처소에 가서 듣고 받아들이며 자문해야 한다. (승단에 소속된 곳인) 숲속 나무 밑이거나 승지僧地(승단에 소속된 지역)의 방이든, 일체의 설법처에 모두 가서 듣고 받아들여야 한다.[78] 만약 그곳에 가서 듣고 받아들이며 자문하지 않는다면 경구죄를 범하는 것이다."

若佛子。一[1)]切處。有講[2)]毗尼經律。大宅舍中。有講法處。是新學菩薩。應持經律卷。至法師所。聽受諮問。若山林樹下。僧地坊中。一切說法處。悉至聽受。若不至彼聽受者。犯輕垢罪。

1) ㉠ '一' 앞에 '見'이 있다.(갑본) 2) ㉠ '講' 뒤에 '法'이 있다.(갑본)

술 온갖 행이 하나의 문으로 귀입하니, 이른바 뜻을 얻는 것이다. 뜻

---

76 비니毗尼 : [S] vinaya의 줄인 음사어. 갖춘 음사어는 비나야毘那耶이다. 몸과 마음과 입에서 일어나는 번뇌를 조화시켜 악행을 굴복시키도록 하기 때문에 조복調伏, 악의 불꽃을 불어 끄기 때문에 멸滅, 세간의 법률과 같이 죄를 판결하여 벌을 주는 역할을 하기 때문에 율律 등으로 의역한다.
77 법장의 『범망경보살계본소』(T40, 638b6)에서 "이 경·율이 비니를 설하기 때문에 '비니를 설한 경·율'이라 했다.(此經律。宣說毘尼。故云毘尼經律。)"라고 한 것에 의거하여 풀었다.
78 『범망보살계경의소발은』 권4(X38, 184b23)에서, 처음은 승단에 속한 곳과 세속에 속한 곳을 총괄한 것이고, 다음은 세속에 속한 곳을 든 것이며, 마지막은 승단에 속한 곳을 든 것이라고 해석한 것을 참조하여 풀었다.

을 얻어서 행하면 옳지 않은 것이 없기 때문이다. 처음 발심하여 배움을 시작한 보살은 일을 마주하여 알지 못하는 것이 있으면, 이치상 응당 두루 찾아다니면서 배워서 성인의 행을 이루어야 하니, 『계경』에서 "설령 온 세계가 화염에 휩싸일지라도 기필코 헤쳐 나가 법을 듣고 반드시 불도佛道를 이루어 생사의 세계를 떠도는 이들을 널리 구제해야 하네."[79]라고 한 것과 같다. 그 이유는 (『유가사지론』) 권79에서 "보리는 지혜를 체로 삼는다. 지혜는 나머지 일체의 바라밀다를 인발할 수 있다. 그러므로 지혜에서 (바른 이치에 위배되는) 삿된 행이 일어날 때, 보살은 저 보리와 보리를 인발할 수 있는 법에 모두 삿된 행이 일어나는 것을 알아야 한다."[80]라고 한 것과 같다.

述曰。萬行一門。所謂得意。得意而行。無非是故。新學菩薩。觸事無知。理應遊學。以成聖行。如契經言。設滿世界火。必過要聞法。念[1]當成佛道。廣濟生死流。所以然者。如七十九云。無上[2]菩提。以慧爲體。慧能引發所餘一切波羅蜜多。是以。[3]於慧起邪行時。當智[4]菩薩。於彼菩提及能引[5]法。皆起邪行。

1) ㉓『무량수경』에 따르면 '念'은 '會'이다. 2) ㉓『유가사지론』에 따르면 '無上'은 연자이다. 3) ㉓『유가사지론』에 따르면 '以'는 '故'이다. 4) ㉓『유가사지론』에 따르면 '智'는 '知'이다. 5) ㉓『유가사지론』에 따르면 '引' 뒤에 '發菩提諸'가 누락되었다.

그러므로 보살은 몸을 가볍게 여기고 법을 무겁게 여긴다. 무엇 때문인가.

是故菩薩。輕身重法。何者。

---

79 『무량수경無量壽經』 권하(T12, 273b17).
80 『유가사지론』 권79(T30, 739a22).

게송으로 말한다.

頌曰。

지혜는 온갖 선행에 있어서
배의 노를 잡는 것과 같다네.
백천 명이나 되는 맹인이 있어도 길을 잃어버리지만
한 명의 눈 밝은 사람만 있으면 제 길을 찾을 수 있는 것과 같다네.

慧於諸善行。如船楫所持。
百千盲失路。由一眼得存。

문 만약 이와 같다면 무엇 때문에 『화엄경』에서 게송으로 말하기를, "비유컨대 가난한 사람이 종일토록 남의 보배를 세어도 자신은 반 전錢의 몫도 없는 것처럼 다문多聞(많이 듣는 것) 또한 이와 같다네."[81]라고 한 것인가?[82]

답 그것은 단지 듣는 것만을 구경으로 삼는 것을 차단한 것이고, 다문하여 성스러운 지혜의 근본이 되는 것을 추구하는 것을 차단한 것은 아니기 때문에 (문제가 되지 않는다.)[83] 『유가사지론』에서 게송으로 말하기를, "다문에 의해 법을 알고, 다문에 의해 악을 밀리하며, 다문에 의해 의미가 없는 것을 버리고, 다문에 의해 열반을 얻는다네."[84]라고 한 것과 같다.

---

81 『화엄경』 권5(T9, 429a3).
82 다문을 지혜와 동일한 것으로 보고, 이러한 관점에서 육바라밀 가운데 지혜가 가장 중요하다고 한 앞의 주장을 힐문한 것이다.
83 다문을 지혜의 개발과 무관하게 단지 듣기만 하는 것에 한정된 것으로 파악하는 것을 경계한 것이고, 다문을 지혜의 바탕으로 삼는 것을 부정한 것은 아니라는 말이다.
84 『유가사지론』 권19(T30, 382a9).

問。若爾。何故。華嚴頌曰。譬如貧窮人。日夜數他寶。自無半錢分。多聞亦如是。答。彼但爲遮聞爲究竟。不遮多聞聖慧本故。如瑜伽頌曰。[1] 多聞能知法。多聞能遠惡。多聞捨無義。多聞得涅槃。

1) ㉣ '曰'을 '言'이라 했다.(갑본·을본·병본)

"비니毗尼"라고 한 것은 조복調伏이라 의역하니, 삼업의 악이 타오르는 것을 그칠 수 있기 때문이다. "듣고 받아들이며 자문해야 한다."라는 것은, 『유가사지론』 권30에서 "처음 업을 닦는 이는 의미가 있고 이익이 되는 경지를 증득하기 위해 먼저 네 가지 대상에 편안히 머물러 정념正念하고 그렇게 한 후에 청문한다. 무엇을 네 가지 대상이라 하는가. 간략하게 게송으로 섭수하여 말한다.[85] 시기하지 않는 것이고, 교만하지 않는 것이며, 자신의 능함을 드러내지 않는 것이고, 자신과 타인의 선근을 안립하는 것이니, 이렇게 하고 나서야 법사에게 청문한다네."[86]라고 했고, (『유가사지론』) 「보살지」에서 "교만한 마음과 싫어하는 마음과 분노하는 마음에 의해 가서 듣고 받아들이지 않았다면 염오에 의한 위범이다. 나태하여 그렇게 한 것이라면 염오에 의한 위범이 아니다. 위범이 성립되지 않는 것은 다음과 같으니, 병에 걸렸거나, 기력이 없거나, 전도된 가르침을 설하는 것을 알고 있었거나, 그가 설하는 것이 여러 차례 이미 들은 것임을

---

85 『유가사지론』 권30(T30, 448c4)에서 "첫째는 오로지 깨달음을 구하고 힐난하려는 마음이 없는 것이고, 둘째는 깊이 공경하는 마음을 내고 교만한 마음이 없는 것이며, 셋째는 오직 뛰어난 선을 구하고 자신의 능함을 나타내지 않는 것이고, 넷째는 순수하게 자신과 타인의 선근을 안립하려고 하고, 이양·공경·명문을 추구하지 않는 것이다. 이렇게 정념하고 나서 먼저 허락을 구하고 시간을 청문하며, 그렇게 한 후 마음을 가라앉히고 몸을 굽혀 청문한다.(一專求領悟無難詰心處。二深生恭敬無憍慢心處。三唯求勝善非顯己能處。四純爲安立自他善根非求利養恭敬名聞處。如是正念。到師處已。先求開許。請問時分。然後安詳。躬申請問。)"라고 한 것을 태현 자신이 간략하게 게송으로 묶어냈음을 밝힌 것이다.
86 『유가사지론』 권30(T30, 448c1).

알고 있었거나, 설법자의 마음을 보호하려고 했거나, 나머지 선을 부지런히 닦으려고 했거나 하는 (원인이 있어서 그렇게 했을 경우이다.)"[87]라고 했다.

言毗尼者。此云調伏。能止三業惡熾然故。聽受諮問者。瑜伽三十云。始修業者。爲證義利。先應四處。安住正念。然後請問。何等四處。略攝頌曰。不嫉無憍慢。非爲顯自能。安立自他善。爾乃請法師。菩薩地云。慢心嫌心恚心。不往聽受。是染違犯。嬾[1)]惰不染。無違犯者。有病無力。若知倒說 及彼所說數已所聞。若護說者心。若勤修餘善。

1) ㉗ '嬾'을 '懶'라고 했다.(갑본·을본·병본)

ⓒ 배정향사계 제8 ⑧ (바른 가르침을 등지고 삿된 가르침을 향하는 일을 하지 마라)

背正向邪戒。第八。

경 "불자여, 마음으로 대승의 상주하는 이치를 담은 경·율을 등지고 부처님의 교설이 아니라고 하면서 이승성문二乘聲聞과 외도의 악견惡見으로 인해 시설된 일체의 금계와 삿된 견해를 담은 경·율을 수지하면 경구죄를 범하는 것이다."

若佛子。心背大乘常住經律。言非佛說。而受持二乘外道惡見一切禁戒邪見經律者。犯輕垢罪。

술 『열반경』에서 "보살은 이승도를 두려워하기를 목숨을 아까워하는

---
87 『유가사지론』 권41(T30, 519b28).

제4권 • 443

이가 몸을 버리는 것을 두려워하는 것과 같이 한다."⁸⁸라고 했다. 대승을 버리고 소승을 향하는 것은 보살도에 역행하는 것이기 때문에 제정해야 하는 것이다.

述曰。涅槃經云。菩薩怖二乘道。如惜命者怖畏捨身。棄大向小。逆菩薩道。故須制也。

🈚 마음으로 대승을 등지면 (이미 10중계 가운데 열 번째인 훼방삼보계를 위범하여) 계를 잃는 것인데, 어찌 경계를 범하는 것이라고 하는 것인가?

🈯 여기에서는 (대승 가운데에도) 일부의 가르침을 비방하는 것을 말한 것이고, 대승의 가르침을 전부 등지는 것을 말한 것은 아니기 때문이다. 곧 『유가사지론』「보살지」에서 "(보살은 심오한 가르침을 듣고 믿고 이해하지 못하면, 억지로라도 믿고 받아들이면서, '내가 착하지 않고 지혜의 눈이 없어서 이렇게 여래의 은밀한 가르침을 비방하였다'라고 해야 한다. 이렇게 하여 은밀한 가르침을) 비방하지 않고 여래를 우러러 받들면 비록 믿고 이해하지 않더라도 위범함이 없는 것이다."⁸⁹라고 했다.

問。心背大乘。失戒。何輕。答。此謗別教。非總背故。即菩薩地。若不誹謗。仰推如來。雖無信解。而無違犯也。

"상주하는 이치를 담은 경·율"이라고 한 것에서 "상주하는 이치"는 소전所詮(언어에 의해 드러나는 것)이고, "경·율"은 능전能詮(언어)이다. 또한 삼

---

88 『열반경』 권26(T12, 779a22).
89 『유가사지론』 권41(T30, 519b14).

세의 부처님께서 한 가지로 설한 것이고 한 가지로 행한 것이어서 바뀌는 일이 없기 때문에 ("상주하는 이치를 담은 경·율"이라고 한 것이다.) 그 이승이 법공法空을 비방하는 것 등과 같은 것을 "삿된 견해"라고 한다.

言常住經律者。常住所詮。經律能詮。又三世佛。同說同行。無改易故。若其二乘。謗法空等。名爲邪見。

(D) 중생을 구호하는 문

Ⓐ 불첨병고계 제9 ⑨(병으로 고통받는 이들을 보살피지 않는 일을 하지 마라)

不瞻病苦戒。第九。

경 "불자여, 모든 병에 걸린 사람을 보면 공양하기를 부처님과 다름없이 해야 한다. 여덟 가지 복전 중 간병이라는 복전이 가장 훌륭한 복전이다. 부모와 사승師僧과 제자가 병이 들어 온갖 감각기관이 온전하지 못하고 온갖 병으로 고통을 받으면 모두 공양하여 병이 낫도록 해 주어야 한다. 보살로서 분노하고 원망하는 마음을 가지고, 이에 승방이나 성읍·광야·산림·도로道路에 이르기까지 병든 이를 보고도 구제하지 않으면 경구죄를 범하는 것이다."

若佛子。見一切疾病人。常[1]應供養。如佛無異。八福田中。看病福田。第一福田。若父母師僧弟子病。諸根不具。百種病苦惱[2]皆養令差。而菩薩。以瞋恨心。乃[3]至僧坊中。城邑曠野山林道路中。見病不救[4]者。犯輕垢罪。

1) ㉯ '常'이 없다.(갑본) 2) ㉯ '惱'가 없다.(갑본) 3) ㉯ '乃'를 '不'이라 했다.(갑본)
4) ㉯ '救' 뒤에 '濟'가 있다.(갑본)

술 보살은 대비를 내어 고통을 뽑아내는 것을 바른 것으로 삼으니, 병이 들었는데도 구제하지 않으면 힐난의 대상으로서 이것을 넘어서는 것은 없다. 그러므로 구제하지 않을 경우 죄가 되는 것이라고 제정하였으니, 병든 이를 돌보는 것은 곧 목숨을 보시하는 것이기 때문이다.

述曰. 菩薩大悲拔苦爲義. 病而無救. 難莫過斯焉. 是以. 不救. 制之爲罪. 以其看病. 卽施命故.

"공양하기를 부처님과 다름없이 해야 한다."라고 한 것은, 부처님은 공경할 만한 것의 궁극이고, 병든 이는 불쌍하게 여길 만한 것의 지극함이다. 공경함과 슬퍼함이 비록 다르지만 변제(지극함)라는 뜻은 동일하기 때문에 "다름없이"라고 했다.

"여덟 가지 복전"이라는 것은 다음과 같다. 어떤 사람이 말하기를, "첫째는 광야의 길가에 좋은 우물을 만드는 것이고, 둘째는 물길에 다리를 놓는 것이며, 셋째는 험한 길을 평탄하게 다스리는 것이고, 넷째는 부모님께 효도하고 섬기는 것이며, 다섯째는 사문을 공경하는 것이고, 여섯째는 병든 사람을 공양하는 것이며, 일곱째는 위험과 재앙에 빠진 이를 구제하는 것이고, 여덟째는 무차회無遮會[90]를 시설하는 것이다."라고 했다.[법장 스님이 말하기를, "성인의 가르침에서 아직 보지 못했다."라고 했다.][91]

지금 해석한다. 첫째는 부처님이고, 둘째는 성인이며, 셋째는 화상和上[92]이고, 넷째는 아사리阿闍梨(闍梨)[93]이며, 다섯째는 중승衆僧이고, 여섯째는

---

[90] 무차회無遮會 : 여러 부류의 사람들에게 신분을 가리지 않고 보시를 행하여 공덕을 베푸는 법회를 가리킨다.
[91] 법장의 『범망경보살계본소』 권5(T40, 639a5)에서 "어떤 사람이 말했다.(有人言)"라고 하여 동일한 내용을 서술한 후에, "아직 성인의 가르침의 어디에서도 나오는 것을 보지 못했다.(未見出何聖教)"라고 했다. 따라서 실제로는 "어떤 사람이 말했다.(有人言)"에서부터 법장의 글을 인용한 것으로 보아야 한다.

아버지이며, 일곱째는 어머니이고, 여덟째는 병든 사람이다. 어째서 그러한 줄 아는 것인가. 곧 뒤의 글에서 "여덟 가지 복전에 있어서도 (그러하니, 곧) 여러 부처님과 성인과 낱낱의 스승과 승중僧衆과 어머니와 아버지와 병자"[94]라고 했기 때문이다.

言供養如佛無異者。佛爲可敬之極。病是可愍之至。敬悲雖異。邊際義同。故無異也。八福田者。有人言。一造曠野[1]美井。二水路橋樑。[2] 三平治險[3]路。四孝事父母。五供養沙門。六供養病人。七救濟死[4]難。八設無遮會【法藏師云。未見聖敎】。今解。一佛。二聖人。三和上。四闍梨。五衆僧。六父。七母。八病人。以何知然。卽下文云。八福田。諸佛聖人。一一師僧。父母病人故。

1) ㉓『범망경보살계본소』에 따르면 '野'는 '路'이다. 2) ㉓ 을본에 따르면 '樑'은 '梁'이다. 3) ㉓ '險'을 '嶮'이라 했다.(갑본·을본·병본) ㉓『범망경보살계본소』에 따르면 후자가 맞다. 4) ㉓ '死'를 '厄'이라 했다.(갑본·을본·병본) ㉓『범망경보살계본소』에 따르면 '死難'은 '危厄'이다.

"경구죄를 범하는 것이다."라고 한 것은, 『유가사지론』에서 "(병에 걸린 사람을 보고도) 혐오하는 마음, 분노하는 마음에 의해서 (돌보지 않았다면) 염오에 의한 위범이다. 만약 나태함과 게으름으로 말미암아서 (돌보지 않았다면) 염오에 의한 위범이 아니다. 위범이 아닌 것은 자신이 병이

---

92 화상和上 : ⓢ upādhyaya의 와전된 음사어. 바른 음사어는 오파다야鄔波陀耶이고, 의역어는 친교親敎이다. 좇아서 계를 받아야 할 대상이 되는 사람이다. 구자국龜玆國 등과 같은 서역어의 와전이라고 하니, 예컨대 구자어 pwājjhaw가 이에 가깝다. 혹은 인도의 속어에서 오사吾師를 오사烏社라고 했는데, 우전闐國 등에 이르러 화사和社·화사和闍(Khosha) 등으로 쓰였고, 이것이 중국에서 화상으로 된 것이라고도 한다.
93 아사리阿闍梨 : ⓢ ācārya의 음사어. 갖춘 음사어는 아차리야阿遮梨耶이다. 궤범軌範이라고 의역한다. 보통 다섯 가지 아사리를 설하니, 첫째는 삭발剃髮아사리이고, 둘째는 출가出家아사리이며, 셋째는 교수教授아사리이고, 넷째는 갈마羯磨아사리이며, 다섯째는 의지依止아사리이다.
94 48경계 중 스물여덟 번째인 수타별청계에 나오는 내용이다.

있거나, 기력이 없거나, 다른 사람에게 대신 해 줄 것을 요청했거나, 병자가 의지할 곳이 있고 믿을 만한 곳이 있음을 알았거나, 병자가 (스스로 힘이 있어서) 자신을 돌볼 수 있음을 알았거나, 그가 오랫동안 병을 앓아서 스스로 지탱할 수 있음을 알았거나, 뛰어난 선품을 닦기 위해서이거나, (닦은 선품을 호지하여) 잠시도 결여하는 일이 없게 하기 위해서이거나, 스스로 둔한 근기여서 선정과 지혜를 닦기 어렵다는 것을 알아서이거나, 앞서 다른 사람에게 돌보는 일을 할 것을 약속했거나 했을 경우에 그렇게 한 것이다. 병자에게 대해서 하는 것과 같이 고통을 받고 있는 사람에 대해서도 돕는 사람이 되어 그 고통을 제거하고자 하는 경우에도 또한 그러하다는 것을 알아야 한다."[95]라고 했다.

言犯輕垢罪者。瑜伽論云。若嫌恚心。是染違犯。若由懈怠。非染違犯。無違犯者。若自有病。若無氣力。若傳[1]請他。若知病者有依有怙。若知病者自能[2]供事。若了知彼長病所觸。堪自支持。若修勝善。令無間缺。若自知鈍。難修定慧。若先許餘。爲作供事。如於病者。於有苦等。[3]爲作助伴。欲除其苦。當知亦爾。

1) ⓥ『유가사지론』에 따르면 '傳'은 '轉'이다. 2) ⓥ『유가사지론』에 따르면 '自能'은 '能自'이다. 3) ⓥ『유가사지론』에 따르면 '等'은 '者'이다.

Ⓑ 축살생구계 제10 ⑩(살아 있는 것을 죽이는 데 쓰이는 도구를 비축하는 일을 하지 마라)

畜殺生具戒。第十。

---

95 『유가사지론』 권41(T30, 519c27).

경 "불자여, 비축하지 말아야 할 것으로 칼·지팡이·활·화살·창·도끼·싸움에 쓰는 도구[96]와 나쁜 용도로 쓰는 그물[97]과 살생의 용도로 쓰이는 용기容器[98]가 있으니, 이 모든 것을 비축하지 말아야 한다.[99] 보살은 부모를 살해한 사람에 이르기까지도 오히려 보복을 하지 말아야 하거늘 하물며 일체의 중생을 죽여서야 되겠느냐. 고의로 칼과 지팡이를 비축한다면 경구죄를 범하는 것이다."

若佛子。不得畜一切刀杖弓箭鉾鬪[1)]戰之具及惡網羅殺生之器。一切不得畜。而菩薩。乃至殺父母。尙不加報。況殺一切衆生。若故畜刀杖者。犯輕垢罪。

1) ㉡ '鬪'를 '鬭'라 했다.(갑본)

술 보살은 유정에게 이익이 되는 물건을 모아야 할 것인데, 살생하는 도구를 비축하면 불쌍히 여겨 구제하는 것에 매우 어긋나기 때문에 제정해야 하는 것이다.

"부모를 살해한 사람에 이르기까지도 오히려 보복을 하지 말아야 하거

---

96 싸움에 쓰는 도구 : 법장의 『범망경보살계본소』 권5(T40, 639b13)에서 "일곱째는 싸움에 쓰는 도구이니, 갑옷·화살 등을 말한다. 이러한 것 일체는 모두 싸움에 쓰는 도구이다."라고 했다.
97 나쁜 용도로 쓰는 그물 : 『범망경보살계본소』 권5(T40, 639b15)에서 "여덟째는 나쁜 용도로 쓰는 그물이니, 고기를 잡고 새를 잡는 것이다."라고 했다.
98 살생의 용도로 쓰이는 용기容器 : 『범망경보살계본소』 권5(T40, 639b15)에서 "아홉째는 살생의 용도로 쓰이는 용기이니, 구덩이·함정 등을 통틀어서 든 것이다."라고 했다.
99 『범망경보살계본소』 권5(T40, 639b11)에서 이 문장을 열 가지로 나누어, "앞의 일곱 가지(칼·지팡이~쓰는 도구)는 사람과 축생을 해치는 것이고, 여덟 번째(나쁜 용도로 쓰는 그물)는 고기를 잡거나 새를 잡는 것이며, 아홉 번째(살생의 용도로 쓰이는 용기)는 구덩이·함정 등이며, 열 번째는 총괄적으로 맺은 것이다."라고 했는데, 이것에 의거하여 풀이했다.

늘"이라는 것은, (부모가 살해당한 것은) 그(부모)가, 자신이 과거에 지은 업의 과보를 돌려받은 것이어서 인과의 법이 그러한 것일 뿐이니, 화를 내지 말아야 하기 때문이며, 만약 화를 내면 자신을 해칠 뿐이고 이익 되는 것이 없기 때문이다.

"경구죄를 범하는 것이다."라는 것은, 정법을 호지하기 위해서 그렇게 하면 곧 위범이 없는 것이니,『열반경』에서 "(국왕·대신大臣 등의) 재가신자(우바새)가 법을 수호하기 위하여 기장器仗(전쟁에 사용하는 무기)을 수지하는 것을 허락한다."[100]라고 했기 때문이다.

述曰。菩薩。應聚利有情物。而畜殺具。深違愍濟。故須制也。乃至殺父母尚不加報者。以彼還受自宿業果。因果法爾。不應瞋故。若瞋自害。無所益故。言犯輕垢罪者。若護正法。即無違犯。涅槃經中。在家護法。聽持仗[1]故。

1) ㉑ '仗'을 '伏'이라 했다.(갑본·을본·병본)

경 "이와 같은 열 가지 계를 마땅히 배워야 할 것이니, 공경하는 마음으로 받들어 지닐 것이다."
뒤의「육품六品」[101]에서 자세히 밝힐 것이다.

如是十戒。應當學。敬心奉持。下六品中。當廣明。

100『열반경』권3(T12, 624a28).
101 육품六品 : 대본大本『범망경』에 수록된 여섯 가지 품을 가리키는 것일 수도 있고, 혹은 그곳에 수록된「육품」이라는 품의 이름일 수도 있다.

B) 두 번째 열 가지 계

(A) 자신의 선善을 보호하는 문

술 이하의 열 가지 계는 나누어서 두 문을 이룬다. 처음의 네 가지는 자신의 선을 보호하는 문이고, 나중의 여섯 가지는 다른 사람을 보호하고 섭수하는 문이다. 문장과 같으니 알 수 있을 것이다.

自下十戒。分爲二門。初四護自善門。後六護攝他門。如文可解。

Ⓐ 통국사명계 제1 [11](국사가 되어 두 나라의 명령을 전달하는 일을 하지 마라)

通國使命戒。第一。

경 부처님께서 말씀하셨다.
"불자여, 이양을 위해서거나 나쁜 마음 때문에 국사가 되어 두 나라의 명령을 전하는 일을 하면서(通國使命)[102] 군대의 진영을 설치하여 두 나라의 군대가 만나게 하고, 대중(師)을 선동하여(興) 서로 싸우도록 하여 한량없는 중생을 죽이는 일이 일어나게 해서는 안 된다. 보살은 군대에 들어가 왕래해서도 안 되는 것이거늘, 하물며 고의로 나라를 해롭게 하는 일을 해서야 되겠는가. 고의로 이러한 일을 하면 경구죄를 범하는 것이다."

佛言。佛子。不得爲利養惡心故。通國使命。軍陣合會。興師相伐。殺無量

---
[102] 의적이 『보살계본소』 권하(T40, 674a20)에서 "'통국사명'이란 사신이 되어 두 나라의 명령을 전해 주는 것을 말한다.(通國使命者。謂作使通兩國命也。)"라고 한 것을 참조하여 풀었다.

衆生。而菩薩。不得入軍中往來。況故作國賊。若故作者。犯輕垢罪。

술 보살은 이치상 모든 어긋남과 싸움을 화해시켜야 하거늘, 국사가 되어 두 나라의 명령을 전하는 일을 하면서 서로 살해하게 하면 보살도에 어긋나기 때문에 지금 제정한 것이다. 만약 (이들을) 조복시켜서 오랫동안 서로 살해하던 일을 그치게 하기 위해서 두 나라에 들어간 것이라면 이치상 위범함이 없는 것이다. "흥興"이라는 것은 선동하는 것이고, "사師"라는 것은 대중이다.

述曰。菩薩。理應和諸違諍。而通國使命。相殺害。違菩薩道。故今制也。若爲調伏。止長相殺。入國。理應無犯。興者起也。師者衆也。

Ⓑ 뇌타판매계 제2 ⑫(남을 괴롭히면서 판매하는 일을 하지 마라)

惱他販賣戒。第二。

경 "불자여, 고의로 양인良人[103]·노비·육축六畜을 판매하며, 시장에서 관재棺材·판목板木·주검을 담는 도구[104]를 교역해서야 되겠느냐. 오히려 자신이 짓는 것도 하지 말아야 하거늘 하물며 다른 사람으로 하여금 그렇게 하도록 해서야 되겠는가. 만약 고의로 스스로 그렇게 하거나 다른 사람으로 하여금 그렇게 하게 한다면 경구죄를 범하는 것이다."

---

103 양인良人 : 노비가 아닌 사람을 일컫는 말. 『범망경직해』 권하(X38, 851a20)에서 "'양인'은 좋은 집안의 자녀이다.(良人。好人家子女也。)"라고 했다.

104 관재棺材·판목板木·주검을 담는 도구 : 『범망경보살계약소』 권4(X38, 726c11)에서 "완성된 것을 '관재'라고 하고, 아직 완성되지 않은 것을 '판목'이라 하며, 상자(函)·사기그릇(瓷)·질그릇(瓦)·항아리(缸) 등과 같이 시신·유골을 담는 그릇을 모두 '주검을 담는 도구'라고 한다."라고 한 것을 참조할 것.

若佛子。故販賣良人奴婢六畜。市易棺材版¹⁾木盛死之具。尙不應自作。況教人作。²⁾若故自作。教人作者。犯輕垢罪。

1) ㉗ '版'을 '板'이라 했다.(갑본) ㉙ 뜻은 같다. 2) ㉗ '尙不應自作況教人作'이 없다.(갑본)

[술] 유정을 판매하는 것은 (상대방이) 다른 사람과 이별하는 것을 자신의 즐거움으로 삼는 것이고, 시장에서 관재를 교역하는 것은 반드시 사람의 죽음을 구하는 것이니, 하천한 방법으로 생계를 유지함에 있어서 이것을 넘어서는 것이 없다. 죄를 짓지 않고도 목숨을 부지할 수 있는 것이 세간에는 많이 있기 때문에 보살이 이러한 일을 범하면 곧 죄가 되는 것이라고 제정했다.

述曰。販賣有情。他別爲樂。市易棺材。必求人死。下賤活命。無過此焉。無罪命緣。世間多有。故制菩薩犯卽爲罪。

"육축"이라는 것은, 『주례』[105]에서 "소·말·개·양·돼지·닭을 '여섯'으로 삼는다."라고 했다. 이치의 실상에 나아가면 일체의 축생에 통한다. "하물며 다른 사람으로 하여금 그렇게 하도록 해서야 되겠는가."라는 것은, 다른 사람을 이롭게 하는 것을 최상의 것으로 삼아야 하기 때문에 자신의 사례를 들어서 다른 사람에게 견준 것이다. 하천한 직업을 제외하고 나머지 바르게 판매하는 것은 출가자에게는 제지했지만 재가자에게는 허락했다. 『우바새계경』에서 "재가신자는 재물을 얻으면 네 부분으로 나누어야 한다. 한 부분은 부모와 처자를 공양하고, 두 부분은 법대로 판매하며, 나머지 한 부분은 (사용처가 생길 때까지) 저장해 둔다."[106]라고 한

105 『주례』: 유교 경전. 주周나라 왕실의 관직제도와 전국시대 각국의 제도를 기록한 책이다.
106 『우바새계경』 권3(T24, 1048c22).

것과 같다.

言六畜者。周禮云。牛馬犬羊豕鷄爲六。理實通於一切畜生。況敎人作者。
以利他爲最故。擧自況他。除下賤業。餘正販賣。制道開俗。如優婆塞戒經
云。在家人。得財。應作四分。一分供養父母妻子。二分如法販賣。餘一分
藏積。

ⓒ 무근방훼계 제3 [13](근거도 없이 비방하는 일을 하지 마라)

無根謗毁戒。第三。

경 "불자여, 악한 마음 때문에 근거도 없으면서 다른 양인良人과 착한 사
람[107]과 법사와 은사 스님과 국왕과 귀한 사람을 비방하여 칠역죄와 10중계
를 범했다고 말해서야 되겠느냐? 부모와 형제 등의 육친六親에게 효순하는
마음과 자비로운 마음을 내어야 하거늘, 도리어 다시 역해逆害를 가하여 타불
여의처墮不如意處[108]를 받게 한다면, 이는 경구죄를 범하는 것이다."

若佛子。以惡心故。無事。謗他良人善人法師師僧國王貴人。言犯七逆十
重。於父母兄弟六親中。應生孝順心慈悲心。而反更加於逆害。墮不如意處

---

107 양인良人과 착한 사람 : 『천태보살계소』 권중(T40, 592a1)에서 "겉으로 드러난 모양에
    악이 없는 것을 '양'이라고 하고, 내적으로 마음이 균형이 잡히고 부드러운 것을 '선'이
    라 한다.(外相無惡曰良。內心調柔爲善。)"라고 했다. 태현은 '양인'을 자신을 알아주는
    사람이라고 했다. 이는 앞의 뇌타판매계에서의 '양인'과는 구별되는 것이다.
108 타불여의처墮不如意處 : 중죄인 바라이죄波羅夷罪의 다른 이름 중 하나이다. 이 계를
    범함으로써 여의치 않은 곳에 떨어지기 때문에 이렇게 부른다. 또한 어떤 주석서에서
    는 단지 악도惡道를 가리키는 말로 보는 경우도 있다. 태현 자신은 이 용어에 대해 별
    도의 주석을 하지 않았다.

者。犯輕垢罪。

술 현명한 사람과 착한 사람을 업신여기고 적대시하는 것은 곧 부끄러움이 없는 것이니, 일체의 악법이 여기에서 생겨난다. 부처님의 종자를 이어받아 융성하게 함에 있어서 적절하지 않은 것이니, 그러므로 제정해야 하는 것이다.

述曰。輕拒賢善。卽是無愧。一切惡法。從此而生。紹隆佛種之所不宜。故須制也。

(상대방을) 이익 되게 하려는 마음이 없기 때문에 "악한 마음"이라고 했다.[109] 세 가지 근거[110]를 여의었기 때문에 "근거도 없으면서"라고 했다. 여기에서는 근거도 없으면서 비방하는 것은 (결과적으로는) 상대방을 함몰시킬 수 없는 것이기 때문에 다른 사람의 이익이라는 측면에서 경죄로 제정했다. 그런데 성문계에서는 근거도 없으면서 비방하는 것은 중죄이고, 실제 일어난 것에 의거하여 비방하면 경죄이다. (보살의) 타인을 중시하는 행과 (성문의) 자신을 중시하는 행(이라는 목적의 차이에 의해 동일하게 근거가 없는 것을 비방했어도, 보살은 경죄이고 성문은 중죄가 되어서) 경죄와 중죄에 통한다.[111]

---

109 의적의 『보살계본소』 권하(T40, 674c14)에서 "오직 상대방을 훼손시키고자 할 뿐이고 이익을 주려는 의도는 없는 마음이기 때문에 '악한 마음'이라 했다."라고 한 것을 참조할 것.

110 세 가지 근거 : 『사분율』 권4(T22, 588b28)에서 "첫째는 견근見根이니 보는 것에 의거한 근거이고, 둘째는 문근聞根이니 들은 것에 의거한 근거이며, 셋째는 의근疑根이니 본 것과 들은 것에 의해서 생겨난 의심에 의거한 근거이다."라고 했다.

111 의적의 『보살계본소』 권하(T40, 674c8)에서 "㉮ 성문법에서는 근거 없이 비방하면 중죄이고 실제 저지른 허물을 말하면 경죄를 범한다. 무엇 때문에 보살법에서는 이것과 반대가 되는 것인가? ㉯ 성문법에서는 자신이 허물을 짓는 것을 방호하기 위해

세속에서 말하기를, "선비는 자신을 알아주는 사람을 위해 자신의 능력을 다한다."[112]라고 했는데, 바로 그 자기를 알아주는 사람이 "양인"이다. 자신의 선을 (제자에게) 베풀어 주면 그가 바로 스승이다. 몸과 재산을 보호하는 것은 왕의 명령에 의한 것이다. 덮고 길러 주는 것은 어버이의 은혜이다. "육친"이라는 것은 아버지·어머니·큰아버지·작은아버지·손위형제·손아래형제를 "육"이라 한다. 은혜를 알고 은혜를 갚는 것은 보살의 근본행이니, 죽는 일이 있더라도 오히려 버리지 않아야 하거늘, 도리어 해치는 일을 해서야 되겠는가.

　無利益心故。言惡心。離三根故。亦言無事。此無根謗。不能陷沒故。於利他。制爲輕罪。其聲聞戒。無根謗重。謗實爲輕。於彼自行。通輕重故。俗云。士爲知己者用。其知己者。良人也。施我之善。其師也。護身財者。王之敎也。蒙覆養者。親之恩也。言六親者。父母伯叔兄弟爲六。知恩報恩。菩薩本行。死尙不辭。而生反害。

　　제정했다. 근거도 없이 다른 사람을 비방하면 정情의 허물이 무겁고, 근거가 있는 것에 대해 허물을 말하면 정의 허물이 가볍기 때문에 경죄와 중죄를 제정함에 있어서 같지 않은 것이 있다. 보살법에서는 다른 사람을 해치는 것을 보호하기 위해 제정했다. 다른 사람이 실제로 위범한 것을 말하면 영손永損(영원히 해치는 것)이 있음을 허용하여 앞에 있는 사람을 퇴몰시키게 된다. 실제로 하지 않은 일에 대해서 비방하면 일에 있어서 이미 실제가 아니므로 영손을 허용하지 않는다. 계율을 제정함에 있어서 중죄와 경죄가 있는 것은 뜻이 여기에 있다.(問聲聞戒中無根謗重。說實犯輕。何故菩薩反之。答聲聞法中護自過。無根謗他情過是重。有根說過情過容輕。故制輕重有不同也。菩薩法中制護損他。說他實犯容有永損。退沒前人。無實毁謗事旣不實。無容永損。制有重輕義在斯也。)"라고 한 것을 참조할 것.
112　사마천司馬遷의「임소경에게 보내는 글(報任少卿書)」에서 "종자기鍾子期(춘추시대 초나라 사람. 음률에 정통했음)가 죽자 백아伯牙(동시대의 인물. 거문고 연주에 뛰어났음)는 죽을 때까지 거문고를 타지 않았다. 왜 그러했는가. 선비는 자신을 알아주는 사람을 위해 능력을 다하고, 여인은 자신을 기쁘게 해 주는 사람을 위해 몸을 단장한다."라고 했다.

(『대방편불보은경』에서) "세존께서 말씀하셨다. '(내가 전생에) 기러기 왕이었을 때 5백 마리의 기러기를 이끌고 남쪽으로 날아갔다. 그때 기러기왕이 사냥꾼이 쳐 놓은 그물에 떨어졌다. 그때 한 마리의 기러기가 슬프게 울다가 피를 토하면서도 배회하며 떠나지 않았다. 그때 사냥꾼은 활을 당겨 (그를) 쏘려고 했으나 (그는) 활과 화살을 피하지 않고 잠시도 눈을 떼지 않고는 곧바로 양 날개를 저어서 기러기왕이 있는 곳에 몸을 던졌다. 5백 마리의 기러기도 허공을 배회하면서 또한 떠나지 않았다. 그때 사냥꾼은 이 한 마리의 기러기를 보고 바로 부끄러워하는 마음을 내어 (기러기왕을) 바로 풀어 주었다. 그 한 마리의 기러기는 곧 (지금의) 아난이다. (지금) 아사세왕이 비록 취한 코끼리를 풀어서 (부처님을 해치도록 유도했으나 아난은) 사모하는 마음을 내어 세존의 곁을 떠나지 않았다. (지금) 5백 명의 아라한도 허공에 올라가 (5백 마리의 기러기가) 옛날에 했던 것처럼 (배회하면서 떠나지 않았다.)'"[113]라고 한 것과 같다. 이미 그 은혜를 소중하게 여기는 것을 부처님(至人)께서 칭찬하셨으니, 보살이 은혜를 등지면 죄가 된다고 제정한 것이다.

---

113 『대방편불보은경大方便佛報恩經』 권4(T3, 147b16)에서 "제바달다가 아사세왕에게 5백 마리의 술에 취한 코끼리로 하여금 부처님을 밟아 죽이게 하자고 하였다. 아사세왕이 그가 시키는 대로 했는데, 5백 명의 아라한이 공중에 떠올라 부처님 곁을 배회하면서 지켰고, 아난은 부처님을 에워싸고 떠나지 않았다. 부처님께서 결국 5백 마리의 코끼리를 모두 물리쳤다. 아사세왕이 참회하면서 제바달다의 사주에 의한 것임을 고백하자, 부처님께서 전생에서부터 이어진 제바달다와의 악연을 설하셨다. '과거세에 기러기 고기를 좋아하는 왕이 있어서 기러기를 잡게 했다. 5백 마리의 기러기가 날아가다가 기러기왕이 그물에 떨어졌다. 사냥꾼이 죽이려고 했는데, 한 마리 기러기가 피를 토하고 울면서 곁을 맴돌며 떠나지 않았고, 5백 마리의 기러기도 역시 허공을 돌며 떠나지 않았다. 사냥꾼이 자신의 목숨을 아끼지 않는 기러기의 행위에 감동을 받아 기러기왕을 놓아 주고, 왕에게 이 사실을 고했더니, 왕은 이후 고기를 먹지 않았다. 그때의 왕은 바로 지금의 아사세왕이고, 사냥꾼은 지금의 제바달다이며, 한 마리의 기러기는 지금의 아난이며, 5백 마리의 기러기는 지금의 5백 명의 아라한이고, 기러기왕은 나이다.'"라고 했다.

如說世尊。爲雁¹⁾王時。將五百雁。向南飛之。爾時。雁王。墮獵師網。時有一雁。悲鳴吐血。徘徊不去。爾時。獵師。彎弓欲射。不避弓矢。目不暫捨。卽鼓兩翅。來投雁王。五百雁。徘徊虛空。亦復不去。爾時。獵師。見此一雁。卽生慚愧。尋時放捨。其一雁者。卽阿難是。阿闍世王。雖放醉象。心生顧戀。不離世尊。五百羅漢。登空如本。旣重其恩。至人所讚。菩薩若背。制之爲罪。

1) ㉮ '雁'을 '鴈'이라 했다.(갑본) ㉯ 『대방편불보은경』에 따르면 후자가 맞다. 뜻은 같다.

Ⓓ 방화손생계 제4 14(불을 질러서 살아 있는 것을 손상시키는 일을 하지 마라)

放火損生戒。第四。

경 "불자여, 나쁜 마음으로 큰 불을 질러서 산림과 광야를 태우되, 4월에서 9월 사이에 불을 질러서야 되겠느냐. 또한 다른 사람의 집과 성읍과 승방과 밭과 나무, 그리고 귀신의 소유물과 나라의 재산 등과 같은 일체의 주인이 있는 물건을 태워서야 되겠느냐. 고의로 태워서는 안 되는 것이니, 고의로 태운다면 경구죄를 범하는 것이다."

若佛子。以惡心故。放大火。燒山林曠野。四月乃至九月。放火。若燒他人家屋宅。城邑僧坊田木。及鬼神。官物。一切有主物。不得故燒。若故燒者。犯輕垢罪。

술 가리지 않고 살생함에 있어서 불을 지르는 것보다 더한 것은 없다. 꿩도 날개를 (물에) 적셔서 (불을 꺼서) 불타는 재난을 구제했거늘,[114] 보

[114] 『대지도론』 권16(T25, 178c29)에서 "옛날 숲에 불이 일어나자, 숲에 살던 꿩 한 마리가 털끝에 물을 적셔가며 그 불을 끄려고 노력했다. 불은 크고 물은 턱없이 적어서 꺼질

살로서 불을 지른다면 도를 거스름이 심한 것이다. 그러므로 제정했다.

述曰。無擇殺生。無過放火。雉尙潤翅。救燒之難。菩薩放火。逆道之甚。所以制之。

만약 불을 질러서 생명을 해치고 물건을 손상시키려고 했으면, (불을 놓은 것과는) 별도로 살생과 도둑질의 죄를 얻는다. 『유가사지론』에서 "불 태우는 것은 도둑질의 중죄에 해당한다."[115]라고 했다. 이 가운데 산 등은 대부분 주인이 없는 것이다. 단지 자비심이 없기 때문에 "나쁜 마음으로"라고 한 것이니, (자비심에 의해서 그렇게 한 것이면 죄가 없다.) 결정코 주인이 있는 물건을 간략하게 표방하면 여섯 가지가 있다. 첫째는 다른 사람의 집이고, 둘째는 성읍이며, 셋째는 승방이고, 넷째는 밭과 나무이며, 다섯째는 귀신의 소유물이고, 여섯째는 나라의 재산이다.

若欲放火。害命損物。別得殺盜。瑜伽說。燒是盜之重。此中。山等多分無主。但無慈悲。言以惡心。定有主物。略標有六。一他室宅。二城邑。三僧坊。四田木。五鬼神物。六官物。

기미도 보이지 않았지만 그 꿩은 이를 개의치 않았다. 제석천이 그에게 이렇게까지 하는 이유를 물었더니, 뭇 생명이 여기에 의지해 살아가기 때문이라고 했다. 다시 언제까지 할 것이냐고 묻자, 죽을 때까지 할 것이라고 했다. 제석천이 다시 그의 마음을 증명해 보라고 했더니, 꿩은 서원을 세우고, '자신의 마음이 거짓이 없다면 불은 곧장 꺼질 것이다'라고 했다. 정거천이 그의 마음을 알고 불이 꺼지게 했다."라고 한 것을 말한다. 이 고사는 정진바라밀의 여러 사례 중 하나로 제시된 것이다.

115 『유가사지론』 권60(T30, 634b6).

(B) 다른 사람을 보호하고 섭수하는 문

Ⓐ 법화위종계 제5 [15](법으로써 교화하고 대승의 종지에 어긋나는 것을 가르치는 일을 하지 마라)

法化違宗戒。第五。

경 "불자여, 불제자佛弟子에서부터[116] 외도의 악한 사람과 육친과 모든 선지식에 이르기까지의 모든 사람을, 낱낱이 대승의 경전과 율전을 가르쳐 수지하게 하고, 의리義理[117]를 이해하도록 가르치며, 보리심을 발하는 것과 10발취심과 10장양심과 10금강심의 서른 가지 마음에 대해 낱낱이 차례와 법의 작용을 이해하도록 가르쳐야 할 것이거늘, 보살이 나쁜 마음과 분노하는 마음으로 도리에 어긋나게 이승성문의 경전·율전과 외도의 삿된 견해를 담은 논서 등을 가르치면 경구죄를 범하는 것이다."

若佛子。自佛弟子及外道惡人六親一切善知識。應一一教受持大乘經律。

---

116 불제자佛弟子에서부터 : '自佛弟子'를 의적의 주석에 따라 풀이했다. 의적은 '自'를 從(~부터)과 같은 뜻으로 풀이한다. 이때 뒤의 及은 至와 같은 것으로 취급하여 이 문장을 '自~至(及)'의 구조로 풀이한다. 곧 의적의 『보살계본소』 권하(T40, 675a25)에서 "본문에서 '불자제부터 일체 선지식에 이르기까지'란 교수의 대상이 되는 사람을 든 것이다.(文中。自佛弟子至一切善知識者。擧所教授人也。)"라고 했다. 그런데 지의는 '自'를 '佛弟子'와 합쳐서 한 단어를 이루는 것으로 풀이했다. 곧 '자불제자'라고 하여 내중內衆(불교를 믿는 대중)을 일컫는 말로 본 것이다. 곧 지의의 『보살계의소』 권하(T40, 576a29)에서 "'자불제자'는 내중이고, '외도'는 외중外衆이며, '육친六親과 선지식善知識'은 내중과 외중에 통하는 것이다.(自佛弟子謂內衆。外道謂外衆。六親善知識通內外。)"라고 했다.
117 의리義理 : 소전所詮과 같은 말. 소전의 상대어는 능전能詮이다. 소전이란 언어 자체, 곧 모든 종류의 언어 작용의 결과물을 말하고, 소전이란 그러한 언어에 담긴 뜻, 곧 그러한 언어에 의해 드러내려고 한 의미·종지·대상 등을 가리킨다.

應教解義理。使發菩提心。十發趣心。十長養心。十金剛心。於三十心中。[1]
一一解其次第法用。而菩薩。以惡心瞋心。橫教二乘聲聞經律外道邪見論
等。犯輕垢罪。

1) ㉡ '於三十心中'이 없다.(갑본)

[술] 보살은 대승법으로 중생을 교화해야 하니, 『유마경』에서 "강론하는 곳에 들어가 대승으로 이끈다."[118]라고 한 것과 같다. 소승으로 대승을 장애하면 보살도를 거스르는 것이다. 그러므로 이를 제정했다.

述曰。菩薩。應以大法化生。如維摩經。入講論處。導以大乘。以小障大。逆
菩薩道。所以制之。

[문] 그러하다면 무엇 때문에 『유가사지론』에서 "법을 구하는 이가 있으면 먼저 종성種姓을 물어서 그가 영리하고 지혜로운 사람이어서 자신이 해당되는 근기根機[119]와 종성種姓[120]을 말하면, 바로 상응하는 것에 따라서 그에 해당하는 승법乘法을 가르쳐 준다. 그가 자신의 종성을 알지 못하면, 그를 위해 차례대로 삼승(성문승·독각승·보살승)의 법을 설해 주어서 자신이 해당되는 종성에 따라서 자신의 종성과 상응하는 법을 듣고 기뻐하고 믿고 이해하는 마음이 생겨나면,[121] 그렇게 한 후에 상응하는 대로 그 승법을 설한다."[122]라고 한 것인가?[123]

---

118 『유마경』(T14, 539a27).
119 근기根機: 둔근鈍根·중근中根·이근利根 등을 말한다.
120 종성種姓: 성문종성·독각종성·보살종성 등을 말한다.
121 성문승의 종성은 성문법을 가르쳐 주면 기뻐하면서 믿음과 이해를 내고, 독각승의 종성은 독각법을 가르쳐 주면 기뻐하면서 믿음과 이해를 내며, 보살승의 종성은 보살법을 가르쳐 주면 기뻐하면서 믿음과 이해를 낸다는 말이다.
122 『유가사지론』 권30(T30, 449a27).

답 지금은 나쁜 마음으로 하는 것[124]에 대해서 제정한 것이기 때문에 그 논에서 말한 것과 어긋나지 않는다.

問。若爾。何故。瑜伽論云。若有求法。先問種姓。若彼點慧。說其根性。卽隨所應。授彼乘法。若彼不知自種姓者。應爲歷說三乘之法。隨其種姓。聞之發心。然後。如應說其乘法。答。今制惡心。不違彼論。

거짓말의 업業에 준하면, 비록 (상대방이) 믿고 받아들이지 않는다고 해도 위범이 성립된다.[125]

지금 이 문장 가운데 대중은 간략히 네 가지가 있다. 첫째는 정법에 들어간 사람이고, 둘째는 아직 정법에 들어가지 않은 사람이며, 셋째는 동기연지同氣連枝[126]이고, 넷째는 승법을 함께하는 매우 친한 사람이다.[127] 가르침을 주는 것에는 세 가지가 있다. 첫째는 교법敎法이니 곧 대승의 경전과 율전을 가르치는 것이다. 둘째는 이법理法이니 의리를 가르치는 것이다. 셋째는 행법行法이니 보리심을 발하는 것 등이다. 가르침에 의해 이치에 대한 이해가 생겨나고, 이치에 대한 이해에 의해 행이 일어나니, 그 차례에 의거한 것이다.

---

123 『유가사지론』에서는 병에 맞추어서 약을 주는 것이 부처님이 중생을 교화하는 방식임을 밝혔는데, 지금은 오직 대승법으로만 가르쳐야 한다고 했으니, 서로 모순되는 것이라는 말이다.
124 나쁜 마음을 품어서 대승의 가르침을 주어도 될 사람인데 소승의 가르침을 주는 것이니, 병에 맞추어서 약을 주는 부처님의 가르침의 방식에 어긋나는 것이다.
125 거짓말의 업은 이미 발설하여 상대방이 그 말을 이해했다면, 그 말을 믿지 않았더라도 위범이 성립되는 것처럼, 이 계의 경우도 대승법이 아닌 것을 가르쳤다면 상대방이 그 도리를 믿지 않았더라도 위범이 성립된다는 말이다.
126 동기연지同氣連枝 : 같은 기氣를 얻어서 태어난 한 뿌리에서 이어진 가지. 곧 형제자매를 가리킨다.
127 이상 네 가지는 차례대로 불제자·외도의 악한 사람·육친·선지식을 가리킨다.

여기에서 "보리심을 발하는 것"은 10신이고, "10발심(10발취심)"이라는 것은 10주이며, "장양심"이라는 것은 10행이고, "금강심"이라는 것은 10회향이다. 10지를 설하지 않은 것은 (다른 사람의 가르침에 의지하지 않고) 스스로 증득하고 이해하는 계위이기 때문이다. 어떤 경본經本에는 "장양심"이 없는 경우도 있는데, 누락된 것임을 알아야 한다.

"도리에 어긋나게……가르치면"이라는 것은, 『대방등대집경』에서 "소승을 배울 것을 권하면 마라魔羅[128]의 업을 짓는 것이다."[129]라고 한 것과 같으니, 하물며 외도의 삿된 견해를 담은 논서임에랴. 죄를 범하는 것임을 알아야 한다.

準[1]妄語業。雖不信犯。今此文中。衆略有四。一入正法。二末[2]入正法。三同氣連枝。四同乘親厚。所授有三。一者敎法。卽敎大乘經律也。二者理法。謂敎義理也。三者行法。謂發心等。依敎生解。依解發行。其次第也。此中發菩提心。十信也。十發心者。十住也。長養心者。十行也。金剛心者。十廻向也。不說十地。自證解故。或有經本。無長養心。應知少也。言橫敎者。如大集云。勸學小乘。是魔業也。況乎外道邪論。犯罪應知。

1) ㉾ '準'을 '准'이라 했다.(갑본·을본·병본)　2) ㉾ '末'를 '未'이라고 했다.(갑본·을본·병본)

---

128 마라魔羅 : ⓢ māra의 음사어. 줄여서 마魔라고 음사하기도 한다. 살자殺者·탈명탈命·장애장애 등으로 의역한다. 사람의 생명을 빼앗고 선행과 수도를 방해하는 나쁜 귀신을 가리킨다.
129 『대방등대집경』 권15(T13, 105c17)에서 "이른바 마음이 소승을 향하는 것을 마라의 업이라 한다.(所謂心向小乘。是為魔業)"라고 했는데, 뉘앙스의 차이가 있다. 법장이 『범망경보살계본소』 권5(T40, 641a29)에서 『대집경』에서 말했다. '소승을 배울 것을 권하는 것은 마라의 업이다.'"라고 한 것이 오히려 본문과 가깝다. 태현은 본 서에서 별도의 출처를 밝히지 않고 법장의 『범망경보살계본소』를 차용하는 특성을 보이고 있다.

Ⓑ 탐재석법계 제6 [16] (재물을 탐하고 법을 아끼는 일을 하지 마라)

貪財惜法戒。第六。

경 "불자여, 좋은 마음으로 먼저 대승의 위의威儀[130]를 담은 경·율을 배워 뜻을 자세히 알아야 한다. 나중에 처음 발심하여 배움을 시작한 보살이, 백 리이든 천 리이든 와서 대승의 경·율을 구하는 것을 보거든, 법대로 그를 위해 모든 고행에 대해 설해 주되, 몸을 태우고 팔을 태우며 손가락을 태워 (공양해야 하니,) 몸과 팔과 손가락을 태워 여러 부처님께 공양하지 않는다면 출가보살이 아니며, 내지 굶주린 범·이리·사자·일체의 아귀에 대해서도 모두 몸과 살과 손과 발을 버려 이들을 공양해야 하는 것을 말해 준다. 그렇게 한 후에 낱낱이 차례대로 그들을 위해 정법을 설해 주어 마음이 열리고 뜻을 이해하도록 한다. 보살이 이양을 위하여 답해 주어야 할 것에 대해 답해 주지 않고 경·율을 전도되게 설하며, 문자에 있어서 앞에 두어야 할 것을 없애어 (뒤로 두고) 뒤에 두어야 할 것을 없애어 (앞에 두며,) 삼보三寶를 비방하는 내용을 설한다면 경구죄를 범하는 것이다."

若佛子。應[1]好心。先學大乘威儀經律。廣開解義味。見後新學菩薩。有從[2] 百里千里來。求大乘經律。應如法。爲說一切苦行。若燒身燒臂燒指。若不燒身臂指。供養諸佛。非出家菩薩。乃至餓虎狼獅子一切餓鬼。悉應捨身肉手足。而供養之。然後。一一次第。爲說正法。使心開意解。而菩薩。爲利養故。應答不答。倒說經律。文字無前無後。謗三寶說者。犯輕垢罪。

1) ㉯ '應' 뒤에 '以'가 있다.(갑본) 2) ㉯ '從'이 없다.(갑본)

---

130 위의威儀 : 행·주·좌·와 등의 모든 행위에 있어서 갖추어야 할 위덕威德과 의칙儀則을 가리킨다.

술 먼저 스스로 배워야 하고, 나중에 반드시 다른 사람을 가르쳐야 한다. 재물을 탐하고 법을 아까워하면 곧 부처님의 종자를 끊는 것이니, 보살도를 범하는 것이다. 그러므로 지금 제정했다. 여기에서의 뜻은, 먼저 고행에 대해 설해 줌으로써 마음을 경계하여 견고해지게 하고, 그렇게 한 후에 그를 위해 진실한 정법을 설하라는 것이다.

述曰。先應自學。後必敎他。貪財惜法。卽斷佛種。犯菩薩道。故今制也。此中意言。先說苦行。誡心令固。然後。爲說眞實正法。

"답해 주어야 할 것에 대해 답해 주지 않고"라는 것은 말해 주지 않는 것이다. 그런데 단지 이양을 위한 것이고 법을 아까워하는 것으로 말미암은 것은 아니다. 그러므로 경계에 섭수되는 것이다.[131] 『유가사지론』에서 "현재 재물과 법이 있지만 재물과 법을 아까워하여 베풀지 않으면 타승처이다."[132]라고 했기 때문이다. "삼보를 비방하는 내용을 설한다면"이라는 것은, 문장 그대로 뜻을 취한다. 『열반경』에서 "중생에게 결정코 불성이 있다거나 결정코 불성이 없다거나 하고 설하면 모두 불보·법보·승보를

---

[131] 10중계 중 여덟 번째인 간생훼욕계와 구별되는 모습을 설명한 것이다. 승장의 『범망경술기』 권하(X38, 424a8)에서 "문 여기에서 법을 설해 주지 않는 것과 앞의 10중계 중 (여덟 번째 계에서) 아까워서 설해 주지 않는 것과는 어떤 차별이 있는가? 답 본질적인 성품이 법을 아까워하여 법을 설해 주지 않는 것은 타승처에 해당한다. 그런데 본질적인 성품이 법을 아까워하는 것은 아니지만 이양을 위하거나 싫어하는 마음 때문에 법을 설해 주지 않는 것은 경구죄이고 중죄는 아니기 때문에 차별이 있다."라고 한 것을 참조할 것.
[132] 『유가사지론』 권40((T30, 515b24)에서 "보살들이 현재 재물이 있지만 성품이 재물을 아끼기 때문에 고통에 처하고 가난함에 처하고 의탁할 곳이 없고 믿을 만한 곳이 없어서 바로 재물을 구하는 이가 와서 앞에 서 있는데도, 불쌍해 하는 마음을 일으켜 혜사慧捨(지혜를 바탕으로 하여 보시하는 것)를 닦는 일을 하지 않고, 정법을 구하는 이가 와서 앞에 있는데, 법을 아까워하여 비록 현재 법이 있더라도 사시捨施(평등하게 베푸는 것)하지 않으면, 이를 두 번째 타승처법이라고 한다."라고 했다.

비방하는 것이다."¹³³라고 한 것과 같다.

應答不答者。謂不說也。然但爲利。不由慳法。所以輕攝。如瑜伽說。現有財法。慳財法而不施。他勝處故。謗三寶說者。如文取義。如涅槃經。若說衆生。定有佛性。定無佛性。皆爲謗佛法僧寶也。

"경구죄를 범하는 것이다."라는 것은, 『유가사지론』에서 "보살이 다른 사람이 와서 법을 구하는데, 싫어하는 마음을 품거나 분노하는 마음을 품거나 질투하여 베풀지 않으면 염오에 의한 위범이라고 한다. 게으름이나 망념忘念¹³⁴이나 무기無記의 마음으로 인한 것이라면 (범함이 있고 어긋나고 넘어서는 것이 있지만) 염오에 의한 위범은 아니다. 위범이 없는 것은, 외도가 허물을 엿보거나, 병에 걸렸거나, 광란 상태이거나, 상대방을 조복시키고자 해서이거나, 이 법에 아직 잘 통달하지 못해서이거나, 다시 그가 공경하는 마음이 없고 부끄러워하는 마음도 없이 나쁜 위의로 찾아온 것임을 알았거나, 그가 둔한 근기를 가져서 도리어 삿된 견해를 낼 것임을 알았거나, 다시 그가 비인非人에게 굴려서 가르칠 것임을 알았거나 하는 것이니, 그러한 상황에 의해 베풀어 주지 않았다면 모두 위범이 없다."¹³⁵라고 했다.

犯輕垢罪者。瑜伽云。他來求法。嫌心恚心。嫉妒¹⁾不施。是染違犯。懈怠忘念無記之心。非染違犯。無違犯者。外道伺過。或病或狂。或欲調伏。或於此法。未善通利。或復見彼不敬不愧。惡威儀來。或知彼鈍。反生邪見。或

---

133 36권『열반경』권33(T12, 827c23).
134 망념忘念 : 실념失念이라고도 한다. 심소心所(마음 작용)의 하나. 대상 경계와 여러 선법에 대해 명백하게 기억하지 못하는 정신 작용을 가리킨다.
135 『유가사지론』권41(T30, 516c). 본 서에서 경계를 설한 부분이다.

復知彼轉布非人。而不施與。皆無違犯。

1) ㉮ '妒'를 '姤'라고 했다.(갑본·을본·병본) ㉯ 『유가사지론』에 따르면 후자가 맞다.

ⓒ 의세악구계 제7 [17] (형세에 의지하여 이치에 맞지 않게 구하는 일을 하지 마라)

依勢惡求戒。第七。

[경] "불자여, 스스로 음식·돈과 재물·이양·명예를 얻기 위해 국왕·왕자·대신·백관百官과 친근하게 지내고, 그들의 형세形勢를 믿고 의탁하면서 (핍박하면서) 줄 것을 요구하고 (여의치 않으면) 때려서 (위협을 가하며 여의치 않으면) 억지로 끌어당겨서 (탈취하며) 도리에 어긋나는 방식으로 금전과 재물을 취해서야 되겠느냐. (이와 같은 방식으로) 일체의 것에서 이익을 구하는 것을 악구惡求[136]라고 하고, 다구多求[137]라고 한다. 또한 다른 사람으로 하여금 (그런 방식으로 이익을) 구하게 해서야 되겠느냐. 전혀 자비로운 마음도 없고 효순하는 마음도 없는 것이니, 경구죄를 범하는 것이다."

若佛子。自爲飮食錢物利養名譽故。親近國王王子大臣百官。恃作形勢。乞索。打拍。牽挽。橫取錢物。一切求利。名爲惡求多求。敎他人求。都無慈心。無孝順心者。[1] 犯輕垢罪。

1) ㉮ '者'가 없다.(갑본)

[술] 단지 다른 사람을 괴롭히는 것만 아니라, 자신도 또한 수고롭고 피

---

136 악구惡求 : 의적의 『보살계본소』권하(T40, 676a28)에서 "이치에 맞지 않게 구하기 때문에 악구라고 한다.(非理求故名爲惡求)"라고 했다.
137 다구多求 : 의적의 『보살계본소』권하(T40, 676a29)에서 "만족할 줄 모르고 구하기 때문에 다구라고 한다.(無厭求故名爲多求)"라고 했다.

곤하여 자신과 타인의 이익을 매우 장애하는 것이다. 그러므로 제정했다. 『유교경』에서 "욕심이 많은 사람은 많은 이익을 구하기 때문에 고뇌도 또한 많지만, 욕심을 줄이는 것을 행하는 사람은 마음이 곧 편안하여 걱정하거나 두려워함이 없다. 만족할 줄 모르는 사람은 비록 부유해도 가난하니, 항상 부족하다고 느끼기 때문이다. 만족할 줄 아는 사람은 비록 가난해도 부유하니, 항상 안락하기 때문이다."[138]라고 한 것과 같다.

述曰。非但惱他。自亦勞倦。深障二利。所以制之。如遺教云。多欲之人。多求利故。苦惱亦多。行少欲者。心卽[1]坦然。無所憂畏。不知足者。雖富而貧。恒乏短故。知足之人。雖貧而富。常安樂故。

1) ㉓『유교경론』에 따르면 '卽'은 '則'이다.

"악구"와 "다구"라고 한 것은, 염오가 없이 의미와 이익이 있는 형태로 구하는 것과 간별하기 위한 것이다. 『유가사지론』에서, "보살들이, 부처님께서 계경戒經에서 성문들로 하여금 적은 일과 적은 업과 적은 희망에 머물게 하기 위해 차죄를 건립하여 짓지 않게 한 것과 같은 것을, (성문과 함께) 동등하게 배워서는 안 되니, 무엇 때문인가. 그들은 자신의 이익을 닦는 것에 힘써서 다른 사람을 이롭게 하는 것에 있어서 적은 일을 미묘한 것이라고 하지만, 보살들은 다른 사람을 이익 되게 하는 것을 뛰어난 것으로 여기고 자신의 이익을 돌보지 않으니, 다른 사람을 이익 되게 하는 것 가운데 적은 일과 적은 업과 적은 희망에 머무는 것을 미묘한 것이라고 하지 않는다. 이와 같이 보살은 다른 사람을 이롭게 하기 위해서 친척이 아닌 장자長者[139] 등으로부터 백천 가지에 달하는 의복과 발우 등의

---

138 『유교경론』(T26, 287c7).
139 친척이 아닌 장자長者 : 성문계에서는 친척이 아닌 장자·거사 등으로부터 옷을 받는 것을 금하였지만, 보살계에서는 중생의 이익을 위한 것이라면, 친척인 장자는 물론이

물건을 상응하는 대로 구하여 여러 가지 보물을 축적해야 한다."[140]라고 한 것과 같다.[141]

言惡求多求者。爲簡非染。有義利求。如瑜伽云。若諸菩薩。如佛戒經。爲令聲聞。少事少業少希望住。建立遮罪。令不造作。不應等學。何以故。彼修自利。於利他中。少事爲妙。非諸菩薩。利他爲勝。不顧自利。於利他中。少事少業少希望住。得名爲妙。如是菩薩。爲利他故。從非親里長者等邊。應求百千衣鉢等物。畜種種寶。

Ⓓ 허위작사계 제8 [18] (거짓으로 스승이 되는 일을 하지 마라)

虛僞作師戒。第八。

경 "불자여, 계를 배워서 독송하는 이는 날마다 여섯 때[142]에 보살계를 수자하고 그 의리를 이해하되, 그 계가 바로 불성의 성품이라는 것을 알아야 한다. 보살이 하나의 구절, 한 수의 게송 및 계율이 제정된 인연을 알지 못하면서 거짓으로 안다고 말하면, 곧 스스로를 속이는 것이고, 또한 다른 사람도 속이는 것이다. 일체법을 낱낱이 알지 못하면서 다른 사람의 스승이 되어 계를 주는 이는 경구죄를 범하는 것이다."

고, 친척이 아닌 장자에게서도 옷을 받는 것이 가능함을 나타내는 말이다.
140 『유가사지론』 권41(T30, 517a14).
141 염오가 없이 의미와 이익이 있는 형태로 구하는 것의 사례를 든 것이다. 곧 『유가사지론』에서 설한 것처럼 중생에게 더 많은 이익을 주기 위해 이치에 합당한 방법으로 많은 물건을 구하여 축적해 두는 것은 문제가 되지 않는다는 말이다.
142 여섯 때 : 낮의 세 때, 곧 아침(晨朝)·한낮(日中)·해질녘(日沒) 등과 밤의 세 때, 곧 초저녁(初夜)·한밤중(中夜)·새벽(後夜) 등을 합쳐서 일컫는 말이다.

若佛子。學誦戒者。日夜六時。持菩薩戒。解其義理。佛性之性。而菩薩。不解一句一偈戒律因緣。詐言能解者。卽爲自欺詐。亦欺詐他人。一一不解一切法。而爲他人作師。授戒者。犯輕垢罪。

[술] 날마다 독송하고 수지하여 분명하게 아는 이가 스승이 되어야 한다. 게을러서 분명하게 알지 못하는 것은 이 계에서 금제하는 것이다.

述曰。日日誦持明解爲師。懈怠不明。此戒所制。

"곧 스스로를 속이는 것이고, 또한 다른 사람도 속이는 것이다."라고 한 것은, 스스로 후법後法[143]에 있어서 크게 쇠잔과 손상을 입기 때문에 "스스로를 속이는 것이고"라고 했고, 허망한 가르침을 주어서 이익도 없이 고생만 하도록 만들기 때문에 "다른 사람도 속이는 것이다."라고 했다. 『유가사지론』「보살지」에서 "거짓으로 위의를 나타내는 것은 보살의 상사공덕相似功德에 포섭된다."[144]라고 했기 때문이다. 이것은 (알지 못하면서 안다고 말하는 것이니,) 비록 (10중계 중 네 번째인) 망어妄語에 해당하는 것이지만, 거짓으로 스승이 되는 뜻만을 취하여 경구죄를 범하는 것이라 한 것이다.

言卽爲自欺詐。亦欺他人者。自作後法大衰損。故言自欺詐。授虛妄敎。無利勤苦。言亦欺他。菩薩地云。詐現威儀。菩薩相似功德攝故。此雖妄語。

---

143 후법後法 : 후세의 과보를 가리키는 말이다. 『유가사지론』 권43(T30, 531a9)에서 "후법 가운데 혹은 정거천에 태어난다.(於後法中。或生淨天。)"라고 한 것을 참조할 것.
144 『유가사지론』 권46(T30, 546c5)에서 설한 보살의 다섯 가지 상사공덕 중 두 번째에 해당한다. 상사공덕은 보살의 버려야 할 과실로서, 상대어는 진실공덕이다. 다섯 가지 진실공덕 중 상응하는 덕목은 본성에 의거하여 구족한 위의를 성취하는 것이다.

詐作師義。犯輕垢罪。

Ⓔ 투쟁양두계 제9 ⑲ (양쪽 사람을 싸우게 하는 일을 하지 마라)

鬪¹⁾諍兩頭戒。第九。
1) ㉠ '鬪'를 '鬭'라고 했다.(갑본) 다음도 동일하다.

경 "불자여, 나쁜 마음으로 인해서 계를 수지한 비구가 손에 향로를 잡고 보살행을 행하는 것을 보고도, 양쪽 사람을 만나면서(遘) 서로 싸우게 만들어서 어진 사람을 비방하고 속이면서 어떤 악도 짓지 않음이 없는 것은 경구죄를 범하는 것이다."

若佛子。以惡心故。見持戒比丘。手捉香爐。¹⁾ 行菩薩行。而鬪構²⁾兩頭。謗欺賢人。無惡不造者。犯輕垢罪。
1) ㉠ '爐'를 '鑪'라고 했다.(갑본) 2) ㉠ '構'는 『記』에서 '遘'라고 했다.(저본) '搆'이다.(갑본) ㉢ 태현의 주석에 따르면 '遘'가 맞다.

술 이치상 보살행을 하는 사람을 찬미하여 이 사람과 저 사람이 화합하여 선을 낳도록 해야 하거늘, 도리어 양쪽 사람을 만나면서 서로 싸우게 만드는 것은 도리에 어긋나기 때문에 이 계를 제정했다.

述曰。理應讚美菩薩行人。能令此彼和合生善。而反鬪遘兩頭。逆道。故制斯戒。

"계를 수지한 비구가······보고도"라는 것은 싸움을 하게 만드는 대상이 되는 현명하고 어진 대중이다. "손에 향로를 잡고" 등이라는 것은 불도를

제4권 • 471

행하는 위의이다. "양쪽 사람을 만나면서 서로 싸우게 만들어서"라는 것은 양쪽 사람을 만나서 싸우게 만들기 때문이다. "구遘"라는 것은 만나는 것이다. 이 사람과 저 사람을 (오가면서) 비방하고 기만함으로써 온갖 악이 일어난다. (다만 『유가사지론』 「보살지」에서는 "(보살이, 유정이) 나쁜 벗에 의해 섭수되는 것을 보고서 (그와 멀어지게 하여 이익과 안락을 주려는 마음을 일으켜서) 이간어離間語(이간질하는 말)를 설하면 도리어 공덕을 낳는다."[145]라고 했다.

見持戒比丘者。此是所鬪賢良之衆。手捉香爐等。是行道威儀也。言而鬪遘兩頭等者。謂遘兩頭令鬪諍故。遘者遇也。謗欺此彼。衆惡起也。菩薩地云。若見惡友之所攝受。行[1]離間語。反生功德。

1) ㉐『유가사지론』에 따르면 '行'은 '說'이다.

Ⓕ 불구존망계 제10 [20] (살아 있는 사람과 죽은 사람을 구하지 않는 일을 하지 마라)

不救存亡戒。第十。

[경] "불자여, 자애로운 마음으로 살아 있는 것을 풀어 주는 업을 행하면서 이렇게 생각해야 한다. 모든 남자는 나의 아버지이고 모든 여인은 나의 어머니이다. 나는 태어날 때마다 그들에 의지하여 태어나지 않은 적이 없다. 그러므로 육도의 중생은 모두 나의 아버지이고 어머니이니, 죽이고 먹는 것은 나의 아버지와 어머니를 죽이는 것이다. 또한 나의 옛 몸을 죽이는 것이니, 모든 지대地大와 수대水大는 나의 이전 생에서의 몸이고, 모든 화대火大와 풍대風大는 나의 본래의 몸이다.[146] 그러므로 항상 살아 있는 것을 풀어 주는 일을 행

---

145 『유가사지론』 권41(T30, 517c18).

해야 한다. 세세생생 생명을 받을 때마다 그렇게 해야 하니, 이는 영원히 바뀌지 않는 법이다. (또한) 사람들로 하여금 살아 있는 것을 풀어 주는 일을 하게 하라. 세상 사람들이 축생을 죽이는 것을 보았을 때에는, (죽임을 당하는 축생을) 방편으로 구호하여 그가 처한 현재의 고난에서 벗어나게 하고, (죽이는 중생을) 항상 교화하고 보살계를 강설하여 중생을 (미래세의 고통으로부터) 구제해야 한다. 부모와 형제가 죽은 날에 법사를 청하여 보살계경을 강설하도록 하여 죽은 이의 복덕을 도와 여러 부처님을 친견하게 하고, 인도나 천도에 태어날 수 있도록 해야 한다.[147] 이와 같이 하지 않으면 경구죄를 범하는 것이다."

若佛子。以慈心故。行放生業。一切男子是我父。一切女人是我母。我生生。無不從之受生。故六道衆生。皆是我父母。而殺而食者。即殺我父母。亦殺我故身。一切地水。是我先身。一切火風。是我本體。故常行放生。生生受生。常住之法。敎人放生。若見世人。殺畜生時。應方便救護。解其苦難。常敎化。講說菩薩戒。救度衆生。若父母兄弟死亡之日。應請法師。講菩薩戒經。福資亡者。得見諸佛。生人天上。若不爾者。犯輕垢罪。

술 경의 본문에 두 가지 뜻이 있다. 처음은 살아 있는 것을 풀어 주어서 죽음의 고난에서 구제하는 것이고, 나중은 재강齋講[148]을 시설하여 망

---

146 만물은 모두 사대四大에 의해 만들어진 것이다. 따라서 현재 나를 둘러싼 만물은 과거의 나를 구성한 사대의 일부를 구성물로 한 것이고, 현재 나를 구성하는 사대는 바로 나를 둘러싼 만물의 과거의 구성물이었을 것이기에 나의 이전 생에서의 몸이고, 나의 본래의 몸이라고 한 것이다.
147 『범망경기梵網經記』 권하(X38, 262a24)에서 "이미 인간과 하늘에 있는 이는 정토에 태어나게 하기 때문에 '여러 부처님을 친견하게 하고'라고 했고, 삼악도에 있으면 모두 정토에 태어날 수 없기 때문에 '인도나 천도에 태어날 수 있도록 해야 한다'라고 했다."라고 했다.
148 재강齋講 : 재회와 강회를 합한 말. 재회란 음식물을 공양하는 법회이고, 강회란 불법

자의 영혼을 돕는 것이다.

述曰. 經文二意. 初放生以救死難. 後齋講以資亡靈.

a. 살아 있는 것을 풀어 주어서 죽음의 고난에서 구제함

"모두 나의 아버지이고 어머니이니"라는 것은 두루 어버이라는 관찰을 일으키는 것이다. 세존께서 말씀하시기를, "나는 일체의 유정이 길고 어두운 밤과 같은 생사의 세계를 떠돌면서 일찍이 너희들의 아버지가 되고 어머니가 되지 않았던 것을 보지 못했다."[149]라고 한 것과 같기 때문이다. "또한 나의 옛 몸을 죽이는 것이니"라고 한 것은 다음과 같다. 사대四大[150]와 오상五常[151]은 일찍이 품수받지 않았던 적이 없다. (일체의 중생

을 강의하는 법회이다. 여기에서는 이 두 가지가 동시에 이루어지기 때문에 재강이라고 한 것으로 보인다.
149 『유가사지론』 권30(T30, 453c5)에서 "또한 세존께서 말씀하셨다. '나는 이와 같은 종류의 유정이 무시의 시간 이래로 생사를 경유하며 오랜 동안 유전하면서 서로 아버지가 되고 어머니가 되며, 형제자매가 되지 않은 것을 보지 못하였다.(又世尊言. 我不觀見如是種類有情可得. 無始世來. 經歷生死. 長時流轉. 不互相為或父或母兄弟姊妹.)'"라고 한 것을 취의 요약한 것이다. 『대승본생심지관경大乘本生心地觀經』 권2(T3, 297c8)에서도 중생은衆生恩에서 같은 내용을 설하였다.
150 사대四大 : 물질을 구성하는 네 가지의 근본 요소를 일컫는 말. '지대地大'는 견고한 성질(堅固性)을 본질로 하여 물체를 보지保持하고 저항하게 하는 작용을 한다. 어떤 물체에 있어서 무거움·가벼움·부드러움·딱딱함이라는 판단을 낳게 하는 대상이 되는 것이다. '수대水大'는 젖는 성질(濕性)을 본질로 하여 물체를 포섭하여 흩어지지 않게 하는 작용을 한다. 물질의 미립자가 응집하여 흩어지지 않는 것은 수대의 공능이다. '화대火大'는 온난한 성질(暖性)을 본질로 하여 성숙시키는 작용을 한다. 사물에서 느껴지는 온기·생명력 등은 모두 화대의 소산이다. '풍대風大'는 움직이는 성질(動性)을 본질로 하여 생장시키는 작용을 한다. 이상 사대가 쌓여 물질을 생성하기 때문에 사대를 물질을 만드는 주체라는 뜻에서 능조能造의 색色, 능조의 대종大種 등이라 한다. 또한 사대가 쌓여서 생성된 여러 물질(色法)을 사대에 의해 만들어지는 것이라는 뜻에서 사대소조四大所造라고 한다.

은) 모두 옛날 나의 두 어버이의 후손이니, 나와 함께 기氣를 나누어 받지 않음이 없기 때문이다. 세속에서 말하기를, "장부의 의기意氣(기상)는 촌심寸心(작은 마음)에 있지만, 스스로 풍운風雲이 있어 열사烈士(맹렬한 용사)와 교유하면 세상 사람들이 모두 형제이다."[152]라고 한 것과 같다.

> 皆我父母者。起普親觀。如世尊云。我不能見一切有情長夜。不曾爲汝父母故。言亦殺我故身者。四大五常。無曾不稟。皆是舊我二親之孫。無不與我分受氣故。如俗間有語。丈夫意氣。寸心之中。自有風雲。烈士交遊。四海之內。皆爲兄弟。

"모든 지대와 수대는 나의 이전 생에서의 몸이고, 모든 화대와 풍대는 나의 본래의 몸이다."라고 한 것은 다음과 같다. 이것은 만물에 대해 동체同體라는 생각을 하는 것이니, 대지는 일찍이 몸을 버리지 않은 곳이 없기 때문이고, 화대와 풍대는 존재할 때는 신체를 구성하고, 흩어지면 곧 근본으로 돌아가기 때문이다. 항상 살아 있는 것을 풀어 주고, 방편으로 살해하는 주체(能殺)가 미래에 당할 고통(當苦)과 살해당하는 대상(所殺)이 현재에 당하는 고통(現苦)을 제거해 준다.

> 言一切地水是我先身一切火風是我本體者。此於萬物。作同體想。大地無

---

151 오상五常 : 보통 유학에서 사람이 지켜야 할 다섯 가지 덕목을 시설한 것, 곧 인仁·의義·예禮·지智·신信을 가리키는데, 여기에서는 전후 문맥상 오온五蘊(인간을 구성하는 요소를 다섯 가지로 분류한 것)을 가리키는 것으로 보아야 할 것 같다.
152 『논어論語』에서 "사마우司馬牛가 자하子夏를 찾아와 남들은 모두 형제가 있는데 자신은 형제가 없음을 한탄했더니, 자하가 말했다. '나는 공자에게 들었습니다. 생사는 운명에 달려 있고 부귀는 하늘에 달려 있습니다. 군자가 경건하고 실수함이 없고 남과 더불어 지내면서 공손하고 예의가 있으면 세상 사람이 모두 형제입니다. 군자가 어찌 형제가 없음을 걱정하겠습니까?'"라고 한 것을 말하는 것 같다.

曾不捨身處故。火風存爲身。散卽歸本故。常行放生。及以方便。除能所殺
現當苦也。

b. 재강齋講을 시설하여 죽은 사람의 영혼을 도움

죽은 날에 계경을 강설하는 것은 진실로 이 계에 두 가지 덕이 있기 때문이다. 첫째는 악을 막을 수 있기 때문에 삼악도에 떨어지지 않고, 둘째는 모든 선의 근본이기 때문에 부처님을 친견하고 하늘에 태어난다. 계 가운데의 계를 보살계라고 하니, 중생을 널리 제도하여 이치의 근본이 되기 때문이다. 그러므로 치우치게 보살계경을 설하는 것이다.

死亡之日講戒經者。良由此戒有二德故。一能遮惡故不墮三途。二諸善本故見佛生天。戒中之戒。謂菩薩戒。廣度衆生。以理本故。是故偏說菩薩戒經。

경 "이와 같은 열 가지 계를 배우고 공경하는 마음으로 받들어 지녀야 할 것이다."
「멸죄품滅罪品」[153]에서 낱낱의 계의 모양을 자세하게 밝힌 것과 같다.

如是十戒。應當學。敬心奉持。如滅罪品中。廣明一一戒相。

c) 세 번째 열 가지 계 : 육화경六和敬

술 이하 열 가지 계는 육화경六和敬[154]을 이룬다. 열 가지는 차례대로

---

153 「멸죄품滅罪品」: 대본大本 『범망경』에 속한 것으로 추정되는 품의 제목이다.
154 육화경六和敬 : 육화六和라고도 한다. 승가는 화합중이라고 의역하는데, 이때 화합의 의미는 크게 두 가지가 있다. 첫째는 이화理和로 모두 적멸인 열반의 이치를 증득

세 가지와 한 가지와 네 가지와 두 가지이니, 그 업과 견해와 이익과 계를 함께하는 것을 섭수하기 때문이다. 처음의 세 가지는 각각 신업과 구업과 의업을 함께하는 것을 섭수하기 때문에 육화경을 이룬다.[155]

自下十戒。成六和敬。謂十如次。三一四二。攝彼業見利戒同故。初三各攝三業同故。成六和敬。

(A) 세 가지 업을 함께함 : 신화경身和敬·구화경口和敬·의화경意和敬

Ⓐ 불인위범계 제1 [21] (다른 사람이 거스르고 침범하는 것을 참고 감수하지 않는 일을 하지 마라)

不忍違犯戒。第一。

경 부처님께서 말씀하셨다.
"불자여, 분노로써 분노를 갚고, 때림으로써 때린 것을 갚아서야 되겠느냐. 부모와 형제 등의 육친을 죽였다고 해도 보복해서는 안 되고, 국왕이 다른 사람에게 살해를 당했다고 해도 또한 보복해서는 안 된다. 생명을 살해

하는 것을 목적으로 한다는 뜻이고, 둘째는 사화事和로 일상사에 있어서 같은 것을 행한다는 뜻이다. 사화에 여섯 가지가 있는데 이를 육화경이라 한다. 차례대로 신화경身和敬(같은 곳에 머물면서 예배 등을 함께하는 것)·구화경口和敬(讚詠 등을 함께하는 것, 화합하는 언어를 사용하여 다툼이 없는 것)·의화경意和敬(信心 등을 함께하는 것, 함께 기뻐하는 것)·계화경戒和敬(戒法을 함께 닦는 것)·견화경見和敬(앎을 함께하는 것)·이화경利和敬(옷·음식 등의 이익을 함께하는 것) 등이다.

155 제21~제23의 세 가지 계는 모두 각각 육화경 중 신화경·구화경·의화경을 섭수하고, 제24는 견화경을, 제25~제28의 네 가지 계는 이화경을 섭수하며, 제29·제30의 두 가지 계는 계화경을 섭수함을 나타낸 말이다. 이 분과는 의적이 『보살계본소』 권하(T40, 677a29)에서 제시한 것과 일치한다.

한 것을 생명으로 갚는 것은 효도孝道에 수순하는 것이 아니다.[156] 오히려 노비를 두고 때리고 욕하면서 날마다 몸과 입과 마음으로 세 가지 업을 일으켜서 입으로 한량없는 죄를 짓는 일[157]도 하지 말아야 하거늘, 하물며 고의로 칠역죄를 지어서야 되겠는가. 출가보살이 자비로운 마음이 없이 (자신의) 원수에서부터 육친의 (원수에) 이르기까지 보복하는 일을 해서야 되겠는가. 고의로 보복한다면 경구죄를 범하는 것이다."

佛言。佛子。不得[1)]以瞋報瞋。以打報打。若殺父母兄弟六親。不得加報。若國主爲他人殺者。亦不得加報。殺生報生。不順孝道。尙不畜奴婢。打拍罵辱。日日起三業。口罪無量。況故作七逆之罪。而出家菩薩。無慈報讎乃至六親中。故報者。犯輕垢罪。

---
1) ㉮ '不得'이 없다.(갑본)

🈮 원한으로 원한을 갚으면 곧 인욕행에 어긋난다. 인욕행을 잃으면 대승大乘에서 물러났다고 할 수 있기 때문에[158] 지금 제정했다.

---

156 법장의 『범망경보살계본소』 권5(T40, 644a)에 따르면 효도에 수순하는 것이 아닌 이유는, 첫째는 그 생명은 윤회의 큰 테두리에서 볼 때 나의 부모였을 수 있기 때문이고, 둘째는 부모의 원수를 갚음으로써 부모에게 더 큰 죄업을 짓게 하는 결과를 낳기 때문이다.
157 날마다 몸과~죄를 짓는 일 : '日日起三業口罪無量'에 대한 해석이다. '口'를 '得'이라고 한 판본도 있는데, 이 경우는 문맥상 문제가 없다. 그런데 현재 본문과 같은 경우는 "세 가지 업"을 앞에서 말하고, 이 가운데 "구업"만 반복한 이유에 대한 의문이 발생하지만, 태현은 별도의 설명을 하지 않았다. 다만 법장의 『범망경보살계본소』 권5(T40, 644a13)에서는 "세 가지 업의 허물 가운데 구업이 가장 많기 때문에 이렇게 한 것이다."라고 했다.
158 『우바새계경』 권7(T24, 1073b16)에서 "인욕은 곧 보리의 정인이다. 아뇩다라삼먁삼보리는 인욕의 결과이다. 내가 이와 같은 종자를 심지 않는다면 어떻게 이와 같은 정과를 획득하겠는가.(忍辱即是菩提正因。阿耨多羅三藐三菩提即是忍果。我若不種如是種子。云何獲得如是正果。)"라고 한 것을 참조할 것.

述曰。以怨報怨。卽違犯¹⁾行。若失忍行。可謂退乘。故今制也。

1) ㉮ '犯'을 '忍'이라고 했다.(갑본·을본·병본) ㉯ 문맥상 후자가 맞는 것 같다.

"분노로써 분노를 갚고" 등이라고 한 것은, 『장수왕경』에서 "원한으로 원한을 갚으면 원한은 끝내 없어지지 않고, 덕으로 원한을 갚으면 원한이 이에 소멸할 뿐이다."¹⁵⁹라고 한 것과 같다. 그러므로 보살은 분노하지 않는 것을 용맹함으로 삼는다.

言以瞋報瞋等者。如長壽王經云。以怨報怨。怨終不滅。以德報怨。怨乃盡耳。是故菩薩。不瞋爲勇。

"부모와 형제 등의 육친을 죽였다고 해도 보복해서는 안 되고, 국왕이 다른 사람에게 살해를 당했다고 해도 또한 보복해서는 안 된다. 생명을 살해한 것을 생명으로 갚는 것은 효도에 수순하는 것이 아니다."라고 한 것은 다음과 같다.

言若殺父母至不順孝道者。

---

159 『장수왕경長壽王經』(T3, 386a2)을 취의 요약한 것. 좀 더 자세한 내용은 다음과 같다. "부처님께서 전생에 장수왕이었을 때 태자의 이름은 장생長生이었다. 어느 때 이웃 나라 왕이 그 나라를 탐내어 침략했다. 장수왕은 두 나라의 백성들이 해를 입을 것을 염려하여 아들과 함께 왕위를 버리고 숨어서 살았다. 어느 날 바라문이 장수왕을 찾아왔는데 보시할 것이 아무것도 없자, 장수왕은 자신의 목을 가져다가 현상금을 받을 것을 권했다. 바라문은 거듭 사양했지만 그가 끝내 뜻을 꺾지 않았으므로 마침내 그를 왕에게 데려갔다. 장수왕의 사형이 집행될 때, 아들 장생이 이를 지켜보고 있었다. 장수왕은 그가 원수를 갚으려는 마음을 낼 것을 염려하여 아버지의 마음을 받들어서 절대 원수를 갚으려고 하지 말 것을 당부했다. 그러나 장생은 원한을 버리지 못하고 왕의 신하가 되어 원한을 갚을 기회만 노렸다. 어느 날 왕을 죽일 수 있는 기회를 맞았지만, 아버지의 말씀이 떠올라 포기한 후 왕에게 자초지종을 말했다. 왕은 장수왕의 나라를 돌려주고 자신의 나라로 돌아갔다."

문 세속의 예법에서는 임금과 아버지의 원수를 보복하지 않으면 효가 아닌데, 무엇 때문에 지금 왕과 어버이를 해쳤어도 보복하면 효도에 어긋난다고 말하는 것인가?

답 효에는 두 가지가 있다. 세간의 잣대에 입각한 효는 원한으로 원한을 갚는 것이니 풀로 불을 끄려는 것과 같고, 뛰어난 이치에 입각한 효는 자애로움으로 원한을 갚는 것이니 물에 의해 불을 소멸하는 것과 같다. 이미 육도가 모두 나의 아버지이고 어머니임을 믿으니, 어찌 한 분의 어버이를 위해서 다시 한 분의 어버이를 해치겠는가. 그가 지금의 어버이를 살해하면 나중에 지옥에 떨어질 것이니, 단지 불쌍하게 여길 수 있을 뿐이고 다시 보복할 수는 없는 것이기 때문이다. 자애로운 마음으로 평등하게 여겨 원한을 풀고 속히 (보복의 순환고리를) 끊게 하는 것이 효 중의 효인 것이다.

問。俗禮之中。君父之怨。不報非孝。何故。今言。於害王親。報之違孝。答。孝有二種。世間之孝。以怨報怨。如草滅火。勝義之孝。以慈報怨。如水滅火。既信六道皆我父母。豈爲一親。更害一親。彼殺今親。後墮地獄。但可悲愍。更無可報故。以慈心平等解怨。速令斷絶。孝中之孝。

"출가보살이 자비로운 마음이 없이 (자신의) 원수에서부터 [육친의 (원수에) 이르기까지] 보복하는 일을 해서야 되겠는가."라고 한 것에서 '출가'에는 두 가지가 있다. 첫째는 마음으로 출가하는 것이고, 둘째는 몸이 출가하는 것이다. 그러므로 두 대중을 통틀어서 인욕하지 않는 것을 죄로 삼는다. 『사분율비구계본』에서 "인욕이 제일의 도라네. 부처님께서 무위無爲(열반)를 가장 뛰어난 것이라 하셨네. 출가했어도 남을 괴롭히면 사문이라 하지 않는다네."[160]라고 한 것과 같다.

言而出家菩薩無慈報讎者。出家有二。一心出家。二身出家。故通二衆。不忍爲罪。[1] 如戒經如。[2] 忍辱第一道。佛說無爲最。出家惱他人。不名爲沙門。

1) ㉠ '罪'를 '非'라고 했다.(갑본·을본·병본) 2) ㉠ 을본에 따르면 '如'는 '云'이다.

Ⓑ 만인경법계 제2 [22](덕 있는 사람을 업신여기고 법을 가볍게 여기는 일을 하지 마라)

慢人輕法戒。第二。

경 "불자여, 처음 출가하여 아직 불법을 이해하지 못하면서 스스로 총명하고 지혜가 있음을 믿거나, 고귀한 신분이고 나이가 많은 것을 믿거나, 훌륭한 족성과 명망 있는 가문의 출신이라는 것을 믿거나, 많이 아는 것을 믿거나, 큰 복덕으로 매우 부유하여 재물과 칠보가 풍부하다는 것을 믿거나 하여 이것으로 인해 교만한 마음을 품고, 먼저 배운 법사에게 경·율에 대해 묻고, 그 말씀을 받아들이는 일을 하지 않아서야 되겠느냐. 그 법사가 보잘것없는 족성이거나 나이가 어리거나 사회적 지위가 낮은 집안 출신이라거나 가난하거나, 여러 가지 감각기관을 온전하게 갖추지 못하였거나 해도, 진실로 덕이 있고 모든 경·율을 다 이해하고 있으면, 처음 발심하여 배움을 시작한 보살은 법사의 종성種姓을 보지 말아야 할 것이니, 법사를 찾아가 제일의제第一義諦를 묻고 그 말씀을 받아들이지 않는다면 경구죄를 범하는 것이다."

若佛子。初始出家。未有所解。而自恃聰明有智。或恃高貴年宿。或恃大姓高門。大解大福。饒財七寶。以此憍慢。而不諮受先學法師經律。其法師者。或小姓。年少。卑門。貧窮。諸根不具。而實有德。一切經律盡解。而新學菩薩。不得觀法師種姓。而不來諮受法師第一義諦者。犯輕垢罪。

---

160 『사분율비구계본四分律比丘戒本』(T22, 1022b12).

술 옛 사람은 법을 구하기 위하여 불구덩이에 몸을 던졌고,[161] 반 수의 게송을 듣고자 설산에서 목숨을 걸었으며,[162] 왕의 몸으로 나찰을 위해 설법하는 자리를 만들기도 했고,[163] (제석천은) 천의天衣를 드리워 [야간野干(승냥이)을] 구하고 다시 야간을 위해 자리를 만들기도 했으며,[164] 하늘의

---

161 『현우경』 권1(T4, 350c12)에서 "과거세에 범천梵天이라는 이름의 왕이 있었는데, 그 태자의 이름은 담마감曇摩鉗이었다. 태자는 바른 법을 좋아하여 두루 찾았으나 얻을 수 없어서 고민하고 있었다. 제석천이 이를 알고 바라문의 모습으로 변화한 후 찾아가서 말했다. '법은 쉽게 얻으려고 해서는 안 된다. 불구덩이를 만들어 불을 붙이고 그 몸을 던져 공양한다면 설법하겠다.' 태자는 흔쾌히 그 제안을 받아들이고, 불구덩이 위에 서서 바라문에게 말했다. '나를 위해 설법하라. 목숨이 끊어지면 법을 듣지 못할 것이 걱정될 뿐이다.' 바라문이 곧 법을 설했고, 그것을 듣고 나서 태자는 모두의 만류에도 불구하고 불구덩이에 몸을 던졌다. 불구덩이는 연못으로 변하고 태자는 연화대에 앉아 있었다. 그때의 범천왕은 지금의 정반왕이고, 태자 담마감은 바로 지금의 세존이다."라고 했다.
162 36권본 『열반경』 권13(T12, 691b3)에서 "부처님께서 과거세에 바라문 집안에 태어나 설산에서 수행할 때, 제석천이 그를 시험하려고 나찰로 변화하여 그 앞에 나타나, 과거세에 부처님께서 설한 게송의 절반을 암송하기를, '모든 현상(行)은 항상된 것이 없으니 생겨났다가는 없어지는 법이다(諸行無常。是生滅法。)'라고 했다. 이 구절을 들은 바라문이 나머지 반 수의 게송을 말해 줄 것을 요청하자, 나찰은 그의 목숨을 줄 것을 요구했고, 바라문은 이 제안을 받아들였다. 그리고 자신이 입었던 사슴 가죽으로 만든 옷을 벗어서 나찰이 설법할 자리를 만들어서 앉게 했다. 나찰이 나머지 반 수의 게송을 암송하기를, '생겨났다가 소멸하는 법이 없어지고 나면 고요하여 즐거우리라(生滅滅已。寂滅爲樂。)'라고 했다. 바라문은 이 게송을 듣고 나서 약속대로 나찰에게 공양하기 위해 자신의 몸을 던졌다. 나찰이 본래의 제석천의 모습으로 돌아가서 그를 구했다."라고 했다.
163 『현우경』 권1(T4, 349a20)에서 "과거세에 수루파修樓婆(妙色)라는 이름의 왕이 있었다. 그는 법을 구해 백성들을 해탈하게 하려는 소망을 품고, 법을 설해 줄 사람을 구했지만 찾을 수 없었다. 비사문왕毘沙門王이 이를 알고 야차의 모습으로 변화하여 찾아와서 법을 설해 주겠다고 했다. 묘색왕이 그를 맞이하여 법을 들으려고 했더니, 야차가 말했다. '법을 배우는 것은 어려운 일이니, 쉽게 얻으려고 해서는 안 된다. 너의 아내와 자식을 나의 먹이로 주면 법을 설해 주겠다.' 왕은 그의 제안을 수락했다. 비사문이 법을 설한 후 본래의 몸으로 돌아와 왕을 칭송했다. 왕의 부인과 자식도 본래의 모습으로 돌아왔다. 묘색왕은 지금의 부처님이다."라고 했다.
164 『미증유인연경未曾有因緣經』 권상(T17, 576c21~580c11)에서 "부처님께서 전생에 야간으로 태어났을 때, 사자에게 쫓겨서 달아나다가 우물에 빠졌다. 그곳에서 나오지 못하여 굶어 죽기에 이르자, 목숨을 탐하다가 사자의 밥조차 되지 못하고 죽는 것을

정수리가 비록 존귀하지만 축생의 다리에 올려놓았으니,[165] 진실로 법을 소중히 여기는 것을 우선으로 삼았기 때문이다. 그러므로 가볍게 여기고 업신여기는 것을 죄라고 제정했다.

述曰。昔人求法。投身火阬。[1] 欲聞半偈。懸命雪山。王身亦爲羅刹之牀。[2] 天衣復作野干之座。天頂雖尊。戴畜生足。良由重法爲先者乎。是故輕慢。制之爲罪。

1) ㉮ '阬'을 '坑'이라고 했다.(갑본·을본·병본) 2) ㉮ '牀'을 '床'이라고 했다.(갑본)

이 가운데 ("스스로 총명하고 지혜가 있음을 믿거나, 고귀한 신분이고 나이가 많은 것을 믿거나"라고 한 것에서) "지혜가 있음"과 "많이 아는 것"이라는 것은 세속의 일을 대상으로 한 것이다.

此中。有智及大解者。世俗事也。[1]

1) ㉮ '也'가 없다.(갑본·을본·병본)

ⓒ 경멸신학계 제3 [23] (처음 발심하여 배움을 시작한 보살을 경멸하는 일을 하지 마라)

輕蔑新學戒。第三。

한탄하면서 다음 생에는 성불할 것을 소망하는 게송을 읊었다. 제석천이 그 게송을 듣고 야간이 범상치 않은 인물임을 알고 설법해 줄 것을 요청했다. 야간은 교만한 마음으로 설법을 요청하는 것의 옳지 못함을 지적했다. 제석천은 자신의 잘못을 인정하고 천의天衣를 드리워 야간을 끌어올린 후에 설법을 요청했다. 야간은 설법을 들으려면 높은 자리를 장엄하고 법사를 초청하여 그곳에 올라 설법할 것을 요청해야 한다고 했다. 제석천과 하늘은 천의를 쌓아 올려 높은 자리를 만들었다. 이에 비로소 야간이 설법을 했고, 그것을 들은 이들이 보리심을 일으켰다."라고 했다.

165 바로 앞의 주석에서 제석천이 야간의 설법을 듣기 위해 극진히 예배한 것을 가리키는 말이다.

경 "부처님께서 멸도滅度하신 후에 좋은 마음으로 보살계를 받으려고 할 때, 부처님과 보살의 형상 앞에서 스스로 맹세하고 계를 받되, 7일 동안 부처님 앞에서 참회하여 호상好相을 보면 바로 계를 얻을 수 있다. 만약 호상을 얻지 못하면 이칠일이나 삼칠일에서부터 1년에 이르기까지라도 호상을 얻기를 기다려야 하니, 호상을 얻고 나서야 부처님과 보살의 형상 앞에서 계를 받을 수 있다. 만약 호상을 얻지 못하면 비록 불상 앞에서 계를 받았더라도 계를 받았다고 할 수 없다. 만약 현재 앞에 먼저 보살계를 받은 법사가 있어서 그 앞에서 계를 받을 때에는 호상을 보기를 기다릴 필요가 없다. 왜냐하면 이 법사는 (선대로부터) 법사와 법사가 서로 전수하는 방식으로 (보살계를 받은 것이기) 때문에 호상을 보기를 기다릴 필요가 없는 것이다. 그러므로 법사의 앞에서 계를 받으면 곧 계를 얻으니, (법사에 대해) 존중하는 마음을 내면서 받기 때문에 곧 계를 얻는 것이다. 천 리 안에 계를 줄 만한 법사가 없으면 부처님과 보살의 형상 앞에서 계를 받을 수는 있지만 이때는 호상을 보는 것을 필요로 한다. 법사가 (내적으로는) 스스로 경·율과 대승의 학계學戒를 아는 것에 의지하고, (외적으로는) 국왕과 태자와 온갖 관료와 더불어 좋은 벗으로 지내는 것에 의지하여 처음 발심하여 배움을 시작한 보살이 찾아와 경의 뜻과 율의 뜻을 묻는데도, 업신여기는 마음이나 악한 마음이나 교만한 마음을 일으켜 질문에 대해 낱낱이 좋은 마음으로 답변해 주지 않는다면 경구죄를 범하는 것이다."

若佛子。佛滅度後。欲以好心。受菩薩戒時。於佛菩薩形像前。自誓受戒。當七日。佛前懺悔。得見好相。便得戒。若不得好相。應二七三七乃至一年。要得好相。得好相已。便得佛菩薩形像前受戒。若不得好相。雖佛像前受戒。不名得戒。若現前先受菩薩戒法師。前受戒時。不須要見好相。何以故。[1] 以是法師。師師相授故。不須好相。是以。法師前受戒。即得戒。以生重心故。便得戒。若千里內。無能授戒師。得佛菩薩形像前。自誓[2]受[3]戒。而要見好相。若法師。自倚解經律大乘學戒。與國王太子百官。以爲善友。而新學菩薩。來問。若經義律義。輕心惡心慢心。不一一⁴⁾好答問者。犯輕垢罪。

1) ⓐ '何以故'가 없다.(갑본) 2) '自誓'가 없다.(갑본) 3) ⓐ '受' 뒤에 '得'이 있다.(갑본) 4) ⓐ '不一一'을 '二不'이라고 했다.(갑본)

述 보살은 이치상 처음 발심하여 배움을 시작한 보살을 찬탄하고 격려해야 하는데, 멸시하고 섭수하지 않으니, 이를 죄가 되는 것이라고 제정했다. 『영락경』에서 "(법사가) 한 사람을 교화하여 보리심을 발하고 보살계를 받게 하면, (그 복은) 대천계가 가득 차도록 불탑을 짓는 것보다 뛰어나다."166라고 한 것과 같다.

述曰。菩薩。理應讚勵新學。而蔑不攝。制之爲罪。如瓔絡¹⁾經云。若化一人。令發心。受菩薩戒者。勝造大千界滿中佛塔。

1) ⓐ '瓔絡'을 '瓔珞'이라고 했다.(갑본·을본·병본) ⓖ 후자가 맞다.

"부처님 앞에서 참회하여"라고 한 것은 참회할 때 이 뜻을 억념하는 것이다.

言佛前懺悔者。謂懺悔時。憶念斯義。

간략하게 게송으로 섭수하여 말한다.

---

166 『보살영락본업경』 권하(T24, 1021b10)에서 "또한 법사가 일체의 국토 가운데 한 사람을 교화하여 출가하여 보살계를 받게 한다면, 이 법사는 그 복이 8만 4천 탑을 지은 것보다 뛰어나다.(又復法師。能於一切國土中。教化一人出家受菩薩戒者。是法師。其福。勝造八萬四千塔。)"라고 했다. 태현은 '八萬四千'을 '大千界'로 바꾸었는데, 전자는 일체를 아우르는 숫자이고, 후자는 우주 전체를 지칭하는 말이기 때문에 그 의미는 통할 수도 있다. 단 태현의 인용문은 법장의 『범망경보살계본소』 권5(T40, 644c27)에서 인용한 『영락경』과 문장이 동일하다. 태현이 이를 가져다 쓴 것일 수도 있다.

略攝頌曰。

부처님께서 군생을 제도하길 서원하셨고
저는 한 명의 중생에 들어갑니다.
저의 선을 두루 아시고 도우시어
모든 죄를 소멸하게 해 주소서.

佛誓度羣生。我入一生數。
徧知助我善。一切罪滅除。

스스로 보살계를 받는 갈마는 (『유가사지론』)「보살지」의 권41에서 설한 것[167]과 같다.

自受羯磨。如菩薩地。四十一說。

---

167 『유가사지론』 권41(T30, 521b5)에서 "모든 보살이 보살의 청정한 계율의戒律儀를 받고자 하는데, 만약 공덕을 원만하게 갖춘 보특가라補特伽羅(사람)를 만나지 못하면, 그때는 여래의 형상을 마주하고 그 앞에서 스스로 보살의 청정한 계율의를 받아야 하는데, 이와 같이 하면서 받아야 한다. 오른쪽 어깨를 드러내고 오른 무릎을 꿇어 땅에 붙이거나, 혹은 엉덩이를 고이고 무릎을 꿇어 앉거나 하고 이와 같이 말한다. '저 아무개는 시방의 모든 부처님과 이미 큰 지위에 들어간 보살들에게 우러러 아뢰옵니다. 저는 이제 시방세계의 부처님과 보살이 계신 곳에서 맹세를 하고 모든 보살의 학처學處(戒律)를 받고자 하고, 맹세를 하고 모든 보살의 청정한 계, 말하자면 율의계와 섭선법계와 요익유정계를 받고자 합니다. 이와 같은 학처와 이와 같은 청정한 계는 과거의 모든 보살께서 이미 갖추셨고, 미래의 모든 보살께서 갖추실 것이며, 시방세계에 두루 나타나 계신 모든 보살께서 지금 갖추고 계신 것입니다. 이 학처와 이 청정한 계를 과거의 모든 보살께서 이미 배우셨고, 미래의 모든 보살께서 배우실 것이며, 시방세계에 두루 나타나 계신 모든 보살께서 지금 배우고 계십니다.' 두 번째와 세 번째에도 이와 같이 설한다. 그렇게 설하고 나서 일어나야 하니, 나머지 모든 의식은 앞에서 설한 것과 같은 줄 알아야 한다."라고 했다.

"천 리 안에 (계를 줄 만한 법사가 없으면)" 등이라고 한 것은 다음과 같다.

🗨 이와 같은 상황에 처했을 경우, 스스로 보살계를 받으면 공덕이 하열한 것인가?

🗨 그렇지 않다. 비록 (법사가) 현재 앞에 있는 연은 없어도 마음은 맹렬하고 날카롭기 때문이다. (『유가사지론』) 권53에서 "스스로 받거나 다른 사람으로부터 받거나 평등한 마음으로 받고 또한 이와 같이 수지하면 복덕에 차별이 없다."[168]라고 한 것과 같다.

若千里內等者。若爾自受功德劣耶。不爾。雖無現緣。心猛利故。如五十三云。自受從他。若等心受。亦如是持。福德無別。

🗨 (『유가사지론』) 권53에서 "또 어떤 사람이 생각하기를, '나는 집에 있으면 목숨을 부지하기도 어렵다. 요컨대 출가해야 바야흐로 목숨을 보존하고 구제받기 쉬울 것이다. 여러 비구들이 범행을 닦는 것처럼 나도 또한 이렇게 하면서 목숨이 다하는 날까지 범행을 닦을 것이다'라고 했다면, 이와 같이 출가한 사람은 의요意樂가 손상된 것이라고 하지 않는다. 비록 순수하고 청정하지는 않지만 출가하여 구족계를 받았다고 말하지 않을 수 없다."[169]라고 했다. 이미 그러하다면 또한 보리를 구하지 않을 수도 있는데, (그도) 또한 보살의 정계淨戒를 받을 수 있는 것인가?

🗨 성문의 행은 몸과 말을 뛰어난 것으로 여긴다. (그러므로 몸과 말의 위의가 수순하면) 비록 마음은 순수하지 않아도 범행梵行이 이루어질 수 있으니, (의요가 손상된 것이라고 하지 않는다. 그러나) 보살은 그렇지 않으니, 의지意地(마음)에 중점을 두기 때문이다. (따라서 보리심이 없으면

---

168 『유가사지론』 권53(T30, 591c18).
169 『유가사지론』 권53(T30, 592a5).

계를 얻을 수 없으니, 의요가 손상된 것이라 한다.)

어떤 사람은 말하기를, "그 글은 이 마음이 여러 가지로 뒤섞여 있음을 나타낸 것이지 전혀 열반을 얻으려는 의요가 없음을 말한 것은 아니다."라고 했다.

問。五十三云。若復有人。作如是思。我處居家。難可活命。要當出家。方易存濟。如諸苾蒭。所修梵行。我亦如是。乃至命終。當修梵行。如是出家戒。[1] 不名意樂損害。雖非純淨。非不說名出家受具。旣爾。亦可不求菩提。亦有受得菩薩淨戒。答。聲聞之行。身語爲先。雖心不純。梵行容成。菩薩不爾。存意地故。或說。彼文。顯此心雜。非說都無涅槃意樂。

1) ㉠『유가사지론』에 따르면 '戒'는 '者'이다.

(B) 견을 함께함 : 견화경見和敬

Ⓓ 포승순열계 제4 ㉔ (뛰어난 것을 두려워하고 하열한 것을 따르는 일을 하지 마라)

怖勝順劣戒。第四。

경 "불자여, 부처님의 경·율인 대승법과 바른 견해와 바른 성품과 바른 법신이 있는데도, 부지런히 배우고 닦아 익히지 않음으로써 칠보인 (법재法財를) 버리고, 도리어 삿된 견해와 이승과 외도와 세속의 전적인 아비담阿毗曇·잡론雜論·서기書記를 배워서야 되겠는가. 이는 불성을 끊는 것이고 불도를 얻는 인연을 장애하는 것이니, 보살도를 행하는 것이 아니다. 고의로 이러한 일을 한다면 경구죄를 범하는 것이다."

若佛子。有佛經律。大乘[1]法。正見。正性。正法身。而不能勤學修習。而捨

七寶。反學邪見。二乘。外道。俗典。阿毗曇。雜論。書記。是斷佛性。障道因
緣。非行菩薩道。若故作者。犯輕垢罪。

1) ㉑ '乘' 뒤에 현수현수(법장)의 소(『범망경보살계본소』)와 고려장(麗藏,『고려대장경』 본)에는 '正'이 있다.

[술] 대승법을 만나기 어려운 것은 경에서 자세히 설한 것[170]과 같다. 말하자면 보살이라는 것은 대승을 배우는 사람이라는 것을 의미하는데, 자신의 무지無知를 품에 안고 악한 벗을 따라 전전하니, 이러한 과실을 방지하기 위해 이 계를 제정했다.[171]

述曰。難遇大乘。如經廣說。言菩薩者。大乘學也。抱己無知。隨惡友轉。爲
防此失。故制斯戒。

"부처님의 경·율인 대승법"이라고 한 것은 교법敎法이다. 외도와 간별하기 위해서 "부처님의 경·율"이라 했고, 이승과 다르기 때문에 "대승법"이라고 했다. "바른 견해"라고 한 것은 행법行法이고, "바른 성품"이라는 것은 이법理法이며, "법신"이라는 것은 과법果法이다.

"칠보인 (법재를) 버리고"라고 한 것은, 대승법은 진귀하게 여길 만한 것이어서 비유에 의해 이름을 붙인 것이다. 칠보를 버리고 도리어 와약瓦礫[172]을 취하는 것과 같은 것이다.[173] 어떤 경본經本에서는 "칠보를 버리지 않고"

---

170 『법화경』 권6(T9, 47b14)과 『열반경』 권20(T12, 740c6) 등에서 각 경의 만나기 어려움을 설한 것을 참조할 것.
171 48경계 중 여덟 번째인 배정향사계는 대승을 믿지 않고 소승과 삿된 견해를 향하는 것이고, 이 계는 대승을 부지런히 배우지 않는 것이고 믿지 않는 것을 말하는 것은 아니라는 점에서 차이가 있다.
172 와약瓦礫 : 깨진 기와 조각. 하찮은 것을 비유하여 일컫는 말이다.
173 법장이 『범망경보살계본소』 권6(T40, 645c21)에서 제시한 것과 같다.

라고 했는데, 이 경우에 ("칠보"는) 곧 세간의 진귀한 보배를 가리킨다.[174]

이 가운데 증익집增益執과 손감집損減執[175]을 "삿된 견해"라고 하고, 소승의 논서 등을 "아비담"이라고 한다. "서기書記"라는 것은 세간의 꾸민 글이다. 『유가사지론』에서 "상사정법像似正法을 베푸는 것과 세간의 문장에 밝은 이의 숫자에 들어가는 것은 곧 보살의 상사공덕이다."[176]라고 했기 때문이다.

> 言有佛經律大乘法者。教法也。簡外道故。言佛經律。異二乘故。言大乘法。言正見者行法。正性者理法。法身者[1]果法。言而捨七寶者。大法可珍。從喻爲名。如捨七寶。反取瓦礫也。或有經本。不捨七寶。卽世珍也。此中增減。名爲邪見。小乘論等。名阿毗曇。言書記者。世間飾文。瑜伽云。宣似正法及預世間文章明數。卽菩薩相似功德故。
>
> 1) ㉤ '者'가 없다.(갑본)

"이는 불성을 끊는 것이고 불도를 얻는 인연을 장애하는 것이니"라는 것은, 대승에서 물러나 다른 것으로 나아가는 것을 "불성을 끊는 것"이라 하고, 삿된 것을 중시하여 바른 것과 인연을 결여하는 것을 "불도를 얻는 인연을 장애하는 것"이라 한다. 계경契經에서 "대승법을 유행시키는 것을

---

174 의적의 『보살계본소』 권하(T40, 678b5)에서 "어떤 경본經本에서는 '칠보를 버리지 않고'라고 했는데, 이 경우는 세간의 칠보를 버리지 않는 것이다. 법보를 배우고자 하면 세간의 진귀한 것을 버려야 하는데, 버리지 않기 때문에 배울 수 없는 것이다."라고 한 것을 참조할 것.
175 증익집增益執과 손감집損減執 : 증익집은 없는 것을 있다고 집착하는 것이고, 손감집은 있는 것을 없다고 집착하는 것이다.
176 『유가사지론』 권46(T30, 546c5)에서 보살의 다섯 가지 상사공덕相似功德(진실하지 않은 공덕)을 설했는데, 이 중 세 번째와 다섯 번째를 취의 요약한 것이다. 곧 "셋째는 세간에 수순하는 문사文詞와 주술과 외도의 논서에 상응하는 법에 있어서 지혜로운 이와 총명한 이의 숫자에 들어가는 것이다."라고 했고, "다섯째는 상사정법을 건립하고 베풀어서 널리 유포되게 하는 것이다."라고 했다.

부처님의 종자가 끊어지지 않게 하는 것이라고 한다."[177]라고 하고, 『법화경』에서 "소승을 배우는 이와 함께 머물지 말라."[178]라고 한 것과 같으며, 『유가사지론』에서 "보살장을 아직 정밀하게 연구하지 않은 상태에서 한결같이 성문장을 배운다면 (이는 범하는 것이 있지만 염오에 의한 위범은 아니라고 한다.) 그리고 한결같이 외도의 논서 등을 배운다면 이것은 염오에 의한 위범이라 한다.[179] 매우 총명하거나, 빨리 받아들이거나, 오랜 시간이 지나고 잊어버리지 않을 수 있거나, 그 이치를 능히 생각하고 통달할 수 있거나, 부처님의 가르침을 (이치대로 관찰하여) 무동각無動覺을 성취한 사람이, 날마다 항상 (하루를 셋으로 나눈 가운데) 두 부분은 부처님의 말씀을 수학하면서 한 부분은 외도를 배우거나 하는 것이라면 곧 위범이 없다."[180]라고 한 것과 같다. (그런데 같은 책에서) 또한 "'보살이 어

---

[177] 『대품반야경』 권9(T8, 286b3)에서 "여러 천자들이여, 반야바라밀을 수지하고 내지 바르게 억념하기 때문에 부처님의 종자가 끊어지지 않고, 법의 종자와 승단의 종자가 단절되지 않는다."라고 했다. 또한 『대지도론』 권76(T25, 598b4)에서 "이전 세상에서 불도를 구하여 날카로운 근기를 가진 소승인이 있어서 비록 소승이라고 해도 연민심을 일으켜 대승법에 의해 보리를 성취해야 할 사람을 보면, 그를 위해 대승법을 설해 주는 경우가 있으니, 부처님의 은혜를 알고 보답하려 하기 때문에 부처님의 종자를 끊어지지 않게 하는 것이다. (이러한 경우 성문도 보살의 선지식이 된다.) 예컨대 사리불은 60겁 동안 불도를 구하면서 비록 퇴전하여 아라한이 되었어도, 또한 날카로운 근기를 가졌고 지혜가 뛰어나 보살들을 위해 대승을 설할 수 있었던 것과 같은 것이 그것이다."라고 한 것을 참조할 것.
[178] 『법화경法華經』 권5(T9, 37a28)에서 "또한 성문을 구하는 비구·비구니·우바새·우바이를 친근히 하지 말고, 또한 문인하지도 말며, 방이나 경행처나 강당에 함께 머물지 말라."라고 했다.
[179] 보살장을 아직~위범이라 한다 : 『유가사지론』 권41(T30, 519a26)에서 "보살장을 아직 정밀하게 연구하지 않고, 보살장을 한결같이 버리며, 성문장을 한결같이 닦고 배운다면, 이는 범하는 것이 있지만, 염오에 의한 위범은 아니라고 한다. 현재 부처님의 가르침이 있는데, 부처님의 가르침을 아직 정밀하게 연구하지 않고, 다른 도를 설하는 논서와 여러 외도의 논서를 정밀하고 부지런히 닦고 배운다면, 범하는 것이 있고 어긋나고 넘어서는 것이 있으며 염오에 의한 위범이라 한다."라고 한 것을 취의 요약한 것인데, 그대로 번역할 경우 전후 문맥에 오류가 발생하기 때문에 원문에 의거하여 내용을 보충하였다.

찌 성문장법을 수지하겠는가'라고 한다면 염오에 의한 위범이라 한다. 오히려 외도의 가르침도 배워야 할 것이거늘 하물며 부처님의 말씀임에랴. 위범하지 않는 경우란 한결같이 소승법을 배우는 사람으로 하여금 그러한 욕구를 버리게 하고자 하여 이렇게 말하는 것이다."[181]라고 했다.[182]

是斷佛種障道因緣者。退大進餘。名斷佛性。重邪闕正。名障道因緣。如契經云。大乘法流行。名佛種子不斷。法華經云。學小乘者。不應共住。如瑜伽云。於菩薩藏。未精研究。專學聲聞及外論等。是染違犯。若上聰敏。速受不忘。若於其義。能思能達。若於佛教。無動覺者。於日日中。常以二分。修學佛語。一分學外。即無違犯。又云。若說菩薩。何用受持聲聞藏法。是染違犯。尙學外道。況於佛語。無違犯者。爲令一向習小乘者。捨彼欲故。作如是說。

(C) 이익을 함께함 : 이화경리和敬

ⓐ 위주실의계 제5 25 (주인의 소임을 맡아 일을 하면서 위의를 잃는 일을 하지 마라)

---

180 『유가사지론』권41(T30, 519a23).
181 『유가사지론』권41(T30, 519a16)에서 "여러 보살이 이와 같은 견해를 일으키고 이와 같은 주장을 세워서 '보살은 성문승과 상응하는 법교法敎를 듣지 말아야 하고, 수지하지 말아야 하며, 배우지 말아야 한다. 보살이 어찌 성문승에 상응하는 법교를 듣고 수지하며 부지런히 배우겠는가'라고 한다면, 이것을 범하는 것이 있고 어긋나고 넘어서는 것이 있으며 염오에 의한 위범이라 한다. 무엇 때문인가. 보살은 오히려 외도의 논서도 부지런히 연구해야 할 것이거늘 하물며 부처님의 말씀임에랴. 위범하지 않는 경우란 한결같이 소승법을 배우는 사람으로 하여금 그러한 욕구를 버리게 하고자 하기 때문에 이와 같이 말하는 것이다."라고 했다.
182 이 계는 소승을 배우는 것 자체를 문제 삼는 것이 아니고, 대승을 배우지 않고 소승을 배우는 것을 문제 삼는 것일 뿐이라는 것을 밝힌 것이다. 그리하여 대승을 배우고 나서 소승을 배우지 않으면 또한 위범함이 있는 것임을 보여 준 것이다.

爲主失儀戒。第五。

경 "불자여, 부처님께서 멸도하신 후에 설법주說法主가 되거나 행법주行法主가 되거나 승방주僧房主가 되거나, 교화주敎化主가 되거나, 좌선주坐禪主가 되거나, 행래주行來主가 되거나 하거든, 자애로운 마음을 내어 다툼을 잘 화해시키고, 삼보三寶에 소속된 물건을 잘 지켜서 자기의 소유인 것처럼 절도節度가 없이 사용하는 일을 하지 말아야 할 것이거늘, 도리어 대중을 어지럽히고 다투게 하고 삼보에 소속된 물건을 마음대로 사용한다면 경구죄를 범하는 것이다."

若佛子。佛滅度後。爲說法主。爲行法主。[1] 爲僧房主。敎化主。坐禪主。行來主。應生慈心。善和鬪訟。善守三寶物。莫無度用。如自己有。而反亂衆鬪諍。恣心用三寶物者。[2] 犯輕垢罪。

1) ㉺ '爲行法主' 네 글자는 오직 이 기록(㉠『범망경고적기』)와 의적義寂·승장勝莊의 소疏에만 있고, 현수賢首(법장)의 소와 각 장본藏本에는 없다. 2) ㉺ '者'가 없다.(갑본)

술 "설법주"라는 것은 곧 설법하는 사람이고, "행법주"라는 것은 경장經藏 등을 수호하는 사람이며, "승방주"라는 것은 강유綱維(기강을 세우는 것)의 역할을 하는 지사知事[183]이고, "교화주"라는 것은 세속을 교화하고 법을 보호하는 사람이며, "좌선주"라는 것은 지관止觀을 교수하는 사람이고, "행래주"라는 것은 대중을 영도하여 제방諸方을 유력하는 사람이다. 널리 다른 사람의 주인이 되면 인의仁義를 존귀하게 여겨야 한다. 사자가 옆구리 살을 떼어서 원숭이 새끼를 구제하고,[184] 녹야원에 살던 녹왕鹿王

---
183 지사知事 : 절의 모든 일을 관장하는 직위. 유나維那라고도 한다.
184 『대지도론』 권33(T25, 307c17)에서 "옛날 보살이 사자로 태어났을 때, 한 원숭이와 친

이 잉태한 사슴을 대신하여 죽으려고 한 것[185]이 곧 그 일이다.

述曰。說法主者卽說法者。爲[1]行法主者守經藏等。僧房[2]主者綱維知事。
敎化主者化俗護法。坐禪主者敎授止觀。行來主者領衆遊方。汎爲他主。仁
義爲尊。師子拔脇。救獼猴子。鹿苑[3]鹿王。代孕就死。卽其事也。

1) ㉣ 전후 문맥상 '爲'는 연자인 것 같다. 2) ㉢ '房'을 '坊'이라 했다.(갑본·을본·병본) 다음도 동일하다. 3) ㉢ '苑'을 '菀'이라 했다.(갑본)

"자기의 소유인 것처럼"이라는 것은 두 가지 뜻이 있다. 첫째는 자신의 소유인 것처럼 마음대로 사용하지 말라는 것이다. 둘째는 사용해야 할 곳인데 자신의 소유인 것처럼 아까워하면서 (사용하지 않는 일을) 하지 말라는 것이다.[186]

지금 이 계에서는 수호하지 않은 관점에서 경구죄를 얻는다. 물건을 훼손하는 것에 의거하면 바라이죄를 범한다.[187]

하게 지냈다. 어느 날 원숭이가 자신의 새끼 두 마리를 사자에게 맡겼는데, 잠시 잠자는 틈에 먹이를 찾던 독수리가 원숭이 새끼를 채서 나무에 올라갔다. 사자는 자신의 발톱으로 옆구리의 살을 떼어내어 독수리의 먹이로 주어서 새끼를 되찾았다."라고 했다.

185 『잡비유경雜譬喩經』(T4, 527a5)에서 "옛날 녹림鹿林(녹야원)에 5백 마리의 사슴이 있었고, (석가불의 전신인) 보살 녹왕과 진짜 녹왕이 이들을 다스렸다. 어느 날 왕이 이끄는 군사에 의해 포위를 당하자, 두 녹왕은 왕에게 매일 두 마리의 사슴을 제공할 것을 약속하여 위기를 모면하였다. 어느 날 진짜 녹왕에게 속한 사슴이 찾아와 자신의 차례가 되었으나 생명을 잉태하였으니 출산한 후에 보내 줄 것을 요청했다. 진짜 녹왕이 이를 거절하자 다시 보살 녹왕을 찾아가 요청했고, 보살 녹왕은 이를 흔쾌히 받아들여 자신의 목숨을 내어 놓았다. 왕이 이 사실을 알고 감동하여 '짐승도 덕을 닦거늘 하물며 사람임에랴!'라고 하고, 이후 영원히 사슴을 사냥하는 일이 없도록 하고, 그 숲을 사슴의 동산으로 제공할 것을 명령했다. 이후로 이 숲을 녹림이라 불렀다."라고 했다. 『대지도론』 권16(T25, 178b10)에도 동일한 내용이 전하는데 좀 더 상세하다.
186 본문은 두 가지 해석 가운데 전자에 의거하여 풀이한 것이다.
187 10중계 중 두 번째인 겁도인물계를 가리킨다. 앞의 해당처에서 태현이 "주인이 있는 물건"을 여섯 가지로 분류한 후 그 첫 번째로 삼보에 소속된 물건을 들고 풀이한 것

如自己有者。謂有二義。一勿如己有。任意用也。二勿應用處。如己吝[1]惜。
今此戒中。不守護邊。得輕垢罪。約所損物。犯波羅夷。

1) ㉝ '吝'을 '怪'라 했다.(갑본) '悋'이라 했다.(을본·병본)

ⓑ 영빈위식계 제6 [26] (빈객을 영도함에 있어서 법식을 어기는 일을 하지 마라)

領賓違式戒。第六。

경 "불자여, 먼저 승방에 주석하면서 나중에 손님인 보살비구菩薩比丘[188]가 와서 승방이나, (단월[189]이 제공한) 사택이나, 성읍의 국왕의 택사나, 내지 하좌안거夏坐安居(하안거) 때 머무는 곳이나, 대회大會(단월이 시설한 큰 법회)가 열리는 곳으로 들어오는 것을 보면, 먼저 주석하고 있는 스님은 오는 것을 맞이하고 가는 것을 배웅하고, 음식을 공양하며, 방사와 와구와 승상繩牀(줄을 꼬아서 만든 평상) 등을 모두 제공해 주어야 한다. 물건이 없다면 자기 몸이나, 아들·딸의 몸을 팔아서라도 필요로 하는 것을 공급하여 모두 그들에게 주어야 한다. 단월이 찾아와서 대중공양을 요청하면 객승客僧도 이양을 취할 몫이 있으니, 승방주僧房主는 차례대로 차출하여 객승도 공양청을 받도록 해야 한다. 먼저 주석하는 스님이 혼자 공양청을 받고 객승을 차출하지 않으면, 승방주는 한량없는 죄를 짓는 것이니, 축생과 다르지 않고 사문이 아니며 석가의 종성이 아니다. 고의로 이러한 일을 하면 경구죄를 범하는 것이다."

을 참조할 것.
188 보살비구菩薩比丘 : 대승계에 의지하여 출가한 스님을 성문비구聲聞比丘와 간별하여 일컫는 말이다.
189 단월檀越 : Ⓢ dānapati의 음사어. 시주施主라고 의역하고, 음사어와 의역어를 합하여 단주檀主라고도 한다. 승중에 의식衣食을 공양하거나 법회의 비용을 보시하는 재가 신도를 가리킨다.

若佛子。先在僧房中住。後見客菩薩比丘。來入僧房舍宅城邑國王宅舍中。乃至夏坐安居處。及大會中。先住僧。應迎來送去。飲食供養。房舍。臥具。繩牀。事事給與。若無物。應賣自身及男女身。供給所須。悉以與之。若有檀越。來請衆僧。客僧。有利養分。僧房主。應次第差。客僧受請。而先住僧。獨受請。而不差客僧。僧¹⁾房主。得無量罪。畜生無異。非沙門。非釋種姓。若故作者。²⁾ 犯輕垢罪。

1) ㉠ '僧'이 없다.(갑본) 2) ㉠ '若故作者'가 없다.(갑본)

述 부처님의 종성에 들어가 참여했으면 법과 이익을 함께해야 하는데, 평등하게 사용하지 않기 때문에 죄라고 제정하였다.

述曰。預在佛種。法利應同。而不平用。故制爲罪。

"하좌안거 때 머무는 곳"이라는 것은 다음과 같다. 북병주北幷洲[190]의 소疏에서 "이전의 경론에서는 좌하坐夏라고도 하고, 좌랍坐臘이라고도 하며, 하랍夏臘이라고도 했는데, 모두 방언方言(특정 지방의 언어)을 잘하지 못한 것에서 유래한 것이다."[191]라고 했다. 지금 대당삼장大唐三藏이 "우안거雨安居"[192]라고 의역한 것을 따르니, 말하자면 우기雨期일 때 안거하기 때문이다.

---

190 북병주北幷洲 : 본 서의 앞부분에서 "북병주北幷州의 진장사眞藏師"라고 했는데, 바로 진장사를 가리킨다.
191 진장사가 지은 것으로 전해지는 『범망경』에 대한 주석서에 나오는 말인 것 같다.
192 의정義淨(635~713)과 현장玄奘(602?~664)을 모두 대당삼장이라고 부른다. 현장이 한역한 『대보적경』 권35(T11, 195a17)에 우안거라는 역어가 나오고, 의정이 한역한 『근본설일체유부비나야출가사根本說一切有部毘奈耶出家事』 권3(T23, 1031a10)에도 우안거라는 역어가 나온다.

夏坐安居處者。北幷洲疏云。昔來經論。或名坐夏。或名坐臘。或名夏臘。
皆由不善方言也。今依大唐三藏譯云雨安居。謂雨時安居故。

그런데 서방에서 시기를 설정함이 같지 않다. 혹은 네 시기를 세운다. 말하자면 정월 16일에서부터 4월 15일까지를 춘시春時라고 하고, 4월 16일부터 7월 15일까지를 하시夏時라고 하며, 이와 같이 하여 추시秋時와 동시冬時가 아울러 각각 3개월이니, 정월 15일에 이르면 통틀어서 한 해가 되는 것이다.

혹은 1년을 통틀어서 세 시기로 나누니, 곧 불법에서는 이것에 의해 결정한다. 정월 16일부터 5월 15일까지를 열제熱際로 삼고, 5월16일부터 9월 15일까지를 우제雨際로 삼으며, 9월 16일부터 정월 15일까지는 곧 한제寒際로 삼는다. 우제에는 벌레가 많은데 (이곳저곳 돌아다니면서 이들을 해침으로써) 사람들의 비난을 받는 일이 생겼기 때문에 안거를 제정했다.

然西方立時不同。或立四時。謂從正月十六日。至¹⁾四月十五日。爲春時。從四月十六日。至七月十五日。爲夏時。如此秋冬。並各三月。至正月十五日。總爲一歲。或總一年。分爲三時。謂卽佛法。依此爲定。謂從正月十六日。至五月十五日。以爲熱際。從五月十六日。至九月十五日。立爲雨際。從九月十六日。至正月十五日。卽爲寒際。雨際蟲多。令人譏謗。故制安居。

1) ㉑ '至'를 '室'이라 했다.(갑본·을본·병본)

그런데 초안거初安居(前安居)는 5월 16일부터 8월 15일이다. 진실로 비 오는 시기가 끝나려고 할 때 추운 시기가 오면 구제할 수 없을 것을 염려하기 때문에 한 달을 열어서 하안거의 수고로움을 보상받는 달로 삼았다. 후안거後安居의 경우는 6월 16일부터 9월 15일이어서 곧 하안거의 수고로움을 보상받는 달이 없으니, 세 달 동안에 비 오는 시기가 다하기 때문이다. 지금 여기에서 4월 16일에서 7월 15일까지를 (하안거로 삼는 것은) 진실로 사실과 멀고 잘못된 것이다.[193] 이미 (앞에서 네 시기로 나눈 가운데) 하시夏時를 (불법에) 적용하지 않기 때문이고, (대당삼장이 세 시기로 나눈 가운데 우제雨祭에 의거하여) "우안거"라고 했기 때문이다.

> 然初安居。卽從五月十六日。至八月十五日。良以雨時將畢。恐至寒時不濟故。開一月爲償勞月。若後安居。從六月十六日。至九月十五日。卽無償勞。三月雨時盡故。今此四月十六日。至七月十五日。實爲疏謬。旣非夏時。言雨安居。

"객승도 이양을 취할 몫이 있으니"라고 한 것은, 신심을 일으켜 보시한 것은 시방승가를 포괄하니, 부처님께서 (시방승가를 포괄하여) 승차僧次[194]를 제정하셨기 때문이다. "한량없는 죄를 짓는 것이니"라고 한 것은 (객승을 차출하지 않으면) 시방현전十方現前[195]의 승물을 도둑질하는 것이니, (그가 얻는) 이익은 비록 작지만 시방승가를 생각하면 그 이익이 가없

---

[193] 하안거 기간을 고역가古譯家는 4월 16일에서 7월 15일이라고 했고, 현장·의정 등의 신역가는 5월 16일에서 8월 15일이라고 했는데, 당시 현실에서는 고역가의 입장을 따르고 있었지만 후자가 옳다는 말인 것 같다.

[194] 승차僧次: 승중僧衆의 석차席次라는 뜻으로, 계랍戒臘에 의해 결정되는 것을 원칙으로 한다. 승차에 의해 공양을 접수하는 것을 승차청僧次請이라 한다. 상대어는 별청別請으로 특정인을 지정하는 형태로 공양을 접수하는 것을 말하며, 이는 계율에 금지되어 있다.

[195] 시방현전十方現前: 정정은 내외에 통하기 때문에 '시방'이라 하고, 오직 본처에 국한하여 현전승만 나눌 수 있기 때문에 '현전'이라 한다. 예컨대 사망한 오중五衆의 경물輕物이 여기에 속한다. 경물이란 삼의三衣 등과 같이 개인이 소지할 수 있는 물건을 가리킨다. 상대어는 중물重物로 승단 전체의 소유물, 곧 방사房舍·전원田園 등을 가리킨다. 『십송률』 권56(T23, 413c9)에서 "'경물'이라는 것은 나눌 수 있는 물건이기 때문에 경물이라 하고, '중물'이라는 것은 나눌 수 없는 물건이기 때문에 중물이라 한다.(輕物者。可分物。是故。名輕物。重物者。不可分物。是故。名重物。)"라고 했다. 본서에서는 단월이 보시한 것을 시방현전의 승물이라고 한 것이다.

기 때문이다.[196]

言客僧有利養分者。信施該十方。佛制僧次故。言得無量罪者。以盜十方現前僧物。利縱微小。僧無邊故。

ⓒ 수타별청계 제7 [27] (다른 사람의 별청을 수락하는 일을 하지 마라)

受他別請戒。第七。

경 "불자여, 어떤 경우에도 별청別請[197]을 받아 이양을 자신에게 돌아오게 해서는 안 된다. 이 이양은 시방승에 속한 것이니, 개별적으로 공양청을 받으면, 시방승의 물건을 취하여 자기에게 들이는 것이다. 여덟 가지 복전에 있어서도 (그러하니, 곧) 여러 부처님과 성인과 낱낱의 스승과 승중僧衆과 어머니와 아버지와 병자의 물건을 자신이 사용하는 것이다. (이렇게 하면) 경구죄를 범한다."

若佛子。一切不得受別請。利養入己。而此利養。屬十方僧。而別受請。卽取十方僧物入己。八福田中。諸佛聖人。一一師僧。父母病人物。自己用者。犯輕垢罪。

술 시주의 한량없는 복을 손상시키고, 또한 중승衆僧의 평등한 이익을

---

196 보시한 사람이 시방승가에 베풀어서 얻을 이익을 취하는 것이기 때문에 실제로 그 죄가 크다는 것을 말하는 것 같다. 법장의 『범망경보살계본소』 권6(T40, 647a2)을 참조할 것.
197 별청別請 : 특정인을 지정하는 형태로 공양을 접수하는 것. 보시한 음식의 이양은 시방승에게 속한 것인데, 별청을 받으면 시방승물을 취하는 것이기 때문에 별청은 계율에 의해 금지하는 것이다.

잃는 것이기 때문에 제정해야 하는 것이다.

述曰。以損施主無限之福。亦失衆僧平等之利。故須制也。

"어떤 경우에도……돌아오게 해서는 안 된다."라는 것은, 성문이 두타 頭陀를 행할 때가 아니면 별청을 받는 것을 허락하는 것[198]과 간별하기 위한 것이다.[199] "이 이양은 시방승에 속한 것이니"라고 한 것은, 승차에 의해 공양을 받으면, 이치상 (그렇게 해서 얻는 이익은) 시방승가와 여덟 가지 복전에 속하는 것[200]이기 때문이다. "시방승의 물건을 취하여 자기에게 들이는 것이다."라고 한 것은, 이미 다른 사람으로부터 보시를 받은 것과 관련된 것이니, 두 번째 중계에는 해당하지 않는다.[201] "여덟 가지

---

198 『사분율』권32(T22, 790a17)에서 "그런데 야수가가 별청을 받아들이는 것을 인정하지 않고, '세존께서 아직 나에게 별청을 받는 것을 허락하지 않았다'라고 했다. 부처님께서 말씀하셨다. '지금부터 별청을 받는 것을 허락한다.' 공양청에는 두 가지가 있다. 승차청이 있고, 별청이 있다.(然耶輸伽不肯受別請。世尊未聽我受別請。佛言。自今已去聽受別請。請有二種。有僧次請有別請。)"라고 했다.
199 의적의 『보살계본소』 권하(T40, 679b12)에서 "성문법에서는 두타법을 수지하는 이는 별청을 받을 수 없다. 두타법을 행하지 않는 이는 또한 별청을 받는 것을 허락한다. 보살법에 있어서는 두타를 행하거나 두타를 행하지 않거나를 불문하고 모든 때에 막는다."라고 한 것을 참조할 것.
200 여덟 가지 복전에 속하는 것 : 별청을 받지 않으면 여덟 가지 복전에도 나누어 줄 몫이 있기 때문에 이렇게 말한 것이다. 의적의 『보살계본소』 권하(T40, 679b18)에서 "'여덟 가지 복전에 속한 것을 자신이 사용하는 것이기 때문이다'라는 것은, 단지 시방승에 속하는 물건만 취하여 자신에게 들이는 것이 아니라 또한 여덟 가지 복전에 속하는 물건을 덜어내어 자신이 수용하는 것이라는 말이니, 보살이 별청을 받지 않으면, 여덟 가지 복전에 있어서도 겸하여 분배할 몫이 있기 때문이다. 그런데 별청을 받음으로 말미암아 이익을 끌어안아 자신에게 속하게 하는 것이다.(八福田物。自己用故者。非但取十方物入己。亦復損八福田物。自受。菩薩。若不受別請者。於八福田。兼有分故。然由受別。利擁在己。)"라고 한 것을 참조할 것.
201 다른 사람이 주지 않은 것을 취하는 것은 10중계 중 두 번째인 겁도인물계에 해당하기 때문에 별청을 받음으로써 시방승가의 몫을 자신이 취하는 것도 이 계를 범하는 것으로 생각될 수 있지만, 이 경우는 이미 시주가 보시한 것이기 때문에 그와 동일하

복전"이라는 것은 본문에서 "부처님" 등이라고 한 것과 같다. 앞에서 이미 설했다.[202]

言一切不得受者。爲簡聲聞。若非頭陀。許受別請。言而此利養屬十方僧者。若次第受。理屬十方僧及八福田故。言卽取十方僧物入己者。旣受他施。非第二重。八福田者。如文佛等。前已說也。

🔳 **문** 그렇다면 무엇 때문에 (『유가사지론』)「보살지」에서 "다른 사람이 와서 공양을 청하였는데, 싫어하는 마음과 분노하는 마음을 품어서 받아들이지 않았다면 염오에 의한 위범이다."[203]라고 하고, 그 밖의 것도 자세히 설한 것인가?[204]

🔳 **답** 어떤 사람은 말하기를, "그 경우에도 또한 승차에 의해 공양을 청한 것이다."[205]라고 했다. 어떤 사람은 말하기를, "설법 등을 하고자 하거나, 별도로 교화할 대상이 있거나 하면 승차와 관련 없이 별청을 받을 수 있다. 이와 같은 경우에 별청을 받지 않는다면, 『유가사지론』에서 제정한 것과 같이 (염오에 의한 위범이 된다)."[206]라고 했다. 나중의 해석이 뛰어나

게 취급하지는 않는다는 말이다.
202 48경계 중 아홉 번째의 불첨병고계에서 태현이 '여덟 가지 복전'에 대해 해석한 것을 참조할 것. 이 해석에 따르면 '낱낱의 스승'이란 화상과 아사리를 가리킨다.
203 『유가사지론』 권41(T30, 516b14).
204 이 의문이 성립되려면, 『유가사지론』에서 공양을 청한 것이 별청이어야 한다. 그러할 경우 『범망경』에 따르면, 별청일 경우 가지 말아야 한다고 했는데, 『유가사지론』에서는 별청인데도 가지 않으면 위범이라고 했으니, 서로 모순된다고 하는 힐난이 성립된다.
205 『유가사지론』에서 공양을 청한 것은 승차청이기 때문에 이 경우에도 가지 않았으면 염오에 의한 위범이라고 한 것이어서 『범망경』과 입장의 차이가 없다는 말이다.
206 이 주장은 "『유가사지론』에서 공양을 청한 것은 별청이다. 설법을 해야 할 경우와 별도로 교화할 대상이 있을 경우 등은 별청을 받아들여야 하니, 그러한 상황인데도 별청을 받아들이지 않은 것이기 때문에 염오에 의한 위범이라고 한 것이다."라는 뜻이다.

니, 앞에서[207] 공양하고 설법을 요청하는 것을 설했기 때문이다.

若爾。何故。菩薩地云。他來延請。嫌恚不受。是染違犯。乃至廣說。有說。
彼亦次第請。有說。欲說法等。別有所化。不關僧次。得受別請。如此不受。
如論所制。以後爲勝。前說供養說法者故。

Ⓓ 자별청승계 제8 28 (자신이 스님을 별청하는 일을 하지 마라)

自別請僧戒。第八。

경 "불자여, 출가보살과 재가보살 및 일체의 단월檀越이 복전인 스님을 초
청하여 소원을 이루고자 할 때, 승방에 들어가 지사의 소임을 맡은 사람에게
알리기를, '이제 스님들을 차례대로 초청하고자 합니다'라고 말한다면, (범부
승을 초청했더라도) 곧 시방의 현성승賢聖僧을 얻는다. 그러나 세상 사람들이
5백 명의 나한과 보살승을 별청한다면, 이는 승차에 의해 한 명의 범부승凡夫
僧을 초청하는 것만 못하다. 스님을 별청한다면 이는 외도의 법이다. 일곱 분
의 부처님(七佛)[208]께는 별청법이란 없으니, 효도孝道에 수순하지 않는 것이다.
고의로 스님을 별청한다면, 이는 경구죄를 범하는 것이다."

若佛子。有出家菩薩在家菩薩及一切檀越。請僧福田。求願之時。應入僧
坊。問知事人。今欲次第請者。卽得十方賢聖僧。而世人。別請五百羅漢菩

---

207 48경계 중 여섯 번째인 주불청법계를 가리킨다.
208 일곱 분의 부처님(七佛) : 과거 장엄겁莊嚴劫의 세 분의 부처님과 현재 현겁賢劫의
네 분의 부처님을 가리킨다. 장엄겁의 세 분의 부처님은 비바시불毗婆尸佛·시기불
尸棄佛·비사부불毘舍浮佛이고, 현겁의 네 부처님은 구류손불拘留孫佛·구나함모니
불拘那含牟尼佛·가섭불迦葉佛·석가모니불釋迦牟尼佛이다.

薩僧。不如僧次一凡夫僧。若別請僧者。是外道法。七佛。無別請法。不順
孝道。若故別請僧者。犯輕垢罪。

📖 출가보살과 재가보살에 대해서는 직접적으로 제정한 것이고, 일체의 단월에 대해서는 겸하여 제정한 것이다.

述曰。二衆菩薩。正所制也。一切檀越。兼所制也。

"(범부승을 초청했더라도) 곧 시방의 현성승을 얻는다."라고 한 것은, 한맛인 승가에 광대한 마음으로 공양하기 때문이니, 예컨대 바닷물을 마시면 곧 모든 강물을 마시는 것과 같다.[209]

言卽得十方賢聖僧者。於一味僧。廣心供故。如飮海水。卽飮諸河。

"승차에 의해 한 명의 범부승을 초청하는 것만 못하다."라고 한 것은 다음과 같다.

言不如僧次一凡夫僧者。

📖 (승차청은) 광대한 마음으로 초청한 것이기 때문에 (한 명의 범부승을 초청했다고 해도) 이와 같은 복을 얻는다면, 또한 간택함이 없이 (평등

---

209 의적의 『보살계본소』 권하(T40, 680a4)에서 "'곧 시방의 현성승을 얻는다'라는 것은, 복전이 광대하니, 시방의 일체의 현성을 포용하여 들이지 않음이 없다. 설령 현성을 얻지 못하고 단지 한 명의 범부를 얻더라도 초청하는 마음이 이미 간별함이 없으니, 복덕을 일으키는 것도 그윽하게 시방에 통한다. 그러므로 '시방의 현성승을 얻는다'라고 했다."라고 한 것을 참조할 것.

한 마음으로) 하나의 유정을 살해했을 경우에도 일체의 유정계를 살해한 죄를 얻는 것인가?

답 그렇지 않다. (보시는) 모든 부처님께서 본원을 세우면서 두루 (이양을) 받는 것을 허락했기 때문에 (그렇게 확장할 수 있다.) 그러나 하나의 유정을 살해함으로써 나머지의 유정에도 두루 미치게 하는 것은 두루 서원한 일이 없다. 그렇지 않다면 그 악을 행한 사람은 고통을 받음에 있어서 다할 날을 기약할 수 없어야 하기 때문이다.

問。以廣心故。得福如此。亦可無擇。逢一定殺。得殺一切有情界罪。答。不爾。諸佛本願。徧許受故。然無普願。害一徧餘。不爾。彼受苦。應無盡期故。

"경구죄를 범하는 것이다."라고 한 것은, 별도의 도리와 공덕을 희망함이 있을 경우는 제외한 것이다.[210]

言犯輕垢罪者。除有希望別道德也。

(D) 계를 함께함 : 계화경戒和敬

Ⓐ 사명양신계 제9 [29] (삿된 방식으로 생활을 하면서 몸을 기르는 일을 하지 마라)

邪命養身戒。第九。

경 "불자여, 악한 마음으로 이양을 위하여 남색과 여색을 판매하거나, 손수 음식을 만들며 스스로 갈고 스스로 찧거나, 남자와 여자에 대해 점을 치

---

[210] 수타별청계에서 예외적인 경우를 제시한 것과 동일한 맥락에서 예외를 인정한 것으로 볼 수 있을 것 같다.

고 관상을 보거나, 길흉을 해몽하고 태아가 남자인지 여자인지 점을 치거나, 주문을 외우고 술책을 부리거나, 장인匠人(기술자)의 일을 하거나(工巧), 매(鷹)를 길들이는 방법을 사용하거나, 화합하여 백 가지의 독약과 천 가지의 독약을 만들고 사독蛇毒이나 생금은生金銀을 만들며, 고독蠱毒을 짓거나 하면, 전혀 자비로운 마음이 없고 효순하는 마음도 없는 것이니, 고의로 지으면 경구죄를 범하는 것이다."

若佛子。以惡心故。爲利養。[1] 販賣男女色。自手作食。自磨自舂。占相男女。解夢吉凶。是男是女。呪術工巧。調鷹方法。和合百種毒藥千種毒藥。蛇毒。生金銀。蟲毒。都無慈心。若故作者。[2] 犯輕垢罪。

1) ㉛ '養' 뒤에 오직 고려장(麗藏)에만 '故'가 있다. 2) ㉛ '若故作者'가 없다.(갑본)

> "남색과 여색을 판매하거나"라는 것은, 음행을 매개하는 가게를 열어 이익을 구하는 것이다. 이는 판매하는 사람의 편에서 경구죄를 범하는 것이다. "손수 음식을 만들며" 등[211]이라는 것은, 곧 악촉惡觸[212]과 괴생壞生(생명을 해치는 것) 등의 죄이니,[213] 세간에서 싫어하는 것을 반영하여 지은 것이다. 이 한 가지는 재가보살의 경우는 금제하지 않았다.[214]

---

211 "손수 음식을 만들며" 등 : "손수 음식을 만들며 스스로 갈고 스스로 찧거나"라고 한 것을 말한다.
212 악촉惡觸 : 음식물이 다른 사람의 손에 접촉되어서 더럽혀지는 것을 말한다. 계율에 있어서 이러한 음식물은 부정물不淨物이기 때문에 먹는 것을 금한다.
213 법장의 『범망경보살계본소』 권6(T40, 648a15)에서 "둘째, 손수 음식을 만드는 것은 악촉에 해당하는 비법非法이다. 셋째, 스스로 갈고 스스로 찧는 것은 괴생과 악촉에 해당하는 비법이다. 이 두 가지는 또한 세상 사람들이 나무라고 싫어하는 것이다."라고 한 것을 참조할 것.
214 의적의 『보살계본소』 권하(T40, 680b8)에서 "'남색과 여색을 판매하거나' 이하는 무릇 열 가지를 나열한 것이다. 첫째는 남색과 여색을 매매하는 것이고, 둘째는 손수 음식을 만드는 것이며, 셋째는 스스로 갈고 스스로 찧는 것이며, 넷째는 남자와 여자에 대해 점을 치고 관상을 보는 것이며, 다섯째는 길흉을 해몽하는 것이고, 여섯째는 주술

述曰。販賣男女色者。以開婬肆而求利也。此販賣邊。犯輕垢罪。自手作食[1]
者。卽是惡觸壞生等罪。反作世間之所嫌也。此一不制在家菩薩。

1) ㉮ 전후 맥락을 볼 때 '食' 뒤에 '等'이 누락된 것으로 보아야 한다.

"남자와 여자에 대해 점을 치고 관상을 보거나"라는 것은 혼인의 적절함에 대해 점을 치고, 또한 손금 등을 보는 것이다. "길흉을 해몽하고"라는 것은 알 수 있을 것이다. "남자인지 여자인지 점을 치거나"라는 것은 태아의 성별을 점치는 것이다. "주문을 외우고"라는 것은 주문에 의해 저주呪呪하는 것이다. "술책을 부리거나"라는 것은 곧 정신을 어지럽혀서 홀리게 하는 것이다. "공교工巧"라는 것은 장인이 되는 것이다.

"사독蛇毒"이라는 것은 5월 5일 독사로부터 뽑은 독을 화합하여 만든 독약이다. 또한 독약을 뱀에게 먹이는 것 등의 과정을 통해서 얻은 독약이다. "생금은生金銀"이라는 것은 가짜 금과 은을 만들어서 사람을 속이는 것이다. "고독蠱毒"이라는 것은 귀신을 부리는 것 등의 일을 하는 것이다.[215]

占相男女者。占婚嫁宜。又相手文等。解夢吉凶者。可解。是男女者。占卜胎也。呪者呪咀。術卽眩惑。工巧爲匠也。蛇毒者。如五月五日毒蛇合毒藥。又以毒藥避[1]蛇等也。生金銀者。造假金銀。以誑惑人。蠱毒者。使鬼等也。

을 사용하는 것이며, 일곱째는 장인匠人의 일을 하는 것이고, 여덟째는 매를 길들이는 방법을 사용하는 것이며, 아홉째는 독약을 화합하는 것이며, 열째는 고독을 만드는 것이다. 이 열 가지 일 중 처음의 한 가지와 마지막의 세 가지는 재가자와 출가자에게 모두 금하는 것이다. 두 번째와 세 번째는 출가자에게는 금제하고 재가자에게는 허락(開)하는 것이다. 네 번째와 다섯 번째는 어떤 사람은 '재가자와 출가자 모두 금제하는 것이다'라고 했고, 어떤 사람은 '재가자는 생계를 유지하기 위한 것이 아니라면 범하지 않는 것이다'라고 했다. 여섯 번째와 일곱 번째는 재가자에게는 금제하지 않았다. 출가보살은 생계를 유지하기 위한 것이 아니고, 자신을 보호하기 위한 것이라면 율전에 준하여 또한 허락해야 한다."라고 한 것을 참조할 것.

215 이상은 법장의 『범망경보살계본소』 권6(T40, 648a24)에서 설한 것과 내용이 거의 같다.

1) ㉠『범망경보살계본소』에 따르면 '避'는 '飼'이다.

Ⓑ 사친해생계 제10 ㉚ (거짓으로 친근한 모습을 보이는 일과 살아 있는 것을 해치는 일을 하지 마라)

詐親害生戒。第十。

경 "불자여, 나쁜 마음 때문에 자신은 삼보를 비방하면서도 거짓으로 친근히 여기고 의탁하는 모습을 드러내고, 입으로는 곧 공空의 이치를 설하면서 행동은 유有에 집착하는 모습을 보이며,[216] 재가인을 위해 남자와 여인의 뜻을 전달하여 중매하고 음색婬色을 교회하도록 하면서 묶이고 집착하는 업을 지어서야 되겠느냐. 육재일六齋日과 매해 삼장재월三長齋月에 살아 있는 것을 죽이고 도둑질을 하며 재齋를 무너뜨리고 계를 범하면 경구죄를 범하는 것이다."

若佛子。以惡心故。自身謗三寶。詐現親附。口便說空。行在有中。爲白衣通致男女。交會婬色。縛著。於六齋日。年三長齋月。作殺生劫盜。破齋犯戒者。犯輕垢罪。

술 여기에서 삼보를 비방하는 것은 열 번째 중계(훼방삼보계)에 포섭되고, 속임수로 이익을 추구하는 것이라는 측면에서 아울러 이 죄를 얻는다. 중매하여 음행을 하게 하면 세 번째 중계(무자행욕계)에 포섭된다. 그런데 중매하는 것이라는 측면에서 이 죄를 맺을 뿐이다. 그 "살아 있는 것을

---
216 법장의 『범망경보살계본소』 권6(T40, p.648b)에서 "입으로는 거짓으로 공空을 설하여 부처님의 말씀에 수순하는 것처럼 하면서, 행동에 있어서는 유有에 집착하여 부처님의 말씀을 비방하는 것이다."라고 한 것을 참조하여 풀었다.

죽이고" 등이라고 한 것도 상응하는 것에 따라서 또한 그러하니, 재齋를 공경하지 않는 것이라는 측면에서 경죄로 제정한 것이다.[217]

述曰。此謗三寶。第十重攝。詐覓利邊。幷得此罪。媒嫁令婬。第三重攝。然就媒邊。結此罪耳。其殺生等。隨應亦爾。不敬齋邊。制爲輕罪。

"육재"라고 한 것은 흑월黑月[218]과 백월白月[219]에 각각 세 날이 있으니, 여덟 번째 날과 14일과 15일이다. 이날은 귀신이 세력을 얻어 사람을 해치니,[220] 해침에서 벗어나게 하기 위해 제정한 것이다. "매해 삼장재월"이라는 것은,『제위경提謂經』[221]에서 "정월 첫째날 재를 지니고 15일에 마치고, 5월의 첫째날 재를 지니고 15일에 마치며, 9월의 첫째날 재를 지니고 15일에 마치는 것이다."라고 했다. 삼재의 인연은 경에서 자세히 설한 것[222]과

---

217 앞에서 삼보를 비방하고 음행을 하는 것은 중계를 위범하는 것이고, 중매한 것에 대해서만 경죄를 위범한 것으로 제정한 것처럼, 살생과 도둑질은 중계를 위범하는 것이고, 재齋를 무너뜨렸다는 측면에서만 경죄를 위범한 것으로 제정한 것이라는 말이다.
218 흑월黑月 : 한 달을 둘로 나눈 것 중 달이 저무는 기간. 곧 후반의 15일. 흑분黑分이라고도 한다.
219 백월白月 : 한 달을 둘로 나눈 것 중 달이 차오르는 기간. 곧 전반의 15일. 백분白分이라고도 한다.
220 흑월의 세 날은 오늘날의 23일·29일·30일이다. 승중僧衆은 이 여섯 날 한 곳에 모여서 포살설계布薩說戒를 해야 하고, 재가신자는 만 하루 동안 팔관재계八關齋戒를 수지해야 한다.
221 『제위경提謂經』 : 갖춘 이름은 『제위파리경提謂波利經』이고, 『제위오계경提謂五戒經』이라고도 한다. 2권으로 북위北魏의 담정曇靖이 지었다. 현재 일실되어 전하지 않지만 여러 저술에서 자주 인용하고 있어 그 대의를 짐작하기는 어렵지 않다. 부처님께서 성도하고 녹야원으로 가는 길에 제위提謂·파리波利 등 5백 명의 상인을 만나 인천법人天法인 오계五戒·10선법十善法을 설하여 제도한 내용을 담았다. 근대에 돈황에서 초본抄本이 발견되었는데, 삼장재·팔왕일八王日(입춘·춘분·입하·하지·입추·추분·입동·동지) 등에 재계하는 것을 설하고 있다. 중국의 음양오행사상의 영향이 두드러지는 것으로 평가받는다.
222 『법원주림法苑珠林』 권88(T53, 932b27)에서 『제위경』을 인용하여 그 인연을 설하기를, "정월은 소양少陽이 권세를 부리는 달이다. 음陰과 양陽이 정기를 바꾸며 만물에 싹

같다.

言六齋者。黑白各三。謂第八日十四十五。此日鬼神得勢傷人。爲令免害。故須制也。年三長齋者。提謂經云。正月本齋十五日。五月本齋十五日。九月本齋十五日。三齋因緣。如經廣說。

경 "이와 같은 열 가지 계를 응당 배우고 공경하는 마음으로 받들어 지녀야 한다."
「제계품制戒品」²²³에서 자세하게 풀이했다.

如是十戒。應當學。敬心奉持。制戒品中廣解。

D) 아홉 가지 계

술 이하의 아홉 가지 계는 바른 보시를 열기 때문이고, 도리에 어긋나게 취하는 것을 막기 때문이며, 삿된 연緣을 피하기 때문이고, 정승正乘(대승)에 나아가기 때문이며, 소원을 일으키고 그것을 이룰 것을 추구하기 때문이고, (생사의 인연이 되는 것을) 싫어할 것을 맹세하기 때문이며, 험난한 곳을 여의기 때문이고, 질서를 어지럽히는 것을 없애기 때문이며, 이롭고 즐겁게 하기 때문이니,²²⁴ 행해야 할 것을 알아야 한다.

이 튼다. 이달에 재계함으로써 만물을 기른다. 5월은 태양太陽이 권세를 부리는 달이다. 만물이 망울은 맺었지만 아직 번성하지는 않았다. 이 달에 재계함으로써 만물을 성장하게 한다. 9월은 소음少陰이 권세를 부리는 달이다. 만물이 쇠락한다. 이 달에 재계함으로써 만물을 편안하게 근본으로 돌아가도록 한다."라고 했다.
223 「제계품制戒品」: 대본大本 『범망경』에 속한 것으로 추정되는 품의 제목이다.
224 차례대로 이하의 아홉 가지 계가 갖는 의미를 설명한 것이다.

自下九戒。開正施故。遮橫取故。避邪緣故。趣正乘故。發願求故。立誓厭故。離難故。無亂故。利樂故。所爲應知。

(A) 불구존액계 제1 [31] (존귀한 것을 액난에서 구하지 않는 일을 하지 마라) : 보시를 여는 것

不救尊厄戒。第一。

경 부처님께서 말씀하셨다.

"불자여, 부처님께서 멸도하신 후, 악한 세상에 외도와 모든 악한 사람과 도적들이 부처님과 보살과 부모님의 형상을 팔거나, 경·율을 팔거나 하고, 비구와 비구니를 팔거나, 보리심을 발하고 보살도를 닦는 사람을 팔거나 하여, 혹은 관청의 심부름꾼이 되게 하고, 여러 사람에게 주어 노비가 되게 하는 것을 보면, 보살은 이러한 일을 보고서 자비로운 마음을 일으키고, 방편을 시설하여 구호하며, 곳곳으로 다니면서 (단월을) 교화함으로써 재물을 마련하여 부처님·보살의 형상과 비구·비구니와 보리심을 발한 보살과 모든 경·율을 대신할 재물을 주어서 구해야 한다. 만약 대신할 재물을 주어서 구하지 않으면 경구죄를 범하는 것이다."

佛言。佛子。佛滅度後。於惡世中。若見外道一切惡人劫賊。賣佛菩薩父母形像。販賣經律。販賣比丘比丘尼。亦賣發心菩薩道人。[1] 或爲官使。與一切人。作奴婢者。而菩薩。見是事已。應生慈心。方便救護。處處敎化。取物。贖佛菩薩形像及比丘比丘尼發心菩薩一切經律。若不贖者。犯輕垢罪。

1) ㉮ '道人'이 없다.(갑본)

술 보살은 이미 법을 보호하고 중생을 제도할 것을 마음에 품었으니,

대신할 재물을 주지 않고 구하지 않으면 공경함에 어긋나고 자애로움에 어긋나기 때문에 대신할 재물을 주어서 구하지 않는 것을 죄라고 제정했다.

"부모님의 형상"이라는 것은, 법장 스님이 말하기를, "자기의 부모의 형상을 다른 사람이 판매하는 것이다. 혹은 부처님을 곧 부모라고 한 것일 수도 있다."[225]라고 했다.

述曰。菩薩。既以護法度生爲心。不贖不救。違敬違慈故。不贖救。制爲罪也。父母形像者。法藏師云。己父母形像。爲他所賣。或佛卽名父母。

(B) 횡취타재계 제2 [32] (도리에 어긋나게 다른 사람의 재물을 취하는 일을 하지 마라) : 도리에 어긋나게 취하는 것을 막음

橫取他財戒。第二。

경 "불자여, 칼·몽둥이·활·화살을 비축하거나, 본래 무게보다 덜 나가는 저울이나 본래 분량보다 덜 담기는 말(斗)로 판매하거나, 관리의 형세에 의탁하여 남의 재물을 빼앗거나 해치려는 마음으로 속박하고 공업功業을 이룬 것을 파괴하거나, 고양이·살쾡이·돼지·개 등을 기르는 일을 하지 말아야 할 것이다. 만약 고의로 기른다면, 이는 경구죄를 범하는 것이다."

---

225 『범망경보살계본소』 권6(T40, 648c26)에서 "'부모의 형상'이라고 한 것은 자기의 부모의 형상을 다른 사람이 파는 것이다. 또한 풀이하기를, 부처님과 보살은 부모님처럼 존중해야 하는 것을 말하는 것이고 두 어버이의 형상을 말하는 것은 아니라고 할 수도 있다."라고 했다. 후자에 의거할 경우, 본문의 "부처님과 보살과 부모님의 형상을 팔거나"는 "부모님과 같은 부처님과 보살의 형상을 팔거나"라고 풀어야 한다.

若佛子。不得畜刀杖弓箭。販賣輕秤小斗。因官形勢。取人財物。害心繫縛。 破壞成功。長養貓貍豬狗。若故作¹⁾者。犯輕垢罪。

1) ㉣ '作'을 '養'이라 했다.(갑본)

述 (『유가사지론』)「보살지」에서 "물건의 주인이 물건의 가치를 잘 몰라서 싼 가격으로 판매하면, 보살은 깨우치게 하여 제값을 치르고 사야 한다."²²⁶라고 했다. 그런데 여기에서는 기구器具를 위조하여 (실제보다) 적게 주어 많은 이익을 취하니, 위범이 이것에 의해 심해지기 때문에 지금 제정했다.

述曰。菩薩地云。物主迷物。賤價而賣。菩薩教悟。如價買之。然此僞器。少與多取。違犯乃深。故今制也。

지금은 재산을 보호하기 위해 칼·몽둥이를 비축하는 것이기 때문에 앞에서 살생을 좋아하여 비축하는 것²²⁷과는 구별된다. 이것은 재가자일 경우는, 비록 판매하는 것이 허용되지만 단지 저울과 말을 위조해서는 안되는 것을 밝힌 것이다. 이것은 자신이 관리가 되어서 다른 사람이 공업을 이룬 것을 파괴하여 (자신이) 공업을 들이지 않은 물건을 수령하는 것을 말한 것이니, 앞에서 다른 사람의 형세에 의지하는 것²²⁸과는 다르다. 이미 다른 사람이 준 것을 취하는 것이니, 도계盜戒²²⁹에는 포섭되지 않는다. "고양이·살쾡이" 등이라고 한 것은 재물을 구하기 위한 도구이다.

---

226 『유가사지론』 권44(T30, 538c14)에서 "여러 사람이 진짜 보배라는 것을 알고 있지만 파는 사람은 알지 못하면, 보배의 가치에 맞게 값을 치르고 조금도 오차가 있어서는 안 된다."라고 했다.
227 48경계 중 열 번째인 축살생구계畜殺生具戒를 가리킨다.
228 48경계 중 열일곱 번째인 의세악구계依勢惡求戒를 가리킨다.
229 10중계 중 두 번째인 겁도인물계劫盜人物戒를 가리킨다.

今爲護財畜刀杖故。與前愛殺而畜者別。此是在家。雖許販賣。但不得以僞秤斗也。此自身官。破他成功。領非功物。異前憑他。旣取他與。非盜戒攝。養貓貍等。覓財具也。

(C) 허작무의계 제3 33 (의미가 없는 일을 하면서 헛되이 시간을 버리는 일을 하지 마라) : 삿된 연을 피함

虛作無義戒。第三。

경 "불자여, 나쁜 마음으로 모든 남자와 여인 등에 의해 일어나는 싸움과, 군대가 진을 치고 군사를 일으키는 것과, 겁박하며 도둑질하는 것 등에 의해 일어나는 싸움을 보아서야 되겠느냐. 또한 소라(貝)를 불고 북을 치며, 뿔피리(角 : 뿔 모양으로 만든 나팔)를 불고 거문고를 타며, 비파를 튕기고 쟁箏(현악기의 일종)을 타며, 피리를 불고 공후를 타며, 노래하는 것 등과 같은 기악伎樂의 소리를 들어서도 안 된다. 저포樗蒲[230]·위기圍棋(바둑)·바라색희波羅塞戲[231]·탄기彈碁·육박六博·박구拍毬[232]·척석擲石[233]·투호投壺·팔도행성八道行城[234] 등과 같은 놀이를 하거나, 조경爪鏡·시초蓍草[235]·버드나무가지[236]·발

---

230 저포樗蒲 : 네 개 혹은 다섯 개의 주사위를 던져 그 형상에 따라 말판의 말을 운용하여 승부를 하는 놀이. 윷놀이와 비슷한 것이다.
231 바라색희波羅塞戲 : '바라색'은 Ⓢ prāsaka의 음사어로 병兵이라 의역한다. 장기와 비슷한 것이다.
232 박구拍毬 : 축구蹴毬 혹은 격구擊毬와 같이 공으로 하는 놀이이다.
233 척석擲石 : 작은 돌을 던져서 받는 공기놀이. 혹은 돌을 던져서 일정 거리에 놓인 병에 넣는 놀이라고 풀이하기도 한다.
234 팔도행성八道行城 : 주석자에 따라 해석이 다르다. 『범망보살계경의소발은』 권5(X38, 201c18)에 따르면, 가로와 세로로 여덟 줄의 길을 내고 정해진 돌을 사용하여 앞으로 나가는 놀이이다. 바둑과 비슷한 것이다.
235 시초蓍草 : 국화과의 여러해살이풀로 이 풀대로 점을 친다.
236 버드나무가지 : 이것을 깎아 인형을 만들고 주문을 외운 후 신령이 깃들면 길흉을 묻

우발우鉢盂[237]·촉루髑髏[238] 등으로 점치는 일을 해서는 안 된다. 도적의 사자使者가 되어 그 명령을 전하는 일을 해서도 안 된다. 낱낱이 해서는 안 되는 것이니, 만약 고의로 이러한 일을 한다면 경구죄를 범하는 것이다."

若佛子。以惡心故。觀一切男女等鬪。軍陣兵將。劫賊等鬪。亦不得聽。吹貝鼓角。琴瑟箏笛。箜篌歌叫。伎樂之聲。不得樗蒲[1]圍碁。波羅塞戲彈碁。六博[2]拍毱。擲石投壺。[3] 八道行城。爪鏡芝[4]草。楊枝鉢盂。髑髏而作卜筮。不得作盜賊使命。一一不得作。若故作者。犯輕垢罪。

1) ㉮ '蒲'는 '捕'이다.(갑본) 2) ㉮ '博'은 '愽'이다.(갑본) 다음도 같다. 3) ㉮ '壺' 뒤에 '牽道'가 있다.(갑본) 4) ㉴ '芝'는 '蓍'인 것 같다. 이하 동일하다.

🔲 보살은 도를 성취하기 위해 짧은 시간도 아껴야 할 것인데, 헛되이 시간을 보내는 것이니, 죄로 제정했다.

述曰。菩薩爲道。應惜寸陰。虛度時節。制爲罪也。

"패貝"라는 것은 소라이니, 『열반경』에서 "소라를 불어 때를 알린다."[239] 라고 했다. "뿔피리"도 또한 부는 것으로 서방의 악기이다. "바라색희"라는 것은, 법장 스님이 말하기를, "서국의 병희법兵戲法이다. 두 사람이 각

는다.
237 발우鉢盂 : 점치는 도구인 그릇. 그릇에 물을 채우고 주문을 외워 그곳에 나타난 형상에 의해 길흉을 파악하는 것이다.
238 촉루髑髏 : 점치는 도구인 해골. 해골에 주문을 외우고 제사를 지냄으로써 여러 가지 일을 알아내는 것이다.
239 36권본『열반경』권12(T12, 685a4)에서 밝힌 다섯 가지 세간법 중 법세간法世間과 관련된 것이다. 곧 "무엇을 법세간이라 하는가. 종을 쳐서 스님을 모으고 장엄하게 북을 쳐서 병사를 경각시키며 소리를 불어 때를 알리는 것이니, 이를 법세간이라 한다."라고 했다.

각 20여 개의 작은 옥을 갖고, 상象을 타고 혹은 마馬를 타면서 정해진 길이 있는 곳에서 다투어 중요한 길을 얻으면 이기는 것이다."[240]라고 했다. "탄기"라는 것은 손가락으로 바둑돌을 튕겨서 멀리 나간 사람이 이기는 것이다. 『세설신어世說新語』[241]에서 "탄기는 위나라의 궁전에서 시작되었다."라고 했다. "육박"이라는 것은 쌍륙雙六[242]이고, "투호"라는 것은 긴 막대를 던져 병에 넣는 것이다. "팔도행성"이라는 것은, 해석한 사람이 없다.[243] "조경"이라는 것은, 법장 스님이 말하기를, "전승하여 들은 것에 의하면 서방의 술사가 약을 손톱에 바르고 주문을 외우면 그 속에 길흉 등의 일이 나타나는 것이다. 이것은 복서卜筮[244]와 같은 것이니 모두 요사한 술법이다. 또한 시초로 술법을 짓고, 혹은 버드나무가지에 주문을 외우며, 혹은 발우에 주문을 외우고, 혹은 사람의 해골로 점치는 것도 아울러 복서에 의해 길흉을 알아내는 것이다."[245]라고 했다.

貝者螺也。涅槃云。吹貝知時也。角亦所吹。西方樂器。波羅塞戲者。法藏師

---

240 『범망경보살계본소』권6(T40, 649b27).
241 『세설신어世說新語』: 유송劉宋 때 유의경劉義慶이 지은 책. 후한後漢 말부터 동진東晉까지의 명사들의 일화를 수록하였다.
242 쌍륙雙六: 주사위를 던져서 나온 숫자에 의해 말판의 말을 움직여 먼저 목적지에 도착하면 이기는 놀이이다.
243 팔도행성에 대해서는 태현 이전의 주석서, 곧 지의의 『보살계의소』, 의적의 『보살계본소』, 승장의 『범망경술기』 등에 별도의 해석이 없고, 태현이 자주 인용하는 법장의 『범망경보살계본소』권6(T40, 649c4)에도 "팔도행성은 알 수 있을 것이다."라고만 했다. 이러한 정황에 의거할 때 이것은 태현 자신의 말로, "기존에 풀이한 것이 없다."라는 뜻으로 볼 수도 있다. 갑본에서는 이를 협주로 처리했는데, 이것에 따르면 이는 태현의 말이라기보다는 후대에 첨문한 것으로 "팔도행성에 대해서는 태현이 풀이한 것이 없다."라는 뜻으로 볼 수 있다.
244 복서卜筮: 점을 치는 것. '복'은 거북의 등껍질·짐승뼈 등을 태워 얻은 상에 의해 길흉 등을 판단하는 것이고, '서'는 시초蓍草를 사용하여 얻은 괘상卦象에 의해 길흉 등을 판단하는 것이다.
245 『범망경보살계본소』권6(T40, 649c5).

云。是西國兵戲法。謂兩人各執二十餘小玉。乘象或馬。於局道所。爭得要道。以爲勝也。彈碁者。以指彈碁子。得遠爲勝。世說彈碁。始自魏宮。六博者雙六。投壺者。投杖於壺中。八道行城。[1] 此無譯[2]者。[3] 爪[4]鏡者。法藏師云。承聞。西方術師。以藥塗爪甲。呪之。卽於中。見吉凶等事。此等卜筮。皆妖術也。又用芝草作術。或呪楊枝。或呪鉢盂。或人髑髏。並用作筮卜。知吉凶。

1) ㉠ '城'을 '成'이라 했다.(갑본) 2) ㉠ '譯'은 '釋'인 것 같다.(을본) 3) ㉠ '此無譯者'를 협주夾註로 처리했다.(갑본) 4) ㉠ '爪'를 '柧'라 했다.(갑본·을본·병본)

(D) 퇴보리심계 제4 34 (보리심에서 물러나는 일을 하지 마라) : 정승正乘(대승)에 나아가는 것

退菩提心戒。第四。

경 "불자여, 금계를 호지하고 다닐 때나 머물 때나 앉을 때나 누울 때나, 밤과 낮의 여섯 때에 이 계를 독송하되, 금강처럼 견고하게 하고, 부낭浮囊(물에 뜨는 주머니)을 허리에 매고 큰 바다를 건너고자 하는 것처럼 해야 할 것이며, 초계비구草繫比丘와 같이 해야 할 것이다. 항상 대승에 대한 착한 믿음을 내어, '나는 아직 깨달음을 성취하지 못한 부처님이고, 여러 부처님은 이미 깨달음을 성취한 부처님이시다'라는 것을 스스로 알고, 보리심을 내고 한 찰나도 그 마음을 떠나는 일이 없어야 할 것이니, 만약 한 생각이라도 이승이나 외도의 마음을 일으킨다면 경구죄를 범하는 것이다."

若佛子。護持禁戒。行住坐臥。日夜六時。讀誦是戒。猶如金剛。如帶持浮囊。欲度大海。如草繫比丘。常生大乘善[1]信。自知。我是未成之佛。諸佛是已成之佛。發菩提心。念念不去心。若起一念。二乘外道心者。犯輕垢罪。

1) ㉠ '善'이 없다.(갑본)

술 대보리심은 모든 행의 근본이고, 보살의 정계는 삼덕三德[246]의 근원이기 때문에 제정한 것이니, 굳게 지녀서 잠시도 잃지 말아야 한다.

述曰。大菩提心。萬行之本。菩薩淨戒。三德之原。故制。堅持不應暫失。

"다닐 때나 머물 때나 앉을 때나 누울 때나"라는 것은, 기세가 서로 이어지게 할 것을 권한 것이다. 『화엄경』에서 게송으로 말하기를, "비유컨대 어떤 사람이 불을 만들 때 아직 불꽃이 일어나지 않았는데 자주 쉬면 불의 기세도 따라서 소멸하는 것처럼 게으른 사람도 또한 그러하네."[247]라고 한 것과 같다.

"금강처럼 견고하게 하고"라고 한 것은, 뜻이 견고하여 파괴할 수 없는 것이다. "부낭을 허리에 매고 (큰 바다를 건너고자 하는 것처럼) 해야 할 것이며"라는 것은, 미세하고 작은 죄를 보아도 큰 두려움을 내어야 할 것이니, 미세할지라도 틈이 있으면 쉽게 물에 빠지기 때문이다. 『열반경』에서 "보살은 계를 호지하기를 부낭을 호지하는 것처럼 해야 한다. 비유컨대 어떤 사람이 부낭을 허리에 매고 큰 바다를 건너려고 할 때, 길에서 나찰을 만나서 나찰이 부낭을 줄 것을 요구해도 나누어 줄 수 없는 것처럼, 생사의 큰 바다에서 계라는 부낭을 호지했으면, 번뇌라는 귀신이 요구해도 조금도 결락시킬 수 없는 것이니, 생사의 바다에 침몰하는 것을 두려워하기 때문이다."[248]라고 한 것과 같다. 자세한 것은 그곳에서 설한 것과 같다.

---

246 삼덕三德 : 불과佛果를 성취함으로써 얻는 세 가지 덕. 첫째는 지덕智德이니, 부처님의 입장에서 모든 법을 관찰하는 지혜를 가리킨다. 둘째는 단덕斷德이니, 일체의 번뇌혹업煩惱惑業을 모두 없앤 것을 가리킨다. 셋째는 은덕恩德이니, 중생을 구제하려는 서원의 힘으로 말미암아 중생에게 두루 은혜를 베푸는 것을 가리킨다.
247 『화엄경』 권5(T9, 428c4).
248 36권본 『열반경』 권11(T12, 673c16).

言行住坐臥者。勸勢相接。如華嚴頌言。譬如人攢¹⁾火。未出數休息。火勢
隨止滅。懈怠者亦然。言猶如金剛者。意堅固不可壞也。如帶持浮囊者。見
微小罪。生大怖畏。微有缺漏。易沈流故。如涅槃云。菩薩護戒。如護浮囊
譬如有人。帶持浮囊。欲度大海。路逢羅刹。乞索浮囊。不可分與。生死大
海。護戒浮囊。煩惱鬼索。不可小缺。畏沒死故。廣說如彼。

1) ⓔ『화엄경』에 따르면 '攢'은 '鑽'이다.

"초계비구와 같이 해야 할 것이다."라는 것은, 이미 두려움을 일으켜서 끝내 위범하지 않는 것이다. 『대장엄론경』에서 설하기를, "비구들이 있었는데, 도적이 옷을 벗기고 벌거벗은 형체로 땅에 엎드리게 하고 뿌리가 연결된 풀로 이들을 묶었는데, 하룻밤이 지나도록 움직이지 않았다. 국왕이 사냥하러 나왔다가 풀에 벌거벗은 형체가 있는 것을 보고 이들은 (니건尼揵) 외도[249]라고 말했는데, 곁에 있던 사람이 대답하기를, 부처님의 제자이니, 어째서 그러한 줄 아는가 하면 그 오른쪽 어깨가 온전히 검으니, 오른쪽 어깨만 노출한 사람의 특성이기 때문이라고 했다.[250] 왕이 곧 (비구들에게) 게송으로 물었다. '보기에는 병이 없는 듯하고 튼튼하여 힘도 있는 것 같은데, 어째서 풀에 묶여 하루 종일 조금도 뒤척이지 않는 것인가.' 그때 비구가 게송으로 답했다. '이 풀은 위태로울 만큼 연약하니 끊는 것이 어찌 어렵겠습니까. 단지 불세존께서 금강 같은 계를 지어 제지하셨기 때문입니다.' 왕이 신심을 일으켜 이들을 풀어 주고 옷을 주었다. 궁전으로 데리고 와서 그들을 위해 새 옷을 지어 주고는 온갖 물품으로 공양

---

[249] (니건尼揵) 외도 : 인도 고대 육사외도六師外道의 하나. 고행을 닦고 세간의 의식衣食의 속박을 여의는 것에 의해 번뇌의 결박과 삼계의 속박을 벗어날 것을 추구한다. 이들은 옷을 입지 않았기 때문에 나형외도裸形外道라고도 한다.
[250] 나형외도는 옷을 벗었기 때문에 몸 전체가 검지만, 불교는 편단우견偏袒右肩(오른쪽 어깨만 드러내는 것)을 행하기 때문에 이러한 추리가 가능한 것이다.

하였다.²⁵¹"²⁵²라고 한 것과 같으니, (성문계도 오히려 그러할진대) 하물며 보살계에 있어서랴.²⁵³

如草繫比丘者。旣生怖已。終無犯也。如莊嚴論說。有諸比丘。爲賊所剝。裸形伏地。以連根草縛之。經宿不轉。國王因獵。見草中裸形。謂是外道。傍人答云。是佛弟子。何以得知。其右髀¹⁾全黑。是偏袒之相。王卽以偈問云。看時似無病。肥壯有多力。如何爲草繫。日夜不轉側。爾時比丘。以偈答曰。此草甚危脆。斷時豈有難。但爲佛世尊。金剛戒所制。王發信心。解放與衣。將至宮中。爲造新衣。種種供養。況菩薩戒。

1) ㉢『대장엄론경』에 따르면 '髀'은 '肩'이다.

"만약 한 생각이라도 이승이나 외도의 마음을 일으킨다면 경구죄를 범하는 것이다."라고 한 것은 대승에서 물러나는 근본이 되는 것이기 때문이다. 『대반야경』 「계품」에서 "보살이 설령 긍가사겁殑伽沙劫²⁵⁴ 동안 미묘한 오욕²⁵⁵을 누리더라도 보살계에 있어서는 오히려 위범이라고 하지 않지만, 만약 한 생각이라도 이승의 마음을 일으켰다면 곧 위범이라고 한

---

251 "궁전으로 데리고 와서 그들을 위해 새 옷을 지어 주고는 온갖 물품으로 공양하였다."라고 한 것은 『대장엄론경』에는 나오지 않고, 법장의 『범망경보살계본소』 권6(T40, 650a11)에서 "궁전으로 데리고 와서 그를 위해 새 옷을 만들고 온갖 것을 공양했다.(將至宮中. 爲造新衣. 種種供養.)"라고 한 것을 그대로 가져온 것이다.
252 『대장엄론경』 권3(T4, p.268c5)을 취의 요약한 것이다. 축약한 문장은 법장의 『범망경보살계본소』 권6(T40, 650a4)에서 『대장엄론경』을 인용한 것과 일치한다.
253 법장의 『범망경보살계본소』 권6(T40, 650a13)에서 "그러므로 알라. 소소한 계를 수지하기 위해서도 신명을 아끼지 않는 것이다. 소승도 오히려 그러하거늘 하물며 대승임에랴."라고 한 것을 참조하여 풀었다.
254 긍가사겁殑伽沙劫 : '긍가'는 Ⓢ gaṅgā의 음사어로 갠지스 강을 가리키고, '사'는 Ⓢ vāluka의 의역어로 모래알을 가리키며, '겁'은 Ⓢ kalpa의 음사어로 시간의 단위이다. 갠지스 강의 모래알과 같은 숫자의 겁이라는 뜻. 곧 한량없는 시간을 가리킨다.
255 미묘한 오욕 : 색色·성聲·향香·미味·촉觸 등의 오경五境에 탐착하여 일어나는 다섯 가지 정욕情欲. 곧 색욕·성욕·향욕·미욕·촉욕 등을 가리킨다.

다."²⁵⁶라고 한 것과 같다.

言若起一念二乘等心輕垢罪者。退乘本故。如大般若。戒品云。若菩薩。設
殑伽沙劫。受妙五欲。於菩薩戒。猶不名犯。若起一念二乘之心。卽名爲犯。

(E) 불발원계 제5 35 (소원을 일으키지 않는 일을 하지 마라) : 소원을 일으키고 그
것을 이룰 것을 추구함

不發願戒。第五。

경 "불자여, 항상 모든 것에 있어서 소원을 일으키고 부모님과 사중師衆에
게 효순해야 한다. 훌륭한 스승과 훌륭한 동학同學과 선우善友인 지식知識을
만날 것을 소원하고, 항상 나에게 대승의 경·율과 10발취와 10장양과 10금
강과 10지를 가르쳐 줄 것을 소원하며, 내가 통달하여 알 수 있게 해 줄 것을
소원하고, 법대로 수행할 것을 소원하면서 불계佛戒를 견고하게 수지하여 차
라리 목숨을 버릴지언정 한순간도 마음에서 떠나는 일이 없게 한다. 모든 보
살이 이러한 소원을 일으키지 않는다면 경구죄를 범하는 것이다."

若佛子。常應發一切願。孝順父母師僧三寶。¹⁾ 願得好師同學善友²⁾知識。
常敎我大乘經律。十發趣十長養十金剛十地。使我開解。如法修行。堅持佛
戒。寧捨身命。念念不去心。若一切菩薩。不發是願者。犯輕垢罪。

1) ㉠ '三寶'가 없다.(갑본) ㉡ 태현의 주석에 따르면 '僧三寶'는 '衆'이다. 2) ㉠ '友'

---

256 『대반야경』 권584(T7, 1022b3)에서 "보살이 거가居家에 편안히 머물면서 미묘한 오욕
을 누리더라도 이승(성문·독각)의 마음을 일으키지 않으면, 보살계를 범했다고 하지
않는다. 보살이 비록 긍가사겁이 지나도록 범행을 닦았더라도 이승의 마음을 일으키
면, 정계淨戒를 수지하지 않은 사람이라고 한다."라고 했다.

를 '反'이라 했다.(갑본)

술 삿된 것이든 바른 것이든 옳은 것이든 그릇된 것이든 (모두) 소원으로 말미암지 않은 것이 없다. 어떤 경우에는 작은 선을 행했어도 한량없는 과보를 초래하고, 어떤 경우에는 많은 선을 행했어도 협소한 과보를 감感하는 것은 (모두 소원에 의해 그렇게 되는 것이다.)[257] 행을 인발하고 과를 향해 나아감에 있어서 소원이 가장 중요한 것이다.

지금 이 글의 뜻은 대원大願을 일으키고 두 가지 은혜에 효순해야 한다는 것이다. 첫째는 생신生身을 덮어 기르신 은혜이니, 곧 부모님이다. 둘째는 법신을 장양하신 은혜이니, 곧 사중이다. 효순을 인因으로 삼고 대원을 연緣으로 삼아 소원을 성취하는 것이 여기에서의 뜻이다.

소원에는 네 가지가 있다. "훌륭한 스승을 만날 것" 등이라는 것은 선사善士를 친근히 할 것을 소원하는 것이다. "항상 나에게 가르쳐 줄 것" 등이라는 것은 정법을 청문할 것을 소원하는 것이다. "내가 통달하여 알 수 있게 해 줄 것"이라는 것은 이치 그대로 작의作意[258]할 수 있을 것을 소원하는

---

[257] 『대지도론』 권7(T25, 108b14)에서 "㉠ 보살의 행업行業이 청정하면 저절로 청정한 과보를 받을 것인데, 어찌하여 반드시 서원을 세운 뒤에야 이것을 얻는 것인가? 비유컨대 농사를 짓는 이가 곡식을 얻는 것과 같으니, 어찌 다시 소원을 기다리겠는가? ㉡ 복을 지음에 있어서 소원이 없으면 표방할 것이 없다. 소원을 인도자로 삼아야 이루는 것이 있는 것이다. 비유컨대 금을 녹여서 형태를 이루는 것은 세공사에 의해 이루어지는 것이니, 금에 의해 결정되는 것이 아닌 것과 같다. 부처님께서 말씀하신 것과 같다. '어떤 사람이 약간의 보시와 계戒의 복덕을 짓고 선법禪法은 알지 못해도, 인간 세상에 부귀와 영락을 누리는 사람이 있다는 말을 듣고, 마음으로 항상 생각하면서 영락을 얻을 것을 소원하는 마음을 버리지 않으면, 목숨을 마친 후, 부귀와 영락을 누리는 사람으로 태어난다. 이 밖에 사천왕·삼십삼천·야마천 등에 태어나기를 소원하는 것도 마찬가지이다.' 그러므로 서원에 의해 뛰어난 과보를 받는다는 것을 알 수 있다. 또한 부처님의 세계를 장엄하는 것은 너무 큰 것이어서 혼자 행하여 공덕을 이룰 수 없기 때문에 반드시 소원에 의지한다. 비유컨대 소의 힘이 수레를 끌기에 족하지만 반드시 마부가 있어야 목적지에 도달할 수 있는 것과 같다."라고 한 것을 참조할 것.

[258] 작의作意 : 마음으로 하여금 대상에 주의를 기울이게 하는 의식 작용이다.

것이다. "법대로 수행할 것"이라는 것은 교법에 의거하여 교법을 따라 수행할 것을 소원하는 것이다.[259] 이와 같은 네 가지 소원은 모든 선을 다 섭수한다. 그러므로 앞에서 "모든 것에 있어서 소원을 일으키고"라고 했다.

述曰。邪正是非。莫不由願。或有小善。招無量果。或有多善。感狹小果。引行趣果。願爲最要。今此文意。應發大願。孝順二恩。一覆育生身恩。卽父母也。二長養法身恩。卽師衆也。孝順爲因。大願爲緣。所願成就。此中意也。願有四種。得好師等者。親近善士願。常敎我等者。聽聞正法願。使我開解者。如理作意願。如法修行者。法隨法行願。如是四願。盡攝諸善。是故上言發一切願。

(F) 불생자요계 제6 36 (스스로 맹세를 일으키지 않는 일을 하지 마라) : 생사의 인연이 되는 것을 싫어할 것을 맹세함

不生自要戒。第六。

경 "불자여, 열 가지 큰 소원을 일으키고 나서 부처님의 금계를 지니고 이러한 소원을 지어서 말하기를, '차라리 이 몸을 활활 타오르는 사나운 불꽃으로 가득 찬 큰 구덩이나 칼산에 던져 넣을지언정 끝내 삼세의 여러 부처님의 경·율을 어겨 모든 여인과 부정한 행위를 하는 일을 하지 않겠습니다'라고 하고, 다시 이러한 소원을 지어서 '차라리 뜨거운 쇠 그물로 천 겹을 둘러 몸을 묶을지언정 끝내 파계한 몸으로 신심이 있는 단월이 베푸는 모든 옷을 받아 입지 않겠습니다'라고 하며, 다시 이러한 서원을 지어서 '차라리 이 입에 뜨

---

[259] 네 가지 소원에 대한 태현의 풀이는 『유가사지론』 권64(T30, 653a5)에서 설한 네 가지 바른 행을 그대로 차용한 것이다.

거운 쇳덩이와 큰 물결 같은 사나운 불꽃을 머금은 채 백천 겁을 지낼지언정 끝내 파계한 입으로 신심이 있는 단월이 베푸는 온갖 종류의 맛있는 음식을 먹지 않겠습니다'라고 하고, 다시 이러한 소원을 지어서 '차라리 이 몸을 사납게 타오르는 불꽃으로 만들어진 그물과 뜨거운 쇠를 깔아 놓은 땅 위에 눕힐지언정 끝내 파계한 몸으로 신심이 있는 단월이 베푸는 온갖 종류의 침상과 좌구座具를 받지 않겠습니다'라고 하며, 다시 이러한 소원을 지어서 '차라리 이 몸을 3백 자루의 창에 찔리면서 1겁, 2겁을 지낼지언정 끝내 파계한 몸으로 신심이 있는 단월이 베푸는 온갖 종류의 의약품을 받지 않겠습니다'라고 하고, 다시 이러한 소원을 지어서 '차라리 이 몸을 뜨거운 가마솥에 던져 백천 겁을 지낼지언정 끝내 파계한 몸으로 신심이 있는 단월이 베푸는 천 가지 방(房舍)과 집(屋宅)과 숲(園林)과 토지(田地)를 받지 않겠습니다'라고 하며, 다시 이러한 소원을 지어서 '차라리 쇠망치로 이 몸을 때려 부수어 머리부터 발끝까지 가루처럼 만들지언정 파계한 몸으로 신심이 있는 단월의 공경과 예배를 받지 않겠습니다'라고 하고, 다시 이러한 소원을 지어서 '차라리 백천 자루의 뜨거운 쇠칼 끝으로 그 두 눈을 도려낼지언정 끝내 파계한 마음으로 다른 사람의 아름다운 모습을 보지 않겠습니다'라고 하며, 다시 이러한 소원을 지어서 '차라리 백천 자루의 쇠 송곳으로 귀를 두루 찌르면서 1겁, 2겁을 지낼지언정 끝내 파계한 마음으로 아름다운 음성을 듣지 않겠습니다'라고 하고, 다시 이러한 소원을 지어서 '차라리 백천 자루의 칼날로 그 코를 도려낼지언정 끝내 파계한 마음으로 온갖 향기를 탐스럽게 맡지 않겠습니다'라고 하며, 다시 이러한 소원을 지어서 '차라리 백천 자루의 칼날로 그 혀를 베어 버릴지언정 끝내 파계한 마음으로 온갖 종류의 깨끗한 음식을 먹지 않겠습니다'라고 하고, 다시 이러한 소원을 지어서 '차라리 날카로운 도끼로 그 몸을 끊어 부숴 버릴지언정 파계한 마음으로 좋은 촉감에 탐욕스럽게 집착하지 않겠습니다'라고 하며, 다시 이러한 서원을 지어서 '모든 중생이 다 성불할 것을 원합니다'라고 한다. 보살이 이러한 서원을 일으키지 않는다면 경구죄를 범하는 것이다."

若佛子。發十大願已。持佛禁戒。作是願言。寧以此身。投熾然猛火大坑刀山。終不毀犯三世諸佛經律。與一切女人。作不淨行。復作是願。寧以熱鐵羅網。千重周帀纏身。終不以破戒之身。受於信心檀越一切衣服。復作是願。寧以此口。吞熱鐵丸及大流猛火。經百千劫。終不以破戒之口。食信心檀越百味飲食。復作是願。寧以此身。臥大猛火羅網熱鐵地上。終不以破戒之身。受信心檀越百種牀座。復作是願。寧以此身。受三百鉾[1]刺。經一劫二劫。終不以破戒之身。受信心檀越百味醫藥。復作是願。寧以此身。投熱鐵鑊。經百千劫。終不以破戒之身。受信心檀越千種房舍屋宅園林田地。復作是願。寧以鐵鎚。打碎此身。從頭至足。令如微塵。終不以破戒之身。受信心檀越恭敬禮拜。復作是願。寧以百千熱鐵刀鉾。挑其兩目。終不以破戒之心。視他好色。復作是願。寧以百千鐵錐。徧劖刺耳根。經一劫二劫。終不以破戒之心。聽好音聲。復作是願。寧以百千刃刀。割去其鼻。終不以破戒之心。貪齅諸香。復作是願。寧以百千刃刀。割斷其舌。終不以破戒之心。食人百味淨食。復作是願。寧以利斧。斬斫[2]其身。終不以破戒之心。貪著好觸。復作是願。願一切衆生。悉得成佛。而[3]菩薩。若不發是願者。犯輕垢罪。

1) ㉘ '鉾'를 '矛'라고 했다.(갑본) 2) ㉘ '斫'을 '破'라고 했다.(갑본) 3) ㉘ '而'가 없다.(갑본)

술 비록 큰 소원을 발했더라도 맹세하는 마음이 없으면 습관에 의한 악은 버리기 어렵다. 조개껍질을 기울여 바닷물을 퍼낸 것[260]과, 날개를

---

260 부처님의 본생담과 관련된 것. 『현우경』 권8 「대시서해품大施抒海品」(T4, 405a4)에서 "부처님께서 전생에 파루시사성婆樓施舍城에 태어났을 때의 일이다. 그 이름은 대시大施였는데, 중생을 모두 구제할 수 있는 보배를 얻으려고 길을 떠나서 온갖 고난을 이겨내고 여의주를 얻었으나, 바다에 있던 용들이 그가 잠든 틈을 타서 빼앗아 갔다. 잠에서 깬 대시는 바다의 용들이 가져갔음을 알고 바닷물을 퍼내어 여의주를 도로 찾을 것을 맹세하고, 거북의 등껍질로 바닷물을 퍼내기 시작했다. 하늘이 이를 보고 감동하여 함께 퍼내었더니 물이 바로 줄어들었다. 용이 당황하여 그가 이런 행위를 하는 이유를 물었다. 대시는 재보를 탐하는 중생을 구제하고 착한 일을 가르치려

물에 적셔 (불타는) 숲에 뿌려서 (불을 끈 것²⁶¹과,) 구슬을 얻어 (중생을 구제함으로써) 제석천帝釋天으로 태어나는 감과感果를 받은 것²⁶²의 지극함이 (모두) 서원誓願으로 말미암지 않음이 없는 것이다. 그러므로 맹세를 세우는 계를 제정했다.

述曰。雖發大願。若不要心。慣習之¹⁾惡。難可棄之。傾貝酌海。潤羽灑林。獲珠感帝之至。莫不由於誓願。是故制立要契之戒。

1) ㉤ '之'를 '中'이라고 했다.(갑본·을본·병본)

무엇을 "열 가지 큰 소원"이라고 하는가?

云何名爲十大願耶。

말하자면 『발보리심경론』에서 말한 것이다.

謂發菩提心經云。

고 하는 것이라고 대답했다. 이에 용이 감동하여 여의주를 그에게 돌려주었다. 대시는 본국으로 돌아와 크게 보시를 행했다."라고 했다. 단 『현우경』에서는 거북 등껍질(龜甲)이라고 하여 차이가 있기는 하지만 대의는 같다.

261 부처님의 본생담과 관련된 것. 열네 번째 경계인 방화손생계에서 불타는 재난을 구한 꿩과 관련된 내용의 주석을 참조할 것.
262 부처님의 본생담과 관련된 것. 『대의경大意經』(T3, 446a29)에서 "부처님께서 전생에 환락무우국歡樂無憂國에 태어났을 때의 일이다. 그 이름은 대의大意였는데, 중생을 모두 구제할 수 있는 보배를 얻으려고 길을 떠나 온갖 어려움을 이겨내고 마침내 네 개의 구슬을 얻었으나, 돌아오는 길에 그 구슬을 탐낸 해신海神의 방해로 구슬을 바다에 떨어뜨렸다. 대의는 그릇으로 바닷물을 모두 퍼내어서라도 구슬을 찾을 것을 결심하고 부지런히 정진했다. 하늘이 감동하여 대의를 도와서 결국 바닷물이 마를 지경에 이르자 해신은 마침내 구슬을 돌려주었다. 대의는 자신의 나라로 돌아와 크게 보시를 행하였다. 목숨을 마치고 제석천으로 태어나기도 하고 비행황제飛行皇帝(전륜성왕)로 태어나기도 하면서 공덕을 쌓아 삼계의 가장 존귀한 분이 되었다."라고 했다.

처음에 발심하고 나서 대비大悲를 으뜸으로 삼음으로써 점차 뛰어난 내용을 지닌 열 가지 크고 바른 서원을 일으킬 수 있다. 첫째는 과거세로부터 현재의 생에 이르기까지 쌓은 모든 선근을 중생에게 시여하여 함께 불도를 이룰 것을 소원하는 것이고, 둘째는 이 선으로 말미암아 부처님이 없는 국토에 태어나지 않을 것을 소원하는 것이며, 셋째는 (부처님이 계시는 국토에 태어나서는) 그림자가 몸을 따르는 것처럼 항상 부처님을 여의지 않을 것을 소원하는 것이고, 넷째는 (부처님을 여의지 않고 나서는) 내가 해야 할 것을 그대로 나를 위해 설법해 주시면 내가 그것으로 인해 보살의 오통五通²⁶³을 얻을 것을 소원하는 것이며, 다섯째는 이것으로 말미암아 곧 이제二諦(世諦와 第一義諦)에 통달하고 정법지正法智를 얻을 것을 소원하는 것이고, 여섯째는 정법지를 얻고 나서는 중생을 위해 설하여 모두 깨닫게 할 것을 소원하는 것이며, 일곱째는 부처님의 신통력에 의해 시방세계에 두루 이르러 부처님을 봉양하고 법을 들으며 중생을 널리 섭수할 것을 소원하는 것이고, 여덟째는 정법을 듣고 나서는 법륜을 따라서 굴려 나의 이름을 듣는 이는 모두 보리심을 발하게 할 것을 소원하는 것이며, 아홉째는 보리심을 발하게 하고 나서는 항상 따르면서 보호하며 이익과 즐거움을 주며 정법의 짐을 짊어질 것을 소원하는 것이고, 열째는 짊어지고 나서는 비록 정법을 행하더라도 행한다고 하는 마음이 없을 것을 소원하는 것이다. 이것을 열 가지 큰 소원이라 한다. 이 소원을 총괄하여 맹세하기를, "(이 열 가지 큰 소원은) 진여법계眞如法界가 (어느 곳에나 두루 있는 것과) 같이 이르지 않는 곳이 없을 것이고, 중생계衆生界가 (다함이 없는 것과) 같이 끝내 다하는 날이 없을 것이다."라고 한다.²⁶⁴

---

263 오통五通 : 사근본정려四根本靜慮에 의해 얻는 다섯 가지의 불가사의하고 자유자재한 능력. 신족통神足通·천안통天眼通·천이통天耳通·타심지통他心智通·숙명통宿命通이다.
264 『발보리심경론』 권상(T32, 510b6)의 취의 요약이다.

初始發心。大悲爲首。皆¹⁾發轉勝十大正願。一願曾今所有善根。施與衆生。共成²⁾佛道。二願由此善。不生無佛國。三願生已。常不離佛。如影隨身。四願如應爲我說法。成菩薩五通。五願由此。卽達二諦。得正法智。六願得智。爲衆生說。恒³⁾令開解。七願佛力。徧生十方。奉佛聽法。廣攝衆生。八願聞已。隨轉法輪。聽我名者。發菩提心。九願令發菩提心已。常隨利樂。荷正法擔。十願荷已。雖行正法。心無所行。是名十大願。總誓此願。如眞法界。無所不至。如衆生界。終無盡期。

1) ㉭『발보리심경론』에 따르면 '皆'는 '能'인 것 같다. 2) ㉮ '成'을 '我'라고 했다.(갑본·을본·병본) 3) ㉭『발보리심경론』에 따르면 '恒'은 '皆'인 것 같다.

이 소원(열 가지 큰 소원)을 발하고 나서 열세 가지 맹세를 세운다. 이 가운데 처음의 열두 가지는 계를 호지하려는 서원이고, 나중의 한 가지는 과를 증득하려는 서원이다. 처음 가운데 앞의 일곱 가지는 계율의戒律儀를 호지하는 것이고, 나중의 다섯 가지는 근율의根律儀를 호지하는 것이다. 두 가지 율의(계율의와 근율의)는 『유가사지론』에서 설한 것²⁶⁵과 같다.

265 『유가사지론』 권21(T30, 397a16)에서 "무엇을 계율의라고 하는가. 그가 이와 같이 바르게 출가하고 나서 구족계에 안주하고, 굳건하게 별해탈율의를 방호하며, 궤칙에 의한 행위가 모두 원만함을 얻고, 미미한 죄에 대해서도 큰 두려움을 보며, 일체의 학처를 받아서 배우는 것이니, 이를 계율의라고 한다. 무엇을 근율의라고 하는가. 이 시라율의尸羅律儀에 의거하여 정념正念을 수호하고 상위념常委念(항상 자세히 생각하는 것)을 닦으며 생각에 의해 마음을 방호하여 평등위平等位에 나아가는 것이다. 눈으로 색을 보고 나서 상相(눈에 띄는 모습)을 취하지 않고 수호隨好(눈에 띄지 않는 모습)를 취하지 않는다. 이 처處에 의지하여 안근율의眼根律儀를 수습하고 방호하여 그 마음을 머물게 하지 않음으로 말미암아 모든 탐욕과 근심, 악불선법이 누설될 것을 염려하기 때문에, 곧 그것에 대해 율의행을 닦아 안근을 방호하고, 안근에 의해 율의행을 닦는다. 이와 같이 행자는 귀로 소리를 듣고, 코로 향을 맡으며 혀로 맛을 보고 몸으로 촉경을 느끼며 뜻으로 법을 알아차리지만, 상을 취하지 않고 수호를 취하지 않는다. 이 처에 의지하여 의근율의意根律儀(㉭ 이근·비근·설근·신근의 율의가 생략됨)를 수습하고 방호하여 그 마음을 머물게 하지 않음으로 말미암아 모든 탐욕과 근심, 악불선법이 누설될 것을 염려하기 때문에, 곧 그것에 대해 율의행을 닦아 의근을 방호하고 의근에 의해 율의행을 닦는다. 이것을 근율의라고 한다."라고 했다.

이 가운데 "차라리 이 몸을 불구덩이 등에 던져 넣을지언정"이라는 것은, 인간의 불 등은 하나의 육신을 해칠 뿐이지만, 계를 위범한 죄는 법신을 해치는 것이기 때문이니, 비교하고 헤아려 알아야 한다.

發此願已。立十三誓。此中。初十二護戒誓願。後一證果誓願。初中。前七護戒律儀。後五護根律儀。二種律儀。如瑜伽說。此中。寧以此身投火坑等。人間火等。害一肉身。犯戒之罪。害法身故。校[1]量應知。

1) ㉤ '校'를 '挍'라고 했다.(갑본·을본·병본)

(G) 고입난처계 제7 37 (고의로 험난한 곳에 들어가는 일을 하지 마라) : 험난한 곳을 여의는 것

故入難處戒。第七。

경 "불자여, 항상 봄과 가을의 두 시기에 두타행을 하고, 겨울과 여름에 좌선坐禪을 하며 하안거夏安居를 맺어야 한다. 항상 양지楊枝(칫솔 대용품)와 비누(澡豆)를 사용하라. 삼의三衣·물병·발우·좌구·석장錫杖·향로·녹수낭漉水囊[266]·수건·작은 칼·부싯돌·족집게·승상繩牀(평상)·경·율·불상·보살의 형상이 있으니, 보살은 두타행을 행할 때와 제방諸方을 유행할 때, 백 리이든 천 리이든 왕래함에 있어서 이 열여덟 가지 물건을 항상 몸에 지니고 다녀야 한다. 두타를 행하는 때는 정월 15일부터 3월 15일까지와 8월 15일부터 10월 15일까지이니, 이 두 시기에는 이 열여덟 가지 물건을 마치 새의 두 날개처럼 항상 몸에 지니고 다녀야 한다. 만약 포살하는 날이면 처음 발심하여 배움

---

266 녹수낭漉水囊 : 물에 들어 있는 벌레를 해치는 것을 방지하기 위해 사용하는, 물을 걸러 먹는 주머니를 가리킨다.

을 시작한 보살은 보름마다 포살을 행하며 10중계와 48경계를 소리 내어 읽어야 한다. 이때 여러 부처님과 보살의 형상 앞에서 행하되, 한 사람이 포살하면 곧 한 사람이 소리 내어 읽고, 두 사람이나 세 사람에서부터 백천 사람이 포살하여도 한 사람이 소리 내어 읽는다. 소리 내어 읽는 이는 높은 자리에 앉고, 듣는 이는 낮은 자리에 앉으며, 각각 저마다 구조九條가사·칠조七條가사·오조五條가사[267]를 입는다. 하안거를 맺을 때는 낱낱이 법대로 행한다. 두타를 행할 때에는 험난한 곳에는 들어가지 말아야 하니, 국가적 재난이 일어난 곳, 악한 왕이 다스리는 곳, 지리적으로 위치가 너무 높거나 낮은 곳, 초목이 무성한 곳, 사자와 호랑이가 있는 곳, 물과 불과 바람 등에 의해 재난이 일어난 곳, 도둑이 출현하는 길, 독사가 있는 곳 등과 같은 일체의 위험한 곳을 말한다. 모두 일체의 위험한 곳에 들어가서 머물러서는 안 되는 것이다.[268] 두타행도와 마찬가지로 내지 하안거 때 머무는 것에 있어서도 이러한 모든 위험한 곳에 또한 들어가서는 안 된다. 이러한 위험한 곳에 하물며 두타를 행하는 사람이 머물러서야 되겠는가.[269] 위험한 곳을 보고도 만약 고의로 들어간다면 경구죄를 범하는 것이다."

---

267 구조九條가사·칠조七條가사·오조五條가사 : '구조'는 승가리僧伽梨, '칠조'는 울다라승鬱多羅僧, '오조'는 안타회安陀會를 말한다. 차례대로 탁발할 때나 궁중에 들어갈 때 등에 정장의 형태로 입는 옷, 예배나 청강聽講 등을 할 때 입는 옷, 일상생활을 할 때 입는 옷 등의 용도로 쓰인다.

268 태현은 "두타를 행할~곳을 말한다."라고 한 것은 위험한 곳에 들어가는 것, "모두 일체의 위험한 곳에 들어가서 머물러서는 안 되는 것이다."라고 한 것은 위험한 곳에 들어가서 머무는 것과 관련된 것이라고 했다. 이것에 의거하여 차별성이 드러나도록 풀이했다.

269 태현은 "두타행도와 마찬가지로 내지 하안거 때 머무는 것에 있어서도 이러한 모든 위험한 곳에 또한 들어가서는 안 된다."라고 한 것은 위험한 곳에 들어가는 것, "이러한 위험한 곳에 하물며 두타를 행하는 사람이 머물러서야 되겠는가."라고 한 것은 위험한 곳에 들어가서 머무는 것과 관련된 것이라고 했다. 이것에 의거하여 차별성이 드러나도록 풀이했다.

若佛子。常應二時頭陀。冬夏坐禪。結夏安居。常用楊枝澡豆。三衣瓶鉢。坐具錫杖。香爐 漉水囊。手巾刀子。火燧鑷子。繩牀經律。佛像菩薩形像。而菩薩。行頭陀時及遊方時。行來百里千里。此十八種物。常隨其身。頭陀者。從正月十五日至三月十五日。八月十五日至十月十五日。是二時中。此十八種物。常隨其身。如鳥二翼。若布薩日。新學菩薩。半月半月布薩。誦十重四十八輕戒時。於諸佛菩薩形像前。一人布薩。卽一人誦。若二人三人。乃至百千人。亦一人誦。誦者高座。聽者下坐。各各被九條七條五條袈裟。結夏安居。一一如法。若頭陀時。莫入難處。若國難惡王。土地高下。草木深邃。師子虎狼。水火風難。及以劫賊。道路毒蛇。一切難處。悉不得入。[1] 一切難處。故[2]頭陀行道。乃至夏坐安居。是諸難處。亦不得入。此難處。況行頭陀者。見難處。而[3]故入者。犯輕垢罪。

1) ㉠ '入' 이하는 『범망경고적기』에서 의거한 판본은 송장宋藏과 동일하고, 고려장(麗藏)과 비교하면 15글자가 많다. ㉡ 고려장은 "若頭陀行道。乃至夏坐安居。是諸難處。悉不得入。若故入者。犯輕垢罪。"이고, 송장은 "一切難處。故(若)頭陀行道。乃至夏坐安居。是諸難處。亦(悉)不得入此難處。況行頭陀者。見難處。而(若)故入者。犯輕垢罪。"이니, 송장이 15글자(밑줄 친 부분) 더 많다. 2) ㉡ '故'는 '若'인 것 같다. 3) ㉠ '而'가 없다.(갑본) ㉡ '而'는 '若'인 것 같다.

述 몸과 마음은 불도의 그릇이니 감히 훼손시켜서는 안 된다. 조용한 곳을 좇아 유행遊行함에 있어서 또한 험난한 곳을 피한다.

述曰。身心道器。不敢毀傷。逐靜遊行。亦避嶮難也。

"두타"라고 한 것은, 신역 음사어는 두다杜多이고, 의역어는 두수抖擻이니, 번뇌에 의해 일어나는 생사윤회의 오염을 떨어 버리는 것이기 때문이다. 『성선주의천자소문경聖善住意天子所問經』에서 "탐욕·분노·어리석음과 삼계(세간을 총괄하는 말)와 육입六入(六根) 등을 떨어 버린다."[270]라고 한 것과 같다.

言頭陀者。新音杜多。此云抖擻。抖擻煩惱生死染故。如善意天子經云。[1]
抖擻貪瞋癡三界六入等。

1) 웹 '云' 뒤에 '頭陀者'가 있다.(갑본·을본·병본)

『유가사지론』 등에 의거하면 다음과 같다.

依瑜伽等。

(두다에는) 열두 가지 혹은 열세 가지가 있다. 음식에 의거하여 네 가지가 있고, 의복에 의거하여 세 가지가 있으며, 부구敷具[271]에 여섯 가지가 있어서 (모두 열세 가지가 있다.)

或十二。或十三。謂依食四。依衣有三。敷具有六。

음식에 의거하여 네 가지가 있다는 것은 다음과 같다. 첫째는 상기걸식常期乞食이니, 늘 왕래하던 집에 가서 (그곳에서) 주는 대로 음식을 받기 때문이다. 둘째는 차제걸식次第乞食이니, (마음대로 건너뛰지 않고) 차례대로 집을 돌며 걸식하기 때문이다. 셋째는 단지 한 자리에 앉아서 먹고 (자리에서 일어나면 다시 먹지 않는 것이다.) 넷째는 먼저 자신에게 적절한 분량을 생각하여 (넘치는 것은) 덜어내고 먹는 것이다. 『유가사지론』에서 "처음의 두 가지는 맛난 음식에 대한 탐욕을 대치하기 위한 것이고,

---

270 『성선주의천자소문경』 권하(T12, 129a9).
271 부구敷具 : 보통 좌구坐具(깔고 앉는 자리)를 가리키는 말로 쓰이는데, 여기에서는 머무는 장소 일체를 가리키는 말로 쓰였다.

뒤의 두 가지는 많은 음식에 대한 탐욕을 대치하기 위한 것이다."[272]라고 했다. 걸식(상기걸식과 차제걸식)에 차별성이 없는 것에 의거하면 (두 가지를 합하여 모두) 열두 가지 두다가 성립되고, (차별성이 있는 것에 의거하여 두 가지로) 열면 열세 가지 두다가 성립된다. 『대지도론』에서 "청식請食(시주의 요청에 의한 공양)을 받는 것은, (자신이 이것을) 얻으면 (자신을 복덕이 있는 사람이라고 여기면서) 교만한 마음을 일으키고, (자신이 이것을) 얻지 못하면 (자신을 복덕이 없는 사람이라고 여기면서) 한탄하고 괴로워한다. 승식僧食(승가에서의 공양)을 받으면 승중僧衆으로서 행해야 할 일이 많아짐에 따라서 마음이 산란해져서 불도를 닦는 것을 방해하니, 항상 걸식에 의해 음식을 받는다. 오히려 한 번의 음식을 구하는 것도 방해하는 것이 많은데, 하물며 소식小食(·중식中食·후식後食)을 구함에 있어서랴. 그러므로 한 자리에 앉아서 먹고 (자리에서 일어나면 다시 먹지 않는 것이다.) 비록 한 자리에 앉아서 먹는다고 해도, 너무 배가 부르면 불도를 닦는 것을 장애하기 때문에 적절한 분량의 음식을 먹는 것이다. 말하자면 먹을 음식을 세 등분하여 한 부분을 덜어내고 (두 부분을) 먹는 것이니, 곧 몸이 가볍고 쉽게 소화되어 병환이 없어진다."[273]라고 했다.

依食四者。一常期乞食。隨往還家隨得受故。二次第乞食。巡家乞故。三但一座[1]食。四先止後食。瑜伽論云。初二對治美食貪。後二對治多食貪。若依乞食無差別性。十二杜多。若開十三。大智論云。受請食者。若得起慢。不得懊惱。受僧食者。隨衆事多。心散妨道。受常乞食。尙求一食。多有所

---

272 『유가사지론』권25(T30, 422c4)에서 음식과 관련된 두다의 공덕에 대해서, "음식에 있어서 맛난 음식에 대한 탐욕과 많은 음식에 대한 탐욕이 있으면 선을 닦는 것을 장애한다. 맛난 음식에 대한 탐욕을 끊어 없애고자 하기 때문에 상기걸식常期乞食을 행하고 차제걸식次第乞食을 행하며, 많은 음식에 대한 탐욕을 끊어 없애고자 하기 때문에 단일좌식但一坐食을 행하고 선지후식先止後食을 행한다."라고 했다.
273 『대지도론』권68(T25, 537c7).

妨。況小食等。故一坐食。有雖一食。極飽妨道。故節量食。謂隨所食。三分
留²⁾一。即身輕安。易消無患。

1) ㉠ '座'를 '坐'라고 했다.(갑본·을본·병본) ㉡ 『유가사지론』에 따르면 후자가 맞다.
2) ㉠ '留'를 '留'라고 했다.(갑본)

의복에 세 가지가 있다는 것은 다음과 같다. 첫째는 단지 삼의三衣(승가리·울다라승·안타회)만 지니는 것이고, 둘째는 단지 취의毳衣(새와 짐승의 가는 털로 만든 옷)만 지니는 것이며, 셋째는 분소의糞掃衣(길바닥에 버려서 해지고 낡은 천으로 만든 옷)를 지니는 것이다. 차례대로 많은 옷에 대한 탐욕과 부드러운 촉감에 대한 탐욕과 최상의 미묘한 것에 대한 탐욕의 세 가지 탐욕을 대치하는 것이다.²⁷⁴ 『대지도론』에서 "옷을 입는 것은 취지가 형체를 가리는 것에 있을 뿐이니 많아서도 안 되고 적어서도 안 된다. 욕심을 적게 하고 만족할 줄 알기 때문에 단지 삼의를 받는 법을 수지한다."²⁷⁵라고 했고, (같은 책에서 또한) "좋은 옷은 구하기 어려운 것을 찾으려고 하여 탐착하게 하고, 또한 도둑질당하는 환난을 불러일으키기 때문에 납의納衣(분소의)를 입는 것 등의 법을 수지한다."²⁷⁶라고 했다.

衣中有三者。一但持三衣。二但持毳衣。三持糞掃衣。如次對治多衣輭觸上
妙三食。大智論云。衣輒¹⁾蓋身。²⁾ 不多不少。少欲知足。故受三衣。好衣難

---

274 『유가사지론』 권25(T30, 422c7)에서 의복과 관련된 두다의 공덕에 대해서, "의복에 있어서 세 가지 탐욕이 있어 선을 닦는 것을 장애한다. 첫째는 많은 옷에 대한 탐욕이고, 둘째는 부드러운 촉감에 대한 탐욕이며, 셋째는 최상의 미묘한 것에 대한 탐욕이다. 많은 옷에 대한 탐욕을 끊어 없애고자 하기 때문에 단지 삼의三衣만 지니고, 부드러운 촉감에 대한 탐욕을 끊어 없애고자 하기 때문에 단지 취의毳衣만 지니며, 최상의 미묘한 것에 대한 탐욕을 끊어 없애고자 하기 때문에 분소의糞掃衣를 지닌다."라고 한 것을 참조할 것.
275 『대지도론』 권68(T25, 538b4).
276 『대지도론』 권68(T25, 537c19).

覓。亦招賊難。故受納衣等法。

1) ㉎『대지도론』에 따르면 '輒'은 '趣'이다. 2) ㉎『대지도론』에 따르면 '身'은 '形'이다.

부구에 여섯 가지가 있다는 것은 다음과 같다.

敷具六者。

첫째는 아련야阿練若[277]에 머무는 것이다. 시끄럽고 복잡한 것에 대한 탐욕을 제거한다. (아련야는 마을로부터) 거리가 1구로사拘盧舍(Ⓢ krośa) 떨어진 곳이다. 『서역기』에서 "일우후一牛吼라고 하니, 큰 소의 울음소리를 들을 수 있는 가장 먼 곳에 해당하는 거리이다."[278]라고 했다. 『대지도론』에서 "비록 머물러 살던 집을 벗어났지만 도리어 스승과 동료(師徒)에 소속되어 마음이 다시 요란해지기 때문에 아련야법을 받는다."[279]라고 했다. 둘째는 나무 아래 앉는 것이다. 『유가사지론』에서 "집에 대한 탐욕을 제거한다."[280]라고 했다.

---

[277] 아련야阿練若: Ⓢ araṇya의 음사어. 아란야阿蘭若라고도 음사하고, 공한처空閑處·공한림空閑林 등으로 의역한다. 인가人家를 떠난 적정한 곳. 곧 수행자가 선정·송경誦經 등을 행하기에 적합한 곳을 가리킨다.
[278] 『대당서역기』 권2(T51, 875c8)에서 "구로사는 큰 소의 울음소리를 들을 수 있는 범위에 해당하는 거리이다. 1구로사는 5백 개의 활을 늘어놓은 것과 같은 거리이다."라고 했다.
[279] 『대지도론』 권68(T25, 537c3).
[280] 『유가사지론』 권25(T30, 422c11)에서 "모든 부구에 대해 네 가지 탐욕이 있어서 선을 닦는 것을 장애한다. 첫째는 시끄럽고 복잡한 것에 대한 탐욕이고, 둘째는 집에 대한 탐욕이며, 셋째는 즐겨 기대고 즐겨 누우려는 탐욕이고, 넷째는 부구에 대한 탐욕이다. 시끄럽고 복잡한 것에 대한 탐욕을 끊어 없애고자 하기 때문에 아련야에 머물고, 집에 대한 탐욕을 끊어 없애고자 하기 때문에 항상 나무 아래나 가린 것이 없는 곳이나 무덤가에 머물거나 하고, 또한 음일婬佚의 탐욕을 끊어 없애고자 하기 때문에 항상 무덤가에 머물며, 기대고 누우려는 탐욕을 끊어 없애고자 하기 때문에 항상 (어디에도 기대지 않고) 단정하게 앉아 있고, 부구에 대한 탐욕을 끊어 없애고자 하기 때

셋째는 가린 것이 없는 곳(露地 : 空地)에 앉는 것이다. 『대지도론』에서
"좋은 나무에 대한 탐욕을 제거하고, 달빛이 두루 비추고 허공이 밝고 청
정하여 마음이 쉽게 공삼매空三昧에 들어가기 때문이다."[281]라고 했다. 넷
째는 무덤가에 앉는 것이다. 음일淫佚의 탐욕을 제거하고[282] 쉽게 욕망을
떠날 수 있기 때문이다.[283] 다섯째는 항상 (어디에도 기대지 않고) 단정
하게 앉는 것이다. 기대고 누우려는 탐욕을 제거한다.[284] 『대지도론』에서
"몸의 네 가지 위의威儀[285] 중 앉는 것이 가장 좋다. 음식이 쉽게 소화되고
가라앉음과 들뜸을 여의기 때문이다."[286]라고 했다. 여섯째는 한 번 자리
를 깔면 본래 있던 그대로 두고 앉는 것이니, 부구에 대한 탐욕을 제거한
다. 한 번 부구를 설치한 뒤에는 끝내 거듭해서 뒤집어서 수리하지 않기
때문이다.[287]

一住阿練若。除誼雜貪。近遠去一拘盧舍。西域記云。名一牛吼。謂大牛吼
聲可聞也。大智論云。雖出居家。還屬師徒。心復嬈亂。故受練若。二樹下
坐。瑜伽論云。除屋宇貪。三露地坐。智論云。除好樹貪。月光徧照。空中明
淨。心易入空三昧故。四塚間坐。除婬泆貪。易得離欲故。五常期端坐。除

문에 항상 있던 그대로 좌구를 둔다."라고 한 것을 참조할 것.
281 『대지도론』 권68(T25, 538a21). 『유가사지론』에서는 집에 대한 탐욕을 없애기 위한 것
이라고 했다. 앞의 주석을 참조할 것.
282 『유가사지론』에서 밝힌 것이다. 앞의 주석을 참조할 것.
283 『대지도론』 권68(T25, 538a14)을 참조할 것.
284 『유가사지론』에서 밝힌 것이다. 앞의 주석을 참조할 것.
285 몸의 네 가지 위의威儀 : 걸어가는 것(行)·서 있는 것(立)·앉아 있는 것(坐)·누워 있
는 것(臥) 등이다.
286 『대지도론』 권68(T25, 538a27).
287 『유가사지론』 등에 의거하면~않기 때문이다 : 이 부분은 태현이 중간에 다른 논서를
인용하기도 하고, 동일하게 『유가사지론』을 차용하면서도, 때로 출처를 밝히지 않기
도 하여 혼란스러운 면이 있기는 하지만, 『유가사지론』 권35(T30, 422a14)와 내용이
거의 같기 때문에 모두 인용문의 형식으로 묶어서 처리했다.

倚臥貪。智論云。身四威儀中。坐爲第一。食易消化。離沈掉故。六處如常坐。除敷具貪。一敷設後。終不數數翻修理故。

『유가사지론』에서 "음식 등에 대한 탐욕으로 말미암아 범행에 수순하지 못한다. 마치 아직 다듬지 않은 털은 모직물을 만드는 데 사용할 수 없는 것과 같다. 지금 이 두다에 의해 청정하게 닦아 순정하게 하면 감당할 수 있다."[288]라고 했으니, 더할 것도 없고 덜어낼 것도 없다. 『대지도론』에서 "불법은 오직 지혜를 근본으로 삼을 뿐이고 고행을 중요한 것으로 삼지 않는다. 이 법은 모두 도를 돕는 것이니 모든 부처님께서 항상 찬탄하셨다."[289]라고 했다.

瑜伽論云。由食等貪。不順梵行。如未彈毛。不任作氎。今此杜多。淨修令純。有所堪任。不增不減。智論云。佛法。唯以智慧爲本。不以苦爲先。是法皆助道。諸佛常讚歎。

"두 시기에 두타행을 하고"라고 한 것은 봄과 가을의 두 시기에 모두 제방을 유행해야 하는 것이다. "겨울과 여름에 좌선을 하며"라는 것은 매우 춥고 더울 때는 자취를 섭수해야 하기 때문이다. (그런데『대지도론』권73에서 "(『대품반야경』에서) '보살은 비록 12두타를 행하더라도 아련야 등의 법을 귀하게 여기지 않는다'[290]라고 한 것에 대해서 풀이하기를, '(이는) 성문이 지향하는 적은 일(자신을 이롭게 하는 일)을 행하는 것에 수순하는

---

288 『유가사지론』 권25(T30, 422b24).
289 『대지도론』 권68(T25, 538b14). 두다는 지나친 쾌락과 지나친 고행을 모두 떠난 중도의 자세를 갖추는 것을 목적으로 한다는 말이다.
290 『대품반야경』 권16(T8, 340a11)에 나오는 문장이다. 『대지도론』의 체재상 『대품반야경』 본문을 먼저 싣고 그 다음에 풀이했기 때문에 『대지도론』 권73(T25, 571a18)에도 나온다.

것이기 때문이다'라고 했다."²⁹¹라고 했다.

言二時頭陀者。春秋二時。宜皆遊方。冬夏坐禪者。以極寒熱。宜攝迹故。七十三云。菩薩。雖行十二杜多。¹⁾ 不貴阿練²⁾若等法。解云。以順聲聞少事行故。

---

1) ㉠ 『대지도론』에서는 '杜多'를 '頭陀'라고 했다. 같은 범어에 대한 다른 음사어이다. 2) ㉠ 『대지도론』에서는 '練'을 '蘭'이라고 했다. 아련야와 아란야는 같은 범어에 대한 다른 음사어이다.

여기에서 "양지"는 입을 향기롭게 하고 열을 제거하기 때문에 새벽에 이것을 씹는다. 양지가 가진 복덕은 『아함경』에서 설한 것²⁹²과 같다. "비누"는 때를 빼고 기름을 제거하여 몸을 깨끗하게 하는 것이다. "삼의"라는 것은 삼세의 모든 부처님의 복전의 모양이니, 『대비경』에서 말하기를, "불자여, 내(석가불)가 멸도한 후에 계를 지니든 계를 지니지 않든, 단지 여래의 삼의를 입은 이가 있으면, 자씨불慈氏佛(미륵불)에서부터 마지막 부처님인 누지불樓至佛²⁹³에 이르기까지 (부처님의 처소에서) 모두 열반을 얻

---

291 『대지도론』 권73(T25, 572b24)에서 『대품반야경』 본문을 풀이하기를, "비록 두타를 행하더라도 이 법을 귀하게 여기지 않으니, 이 법은 구경도究竟道의 인연에 있어서 소소한 부분일 뿐이고 구경도에 이르는 법은 아니다.(雖行頭陀。不貴是法。以是法是究竟道因緣少分。非究竟道。)"라고 한 것을 태현 자신이 재구성한 것이다.
292 『증일아함경增壹阿含經』 권28(T2, 703a11)에서 "양지楊枝를 보시하면 다섯 가지 공덕을 얻는나. 다섯 가지는 무엇인가. 첫째는 풍병을 제거하는 것이고, 둘째는 가래침을 제거하는 것이며, 셋째는 생장生藏(장기의 일종)의 소화를 돕는 것이고, 넷째는 입에서 냄새가 나지 않는 것이며, 다섯째는 눈이 청정해지는 것이다."라고 했다. 『사분율』 권53(T22, 960c18)에서는 "양지를 씹으면 다섯 가지 이익이 있다. 첫째는 입에서 냄새가 나지 않고, 둘째는 맛을 구별할 수 있으며, 셋째는 열병熱病과 음병癊病이 없어지고, 넷째는 음식이 당기며, 다섯째는 눈이 밝아진다."라고 했다.
293 누지불樓至佛 : '누지'는 Ⓢ Rudita의 음사어로 로자盧遮라고도 한다. 현재현겁現在賢劫에 출현하는 천 분의 부처님 중 마지막 부처님이다. 처음의 네 분의 부처님은 구류손불拘留孫佛·구나함모니불拘那含牟尼佛·가섭불迦葉佛·석가모니불釋迦牟尼佛이고, 이어서 미륵보살이 성불하여 미륵불이 되며, 마지막 부처님이 누지불이다.

어 남은 이가 있지 않을 것이다."²⁹⁴라고 했다. "물병"은 물을 담는 그릇이다. "발우"는 걸식하기 위한 것으로 발다라鉢多羅(Ⓢ Pātra)라고 음사하고, 응량기應量器²⁹⁵라고 의역한다. 큰 것은 곧 한 말 반을 담고, 작은 것은 곧 다섯 되를 담을 수 있다. 율에서 철발우鐵鉢盂와 와발우瓦鉢盂(泥鉢)를 사용하고 나머지는 비축해서는 안 된다고 제정했다.²⁹⁶ "좌구"는 옷을 보호하기 위해 까는 것이고, "석장"은 독벌레나 짐승을 막는 것이며, "향로"는 부처님께 감感하는 것이고, "녹수"는 미생물을 구하기 위한 것이며, "수건"은 손을 닦는 것이고, "작은 칼"은 손톱을 깎는 것이며, "부싯돌"은 불을 얻는 도구이고, "족집게"는 가시를 뽑는 것이며, "승상"은 편안하게 몸을 의지하는 것이고, "경·율"은 이해를 일으키는 것이며, "존귀한 분의

---

294 『대비경大悲經』 권3(T12, 958a20)에서 "아난아, 내가 멸도한 후에 이 현겁에 996명의 부처님이 세상에 출현할 것이다. 구류손불을 처음으로 하여 내가 네 번째이다. 다음에 미륵(자씨)이 나의 자리를 잇고 최후에 로자여래(누지불)에 이를 것이다. 이와 같이 차례대로 출현할 것이니, 너는 알아야 한다. 아난이여, 나의 법 중에 단지 성성만 사문일 뿐이고, 사문행을 더럽히며 자칭 사문이라 하지만 형체만 사문이면서 가사를 입은 이가 있더라도, 이 현겁에 (나를 이어서) 미륵을 처음으로 하고 최후에 로자여래에 이르기까지 그 모든 사문은 이와 같은 부처님의 처소에서 무여열반계를 차례대로 얻고 반열반般涅槃에 들어서 남은 이가 없을 것이다. 무엇 때문인가. 아난이여, 이와 같은 일체의 사문 중에 한 번이라도 부처님의 명호를 칭념하고 한 번이라도 믿음을 낸 이가 지은 공덕은 끝내 헛되게 시설되지 않기 때문이다."라고 했다. 태현은 인용문의 내용에서 출가와 가사(삼의)를 입는 것과 한 번이라도 부처님의 명호를 칭념하고 한 번이라도 믿음을 낸 것을 모두 동격으로 보았기 때문에 위와 같이 요약한 것으로 보인다.
295 응량기應量器 : 스님들이 사용하는 그릇. 응기應器라고도 한다. 길장吉藏의 『금강반야경의소金剛般若經義疏』 권2(T33, 98a2)에서 "발다라는 응량기라고 의역한다. 곧 출가인은 체에 지덕과 단덕을 갖추었고 안과 밖이 상응하니, 곧 인간과 하늘의 공양을 받아야 하는 사람의 그릇이라는 것을 나타낸 것이다.(鉢妙羅。此云應量器。即表出家人。體具智斷。內外相應。即是應受人天供養之器也。)"라고 했고, 도선의 『석문복장의釋門章服儀』(T45, 835b11)에서 "도를 품은 사람이 이것을 입으니 법의라고 하고, 공양을 받을 만한 사람이 이것을 사용하니 응기라고 한다.(懷道者服之。名法衣也。堪受供者用之。名應器也。)"라고 했다.
296 『사분율』 권52(T22, 952c21) ·『십송률』 권37(T23, 269b6).

상(불상·보살의 형상)"은 믿음을 일으키는 것이다. 그러므로 이러한 도구道具를 반드시 갖추어야 한다.

> 此中楊枝。口香除熱。故晨嚼之。楊枝有德。如阿含說。澡豆。落垢去膩洗身。三衣者。三世諸佛福田之相。大悲經說。若佛子。於我滅後。有戒無戒。但有被著如來三衣。從慈氏佛。終至樓至佛。皆得涅槃。無有遺餘。瓶持水器。鉢欲乞食。梵言¹⁾鉢多羅。此云應量器。大者卽容斗半。小卽可受五升。²⁾ 律制鐵瓦。餘不得畜。坐具護衣之觸。錫杖止毒蟲獸。香爐感佛。漉水救生。手巾拭手。刀子割甲。火燧求火。鑷子拔刺。³⁾ 繩牀安身。經律生解。尊像起信。是故道具必須具也。

1) ㉘ '言'을 '云'이라 했다.(갑본·을본·병본) 2) ㉘ '升'을 '舛'이라 했다.(갑본·을본·병본) 3) ㉘ '刺'를 '莿'라고 했다.(갑본)

"열여덟 가지 물건"이라는 것은 다음과 같다. 의적 스님이 말하기를, "양지와 비누를 제외하고, 삼의를 똑같이 구별하여 (셋으로 하는 것을) 취하며, 경·율, 불상과 보살의 형상을 열어서 (각각 둘로 나누면 열여덟 가지가 되기 때문이다.)"²⁹⁷라고 했다. 그런데 중국에서는 "(양지와 비누를 포함시키고) 삼의를 셋으로 삼으며, 경·율을 하나로 삼고, 불상과 보살의 형상을 하나로 삼기 때문에 열여덟 가지가 된다."²⁹⁸라고 한다. "마

---

297 의직의 『보살세본소』 권하(T40, 683a26)에서 "'열여덟 가지 물건'이라는 것은, 삼의三衣가 셋이고, 네 번째는 물병이며, 다섯 번째는 발우이고, 여섯 번째는 좌구이며, 일곱 번째는 석장錫杖이고, 여덟 번째는 향로이며, 아홉 번째는 녹수낭이고, 열 번째는 수건이며, 열한 번째는 작은 칼이고, 열두 번째는 부싯돌이며, 열세 번째는 족집게이고, 열네 번째는 승상繩床이며, 열다섯 번째는 경이고, 열여섯 번째는 율이며, 열일곱 번째는 불상佛像이고, 열여덟 번째는 보살상菩薩像이다. 앞의 열네 가지는 몸을 돕는 도구이고, 나중의 네 가지는 세간을 벗어나기 위한 뛰어난 궤칙이 되는 것이기 때문에 계율을 제정하여 항상 따르고 여의지 않게 하였다."라고 했다.
298 승장의 『범망경술기』 권하(X38, 432c19)와 명광의 『천태보살계소』 권하(T40, 597a14)에서도 동일한 입장을 보이고 있다. 법장은 『범망경보살계본소』 권6(T40, 651a22)에

치 새의 두 날개처럼 항상 몸에 지니고 다녀야 한다."라는 것은, 도구가 이미 갖추어지면 잡다한 일을 여의기 때문이다. 『대방등대집경』에서 "초업보살初業菩薩은 항상 고요한 것을 좋아하고 잡다한 일을 좋아하지 않으며, 잡다한 일을 하는 사람에 대해서 혐오하는 마음을 일으키지도 않는다."299라고 한 것과 같다.

十八種物者。義寂師云。除楊枝澡豆。取三衣等別。開經律佛菩薩故。然唐國說。三衣爲三。經律爲一。佛菩薩爲一。故十八。常隨其身如鳥二翼者。道具已足。離多事故。如大集云。初業菩薩。常樂寂靜。不樂多事。於多事人。莫起嫌心。

문 『우바새계경』에서 "우바새는 승가리의와 발우와 석장을 비축해야 한다."300라고 했는데, 이들은 어째서 사용하는 것인가?

답 화상이 말하기를, "보살도 또한 마음에 있어서는 출가자와 같기 때문이다. 『무구칭경』에서 유마힐維摩詰301을 찬탄하기를, '삼의와 발우를 여

서 "삼의는 세 가지이고, 불보살상은 한 가지이기 때문에 열여덟 가지가 된다."라고만 했기 때문에 불명확하지만, 전후 문맥상 경률을 당연히 하나로 보았고, 여기에 양지와 비누를 합한 것으로 보았다면, 법장도 역시 동일한 입장이라고 보아도 무방하다. 또한 태현이 중국(唐國)이라고 명기했기 때문에 법장일 가능성이 크다.

299 『대방등대집경』 권25(T13, 175a5)에서 "다시 여덟 가지가 있다. 첫째는 이양을 위해 다른 것을 드러내어 대중을 미혹시키지 않는다. 둘째는 자신의 일을 말하지 않으니 일체를 여의었기 때문이다. 셋째는 공양을 찬탄하지 않으니 마음이 족함을 알기 때문이다. 넷째는 성종성을 행하니 선법을 좋아하기 때문이다. 다섯째는 두타법을 따르니 신명을 아끼지 않기 때문이다. 여섯째는 고요한 것을 좋아하니 세속의 일을 말하는 것을 여의었기 때문이다. 일곱째는 깊은 마음으로 법을 좋아하니 삼계를 싫어하기 때문이다. 여덟째는 지극한 마음으로 법을 호지하니 신명을 아끼지 않기 때문이다.(復有八種。者不爲利養顯異惑衆。二者不說自事。離一切故。三者不讚供養。心知足故。四者行聖種性。樂善法故。五者隨頭陀法。不惜身命故。六者樂於寂靜。離說世事故。七者深心樂法。厭三界故。八者至心護法。不惜身命故。)"라고 했다.

300 『우바새계경』 권3(T24, 1050a7).

의지 않았다' 등이라고 한 것과 같다."라고 했다.

若優婆塞戒經云。優婆塞。應畜僧伽梨衣鉢錫杖。此何所用。和上云。菩薩。亦有心出家故。如無垢稱經。讚維摩詰云。不離三衣鉢等。

나머지 문장은 알 수 있을 것이다.

餘文可解。

"험난한 곳"에 두 문단이 있다. 첫째는 처음에 들어가는 것을 금제한 것이다. 경에서 "두타를 행할 때에는 험난한 곳, 이른바 국가적 재난이 일어난 곳 등의 온갖 위험한 곳 가운데 들어가지 말라."라고 한 것과 같다. 둘째는 그 속에 머무는 것을 금제한 것이다. 경에서 "모두 일체의 위험한 곳에 들어가서 머물러서는 안 되는 것이다."라고 한 것과 같기 때문이다.
"두타행도와 마찬가지로 내지 하안거 때 머무는 것에 있어서도" 이하는 차례대로 앞의 것을 서술하고 위범을 맺었다. (앞의 것을 서술한 것이란,) "이러한 모든 위험한 곳에 또한 들어가서는 안 된다."라는 것은 처음에 금제한 것(위험한 곳에 들어가는 것)을 서술한 것이고, "이러한 위험한 곳에 하물며 두타를 행하는 사람이 머물러서야 되겠는가."라는 것은 나중에 금제한 것(위험한 곳에 들어가서 머무는 것)을 서술한 것이다. "위험한 곳을 보고도" 이하는 위범을 제시하여 죄를 맺은 것이다.

於難處中。有其二文。一制初入。如經。若頭陀時。莫入難處。所謂國難等。

---

301 유마힐維摩詰 : ⑤ Vimalakīrti의 음사어. 무구칭無垢稱·정명淨名 등으로 의역한다. 부처님의 재가제자. 중인도 비야리성의 장자로서 비록 세속에 살았지만 대승불교의 교의에 정통하여 출가제자보다 뛰어난 면모를 보이고 있다.

一切難處中也。二制住中。如經。悉不得入一切難處故。言頭陀乃至夏坐安居自下。如次。牒前結犯。是諸難處亦不得入者。牒初制也。此諸難處況行頭陀者。牒後制也。見難處已下。擧違結罪。

(H) 좌무차제계 제8 38 (차례가 없이 자리에 앉는 일을 하지 마라) : 질서를 어지럽히는 것을 없애는 것

坐無次第戒。第八。

경 "불자여, 법에 정해진 대로 차례대로 앉아야 한다. 먼저 계를 받은 이가 앞에 앉고 나중에 계를 받은 이가 뒤에 앉아야 한다. 나이 든 사람과 어린 사람, 비구와 비구니, 귀인貴人·국왕·왕자 내지 황문黃門[302]·노비를 가리지 않고, 모두 먼저 계를 받은 이가 앞에 앉고, 나중에 계를 받은 이가 그 뒤를 이어 차례대로 앉아야 한다. 외도나 어리석은 사람이 나이 든 사람이든 어린 사람이든 (상관하지 않아서) 앞에 앉도록 하는 일도 없고, 뒤에 앉도록 하는 일도 없는 것처럼 하지 말라. 차례가 없이 앉는 것은 병졸이나 노예의 법이다. 나의 불법에서는 먼저 앉아야 할 이가 먼저 앉고, 나중에 앉아야 할 이가 나중에 앉는다. 보살이 차례대로 앉지 않는다면, 이는 경구죄를 범하는 것이다."

若佛子。應如法次第坐。先受戒者在前坐。後受戒者在後坐。不問。老少。比丘比丘尼。貴人國王王子。乃至黃門奴婢。皆應先受戒者在前坐。後受戒者次第而坐。莫如外道癡人。若老若少。無前無後。坐無次第。兵奴之法。我佛法中。先者先坐。後者後坐。而菩薩。不次第坐者。犯輕垢罪。

---

302 황문黃門 : ⑤ paṇḍaka의 의역어. 불능남不能男이라고도 하고, 음사어는 반택가半擇迦이며, 줄여서 반택이라고도 한다. 남근을 갖추지 못했거나 훼손되었거나 제 기능을 상실한 사람을 가리킨다.

술 불법에 들어간 사람들은 계를 가장 뛰어난 것으로 여기니, 세간에서 나이를 존귀한 것으로 여기는 것과는 같지 않다. 존귀함과 비천함이 어지럽혀지면 곧 궤칙이 없어지기 때문에 지금 제정했다.

述曰。佛法中者。戒爲上首。不同世間年歲爲尊。尊卑若亂。卽無軌則。故今制也。

"나이 든 사람과 어린 사람을 가리지 않고" 등이라는 것은 다음과 같다. 법장 스님이 말하기를, "어떤 사람은 해석하기를, '사부대중을 평등하게 섞고 합하여 통틀어서 (계를 받은 순서에 의해) 앉는 순서를 정하는 것이 다'라고 했지만, 옳지 않다. 이 글의 뜻은 ('나이 든 사람과 어린 사람, 비구와 비구니 등을 가리지 않고'라고 하여) 통틀어서 제시하는 모양을 보이기는 했지만, (각각의 부류를) 구별하여 (그 속에서 앉는 순서를 정할 것을) 제정한 것이다. 진실로 자종自宗(자신의 소속)에 따라서 각각 차례대로 앉아야 한다."[303]라고 했다.[304]

不問老少等者。法藏師云。有釋。令四衆[1)]雜合通坐。非也。此文意者。通擧別制。實隨自宗。各依次坐。

---

1) ㉠『범망경보살계본소』에 따르면 '衆' 뒤에 '等'이 누락되었다.

의적 스님이 말하였다.

"여러 학자의 해석이 같지 않다. 어떤 사람은 이렇게 말했다. '단지 보

---

303 『범망경보살계본소』 권6(T40, 651b29).
304 출가자와 재가자를 구별하여 출가자가 앞에 앉는다. 출가자에 있어서는 비구와 비구니를 구별하여 비구가 앞에 앉는다. 또한 비구들은 그 안에서 계랍戒臘이 높은 이가 앞에 앉는다. 비구니들도 역시 그러하다.

살계를 받은 순서에 의해 차례를 정한다.'³⁰⁵ 어떤 사람은 이렇게 말했다. '[성문계를 받고 하랍夏臘(戒臘, 출가 나이)이] 100세인 비구도 아직 보살계를 받지 않았으면 1세인 보살의 뒤에 앉는다. 만약 (둘 모두 보살계를 받게 되면) 보살계를 받기 전의 하랍의 수에 의해 앉으니, 성문계도 또한 뒤집어져서 보살계를 이루기 때문이다. 이와 같이 재가의 노예와 주인도 또한 그렇게 하니, 존귀함과 비천함이 다르기 때문이다. 예컨대 비구는 나중에 보살계를 받았어도 100세의 비구니의 앞에 앉는 것과 같다.'³⁰⁶ 어떤 사람은 이렇게 말했다. '성문계와 보살계의 차별을 불문하고 단지 먼저 계를 받았으면 곧 앞에 앉는다.『대지도론』에서 〈문수와 미륵도 성문중에 들어가서 (그 법에 정해진) 차례대로 앉았다〉³⁰⁷라고 했기 때문이다. 재가보살

---

305 『보살계본소』 권하(T40, 683c27)에서 "첫 번째 설은 이러하다. '모두 보살계를 받은 것을 차례로 삼는다. 성문계를 받고 계랍이 100세인 비구가 나중에 보살계를 받았고, 1세인 비구가 먼저 보살계를 받았으면 1세의 비구가 앞자리에 앉고 100세의 비구는 뒷자리에 앉는다. 남녀·흑백·존비 등의 유별에 있어서는 비록 앞에 해당해도, 계를 받으면 (그 유별에 따라) 교잡交雜하는 일은 해서는 안 된다. 만약 노예가 먼저 계를 받고 주인이 나중에 계를 받았다면 노예가 윗자리에 앉고 주인은 아랫자리에 앉는다. 이미 계법에 들어갔으면 본래의 지위를 따르지 않기 때문이다.'"라고 했다.
306 『보살계본소』 권하(T40, 684a3)에서 "두 번째 설은 이러하다. '본래 아직 보살계를 받지 않은 이라면 모두 앞서 보살계를 받은 사람의 아랫자리에 앉는다. 만약 나아가서 계를 받으면 다시 본래의 차례대로 앉는다. 예컨대 (성문계를 받고 계랍이) 100세인 비구가 아직 보살계를 받지 않고 1세인 비구가 이미 보살계를 받았으면, 이미 보살계를 받은 이가 윗자리에 앉고 아직 보살계를 받지 않은 사람은 아랫자리에 앉지만, 만약 100세인 비구가 나아가서 보살계를 받았으면 다시 윗자리에 앉는 것과 같다. 노예와 주인도 또한 그러하여, 노예가 먼저 계를 받고 주인이 아직 계를 받지 않았으면 노예가 윗자리에 앉고 주인은 아랫자리에 앉는다. 주인이 만약 나아가서 계를 받았으면 다시 노예의 윗자리에 앉는다. 이미 동일하게 계를 받은 지위에 있으면 본래의 지위를 따라야 한다. 예컨대 사미가 나아가서 계를 받으면 100세인 비구니의 윗자리에 앉는 것과 같다.'"라고 했다.
307 『대지도론』 권34(T25, 311c9)에서 "모든 부처님은 성문을 승가로 삼았고, 별도의 보살승가는 없었다. 미륵보살과 문수사리보살 등이 석가문불에게 별도의 보살승가가 없었기 때문에 성문승가에 들어가 (성문계에서 정해진 순서에 의거하여) 차례대로 앉았던 것과 같다."라고 했다.

도 또한 (동류일 때에는) 먼저 성문오계聲聞五戒를 받은 사람이 앞에 앉는다. (그러나 동일한 부류가 아닌 경우에 있어서 예컨대) 비록 주인이 나중에 받았다고 해도, (먼저 계를 받은) 노예보다 앞에 앉으니, 부류가 섞이지 않기 때문이다. 마치 비구와 비구니가 존귀함과 비천함을 (차례 지음에 있어서) 섞이지 않는 것과 같다. 문 이와 같다면 출가했을 경우에도 귀한 사람과 뛰어난 사람이 앞에 앉는 것인가? 답 이미 노예신분에서 해방되었다면 계를 받은 것을 차례로 삼는다.[308,309] 이 가운데 '나이 든 사람과 어린 사람을 불문하고'라는 것은 (나이의 많고 적음을 따르지 않는다는 것이니,) 곧 『사분율』에서 '사미는 세속의 나이를 차례로 삼고 세속의 나이가 같으면 계를 받은 것을 차례로 삼는다'[310]라고 한 것과는 같지 않다."[311]

---

[308] 의적이 서술한 것을 태현이 질문과 답변의 형식으로 재구성한 것인데, 의미는 동일하다. 재가자인 주인과 노예는 신분에 의해 차례를 정하지만, 출가자인 주인과 노예는 노예가 이미 그 신분에서 벗어났음을 전제로 하기 때문에 동일한 부류로 보아서 계를 받은 순서에 의해 차례를 정한다는 말이다.

[309] 『보살계본소』 권하(T40, 684a9)에서 "세 번째 설은 이러하다. '위의威儀에 맞게 앉는 차례는 모두 성문법聲聞法에서 설한 것을 차례로 삼는다. 성문계와 보살계를 가리지 않고, 단지 먼저 계를 받은 사람이 윗자리에 앉는다. 성문비구가 10세이고 보살비구는 9세이면 10세인 사람이 윗자리에 앉아야 한다. 『대지도론』에서 〈모든 부처님께서는 대체로 성문을 승가로 삼았고 별도의 보살승가는 없었다. 예컨대 미륵보살과 문수사리보살 등은 석가모니불께는 별도의 보살승가가 없었기 때문에 성문승가에 들어가 그 법에 정해진 차례대로 앉은 것과 같다〉라고 했고, 이 경의 본문에서 단지 〈먼저 계를 받은 이가 앞에 앉고 나중에 계를 받은 이가 뒤에 앉는다〉라고만 하고, 성문계인지 보살계인지를 간별하지 않았기 때문이다. 재가보살은 이미 세수歲數가 없으니 모두 보살계를 받은 것을 차례로 삼는다. 지금 재가보살 가운데에서도 또한 계를 받은 것을 우선으로 삼으니, 성문오계聲聞五戒를 받거나 보살오계菩薩五戒를 받으면 단지 먼저 받은 사람이 윗자리에 앉는 것을 말한다. 만약 노예가 먼저 계를 받고 주인이 나중에 받았으면 계를 받은 것을 차례로 삼지 않으니, 노예와 주인은 지위가 달라 본래 섞이지 않기 때문이다. 가령 노예 신분에서 풀려나서 평민이 되었으면 계를 받은 차례를 따라야 한다.'"라고 했다.

[310] 『사분율』 권50(T22, 940b19).

[311] 『보살계본소』 권하(T40, 683c26). 앞의 세 가지 설은 의적이 다른 사람의 해석을 소개

義寂師云。諸師釋不同。一云。但受菩薩戒爲次第。一云。百歲比丘。未受
菩薩戒。坐於十¹⁾歲菩薩已下。若受卽依舊夏數坐。戒亦反成菩薩戒故。如
此在家。奴主亦爾。尊卑異故。如比丘後受。在百歲尼上。一云。不問聲聞
菩薩差別。但先受戒。卽在前坐。如智論說。文殊彌勒。入聲聞衆。次第坐
故。在家。亦應先受聲聞五戒爲上。雖主後受。於奴爲上。類不雜故。猶如
僧尼。尊卑不雜。問。若爾。出家貴勝爲上。答。如已放奴。²⁾受戒爲次。此
中。不問老少。卽不同律云。沙彌生年爲次。若生年等。受戒爲次。

1) ㉠『보살계본소』에 따르면 '十'은 '一'이다. 2) ㉤ '放奴'를 '奴放'이라 했다.(갑본)

화상이 말하기를, "실계實戒에 의거하면 보살이 비록 재가자라고 해도
성문대승聲聞大僧의 앞에 앉는다. 『아사세왕경』에서 '문수보살이 말하기
를, 〈가섭迦葉³¹²이 앞에서 가야 하니 나이가 많고 (먼저 사문이 되었기)
때문입니다〉라고 했더니, 가섭이 사양하며 말하기를, 〈우리들이 뒤에서
따라가야 하니 보살이 (지혜나 행위에 있어서) 존귀하기 때문입니다〉라
고 했다. 사리불舍利弗³¹³이 말하기를, 〈우리들도 또한 존귀하니 이미 위없
는 도를 얻으려는 마음을 발했기 때문입니다〉라고 했더니, 가섭이 말하
기를, 〈보살은 그 햇수에 있어서 존귀하니, 보리심을 발한 지 오래되었기
때문입니다〉라고 했다. 그러므로 문수와 그가 이끄는 2만 2천5백 명의
재가보살이 앞에 서서 머물고 가섭을 비롯한 5백 명의 성문은 뒤에 자리
를 잡고 (그 순서대로 길을 떠나 나열지성羅閱祇城에 도착했다)'³¹⁴라고 한

한 것인데, 특별히 비판적 견해를 제시하지는 않았다. 또한 그 뒤에 덧붙인 것(이 가
운데~차례로 삼는다)은 의적 자신의 해석이다.
312 가섭迦葉 : Ⓢ Kāśyapa의 음사어. 의역어는 음광飮光이다. 부처님의 성문 10대제자
중 한 명. 두타제일頭陀第一로 일컬어졌으며 부처님께서 열반에 드신 후 이루어진 1
차 결집을 주도하였다.
313 사리불舍利弗 : Ⓢ Śāriputra의 음사어. 의역어는 추자鶖子이다. 부처님의 10대제자
중 한 명으로 지혜제일智慧第一로 일컬어진다.

것과 같다. (실계에 의거하면) 비록 그러하지만 그 성문승이 (가섭이 문수에게 한 것처럼) 화답和答하지 않는다면, 곧 (성문계에서 정한 순서에) 의거하여 차례대로 앉는다. 『대지도론』에서 '(모든 부처님은 성문을 승가로 삼았으니) 석가불의 법에 있어서 별도의 보살승가라는 것은 없다. 그러므로 문수보살·미륵보살 등은 성문중聲聞衆에 들어가 (성문계에서 정한 순서에 의거하여) 차례대로 앉았다'[315]라고 한 것과 같다. 이것(『대지도론』의 사례)은 (문수와 미륵이) 화현한 몸에 의해 출가한 것을 근본으로 삼아서[316] 석가불이 출현했을 때 (문수와 미륵이) 출가하는 모습을 나타내었는데, 나머지 성문중이 그의 출가를 허락한 것이기 때문에 (성문계의 순서에 의거하여 차례대로 앉은 것을) 밝힌 것이다. 문수에 의거할 경우, 실계實戒에 의해 차례를 정한다면, 이미 (보리심을 발한 지) 3대겁이나 지났으니, (성문승과) 섞여서 자리를 정하지 않아야 하기 때문이다.[317] 또한 두루 배우지 않은 이로서[318] 성문중에 들어가고 또 성문계를 받는 것은 부루나富樓那[319]와 같은 경우가 그러한 것이니, 성문중이고 보살은 아니기 때문이다.[320]"라고 했다.

---

314 『아사세왕경阿闍世王經』권하(T15, 399b15).
315 『대지도론』권34(T25, 311c9).
316 『대지도론』은 미륵보살이 가파리迦波利라는 바라문의 아들로 태어났을 때의 몸[『一切智光明仙人慈心因緣不食肉經』(T3, 457c20)]과 문수가 범덕梵德이라는 바라문의 아들로 태어났을 때의 몸[『文殊師利般涅槃經』(T14, 480c13)]을 사례로 한 것이라는 말이다.
317 보살중은 성문중보다 앞에 앉고, 보살중은 보살중대로 그 안에서 차례를 정하고, 성문중은 성문중대로 그 안에서 차례를 정해야 한다는 말이다.
318 대승과 소승을 모두 배웠어도 성문의 모습만 나타내고 보살의 모습은 나타내지 않은 것을 가리키는데, 뒤에 나오는 부루나의 행적과 관련된 말이다. 문수와 미륵의 경우는 대승과 소승을 두루 배우고, 성문의 모습과 보살의 모습을 모두 나타내었기 때문에 '두루 배웠다'라고 할 수 있는 것과 상대하는 의미라고 할 수 있다.
319 부루나富樓那 : [S] Pūrṇa의 음사어. 의역어는 만자자滿慈子이다. 부처님의 10대제자 중 한 명으로 설법제일說法第一로 일컬어졌다.
320 문수와 미륵은 보살로서 성문의 모습을 보인 것이기 때문에 실계의 차례를 언급하는

和上云 據實。菩薩。雖是在家。坐於聲聞大僧之上。如阿闍世王經云。文殊云。迦葉坐上。¹⁾ 以耆年故。迦葉讓言。我等在後。菩薩尊故。舍利弗云。我等亦尊。已發無上心故。迦葉云。菩薩年尊。久發心故。故文殊所將二千²⁾在家。在前而住。迦葉等五百聲聞。在後而坐。雖然。若彼聲聞不和。卽依次坐。如智論云。釋迦法中。無別菩薩僧。是故文殊彌勒等。入聲聞衆。次第而坐。此明。現身出家爲初。爾時相現。³⁾ 餘衆許故。若依文殊。實戒次第。已經三大劫。不應雜坐故。亦非徧學。入聲聞衆。若受聲聞。如富樓那。是聲聞衆非菩薩故。

1) ㉭『아사세왕경』에 따르면 '坐上'은 '前行'이다. 2) ㉭『아사세왕경』에 따르면 '二千' 앞에는 '二萬'이 누락되고, 뒤에는 '五百'이 누락되었다. 3) ㉺ '相現'을 '現相'이라 했다.(갑본·을본·병본)

총괄적으로 말하자면 다음과 같다.³²¹ 순수하게 성문계만 받았고 보살계를 받지 않았으면 계를 받은 차례에 의해 앉는다. 나중에 보살계를 받았으면 성문이, 하랍이 비록 많더라도 보살계를 받은 순서에 의거하여 차례대로 앉는다. 설령 먼저 받은 것이 보살계를 이룬다고 해도,³²² (그것이 이루어지는 것은) 나중에 소승종자小乘種子를 굴렸을 때 비로소 뒤집어서 (보살계를) 이루는 것인데, (지금은 보살계를 받은 처음의 시기에 해당하기) 때문에 (그때 바로 성문계의 하랍을 인정하는 것은 타당하지 않기 때문이다.) 보살승 가운데 여인이 먼저 받으면 남자보다 앞에 앉는데, 단지 섞여서 앉지는 않을 뿐이다. 왕과 신하, 노예와 주인은 세속의 자리에 나아가면 그 존귀함과 비천함과 같이 하고, 법의 자리에 나아가면 모두 계를 받은 것에 의해 차례로 삼는다. 이로 말미암아 경에서 "모든 것을 가리

    것이 가능하지만, 부루나와 같은 경우는 전적으로 성문에 속하기 때문에 실계의 차례를 언급하는 것이 가능하지 않다는 것을 나타내는 말인 것 같다.
321 이하는 태현이 앞에서 소개한 여러 견해에 대해서 자신의 입장을 밝힌 것이다.
322 앞에서 소개한 것 중 의적이 제시한 두 번째 주장을 가리킨다.

지 않고 먼저 계를 받은 사람이 앞에 앉는다."라고 한 것이다.

總而言之。若純聲聞。不受菩薩戒。依次第坐。後受菩薩戒。聲聞夏雖多。依菩薩戒。次第而坐。設先所受。成菩薩戒。後轉乘時。方反成故。菩薩乘中。女人先受。於男爲上。但不雜坐。王臣奴主。若就俗坐。如其尊卑。若就法坐。悉受爲次。由此。經云。一切不問。先者先坐。

문 보살은 몇 부류의 대중이 있는가?
답 『대지도론』에서 "사중四衆이 있다."[323]라고 했다. 그 논의 뜻은 (모든 보살이) 동등하게 삼취정계를 받지만, 출가와 재가, 남자와 여인의 구별이 있음을 말하기 때문이다.[324] 만약 (대승과 소승을) 두루 배우는 경우라면, (보살의 사중은) 성문의 사중과 같은 의미에서 (사중의 뜻을 아울러 지닌다고 할 수도 있다.)

問。菩薩幾衆。答。智論四衆。謂彼論意。等受三聚。出家在家。男女別故。若徧學者。如聲聞也。

---

[323] 『대지도론』 권4(T25, 85a24)에서 "묻 보살은 두 가지가 있으니, 재가인 경우와 출가한 경우이다. 재가보살은 모두 우바새·우바이 가운데 속하고, 출가보살은 모두 비구·비구니 가운데 속하는데, 무엇 때문에 (보살대중을) 별도로 설하는 것인가? 답 비록 보누 (성문의) 사중에 속하지만 별도로 설해야 한다. 왜냐하면 이 보살은 반드시 사중 가운데 속하지만, 사중은 보살 가운데 속하지 않을 수 있기 때문이다.(問曰。諸菩薩二種。若出家若在家。在家菩薩。總說在優婆塞優婆夷中。出家菩薩。總在比丘比丘尼中。今何以故別說。答曰。雖總在四衆中。應當別說。何以故。是菩薩必墮四衆中。有四衆不墮菩薩中。)"라고 했다. 곧 보살도 비구·비구니·우바새·우바이의 사중에 속한다고 하는 것에 의거하여 사중이 있다고 한 것이라고 본 것 같다.
[324] 『대지도론』에서 사중이라고 한 것은, 성문의 사중이 각각 다른 계를 받아서 지니는 것과 같은 차별성을 갖는 것을 말하는 것이 아니고, 보살은 모두 동일한 계를 받지만 출가·재가, 남자·여인의 차별이 있기 때문에 비구·비구니·우바새·우바이라고 구별할 수 있음을 말하는 것일 뿐이라는 뜻이다.

(1) 불행이락계 제9 39 (이익과 즐거움을 주는 일을 행하지 않는 일을 하지 마라) : 이롭게 하고 즐겁게 함

不行利樂戒。第九。

경 "불자여, 항상 모든 중생을 교화하여 승방僧坊·산림山林·동산·밭을 건립하고, 불탑을 건립하며, 동안거와 하안거 때 좌선할 곳과 일체의 불도를 수행하는 곳[325]을 모두 건립하도록 해야 한다.[326] 보살은 모든 중생을 위해 대승의 경·율을 강설해야 한다. 질병이 창궐하거나 나라에 재난이 발생하거나, 도적에 의해 재난이 발생하거나, 부모님과 형제와 화상과 아사리 등이 돌아가신 날과 (그와 관련된 의식을 치르는 날인) 삼칠일에서부터 칠칠일까지에 해당되는 날이 되거나 할 때에 또한 대승의 경·율을 강독하고 강설하면서 재회齋會를 열어 복을 구해야 한다. 제방諸方을 오가면서 생활의 방도를 마련하는 것(治生)이 (여의치 않거나,) 큰 불에 의해 태워지거나, 큰 물에 의해 표류당하거나, 거센 바람에 의해 날려가거나, 배를 타고 강물이나 큰 바

---

325 지의의 『보살계본소』 권하(T40, 579a2)에서 "문장 가운데 간략하게 일곱 가지 일을 서술했다. 첫째는 승방이고, 둘째는 산림이며, 셋째는 동산이고, 넷째는 밭이며, 다섯째는 탑이고, 여섯째는 동안거와 하안거 때 좌선하기 위해 안거하는 처소이며, 일곱째는 일체의 불도를 수행이라는 곳이다. 무릇 이러한 것들은 모두 건립해야 하지만 노력을 했는데도 미치지 않았으면 위범이 아니다.(文中略序七事。一僧坊。二山林。三園。四田。五塔。六冬夏坐禪安居處。七一切行道處。凡此流類。悉應建立。力若不及者不犯)"라고 했고, 『범망보살계경의소발은』 권5(X38, 208b10)에서 "'일곱 가지 일'이라는 것은 다음과 같다. 승방에 의해 대중이 모여서 살아갈 수 있고, 산림에 의해 대중을 덮을 수 있으며, 동산에 의해 대중을 쉬게 할 수 있고, 밭에 의해 대중이 양생할 음식을 얻을 수 있으며, 불탑을 세우면 대중이 우러르며 의지할 곳이 있고, 안거가 정해지면 대중이 선정을 닦는 것이 수월해지며, 일체의 불도를 수행하는 곳은 대중이 도업道業을 닦고 정진하는 곳을 통틀어서 논한 것이다.(七事者。僧坊以聚集大衆。山林以覆蔭大衆。園使衆得棲息。田使衆得膳養。佛塔立。則衆瞻依有所。安居定。則衆禪那易修。一切行道處。統論大衆修進道業之處也。)"라고 한 것을 참조할 것.
326 태현의 주석에 따르면, 여기까지는 복업을 닦게 하는 것이다.

다를 건너다가 나찰羅刹을 만나는 재난을 당하거나 할 때에도 또한 이 경·율을 독송하고 강설해야 한다. 내지 일체의 죄의 과보를 받을 때이니 (곧) 세 가지 과보(三報)³²⁷를 받거나 칠역죄와 팔난八難의 과보를 받거나, 수갑(杻)과 족쇄(械)와 목에 씌우는 나무(枷)와 허리에 채우는 쇠사슬(鎖)에 의해 그 몸이 속박당하는 과보를 받거나, 음란함과 분노와 어리석음이 치성하게 일어나는 과보를 받거나 할 경우와 잦은 질병에 시달리거나 할 때에도 모두 이 경·율을 독송하고 강설해야 한다.³²⁸ 처음 발심하여 배움을 시작한 보살이 이와 같이 하지 않는다면 경구죄를 범하는 것이다."

若佛子。常應教化一切衆生。建立僧坊。山林園田。立作佛塔。冬夏安居坐禪處所。一切行道處。皆應立之。而菩薩。應爲一切衆生。講說大乘經律。若疾病。國難。賊難。父母兄弟和上阿闍梨亡滅之日。及三七日。乃至七七日。亦應讀誦講說大乘經律。齋會求福。行來治生。大火所燒。大水所漂。黑風所吹。船舫江河大海羅刹之難。亦應¹⁾讀誦講說此經律。乃至一切罪報。三報²⁾七逆八難。杻械枷鎖。繫縛其身。多婬多瞋多愚癡。多疾病。皆應讀誦講說此經律。而新學菩薩。若不爾者。犯輕垢罪。

―――――――
1) ㉤ '應'이 없다.(갑본) 2) ㉤ '報'를 '惡'이라 했다.(갑본)

述 복덕과 지혜의 두 가지 선은 두 날개나 두 바퀴와 같아서 한 가지가 없으면 뛰어난 과보를 이루기 어렵다. 그러므로 교화하여 불도를 수행할 곳을 세우도록 하는 것은 곧 복덕을 닦는 행위이고, 경을 강설하여 이

―――――――
327 세 가지 과보(三報) : 법장의 『범망경보살계본소』 권6(T40, 652a1)에서 "세 가지 과보라는 것은, 첫째는 현보現報(현세에 지은 선업과 악업에 대하여 현재의 몸으로 선보와 악보를 받는 것)이고, 둘째는 생보生報(현생에 지은 선업과 악업에 대하여 내생에 그에 상응하는 과보를 받는 것)이며, 셋째는 후보後報(현생에 지은 선업과 악업에 대하여 몇 생의 미래를 지나서 과보를 받는 것)이다."라고 했다.
328 태현의 주석에 따르면, 여기까지는 지업智業을 닦게 하는 것이다.

해를 일으키게 하는 것은 곧 지혜를 낳는 행위이다. 복덕을 닦고 지혜를 낳는 것을 이로움이라고 하고, 법력에 의해 재난에서 구제하는 것을 즐거움이라고 한다. 그 차례대로이니 문장의 모양은 알 수 있을 것이다.

述曰。福慧二善。如二翼輪。隨闕一種。勝果難成。是以。敎化立行道處。卽福行也。講經生解。卽智行也。修福生慧名利。法力救難名樂。如其次第。文相可解。

"질병이 창궐하거나"라고 한 것 이하는, 곧 고난苦難에서 구제하는 것이다. "치생治生"이라는 것은 남인南人(강남 사람)은 산업産業을 경영하는 것을 치생이라 한다. 생활의 방도를 도모하는 것이 여의치 않으면 또한 대승을 강설하는 것을 말한다.

疾病下。卽救難也。言行來治生者。南人經營産業爲治生。治生不利。亦講大乘也。

죄의 과보를 구제하는 것 가운데 "세 가지 과보"라는 것은 세 시기에 일어나는 죄의 과보[329]이다. 감옥의 재난에서 구하는 것 가운데 손에 채우는 것을 "뉴杻(수갑)"라고 하고, 발에 채우는 것을 "계械(족쇄)"라고 하며, 목에 채우는 것을 "가枷"라고 하고, 허리에 채우는 것을 "쇄鎖"라고 한다. 모두 업의 과보로 말미암아 이러한 죄의 그물에 걸려들기에 이른 것이다.

---

329 세 시기에 일어나는 죄의 과보 : 과보를 받는 시간의 차별에 따라 셋으로 나눈 것. 첫째는 현보現報이다. 현세에 지은 선업과 악업에 대하여 현재의 몸으로 선보와 악보를 받는 것이다. 둘째는 생보生報이다. 현생에 지은 선업과 악업에 대하여 내생에 그에 상응하는 과보를 받는 것이다. 셋째는 후보後報이다. 현생에 지은 선업과 악업에 대하여 몇 생의 미래를 지나서 과보를 받는 것을 말한다.

"잦은 질병에 시달리거나 할 때에도"라는 것은 (개인이) 기질적 성품에 의해 병이 많은 것 등을 가리키는 것이고, 앞에서 ("질병이 창궐하거나"라고 한 것은) 하늘에 의해 질병이 유행하는 것 등을 가리키는 것이기 때문에 차별이 있다.

救罪報中。報¹⁾者。三時報罪也。救獄難中。在手曰杻。在足曰械。在頸名枷。在腰名鎖。皆由業報。致斯罪網。多疾病者 性多病等。前天行等。故有差別。

1) ㉠ '報' 앞에 '三'이 누락된 것 같다.

모두 대승을 강설할 것을 제정한 이유는, 대승은 중생을 이롭게 하는 것을 근본으로 삼기 때문이다.

何以皆制講大乘者。大乘利生。以爲本故。

경 "이와 같은 아홉 가지 계를 마땅히 배우고 공경하는 마음으로 받들고 수지해야 한다."
「범단품梵壇品」³³⁰에서 설할 것이다.

如是九戒。應當學。敬心奉持。梵壇品中當說。

술 "범단梵壇"³³¹이라고 한 것은 묵빈默擯이라 의역한다. 조복을 받아들

---

330 「범단품梵壇品」: 대본大本『범망경』에 수록된 것으로 추정되는 품의 이름이다.
331 범단梵壇: Ⓢ brahma-daṇḍa의 음사어. 죄를 지은 비구가 진심으로 자신의 잘못을 참회할 때까지 그에게 말을 걸거나 교계하는 것을 금지하는 것. 묵빈이라 의역하는데, '묵'은 침묵하는 것이고, '빈'은 배척하는 것이다. 『사분율행사초자지기四分律行事鈔資持記』 권상(T40, 213a7)에서 "'범단'이라는 것에 대하여 어떤 사람은 이렇게 말했다. '범왕의 궁전 앞에 하나의 단이 있는데, 하늘의 대중 가운데 법대로 행하지 않은 사

이지 않기 때문에 이것에 의해 다스리는 것이다.

言梵壇者。此翻默擯。不受調伏。故以治也。

E) 아홉 가지 계

述 이하의 아홉 가지 계에서 처음의 다섯 가지 계는 계에 의해 섭수하는 것이고, 나중의 네 가지는 자비에 의해 교화하는 것이다. 처음의 다섯 가지는 차례대로 계를 받을 만한 근기根器를 모두 섭수하기 때문이고, 그릇된 것을 간별하기 때문이며, 외적으로 보호하기 때문이고, 내적으로 보호하기 때문이며, 공경하기 때문이다. 나중의 네 가지는 차례대로 창도하기 때문이고, 설법하여 교화하기 때문이며, 악을 막기 때문이고, 바른 것을 보호하기 때문이다. 행해야 할 것을 알아야 한다.

自下九戒。初五以戒攝受。後四以悲敎化。初五如次。攝器故。簡非故。外護故。內護故。恭敬故。後四如次。唱導故。說化故。遮惡故。護正故。所爲應知。

(A) 처음의 다섯 가지 계 : 계에 의해 섭수함

Ⓐ 섭화누실계 제1 40 (섭수하고 교화함에 계를 받을 수 있는 근기인데도 빠뜨려서 잃는 중생이 있는 일을 하지 마라) : 계를 받을 만한 근기를 모두 섭수함

람이 있으면 단 위에 서 있게 하고 다른 하늘들로 하여금 그와 함께 왕래하거나 말을 하지 못하게 하는 것이다.(梵壇者有云。梵王宮前立一壇。天眾不如法者。令立壇上。餘天不與往來交言。)"라고 했다.

攝化漏失戒。第一。

경 부처님께서 말씀하셨다.

"불자여, 사람들에게 계를 줄 때, 국왕·왕자·대신大臣·온갖 관리·비구·비구니·남자 신도·여자 신도·음란한 남자·음란한 여자·18법천十八梵天·육욕천六欲天·남근男根이 없는 이·여근女根이 없는 이·남근과 여근을 모두 가진 이·황문黃門·노비·모든 귀신 등을 가려서 선택하지 말고 다 계를 받게 해야 한다. 몸에 입는 가사는 모두 색色을 무너뜨려 도道와 상응하게 하도록 해야 한다. 모두 청색·황색·적색·흑색·자색紫色 등이면서 (정색을 무너뜨린 색으로) 물들인다. (그 밖의) 모든 종류의 물들인 옷과 와구에 이르기까지 다 색을 무너뜨려야 한다. 몸에 걸치는 옷은 모두 염색染色한다. 여러 나라에서 그 나라 사람들이 입는 옷이 있다면, 비구는 모두 그 나라의 세속인이 입는 옷과 차이가 나는 형태의 옷을 만들어 입어야 한다. 어떤 사람이 계를 받고자 할 때, 법사는 묻되, '너의 현재의 몸은 칠역죄를 짓지 않았는가'라고 해야 하니, 보살법사菩薩法師는 칠역죄를 지은 사람에게 (그러한 상태인) 현재의 몸에 대해서 계를 줄 수 없다. 칠역죄란 부처님의 몸에 피를 내는 것, 아버지를 살해하는 것, 어머니를 살해하는 것, 화상을 살해하는 것, 아사리를 살해하는 것, 갈마법羯磨法과 전법륜승轉法輪僧을 파괴하는 것, 성인을 살해하는 것 등이다. 칠차七遮(七逆罪)를 갖추었으면 현재의 몸으로는 계를 받을 수 없고, 나머지 모든 사람은 다 계를 받을 수 있다. 출가한 사람의 법은 국왕에게 예배하지 않고 부모에게 예배하지 않으며, 육친에게 경배하지 않고 귀신에게 예배하지 않는다. 단지 법사의 말을 이해하는 능력을 갖춘 이로서 백 리나 천 리에서 찾아와 법을 구하는 이가 있는데, 보살법사가 나쁜 마음과 분노하는 마음을 품어 일체중생계一切衆生戒[332]를 주지 않으면 경구죄를 범하는 것이다."

---

[332] 법장의 『범망경보살계본소』 권6(T40, 652b10)에서 "보살계를 가리키니, 이것은 일체

佛言。佛子。與人受戒時。不得簡擇。一切國王王子。大臣百官。比丘比丘尼。信男信女。婬男婬女。十八梵天¹⁾六欲天子。²⁾ 無根二根。黃門奴婢。一切鬼神。盡得受戒。應敎身所著袈裟。皆使壞色。與道相應。皆染使靑黃赤黑紫色。一切染衣。乃至臥具。盡以壞色。身所著衣。一切染色。若一切國土中。國人所著³⁾衣服。比丘。皆應與其俗服有異。若欲受戒時。師應問言。汝現身不作七逆罪耶。菩薩法師。不得與七逆人。現身受戒。七逆者。出佛身血。殺父。殺母。殺和上。殺阿闍梨。破羯磨轉法輪僧。殺聖⁴⁾人。若具七遮。卽現⁵⁾身不得戒。餘一切人。盡得受戒。出家人法。不向國王禮拜。不向父母禮拜。六親不敬。鬼神不禮。但解法師語。有百里千里來求法者。而菩薩法師。以惡心瞋心。而不卽與授一切衆生戒者。犯輕垢罪。

1) ㉺ '天'이 없다.(갑본) 2) ㉺ '子'가 없다.(갑본) 3) ㉺ '著'는 '者'이다.(갑본) 4) ㉺ '聖'을 '上'이라 했다.(갑본) 5) ㉺ '現'이 없다.(갑본)

述 계를 받을 수 있는 근기가 있는데도 선택하지 않고 버린다면, 섭수하고 교화함에 있어서 빠뜨려서 잃는 중생이 있는 허물을 이루기 때문에 제정했다.

述曰。有堪受器。不擇而捨。則成攝化漏失之過。所以制之。

"몸에 입는 옷은 모두 색을 무너뜨리게 해야 한다."라는 것은 별도로 출가자에 대해 제정한 것이다. "가사ⓢ kaṣāya"라는 것은 부정색不正色이라 의역하니, 청색 등의 다섯 가지 색을 말한다. 부정색을 이루기 때문에 괴색壞色이라 한다. 비록 "청색" 등이라고 했지만 정색正色³³³으로서의 청

중생이 받아야 하는 계이고, 받을 수 있는 계이기 때문이다."라고 했다.
333 정색正色 : 기본색이라는 뜻. 대색大色이라고도 한다.

색 등을 가리키는 것은 아니다.[334] 『문수사리문경』에서 "문수가 말하였다. '몇 가지 색의 옷이 있습니까?' 부처님께서 문수에게 말씀하셨다. '대적색 大赤色(본래의 적색)이 아니고, 대황색 大黃色(본래의 황색)이 아니며, 대흑색 大黑色(본래의 흑색)이 아니고, 대백색 大白色(본래의 백색)이 아닌 것이, 청정하고 법과 같은 색이다. 세 가지 법복과 나머지 옷은 모두 이와 같은 색으로 한다. 스스로 물들이거나 다른 사람으로 하여금 물들이게 하거나 하면서 법대로 다듬이질하여 만들고 때맞추어 세탁하여 항상 청결하게 해야 한다. 이와 같이 와구臥具도 청색·황색 등의 잡색雜色(중간색)을 쓴다.'"[335]라고 한 것과 같다.

身所著衣皆依[1]壞色者。別制出家。袈裟。此云不正色。謂靑等五。成不正色。故名壞色。雖言靑等。非正靑等。如文殊問經。文殊白言。有幾色衣。佛告文殊。不太[2]赤色。不太黃。不太黑。不太白。淸淨如法。[3] 三法服及以餘衣。皆如是色。若自染。若令他染。如法擣成。隨時浣濯。常使淸潔。如是臥[4]具。得用靑黃雜色。

1) ㉧ '依'를 '使'라고 했다.(갑본·을본·병본) ㉢ 후자가 맞는 것 같다. 2) ㉢ 『문수사리문경』에 따르면 '太'는 '大'이다. 이하 동일하다. 3) ㉢ 『문수사리문경』에 따르면 '法' 뒤에 '色'이 누락되었다. 4) ㉧ '臥'를 '臣'이라 했다.(갑본·을본·병본)

"(그 밖의) 모든 종류의 물든인 옷" 이히는 나머지 옷의 색을 제정한 것이다. "세속인이 입는 옷과 차이가 나는 형태의 옷을 만들어 입어야 한다."라는 것은 모양도 또한 구별되어야 한다는 것이다. 그러한 이유는 『유교경』에서 "너희 비구들은 스스로 머리를 만져 (아무것도 쓴 것이 없음을 보고, 다른 부위에 있어서도) 이미 미묘하게 장식하는 것을 버렸으며, 괴

---

334 부정색은 정색을 무너뜨려서 얻은 것이라는 말이다.
335 『문수사리문경』 권상(T14, 496c3).

색의를 입었고, 응기應器(발우)를 잡아 지녔으며, 걸식으로 스스로 살아가는 것을 보라. 스스로 이와 같음을 보고 교만한 마음이 일어나면 빨리 소멸시켜야 한다. 교만을 증장시키는 것은 오히려 세속의 재가자도 해서는 안 되는 것이거늘 하물며 출가하여 불도에 들어간 사람임에 있어서랴."336라고 한 것과 같다.

言一切染衣已下。制餘衣色。與俗服有異者。樣亦須別。所以然者。如遺敎云。汝等比丘。當自摩頭。已捨飾妙。著壞色衣。執持應器。以乞自活。自見如是。若起憍慢。當疾滅之。增長憍慢。尙非世俗白衣所宜。何況出家入道之人。

"칠역죄를 지은 사람에게 (그러한 상태인) 현재의 몸에 대해서 계를 줄 수 없다."라고 한 것은 다음과 같다. 어떤 사람은 해석하기를, "아직 칠역죄를 참회하지 않아서 여전히 죄가 현존하기 때문에 '현재의 몸에 대해서 계를 줄 수 없다'라고 했다. 가르침에 의거하여 참회하면 죄가 소멸하여 줄 수 있다.『집법열경』에서 '다라니를 외우면 오역죄五逆罪를 멸한다'337라고 밝힌 것과 같다."338라고 했다. 어떤 사람은 해석하기를, "그렇지 않다.

---

336 『유교경』(T12, 1111b21).
337 『집법열경』은 갖추어서 『집법사고다라니경集法悅捨苦陀羅尼經』이라고 한다. 본 경의 전문은 『관허공장보살경觀虛空藏菩薩經』(T13, 679c29) ·『칠불소설신주경七佛所說神呪經』권2(T21, 544b5) ·『다라니잡집陀羅尼雜集』권9(T21, 631a4) 등에 수록되어 있다. 본 인용문은 이를 취의 요약한 것이다. 좀 더 자세한 내용은 다음과 같다. "부처님의 전신인 차타타遮他陀가 오역죄를 지어 나라에서 체포령이 내려졌다. 그는 두려운 마음에 사문이 되어 수행했지만, 오역죄의 장애로 인해 선정의 상태에 들 수 없어서 괴로워했다. 어느 날 큰 발우 속에 든 '집법열사고다라니'를 얻어서 이 경을 부지런히 독송했더니 죄가 소멸되었다."
338 『집법열경』이전까지는 법장이 『범망경보살계본소』권6(T40, 652b1)에서 주장한 것과 같다. 의적이 『보살계본소』권하(T40, 657a5)에서 제시한 다른 학자의 견해에는 『집법열경』까지 포함되어 있다. 따라서 본 주장의 선구자는 법장이 아니고 의적 이전의 학

(오역죄를 멸한다고만 했을 뿐이고) 참회하고 나서 계를 받을 수 있다는 글은 없기 때문이다."³³⁹라고 했다.

"칠차를 갖추었으면"이라고 한 것은, 낱낱의 죄가 갖추어야 할 조건을 성립시키는 것이기 때문이고, 일곱 가지의 수를 갖추어야만 비로소 그렇게 되는 것을 말한 것은 아니다.³⁴⁰ ("갈마법과 전법륜승을 파괴하는 것"이란 다음과 같다.) 법륜승을 파괴할 때에 (바로) 갈마승羯磨僧에 대한 파괴가 이루어지는 것은 아니다.³⁴¹ 그러나 갈마법羯磨法을 비방하는 것과는 관련이 있다. 그러므로 "갈마법을 파괴하는 것"이라고 했을 뿐이고, '갈마승'이라고 하지는 않았다. 오직 갈마승만 파괴하는 것만으로는 차난遮難³⁴²이 성립되지 않는다. 오직 법륜승을 파괴하는 것만을 취해도 하나의 역죄가 성립된다.『선생경』에서 "보리심을 발한 중생을 죽이면 보살계를 받을 수 없다."³⁴³라고 했는데, 이(칠차) 가운데 어디에 포섭되는가? 화

자라고 할 수 있다.
339 의적이『보살계본소』권하(T40, 657a21)에서 앞의 주장을 소개하고, "비록 이러한 말씀이 있지만 아직 진실한 증거가 될 수는 없다. 이 경은 단지 경전에 의지한 힘으로 죄를 소멸하는 것을 말했을 뿐이고, 그것에 의해 보살계菩薩戒를 받을 수 있다고는 말하지 않았다. 그러므로 다시 본문을 상고詳考해 보아야 한다."라고 한 것을 요약한 것으로 보인다.
340 칠차 중 하나만 해당되어도 계를 받을 수 없다는 말이다.
341 『대비바사론』권116(T27, 602b24)에서 "㉠ 법륜승을 무너뜨리는 것과 갈마승을 무너뜨리는 것은 어떤 차이가 있는가? ㉡ 갈마승을 무너뜨리는 것은 동일한 계界 안에서 두 부류의 승가를 형성하여 각각 별도로 머물면서 포살을 하는 것이다. 법륜을 무너뜨리는 것은 다른 스승과 다른 도를 세우는 것이다. 예컨대 제바달다가 '내가 큰 스승이다. 내가 설한 다섯 가지 법, 분소의를 입고, 항상 걸식하며, 오직 일좌식一座食만 하고, 항상 노지露地에 머물며, 일체의 어육魚肉을 먹지 않는 것에 의해 열반을 증득하고, 교답마(부처님)가 설한 팔정도八正道에 의해 열반을 증득하는 것은 아니다'라고 하는 것과 같은 것이다."라고 한 것을 참조할 것. 제바달다는 법륜을 무너뜨리는 행위를 한 뒤에 다른 계에서 다른 시간에 포살을 행했기 때문에 법륜승을 무너뜨리기는 했지만 갈마승을 무너뜨린 것이라고는 할 수 없다는 말이다.
342 차난遮難 : '차'란 자성으로서의 악은 아니지만 계를 받는 것에는 장애가 되는 죄, '난'이란 자성으로서의 악이기 때문에 계를 받는 것에 장애가 되는 죄를 가리킨다
343 『우바새계경』권3(T24, 1047c24).

상과 아사리의 부류에 나아가서 말한 것이니, 그들은 먼저 불도에 들어간 이들이기 때문이다.

言不得與七逆人現身受戒者。有說。未懺七逆。猶罪現存。故言現身不得戒。若依敎懺。罪滅應得。如集法悅經辨。[1] 誦陀羅尼。滅五逆罪。有說。不然。無文懺已得受戒[2]故。言若具七遮者。以一一罪。具緣成故。非謂要具七數方爾。破法輪僧時。不破羯磨僧。然謗羯磨法。是故唯言破羯磨。不言僧也。唯破羯磨僧。不爲遮難。唯取破輪。立爲一逆。善生經云。殺發菩提心衆生。不得受菩薩戒。此中何攝。謂卽和上闍棃類也。彼先入故。

---

1) ㉔ '辨'을 '辦'이라고 했다.(갑본·을본·병본) 2) ㉔ '戒'를 '破'라고 했다.(갑본·을본·병본)

"(출가한 사람의 법은) 국왕에게 예배하지 않고" 등이라고 한 것은, 국왕 등은 계를 지녔든 계를 지니지 않았든 모두 (그 공덕이) 출가의 공덕만 못하니, 이에 곧 출가자가 재가자에게 예배하면 재가자가 곧 한량없는 죄를 얻기 때문이다.

言不向國王禮拜等者。謂國王等。有戒無戒。一切。不如出家功德。是卽出家。若禮在家。在家卽得無量罪故。

ⓑ 악구제자계 제2 ㊶ (이치에 맞지 않게 제자를 구하는 일을 하지 마라) : 그릇된 것을 간별함

惡求弟子戒。第二。

경 "불자여, 사람을 교화하여 믿는 마음을 일으키게 했을 때, 보살은 다른 사람에게 계를 가르쳐 주는 법사가 되어 계를 받고자 하는 사람을 마주하고서 두 분의 스님에게 화상과 아사리가 되어 줄 것을 요청하도록 가르쳐야 한다. 두 스님은 묻되, '그대는 칠차죄七遮罪를 지은 일이 있는가'라고 해야 하고, 현재의 몸으로 칠차를 지은 일이 있다면, 계를 주어서 받도록 하는 일은 해서는 안 된다. 칠차죄를 지은 일이 없으면 계를 받을 수 있다. 10계를 범한 일이 있으면 참회하도록 가르치되, 부처님과 보살의 형상 앞에서 날마다 여섯 때에 10중계와 48경계를 염송하고, 또 과거·현재·미래의 천 분의 부처님께 빠짐없이 예배 드리며 호상을 볼 수 있도록 해야 한다. 일칠일, 이칠일, 삼칠일에서부터 1년이 될 때까지라도 호상을 보기를 기다려야 한다. 호상이란 부처님께서 오셔서 정수리를 만져 주시거나, 광명이나 꽃 등과 같은 여러 가지 기이한 모습을 보는 것이니, 이렇게 되면 죄를 멸할 수 있게 된다. 호상을 보지 못하면 비록 참회해도 이익 되는 것이 없으니, 이러한 사람은 현재의 몸으로는 (구계舊戒를 잃어서) 또한 계를 얻을 수 없지만, (신계新戒를) 더하여 계를 받을 수는 있다. 만약 48경계를 범했을 경우라면, 대수참對首懺[344]을 행하면 죄가 소멸된다. (따라서 10중계와 48경계는 영원히 계를 받을 수 없는) 칠차죄와는 같지 않다. 교계사敎誡師(가르치고 훈계하는 스님)는 이러한 법을 낱낱이 잘 알아야 한다. 대승의 경·율에 있어서 경죄와 중죄, 옳은 것과 그릇된 것의 모양을 알지 못하고, 제일의제第一義諦를 알지 못하며, 습종성習種姓과 장양성長養姓과 불가괴성不可壞姓과 도성道性과 정성正性을 알지 못하며, 그[345] 가운데에 있는 많고 적은 관행觀行과 10선지十禪支를 들고 나는 것 등

---

344 대수참對首懺 : '참懺'은 '회悔'라고도 한다. 다른 보살승을 청하여 참회주懺悔主로 삼고 자신이 지은 죄를 고백하면서 참회하는 것. 참회주에게 두 손을 모아서 참회하면서 인사하기 때문에 대수참對手懺이라고도 하고, 참회주를 마주하고 죄를 진술하기 때문에 대수참對首懺이라고도 한다.
345 그 : 습종성 등의 행법이 섭수하고 있는 관행을 가리키는 말이다. 이는 법장이『범망경보살계본소』권6(T40, 653a13)에서 "넷째는 행법을 알지 못하는 것이다. 앞의 여러

의 일체의 행법行法에 대해서도 낱낱이 이 법의 정확한 뜻을 알지 못하면서도,
보살이 이양을 위하기 때문에, 명예를 위하기 때문에 이양을 탐하면서 제자를
이치에 맞지 않게 구하고(惡求) 만족할 줄 모르고 구하여(多求) 거짓으로 모든
경·율을 알고 있는 것 같은 모습을 보이면, 공양을 받기 위해 스스로 속이고,
또한 다른 사람을 속이는 것이다. 이런 의도를 가지고 사람들에게 계를 전해
주면 경구죄를 범하는 것이다."

若佛子。教化人起信心時。菩薩與他人。作教戒法師者。見欲受戒人。應教
請二師和上阿闍梨。二師應問言。汝有七遮罪不。若現身有七遮。師不應與
受戒。無七遮者。得受。若有犯十戒者。應教懺悔。在佛菩薩形像前。日夜
六時。誦十重四十八輕戒。若到禮三世千佛。得見好相。若一七日。二三七
日。乃至一年。要見好相。好相者。佛來摩頂。見光華種種異相。便得滅罪。
若無好相。雖懺無益。是人現身。亦不得戒。而得增受戒。若犯四十八輕戒
者。對首懺。罪滅。不同七遮。而教戒師。於是法中。一一好解。若不解大乘

> 계위에서의 많고 적은 관행觀行과 선정에 들어가고 선정에서 나오는 것 등의 문제分
> 齊를 말한다."라고 한 것에 따른 해석이다. 승장은 "많고 적은 관행(多少觀行)"을 개
> 별화하여 팔승처八勝處를 닦는 것으로 보았다. 곧 『범망경술기』 권하(X38, 436c15)에
> 서 "많거나 적게 관찰하는 행'이라는 것은 팔승처八勝處를 닦는 것이다. 많거나 적
> 은 것을 따라 여러 색을 관찰하기 때문이다. 혹은 '많고 적게 관찰하는 행'은 그 경우
> 에 따라 행하는 것이고, 나머지 다른 행에서는 많든 적든 정해진 분량에 따라 관찰하
> 는 행을 말한다."라고 했다. 팔승처는 욕계의 색처色處를 관찰하여 이를 조복시키고
> 탐욕스런 마음을 제거하는 여덟 가지 단계를 가리킨다. '승처'는 경계를 능히 제압하
> 고 조복하기 때문에 붙여진 이름이다. 그 여덟 가지는, 첫째는 내적으로 색의 상(色想
> : 색에 탐착하는 상)이 있어서 외부의 적은 색을 관찰하는 것이고. 둘째는 내적으로 색
> 의 상이 있어서 외부의 많은 색을 관찰하는 것이며, 셋째는 내적으로 색의 상이 없지
> 만 보다 견고하게 하기 위해 외부의 적은 색을 관찰하는 것이고, 넷째는 내적으로 색
> 의 상이 없지만 보다 책려하기 위해 외부의 많은 색을 관찰하는 것이며, 다섯째는 내
> 적으로 색의 상이 없지만 외부의 청색을 관찰하는 것이고, 여섯째는 내적으로 색의
> 상이 없지만 외부의 황색을 관찰하는 것이며, 일곱째는 내적으로 색의 상이 없지만
> 외부의 적색을 관찰하는 것이고, 여덟째는 내적으로 색의 상이 없지만 외부의 백색을
> 관찰하는 것 등이다.

經律。若輕若重。是非之相。不解第一義諦。習種性。長養性。不可壞性。道種性。正法性。其中多少觀行。出入十禪支。一切行法。一一不得此法中意。而菩薩。爲利養故。爲名聞故。惡求多求¹⁾貪利弟子。而詐現解一切經律。爲供養故。²⁾ 是自欺詐。亦欺詐他人。故與人受戒者。犯輕垢罪。

1) ㉘ '多求'가 없다.(갑본) 2) ㉘ '爲供養故'가 없다.(갑본)

술 "두 분의 스님에게 요청하도록 가르쳐야 한다."라는 것은, 화상은 계를 얻는 근본이고, 아사리야阿闍梨耶(아사리)는 계를 얻는 인연이 되기 때문이다. 『관보현보살행법경』에서 다섯 분의 스승에게 요청하는 것[346]은 깊이 존중하는 마음을 내기 때문이고, 『유가사지론』에서 오직 한 분의 스승에게 요청하는 것[347]은 한 사람이 많은 일을 짓는 뜻이 있기 때문이다. 『보살선계경』에서는 "스승에 두 종류가 있다. 첫째는 볼 수 없는 것이니 모든

---

[346] 『관보현보살행법경觀普賢菩薩行法經』(T9, 393c22)에서 "지금 석가모니불께서는 저의 화상이 되어 주시고, 문수사리께서는 저의 아사리가 되어 주시며, 미래의 부처님이신 미륵께서는 원하옵건대 저에게 법을 전수해 주시고, 시방의 모든 부처님께서는 원하옵건대 저를 증명해 주시며, 대덕인 모든 보살께서는 원하옵건대 저의 도반이 되어 주소서.(今釋迦牟尼佛爲我和上。文殊師利爲我阿闍黎。當來彌勒願授我法。十方諸佛願證知我。大德諸菩薩願爲我伴。)"라고 했다. 이 글과 법장의 『범망경보살계본소』권6(T40, 652c6)에서 "또한 『보현관경』에서 '다섯 분의 스승에게 청하라'고 한 것은 볼 수 없는 스승 가운데 청하는 것이다.(又普賢觀經請五師者。於不可見師中請也。)"라고 한 것에 의거하면, 본문의 '三'은 '五'의 오자라고 하는 것이 타당할 것 같다.

[347] 『유가사지론』 권40(T30, 514b14)에서 "보살로서 이와 같은 보살이 배워야 할 세 가지 계장(三種戒藏)을 부지런히 닦고 배우고자 한다면, 재가자이든 출가자이든 먼저 위없는 바르고 평등한 보리에 대해 큰 서원을 발하고 나서 마땅히 함께 대승법을 따르는 보살로서 이미 큰 서원을 발하였고, 계를 잘 아는 지혜가 있고, 계를 잘 설하는 능력이 있으며, 언어에 의지하여 나타낸 이치를 사람들에게 잘 전해 줄 수 있고, 그것을 잘 이해하게 할 수 있는 조건을 갖추고 있는 사람인지의 여부를 자세히 알아보고 찾아가서 계를 줄 것을 요청해야 한다. 이와 같은 공덕을 갖춘 뛰어난 보살이 있는 곳에 가서 먼저 두 발에 예를 올리고 이와 같이 요청한다. '저는 이제 선남자가 있는 곳에서, 혹은 장로가 계시는 곳에서, 혹은 대덕이 계시는 곳에서 모든 보살의 청정한 계를 받기를 원합니다. 오직 바라옵건대 잠깐만이라도 피곤함을 사양하지 마시옵고 불쌍히 여기는 마음으로 계를 주실 것을 허락하소서.'"라고 한 것을 참조할 것.

부처님과 보살을 말한다. 둘째는 볼 수 있는 것이니 계를 주는 스승을 말한다."³⁴⁸라고 하였고, 또한 (『보살선계경』에서) "(보살계를 받은 이가) 부처님과 보살에게서 받은 것이라고 생각하지 않으면 보살계라고 하지 않는다."³⁴⁹라고 했으니, 통합하여 설한 것이고,³⁵⁰ 스승이 될 분을 억상憶想하여 마주해야 한다는 것을 알아야 한다.

述曰。應教請二師者。和上。是得戒之本。阿闍梨耶。得戒因緣故。普賢觀經。請三¹⁾師者。生慇重故。瑜²⁾伽。唯請一師者。一人能作多事義故。善戒經云。師有二種。一是不可見。謂諸佛菩薩。二是可見。謂授戒師。又云。若不於佛菩薩受者。不名菩薩戒。當知通說。想對所師。

1) ㉑ '三'은 '五'인 것 같다. 자세한 이유는 앞의 주석을 참조할 것. 2) ㉔ '瑜'를 '喩'라고 했다.(갑본)

("그대는 칠차죄를 지은 일이 있는가"라고 하여) 칠차죄를 지은 일이 있는지를 묻는 것은 이 계를 받는 것을 장애하기 때문이다. 『보살선계경』에서는 덕德을 갖춘 것에 나아갔기 때문에 열 가지 일을 묻고서 이를 갖추었으면 비로소 받을 수 있다고 했으니, 먼저 성문계를 받았는지 등을 확인하는 것을 말한다.³⁵¹

---

348 『보살선계경』(T30, 1014c5, No.1583).
349 『보살선계경』 권4(T30, 983c6, No.1582)에서 "보살로서 보살계를 수지하는 이는 끝내 자신이 받은 계가 화상이나 스승에게서 받은 것이라고 생각하지 않고, 스스로 시방의 모든 부처님과 보살에게서 받은 것이라고 생각한다. 자신이 스승과 화상으로부터 계를 받았다고 생각한다면 보살계라고 하지 않는다. 시방의 부처님과 보살에게서 받은 것이라고 생각한다면 보살계라고 한다.(菩薩。受持菩薩戒者。終不自念。我所受戒齊。從和上師邊受得。自念乃從十方諸佛菩薩邊受。我若從師及和上邊受得戒者。不名菩薩戒。若從十方佛菩薩邊所受得者。乃名菩薩戒)"라고 한 것을 참조할 것.
350 『관보현보살행법경』은 볼 수 없는 스승을 든 것이고, 『유가사지론』은 볼 수 있는 스승을 든 것인데, 『보살선계경』에서 이를 회통했다는 말이다.
351 『보살선계경』(T30, 1014b11). 법장의 『범망경보살계본소』 권6(T40, 652c10)에서 "대승과 소승의 두 가지 뜻에 의거하면, 『선계경』에서는 덕에 나아가서 통틀어서 열 가지

問七遮者。障此戒故。若善戒經。約具德故。問十種事。具方得受。謂先受
聲聞戒等。

문 『우바새계경』에서 우바새계를 받을 때 15차난이 있다고 했는데,³⁵²
(여기에서는) 무엇 때문에 세속인(재가보살)을 통틀어서 오직 칠차를 묻는
것인가?

답 그것(『우바새계경』)은 근사近事³⁵³의 체성體性에 의거한 것이고, [이
것(『범망경』)은 근사의 용성用性에 의거한 것이기 때문에] 서로 어긋나지 않
는다.

일을 물었다. 그리고 이를 갖추었으면 비로소 계를 준다고 했다. ① 세 가지 계를 모
두 받았는가. (세 가지 계라는 것은) 오계(우바새계)·10계(사미계)·구족계(비구계)이
다. 그 경은 출가보살에 나아갔기 때문에 이 세 가지 계를 갖추어야 비로소 보살계를
받을 수 있는 것이다. ② 보리심을 발했는가. ③ 진실로 보살인가. ④ 일체의 내외의
소유물을 버릴 수 있는가. ⑤ 몸과 목숨을 아끼지 않을 수 있는가. ⑥ 탐욕이 일어나
는 곳에서 탐욕심을 내지 않을 수 있는가. ⑦ 분노가 일어나는 곳에서 분노심을 내지
않을 수 있는가. ⑧ 어리석음이 일어나는 곳에서 어리석은 마음을 내지 않을 수 있는
가. ⑨ 두려움이 일어나는 곳에서 두려운 마음을 내지 않을 수 있는가. ⑩ 나에게 받
은 일체의 보살계를 따를 수 있는가."라고 했다.

352 『우바새계경』 권3(T24, 1047c15)에서 "① 부모·처자·노비·국주國主(국왕)에게 허락
받았는가. ② 일찍이 불佛·법法·승僧에 속하는 물건과 다른 사람의 물건과 관련하
여 부채를 진 적이 없는가. ③ 지금의 신체에 내석으로든 외석으로든 몸과 마음에 병
이 없는가. ④ 비구·비구니에게 비법非法을 저지르지 않았는가. ⑤ 오역죄를 짓지
않았는가. ⑥ 법을 훔치기 위해서 계를 받으려는 사람이 아닌가. ⑦ 이근인二根人이
나 무근인無根人이 아닌가. ⑧ 팔계재八戒齋를 파괴한 일이 있지 않은가. ⑨ 부모와
스승이 병들었는데 버리고 가지는 않았는가. ⑩ 보리심을 발한 사람을 죽이지 않았는
가. ⑪ 현전승물을 훔치지 않았는가. ⑫ 양설兩舌을 하지 않았는가. ⑬ 악구惡口를 하
지 않았는가. ⑭ 어머니와 자매에게 비법을 행하지 않았는가. ⑮ 대중에게 망어妄語
를 하지 않았는가."라고 했다.
353 근사近事 : 재가신자를 일컫는 말. 남자인 경우 근사남近事男(優婆塞, ⑤ upāsaka)이라
하고, 여성인 경우 근사녀近事女(優婆夷, ⑤ upāsikā)라고 한다. 선법과 선사善士와 불
법을 친근히 하고 받들어서 몸과 말의 허물을 방호함을 나타낸다.

問. 優婆塞戒經說. 受優婆塞戒. 有十五遮難. 何故. 通俗唯問七遮. 答. 彼依近事性故. 不相違.

"참회하도록 가르치되"라고 한 것은, 『열반경』에서 "세간에 두 부류의 건전한 사람이 있다. 첫째는 악행을 하지 않으려고 하는 사람이고, 둘째는 악행을 하고 나서는 참회할 수 있는 사람이다."[354]라고 한 것과 같다. 이러한즉 어떤 사람이 허물을 없애고 고치는 것에 있어서 이보다 큰 것은 없다. 『유가사지론』에서 "참회는 지극한 마음에 있는 것이다. 세존께서 '이미 지은 죄에 있어서 의요意樂로 말미암아 나는 벗어날 수 있다고 말하니, 치벌에 의해 벗어날 수 있는 것은 아니다'라고 한 것과 같다."[355]라고 한 것과 같다. 말하자면 참괴慚愧라는 약은 죄라는 독을 제거하는 것이다. 『보살선계경』에 의거하면, 보살이 죄를 덮는 것은 본래 지은 죄보다 무거운 것이니, 만약 승잔죄僧殘罪를 숨기면 곧 바라이죄를 짓는 것이다.[356] 이것들(죄를 덮은 것)은 실제로 지은 죄품罪品을 따라서 (그보다 더 중한 죄를 짓는 것이다. 그러나) 성문이 (자신의 죄를) 덮었다면 단지 돌길라이다.[357]

言教懺者. 如涅槃經云. 世間有兩種健人. 一欲不作惡. 二作已能悔. 是則

---

[354] 36권본 『열반경』 권24(T12, 762c7)에서 "세상에 두 종류의 사람이 있으니, 우담발화처럼 매우 희유하다. 첫째는 악법을 행하지 않는 사람이고, 둘째는 죄가 있으면 참회할 수 있는 사람이다."라고 한 것을 참조할 것.
[355] 『유가사지론』 권69(T30, 679a29)의 내용을 취의 요약한 것이다.
[356] 동일한 문장은 찾을 수 없다. 단 『보살선계경』(T30, 1015b29)에서 "비구가 파야제죄를 범하고 참괴慚愧하지 않고 참회懺悔하지도 않으며 보살계를 청하면 투란차죄를 얻는다. 비구가 투란차죄를 범하고 참괴하지 않고 참회하지 않고 보살계를 청하면 승가바시사죄를 얻는다. 비구가 승가바시사죄를 범하고 참괴하지 않고 참회하지 않고 보살계를 청하면 바라이죄를 얻는다."라고 했는데, 그 참괴하지 않고 참회하지 않는 것을 곧 죄를 덮는 것과 같은 의미라고 본다면 문맥이 통할 수 있다.
[357] 보살은 의지意地를 근본으로 삼기 때문에 죄를 덮은 것을 본래의 죄보다 더 큰 것이라고 판단하지만, 성문은 신업·어업을 근본으로 삼기 때문에 단지 가벼운 죄인 돌길라를 짓는 것이라고 판단한다.

誰人無過改。莫大焉。如瑜伽云。懺在至心。如世尊言。於所犯罪。由意樂故。我說能出。非治罰故。謂慚愧藥。殺罪毒也。依善戒經。菩薩覆罪。重於本罪。且[1)]覆僧殘。卽波羅夷。此等隨品。若聲聞覆。但突吉羅。

1) ㉘ '且'를 '但'이라고 했다.(갑본·을본·병본)

"과거·현재·미래의 천 분의 부처님"이라는 것은, 법장 스님이 해석하기를, "과거 장엄겁에 출현하신 화광불 등의 천 분의 부처님과 현재 현겁에 출현하시는 구류손불 등의 천 분의 부처님과 미래 성수겁에 출현하시는 일광불 등의 천 분의 부처님이다."[358]라고 했는데, 이것은 나타나는 것에 따라서 설한 것이고, 이치상으로는 일체의 부처님을 통틀어서 일컫는 것이다.

"호상을 보지 못하면 비록 참회해도 이익 되는 것이 없으니"라고 한 것은, 이것은 상품上品의 번뇌(纒)에 의해 위범하여 계를 잃은 것에 나아가서 설한 것이고, 중품과 하품의 번뇌와 관련된 것은 아니다.[359] 『유가사지론』에서 "또한 이 보살이 행하는 모든 종류의 위범은 모두 악작惡作(돌길라)에 포섭되는 것을 알아야 한다. 능력(力)이 있고, 말로 표현된 뜻을 알 수 있고 받아들일 수 있는 소승과 대승의 보특가라에게 발설하고 참회하여 소멸해야 한다. 만약 보살들이 상품의 번뇌에 의해 타승처법을 위범하면 계율의戒律儀를 잃게 되니, 응당 다시 받아야 한다. 중품의 번뇌에 의해 (위범했을 경우는) 세 명 혹은 그 보다 많은 수의 사람을 마주하고, 자신이 지은 죄를 진술하고 참회해야 한다. 하품의 번뇌로 위와 같은 타승처법을 위범했거나 나머지【경죄를 '나머지'라고 한다.】를 위범했으면, 한 사람을 마주하고 동일하게 해야 하고, 만약 수순할 만한 보특가라, 곧 마주하

---

358 『범망경보살계본소』 권6(T40, 652c22).
359 『유가사지론』에 따르면, 중품과 하품의 번뇌에 의해 중계를 범했을 경우에는 계를 잃지 않고 참회에 의해서 죄가 소멸되기 때문에 호상을 보지 않아도 된다는 말이다.

여 발설하고 계를 범한 것을 참회하여 제거해 줄 만한 보특가라가 없다면, 깨끗한 의요意樂로 스스로 맹서하는 마음을 일으켜, '나는 결정코 막고 지켜 앞으로는 끝내 다시 계를 범하지 않겠다'라고 한다."³⁶⁰라고 한 것과 같다.

지금 여기에서 "비록 참회해도 이익 되는 것이 없으니"라고 한 것은 다음과 같다. 법장 스님과 의적 스님이 해석하기를, "상품의 번뇌에 의해 위범할 경우에만 계를 잃는 것이다. 만약 호상을 보면 이전에 받은 계(舊戒)가 다시 살아나니 다시 받아야 하는 것은 아니다. 만약 호상을 보지 못했으면 이전에 받은 계를 이미 잃었기 때문에 '현재의 몸으로는 계를 얻을 수 없다'라고 했다. 이미 칠차를 범하지 않았으면, (호상을 보지 못해도 신계新戒는) 다시 받을 수 있기 때문에 '더하여 계를 받을 수는 있다'라고 했다."³⁶¹라고 했다.

言三世千佛者。法藏師云。過去莊嚴劫華光佛等一千佛。現在賢劫俱留孫等一千佛。未來星宿劫日光佛等一千佛。此隨顯說。理通一切。言若無好相雖懺無益者。此約上纏犯失者說。非中下纏。如瑜伽云。又此菩薩。一切違犯。當知。皆是惡作所攝。應向有力。於語表義。能覺能受小乘大乘補特伽羅。發露悔滅。若諸菩薩。以上品纏。犯他勝處。失戒律儀。應當更受。若中品纏。應對三人。或過此數。陳所犯悔。若下品纏。犯他勝處及餘違犯【輕罪名餘】。應對一人。若無隨順補特伽羅。可對發露。悔除所犯。以淨意樂。起自誓心。我當決定防護。當來。終不重犯。今此中言雖懺無益者。藏師及寂

---

360 『유가사지론』 권41(T30, 521a20).
361 법장이 『범망경보살계본소』 권6(T40, 652c27)에서 설한 것과 그 문장이 거의 일치한다. 의적은 『보살계본소』 권하(T40, 686a4)에서 기존의 견해를 소개하면서 좀 더 구체적으로 서술하였는데, 그 취지는 동일하다. 법장과 의적의 주장을 "상품의 번뇌에 의해 위범할 경우에만 계를 잃는 것이다."라는 부분까지로 보는 것도 가능하지만, 뒷부분도 문장이 법장과 거의 같기 때문에 좀 더 확대하였다.

師云。上纏失戒。若得好相。舊戒還生。更不須受。若不得相。舊戒已失。故言現身不得戒。旣非七遮更受。故言而得增受戒。

"칠차죄와는 같지 않다."라는 것은, 맺으면서 중죄와 경구죄를 범하는 것은 칠차죄가 영원히 계를 받을 수 없는 것과는 같지 않음을 나타낸 것이다. "낱낱이 잘 알아야 한다."라는 것은, 『유가사지론』에서 "오직 덕이 있는 사람을 좇아야 한다."[362]라고 했으니, 그곳에서 자세하게 설한 것과 같다. 경에서 "부부가 서로 스승이 되는 것을 허락한다."[363]라고 한 것은, 또한 덕이 있어야 하는 것을 전제로 한 것이기 때문이다.

言不同七遮者。結顯犯重及輕垢罪。不同七遮永不得受。言一一好解者。如瑜伽云。唯從有德。如彼廣說。經許夫婦互爲師者。亦有德故。

"대승을 알지 못하고" 등이라는 것은 교법敎法을 알지 못하는 것이고, "제일의제를 알지 못하며"라는 것은 이법理法을 알지 못하는 것이며, "습종성" 등이라는 것은 행과법行果法이다. "습종성"은 곧 10발취이니, 처음

---

[362] 『유가사지론』 권40(T30, 514b14)에서 "보살로서 이와 같은 보살이 배워야 할 세 가지 계장(三種戒藏)을 부지런히 닦고 배우고자 한다면, 재가자이든 출가자이든 먼저 위 없는 바르고 평등한 보리에 대해 큰 서원을 발하고 나서 마땅히 함께 대승법을 따르는 보살로서 이미 큰 서원을 발하였고, 계를 잘 아는 지혜가 있고, 계를 잘 설하는 능력이 있으며, 언어에 의지하여 나타낸 이치를 사람들에게 잘 전해 줄 수 있고, 그것을 잘 이해하게 할 수 있는 조건을 갖추고 있는 사람인지의 여부를 자세히 알아보고 찾아가서 계를 줄 것을 요청해야 한다."라고 했다. 또한 『유가사지론』 권40(T30, 515a23)에서 "오직 지혜만 있고 믿음이 없는 사람, 육폐六蔽(중생의 청정한 마음을 가리는 여섯 가지 악한 마음), 곧 간심慳心(慳貪心) · 파계심破戒心 · 진에심瞋恚心 · 해태심懈怠心 · 난심亂心(散亂心) · 치심癡心(愚癡心)(육폐는 차례대로 보시 · 지계 · 인욕 · 정진 · 선정 · 지혜 등의 여섯 가지 바라밀을 장애함)을 지닌 사람에게는 계를 받아서는 안 된다."라고 했다.
[363] 『본업경』 권하(T24, 1021b13).

으로 훈습하기 때문이다. "장양성"은 곧 10장양성이니 점차 증장하기 때문이다. "불가괴성"은 10회향(10금강)이니 이미 견고하기 때문이다. "도종성(도성)"은 순결택분順決擇分[364]이니 성도로 인도하기 때문이다. 비록 10회향에 섭수되지만 별도로 설하는 것이 일반적이다. 이로 말미암아 『인왕경』에서 10회향위를 모두 도종道種이라 했다.[365] "정법성(정성)"은 곧 성종성이니, 통틀어서 불지佛地에 포섭된다. 이미 진성眞性을 깨달았기 때문에 정법성이라 한다.

"10선지"라고 한 것은, 18선지[366]에서 (중복되는 것을) 모두 묶어서 10지로 만든 것이다. 희喜·낙樂·정定 등이 지위에 따라서 달라지지만 이름과 뜻은 동일하기 때문이다. 무엇을 열 가지라 하는가. 심尋(覺 : 거친 마음 활동)·사伺(觀 : 미세한 마음 활동)·희喜(기쁨)·낙樂(즐거움)·정定(心一境性)·내등정內等淨(內淨 : 동등하게 상속하는 청정한 믿음)·사捨(行捨 : 마음이 온전히 평정한 상태)·염념(正念)·정지正知(安慧)·사수捨受(不苦不樂受)이다. 비록 내등정이 곧 사·염·정지임을 알지라도, 총괄적인 것과 개별적인 것에 차이가 있기 때문에 개별적으로 세워서 수에 넣었다. 전하는 설이 이와 같다.[367]

---

364 순결택분順決擇分 : 유식종에서 시설한 오위五位 중 두 번째인 가행위加行位에서 수습하는 것. 곧 난煖·정頂·인忍·세제일법世第一法 등을 통틀어서 순결택분이라 한다. 오위 중 첫 번째인 자량위資糧位는 29심二十九心(10주·10행·10회향 중 앞의 아홉 가지)과 제10 회향의 일부를 포함하고, 가행위는 제10 회향의 만위滿位에서 진유식성眞唯識性에 머물기 위해 사심사四尋思와 사여실지四如實智를 산출하는 난·정·인·세제일법 등의 사선근을 닦는 지위이다.
365 『인왕호국반야경仁王護國般若經』 권상(T8, 836b29)에서 "도종성보살道種性菩薩은 10회향을 닦고 10인심十忍心을 일으킨다."라고 했다.
366 18선지 : 색계 사선四禪의 18가지 공덕법. 초선에 다섯 가지, 곧 각覺·관觀·희喜·낙樂·정定이고, 이선에 네 가지, 곧 내등정內等淨·희·낙·정이며, 삼선에 다섯 가지, 곧 사捨·염념·정지正知·낙·일심이고, 사선에 네 가지, 곧 사수捨受(不苦不樂)·사捨·염념·일심이 있으니, 이를 통틀어서 18선지라고 하고, 사선에 있어서 공통된 공덕법을 제거하고 남은 것만 일컬을 경우는 10선지라고 한다.
367 『범망경술기』 권하(X38, 436c18)에서 "'10선지'라는 것은 18선지十八禪支를 (중복된 것을) 정리하여 10지가 된 것이다. 곧 색계의 사정려四靜慮 중 초정려初靜慮에 다섯

言若不解大乘等。不了敎法也。言不解第一義諦。不了理法也。習種姓等。
行果法也。習種姓。卽十發趣。初熏習故。長養性。卽十長養性。漸增長故。
不可壞性。十迴向也。已堅固故。道種姓。順決擇分。引聖道故。雖迴向攝。
別說如常。由此。仁王。十迴向位。皆名道種。正法性者。卽聖種姓。通攝佛
地。已了眞性。名正法性。言十禪支。總束十八爲十支也。喜樂定等。隨地
雖別。名義同故。何等爲十。謂尋伺喜樂定內等淨捨念正知及以捨受。雖
知內等淨。卽捨念正知[1] 總別異故。別立爲數。傳說如此。

1) ㉮ '知'를 '智'라고 했다.(을본·병본)

"이치에 맞지 않게 구하고"라고 한 것은, 법에 어긋나게 이익을 구하기 때문에 "이치에 맞지 않게 구하고"라고 했다. 탐닉하여 싫어하거나 만족할 줄 모르기 때문에 "탐하면서"라고 했고, 가장하여 다른 모습을 나타내기 때문에 "거짓으로"라고 했으며, 남을 속이고 거짓말을 하는 것을 "기欺(속이는 것)"라고 한다.

言惡求等者。非法求利。故曰惡求。耽無厭足。故名爲貪。矯現異儀。故名
爲詐。罔[1]冒[2]他人。言之欺也。

1) ㉮ '罔'을 '網'이라 했다.(갑본·을본·병본) 2) ㉮ '冒'를 '胃'라고 했다.(갑본·을본·병본)

갈래(五支)를 갖추었으니, 심尋·사伺·희喜·낙樂·심일경성心一境性이다. 제2 정려는 새롭게 내등정內等淨이 더해지고, (여기에 초정려의 다섯 갈래 중 희·낙·심일경성이 그대로 남는데,) 나머지 세 갈래는 앞에서 이미 설하였다. 제3 정려는 새롭게 세 갈래가 더해지니, 사捨·염념·정지正知이고, (여기에 제2 정려의 네 갈래 중 낙·심일경성 등은 그대로 남는데,) 나머지 두 갈래는 앞에서 이미 설하였다. 제4 정려는 새롭게 한 갈래가 더해지니, 불고불락不苦不樂이고, (여기에 제3 정려의 다섯 갈래 중 행사行捨·염념·심일경성 등은 그대로 남는데,) 나머지 세 가지는 앞에서 이미 설하였다. (이렇게 18선지에서 앞과 중복이 되는 것을 빼고 새로 더해지는 것만 헤아렸기) 때문에 10선지라 하였다."라고 한 것을 참조할 것.

문 이 계는 열여덟 번째 계인 허위작사계와 어떻게 다른 것인가?

답 그것은 게을러서 분명하게 알지 못하는 것에 대해 제정한 것이고, 이것은 이양을 탐하여 제자를 이치에 맞지 않게 구하는 것에 대해 제정한 것이다.

此戒。何異第十八戒。彼制懈怠而不明了。此制貪利惡求弟子。

ⓒ 비처설계계 제3 42 (그릇된 대상에게 계를 설하는 일을 하지 마라) : 외적으로 보호함

非處說戒戒。¹⁾ 第三。

1) ㉤ '戒'가 없다.(갑본·을본·병본)

경 "불자여, 이양을 위하여 아직 보살계를 받지 않은 사람 앞이나 외도의 악한 사람 앞에서 이러한 천 분의 부처님의 대계大戒를 설해서는 안 되고, 크게 삿된 견해를 지닌 사람 앞에서도 또한 설해서는 안 된다. (앞의 경우에 해당하는 사람들 중에) 국왕을 제외하고 나머지 모든 사람들에게는 설해서는 안 된다. 이 악한 사람들은 불계佛戒를 받아들이지 않으니 축생이라고 하며,³⁶⁸ (사람으로 태어날 원인이 없으니) 세세생생 삼보를 친견하지 못한다. 나무나 돌과 같이 마음이 없는 것을 외도라고 하니, (어찌 삼보를 친견할 수 있겠는가.) 삿된 견해를 지닌 이들은 (본래 알아차리는 능력이 없는) 나무토막과 다름이 없으니, (어찌 대계를 듣고 받아들일 수 있겠는가.) 보살이 이 악한 사람 앞에서 일곱 분의 부처님³⁶⁹께서 가르치신 계를 설하면 경구죄를 범하는 것

---

368 태현의 주석에 따르면, 미래세에 축생의 과보를 받기 때문에 이것에 의거하여 축생이라고 한 것이다.
369 일곱 분의 부처님 : 보통 과거칠불過去七佛이라 한다. 비바시불에서 시작하여 석가모

이다."

若佛子。不得爲利養故。於未受菩薩戒者前。若[1]外道惡人前。說此千佛大戒。邪見人前。亦不得說。除國王餘一切。不得說。是惡人輩。不受佛戒。名爲畜生。生生不見三寶。如木石無心。名爲外道。邪見人輩。木頭無異。而菩薩。於是惡人前。說七佛敎戒者。犯輕垢罪。

1) ㉯ '若'이 없다.(갑본)

술 『유가사지론』 권40에서 "대승(보살장)을 비방하는 이와 믿음이 없는 이에게는 끝내 경솔하게 베풀어 보이고 이해시키려고 해서는 안 된다. 그 이유는 무엇인가. 그가 듣고 나서 믿고 이해하지 못하고 큰 무지無知의 장애에 가리고 덮여서 곧 비방을 일으키니, 비방으로 말미암아 마치 보살의 정계율의淨戒律儀에 머물면 한량없는 대공덕장大功德藏을 성취하는 것과 같이, 저 비방하는 이는 또한 한량없는 대죄업장大罪業藏이 따라온다."[370] 라고 했으니, 이러한 큰 허물이 있기 때문에 지금 제정한 것이다.

述曰。瑜伽四十云。於謗大乘及無信者。終不率[1]爾宣示開悟。所以者何。爲其聞已。不能信解。大無知障之所覆蔽。便生誹謗。由誹謗故。如住菩薩淨戒律儀。成就無量大功德藏。彼誹謗者。亦爲無量大罪業藏之所隨逐。有此大過。故今制也。

1) ㉯ '率'을 '繂'이라 했다.(갑본)

니불을 마지막으로 하는 일곱 분의 부처님을 말한다. 이 중 네 번째인 구류손불, 다섯 번째인 구나함모니불, 여섯 번째인 가섭불, 일곱 번째인 석가모니불 등은 현겁의 부처님이고, 앞의 셋은 과거 장엄겁의 부처님이다. 천 분의 부처님처럼 모든 부처님을 대표하는 의미로 쓰였다.

370 『유가사지론』 권40(T30, 515b9).

이 가운데 "아직 보살계를 받지 않은 사람"이라는 것은, 발심하지 않은 사람을 막은 것이다. 『유가사지론』 권40에서 "보살계를 주고자 할 때, 먼저 보살법장菩薩法藏과 마달리가摩怛履迦³⁷¹와 보살학처菩薩學處(戒律) 및 범처상犯處相을 설하여 그로 하여금 들어서 받아들이고, 지혜로써 자신의 의요意樂를 관찰하고 감당할 능력이 있음을 사택思擇(깊이 생각하여 바른 도리를 간택하는 것)하게 한다."³⁷²라고 한 것과 같다.

"외도"라고 한 것은 정법의 허물을 구하는 것이고, "악한 사람"이라고 한 것은 (불법을) 듣고 나서 비방하는 것이며, "크게 삿된 견해를 지닌 사람"이라는 것은 내도와 외도를 모두 부정하는 것이니, 그 악을 더할 것을 염려하여 그를 위해서는 설하지 않는다. 『보살선계경』에서 "믿음이 없는 이에게 설하지 말고, 내지 대승을 비방하는 이에게 설하지 말아야 한다. 무엇 때문인가. 믿음이 없으면 이 인연으로 지옥에 떨어지기 때문이다."³⁷³라고 한 것과 같다.

"국왕을 제외하고"라는 것은, 불법은 두 부류의 사람에게 부촉한다. 첫째는 불제자이니 이들에 의해 내호內護하게 하기 위해서이고, 둘째는 여러 국왕이니 이들에 의해 외호外護하게 하기 위해서이다. 그러므로 이들에게 설한다. 또한 왕은 권력을 지니고 계율의에 의해 수행하는 사람을 책려하기 때문에 (불계를) 알아야 하는 것이다. "불계를 받아들이지 않으니 축생이라고 하며"라고 한 것은, 이들은 몸은 비록 사람이지만 생인生因(사람으로 태어날 원인)이 없기 때문에 미래의 과果에 의해 이름을 붙인 것이다.

---

371 마달리가摩怛履迦 : ⓢ mātṛkā의 음사어. 논모論母·본모本母 등으로 의역한다. 부처님께서 모든 법의 성상性相을 분별하여 반복해서 그 뜻을 풀이한 것을 가리킨다. 논장論藏을 통칭하는 것으로 보아도 무방하다.
372 『유가사지론』 권40(T30, 515b16).
373 『보살선계경』(T30, 1014c25).

此中未受戒者。遮不發心。如瑜伽四十云。欲授菩薩戒時。先應爲說菩薩法藏。摩呾[1]履迦。菩薩學處。及犯處相。令其聽受。以慧觀[2]察。自所意樂。堪能思擇。言外道者。求正法過。言惡人者。聞已謗也。大邪見者。總撥內外。恐增彼惡。故不爲說。如善戒經云。不應向彼不信者說。乃至不向謗大乘者說。何以故。若不信者。以是因緣。墮地獄故。除國王者。佛法付屬兩人。一佛弟子以爲內護。二諸國王以爲外護。故爲說之。又王有力。當依戒律儀。策勵行人。故須知也。言不受佛戒名爲畜生者。此身雖人。無生因故。得當果名。

---

1) ㉡ '呾'을 '怛'이라 했다.(갑본·을본·병본) ㉢ 『유가사지론』에 따르면 후자가 맞다.
2) ㉡ '觀'을 '勸'이라 했다.(갑본)

Ⓓ 고위성금계 제4 ㊸(고의로 성스러운 금계를 위범하는 일을 하지 마라) : 내적으로 보호함

故違聖禁戒。第四。

경 "불자여, 믿는 마음으로 출가하여 부처님의 바른 계를 받고도 고의로 마음을 일으켜 성스러운 계를 해치고 법한 이는, 모든 단월의 공양을 받을 수 없고, 국왕이 다스리는 땅 위로 걸어다닐 수도 없으며, 국왕의 국토에 있는 물을 마실 수도 없다. 5천 명이나 되는 거대한 귀신이 항상 그 앞을 가로막고서 귀신이 '큰 도둑놈이다'라고 말한다. 방사房舍나 성읍에 있는 사택舍宅에 들어가면 귀신이 다시 그가 지나간 발자국을 쓸어버리고 모든 세상 사람들이 욕하면서, '불법 안에 있는 도둑놈이다'라고 하며, 모든 중생이 눈으로 보려고 하지도 않을 것이다. 계를 범한 사람은 축생과 다름이 없고 나무토막과 다름이 없다. 만약 고의로 바른 계를 훼손한다면 경구죄를 범하는 것이다."

若佛子。信心出家。受佛正戒。故起心。毀犯聖戒者。不得受一切檀越供養。亦不得國王地上行。不得飮國王水。五千大鬼。常遮其前。鬼言大賊。若入房舍城邑宅中。鬼復常掃其腳跡。一切世人罵言。佛法中賊。一切衆生。眼不欲見。犯戒之人。畜生無異。木頭無異。若故毀正戒者。犯輕垢罪。

述 마음으로도 오히려 몰래 계를 범할 생각을 품어서는 안 될 것이거늘, 어찌 하물며 보살로서 또한 훼범을 행하겠는가. 중계이든 경계이든 고의로 가르침을 위반하는 측면에서 이 죄를 얻는다.

述曰。心尙不應竊懷犯戒。何況菩薩。亦行毀犯。若重若輕。故違敎邊。得此罪也。

"모든 단월의 공양을 받을 수 없고"라고 한 것은, 단지 스스로 죄를 더하는 것일 뿐만 아니라 다른 사람에 있어서도 복을 훼손하는 것이기 때문이다.[374] "국왕의 국토에 있는 물을 마실 수도 없다."라는 것은 출가하여 부역을 피하고도 복전이 되지 못했으니, 그 국왕에게 은혜를 받을 만한 몫이 없기 때문이다. 쓰일 만한 덕을 갖추지 못했는데 (공양을 받고 살아가기 때문에) "큰 도둑놈"이라고 한다. 죄가 있으니 축생과 같고, 선이 없으니 나무토막과 같다.

言不受一切檀越供養者。非但自增罪。於他損福故。不得飮國王水者。出家避役而非福田。於其國王。無恩分故。無所用。故言大賊。有罪同畜生。無善同木頭也。

---

[374] 스스로 복전의 자격을 상실함으로써 시주가 복을 짓는 것을 훼손하게 됨을 말한 것이다.

Ⓔ 부중경률계 제5 44 (경·율을 소중하게 다루지 않는 일을 하지 마라) : 공경함

不重經律戒。第五。

경 "불자여, 항상 한마음으로 대승의 경·율을 수지하고 읽으며 외울 것이고, 피부를 벗겨 종이로 삼고, 피를 뽑아 먹으로 삼고, 골수를 벼룻물로 삼고, 뼈를 쪼개어 붓으로 삼아 불계佛戒를 서사書寫할 것이며, 나무껍질·닥종이(穀紙)·명주실로 짠 흰 천·죽간과 비단에도 또한 써서 지니고 다니되, 항상 칠보와 값비싼 향과 꽃과 온갖 보배로 상자나 주머니를 만들어 경서와 율서를 담아야 한다. 만약 법대로 공양하지 않는다면 경구죄를 범하는 것이다."

若佛子。常應一心。受持讀誦大乘經律。剝皮爲紙。刺血爲墨。以髓爲水。析[1]骨爲筆。書寫佛戒。木皮穀紙。絹素竹帛。亦應悉書持。常以七寶。無價香華。一切雜寶。爲箱囊。盛經律卷。若不如法供養者。犯輕垢罪。

---
1) ㉤ '析'을 '折'이라 했다.(갑본)

술 여기에서는 어려운 것으로 쉬운 것을 견주었다.[375] 문장과 같으니 알 수 있을 것이다. 각각 그 힘을 다해 보배로써 공양하는 것이 여기에서의 뜻이다. 『유가사지론』과 『중변론中邊論』 등에서 설한 서사書寫 등의 열 가지 행법[376]을 여기에서도 갖추어야 한다. 이것은 『유가사지론』에서 삼보

---

375 피부를 종이로 삼는 것 등은 어려운 것인데, 이렇게 어려운 것도 해야 하거늘 하물며 그보다 쉬운 것은 말할 것도 없음을 나타낸 것이라는 말이다.
376 『유가사지론』 권74(T30, 706c22)에서 "열 가지 법행은, ① 경법을 서사書寫하고 수지하는 것이고, ② 공양하는 것이며, ③ 다른 사람에게 베푸는 것이고, ④ 다른 사람이 설하는 것을 듣는 것이며, ⑤ 스스로 부지런히 읽는 것이고, ⑥ 이해하고 받아들이는 것이며, ⑦ 소리 내어 읽고 외우는 것이고, ⑧ 다른 사람을 위해 널리 설하는 것이며,

를 공양하는 것을 설한 첫 번째 경계輕戒에 해당한다.377 『선생경』에서 "의복과 발우를 지었으면 먼저 부처님께 바치고 부모와 스승과 웃어른께 먼저 한 차례 수용하게 하고, 그렇게 한 후에 자신이 사용한다. 만약 부처님께 바칠 경우라면 향과 꽃으로 이것을 대신하여 바친다."378라고 했다.

述曰。此中。以難況易。如文可解。各隨其力。以寶供養。此中意也。瑜伽中邊等所說。書寫等十種法行。此中應具。此當瑜伽供養三寶第一輕戒。善生經云。若作衣服鉢器。先奉上佛。父母師長。先一受用。然後自服。若上佛者。當以香華贖之。

---

⑨ 조용한 곳에서 사유하는 것이고, ⑩ 수상修相에 따라 들어가는 것이다."라고 했고, 『변중변론辯中邊論』 권하(T31, 474b24)에서 "열 가지 법행은, ① 서사하는 것이고, ② 공양하는 것이며, ③ 다른 사람에게 베푸는 것이고, ④ 다른 사람이 소리 내어 읽으면 온 마음으로 듣는 것이며, ⑤ 스스로 읽는 것이고, ⑥ 수지하는 것이며, ⑦ 바르게 다른 사람을 위해 글의 뜻을 연설하는 것이고, ⑧ 소리 내어 읽고 외우는 것이며, ⑨ 사유하는 것이고, ⑩ 수습하여 실천하는 것이다."라고 했다.
377 『유가사지론』 권41(T30, 516a9)에서 "보살들이 보살의 청정한 계율의에 편안히 머물러 날마다 여래에 대해서, 혹은 여래를 위해 지은 제다制多(靈廟)가 있는 곳에서 정법에 대해서, 혹은 정법을 위해 지은 경전이 있는 곳에서, 곧 모든 보살의 경장經藏(素怛攬藏)과 논장論藏(摩怛理迦)에 대해서, 또한 승가에 대해서, 곧 시방세계에 두루 계시는 이미 큰 지위(大地)에 들어간 모든 보살의 무리에 대해서 적거나 많거나 온갖 공양물로써 공양을 하거나, 적어도 몸에 의해 한 번이라도 절하면서 예경하고, 적어도 언어에 의해 한 개의 사구四句로 이루어진 게송으로라도 부처님과 법과 스님의 진실한 공덕을 찬양하며, 적어도 마음에 의해 한 줄기 청정한 믿음이라도 일으켜 삼보의 진실한 공덕을 따라서 생각하는 일 등을 행하지 않고 헛되이 낮과 밤을 보낸다면, 범하는 것이 있고 어기고 넘어서는 것이 있는 것이라고 한다. 공경하지 않고 게으르고 느슨하여 위범한 것이라면 염오에 의한 위범이다. 만약 잘못하여 잊어버림으로써 위범한 것이라면 염오에 의한 위범은 아니다. 위범하지 않는 경우는 마음이 사리분별을 못 할 정도로 어지러운 경우이다. 이미 정의요지淨意樂地를 증득하였을 경우라면 언제나 위범함이 없다. 청정한 의요를 얻은 보살이기 때문이니, 비유컨대 이미 청정함을 증득한 비구는 항상 저절로 부처님·법보·승보에 대해 뛰어난 공양구로 받들고 섬기며 공양하는 것과 같다."라고 한 것을 말한다.
378 『우바새계경』 권5(T24, 1061a14).

(B) 나중의 네 가지 계

Ⓐ 불화유정계 제6 45 (유정을 교화하지 않는 일을 하지 마라) : 창도함

不化有情戒。第六。

경 "불자여, 항상 대비심을 일으켜 만약 모든 성읍城邑에 있는 집에 들어가 모든 중생을 보게 되면, 부르짖어 말하기를, '그대 중생들은 다 삼귀三歸와 십계十戒를 받아야 한다'라고 해야 하고, 만약 소·말·돼지·양 등의 모든 축생을 보면 마음으로 생각하고 입으로 말하기를, '너희 축생들아, 보리심을 낼지어다'라고 해야 한다. 보살은 산과 냇가와 숲과 들판의 어느 곳에 들어가든 모두 모든 중생으로 하여금 보리심을 발하도록 해야 한다. 보살로서 중생을 교화하려는 마음을 일으키지 않는다면 경구죄를 범하는 것이다."

若佛子。常起大悲心。若入一切城邑舍宅。見一切衆生。應當[1)]唱言。汝等衆生。盡應受三歸十戒。若見牛馬猪羊一切畜生。應心念口言。汝是畜生。發菩提心。而菩薩。入一切處山川林野。皆使一切衆生。發菩提心。是菩薩。若不發敎化衆生心者。犯輕垢罪。

1) 원 '當'이 없다.(갑본)

술 일체의 성도는 다른 사람의 음성을 근본으로 하니, 비록 그 성품이 있다고 해도 가르치지 않으면 이룰 수 없기 때문에 교화하는 것을 제정했다. 하열한 유정은 설령 알아듣지 못한다고 해도 소리가 모공에 들어가서 먼 훗날 증득할 보리의 인연을 짓기 때문이다. 여기에서 문장의 모양은 이해할 수 있을 것이다.

述曰。一切聖道。他音爲本。雖有其性。無敎不成。故制敎化。下劣有情。設無領解。聲入毛孔。遠作菩提之因緣故。此中文相可解。

그리하여『유가사지론』에서 이렇게 말했다.

然瑜伽云。

"중생을 교화하는 선교방편善巧方便에 간략히 여섯 가지가 있다. 첫째는 유정으로 하여금 사소한 선근으로 한량없는 과를 감응하게 하는 것이다. 유정에게 권하여 미미하고 사소한 물건에서부터 가장 아래로는 한 알의 보리경단에 이르기까지 버려서 척박하고 거친 밭 내지 꿈틀거리는 방생傍生[379]에게 베풀고, (이 보시를) 회향하여 무상정등보리를 구하게 한다. 이러한 선근은 (보시한) 물건과 (그 대상인) 밭은 비록 하열하지만 회향의 힘으로 말미암아 한량없는 과를 감한다. 둘째는 유정으로 하여금 사소한 공력으로 광대하고 한량없는 선근을 끌어내고 섭수하게 한다. 요점만 말하자면, 삿된 법에 의지하면 그를 위해 정법을 설한다. 또한 세간에서 (유정이) 복덕을 지어 즐거운 과보를 받는 인연을 만든 것을 따라서 기뻐하며, 다른 사람에게도 또한 그렇게 할 것을 권한다. 또한 생각과 말에 의해 분별하여 불·법·승에 예배하고 목숨을 마칠 때까지 잠시도 헛되이 보내지 않는다. 또한 시방의 고통받는 유정을 연하여 자신이 대신 받을 것을 바란다. 또한 과거·현재의 일체의 위범에 대해 청정한 의요로 모든 부처님을 마주하고 있다고 생각하고 지극히 정성스럽게 발로하고 지나간 일을 참회하고 미래를 위해 수행한다. 이렇게 여러 차례 행하면 공력을

---

379 방생傍生 : 축생을 가리키는 말. 짐승에서부터 곤충에 이르기까지 모든 것을 일컫는 말이다.

적게 들이고도 일체의 업장에서 모두 해탈한다. 자세한 것은 그곳에서 설한 것과 같다. 셋째는 성인의 가르침을 증오하고 배신하는 유정에 대해서 그 분노의 번뇌를 제거해 준다. 넷째는 어느 곳에도 치우치지 않고 머물러 있는 유정은 그로 하여금 (성인의 가르침에) 들어가게 한다. 다섯째는 이미 들어간 사람은 그로 하여금 성숙하게 한다. 여섯째는 이미 성숙한 사람은 해탈을 얻게 한다.······앞의 네 가지 유정380의 의리義利를 이루게 하고자 함에 있어서 다시 여섯 가지 방편선교가 있다. 첫째는 수순하고 회통하는 방편선교이다. 그들의 욕망에 수순하여 행하고 나중에 법으로 교화하고, 또한 심오한 가르침을 (이해하지 못하는 유정을 위해 가르침을 여실하게) 회통하여 설하는 것이다. 둘째는 함께 맹세를 세우는 방편선교이다. 유정이 구하는 것이 있어서 온 것을 보면, 곧 (그와 함께) 맹세하여 말하기를, "그대가 선을 닦는다면 그대가 바라는 것을 베풀어 줄 것이다."라고 하고, 또한 고통에 빠진 중생을 구제함에 있어서도 또한 이와 같이 하는 것 등을 말한다. 셋째는 이분의요異分意樂381라는 방편선교이다. 맹세하고 나서 그가 맹세한 일을 그대로 실행하지 않으면, 단지 그의 이익을 위해 화내고 책망하는 모습을 시현하고 (원하는 것을) 베풀어 주지 않는 것이다. (이는) 방편을 행할 때 (유정의 이익을 위해 임시로) 버리는 것이니, 끝내 안처安處로 돌아가게 한다. 넷째는 핍박을 내는 방편선교이다. 한 집안의 주인이 되거나 국왕이 되거나 하여 뛰어난 힘을 얻으면 강제로 핍박하여 선을 닦게 하는 것이다. 다섯째는 은혜를 베풀어 은혜에 보답하려는 마음을 내게 하는 방편선교이다. 유정에 대해 능력의 적고 많음에

---

380 앞의 네 가지 유정 : 앞의 여섯 가지 방편 가운데 뒤의 네 가지를 가리킨다. 『유가사지론』에서는 이 네 가지를 다시 나열한 뒤에 이것을 이루도록 하기 위해서 다시 여섯 가지 방편을 설하였는데, 여기에서는 앞부분을 생략했다.
381 이분의요異分意樂 : 두 번째 방편선교와 같이 중생이 원하는 것을 베풀어 주는 것이 동분의요同分意樂라면, 그들이 원하는 것을 베풀어 주지 않는 것은 이분의 의요이다.

따라 은혜를 베푼다. 혹은 액난에서 구제하여 그가 은혜에 보답하고자 하면, 보살은 그때 선을 닦을 것을 권하여 은혜에 보답을 받으니, 말하기를, '세속의 재물로써 갚으려고 하지 마라'라고 한다. 여섯째는 구경청정究竟淸淨이라는 방편선교이다. 도구경지到究竟地[382]에 안주하여 (보살도를 이미 청정하게 한 후에 먼저) 도사다천都史多天[383]에 (태어나고) 그곳에서 하생하여 팔상성도八相成道[384]하는 모습을 보인다. 이와 같은 방편을 배워야 한다."[385]

敎化衆生善巧方便。略有六種。一能令有情。以少善根。感無量果。謂勸有情。捨微少物。乃至最下唯一麨團。施鄙穢田。乃至蠢動傍生之類。迴求無上正等菩提。如是善根。物田雖下。由迴向力。感無量果。二能令有情小用[1] 功力。引攝廣大無量善根。以要言之。若依邪法。爲說正法。又於世間。作福受樂因緣。隨喜。勸他亦爾。又緣十方受苦有情。願自代受。[2] 又以意樂。[3] 禮佛法僧。乃至命終。時無虛度。又於過現一切違犯。以淨意樂。想對諸佛。

---

382 도구경지到究竟地 : 보살 수행 계위를 일곱 단계로 나눈 것 중 최종의 지위. 보살 10지 중 제10 법운지法雲地에 해당한다.
383 도사다천都史多天 : '도사다'는 [S] Tuṣita의 음사어로 도사都史·도솔兜率 등이라고도 하고, 지족知足·희족喜足 등으로 의역한다. 욕계의 여섯 가지 하늘 가운데 네 번째 하늘. 미래불인 일생보처一生補處의 보살이 머무는 곳이다.
384 팔상성도八相成道 : 출처에 따라 약간의 차이가 있다. 일반적으로 통용되는 것은 다음과 같다. 첫째는 욕계의 정토인 도솔천에서 내려오는 것이고(降兜率相), 둘째는 마야부인의 몸에 탁태하는 것이며(託胎相), 셋째는 탄생하는 것이고(降生相), 넷째는 출가하는 것이며(出家相), 다섯째는 악마가 유혹하였으나 오히려 항복시키는 것이고(降魔相), 여섯째는 불도를 이루는 것이며(成道相), 일곱째는 법을 설하는 것이고(說法相), 여덟째는 열반에 드시는 것이다(涅槃相). 그러나『유가사지론』해당처에서는, "첫째는 도솔천에서 인간 세상으로 내려오는 것이고, 둘째는 왕가에 태어나는 것이며, 셋째는 출가하는 것이고, 넷째는 온갖 고행·난행을 수행하여 유정으로 하여금 이것의 무익함을 알게 하는 것이며, 다섯째는 무상정등보리를 증득하는 것이고, 여섯째는 범천왕이 설법을 요청하는 것이며, 일곱째는 대비로써 관찰하는 것이고, 여덟째는 법륜을 굴린 것이다."라고 했다.
385 『유가사지론』권45(T30, 540a21). 말줄임표 이후는 『유가사지론』권45(T30, 540c21).

至誠發露。悔⁴⁾往修來。如是數數。小⁵⁾用功力。一切業障。皆得解脫。廣說
如彼。三憎背聖敎 除其恚惱。四處中有情。令其趣入。五已入令熟。六已熟
解脫。辨⁶⁾次前四。復有六種方便善巧。一者隨順會通方便善巧。謂順行彼
欲。後以法化。又於深敎。會通而說。二共立要契方便善巧。謂見有情有所
求來。卽要契言。汝若修善。隨汝欲施。又救有苦。亦如是等。三異分意樂
方便善巧。謂要契已。若彼不行如要契事。但爲利益。示現憤責。而不施
彼。權時棄捨。終歸安處。四逼迫所生方便善巧。謂或家主。或作國王。得
增上力。強逼令修善。五施恩報恩方便善巧 謂於有情隨力少多 施作恩惠
或濟厄難 彼欲報恩 菩薩爾時。勸令修善。以受報恩。告言莫以世財相酬。
六究竟淸淨方便善巧。謂到究竟。從都史⁷⁾天。八相成道。如是方便。應當
學之。

1) ㉓『유가사지론』에 따르면 '小用'은 '以少'이다. 2) ㉓『유가사지론』에 따르면 '又
緣十方受苦有情願自代受'는 '度' 뒤에 두어야 한다. 3) ㉓『유가사지론』에 따르면
'意樂'는 '意言分別'이다. 4) ㉑ '悔'를 '誨'라고 했다.(갑본) 5) ㉓『유가사지론』에 따
르면 '小'는 '少'이다. 6) ㉓『유가사지론』에 따르면 '辨'은 '辯'이다. 7) ㉑ '史'를 '支'
라고 했다.(갑본·을본·병본)

ⓑ 설법괴의계 제7 46 (설법할 때 儀則에 어긋나는 일을 하지 마라) : 설법하여 교
화함

說法乖儀戒。第七。

경 "불자여, 항상 교화를 행하며 대비심을 일으켜야 한다. 단월이나 귀인
貴人의 집에 들어가거든, 모든 대중 가운데 선 채로 재가자를 위해 법을 설하
지 말고, 백의인 대중들 앞에 있는 높은 자리나 윗자리에 앉아서 (법을 설해
야) 한다. 법사인 비구는 땅에 선 채로 사부대중을 위해 법을 설해서는 안 된
다. 법을 설할 때 법사가 높은 자리에 앉으면 향과 꽃으로 공양하고, 사부대

중으로서 법을 듣는 이들은 아랫자리에 앉아서 마치 부모님에게 효순하고 스승의 가르침을 공경하여 따르는 것처럼 하고, 사화바라문事火婆羅門[386]이 (불을 대하는) 것처럼 하라. 그 법을 설하는 이가 법대로 설하지 않으면 경구죄를 범하는 것이다."

> 若佛子。常行教化。起大悲心。入檀越貴人家。一切衆中。不得立爲白衣說法。應白衣衆前高座上坐。法師比丘。不得地立爲四衆說法。若說法時。法師高座。香華供養。四衆聽者下坐。如孝順[1]父母敬順師教。如事火婆羅門。其說法者。若不如法說。[2] 犯輕垢罪。
>
> 1) ㉲ '順'을 '顚'이라고 했다.(갑본) 2) ㉲ '說' 뒤에 '者'가 있다.(갑본)

술 사람을 공경하고 법을 존중해야 뛰어난 선이 비로소 생겨나니, 그렇게 하지 않으면 곧 그것과 반대되는 악법이 생겨난다.

> 述曰。敬人重法。勝善方生。不爾。便生翻彼惡法。

여기에서 "귀인"은 교만심이 많기 때문에 치우치게 이것을 들었다.[387] "법을 듣는 이들은 아랫자리에 앉아서" 등이라고 한 것은, 갈망하여 우러르는 마음을 내기 때문이다. 『섭대승론』에서 "어떤 사람이 계율을 구족함이 비록 미약하고 하열할지라도 법을 설하여 많은 사람을 이롭게 할 수 있으면 불대사佛大師처럼 공양해야 하니, 그 훌륭한 말씀을 사랑하여 서

---

386 사화바라문事火婆羅門 : 부처님 재세 시 인도에서 성행하던 외도 중 하나. 화천火天(Ⓢ Agni)에게 공양하고 제사 지내는 의식을 실천함으로써 미래세에 하늘에 태어날 수 있다고 주장했다. 불은 여러 하늘의 입이기 때문에 곡물·소유酥油 등과 같은 공물을 불 속에 집어넣어 공양하면, 여러 하늘이 이를 통해 음식을 먹고 그로 인해 복을 내려 준다고 주장했다.
387 법장이 『범망경보살계본소』 권6(T40, 654b13)에서 해석한 것과 같다.

로 유사한 것으로 여기기 때문이다."³⁸⁸라고 했고,『열반경』에서 "법을 아는 이가 있으면 늙었거나 젊었거나 여러 하늘이 제석천을 봉양하는 것처럼 해야 한다."³⁸⁹라고 한 것과 같다.³⁹⁰

此中貴人。多慢。故徧¹⁾擧之。言聽者下坐等。生渇仰故。如攝論云。若人戒足雖羸劣。而能說法²⁾利多人。如佛世尊³⁾應供養。受⁴⁾彼善說相似故。⁵⁾ 又涅槃云。有如⁶⁾法者。若老若少。如第二⁷⁾天。奉事帝釋。

1) ㉮ '徧'을 '偏'이라 했다.(갑본) ㉯ 전후 문맥상 후자가 맞다. 또한 이는 법장이『범망경보살계본소』권6(T40, 654b13)에서 제시한 것과 글과 뜻이 일치하는데, 여기에서도 '偏'이라 했다. 2)『섭대승론석』에 따르면 '說法'은 '辯說'이다. 단 법장의『범망경보살계본소』에 따르면 전자가 맞다. 3) ㉯『섭대승론석』에 따르면 '世尊'은 '大師'이다. 단 법장의『범망경보살계본소』에 따르면 전자가 맞다. 4) ㉯『섭대승론석』에 따르면 '受'는 '愛'이다. 단 법장의『범망경보살계본소』에 따르면 전자가 맞다. 5) ㉯『섭대승론석』에 따르면 '相似故'는 '故相似'이다. 단 법장의『범망경보살계본소』에 따르면 전자가 맞다. 6) ㉮ '如'를 '知'라고 했다.(갑본·을본·병본) ㉯『열반경』에 따르면 후자가 맞다. 7) ㉯『열반경』에 따르면 '第二'는 '亦諸天'이다.

Ⓒ 비법입제계 제8 47 (그릇된 법으로 제지하는 법을 세우는 일을 하지 마라) : 악을 막음

非法立制戒。第八。

경 "불자여, 모두 믿는 마음으로 불계를 받은 이로서 국왕이나 태자나 온갖 관리인 사부제자四部弟子들이, 스스로 고귀함을 믿고서 불법과 계율을 파괴하며, 드러내 놓고 제지하는 법을 만들어서 나의 사부제자들이 출가하여

---

388 『섭대승론석』권5(T31, 412c25).
389 『열반경』권6(T12, 640a18).
390 『섭대승론』과 『열반경』을 인용한 것은 법장의 『범망경보살계본소』권6(T40, 654b18)과 문장과 내용이 일치한다.

도를 닦는 것을 허락하지 않고, 또 (부처님과 보살의) 형상과 불탑과 경·율을 조성하는 것을 허락하지 않으면서 삼보를 파괴하는 죄[391]를 지어서야 되겠느냐.[392] 고의로 법을 파괴한다면 경구죄를 범하는 것이다."

若佛子。皆以信心。受佛戒者。若國王太子百官四部弟子。自恃高貴。破滅佛法戒律。明作制法。制我四部弟子。不聽出家行道。亦復不聽造立形像佛塔經律。破三寶之罪。而[1]故作破法者。犯輕垢罪。

1) ⓐ '而' 뒤에 '菩薩'이 있다.(갑본)

술 악한 사람을 출가하지 못하게 하거나, 불상을 조성하여 시장에 파는 것을 허락하지 않는 것 등은 이치상 위범하는 것이 아니어야 하고, 나머지는 모두 위범을 맺는다.[393]

述曰。若於惡人。不令出家。不許[1]造像而市賣等。理應無犯。餘皆結犯。

1) ⓐ '許'를 '知'라고 했다.(갑본·을본·병본)

---

391 지의의 『보살계경의소』 권하(X38, 26a6)에서 "출가를 허락하지 않음은 승보僧寶를 끊는 것이다. 사부四部의 출가를 허락하지 않는다는 것에서 (사부는) 거사居士·거사의 부인·동남童男·동녀童女를 말한다. (부처님과 보살의) 형상을 조성하는 것을 허락하지 않음은 불보佛寶를 끊는 것이다. 경·율을 서사하는 것을 허락하지 않는 것은 법보法寶를 끊는 것이다."라고 했다.
392 『인왕호국반야경』 권하(T8, 844b11)에서 "대왕이여, 이후 오탁의 세상에서 모든 국왕과 왕자와 대신은 자신의 고귀함을 믿고 나의 가르침을 파괴하고, 공공연하게 법을 지어서 나의 제자인 비구와 비구니를 통제하기를, 출가하여 정도를 수행하는 것을 허락하지 않고, 또한 불탑과 불상을 조성하는 것을 허락하지 않으며, 백의는 높은 자리에 앉고 비구는 땅에 서 있게 하며, 병노법兵奴法과 차이가 없게 할 것입니다. 이때 법은 머지않아 소멸할 것임을 알아야 합니다.(大王. 後五濁世. 一切國王王子大臣. 自恃高貴. 破滅吾教. 明作制法. 制我弟子比丘比丘尼. 不聽出家. 修行正道. 亦復不聽造佛塔像. 白衣高座. 比丘地立. 與兵奴法. 等無有異. 當知爾時. 法滅不久.)"라고 한 것을 참조할 것.
393 법장이 『범망경보살계본소』 권6(T40, 654c6)에서 제시한 것과 동일하다.

ⓓ 자파내법계 제9 48(스스로 내법을 파괴하는 일을 하지 마라) : 바른 것을 보호함

自破內法戒。第九。

경 "불자여, 좋은 마음으로 출가하였거늘, 명예와 이양을 위해 국왕과 온갖 관리 앞에서 일곱 분의 부처님께서 가르치신 계戒를 설함으로써 (그들로 하여금) 도리에 어긋나게 비구·비구니와 보살계를 받은 제자의 일에 간여하여 (이들을) 속박시키는 일을 하게 해서야 되겠느냐. 마치 사자의 몸 속에 있는 벌레가 스스로 사자의 고기를 먹고 다른 외부의 벌레가 먹는 것은 아닌 것처럼, (불법도 역시) 외도나 천마天魔가 파괴할 수 있는 것이 아니다. 불계를 받은 사람이라면 불계를 보호하기를 마치 외아들을 생각하는 것처럼 하고, 부모를 섬기는 것처럼 하여 훼손하고 파괴해서는 안 된다. 보살은 외도의 악한 사람이 나쁜 말로써 불계를 비방하는 것을 들을 때, 마치 3백 개의 창으로 심장을 찔리고, 천 개의 칼과 만 개의 몽둥이로 그 몸을 맞은 것과 같아서 다름이 없는 것으로 여겨서 차라리 스스로 지옥에 들어가 백 겁을 지낼지언정 한 번이라도 나쁜 말로 불계를 파괴하는 소리를 듣는 것을 용납하지 말아야 하거늘, 하물며 스스로 불계를 파괴하고 남에게 시켜서 불법을 파괴하는 인연을 짓도록 하며 효순하는 마음을 없애도록 해서야 되겠느냐. 고의로 이러한 일을 한다면 경구죄를 범하는 것이다."

若佛子。以好心出家。而爲名聞利養。於國王百官前說七佛戒。橫與比丘比丘尼菩薩戒弟子。作繫縛事。[1] 如師子身中蟲。自食師子肉。非外道天魔能破。[2] 若受佛戒者。應[3] 護佛戒。如念一子。如事父母。而菩薩。[4] 聞外道惡人。以惡言謗佛戒時。如三百鉾刺心。千刀萬杖打拍其身。等無有異。寧自入地獄。經[5] 百劫。而不用一聞[6] 惡言破佛戒之聲。而況自破佛戒。教人破法因緣。亦無孝順之心。若故作者。犯輕垢罪。

1) ㉮ '事'가 없다.(갑본) 2) ㉮ '破' 뒤에 '壞'가 있다.(갑본) 3) ㉮ '應'이 없다.(갑본) 4) ㉮ '菩薩'이 없다.(갑본) 5) ㉮ '經'이 없다.(갑본) 6) ㉮ '一聞'을 '聞一'이라 했다.(갑본)

述 옳고 그름을 설하여 파괴하는 것은 오직 내가內家(불도를 따르는 사람)에게만 해당되는 일이고, 외도 등이 할 수 있는 것이 아니다. 『연화면경』에서 "부처님께서 아난에게 말씀하셨다. '비유컨대 사자가 죽더라도 공중이나 땅이나 물이나 육지에 사는 모든 중생이 감히 사자의 살점을 먹지 못하고 오직 사자의 몸에서 저절로 생겨난 온갖 벌레가 스스로 사자의 살점을 먹을 뿐인 것처럼, 아난아, 나의 불법도 다른 것은 파괴할 수 없고, 나의 법 속의 비구가 내가 3아승기겁 동안 행을 쌓고 부지런히 노력하여 모은 불법을 파괴하는 것이다.'"394라고 한 것과 같다.

述曰。說是非而破。唯在內家。非外道等之所能也。如蓮華面經云。佛告阿難。譬如師子命終。若空若地。若水若陸。所有衆生。不敢食師子身肉。唯師子自生諸蟲。自食師子1)之肉。阿難。我之佛法。非餘能壞。是我法中諸比丘。破我三大阿僧2)祇劫。積行勤苦。所集佛法。

1) ㉮ '子' 뒤에 '蟲'이 있다.(갑본·을본·병본) 2) ㉮ '僧'을 '憎'이라 했다.(갑본)

경 "이와 같은 아홉 가지 계를 배우고 공경하는 마음으로 받들고 수지해야 한다."

如是九戒。應當學。敬心奉持。

---

394 『연화면경蓮華面經』 권상(T12, 1072c23).

C. 맺으면서 받들어 행할 것을 권함

경 "불자들아, 이 48경계를 너희들은 받아 지녀라. 과거의 모든 보살이 이미 외웠고, 미래의 모든 보살이 외울 것이며, 현재의 모든 보살이 지금 외우고 있는 것이다. 불자들이여, 잘 들어라. 이 10중계와 48경계를 삼세의 모든 부처님께서 이미 외우셨고, 미래에도 외우실 것이며, 현재에도 외우고 계신다. 나도 이제 또한 이와 같이 외웠다. 너희들 모든 대중은, 국왕이든 왕자이든 온갖 관리이든 비구나 비구니이든 남자 신도이든 여자 신도이든 보살계를 받아 지니는 자라면, 불성상주佛性常住의 계권戒卷을 받아 지니고 독송하며 해설하고 베껴 써서 삼세의 모든 중생에게 유통시키고, 언제나 교화하여 전하면서 끊어지는 일이 없도록 하라. 그러면 천 분의 부처님을 친견하고, 그 천 분의 부처님마다 구원의 손길을 내어 주어 세세생생 악도와 팔난에 떨어지지 않고, 항상 사람 세상이나 하늘에 태어날 것이다. 나는 이제 이 나무 아래서 간략히 일곱 분의 부처님의 법계法戒를 설하였으니, 너희들은 한마음으로 바라제목차를 배우고 기쁜 마음으로 받들어 행하라."

「무상천왕품無相天王品」[395]의 배움을 권하는 내용에서 낱낱이 자세하게 밝힌 것과 같다. 삼천계三千界의 배우는 사람(學士)[396]으로서 당시 회좌에 참여하여 들은 이들은 부처님께서 스스로 외우시는 것을 듣고 마음에 새기고 머리에 이고 기뻐하면서 받아 지녔다.

諸佛子。是四十八輕戒。汝等受持。過去諸菩薩已誦。[1)] 未來諸菩薩當誦。現在諸菩薩今誦。諸佛子。諦聽。此十重四十八輕戒。三世諸佛。已誦當誦

---

395 「무상천왕품無相天王品」: 대본大本 『범망경』에 있는 것으로 추정되는 품의 이름이다.
396 명광의 『천태보살계소』 권하(T40, 601a22)에서 "'삼천의 배우는 사람'이라고 한 것은 삼천계三千界의 배우는 이를 말한다."라고 했다. '士'는 판본에 따라 '者'인 경우도 있다.

今誦。我今亦如是誦。汝等一切大衆。若國王王子百官。比丘比丘尼。信男信女。受持菩薩戒者。應受持讀誦解說書寫。佛性常住戒卷。流通三世一切衆生。化化不絕。得見千佛。佛佛授手。世世不墮惡道八難。常生人道天中。我今在此樹下。略開七佛法戒。汝等。當一心學波羅提木叉。歡喜奉行。如無相天王品。勸學中。一一廣明。三千學士。時坐聽者。聞佛自誦。心心頂戴。喜躍受持。

1) ㉮ '誦'을 '學'이라고 했다.(갑본) 다음도 동일하다.

述 경계에 세 문이 있는 가운데, 이하는 세 번째로 맺으면서 받들어 행할 것을 권한 문이다.

述曰。輕戒三門。自下第三結勸奉行門。

(3) 유통분

經 그때 석가모니불께서 앞의 연화대장세계에 계시는 노사나불께서 말씀하신 「심지법문품心地法門品」에 있는 10무진계十無盡戒의 법품法品[397]을 설하기를 마치시니, 천백억 명의 석가모니불도 또한 이와 같이 설하셨다. 마혜수라천왕의 궁전에서부터 이 도수道樹(보리수) 아래에 이르기까지의 열 가지 주처에서 법품法品을 설하고, 모든 보살과 불가설의 대중들을 위해 받아 지니고 독송하며 그 뜻을 해설하도록 한 것도 또한 이와 같았다. 이는 천백억 개의 세계, 연화장세계, 미진세계微塵世界의 모든 부처님의 심장心藏이고 지장地藏이며 계장戒藏이고 무량행원장無量行願藏이고 인과불성상주장因果佛性常住藏이다.

[397] 『범망보살계경의소발은』 권5(X38, p.218c13)에서 "10중계만 들고 48경계는 들지 않은 것은, 이 10계는 뜻을 포함하는 것에 다함이 없다. 열 가지 계를 들면 일체의 계가 모두 다 거두어진다. 하물며 48경계임에랴."라고 하였다.

여여如如한 모든 부처님께서 한량없는 모든 법장法藏을 설하시기를 마치니, 천백억 개의 세계의 모든 중생은 받아 지니고 기쁜 마음으로 받들어 행하였다. 만약 심지心地의 다양한 모양을 자세히 연 것과 같은 것은 「불화광왕품佛華光王品」398에서 설한 것과 같다.

爾時。釋迦牟尼佛。說上蓮華臺藏世界。盧舍那佛。心地法門品中。十無盡戒法品竟。千百億釋迦。亦如是說。從摩醯首羅天王宮。至此道樹下。十住處。說法品。爲一切菩薩。不可說大衆。受持讀誦。解說其義。亦如是。千百億世界。蓮華藏世界。微塵世界。一切佛。心藏地藏。戒藏 無量行願藏。因果佛性常住藏。如如一切佛。說無量一切法藏竟。千百億世界中。一切衆生。受持。歡喜奉行。若廣開心地相相。如佛華光王[1]品中說。

1) ⓠ '王' 뒤에 '七行'이 있다.(갑본)

술 처음부터 끝까지를 책의 처음에서 세 단락으로 나누었는데, 이것은 곧 세 번째로 유통분이다. 여기에서의 뜻은 한 분의 석가가 설법하려는 작의作意를 일으킬 때 그 나머지 석가도 또한 그러함을 알아야 한다는 것이다. "마혜수라(천왕의 궁전)에서부터" 등은 10세계해 등을 설한 처소를 말하니, 책의 앞에서 설한 것399과 같다.

"심장" 등이라고 한 것은, 전하는 설에 말하기를, "'심장'은 곧 삼현三賢

---

398 「불화광왕품佛華光王品」: 대본大本 『범망경』에 수록된 것으로 추정되는 품의 이름이다.
399 열 곳에서 열 가지 법문을 설한 것을 말한다. 첫째는 금강천광왕좌와 묘광당에서 10세계해를 설한 것이고, 둘째는 제석천의 궁전에서 10주를 설한 것이며, 셋째는 염천에서 10행을 설한 것이고, 넷째는 도솔천에서 10회향을 설한 것이며, 다섯째는 화락천에서 10선정을 설한 것이고, 여섯째는 타화천에서 10지를 설한 것이며, 일곱째는 일선에서 10금강을 설한 것이고, 여덟째는 이선에서 10인을 설한 것이며, 아홉째는 삼선에서 10원을 설한 것이고, 열째는 사선 중 마혜수라천왕의 궁전에서 「심지법문품」을 설한 것이다.

이고, '지장'이라는 것은 10성의 지위이며, '계장'은 곧 10중 48경계이고, '무량행원장'이라는 것은 곧 앞의 삼현·10성이 지닌 행원行願이다. ('인과불성상주장'에서) '인'은 3겁劫[400]이고, '과'는 사지四智이며, '불성상주'는 청정한 법계이다.[401]"라고 했다.

이하는 총괄적으로 맺은 것이다. 문장과 같으니 알 수 있을 것이다.

述曰。始終卷初。分爲三段。此卽第三流通分也。此文意言。此一釋迦。行作意時。其餘釋迦。亦爾應知。從摩醯首羅等者。說十世界海等處。如卷初說。言心藏等者。傳說。心藏卽三賢也。地藏者十聖之地。戒藏卽十重四十八輕戒也。無量行願藏者卽上三賢十聖所有行願也。因謂三劫。果卽四智。佛性常住。淸淨法界也。自下總結。如文可解。

범망경고적기 제4권

梵網經古迹記。卷第四。

---

[400] 3겁劫 : 보살이 수행을 하여 불과를 원만하게 이룰 때까지 걸리는 시간. 3대아승기겁 大阿僧祇劫이라고도 한다. 10주·10행·10회향 등 삼현위三賢位를 수행하면서 7만 5천 분의 부처님께 공양하는 데 첫 번째 아승기겁이 걸리고, 10지 중 초지初地부터 제7지에 이르기까지 수행하면서 6만 6천 분의 부처님께 공양하는 데 두 번째 아승기겁이 걸리며, 제8지부터 부처님이 되기까지 수행하면서 7만 7천 분의 부처님께 공양하는 데 세 번째 아승기겁이 걸린다.

[401] 3아승기겁의 보살행이라는 뛰어난 인을 닦고, 그것에 의해 네 가지 지혜라는 불과佛果를 얻으며, 그것에 의해 불성이 상주하는 청정한 법계에 도달한다는 말이다.

찾아보기

가법假法 / 98, 99
가비라국迦毘羅國 / 247
가사袈裟 / 556
가섭迦葉 / 546
가쇄枷鎖 / 342
가이라국迦夷羅國 / 247
가총家蔥 / 428
가행도加行道 / 202
각자覺者 / 51
간생훼욕계慳生毀辱戒 / 377
간택簡擇 / 177
갈마羯磨 / 40
갈마법羯磨法 / 559
갈마승羯磨僧 / 559
개제開制 / 355
개차開遮 / 355
갠지스 강 / 235
겁도인물계劫盜人物戒 / 325
견근見根 / 455
견도위見道位 / 144, 415
견박見縛 / 95
견법인堅法忍 / 66
견성인堅聖忍 / 67
견수인堅修忍 / 66
견신인堅信忍 / 66
견인업牽引業 / 106
견취見取 / 185
견취견見取見 / 100, 103

견혹見惑 / 144
견화경견和敬 / 488
결結 / 394
경가經家 / 240
경계사境界事 / 316
경멸신학계輕蔑新學戒 / 483
경방편輕方便 / 338
경생經生의 성자 / 419
계경契經 / 183
계금취견戒禁取見 / 103
『계본기戒本記』 / 62
『계본소戒本疏』 / 56
계취戒取 / 185
계화경戒和敬 / 504
고고苦苦 / 169, 175
고고고苦苦苦 / 169
고수苦受 / 185
고식苦識 / 172, 174, 175
고심망어계故心妄語戒 / 356
고연苦緣 / 172
고위성금계故違聖禁戒 / 575
고입난처계故入難處戒 / 528
고주생죄계酤酒生罪戒 / 362
공공인空空忍 / 79
공공지空空智 / 173
공근본중죄共根本重罪 / 306
공도空道 / 95
공무위법空無爲法 / 129
공삼매空三昧 / 85
과거칠불過去七佛 / 572

과욕력품果欲力品 / 196
관각觀覺 / 189
관도觀道 / 97
『관무량수불경觀無量壽佛經』/ 275
「관십이인연품觀十二因緣品」/ 204
관조반야觀照般若 / 149
관찰하는 행과 일곱 가지 재물 / 120
광광화삼매光光華三昧 / 193
광명변조光明徧照 / 51
광명체성지光明體性地 / 182, 186
「광음천품光音天品」/ 231
괴고壞苦 / 169, 176
괴색壞色 / 556
교화도삼매敎化道三昧 / 172
교화주敎化主 / 493
구韮 / 428
구경문究竟門 / 269
구마라집鳩摩羅什 / 37
구분보살具分菩薩 / 261
『구사론俱舍論』/ 236, 335
구생혹俱生惑 / 144
구신句身 / 139
구조九條가사 / 529
구총韭葱 / 428
구화경口和敬 / 477
궤범사軌範師 / 416
근기根機 / 461
근력품根力品 / 197
근본번뇌根本煩惱 / 88, 409
근사近事 / 565
근사남近事男 / 565
근사녀近事女 / 565
근상하지력根上下智力 / 199
금강백운색金剛白雲色 / 55

금강보계金剛寶戒 / 252
금강위金剛位 / 258
금강종자金剛種子 / 129
금강천광왕좌金剛千光王座 / 239, 247
『금광명기金光明記』/ 250
긍가殑伽 / 235
긍가사겁殑伽沙劫 / 519
기별記別 / 183
기어綺語 / 307
기혐계譏嫌戒 / 262

나와 나의 것 / 113
나찰녀羅刹女 / 345
「나한품羅漢品」/ 219
낙樂 / 125
낙각樂覺 / 189
낙수樂受 / 185
난총蘭葱 / 428
남염부제南閻浮提 / 59
내공內空 / 215
내등정內等淨 / 125
내문內門 / 104
내부의 촉경(內觸境) / 174
내육입內六入 / 72
네 가지 마구니 / 217
네 가지 무애無礙 / 221
네 가지 죄를 짓는 말 / 210
네 가지 타승처법他勝處法 / 271
네 번째 하늘 / 239
노사나盧舍那 / 51
녹수낭漉水囊 / 528

『논어論語』/ 475
논의論議 / 184
뇌타판매계惱他販賣戒 / 452
누지불루至佛 / 537
누진지漏盡智 / 207
누진지력漏盡智力 / 200
능전能詮 / 183
니건尼揵 / 외도 / 518

다구多求 / 467
다섯 가지 능력 / 296
단덕斷德 / 93, 517
단월檀越 / 502
단일좌식但一坐食 / 532
담무참曇無讖 / 39
담타과실계談他過失戒 / 364
대당삼장大唐三藏 / 496
대력보살大力菩薩 / 178
『대론기大論記』/ 359
『대반야경大般若經』/ 268, 304
『대방등대집경大方等大集經』/ 248
대범천왕大梵天王 / 52
대산大蒜 / 428
대수참對首懺 / 561
대술大術 / 249
『대승아비달마잡집론大乘阿毗達磨雜集論』
  / 200
『대승장엄경론大乘藏嚴經論』/ 265, 268
대장엄화광명삼매大莊嚴華光明三昧 / 54
대지大地 / 164
『대지도론大智度論』/ 216, 312, 315

도계盜戒 / 512
도공계道共戒 / 286
도구경지到究竟地 / 582
도력품道力品 / 197
도분道分 / 105
도사다천都史多天 / 582
도솔兜率 / 582
도종道種 / 570
도종성道種性 / 66, 122
도종성보살道種性菩薩 / 570
독각정성獨覺定性 / 36
동기연지同氣連枝 / 462
동몽童蒙 / 46
동체대비同體大悲 / 105, 106
두다杜多 / 530, 531
두수抖擻 / 530
두타頭陀 / 425, 530
둔사鈍使 / 103
둔품鈍品 / 103
등각위等覺位 / 258

마가다국摩伽陀國 / 35
마달리가摩怛履迦 / 574
마라魔羅 / 463
마야摩耶 / 249
마하마야摩訶摩耶 / 249
『마하승기율摩訶僧祇律』/ 328, 329, 336
마혜수라천왕摩醯首羅天王 / 52, 239
만慢 / 103
만업滿業 / 106
만인경법계慢人輕法戒 / 481

찾아보기 • 595

만족체성지滿足體性地 / 208
말나末那 / 253
망념忘念 / 466
망라당網羅幢 / 50
「멸죄품滅罪品」 / 476
명득정明得定 / 153
명미구名味句 / 182
명색지名色支 / 185
명신名身 / 139
명증정明增定 / 153
명행족明行足 / 225, 228
모읍母邑 / 351
몸의 네 가지 위의威儀 / 535
묘광당妙光堂 / 239, 241
묘화삼매妙華三昧 / 180
무간도無間道 / 202, 203
무공용지無功用地 / 215
무근방훼계無根謗毀戒 / 454
무기심無記心 / 317
무루계無漏戒 / 287
무루율의無漏律儀 / 287
무명지無明支 / 186
무상무량심삼매無相無量心三昧 / 86, 87
무상사無上士 / 226, 229
무상삼매無相三昧 / 85
무상승無相乘 / 94
무상정등보리無上正等菩提 / 45
무상천無想天 / 164
「무상천왕품無相天王品」 / 589
무생삼매無生三昧 / 85
무생행인無生行忍 / 79
무성유정無性有情 / 36
무수대겁無數大劫 / 258
무시공無始空 / 216

무여범無餘犯 / 268, 391
무연無緣 / 111
무연대비無緣大悲 / 105
무연행無緣行 / 178
무원삼매無願三昧 / 85
무위공無爲空 / 215
무위無爲에서의 행 / 58
무자행욕계無慈行欲戒 / 341
무작삼매無作三昧 / 85
무진계無盡戒 / 270
무차회無遮會 / 446
무표색無表色 / 126, 297
묵빈默擯 / 553
문근聞根 / 455
『문수사리문경文殊師利問經』 / 269, 293, 318, 320
문신文身 / 139
문자반야文字般若 / 149
문혜聞慧 / 66, 192
미륵보살彌勒菩薩 / 56

바라색희波羅塞戲 / 513, 514
바라이죄波羅夷罪 / 269, 454
박구拍毬 / 513
반택가半擇迦 / 298
발광지發光地 / 182
발다라鉢多羅 / 538
『발보리심경發菩提心經』 / 246
발업무명發業無明 / 197
발우鉢盂 / 513
방광方廣 / 184

방생傍生 / 580
방편도方便道 / 202
방화손생계放火損生戒 / 458
배정향사계背正向邪戒 / 443
140가지의 불공불법不共佛法 / 163
백월白月 / 508
버드나무가지 / 513
번뇌장煩惱障 / 88
범단梵壇 / 553
「범단품梵壇品」 / 553
「범망경서梵網經序」 / 39
범실문범失門犯失門 / 255, 270
법가아法假我 / 130
법공法空 / 74
법락인法樂忍 / 189
법륜승法輪僧 / 559
법무애法無礙 / 139
법신보리法身菩提 / 253
법연法緣 / 111
법왕위삼매法王位三昧 / 214
법운지法雲地 / 258
법위法位 / 114
법장法藏 / 38
법집法執 / 88, 105
법처색法處色 / 126
법처소섭색法處所攝色 / 126
「법품法品」 / 188
법화위종계法化違宗戒 / 460
변계遍計 / 83
변계소집遍計所執 / 99
변무애辯無礙 / 139
변역생사變易生死 / 178
『변중변론辯中邊論』 / 216
변집견邊執見 / 103

변취행지력偏趣行智力 / 200
변학문偏學門 / 262
별청別請 / 499
보광당普光堂 / 241
『보량경寶梁經』 / 328
보리살타菩提薩陀 / 60
『보살계본종요菩薩戒本宗要』 / 271, 305,
    310, 373, 398, 405
『보살선계경菩薩善戒經』 / 243, 245, 300,
    305
보살성菩薩性 / 36
『보살영락본업경菩薩瓔珞本業經』 / 261,
    296, 306
보살장菩薩藏 / 37
보살정성菩薩定性 / 36
『보살지지경菩薩地持經』 / 58
보신보리報身菩提 / 253
보장報障 / 164
복서卜筮 / 515
복인伏忍 / 152
본사本事 / 184
본생本生 / 184
『본업경本業經』 / 301
본원本源 / 238
부구敷具 / 531
부동분심不同分心 / 287
부루나富樓那 / 547
부정색不正色 / 556
부주도不住道 / 47
부중경률계不重經律戒 / 577
『부증불감경不增不減經』 / 43
북구로주北俱盧洲 / 164
북병주北并洲 / 496
북병주北并州의 진장사眞藏師 / 244

북주北洲 / 432
북취北趣 / 164
분단생分段生 / 185
분단생사分段生死 / 178
분별기分別起 / 153
분별혹分別惑 / 144
분소의糞掃衣 / 425, 572
불가사의不可思議 / 237
불가설不可說 / 89
불가설불가설不可說不可說 / 52
불가회죄不可悔罪 / 269
불거교참계不擧敎懺戒 / 430
불경사장계不敬師長戒 / 412
불계지佛界地 / 226
불고불락수不苦不樂受 / 185
불공계不共戒 / 302, 362
불공근본중죄不共根本重罪 / 306
불구존망계不救存亡戒 / 472
불구존액계不救尊厄戒 / 510
불능남不能男 / 298
불능유학계不能遊學戒 / 439
불발원계不發願戒 / 520
불성계佛性戒 / 252
「불성본원품佛性本源品」 / 57
불세존佛世尊 / 226, 229
불인위범계不忍違犯戒 / 477
불첨병고계不瞻病苦戒 / 445
불행이락계不行利樂戒 / 550
『불화경佛華經』 / 152
「불화광왕품佛華光王品」 / 591
불화엄체성지佛華嚴體性地 / 221
불화유정계不化有情戒 / 579
불후삼매佛吼三昧 / 214
불후체성지佛吼體性地 / 214

비나야毗奈耶 / 37, 439
비니毘尼(毗尼) / 312, 439
비로사나毗盧舍那 / 51
비법입제계非法立制戒 / 585
비상비비상처천非想非非想處天 / 49
비시약非時藥 / 437
비시탕약非時湯藥 / 437
비처설계계非處說戒戒 / 572
빈두로賓頭盧 / 40

사伺 / 125
사捨 / 125
사각思覺 / 189
사각捨覺 / 189
사견邪見 / 103
사대四大 / 178, 474
사마천司馬遷 / 456
사명양신계邪命養身戒 / 504
사무似無 / 83, 97
사무량四無量 / 168
사무애四無礙 / 139
사무애辭無礙 / 139
사무외四無畏 / 222
사바娑婆 / 62
사방승가四方僧伽 / 336
사법似法 / 97
『사분율四分律』 / 333
사생四生 / 258
사생지력死生智力 / 200
사선四禪 / 239
사선근四善根 / 153, 242

사선근위四善根位 / 277
사수捨受 / 176
사아似我 / 97
사유似有 / 47, 83, 97
사자좌師子座 / 235
사지死支 / 186
사취四取 / 185
사친해생계詐親害生戒 / 507
사현似現 / 43
사혜思慧 / 66, 192
사화바라문事火婆羅門 / 584
사화법四化法 / 139
산총山蔥 / 428
살바야薩婆若 / 141
살생의 법 / 317
살생의 업 / 317
살생의 연 / 317
살생의 인 / 317
3겁劫 / 592
삼계三界의 가아假我 / 131
삼공문三空門 / 96, 116
삼공삼매三空三昧 / 85
3대아승기겁大阿僧祇劫 / 45, 592
3대아승기야大阿僧企耶 / 45
삼덕三德 / 517
삼삼매三三昧 / 85, 96
삼선三禪 / 239
삼승부정성三乘不定性 / 36
삼신三身 / 67
30심三十心 / 207
32상三十二相 / 222
37도三十七道 / 160
37보리분三十七菩提分 / 192
37보리분법三十七菩提分法 / 296

삼악도三惡道 / 105
삼여도三餘道 / 203
삼유三有 / 46
삼의三衣 / 262, 537
삼장재월三長齋月 / 507, 508
삼천대천세계三千大千世界 / 61
삼취三聚 / 284
삼취계三聚戒 / 259, 411
삼현三賢·10성十聖 / 42
삼현三賢과 10성十聖의 40계위 / 67
상각上覺 / 189
상기걸식常期乞食 / 531
상락인上樂忍 / 193, 196
상사무루중도相似無漏中道 / 142
상사차죄相似遮罪 / 263
상주승常住僧 / 329
색구경천色究竟天 / 49
색전계色纏戒 / 287
생보生報 / 551
생지生支 / 186
생집生執 / 105
『서역전西域傳』/ 250
선나禪那 / 243
『선생경善生經』/ 305
선서善逝 / 226, 228
선선善善 / 225
선심善心 / 317
선지후식先止後食 / 532
설계說戒 / 40
설법괴의계說法乖儀戒 / 583
설법주說法主 / 493
섬부贍部 / 249
『섭대승론攝大乘論』/ 263, 264, 290
섭률의攝律儀 / 259

찾아보기 • 599

섭률의계攝律儀戒 / 303
섭선계攝善戒 / 259
섭화누실계攝化漏失戒 / 554
성계性戒 / 263
성공性空 / 216
성력품性力品 / 196
성문정성聲聞定性 / 36
성승문成勝門 / 267
『성유식론成唯識論』/ 301
성종성性種性 / 66, 122
성종성聖種性 / 67
성죄性罪 / 263
성천聖天 / 47
세 가지 근거 / 455
세 가지 보리 / 253
세간의 팔법 / 208
세간해世間解 / 226, 229
세간해탈世間解脫 / 226
세법적정선世法寂靜禪 / 243
『세설신어世說新語』/ 515
세심심細心心 / 129
세심심심細心心心 / 129
소식小食 / 437
소전所詮 / 183
소지장所知障 / 88
손감損減 / 131
손감집損減執 / 490
솔이심率爾心 / 170
수계隨戒 / 348
수계화상授戒和尙 / 416
수달나須達拏 / 383
수도위修道位 / 144
수득문受得門 / 255, 256
수면문隨眠門 / 128

수미계須彌界 / 278
수미산須彌山 / 59
수번뇌隨煩惱 / 88, 410
수분계隨分戒 / 258
수성문隨性門 / 262
수심문隨心門 / 261
수지受支 / 186
수체受體 / 348
수타별청계受他別請戒 / 499
수행隨行 / 348
수행각受行覺 / 169
수혜修慧 / 66, 192
수혹修惑 / 144
숙세력품宿世力品 / 197
숙주수념지력宿住隨念智力 / 200
숙주지宿住智 / 206
순결택분順決擇分 / 570
순승문順勝門 / 265
순차생수順次生受 / 200
순현수順現受 / 200
순후차수順後次受 / 200
습인習因 / 143
습종성習種性 / 66, 122
승가리僧伽梨 / 262, 529
승금勝金 / 249
승방주僧房主 / 493
승분행勝分行 / 155
승의勝義 / 48, 365
승조僧肇 / 38
승진도勝進道 / 202, 203
승진행勝進行 / 154, 190, 202
승차僧次 / 498
승차청僧次請 / 498
승처勝處 / 83

시방삼세十方三世 / 203
시방승가十方僧伽 / 336
시방현전十方現前 / 498
시초蓍草 / 513
시학보살始學菩薩 / 285
식신食身 / 67
식심識心 / 168
식오신계食五辛戒 / 428
식육계食肉戒 / 423
식지識支 / 185
신각信覺 / 189
신경통神境通 / 206
신발의보살新發意菩薩 / 369
신시身施·구시口施·의시意施·재시財施·
　법시法施 / 117
신아神我 / 101
신인信忍 / 161, 274
신초각身初覺 / 169
신학보살新學菩薩 / 285
신행보살新行菩薩 / 262
신화경身和敬 / 477
실상반야實相般若 / 149
실제實諦 / 136
심尋 / 125
심일경성心一境性 / 125
10근진색十根塵色 / 126
10금강十金剛 / 239, 244
10력十力 / 64
10바라제목차十婆羅提木叉 / 252
10발취인十發趣人 / 208
10번뇌十煩惱 / 144
10변처十遍處 / 83
13난十三難 / 257, 433
10선정十禪定 / 239, 242

10선지十禪支 / 125
10세계해十世界海 / 239, 241
『십송률十誦律』 / 334
15차난十五遮難 / 565
10원十願 / 239, 246
16대국十六大國 / 291
16신아十六神我 / 71
12법품十二法品 / 182
12분교十二分敎 / 183
12인연十二因緣 / 71
12입十二入 / 71
10인十忍 / 239, 245
10주十住 / 239
『십주비바사론十住毘婆沙論』 / 179, 266
10지十地 / 239
『십지경十地經』 / 274
『십지경론十地經論』 / 174
『십지론十地論』 / 293
10차十遮 / 257
「십천광품十天光品」 / 107
18계十八界 / 71
18범十八梵 / 299
18불공행十八不共行 / 64
18선지十八禪支 / 570
10행十行 / 239
10호十號 / 159
10회향十廻向 / 239, 244
쌍륙雙六 / 515

아련야阿練若 / 534
아박我縛 / 95

아사리阿闍梨 / 446
아어취我語取 / 185
아위약阿魏藥 / 429
아我·인人·작자作者·수자受者 / 86
아我·인人·지자知者·견자見者 / 71
아홉 개의 구멍 / 348
악구惡求 / 467
악구제자계惡求弟子戒 / 560
악촉惡觸 / 505
안타회安陀會 / 262, 529
애지愛支 / 186
야산野蒜 / 428
양인良人 / 452
업지력품業智力品 / 196
여가회관현전如假會觀現前 / 72
여덟 가지 법 / 208
여덟 가지 어려움 / 101
여덟 가지 전도顚倒 / 75
여래如來 / 225, 228
「여래백관품如來百觀品」 / 69
여래성如來性 / 43
여래장如來藏 / 43
여무如無 / 81
여섯 가지 악한 것 / 110
여섯 가지 친한 것 / 110
여섯 때 / 469
여유如有 / 81
연화대장세계蓮花臺藏世界 / 35
『연화면경蓮華面經』 / 588
『열반경涅槃經』 / 293, 320
염念 / 125
염각念覺 / 189
염구족念具足 / 212
염부주閻浮州 / 62

염천餂天 / 239
『영락본업경소瓔珞本業經疏』 / 403
영빈위식계領賓違式戒 / 495
예안瞖眼 / 43
오경五境 / 126
오계五戒 / 363
오근五根 / 126, 253
오둔사五鈍使 / 103
오리사五利使 / 103
오명론五明論 / 163
『오분율五分律』 / 333, 336
오상五常 / 474, 475
오안五眼 / 197
오온五蘊 / 72
오욕五欲 / 268
오음五陰 / 71
오인五忍 / 274
오조五條가사 / 529
오통五通 / 526
와약瓦礫 / 489
외공外空 / 215
외문外門 / 105
외부의 촉경(外觸境) / 174
외육입外六入 / 72
요익유정饒益有情 / 260
요재饒財 / 365
욕구족欲具足 / 211
욕취欲取 / 185
욕탐欲貪 / 315
용수龍樹 / 83
『우바새계경優婆塞戒經』 / 305
우파리鄔波離 / 419
운대芸薹 / 428
울다라승鬱多羅僧 / 262, 529

원성실圓成實 / 83
원성실성圓成實性 / 43
원효元曉 / 403
위의威儀 / 464
위주실의계爲主失儀戒 / 492
『유가사지론瑜伽師地論』 / 48, 142, 163,
　　245, 256, 262, 263, 266, 278, 279, 284,
　　305, 315, 317, 319, 321, 335
『유교경遺敎經』 / 283, 313
『유마경維摩經』 / 187
유마힐維摩詰 / 422, 540
『유마힐소설경維摩詰所說經』 / 187
유신견有身見 / 100, 103
유위공有爲空 / 215
유위행有爲行 / 58
유정연有情緣 / 111
유정천有頂天 / 49
유제有諦 / 136
유지有支 / 186
육경六境 / 72, 105
육근六根 / 72
육식六識 / 72, 253
육악六惡 / 110
육욕천자六欲天子 / 291
육재六齋 / 508
육재일六齋日 / 507
육주六住 / 184
육처지六處支 / 185
육축六畜 / 53
육취六趣 / 258
육취사생법六趣四生法 / 224
육친六親 / 110
「육품六品」 / 450
육화경六和敬 / 476

윤생번뇌潤生煩惱 / 197
율의律儀 / 303
은덕恩德 / 517
은밀문隱密門 / 263
음계婬戒 / 315
음주계飲酒戒 / 417
응공應供 / 225, 228
응량기應量器 / 538
의疑 / 100, 103
의각猗覺 / 189
의근疑根 / 455
의리義理 / 460
의무애義無礙 / 139
의보依報 / 61, 326
의세악구계依勢惡求戒 / 467
의식각意識覺 / 171
의요意樂 / 45
의요문意樂門 / 266
의주석依主釋 / 324
의지각意地覺 / 169
의타依他 / 83
의타기依他起 / 99
의타기성依他起性 / 43
의학사문義學沙門 / 37
의화경意和敬 / 477
이구지離垢地 / 179
이분의요異分意樂 / 581
이사利使 / 103
이상리相 / 174
이선二禪 / 239
이승二乘의 멸滅 / 195
이승二乘의 회신멸지 / 94
이염爾燄 / 190
이지도도제以智道道諦 / 173, 177

이지지타신해탈족以智知他身解脫足 / 208
이화경利和敬 / 493
인가아人假我 / 130
인각성사麟角聖士 / 368
인공人空 / 74
인다라망因陀羅網 / 279
인연因緣 / 184
『인왕반야경仁王般若經』 / 274
인집人執 / 87
일곱 분의 부처님 / 502
1구로사拘盧舍 / 534
일분보살一分菩薩 / 261
일분수一分受 / 256, 257, 270
일분지一分持 / 270
일선一禪 / 239
일승삼매一乘三昧 / 181
일심一心 / 43
일우후一牛吼 / 534
「일월도품日月道品」 / 194
일체입一切入 / 83
일체종지一切種智 / 141
「일체중생천화품一切衆生天華品」 / 181
『일체지광명선인불식육인연경一切智光明仙人不食肉因緣經』 / 426
일체처득명여고인一切處得名如苦忍 / 79
일체처인一切處忍 / 79
『입능가경入楞伽經』 / 43
입불계체성지入佛界體性地 / 225

ㅈ

자금강광명궁紫金剛光明宮 / 56
자별청승계自別請僧戒 / 502

자분행自分行 / 154, 190, 198
자설自說 / 184
자성신自性身 / 67
자씨불慈氏佛 / 537
자업지력自業智力 / 199
자찬훼타계自讚毁他戒 / 371
자투제사柘鬪提奢 / 329
자파내법계自破內法戒 / 587
작의作意 / 521
작주지상作住持相 / 174
『잡집론雜集論』 / 279
장부丈夫 / 226
장수천長壽天 / 432
장식藏識 / 44
재시齋時 / 437
저포樗蒲 / 513
적멸도량寂滅道場 / 35
적멸인寂滅忍 / 189
적정寂靜 / 243
적정선寂靜淨禪 / 243
전纏 / 394
전문纏門 / 128
전법륜승轉法輪僧 / 559
전분수全分受 / 259
전식轉識 / 44
정각靜覺 / 189
정공계定共戒 / 286
정려율의靜慮律儀 / 287
정려해탈지력靜慮解脫智力 / 199
정력품定力品 / 197
정만淨滿 / 51
정명淨名 / 422, 541
정반淨飯 / 247
정변지正徧知 / 225, 228

정보正報 / 61, 326
정삼매법頂三昧法 / 193, 195
정색正色 / 556
정식正食 / 437
정심頂心 / 102
정지正知 / 125
정진구족精進具足 / 211
「제계품制戒品」 / 509
제바提婆 / 47
제4 선지禪地 / 52
제석천帝釋天 / 239
제일의공第一義空 / 216
제일의천第一義天 / 134
제8식 / 253
조경爪鏡 / 515
조어장부調御丈夫 / 229
종성種姓 / 461
종종계지력種種界智力 / 199
종종승해지력種種勝解智力 / 196, 199
좌랍坐臘 / 496
좌무차제계坐無次第戒 / 542
좌선주坐禪主 / 493
좌하坐夏 / 496
주불청법계住不請法戒 / 435
주인住忍 / 189
중방편重方便 / 338
『중변론中邊論』 / 577
증익과 손감의 허물 / 190
증익집增益執 / 490
증인證忍 / 189
지덕智德 / 93, 517
지도智道 / 95
지도止道 / 97
지사知事 / 328

지상지相智相 / 174
지성智性 / 82
지업석持業釋 / 324
지율자持律者 / 419
지지계본地持戒本 / 40
지타해탈족知他解脫足 / 212
진瞋 / 100, 103
진불수사계瞋不受謝戒 / 389
진여성眞如性 / 43
진제眞諦 / 39

ㅊ

차계遮戒 / 263
차난遮難 / 302, 559
차遮와 난難 / 257
차제걸식次第乞食 / 531
처력품處力品 / 196
처비처지력處非處智力 / 199
척석擲石 / 513
천각지天覺智 / 204
천념지天念智 / 204
천당래天堂來 / 236
천백억 명의 석가불 / 237
천신지天身智 / 203
천신통天身通 / 206
천심통天心通 / 206
천안력품天眼力品 / 197
천안명지天眼明智 / 203
천안통 / 206
천원지天願智 / 204
천이지天耳智 / 203
천이통 / 206

천인사天人師 / 226, 229
천인지天人智 / 204
천인통天人通 / 206
천정심지天定心智 / 204
천타심지天他心智 / 203
「천해안왕품千海眼王品」 / 128
천해탈지天解脫智 / 204
천해탈통天解脫通 / 206
첨복화瞻蔔華 / 367
청식請食 / 532
체성화광지體性華光地 / 203
초계草繫 / 46
초계비구草繫比丘 / 516
초계자草繫者 / 267
초발의보살初發意菩薩 / 285
초업보살初業菩薩 / 351
초제승招提僧 / 329
촉루髑髏 / 514
촉지觸支 / 186
총지總持 / 152
추념의식追念意識 / 171
추자鶖子 / 277, 384
축살생구계畜殺生具戒 / 448
출세혜出世慧 / 67
취의毳衣 / 537
취지取支 / 186
치癡 / 103
치생治生 / 552
친교사親教師 / 416
친증親證의 법문 / 67
칠각지七覺支 / 192
칠심계七心界 / 126
칠역죄七逆罪 / 555
칠조七條가사 / 529

칠중七衆 / 302
칠증위七證位 / 192
칠차七遮 / 402
칠차죄七遮罪 / 561

쾌의살생계快意殺生戒 / 313

타불여의처墮不如意處 / 454
타불여처墮不如處 / 269
타수용신他受用身 / 273
타승처他勝處 / 269, 323
타심지他心智 / 206
타심통他心通 / 207
타화천他化天 / 239
탄기彈棋 / 514
탐貪 / 103
탐재석법계貪財惜法戒 / 464
통국사명계通國使命戒 / 451
퇴보리심계退菩提心戒 / 516
투란차偷蘭遮 / 323
투쟁양두계鬪諍兩頭戒 / 471

팔난八難 / 101, 432
팔도행성八道行城 / 513, 515
「팔만위의품八萬威儀品」 / 398

팔무가八無暇 / 432
팔배사八背捨 / 84
팔상성도八相成道 / 582
팔선정八禪定 / 87
팔승처八勝處 / 83
80종호八十種好 / 222
팔해탈八解脫 / 84
포살布薩 / 430
포승순열계怖勝順劣戒 / 488
포외문怖畏門 / 266, 267
필경무畢竟無 / 48
필발라수畢鉢羅樹 / 241

하랍夏臘 / 496
하좌안거夏坐安居 / 496
항하恒河 / 235
「해관법문천삼매품解觀法門千三昧品」 / 188
해덕解德의 법문 / 66
해탈解脫 / 83
해탈구족解脫具足 / 212
해탈도解脫道 / 202, 203
해탈력품解脫力品 / 197
행고行苦 / 169, 175
행고각行苦覺 / 176
행덕行德의 법문 / 66
행래주行來主 / 493
행법주行法主 / 493
행상行相 / 44, 174
행실行實의 법문 / 66
행지行支 / 186
향산香山 / 236

허위작사계虛僞作師戒 / 469
허작무의계虛作無義戒 / 513
혁총革悤 / 428
「현겁품現劫品」 / 240
현법玄法 / 98, 99
현보現報 / 551
현색顯色 / 297
현전승가現前僧伽 / 336
현천賢天 / 365
현통화광왕玄通華光王 / 55
현통화광왕보살玄通華光王菩薩 / 54
형색形色 / 297
혜각慧覺 / 189
혜구족慧具足 / 212
혜명慧命 / 120
혜융慧融 / 38
호심護心 / 96
호장문護障門 / 268
호지문護持門 / 255, 261
호총胡悤 / 428
화락천化樂天 / 239
화상和上 / 446
화신化身 / 67
화신보리化身菩提 / 253
『화엄경華嚴經』 / 243, 246, 273
황문黃門 / 298, 542
회신멸지灰身滅智 / 92, 195
횡취타재계橫取他財戒 / 511
후법後法 / 470
후보後報 / 551
훼방삼보계毀謗三寶戒 / 394
흑월黑月 / 508
흥거興渠 / 428, 429
희喜 / 125

희법希法 / 184
희심喜心 / 98

태현太賢
(생몰 연대 미상)

태현에 대한 독립된 전기는 전하지 않는다. 따라서 그 생몰 연대 및 자세한 행적은 알 수 없다. 호는 청구사문青丘沙門이고, 태현은 휘諱인데, 혹은 대현大賢이라고 쓴 경우도 있다. 법상종 학자 원측圓測(613~696)의 제자인 도증道證의 제자로 알려져 있다. 직접적 사승 관계를 보여 주는 문헌은 없고, 도증의 귀국과 태현의 활동 시기의 일치, 태현이 유가종瑜伽宗(법상종)의 개조로 추앙받는 것 등이 그 근거가 된다. 당唐의 도봉道峯이 「태현법사의기서太賢法師義記序」에서 그 학식과 덕망을 찬탄했고, 후대의 일본 학자들이 여러 문헌에서 그를 찬탄한 글이 보인다. 『삼국유사』에서 "남산 용장사에 주석할 때 절 안의 미륵보살이 그가 움직이는 곳을 따라 얼굴을 돌렸다. 753년 가뭄이 들었을 때 『금광명경』을 강설하여 비가 내리게 하였다."라고 한 것은 학승을 넘어선 면모를 갖추었음을 보여 준다. 모두 55부에 달하는 저술이 있었던 것으로 알려져 있다. 현재 『성유식론학기成唯識論學記』· 『기신론내의약탐기起信論內義略探記』· 『범망경고적기』· 『보살계본종요菩薩戒本宗要』· 『약사경고적기藥師經古迹記』 등의 5부만 전해진다. 그 저술 목록에 의해 그 학문적 경향이 반야·정토·유식·인명因明 등의 다양한 분야에 걸쳐 있었음을 알 수 있다.

옮긴이 한명숙

고려대학교 철학과를 졸업하고, 동대학원에서 「길장吉藏의 삼론사상연구三論思想硏究: 무득無得의 전오방식轉悟方式을 중심으로」라는 논문으로 박사학위를 받았다. 현재 동국대학교 불교학술원 조교수로 재직 중이다. 논문으로 「길장吉藏의 관법觀法이 갖는 수행론적 의미에 대한 고찰」, 「동물윤리에 있어서 불교 실천윤리의 정립가능성에 대한 고찰: 율장律藏(Vinayapiṭaka)을 중심으로」, 「고려대장경의 편제編制 및 입장경入藏經의 취사取捨에 나타난 사유체계 이해」, 「원효元曉 『범망경보살계본사기梵網經菩薩戒本私記』의 진찬 여부 논쟁에 대한 연구」(1), (2) 등이 있고, 역주서로 『범망경술기』· 『무량수경연의술문찬』· 『범망경보살계본사기』· 『법구경』 등이 있으며, 공저로 『인물로 보는 한국의 불교사상』· 『자료와 해설 한국의 철학사상』, 『동서철학 심신관계론의 가치론적 조명』, 『동서철학 심신수양론』, 『동서철학 심신가치론과 현대사회』 등이 있다.

증의 및 윤문
정희경(동국대학교 불교학과 박사)